RESEARCH ON EMPLOYMENT CONTRACT LAW

RESEARCH ON EMPLOYMENT CONTRACT LAW

冯涛 等 ◎著

劳动合同法研究

中国检察出版社

图书在版编目（CIP）数据

劳动合同法研究/冯涛等著．—北京：中国检察出版社，2008.5
ISBN 978-7-80185-932-7

Ⅰ．劳…　Ⅱ．冯…　Ⅲ．劳动合同法-研究-中国　Ⅳ．D922.524

中国版本图书馆 CIP 数据核字（2008）第 059646 号

劳动合同法研究

冯涛　等　著

出 版 人：袁其国
出版发行：中国检察出版社
社　　址：北京市石景山区鲁谷西路 5 号（100040）
网　　址：中国检察出版社（www.zgjccbs.com）
电子邮箱：zgjccbs@vip.sina.com
电　　话：(010)68630385(编辑)　68650015(发行)　68636518(门市)
经　　销：新华书店
印　　刷：三河市燕山印刷有限公司
开　　本：720mm×960mm　16 开
印　　张：26.25 印张
字　　数：510 千字
版　　次：2008 年 6 月第一版　　2008 年 6 月第一次印刷
书　　号：ISBN 978-7-80185-932-7/D·1908
定　　价：48.00 元

前　言

自人类社会进入高度分工和规模生产以来，在分工劳动和规模作业的地方，每天都不断重复着生产、分配、交换和消费的经济活动。生产及其相关服务是人们生存和社会发展的基础，是通过各种要素相互结合来实现的。从社会关系的角度来看，是各种要素所有者的结合；从法律关系的角度来看，是各种要素所有权权能的结合。经典经济学理论将各种要素的所有者划分为两大阵营，一方是物质资本的所有者，另一方是人力资本的所有者。由此形成了生产和分配对立统一的劳资关系。这种关系在任何社会形态的市场经济初期都表现得异常紧张。因为，财富原始积累的本性迫使物质资本所有者加大剥削的强度。而当经济和科技发展到一定水平，人类进入知识经济时代时，纯粹的资本要素与纯粹的人力要素概念均趋向模糊。劳资关系的矛盾由紧张变为缓和。在现代市场经济中，影响生产和分配的社会关系主体，除了劳资双方以外，还有作为整个社会的组织者的政府。无论是在典型的自由市场国家、社会市场国家，还是在新兴市场国家，出于宏观经济稳定和持续发展的动机，政府均制定调整劳动关系的法律，约束和激励劳资双方的行为，规范劳资关系，预防因劳资关系矛盾激化而可能酿成灾难性社会事件。实践证明，通过特别雇佣合同——劳动合同的形式调整劳资双方之间的劳动关系，是最优的选择。基于劳资双方实力不平衡的假定和保护劳工人身权利的需要，各国劳动合同法均规定一些强制性标准，保护劳工利益，维护社会正义。

中国是新兴市场国家，又是多种所有制经济并存的国家。在社会转型时期，各种所有制经济内部，特别是私人所有制经济内部劳动者与用人单位之间的劳动争议必然经历从多发到缓和的过程。而目前正处于矛盾多发阶段。整个社会迫切要求政府制定各种合理调整劳动关系的正式制度。在此社会背景下，我国制定了一批与《劳动法》配套的法律、法规，如《劳动合同法》、《劳动争议调解仲裁法》、《就业促进法》。其中，《劳动合同法》的制定引起的社会关注度最高，社会反响最大，因为过去劳动者权益受损比较严重，人们期望通过《劳动合同法》切实保护自己的权益。

一、写作背景

劳动关系是我国最基本的社会关系。劳动合同是劳动关系的载体，又是用人单位和劳动者的权利和义务的凭证。《劳动合同法》是调整劳动合同关系的基本法律依据。我国的劳动合同制度是随着经济体制改革不断深化而逐步建立发展起来的。1986 年以前，劳动合同制度开始试行时，只适用于国有企业招用的临时工；1986 年国务院颁布《国营企业实行劳动合同制暂行规定》，进一步适用于国有企业新招用的职工，实行“老人老办法，新人新办法”；20 世纪 90 年代，才逐步推广到各种企业的全体职工，实行“全员劳动合同制”。1994 年 7 月全国人大常委会制定的《中华人民共和国劳动法》确立了与社会主义市场经济体制相适应的劳动合同制度。实践证明，劳动合同制度的确立，对于破除计划经济体制下行政分配式的劳动用工制度，建立与社会主义市场经济体制相适应的用人单位与劳动者双向选择的劳动用工制度，发挥市场在劳动力资源配置中的基础性作用，健全社会主义市场经济体制，发挥了重要作用。

随着我国工业化、城镇化和经济结构调整进程加快，企业制度改革不断深化，企业形式和劳动关系日趋多样化，劳动用工制度发生深刻变化，劳动用工领域出现了一些新情况、新问题，劳动者合法权益受到侵害的现象时有发生，在一些地区、行业和单位甚至相当严重，影响了劳动关系的和谐稳定，影响了社会的稳定。带有普遍性的问题主要有：劳动合同签订率低，出现劳动争议时劳动者的合法权益得不到有效保护；劳动合同短期化，劳动关系不稳定；用人单位利用自己在劳动关系中的强势地位侵犯劳动者合法权益。

为了解决这些问题，在总结实践经验和借鉴国外立法成果的基础上，我国制定了专门的《劳动合同法》，《劳动合同法》的制定对于完善劳动合同制度，合理规范劳动关系，具有重要意义。首先，制定《劳动合同法》是构建与发展和谐稳定劳动关系的需要。其次，制定《劳动合同法》是加强社会领域立法的需要。最后，制定《劳动合同法》是完善我国劳动法律制度的需要。

《劳动合同法》的制定也给劳动合同法研究提出了一些新的问题。因此，研究劳动合同法，不仅具有较强的现实意义，也具有一定的理论意义。就现实意义而言，《劳动合同法》的制定引起了社会广泛和高度的关注，人们对《劳动合同法》将来的实施效果有各种各样的预测，为了消除人们对于《劳动合同法》的疑惑，科学认识和把握《劳动合同法》的精神实质，更好地运用《劳动合同法》维护自己的合法权益，进而在全社会形成和谐的劳动关系，需要我们从理论上比较科学地揭示《劳动合同法》的价值，解释《劳动合同法》的立法目的、立法原则、基本制度和具体制度，指出《劳动合同法》存在的问题。就理论意义而言，自《劳动法》确立劳动合同制度以来，理论界对其进行了大量的研究，形成了一批研究成果，不仅对劳动合同立法发挥了指导作用，推动了劳动合同法制，而且丰富了劳动法学理论。特别是围绕《劳动合同法》立法问题，理论界提出了新的观点，进行了激烈的争论，一些比较合理的观点和主张被立法部门所采纳，成为法律规范的一部分。对于理论界关于《劳动合同法》的立法价值、立法目的、立法原则、基本制度和具体制度的一些争论，需要我们用历史唯物主义和辩证唯物主义的世界观和方法论对之加以科学分析，去粗存精，去伪存真。为建立和完善合理的劳动合同法学和劳动法学，奠定坚实的理论基础，进而推动我国法学的进一步发展。

二、主要观点和研究思路

通过对劳动合同立法和劳动合同法理论的研究，本书提出以下几个基本观点：第一，劳动合同关系是最基本的社会关系，《劳动合同法》的本质是社会法。社会法是我国的一个重要法律部门，社会立法的核心是关注民生，制定和实施《劳动合同法》是加强社会领域立法的需要。构建社会主义和谐社会，要求加强社会领域立法，特别是加强关注民生、保障权利等方面的立法，切实维护广大劳动群众的合法权益。通过完善社会领域立法，使全体人民特别是广大劳动者都能享受到改革开放和经济发展的成果，激发他们的创造活力，努力形成公平正义、奋发进取、安居乐业的社会和谐局面。《劳动合同法》涉及广大人民劳动者的切身利益。制定和实施《劳动合同法》是实现好、维护好、发展好最广大群众根本利益的需要。第二，劳动合同立法的根本价值是形成和谐的劳动关系，进而形成和谐的社会关系。制定和实施《劳动合同法》都要着眼于建立和维护合理的劳动秩序、工作秩序，避免和化解合同签订和履行过程中的纠纷。第三，劳动合同立法的直接目的是平衡劳动关系，保护劳动者的合法权益。劳动合同关系不同于一般民事合同关系的基本特点在于当事人双方地位实质上的不平衡。基于现实经济发展条件的制约，劳动力市场供求严重失衡，就业难度加剧等客观情况，无论在签订合同还是在履行合同的过程中，劳动者基本处于弱势地位。为了矫正劳动者和用人单位的地位失衡状况，《劳动合同法》应当本着公平原则对劳动者一方实行倾斜保护，平衡劳动关系，保护劳动者的合法权益。这种倾斜保护，应体现在《劳动合同法》的基本原则、基本制度和具体制度之中。第四，《劳动合同法》在法律规范体系上属于《劳动法》的有机组成部分，是《劳动法》的特别法。《劳动法》为《劳动合同法》的立法、执法和司法提供一般原则，《劳动合同法》的规定与《劳动法》的规定不一致时，按照特别法优于普通法的原则执行。

研究思路：在本书的第一部分首先建立了劳动合同法研究的分析框架，也就是基本理论部分，主要包括劳动合同法的基本概念、理论基础、立法目的、适用范围、基本原则、基本法律关系；其次，确立劳动合同法的基本制度和具体制度；再次，研究特别劳动合同制度；最后，研究劳动合同法的责任制度和责任追究制度。充分体现了从一般到具体，从原理到制度，从实体到程序的基本理论逻辑。

三、基本结构

全书由十四章构成。第一章研究劳动合同法基本理论，主要包括劳动合同法理论基础、立法目的、适用范围、基本原则和法律关系的构成，统领全书。第二章研究劳动合同基本制度，这是劳动合同法特有的基本制度，分析雇主规章制度与劳动合同的关系、三方机制的构成及其主要作用、集体协商的意义和内容。第三章至第八章研究劳动合同的订立、履行、变更、解除和终止制度，这是劳动合同制度的中心内容，劳动合同关系能否得到良好的建立，劳动合同的原则能否得到有效的贯彻，劳动合同权益能否得到合理合法的维护，当事人的合同目的能否切实实现，均体现在劳动合同的过程之中。第九章至第十一章研究特别合同制度：集体合同、劳务派遣合同与非全日制用工合同。第十二章至第十四章研究劳动合同权利救济制度。这种程序制度其实是对自律合同的他律监管、责任追究和权利救济，从程序制度上体现劳动合同法的社会干预和政府干预特点。

四、研究方法

本书在研究过程中，运用了哲学的一般方法和法学的具体方法。一是逻辑分析与历史分析的方法。历史和逻辑统一的方法在理论体系创新中起着重要作用。历史方法和逻辑方法在研究劳动合同法现象和劳动合同过程中占有重要地位。它们彼此并不对立，而是在同一种运用，因为在一般和总体上，历史的起点和逻辑研究的起点是一致的。① 逻辑分析主要按照从一般到具体、从实体制度到程序制度的逻辑进行，体现在全书整体框架结构的建立以及合同原则制度、合同过程制度和合同程序制度的内部结构等方面，如合同原则制度按照上位原则和下位原则的逻辑进行内容安排，合同过程制度按照合同订立到终止的时间逻辑进行内容安排，合同程序制度按照监督、责任和责任追究与权利救济的问题解决逻辑进行内容安排。逻辑分析还体现在市场经济发展与劳动合同法的发展关系以及劳动关系发展变化与劳动合同法的关系方面，前者决定后者的立法目的、立法方向、立法水平以及法律实施效果。历史分析体现在劳动合同法的起源、发展，劳动合同法的制定、修改、完善，劳动合同法的历史合理性及其对现实和未来立法、执法的启示，对劳动合同法的未来进行完善提出制度设计建议。二是实证分析与规范分析的方法。实证问题主要是解释和预测，描述因果关系。规范问题则研究应该怎样，什么是最佳的方案选择和设计。② 实证分析重在分析合同订立到终止的运行过程，分析执法和司法对劳动合同纠纷预防和纠纷解决的体制、机制和实效，分析研究劳动合同法的立法宗旨、立法原则，分析规范的结构、规范之间的逻辑关系。实证分析以现实问题为分析对象，通过案例分析，揭示劳动合同纠纷产生的社会原因和制度原因，提出解决问题的制度措施。规范分析在于准确揭示劳动合同法的内涵，通过对案例、数据等分析揭示劳动合同法存在的不足和漏洞问题，以劳动合同法目的和价值研究为核心，对劳动合同法进行完善和创新，完善立法，改进执法。三是比较分析方法。包括中外劳动合同立法、执法的比较，合同法学理论的比较，劳动合同法规范与民事合同、商事合同规范的比较。中外比较主要分析市场经济国家，特别是发展中的市场经济国家劳动合同立法与我国有关立法的联系与区别，不同国家劳动合同法学理论产生的背景与理论应用法律环境的联系与区别。劳动合同法规范与民事商事合同法规范的比较，主要分析法律性质、基本原则、权利义务以及救济

---

① 刘凤义：“超越与探寻”，载《读书》杂志2007年第11期，第45～53页。

② ［美］罗伯特·S. 平狄克、丹尼尔·L. 鲁宾费尔德著，王世磊等译：《微观经济学》（第六版），中国人民大学出版社2006年版，第7～8页。

措施的联系与区别。此外，对劳动争议的各种处理程序进行了比较分析。四是系统分析方法。主要分析劳动合同法的独立性，劳动合同法体系与劳动法体系和社会法体系的关系，把劳动合同法体系置于劳动法体系、社会法体系和社会主义市场经济法律体系之中，分析劳动合同法的合理性和合法性。五是多学科的研究方法。劳动合同法律关系是自律关系与他律关系的有机结合，涉及当事人契约自治、行政管理、工会等社会组织参与等多方面的社会经济关系，因此，需要运用社会学、公共管理学、伦理学、经济学等相关学科的基本原理分析劳动合同法的立法和执法。

五、研究重点、难点和创新

所谓重点问题，一般是指具有举足轻重地位的问题。在劳动合同法研究中，我们认为，基本理论问题、基本制度问题居于重要地位。从劳动合同法的研究现状来看，人们的感性认识多于理性认识，对规范的解释性研究多于逻辑性研究，研究水平基本停留在对法律法规的解释层面，缺乏系统的全面的理论基础。这不利于科学指导劳动合同法的立法和执法。因此，研究劳动合同法，首先要建构一定的合理的基本理论。对此，本书用较大的篇幅，从基本概念、基本范畴、基本原则、基本法律关系、基本理论观点等几个方面比较系统地阐述劳动合同法的基本理论，突出研究了劳动合同法的性质、价值、立法精神等最基本的问题，力求对制度的运行提供理论指导，丰富和发展劳动合同法学理论和劳动法学理论。其次，劳动合同法基本制度在基本理论和具体制度之间起着桥梁作用，具体制度的运行具有基础性作用。因此，需要重点研究基本制度的规范价值和规范设计。最后，《劳动合同法》的一些规定，填补了《劳动法》关于劳动合同制度的一些空白，这些新的规范如何解释、如何适用，也是需要重点研究的问题。如工资基准制度、劳务派遣制度、竞业限制制度，等等。

所谓的难点问题则是指难以解决的理论和实践问题。在研究中，基于认识的局限，我们发现以下几个问题比较难以解决。首先，理论界对于劳动合同法基础理论存在一些争论，比如人力资本理论与劳动合同的关系。需要综合各相关学科的知识加以合理分析。其次，劳动合同法的基本原则与民商合同法的基本原则的范围和基本内容大体上是一致的。这反映了两种合同存在共性的一面，即契约自治和当事人地位平等。但是，如何解释劳动合同法基本原则所反映的社会干预和对劳动者的“倾斜保护”呢？需要通过比较作出合理解释。最后，三方协商机制和集体协商机制的具体制度安排，以及两者之间的解决问题的范围的关系，特别是如何合理地运用于解决用人单位规章制度的制定等方面，也是难以解决的制度问题。此外，在程序制度方面，如何有效地衔接仲裁（劳动仲裁与人事仲裁）与诉讼程序，改善纠纷解决机制，减少解决纠纷的成本，也是一个难点问题。

新颖性和创造性是科学研究的生命。创新主要包括方法创新和理论创新两个方面。与以往研究成果比较，本书在研究方法和理论方面均有所突破。在研究方法方面，本书力求把逻辑与历史、规范与实证、国别制度比较与学科比较有机结合。使人们对劳动合同法的历史与现实、理论与实际、国外与国内的发展规律以及与相邻学科的关系有一个比较深刻的认识，着力解决劳动合同立法与法学方面存在的现实问题。在理论方面，我们认为本书在以下几个方面的研究取得了突破性进展：(1) 初步建立了劳动合同法基本理论，避免形成纯粹的法条解释文本。(2) 初步建构了包括基本理论、基本制度和具体制度，实体制度与程序制度在内的制度理论体系。(3) 提出了实质公平原则是劳动合同法原则核心的观点，并以此原则为基础考量具体制度的合理性。(4) 提出了以三方协商机制取代企业调解机制，依据工会的性质改革工会代表职能，使其成为劳动者利益的真正维护者。(5) 提出了区别对待劳动合同书面形式的效力。(6) 阐述了一般民商合同的补缺推定规则、履行抗辩权制度、保全制度、合同转让制度等在劳动合同中适用的可能性与不可能性。(7) 进一步规定规章制度异议的效力，严格限制劳动者的保密义务，切实保护劳动者的利益。(8) 提出了集体合同优先于个体合同的观点，提出严格限制劳务派遣的行业、职业和规模，要派单位负有安全保障责任的观点，将家政公司派出的服务人员与服务对象之间形成的关系视为派遣关系。(9) 提出劳动合同签订争议实行举证责任倒置机制。在缔约程序和纠纷解决程序中作如此补充设计：如果发生了劳动争议，可由行政主管机关、仲裁机构和司法机关责令（也可由劳动者请求）雇主提供劳动者不愿意签订书面合同的证据，如果其举证不能，则认定雇主存在过错，或者认定其行为违法。一方面，依法追究其公法上的责任，给予行政处罚；另一方面，如果给劳动者主张权利造成困难或者给劳动者造成实际损害，则确定雇主承担民事责任，即实施举证责任倒置。(10) 提出了劳动合同变更异议的可能性及其解决方法。(11) 预告辞职制度要根据劳动者的资历具体情况具体对待，对即时辞职可以设定损失责任承担。(12) 对劳动者一方遭受损害的仲裁和诉讼，采用举证责任倒置制度、简易程序制度。

作　者

2007 年 12 月

目　录

第三篇　特别合同制度

第四篇　权利救济制度

第一篇 总论

第一章　劳动合同法基本原理

第一节　劳动合同法的理论基础

一、劳动关系的性质与形成因素

劳动关系与劳动合同之间存在内在的逻辑关系，这种逻辑关系可以从劳动关系的经济性质和法律性质两个方面进行规范分析。

（一）*劳动关系的经济性质*

社会的生存和发展是以物质资料的生产为基础的。在物质资料的生产过程中，人们相互之间发生的联系体现为生产关系。在马克思主义政治经济学中，生产关系是一个由生产、交换、分配和消费关系组成的体系。在当今市场经济条件下，生产、交换、分配和消费是人们最基本的经济活动。人们要进行物质资料的生产必须投入各种生产要素。随着社会的发展这些要素的范围不断拓宽，形式也日益多样化。如资本、土地、劳动、资金、技术等。而生产资料和劳动始终是物质资料生产的两个基本要素。任何商品的生产都需要投入生产资料和劳动，相应地产生生产成果的分配。在产品分配上，生产决定分配，这表现在分配的对象是生产的产品，没有产品就不可能有分配。就分配的方式来讲，分配也是由生产决定的。人们在生产过程中的地位决定了其在分配过程中的地位。以什么样的方式参加生产，也就以什么样的方式参加分配。现代分配制度已由按劳分配发展为按要素贡献分配，由于各种生产要素在价值形成过程中都发挥着各自的作用，所以按照投入要素的形式和多少来分配社会财富。一般地说，投入资本得到利润，投入土地得到地租，投入劳动得到工资，投入资金得到利息。① 分配对生产也有决定作用。分配不仅仅是被动的生产成果的分配。分配对效率具有激励作用。收入分配的方式不仅会直接影响劳动的效率，也会直接影响生产要素配置的效率。

不同生产者的劳动不是均质的。劳动分为简单劳动和复杂劳动、体力劳动和脑力劳动。简单劳动是不经过专门训练和学习就能胜任的劳动，复杂劳动是指需要经过专门训练和学习，具有一定技术专长的劳动。虽然在相同的劳动时间内创

---

①　逄锦聚等：《政治经济学》（第二版），高等教育出版社 2003 年版，第 302 页。

造的价值是相同的，但是，如果商品的价值量是由简单劳动的社会必要劳动时间决定的，复杂劳动还原为简单劳动计算价值量时，其在同一劳动时间内创造的价值量可以多倍于简单劳动。复杂劳动转化为简单劳动的不同比例，是在生产者背后由社会过程决定的，是在反复的交换实践中自发形成的。从人力资本形成的角度来说，简单劳动的人力资本投资成本较小，而复杂劳动的投资成本较大。简单劳动和复杂劳动的区别主要是由社会分工和科技发展水平的差别及其在生产中的应用程度决定的。虽然简单劳动与复杂劳动的区别因时因地而变，其衡量标准是相对的，但就一定时期而言，复杂劳动与简单劳动区分的标准还是存在的。如体力劳动一般为简单劳动，而技术性劳动和管理性脑力劳动一般为复杂劳动。

由于存在复杂劳动和简单劳动的差别，相应地产生复杂劳动者与简单劳动者在初次分配和再分配中的差别问题。如熟练的雇佣工人得到较高的工资。这是因为：其一，复杂劳动者需要经过一定的学习和训练，必须付出相应的费用。而且复杂劳动者往往要掌握多门科技知识，需要不断地更新知识，其学习和训练的费用也会不断提高。其二，复杂劳动除消耗一定的体力外，还要比简单劳动消耗更多的智力。这就是说，由于科学技术不断进步，复杂劳动者的培养和教育费用也就不断增加，劳动者在学习中的脑力耗费也必然越多。这些培养教育费用和在学习过程中的脑力支出虽然不能直接形成商品的价值，但却必须在劳动者从事劳动之后得到补偿和承认。于是，复杂劳动是倍加的简单劳动，复杂劳动的报酬要比简单劳动的报酬高一些。在社会教育训练费用主要由私人或家庭承担的条件下，复杂劳动，特别是技术性劳动和管理性劳动得到较高的报酬是理所当然的。

在现代经济中，技术、管理在经济增长、价值创造过程中所起的作用越来越突出，越来越重要。拥有科学知识和技术的工程技术人员和管理人员，能够创造更多的价值，这是一个普遍共知的事实。那么，如何理解技术、管理与价值创造之间的关系呢？随着技术和管理在生产中的广泛运用，生产社会化的程度不断提高，分工和协作越来越发达，出现了脑力劳动和体力劳动的分工，执行总体劳动的不同职能的劳动直接或间接参与生产劳动过程。“有的人多用手工作，有的人多用脑工作，有的人当经理、工程师、工艺师等，有的人当监工，有的人当直接的体力劳动者或者做十分简单的粗工，于是劳动能力的越来越多的职能被列在生产劳动的直接概念下，这种劳动能力的承担者也被列在生产工人的概念下。”① “产品从个体生产者的直接产品转化为社会产品，转化为总体工人即结合劳动人员的共同产品。总体工人的各个成员较直接地或者较间接地作用于劳动对象。因此，随着劳动过程本身的协作性质的发展，生产劳动和它的承担者即生产工人的

① 《马克思恩格斯全集》（第49卷），人民出版社1982年版，第100～101页。

概念也就必然扩大。”① 在马克思看来，总体工人不仅包括在生产现场直接操纵和管理自动化装置的工人，而且也包括不在生产现场的工程技术人员和管理人员。他们都作为总体工人的成员，直接或间接作用于劳动对象，都属于生产劳动者。他们的具体劳动创造使用价值，他们的抽象劳动共同创造价值。在以自动化生产为基础的现代社会中，主要从事体力劳动的直接生产工人的比重大大减少，而主要从事脑力劳动的科技人员、管理人员的比重则大大增加，这就是说，复杂劳动所占的比重不断扩大。科技人员的劳动创造价值不等于科技本身创造的价值。科技人员的劳动是一种活劳动的形式，科学技术则是一种物化劳动的形式。商品的新价值只能由活劳动所创造，而物化劳动形式的科技本身不创造新价值。科学技术在转化为现实的生产力时，分别作用于生产力中的物的因素和人的因素。物的因素包括劳动资料和劳动对象，人的因素包括工人、管理人员和科技人员。管理人员的劳动也是一种复杂劳动（主要是脑力劳动）。管理劳动是整个生产劳动的不可分割的一部分。管理劳动首先是一种具体劳动，因为在社会再生产过程中，必须进行计划、组织、协调、指挥、监督等一系列的管理活动，可见，管理劳动是一种与生产使用价值有直接关系的有用劳动。管理劳动又是一种抽象劳动。管理人员的劳动与其他生产者一道作为生产过程的人力资本因素，利用物化劳动因素，生产出物质产品，并使自己的劳动凝结于新商品之中，它所耗费的劳动时间，当然也和实际生产使用价值的劳动一样，形成必要劳动时间的一部分，构成商品的价值。也就是说，管理人员的劳动与其他生产人员的劳动一起形成新价值。由于管理劳动是一种复杂的高级智力劳动，因此，它在商品新价值形成中的贡献是多倍的简单劳动的贡献。比如，管理者通过对生产要素的合理配置，可以避免生产性资源的闲置和浪费，从而以最少的投入获得最大的产出和收益。

通过分析生产过程及其与分配的关系，我们可以得出这样的结论：劳动关系是物质资料生产过程中各生产要素之间的合作关系及贡献分配关系。在商品生产过程中，各生产要素均作为资本进入劳动过程。在分配过程中，按资本要素的贡献获得报酬。揭示简单劳动与复杂劳动的区别，有助于准确理解劳动分配的差异。劳动合同的经济本质就是资本要素的合作关系。

（二）劳动关系的法律性质

在现代市场经济条件下，界定生产要素的产权与预期收益是微观经济活动的一个重要前提。一定的产权制度是由一定的经济所有制所决定的。我国实行多种所有制并存的经济制度，因此，相应存在多种生产要素产权。如生产资料产权、货币资本产权、土地资本产权、技术资本产权、人力资本产权（企业家产权）、

---

① 《马克思恩格斯全集》（第23卷），人民出版社1972年版，第556页。

劳动力产权等。在生产劳动过程中，人们在生产要素上形成的所有、占有、支配、使用、处分、转让、收益等关系，受到成文或非成文的法律的承认和保护，在法权方面分别表现为所有权、占有权、支配权、使用权、处分权、转让权和收益权。一切所有权主体的追求都是期待其所有的生产要素实施能够带来一定的经济利益，否则就会缺乏其存在的意义，这就是收益、受益或得益的关系。

现代市场经济中产权制度的典型特征是权能结构的分离。如在现代公司制企业中，出资者产权与法人财产权是产权关系中最重要的两个权利。其中，出资者产权包括财产的所有权和收益权，法人财产权包括对财产的占有、支配、使用、处分、转让等方面的权利。按此逻辑，可以说劳动合同的法律本质就是生产要素产权的合作关系。而在典型的公司制企业中，生产要素产权的合作是建立在完全的要素产权权能分离基础之上的。如劳动力产权权能中所有权与使用权的分离。

从产权的角度看待企业收益分配，可以说，就是要素所有权合约关系上的利益分配。西方市场经济国家和我国市场经济实践均表明，现代公司制的产权关系和制度安排虽解决了物质资本所有者对经营管理者的监督、激励和风险分配问题，而普通劳动者（蓝领工人）的“人力资本”却被排除在外，排斥了劳动者参与企业管理和剩余利润分享的可能性。劳动力要素的积极性没有调动起来，成为提高现代企业组织效率的障碍。20 世纪 70 年代后发展起来的“利润分享制”基本解决了这一问题。如日本公司制企业通常把利润按一定比率分给股东后，将其剩余部分以工资外的附加形式分给企业全体职工，包括与个人劳动贡献挂钩的奖金、退休金、职工住宅、保健设施、旅游度假等附加性福利。这种利润的分享，把企业职工的利益与企业经营效益、企业的长期发展联系在一起。继“利润分享制”，90 年代以后，股票期权制度作为对公司高级管理人员的激励机制报酬制度在美国广泛推行。“股票期权”是指公司董事会与职业经理签订合同，授予经理在未来基本时间段内经营管理者以约定价格购买一定数量的公司股票的选择权，经理人员获得的收益为股票市场与行权价的差额。[①] 比较“利润分享制”与“股票期权”制度，我们认为，前者能够体现人力资本的收益，可以纳入劳动合约的范围。

（三）劳动关系的形成因素

劳动关系的形成，也可以从经济与制度两个角度来分析。从经济活动角度来说，劳动关系的形成是商品生产与产品分配同步的。生产要素的供求关系和初次分配等市场因素决定着劳动关系的形成状况。从制度角度来说，劳动关系又是一种合约关系，当事人之间的合意是合约的基础。同时，由于就业和社会保障是宏观经济的重要内容，就业水平高低、分配公平程度和社会保障水平直接关系到国

① 逄锦聚等：《政治经济学》（第二版），高等教育出版社 2003 年版，第 198～200 页。

家经济能否可持续发展，因此，劳动关系的形成在一定程度上受到国家的社会政策与法律等制度影响，不完全受市场交换条件的支配。国家意志透过政策和法律制度作用于劳动关系当事人之间的劳动合约。如劳动合约中的弱势群体就业条件、最低工资标准、社会保险标准、休息休假标准等，都体现了国家意志对劳动合约的干预，以实现就业公平和再分配的公平。从人力资本角度来看，政府对劳动合约的干预基础在于人力资本具有私人产品与公共产品属性。① 总之，市场效率、意思自治与制度公平等重要因素直接影响着劳动关系的形成状况。这些因素相互作用通过劳动合约体现出来。

从历史发展来看，劳动关系源于私人雇佣关系。雇佣制度在古罗马时代即已存在，并发展至今。但劳动关系产生的经济基础是资本主义私有制的工业大生产，并独立于私人雇佣关系，摆脱了人身依附关系。在以公有制为主体多种经济形式并存的我国社会主义所有制中，存在多种雇佣关系，既有劳动关系、人事聘用关系，又有类似私人雇佣关系的劳务关系。劳动关系产生发展和特质，决定了劳动合同特质。

二、劳动合同的法律概念与特点

作为法律概念的劳动合同，是劳动关系的法权表现形式。国外有的劳动法学理论将劳动合同视为劳动关系产生的契约，该契约以劳务为基础，该契约关系表现为雇佣关系中雇主与雇员之间的权利义务关系，如雇佣义务、雇佣请求权等。雇佣关系可以是个别劳动法上的意思自治的结果，也可以是其他法律规定的结果。② 在西方劳动法学与法律上，雇主与雇员又常常被表述为“资方与劳方”。我国有的理论认为，劳动合同，或称劳动契约、劳动协议，是劳动者和用人单位之间确立、变更和终止劳动权利和义务的协议，是确立双方当事人存在劳动法律关系的一种法律形式。③ 劳动关系既表现为静态的关系，也表现为动态的过程。动态过程就是劳动合同权利与义务的明确、履行、变更、解除乃至终止的过程。因此，劳动合同是劳动关系当事人之间依法确立劳动关系，明确、履行、变更、解除或者终止劳动权利与义务的协议。在法律上，我国《劳动法》第 16 条对劳动合同作了界定：“劳动合同是劳动者与用人单位确立劳动关系、明确双方权利

① 胡永远：“人力资本投资理论研究新进展”，载《经济学动态》2005 年第 1 期，第 72～75 页。

② ［德］W. 杜茨：《劳动法学》，法律出版社 2005 年版，第 35～46 页。

③ 李欣宇：《中华人民共和国劳动合同法精解》，中国政法大学出版社 2007 年版，第 1 页。

和义务的协议。”该法根据我国经济和社会生活实际将劳动关系当事人表述为“劳动者与用人单位”。其中，“劳动者”又可表述为“职工”。这些都是中国的语言特色，在语词上，属于中性词，可以避免“资方”与“劳方”这种在经济地位上在语词上明显对立的表述。另外，雇主概念的外延比“用人单位”的外延大，雇员概念也比劳动者概念的外延大。劳动者主要是指与商品生产活动直接相关的体力工人（蓝领）和脑力工人（白领）以及一部分非商品生产领域的工人。这说明我国劳动合同调整的劳动关系，没有涵盖社会生活中存在的全部雇佣关系，只是其中的一部分雇员与雇主单位之间的劳动关系。其他雇佣关系属于非劳动合同意义上的合约关系，有的将其称为“民事关系”，有的将其称为“劳务关系”。从某种意义上讲，这反映了我国劳动合同所调整的雇佣关系范围的局限性。需要指出，在“雇佣”、“劳务”以及“劳动”等概念的使用上，存在着非规范性现象，日常生活用语与法律用语之间存在着显著差别。如日常生活中使用的“雇保姆”、“请帮工”、“临时工”、“聘用”等均非规范的法律用语。另外，即使在劳动合同法律中，也存在“劳动”与“劳务”概念并用的现象。如“劳务派遣合同”。因此，合理理解“雇佣关系”、“聘用关系”、“劳动关系”与“劳务关系”及其相应的合同形式，需要考虑特定的语境。

劳动合同的概念还可以作广义与狭义的区分。在“劳动合同法”概念中，劳动合同包括个别劳动合同、集体劳动合同、劳务派遣合同和非全日制用工合同，而在狭义上专指“个别劳动合同”。

劳动合同是一种特别雇佣合同，其与一般雇佣合同、劳务合同、聘用合同之间存在一些区别。这些区别可以体现其基本特点。

各国立法和理论对劳动合同与雇佣合同的关系有不同的规定和看法。劳动合同与雇佣合同有着密切的历史渊源。① 在权利义务关系上，两者表面上非常相似，都是一方提供劳动，另一方支付报酬的关系。在德国，劳动合同属于雇佣合同的一种，似乎唯一的区别就是法律依据不同：雇佣是由民法来调整的，而劳动合同则是由劳动法调整的。劳动合同从雇佣合同中分离出来后，便具有了其自身的独特性。两者的主要区别表现为以下几点：一是发展历史不同。雇佣合同自罗马法就已存在，沿袭至今。而劳动合同则是资本主义工业化大生产的产物，是国家干预雇佣关系的结果。由于工业大生产的迅速发展，资本主义社会出现了劳动力的相对过剩，从而使资本家（雇佣人）和劳动者（受雇人）之间出现了一种极为不平等的关系。劳动者为改变这种不平等状况，进行了长期的艰苦斗争，迫使资本主义国家采取一系列妥协措施修正雇佣合同在自由平等的面纱下的雇佣人与受雇人之间的不平等关系，劳动合同才由此而生。二是国家干预的程度不同。

① 周长征：《劳动法原理》，科学出版社2004年版，第120～122页。

雇佣合同的双方当事人根据“合同自由、平等协商”的原则，对合同条款的拟定享有较大的自由协商的权利。而在劳动合同中，国家往往以强行法的形式为劳动合同的很多条款规定了最低标准，以此干预劳动合同内容的确定。① 国家一方面以劳动基准法的形式规定了劳动合同的条件，另一方面又以劳动关系法的形式建立了集体协商和集体合同制度，从而使劳动合同内容同时受制于法定标准和集体合同。这与自由协商订立的雇佣合同显然有着本质的区别。三是法律假设不同。劳动合同的本质特征在于劳动者的从属性。民法所规定的雇佣合同是在自由、平等的人格关系上成立的合同。有的认为，应在区分社会关系与法律关系不同性质的角度对二者进行分析，雇佣关系与劳动关系在原生态下是同质的，为劳动与报酬的交换，而劳动法律关系则由于社会化而不同于雇佣法律关系，雇佣法律关系走向社会化色彩的劳动法律关系是一个渐进的必然的过程。② 有的则认为，劳动关系是具有从属性的雇佣关系，在法律适用上应当首先适用劳动法的规定，在缺乏劳动法律规范时，适用民事法律规范，以弥补劳动法的空白。

对于劳动合同与劳务合同的关系，理论与实践上存在不同看法。有的主张劳务关系及其合同具有独立性和存在的必要性，而有的反对赋予劳务合同以合法的身份。如有人提出，劳务合同是指一切与提供活劳动服务（劳务）有关的协议。广义的劳务合同包括我国《合同法》规定的承揽合同、建设工程合同、运输合同、保管合同、仓储合同、委托合同、行纪合同、居间合同等。狭义的劳务合同仅指私人之间的雇佣合同，即由双方当事人约定，在确定或不确定的期间内，一方向他方提供劳务，他方给付报酬的合同。其中，劳务关系是指两个或两个以上的平等主体之间就劳务事项进行等价交换过程中形成的一种经济关系。③ 这种经济关系具有几个基本特征：（1）主体平等且不确定。可以是法人之间、自然人之间或者法人与自然人之间的关系。（2）内容与表现形式多样化。劳务关系的确立可以采取书面形式，也可以采取口头形式。（3）劳务的提供者自主管理、自由支配劳动力，劳务的需求者一般仅享有劳动成果，不对劳务提供者的劳动进行管理和控制。由于劳务需求者仅关心劳动成果，劳务提供者仅对劳动成果负责，因此，经过劳务需求者同意，可以由第三人替代履行合同，或不经劳务需求者同意，将部分（辅助）劳务交由第三人完成。相反，有人认为，“劳务合同”的概念非常模糊，既包括雇佣合同，也包括承揽合同，甚至有的地方将招收外来工形成的劳动关系称为“劳务关系”，有的地方将下岗、待业的劳动者到其他单

---

① 郭明瑞、王轶：《合同法论》，中国政法大学出版社 1997 年版，第 365 页。

② 董保华：《劳动合同研究》，中国劳动社会保障出版社 2005 年版，第 56～58 页。

③ 参见《北京人才市场报》2007 年 5 月 10 日第 2 版。

位劳动所形成的关系也称为“劳务关系”。[①] 劳务关系甚至成为一些单位规避劳动法法律制度的“避风港”。[②] “劳务合同”、“劳务关系”都不是法律概念，随着劳动法制观念的发展，所谓的“劳务合同”将会从劳动法领域中消失。[③] 有的认为，劳动关系与劳务关系在本质上是一致的，都具有从属性的本质特征，只是随着社会化的过程导致法律调整方法发生变化，从发展过程来说，劳务关系逐渐被劳动关系所取代，这个渐进过程取决于各个国家经济发展程度，各国都基于本国的实际情况对由劳动法所调整的劳动关系有所限制。[④]

理论上区分劳动合同与劳务合同的区别强调三个方面：首先，劳动合同的当事人不是一般的民事主体，而是代表着社会中最有活力的阶层利益，即企业家群体和劳动群体。劳动合同双方当事人之间不仅仅是一种债权债务关系，而且还具有社会连带关系的性质。这一点也决定了国家对于劳动合同的调整，应当有别于普通债权债务合同。其次，两种合同所遵循的基本原则有些差别。一般的民事劳务合同适用平等自愿、等价有偿原则，而劳动合同首先适用的是合法、公平正义、劳动自由和三方合作原则。只有在不与劳动合同特有的原则冲突的情况下，才能适用民法的基本原则。例如，由于劳动者和劳动力使用者之间经济实力悬殊较大，因此，民法中的平等原则对于劳动者而言只能是画饼充饥。为了平衡劳动者与劳动力使用者之间的不平等问题，劳动合同法在权益的制度安排上适当向劳动者的利益倾斜，从而使双方能够真正地平等协商。再次，在权利义务的配置方面存在区别。民事合同当事人是平等的民事主体，其权利义务是对等的。如果双方的权利义务存在着重大的不公平，当事人可以请求法院或者仲裁委员会撤销或者变更合同。劳动合同法把劳动力使用者和劳动者视为不平等的主体，赋予劳动者较多的权利，要求劳动力使用者承担更多的责任，双方的权利义务在很多方面是不对等的。如在劳动合同单方解除权方面，劳动合同法赋予了劳动者更多的自由，而对用人单位给予更多的条件限制。最后，在劳动合同诉讼方面，对于许多纠纷实行举证责任倒置，由用人单位对劳动者的主张承担举证责任。

实践中，劳动行政部门也往往对劳动合同与劳务合同加以区别。[⑤] 如从合同的内容来看，劳动合同规定的是劳动者作为用人单位的一个成员，承担一定的工种或职务工作，并遵守用人单位的内部劳动规则和其他规章制度，用人单位负责

---

① 周长征：《劳动法原理》，科学出版社 2004 年版，第 119～120 页。

② The American Bar Association（1997）, Guide to Workplace Law, Times Books, p. 6.

③ 杨德敏：“论劳动关系与劳务关系”，载《河北法学》2005 年第 7 期，第 140～143 页；郑尚元：“雇佣关系调整的法律分界”，载《中国法学》2005 年第 3 期，第 89～95 页。

④ 周长征：《劳动法原理》，科学出版社 2004 年版，第 121 页。

⑤ 董保华：《劳动法论》，世界图书出版公司 1999 年版，第 75 页。

分配工作或工种，按照劳动者劳动的数量和质量支付劳动报酬，并根据劳动法律、法规和双方协议约定提供各种劳动条件、社会保障和福利待遇；而劳务合同的内容是一方提供劳务而另一方给付报酬，在意思自治的原则下，当事人自由选择约定。从适用的法律规范来看，劳动合同由劳动法律规范来调整；而劳务合同由民事法律规范来调整规范。从合同的法律责任后果来看，违反劳动合同可能承担行政责任、民事责任甚至刑事责任；而违反劳务合同一般只承担民事赔偿责任，而不涉及行政责任和刑事责任。从合同主体及其资格来看，劳动合同的用人主体主要是依法取得生产经营资格的组织；而劳务合同的用人主体可以是自然人或家庭。劳动合同的被雇用主体一方必须是成年人或被视为成年人且没有达到退休年龄、没有完全丧失劳动能力的劳动者，特殊行业要经过审批；劳务合同的被雇用主体一方则只须具备民事行为能力。从劳动过程来看，劳动合同关系的被雇用一方必须接受用人方的劳动管理；劳务合同关系则不需要接受用人方的劳动管理。

劳动合同与劳务合同的区别还可以从更加微观的层面来分析。如劳动合同与承揽合同的关系。有人指出，二者的区别体现在：第一，承揽合同具有独立性，而劳动合同具有从属性。承揽合同的当事人在合同生效后，双方之间不存在组织领导关系，承揽人在完成工作中具有独立性。而劳动合同生效后，劳动力使用者与劳动者之间存在领导组织关系，劳动者在工作中服从劳动力使用者的安排指挥。① 第二，合同标的不同。承揽合同的标的是承揽人完成的工作成果，定作人所需要的并不是承揽人的劳动过程；而劳动合同的标的是劳动者提供的劳动本身，劳动力使用者所需要的就是劳动者的劳动，主要是劳动的量，也包含劳动的质。第三，报酬请求权不同。承揽合同的承揽人只有在交付工作成果后才能取得报酬。不交付成果，即使付出了劳动也不享有报酬请求权。而在劳动合同中，只要劳动者给付了劳动，不论成果如何，劳动力使用者都必须支付报酬。第四，对第三人的侵权责任承担不同。承揽合同的承揽人在完成工作过程中致人损害的，由承揽人自己承担责任，与定作人无关；而劳动合同中的劳动者在完成工作中致人损害的，劳动力使用者依法须承担相应的民事责任。第五，劳动工具的供给不同。承揽合同的承揽人为了完成工作需要自备劳动工具，而劳动合同中的劳动者不需要自己提供生产所需的设备或工具。承揽合同与劳动合同虽然存在区别，但在一定条件下可以相互转化。实践中，有的企业为了节省成本，将工作任务分解后“承包”给劳动者个人，由劳动者在家中自己完成工作，自己决定工作时间和工作进度。相应地，双方之间不再签订劳动合同，而是签订承揽合同。这样，劳动者就从企业职工身份转变为独立的“承包人”（independent contractor），双

---

① 周长征：《劳动法原理》，科学出版社2004年版，第122页。

方之间的关系也从劳动关系变成了承揽关系。这样做的好处是，企业就不需要向劳动者提供劳动工具，并且能够节省监督成本，特别是不需要为劳动者承担各种社会保险和劳动保护费用，从而规避了劳动法与劳动合同法的适用。在美国，独立承包人与临时工（the temp）、钟点工（part timer）等形式的劳动者一起，被称为“附随劳工”（the contingent workers）。在1996年，附随劳工占据了美国全部劳动力的25%。专家估计，附随劳工比全职劳动者可以节省20%至40%的费用。① 在中国，这种承揽性质的附随劳工也有日益增多的趋势。例如在服装行业，很多产品都是工厂发包给劳动者个人，由其独立在家完成。服务贸易的全球化催生了服务外包项目，不仅一些传统服务项目如会计，而且一些新兴行业服务如软件设计制作，扩展了承揽的范围。

劳动合同与聘用合同之间也存在一些区别。在规范意义上，聘用合同专指依据我国有关人事制度的法律规范所签订的雇佣合同。按照市场经济对人事管理改革的要求，我国进行了人事制度分类改革，目的是实现事业单位的社会化管理。在我国已经制定《公务员法》的情况下，具有公务员身份的国家机关工作人员管理依照《公务员法》的规定进行。事业单位则实行聘用制，变身份管理为岗位管理。为此，我国制定了一系列相关实体规范和程序规范，如《深化干部人事制度改革纲要》（中办发〔2000〕15号）、《关于加快推进事业单位人事制度改革的意见》、《关于深化科研事业单位人事制度改革的实施意见》（人发〔2000〕30号）、《关于在事业单位试行人员聘用制度的意见》（人发〔2002〕）和《国务院办公厅转发人事部关于在事业单位试行人员聘用制度的意见的通知》（国办发〔2002〕35号）以及《人事争议处理暂行规定》（人发〔1997〕71号）、《人事争议处理办案规则》、《人事争议仲裁员管理办法》（人发〔1999〕99号）、《关于推动人事争议仲裁工作有关问题的通知》等。同时，最高人民法院也发布了《关于人民法院审理事业单位人事争议案件若干问题的规定》（法释〔2003〕13号）。事实上，我国事业单位中存在三种雇佣关系：一是按照《公务员法》管理的雇佣关系，其中的雇员属于政府任命的党政干部；二是按照聘用制度管理的雇佣关系，其中的雇员属于拥有专业技术职称的技术性劳动者（职工）；三是按照劳动法管理的雇佣关系，其中的雇员属于非专业技术职称的“合同制”劳动者（统称“合同工”）。随着人事制度的社会化改革，我国事业单位实行的“聘用合同”制度可能与现行的“劳动合同”制度相融合，或者作为特别的“劳动合同”制度。

通过上述比较分析，结合我国实际，可以认为，劳动关系是用人单位与劳动

① 杨晓蓉：“劳动关系与雇佣关系的界定及实务问题探讨”，载《中国劳动》2005年第8期，第32~34页。

者在运用劳动能力实现劳动过程中形成的一种社会关系。①劳动合同关系中，劳动者必须加入某个用人单位，成为该单位的一员，并参加单位的生产经营活动，遵守单位内部的劳动规则；而用人单位则必须按照劳动者的劳动数量或质量给付其报酬，提供工作条件，并不断改进劳动者的物质文化生活。这种社会关系具有几个基本特征：其主体是确定的，即一方为用人单位，另一方为劳动者；其内容以劳动力所有权与使用权的分离为核心；它是受政府干预的社会关系，是兼具平等性与不平等性、人身属性与财产属性、民事责任与行政责任的社会关系。劳动合同是一种特殊的雇佣合同，其特殊性是由其所调整的劳动关系的特点决定的。虽然劳动合同法不是劳动基准法，但是劳动合同首先突出体现了当事人意思自治与国家干预的结合。劳动合同首先是劳动力使用者和劳动者作为平等主体而签订的合同，双方在一定范围内享有意思自治的权利，双方通过协商确定合同的条款，并且可以通过协商一致变更、终止合同。但与此同时，国家通过劳动立法对劳动合同的订立、效力、履行和终止等各方面进行干预，以纠正因双方缔约地位不平等而造成合同履行结果不公正问题。意思自治与国家干预二者在劳动合同中同时并存，构成了劳动合同的一个重要特征。劳动合同的国家干预突出表现在劳动合同内容的法定性方面，即劳动合同的有些条款是不允许合同当事人双方随意变更的，而只能依法行事。其次，劳动合同是诺成、双务、有偿合同。劳动者与劳动力使用者就劳动合同条款达成一致，劳动合同即可成立。因此，劳动合同是诺成合同。劳动合同具有双务合同的特征，一方的权利就是对方的义务。劳动合同是有偿合同，劳动力使用者应根据劳动者劳动的数量和质量给付劳动报酬，不能无偿使用劳动力。作为有偿的合同，劳动合同区别于委托合同。②最后，劳动合同属于继续性合同。按照合同法上的分类，合同可以分为一时合同和继续性合同，劳动合同属于继续性合同。所谓一时合同，是指合同的内容因一次给付就可以实现，包括一次给付合同和分期给付合同两类。如买卖、赠与和承揽。所谓继续性合同，是指合同的内容不是一次性给付所能够完成，而是继续地实现，其基本特征在于时间因素在债的履行上居于重要地位，总给付内容取决于应为给付时间的长度。③如雇佣、租赁、合伙等合同。这种区分的意义在于，原则上，继续性合同的债务不履行，当事人只能终止合同而不能解除合同。在德国法上，终止合同只具有向前的效力，而解除合同则具有溯及力，即合同一旦解除，原来已经履行的部分也归于无效。对于劳动合同等继续性合同而言，当事人之间的相互信

---

① 杨德敏："论劳动关系与劳务关系"，载《河北法学》2005年第7期，第140～143页。

② 董保华：《劳动法论》，世界图书出版公司1999年版，第53页。

③ 冯彦君：《劳动法学》，吉林大学出版社1999年版，第110页。

赖是合同继续存在的基础，只有当事人精诚合作，各尽其力，才能实现合同的目的。一旦丧失了这种信赖基础，则合同就没有继续履行的可能和必要，因此，法律允许一方当事人终止合同。但是，合同的终止并没有溯及力，已经履行的部分不能视为不当得利，当事人仍享有报酬请求权。而且，合同终止之前发生的损害赔偿请求权，不因为终止权的行使而受影响。合同终止后所为的给付，原则上应当按照不当得利来对待。

在逻辑上，劳动合同属于特别雇佣合同。其他类型的雇佣合同主要包括劳务合同和聘用合同。对于不属于《劳动法》和《劳动合同法》所规定的劳动关系，同时又具有一方提供劳动，另一方支付报酬的特征的法律关系，可以按照其他雇佣关系处理。

三、劳动合同的性质

对于劳动合同的性质，学理上一直认为有很大的争议。主要理论观点可分为以下四种：

1. 雇佣合同说。此说认为劳动合同在本质上属于雇佣合同的一种特殊形式，劳动使用者与劳动者之间完全是一种债权债务关系。依据劳动合同，劳动者有给付劳动的义务，而劳动使用者相应地有给付工资的义务。民法关于雇佣的规定，原则上都适用于劳动合同。但是，如果劳动法有特别规定的，则根据特别法优先于普通法的一般规则，适用劳动法规定。德国立法基本上采用了雇佣合同说。德国调整劳动合同主要靠两方面的法律：一方面是《德国民法典》第 611 条至第 630 条关于雇佣合同的规定，这是最基本的法律依据；另一方面是专门制定的有关劳动合同的特别法，如工资续付法、休假法、解雇保护法等，这些法律对劳动合同作出一些限制性的规定。在德国，雇佣合同比劳动合同含义更广，还包括独立的、不受指示约束的劳动。由于劳动合同是雇佣合同的主要内容，所以可以说，《德国民法典》中雇佣合同的规定是调整个别劳动关系的最主要的法律渊源。① 日本、奥地利等国家以及我国台湾地区与德国的体系大致相同。德国体系的优点是：在劳动合同专门立法不完备的情况下，可以参照适用民法中的一些原则性规定，避免出现无法可依的情况。另外，这样的立法体系也可以最大限度地保持法律体系的安定性，减少立法成本。但是德国体系也存在着明显的缺点，主要是立法结构非常复杂，而且在理念上因循守旧，缺乏开拓精神。

2. 身份合同说。此说认为劳动给付与受领并非单纯的债务合同，尤其是从

① 劳动部劳动科学研究所：《中国劳动科学研究报告集》，中国劳动出版社 1998 年版，第 342 页。

劳动地位的取得来观察，其身份性特征就更明显。史尚宽先生认为，劳动契约有身份契约的性质，即受雇人在从属的关系提供劳动之契约。[①] 从历史上看，雇佣劳动关系在日耳曼法中就属于身份法的一部分。在英国，雇佣关系过去适用关于主仆关系（master and servent）的法律，与处理亲子关系遵循相同的原则。[②] 中国一些学者也主张劳动合同的双重性，即劳动合同既具有债务合同的性质，又具有身份合同的性质。如认为“劳动关系兼有人身关系和财产关系的性质”。[③]“劳动合同的内容既具有财产属性，又具有一定的人身关系属性。”[④]

3. 租赁合同说。此说沿袭罗马法的思想，将劳动关系视为租赁关系，劳动力为租赁物，劳动关系消灭后就应当返还劳动力。如《法国民法典》继承了罗马法的这种规定，将雇佣合同视为一种租赁，其第 1708 条规定：租赁契约可以分为两种，即物的租赁契约和劳动力租赁契约。

4. 独立合同说。此说认为，劳动合同不同于民法中所有的典型合同，已经形成了一种独立合同。这是目前劳动法学理论的通说。

上述四种学说，基本反映了劳动合同发展的历史渊源。在简单商品经济时代，租赁合同说占据主导地位。但劳动力毕竟不同于一般的租赁物，把劳动力当做租赁标的不够科学。封建农业经济时代，劳动者与劳动力使用者之间的关系具有较多的人身关系性质，因此身份合同说占据主导地位。到了自由资本主义时期，劳动力被视为商品，可以自由交易，而且劳动者与劳动力使用者之间是各自完全独立的，不存在任何身份关系，于是雇佣合同说取代了租赁合同说，成为主流学说。但是，无论是租赁合同说还是雇佣合同说，都将劳动力作为合同的标的，把劳动者分类为劳动力和人格主体两部分。而事实上，劳动力和劳动者的人格是不可分割的，把劳动力作为合同的标的，最终会损害劳动者的人格尊严。身份合同说表面上似乎没有将劳动力作为商品看待，但这种学说却降低了劳动者的地位，把劳动者置于劳动力使用者的“庇护”之下，因此同样不承认劳动者的独立人格地位。

20 世纪以后，随着工人运动的发展和人权意识的觉醒，越来越多的人呼吁尊重劳动者的主体地位，反对把劳动力作为商品。最具代表性的是 1944 年国际劳工组织的《费城宣言》，直接宣称“劳动力不是商品”。在国内法上的例子，最突出的是瑞士对民法典的修改。瑞士在 1971 年对其 1911 年公布施行的债法进行了重大修订，将“雇佣合同”改称为“劳动合同”，这是民法典中正式以“劳

① （台）史尚宽：《劳动法原论》，正大印书馆 1978 年版，第 14 页。

② （台）黄越钦：《劳动法新论》，翰芦图书出版有限公司 2000 年版，第 120 页。

③ （台）黄越钦：《劳动法新论》，翰芦图书出版有限公司 2000 年版，第 115 页。

④ 周长征：《劳动法原理》，科学出版社 2004 年版，第 122 页。

动合同”取代“雇佣合同”的创举，标志着落后的“雇佣合同”概念从此由民法中消失。① 可见，劳动者的人格独立直接促进了劳动合同的独立，最终劳动合同发展成为一种独立的合同类型。

我国立法上采用了劳动合同独立的学说。《中华人民共和国合同法》（以下简称《合同法》）全面调整平等主体之间的各类民事经济合同关系。但是《合同法》没有规定雇佣合同或劳动合同。在《合同法》起草过程中，曾将“雇佣合同”写进了草案。但是国家立法机关将《合同法》草案向社会公布征求意见时，学界对《合同法》是否可以调整雇佣合同或劳动合同产生了激烈的争论，多数人反对将劳动合同纳入《合同法》。立法机关采纳了多数民众的意见，最后通过的《合同法》删除了草案中的“雇佣合同”部分。我们认为，立法机关的这种立法选择是合理的。由于德国等传统民法国家的民法典对社会的影响十分深刻，以至于积重难返，因此很难制定独立的“劳动合同法”来取代民法典中关于雇佣合同的规定。

在民国时期，中国就开始制定“劳动合同法”。1929 年劳动法起草委员会完成了《劳动契约法》草案的起草工作。民国政府于 1936 年 12 月 25 日公布了《劳动契约法》，但没有付诸实施。在法律性质上，尽管劳动合同已经取得了一定的独立地位，但其基本性质仍然属于私法的范畴。劳动合同与劳动法的其他部分不同，如劳动基准法、劳动关系法等部分属于典型的公法，而劳动合同则具有较强的私法属性。虽然国家对劳动合同进行了大量干预，但在各国劳动法中，劳动合同至今仍然要在一定范围内遵循平等自愿、意思自治等民法基本原则。如我国《劳动法》第 17 条规定：“订立和变更劳动合同，应当遵循平等自愿、协商一致的原则。”《劳动合同法》第 3 条规定：“订立劳动合同，应当遵循合法、公平、平等自愿、协商一致、诚实信用的原则。”就是说，劳动合同的订立，必须基于双方的自主自愿，这体现了平等自愿、契约自由的原则。双方当事人的权利义务，除法律明文规定者外，当事人都可以在劳动合同中约定，这体现了意思自治原则。劳动者一方应向劳动力使用者一方给付劳动，而劳动力使用者一方则应向劳动者支付报酬，这体现了等价有偿原则。事实上，国家对劳动合同的干预，主要体现在劳动条件和劳动合同终止两个方面。而在劳动合同的订立、效力、履行、变更、违约责任等方面，凡《劳动法》没有规定的，均可以参照适用《民法通则》与《合同法》的有关规定。

劳动合同的独立性实质上取决于劳动者权利的发展，而在形式上取决于独立的《劳动合同法》立法和执法体制、机构的存在。在与其他私法的关系上，《劳动合同法》既要体现独立性，又要与《民法通则》、《合同法》、《劳动法》等有

① 王泽鉴：《债法原理》（第一册），中国政法大学出版社 2001 年版，第 131 ~ 135 页。

关法律法规相互衔接，避免法律规定之间出现矛盾，影响《劳动合同法》的实效。

四、劳动合同在劳动条件决定体系中的地位

劳动条件决定体系是由劳动合同、内部规章制度、集体合同和国家规定的劳动条件最低标准强行法等几个部分构成。其中，劳动合同、内部规章制度、集体合同属于劳动条件决定的内在机制。原则上，劳动条件应由劳动合同当事人协商，即劳动条件应由劳动合同来决定，但实际上劳动合同在劳动条件中的决定作用逐步减弱。因为雇主基于经营管理和节约签约成本通常会制定一些企业内部制度，确定统一的劳动条件及程序。这些往往取代劳动合同的内容。而劳动合同的持续性特点也使得很多劳动合同的内容条款不够十分明确，以待后来确定。所以最初的劳动合同所决定的劳动条件也是不完整的。一般来讲，合同期限越短的劳动合同对劳动条件的决定作用越重要，而合同期限越长，劳动合同对劳动条件的决定作用则越小。

我国劳动条件决定体系的现状决定了我国劳动合同在劳动条件决定体系中的地位尤为重要。首先，劳动合同制度建立以来，劳动合同已经成为我国劳动条件决定的主要方式。《劳动法》、《劳动合同法》规定了劳动合同的必备条款和选择条款，要求在劳动合同中就主要劳动条件予以规定，明确权利义务。劳动条件中还存在企业规章和集体合同这种由统一规范所无法规定而由个别劳动合同来约定的内容。比较典型的如各个劳动者的工作场所、职位及其具体的工作内容。此外，劳动力“非同质”被广泛认识，劳动报酬个化趋向明显，劳动合同的作用越发重要。其次，集体合同制度不完善。集体合同是西方市场经济国家决定劳动条件的方式，即由工会与雇主或雇主组织对劳动条件通过谈判形成合意，作为订立雇主内部制度和劳动合同的依据。由于集体合同当事人之间的力量基本平衡，也就认为这种合意基本是双方真实意志的表现，具有法律拘束力。西方市场经济国家基本通过对工会力量的扶持来平衡市场力量，由市场决定劳动条件。我国虽于2004年颁布了《集体合同规定》，但集体合同决定劳动条件的作用仍然很弱。主要原因在于工会。在国有企业中，工会和企业的利益是一致的，一旦出现纠纷，通常会从企业一方的利益考虑；在非国有企业中，工会组会率较低，不能满足要求。第三，工会经济和人事无法独立于用人单位，影响了谈判能力。所以，集体合同无法成为劳动条件决定的主要方式。第四，用人单位内部规章制度缺乏规范。现代企业分工日益精细，企业规模日益扩大，雇员日益增多，如果企业与每个劳动者分别签订合同确定劳动条件，则不利于企业经营，因而要制定企业规章，统一规定劳动条件。企业内部规章在劳动条件决定中应该起着重要作用。由

于我国企业内部规章不健全，往往偏离有关法律法规，常常出现企业通过制定内部规章损害劳动者利益的现象，不规范的劳动规章难以作为确定劳动条件的一种依据。如果内部规章缺乏合意基础，则该条款只有成为劳动合同的一部分才具有拘束力。企业内部规章的制定，既是雇主的权利，更是雇主的义务，是促使雇主明确劳动条件，规范用人行为的方式。因此，必须完善企业规章的相关立法，规定制定规章的基本内容和程序。

五、劳动合同的分类

劳动合同可以按照不同的标准作出不同的分类。首先，按照劳动合同当事人在劳动关系中的作用，劳动合同可以分为个人劳动合同、集体劳动合同和劳务派遣合同。① 我国《劳动合同法》就此作了明确规定。其次，按照劳动合同的期限，劳动合同可以分为定期劳动合同与不定期劳动合同。定期合同是指劳动合同明确规定了合同期限，一旦合同到期，双方的权利义务关系即告终止。不定期合同，是指没有明确规定合同期限的劳动合同。因为没有期限限制，因此，劳动力使用者和劳动者双方随时都可以提出终止合同。但是，《劳动法》和《劳动合同法》一般均要求劳动力使用者终止劳动合同时应具备充分的理由，若没有正当的理由，这种解雇即属于无效的。这样就限制了劳动力使用者解除不定期合同的权利，防止任意解雇的发生，使得不定期劳动合同关系比定期合同关系更稳定。如我国台湾地区"劳动基准法"规定，只有临时性、短期性、季节性等特定性的工作，才能订立定期合同。凡有继续性的工作，都应当订立不定期劳动合同。② 我国《劳动法》和《劳动合同法》规定了三类劳动合同，即有固定期限的劳动合同、无固定期限的劳动合同和以完成一定工作为期限的劳动合同。其中，固定期限的劳动合同以完成一定工作为期限的劳动合同基本上相当于其他国家（地区）的"定期合同"。《劳动法》和《劳动合同法》规定无固定期限的劳动合同，是为了保护劳动者的权益，促进劳动关系的稳定。无固定期限的劳动合同实际上就是不定期合同。然而，在中国，无固定期限的劳动合同往往被理解为终身劳动合同，即在劳动者退休前，劳动力使用者负有维持劳动关系的义务。这样的理解和宣传，在特定历史条件下主要是为了促进劳动合同制度的顺利推行。由于我国《劳动法》和《劳动合同法》都没有将无固定期限的劳动合同解释为终身雇佣合同，因此并不意味着劳动力使用者必须要终身雇佣合同一方的劳动者，只是法律对于该类合同的终止规定了较高的限制条件和补偿标准，劳动力使

① W. 杜茨：《劳动法》，法律出版社 2005 年版，第 27～30 页。

② 周长征：《劳动法原理》，科学出版社 2004 年版，第 123～124 页。

用者若无正当理由不得擅自终止劳动合同。对于有固定期限的劳动合同，因为规定了存续期间，在合同期满或者合同目的已经完成时，劳动力使用者不需要提前通知就可以终止合同，而且不需要支付通知期内的工资和经济补偿金。而对于无固定期限的劳动合同，因为没有一定的存续期间，因此在合同目的已经实现，或者因为不可归责于劳动者的事由而终止合同的情况下，劳动力使用者应当提前通知劳动者，并且支付通知期内的工资，而且还要按照法定标准支付经济补偿金。因此，签订无固定期限的劳动合同对劳动者更有利，各国劳动法为了促进劳动关系的稳定，一般都鼓励双方订立无固定期限的劳动合同。再次，按照劳动者的身份不同，劳动合同可以分为工人劳动合同和职员劳动合同。传统上的劳动法将劳动者分为工人与职员，我国《劳动法》和《劳动合同法》所指的劳动者和职工的含义相同，包括职员和工人，并不强调职员与工人的身份区别，将他们都视为劳动者，与用人单位（主要是企业）形成对应的关系主体。依据我国《宪法》第44条的规定，职工不包括国家机关工作人员，而是指企业事业单位的职工。不过，在国外立法中，所谓“工人”，通称为“蓝领”，一般是指在车间或其他生产现场以体力劳动为主的劳动者。工人的报酬通常为月薪或周薪。所谓“职员”，通称为“白领”，一般是指从事行政管理或技术性劳动（如研究开发、技术管理）的劳动者。职员的报酬一般为年薪。由于工人与职员的工作性质以及追求利益不同，因此在西方国家工人与职员往往各自组成不同的工会，分别与劳动力使用者进行集体谈判，并且订立不同的集体合同。新中国建立以来，职员和工人之间在政治上和法律上具有平等地位，都是社会主义劳动者。但在工作中，将劳动者划分为干部和工人，这在国有企业中特别突出。他们在退休年龄、工资待遇、档案管理等方面都存在着很大差异。这种实际状况不利于现代劳动合同制度的顺利实施。最后，按照行业的不同，劳动合同还可以分为工业生产劳动合同、商业经营劳动合同、矿业生产劳动合同、海员服务劳动合同等。① 不同的行业具有不同的特点，因此在工资、工时、劳动保护等方面往往有不同的规定。国际劳工组织的很多公约都是分行业制定的。

六、劳动合同立法的变迁

劳动合同法是指用人单位与劳动者建立劳动关系，订立、履行、变更、解除或者终止劳动合同的法律规范。劳动合同法有狭义和广义之分，狭义的劳动合同法是指国家立法机关制定的劳动合同法典，如《中华人民共和国劳动合同法》；广义的劳动合同法是指包括劳动合同法典在内的所有调整劳动合同法律关系的法

① 周长征：《劳动法原理》，科学出版社2004年版，第124～125页。

律规范的整体。这些规范包括全国人大及其常委会制定的劳动法律、国务院制定的劳动行政法规、国务院主管部门制定的劳动行政规章、地方人大及其常委会制定的地方性劳动法规、地方人民政府指定的劳动行政规章、用人单位制定的合法的劳动规章等。在我国，除《劳动合同法》外，劳动合同法律规范主要集中在《中华人民共和国劳动法》规定的劳动合同内容和《中华人民共和国劳动争议调解仲裁法》规定的程序规范。

劳动合同乃劳动关系的核心，一切劳动关系均建立在劳动合同之上并由此展开。① 纵观劳动关系发展史，基本上是一个遵循私法理念和原则进行调整的过程。罗马法时代的劳动租赁契约式劳动关系的萌芽。19 世纪资产阶级古典自由主义的经济思想和古典自然法学派对现代意义上的劳动关系的保护影响深远，自由主义者舍弃劳动租赁，将劳动关系全面债权化，并以新的雇佣契约关系类型在立法中予以规定。典型的立法如 1794 年的《普鲁士普通法》、1896 年的《德国民法》、1911 年的《瑞士债法》均规定了雇佣契约，标志着劳动关系进入雇佣契约时代。把劳动关系纳入私法领域予以调整，是 19 世纪欧洲各国立法的共同特点。19 世纪末 20 世纪初，随着政府干预经济思想的兴起和市场经济的确立，以重视劳动力的支配权与保护劳动力所有人的人格权相互并重的理念确立起来，劳动法成为一个相对独立的法律领域，独立调整劳动关系，劳动雇佣关系最终从私法中脱离出来。这一时期，重视对劳动合同的财产关系和人身关系的共同调整的劳动合同法，成为劳动法的特别法而被许多国家的立法所确认。如 1900 年比利时制定了世界上第一部《劳动合同法》，1970 年印度制定了《劳动合同法》，随后，英国、德国、智利等国制定了单行的《解雇保护法》，多数国家则在其劳动法典或劳动标准法中专门规定劳动合同，如法国、日本、韩国、古巴等。

一个世纪以前，当通信、商业和贸易变得日益国际化的时候，雇主们特别呼吁在国内国际层面制定有关工作条件的规则，建立国际劳工标准，规范劳动力市场，劳动立法的规范作用得到承认和发挥。20 世纪 90 年代以来，“增加弹性”、“放松管制”和“经济全球化”成为劳动立法的关键词汇，众多企业开始呼吁放松管制，倡导建立更加自由、更加灵活的劳动力市场就业机制，与此同时，抵制雇主不限制地支配劳动力的呼声也在增加。为了获得长期经济繁荣，保护雇员（工人）基本权利的斗争具有重大意义。② 在欧洲，通常认为，劳动立法调整劳动关系的重要特征在于保护劳动者免受不公正的解雇。而在澳大利亚和美国，

---

① 黄越钦：《劳动法新论》，中国政法大学出版社 2003 年版，第 81 页。

② Simon Deakin and Frank Wilkinson, (1994) Right vs. Efficiency ? The Economic Case for Transnational Labor Standards, Industrial Law Journal, 23 (10), pp. 289 ~ 310.

"如果在终止合同前雇主依法提前通知，就无须过问解雇的动机和方式"。① 西方人认为，美国"雇用自由"原则在法律上的确立能够消除劳动力市场中存在的讨价还价的障碍，促进劳动力的快速流动。但是，在知识经济时代和经济全球化条件下，生产组织的结构和文化等发生了很大变化，劳动合同的角色和功能应当适应新的社会环境。

我国劳动合同制度产生于改革开放初期，形成于《中华人民共和国劳动法》的创立。经济体制由计划体制向市场体制的转型，政府与企业分离，政府与事业单位逐步分离，劳动力资源配置逐步市场化，劳动合同随之产生并发展。一般认为，改革开放后的劳动合同制度首先是从中外合资企业开始的。早在 1980 年 7 月 26 日国务院发布的《中外合资企业劳动管理规定》第 2 条第 1 款就规定："合营企业职工的雇佣、解雇和辞职，生产和工作任务，工资和奖惩，工作时间和假期，劳动保险和生活福利，劳动保护，劳动纪律等事项，通过订立劳动合同加以规定。"这是 1978 年以来最早的关于劳动合同的立法。我国第一份劳动合同是 1980 年深圳市外商投资企业竹园宾馆与其员工签订的。② 在国有企业，劳动合同制度最早于 1980 年开始在上海市试点。1986 年 7 月 12 日，国务院正式发布了《国营企业实行劳动合同制暂行规定》，规定"企业在国家劳动工资计划指标内招用常年性工作岗位上的工人，除国家另有规定者外，统一实行劳动合同制"。此后一段时间里，出现了固定工与合同工两种用工制度并存的现象。1992 年，劳动部发出《关于扩大试行全员劳动合同制的通知》，开始了全员劳动合同制的试点工作。1994 年 7 月 5 日七届全国人大常委会第八次会议审议通过《中华人民共和国劳动法》并于 1995 年 1 月 1 日起正式实施。《劳动法》专章规定了劳动合同和集体合同，标志着我国劳动关系正式纳入国家法律的调整范围。截至 2000 年 1 月，全国城镇国有企业、集体企业和外商投资企业签订劳动合同的职工约占职工总数的 98%。劳动合同制度的普遍推行，对我国劳动法制是一个质的转变，它标志着合同劳动关系已经全面取代计划体制时代的计划劳动关系。这是一场深刻的"从身份到契约"的运动，也是后来一切劳动和社会保障体制改革乃至于整个市场经济体制改革的基础和前提。

劳动力市场化与劳动关系市场化是劳动合同产生的基本条件。劳动关系合同（契约）化，是劳动关系的基本特点。社会主义市场经济体制的建立与完善要求建立比较完善的市场体系，其中包括劳动力市场建设。在劳动力市场上，劳动者根据自己的劳动能力与用人单位进行谈判，最终形成合意，达成劳动合同。市场

---

① 杨燕绥：《劳动法新论》，中国劳动社会保障出版社 2004 年版，第 231 ~ 233 页。

② "劳动合同：市场就业的'护身符'"，载《中国劳动保障报》2000 年 6 月 3 日第 2 版。

机制对劳动合同关系的运行起着支配作用。劳动关系呈现出双方利益主体明晰，劳动关系形成合同化、运行市场化、规范法制化的总体趋势。① 劳动合同制度确立了劳动者自主择业、用人单位自主择优录用的双向选择机制，实现了用人单位人事管理由身份管理向岗位管理的转变，由单纯行政管理向法制管理的转变。

我国劳动合同制度是1994年7月全国人大常委会通过的《中华人民共和国劳动法》确立的。实践证明，《劳动法》确立的劳动合同制度，对于建立与社会主义市场经济体制相适应的用人单位与劳动者双向选择的劳动用工制度，发挥了重要作用。《劳动法》实施以来，我国劳动关系的发展呈现多元化和复杂化，经济市场化、国际化、工业化、城镇化进程与经济结构调整进程的加快，对劳动市场产生了资本与劳动力的双重过剩的效应。② 相对于资本过剩，劳动力过剩问题更为严重，它减弱了劳动力的谈判、要价能力，强化了劳动力对用人单位的依赖程度。有的企业利用这种非对称博弈，为了自己的私利，损害劳动者利益，典型表现如用工不签合同，随意解除劳动关系，滥用试用期，为逃避法定义务签订短期劳动合同，滥用劳务派遣形式，限制劳动者自由择业和合理流动，集体合同签订率低甚至流于形式，等等。另外，劳动法执法检查发现，有的用人单位恶意克扣和拖欠工资。由于对这种行为缺乏有效处罚手段，有的业主甚至在拖欠工资后恶意逃匿，以此谋取非法利益。有的用人单位自定劳动定额、压低计件单价，变相强迫职工加班加点，掩盖其克扣工资、违反最低工资规定的等问题。资本强势与劳动力弱势的现象在各国（地区）普遍存在，但各国（地区）采取的法律措施有所不同。我国社会转型的特点决定了劳动力过剩现象在我国将长期存在。在此条件下，为了校正资本与劳动力的强弱对比关系，国家通过制定劳动合同规范对劳动者利益实行倾斜保护。

七、劳动合同法的理论基础

（一）劳动价值理论和分配理论

马克思在对古典政治经济学劳动价值论进行辩证分析和批判的基础上建立了科学的劳动价值论。马克思的劳动价值论从价值概念着手，运用从抽象到具体的分析方法，对价值实体、价值形成与决定理论、价值量理论、价值表现、价值转型与价值实现理论、价值实质与价值存在理论，进行逐层分析，构成了一个从抽

---

① 程延园："劳动合同立法：寻求管制与促进的平衡"，载《中国人民大学学报》2006年第5期，第79~85页。

② 王检贵：《劳动与资本双重过剩下的经济发展》，上海三联书店2002年版，第1~5页。

象到具体的科学的理论体系。[①] 这一理论的起点和根基就是，劳动创造价值，劳动决定价值。价值的创造与决定问题是马克思劳动价值论的核心。

"价值实体就是劳动，劳动量的尺度就是劳动持续时间。"[②] 马克思区分了个别劳动时间和社会必要劳动时间，认为商品的价值由生产该商品的社会必要劳动时间所决定，市场价格以价值为基础，从而得出劳动创造价值，劳动决定价值，劳动是价值的唯一源泉的价值创造一元论。价值创造一元论，并不等同于财富源泉一元论。他批判了"劳动是一切财富和一切文化的源泉"的观点，指出，资本、土地等非劳动因素等不创造价值，但不能否认非劳动因素在财富创造中的作用。他说："劳动生产力是由多种情况决定的，其中包括工人的平均熟练程度，科学的发展水平及其在工艺上的应用程度，生产过程的社会结合，生产资料的规模和效能，以及自然条件。""人只能像自然本身那样发挥作用，就是说，只能改变物质的形态。不仅如此，他在这种单纯改变形态的劳动中还要经常依靠自然力的帮助。"因此，劳动并不是它所生产的使用价值即物质财富的唯一源泉。正像威廉·配第所说："劳动是财富之父，土地是财富之母。"[③] 由于使用价值和价值同时内在地存在于财富或商品之中，因而财富的创造或商品的生产就是价值生产和财富生产的统一。其中，劳动创造价值的同时，劳动与资本、技术、土地等非劳动要素结合，共同创造了财富，价值构成财富的内核。马克思的劳动价值论的分析对象仅是生产性劳动，没有涉及非生产性劳动，不能涵盖劳动合同的所有对象。这是该理论的历史性局限。

生产关系决定分配方式。劳动创造和决定价值的理论命题并不意味着各种社会都是根据劳动分配财富或产品的。也从来没有把劳动价值论作为价值分配决定的依据。马克思认为，虽然财富的分配与价值的分配是同一过程，但人们所关心的和要求分配的是社会财富，而不是内在于社会财富之中的价值，价值不过是衡量社会财富的尺度标准，真正决定社会财富分配的因素是一定生产关系下的生产资料所有权。"一定的分配形式是以生产条件的一定的社会性质和生产当事人之间的一定的社会关系为前提的。因此，一定的分配关系只是历史规定的生产关系的表现。"[④] 生产关系的基础是生产资料所有制，其具体体现就是生产要素所有权。总是先有了要素所有权在社会各阶级和各阶层之间的分配，然后才是这种所有权在财富分配中获得一定比例。对生产要素所有权的垄断决定价值或财富的分

① 王炳书、胡金林："劳动价值论与分配方式"，载《江汉论坛》2003年第6期，第29～31页。

② 马克思：《资本论》（第1卷），中国社会科学出版社1983年版，第17页。

③ 马克思：《资本论》（第1卷），中国社会科学出版社1983年版，第19～20页。

④ 《马克思恩格斯全集》（第25卷），人民出版社1995年版，第997页。

配权，因为在迄今为止的全部人类历史中，相对于人类劳动而言，土地、资本、技术等生产要素一直是稀缺资源，而且生产要素在价值形成和财富创造中具有不可或缺的作用。如果劳动不与生产要素相结合，劳动创造价值的过程就会中断。这就是生产资料参与价值分配的根本原因。因而，如果离开生产资料所有制来谈“谁劳动谁所有”，就只能是一种幻想的“公平”和愿望。在以劳动者私人占有生产资料的小生产转变为生产资料社会化并集中在资本家手中的条件下，雇佣劳动就成了整个社会生产的通例和基本形式，成了工人的唯一终身职业。

作为庸俗价值决定论的代表，古典经济学家亚当·斯密和政治经济学家萨伊提出了“三位一体”理论，即“工资、利息和地租”是一切收入的三个原始源泉，也是一切交换价值的三个原始源泉。萨伊以效用价值论为基础，提出劳动、资本和地租三个要素在生产中都提供了服务，创造了价值和效用，因此，形成三种收入：劳动获得工资收入，资本获得利息收入，土地获得地租收入。

马克思的劳动价值论和庸俗价值决定论主要研究的是物质生产领域的直接生产过程的劳动，以及直接生产过程在流通领域继续的劳动，如包装、保管、运输等劳动，其他劳动则被视为非生产型劳动，不创造价值，也没有触及精神劳动，其相应的分配关系不能涵盖劳动合同法的全部经济权益。

社会主义劳动价值论和分配制度理论的创新发展。发展社会主义市场经济所处的社会环境与马克思创立资本论和剩余价值理论时所面对的和研究情况有很大不同：一是科学技术成为了先进生产力的集中体现和主要标志。二是传统的生产力三要素已经发展为多要素，知识、技术、信息、企业家才能等要素越来越重要，越来越稀缺和昂贵。三是劳动分工的链条扩展，劳动的范畴和作用方式发生了深刻变化。创造价值的劳动范畴由单纯的物质劳动扩展为物质劳动、精神劳动和服务劳动；工人的生产性劳动在许多现代产业部门中的含量和作用大幅度递减，各种非生产性劳动如管理性劳动、科技性劳动、服务性劳动的作用大幅度增加。四是劳动者的身份多重化。其典型形式为工人持股，特别是在本企业的持股。许多人既是劳动者又是资本等要素的所有者。五是跨国公司的发展，跨国服务与劳动的国际化。可以看出，在社会主义市场经济条件下，创造价值的活劳动在形态上发生新变化，生产劳动的范围大大扩展，不仅包括直接生产劳动，而且包含科技创新劳动、精神劳动、经营管理劳动、第三产业中的大部分劳动。马克思虽然重视科技劳动和脑力劳动，但他关注的是使用机器设备、与原料加工最近的直接生产过程，没有专门论述科技创新劳动和经营管理劳动创造价值的问题。在知识经济条件下，科技作为第一生产力，对经济增长的作用越来越大。而经营管理劳动是一种复杂劳动，高级智力劳动，第三产业的大部分劳动不仅应视为创造价值的生产性劳动，而且随着科技的发展和社会分工的延伸，第三产业创造的价值量已经成为国民经济的主体部分。承认经营管理劳动、科技创新劳动、服务性劳动等创造价值，确立了社会主义劳动价值论的理论基石。

在社会主义初级阶段，劳动力是最主要的生产要素，土地、资本等传统的生产要素继续短缺，同时，技术、管理、知识、信息等新生产要素已成为价值创造过程中不可或缺的条件，而且作用日益显著。根据生产力决定生产关系，进而决定分配关系的原理和兼顾公平与效率的原则，生产资料多元所有制形式决定了我国初级阶段必须实行按劳分配和按要素分配相结合的收入分配制度。在公有制经济内部，劳动者联合劳动的产品在通过市场交换实现价值后实行按劳分配。在混合所有制和其他非公有制经济内部，实行多种要素参与收益分配的制度。按劳动分配即按照劳动的数量与质量进行分配，是我国占主体地位的分配制度。按要素分配是要素所有者凭借对社会财富生产及其价值形成作出贡献的生产要素所有权参与分配。如果将价值创造等同于财富创造，过分强调劳动在价值创造中的作用，而忽视资本、土地、技术、管理等生产要素对财富创造的作用，不利于生产力的发展。反过来讲，轻视劳动创造财富的价值，轻视劳动者权益的保护，也必然造成第一要素的不稳定，甚至生产和工作的停滞。

（二）人力资本理论

人力资源管理理论和劳动关系理论是两种既相互独立又密切联系的理论或学科。尽管人力资源管理理论倾向于站在雇主的立场上，而劳动关系理论倾向于站在劳动者立场上研究劳动关系的协调，但人力资源管理理论在其发展过程中与劳动关系理论的融合性在加强，对立性在减弱。① 人力资源管理理论在其萌芽阶段和科学管理阶段所形成的忽视人性价值，以工作或生产为中心，把人看成机器和只有经济需求的“经济人”，偏向于机械性效率，对人的管理以强权管理的为主的理论特色。在依次发展到人际关系阶段、行为科学阶段、人力资本管理阶段以后，被人力资本，把人作为社会人，关注组织内外部因素对劳动者行为的影响，重视劳资协调与和谐，强调人性化管理，以人力资本理论为基础的理论特色所取代。② 现代人力资源管理理论与劳动关系理论不仅有研究范畴和研究方法上的融合，而且还在价值取向上兼容，即尽管有雇主或劳动者立场的差异，但在各自立场上都兼顾对方利益并考虑社会利益。换言之，各自价值目标都由雇主利益、劳动者利益和社会利益所构成，只不过雇主利益和劳动者利益在其中的地位有所不同。因而，在现代人力资源管理理论中，已经形成一些共识。如员工重于利润，人力资本是企业制胜的关键；充分开发、利用智力资本是企业强大的竞争利器，对员工的使用应当与培训、开发相结合；等等。但最重要的则在于赋予劳动要素

---

① 王全兴：“劳动合同立法争论中需要澄清的几个基本问题”，载《法学》2006年第9期，第19～28页。

② 赵曼：《人力资源开发与管理》，中国劳动社会保障出版社2002年版，第13～17页。

以财产权，形成劳动要素财产权。这样，人力资本的收益就不仅仅是工资，而是产权，人力资本与物力（有形）资本具有平等的权利获得行使剩余索取权。① 提出人力资本产权化及其制度安排，有利于解释职工持股特别是经营者持股问题，也有利于将劳动合同从工资合约安排机制完善为分成合约安排机制，建立收益共享、风险共担的企业经营机制。无论从工资合约还是从分成合约的机制来讲，现代人力资本管理理论对劳动合同立法具有指导作用。

不仅如此，将现代人力资源理论作为劳动合同立法的一种指导理论，还有以下几点理由：首先，劳动合同法既是劳动关系协调法，又是人力资源配置法，保护劳动者和提高人力资源配置效率是其双重目标。② 因此，追求人力资源配置效率的现代人力资源管理理论既符合劳动合同法作为人力资源配置法的要求，也可以在一定程度上与劳动合同法保护劳动者的目标相容。其次，劳动合同法属于单个劳动关系法，其主要调整对象与现代人力资源管理理论所着重研究的对象即微观层面的劳动关系的协调相一致。劳动合同立法既然需要以着重研究宏观层面劳动关系协调及其如何作用于微观层面劳动关系的劳动关系理论为指导，就更不应当排斥现代人力资源管理理论的指导。《劳动合同法》的立法内容在一定程度上体现了人力资本管理理论。主要表现在以下几个方面：

首先，现代人力资本管理理论主张通过职工参与管理来实现劳资双方的沟通，《劳动合同法》对职工参与管理比《劳动法》更为重视。如《劳动法》第4条仅将依法制定保障劳动者享有劳动权利和履行劳动义务的规章制度规定为用人单位的义务，在此基础上《劳动合同法》增加了职工参与程序的规定。如第4条规定："用人单位在制定、修改或者决定有关劳动报酬、工作时间、休息休假、劳动安全卫生、保险福利、职工培训、劳动纪律以及劳动定额管理等直接涉及劳动者切身利益的规章制度或者重大事项时，应当经职工代表大会或者全体职工讨论，提出方案和意见，与工会或者职工代表平等协商确定。在规章制度和重大事项决定实施过程中，工会或者职工认为不适当的，有权向用人单位提出，通过协商予以修改完善。"

其次，现代人力资本理论特别强调劳资合作，而劳资合作需要以劳动关系稳定为条件。《劳动合同法》把克服劳动合同短期化、稳定劳动关系作为重要任务之一，则与此吻合。为实现劳动关系的稳定，《劳动合同法》比《劳动法》作出了更多的努力。如将不定期合同置于高于定期劳动合同的地位，要求合并、分立

---

① 陶广峰、冯涛："现代企业人力资本产权的经济与法律分析"，载《江淮论坛》2005年第6期，第42~48页；冯涛、陶广峰："现代企业劳动要素财产权的法律调整"，载《理论与改革》2004年第5期，第108~110页。

② 王全兴：《劳动法》，法律出版社1997年版，第62~63页、第71~73页。

后的用人单位在一定条件下与劳动者重新订立劳动合同，对用人单位辞退劳动者给予更多的限制，对劳动力派遣实行严格的规制。

最后，在现代人力资源管理理论中，劳动力再生产费用不再只是与利润有矛盾的用工成本，而且还是可以带来利润的人力资本投资。《劳动合同法》第22条规定："用人单位为劳动者提供专项培训费用，对其进行专业技术培训的，可以与该劳动者订立协议，约定服务期。""劳动者违反服务期约定的，应当按照约定向用人单位支付违约金。违约金的数额不得超过用人单位提供的培训费用。用人单位要求劳动者支付的违约金不得超过服务期尚未履行部分所应分摊的培训费用。"这体现了保护和鼓励用人单位人力资本投资的精神。

（三）劳动合同与古典契约法理论的契约自由

首先来看古典契约法理论的契约自由。契约自由是古典契约法理论的核心，它是意思自治在契约法中的体现。意思自治原则导源于古罗马时期，发端于16世纪的法国工商业发展时期，兴起并确定于19世纪的自由资本主义时期。自由资本主义有着意思自治原则得以繁荣发展的政治、经济和社会环境。资产阶级革命所提出的解除封建身份束缚、充分尊重人的平等和自由、人权天赋等，在法律上的表现是赋予人民更多的自主权，即在私人领域人们可以自由决定私人事务。人的意志可以依其自身的法则去创设自己的权利义务，当事人的意志不仅是权利义务的渊源，而且是其发生根据。① 意思自治因应并促进了资本主义自由经济的发展。自由市场经济理论认为，市场是自由经济进行配置资源的最好方式，市场中的人都是平等、理性的经济人，他们通过理性判断来选择自己的行为，选择可缔约的对象，以达到个人利益的最大化，进而实现社会利益的最大化。这些假设条件蕴涵着私人领域中的自我决定成为最优，无须外界干预，意思自治是市场交易的一项重要法则，并首先被大陆法系所接受。如1804年的《法国民法典》第1134条规定：依法成立的合同，对于缔约当事人双方具有相当于法律的效力。这个规定将当事人的特别约定置于与来源于公权力的法律同等地位，亦即赋予当事人的意志以强制力，直接确认了意思自治。1896年的《德国民法典》第305条规定：除法律另有规定外，以法律行为创立债之关系，及债之关系内容的变更，必须依据当事人之间的契约。

意思自治是当事人自由意志的外在表现，合同订立中自由意志的实现至少要具备以下前提条件：第一，主体平等。这是最基本的前提条件。在传统契约法中，假设的契约都是单个独立交易的合意行为。交易作为一种市场谈判的结果，取决于谈判主体地位的平等和力量的均衡。如果双方无法居于平等地位，就会出现一方凭借优势地位强签契约，对于弱势的一方，显然无自由意志可言。第二，

① 尹田：《法国现代合同法》，法律出版社1995年版，第13页。

选择自由。自由选择的前提是多个自由主体并存，同时没有人为的选择限制。每个主体根据市场规则和利益最大化原则来选择最合适的缔约相对人，这是实现契约自由的客观条件。若没有可供选择的主体或存在外界限制，所接受的缔约条件就会不公平，市场主体所追求的最大利益的自由就徒具形式。第三，交换公正。通过自由自主的交换可以提高财产利用的效率，实现交换的增值，这样，交换双方达到各自的最初设定的目的，公平得以实现。

契约自由的两大制度，即契约神圣和契约相对都建立在意思自治的基础之上。所谓契约神圣，是指根据当事人自由意志而订立的契约所产生的权利义务应当是神圣的，应当由司法机关保证其得到履行，当事人不得违反。司法机关不得直接或间接地改变当事人之间的契约。契约一经成立，当事人就有排除和拒绝公权干预的权利。即使由于情势变更致使权利义务出现严重的不平等，司法机关也不得变更契约的内容。据此规则，立法的变化也不能对既定契约产生任何影响，以保证契约的绝对稳定，仍然按照契约成立时所依据的法律发生效力。所谓契约相对，是指非契约当事人不得请求契约权利，也不必承担契约义务。

其次，劳动合同对古典契约法理论的挑战。劳动合同作为现代劳动力市场中雇主（资本所有者）与劳动者（劳动力所有者）交换的结果，对古典契约理论形成了巨大挑战。主要表现在三个基本方面：

一是契约自由的假设前提的虚化。契约自由假设前提的虚化是由三个因素导致的。(1) 雇主与劳动者之间的主体地位不平等。现实表明，市场交易中的市场主体并非是抽象的平等主体，而是存在着经济、政治、出身、知识结构等方面的差异。劳动者与雇主的不平等性主要源于劳动者交换标的和交换目的的特殊性。从交换标的来看，劳动者交换的是自己的劳动力，而劳动力必须以人为载体，无法储存，一旦劳动者不被雇佣，劳动力就会随着生命过程而消耗。此外，作为“活”生产要素，雇主购买的劳动服务时，只能有保证地得到一定量的劳动，却不能有保证地得到一定质的劳动（劳动力的努力程度）；劳动积极性的调动，除了需要科学合理地安排之外，还须对劳动力进行一定程度的“感情投资”。不仅如此，劳动力的使用，还受到习俗与法律的限制。如有的国家由于习俗的原因，妇女不能参加工作；更多的国家出于人道主义的原因和经济上的考虑，通过法律禁止使用童工。① 这些都是物质资源所不具备的特点。从交换目的来看，劳动者之所谓“自由”其实是人身的自由和经济的不自由，即劳动者必须通过劳动力的交换来获取生活资料，以维系自己和自己家庭的生存，相对于雇主而言，劳动者对交换的需求紧迫远远大于雇主。雇主和劳动者经济地位上的悬

---

① 冯金华：《敲开希望的大门——发展经济学》，当代中国出版社2002年版，第67～68页。

殊，也决定了两者在政治地位、信息掌握等各方面存在的不平等性。即使在现代社会，这种不平等性依然存在。（2）劳动者自由选择受到限制。相对于雇主而言，劳动者自由选择的限制更多。一方面，劳动者可选择的交易资本较少。相对于劳动力而言，资本的供给较小，尤其是对于初级技能劳动力而言，更限制了可选的余地。为了获得工作，劳动者不得不降低自己的要求。另一方面，劳动者自由选择受到其他限制。劳动者在流动过程中，不仅受到经济条件（流动成本）的限制，还有历史文化、政府政策等限制，如对农民工流动的限制。比较而言，资本的流动性较大，或者说，资本选择劳动力所受的限制较小。（3）劳动者与雇主的交换并未实现正义价值。劳动者与雇主之间的交换不是简单的物物交换，而是资本与劳动的交换。在资本主义自由竞争时期，基于强势资本与弱势劳动的状况，资本家通过剥削劳动力来积累原始资本。资本越来越多而劳动者越来越穷。事实证明，在不平等的交换条件下，无法实现交换正义。

二是主观意思表示功能的弱化。劳动合同是附和性（格式）合同，即劳动者对劳动合同条款一般只能作出同意或不同意的两种意思表示。劳动合同的附和性特点是人们很难确定劳动合同的订立是否为劳动者的真实意思表示。不仅如此，由于劳动合同的长期性，在劳动合同关系存续期间还存在着某种未有双方明确表示的意思表示，即“默契”，如劳动绩效和企业对职工增加福利等。因此，主观意思理论在劳动合同中很难说明合同约束力的来源。

三是对契约神圣的限制。由于劳动合同在一定程度上否定了契约自由的理论来源——意思表示的真实，所以契约神圣制度被国家干预所限制。一方面，国家制定强行法对契约自由进行限制；另一方面，国家通过立法对劳动者团体力量的支持，促使劳动者通过团体的力量来平衡雇主的力量，具体表现为集体合同法的规定。此外，契约相对性的理论基础在劳动合同中也暴露出一定的缺陷，即劳动合同的内容不仅仅只是当事人之间的事情，很多涉及合同当事人相关者的利益。如工资不仅是劳动合同中劳动者给付的劳动的报酬，也是劳动者生活的来源。所以，国家通过最低工资制度来规范工资，在设计工资标准时，必然考虑到劳动者及其赡养人口的最低生活费用。

（四）劳动合同与关系契约理论

随着人们对古典契约理论的质疑，即对主观意思理论的否定，提出“契约死亡”之时，通过反思，提出了客观理论学说，以此为契约寻求出路。① 其中，麦克尼尔提出的“关系性契约”便是对契约客观理论的一种尝试。他从社会学视角对契约概念重新诠释，认为新古典契约法中一次性、单发性契约在现代生活中并不普遍存在，现代契约必然具有未来企划的合意性质。从社会学观点来看，

---

① ［美］格兰特·基尔莫：《契约的死亡》，中国法制出版社2005年版，第35页。

契约不过是有关规划将来交换过程的当事人之间的各种关系。“交换”和“过程”包含着时间纬度的扩展，当事人的相互依存性，在承诺的基础上进行的规划的非一次性等因素，仅仅通过合意不能适当地把握当事人之间的契约关系的整体结构。① 关系性契约理论主要包括以下几点内容：第一，考察契约应当从契约背后的社会关系和共同体的规范去寻求根据。第二，契约是一个过程。契约内容不可能全部包含在当初的合意之中。第三，当事人的约定不能成为契约拘束力的一元根据，发挥同样功能的因素还有命令、身份、社会功能、官僚制、宗教义务、习惯，以及对企划的期待。第四，关系契约整体规划的重点并非契约内容（标的物、价格、数量等）本身，而是决定这些内容的过程，用弹性机制来解决未来不确定因素的介入。第五，契约不单纯是一种市场机制；更是一种促进交换的社会制度。当事人可以随着情事变化对契约权利和义务进行再协商和调整，而不必顾及契约条款的僵化规定。作为对古典契约理论的一种反思，尽管关系性契约理论尚未成熟，但为人们研究和解释劳动合同的特殊性提供了广阔的视野。

现实社会的劳动合同存在着特殊性，主要表现在以下几个方面：第一，虽然劳动合同具有附和性，劳动者在签订合同时也许并非出于完全真实的意思表示，但只要是劳动者的自愿选择，合同依然可以被认定为合意。选择式行为是决定因素，契约的概念并不要求是真实的。② 第二，劳动合同是建立劳动关系的基本方式。劳动关系一旦形成，劳动者与资本家就形成了雇工与雇主的关系，即市场上所谓的平等主体转变为“隶属”主体。劳动者必须在雇主的支配管理下进行工作，以履行劳动给付义务。这种权力、等级和命令是由关系契约中交换而产生的依赖性平衡的结果。③ 如果以此来解释雇主的管理支配权，可以认为在雇主和劳动者交换的时候，劳动者基于未来企划的期待，对雇主的依赖大于雇主对劳动者的依赖，从而雇主获得了绝对优势的权力。第三，劳动合同是一个动态的过程，不同于静态的单方性、一次性的古典契约。因此，建立劳动关系的最初合意绝不可能包含劳动合同的全部内容，其内容在交换过程中不断变动。第四，明确的合意不是劳动合同具有约束力的唯一依据，企业管理、社会功能、国家政策、企业习惯等都有可能影响劳动合同的拘束力。第五，劳动合同条款具有弹性要求，以此来解决在劳动关系存续期间未来不确定因素的介入。由于企业是市场主体，要

① ［美］Lan R. 麦克尼尔：《新社会契约论》，中国政法大学出版社 2004 年版，第 3 页。

② ［美］Lan R. 麦克尼尔：《新社会契约论》，中国政法大学出版社 2004 年版，第 3 页。

③ ［美］Lan R. 麦克尼尔：《新社会契约论》，中国政法大学出版社 2004 年版，第 30～34 页。

根据市场需求而调整其发展战略，劳动条件也会因之而变动，如岗位调整、工资调整，等等。劳动者在劳动过程中也可能出现某些无法确定的因素。因此，劳动合同条款很多只能通过程序性规定来限制合同的任意性，如在长期劳动合同中，劳动者工资的确定通常通过雇主制定的工资规则或集体合同，规定工资标准、工资计算方式等程序规定来确定。第六，雇主和劳动者通过劳动合同形成共有和分担利益和负担。在传统的合同关系中，利益和负担分为两个部分，双方当事人各承担一部分。而在劳动合同关系中，劳动者和雇主一方面分担利益和负担，如劳动者享受固定的薪水同时完成明确的工作任务；另一方面又有共同利益和负担。如通过效益工资制度劳动者可以与雇主分享利润同时承担经营风险。

关系契约理论能够较好地诠释劳动合同的特殊性。劳动合同中存在着关系契约的共有特征，即“交换”与“过程”。通过交换，形成了身份关系和等级秩序。交换也就是“愿意”和“不愿意”两者较量的结果，产生了“愿意”占优势的肯定性平衡。这种交换的根源是劳动者和雇主对未来企划的期待而产生依赖性，依赖性强弱也就造成了权力的不平衡。面对劳动合同中劳动者和雇主力量的失衡，法律则以多种方式予以干预，以强化相互性，改变力量平衡。这种干预既有通过制定强行法的直接干预，也有对雇主权力结构的间接性干预，如政府扶持工会力量。

第二节　劳动合同法的立法目的

立法目的是国家制定一部法律要实现的期望和要求，任何法律制定，都要有一定的目的。① 法律是国家用以调整社会关系的强制性手段，是社会控制的工具。当社会关系得到一定的发展，需要用一定的规范加以调整和控制的时候，国家立法机关就会通过法定的程序，把反映和体现社会中绝大多数人的意志的和利益的行为规范制定为法律，要求全社会一体遵行。立法的目的，也就是希望通过制定法律对该法律所调整的社会关系起到规范作用。劳动合同法的立法目的是劳动合同立法所要实现的期望和要求，属于劳动合同立法基本原则的内容。② 在我国，劳动合同法的立法目的主要规定于《中华人民共和国劳动合同法》的有关条款中。《劳动合同法》第 1 条规定：“为了完善劳动合同制度，明确劳动合同

---

① 全国人大法工委研究室编写组：《中华人民共和国合同法释义》，人民法院出版社 1999 年版，第 3 页。

② 李步云、汪永清主编：《中国立法的基本原理和制度》，中国法制出版社 1998 年版，第 38 页。

双方当事人的权利和义务，保护劳动者的合法权益，构建和发展和谐稳定的劳动关系，制定本法。”《劳动法》与《劳动合同法》在立法级别上是相同的，都属于普通法律，其效力相同。二者的立法目的也应相同。对于劳动关系的调整方式，依据调整手段的不同，大体上可以归纳为以下几种方式：法律、法规以及劳动监察、劳动合同、集体合同、企业内部劳动规章、职工代表大会（职工大会）、劳动争议仲裁等，劳动合同对劳动关系的调整只是其中的一种方式，因此，劳动合同法不能代替劳动法。从实际运行的个别劳动关系（相对于集体劳动关系）来看，表现出自身的特点，既具有民事关系平等的一面，又有民事关系中不存在的隶属性的另一面，即领导与被领导，指挥、命令与服从的关系。在市场经济环境中，劳动合同当事人在信息获取、分析、传输、谈判力量、供求关系等诸多方面是不平等的，生活中劳动权益保护的问题尤为突出。立法目的条款中，可以明确劳动合同法的立法依据，即依据《劳动法》基本原则制定本法。在法律渊源关系上，《劳动法》是《劳动合同法》的直接立法依据，因此，《劳动合同法》的立法目的在于进一步落实《劳动法》规定的合同制度。

《劳动合同法》的首要目的是进一步完善劳动合同制度，明确劳动合同中双方当事人的权利和义务，全面规范用人单位与劳动者签订、履行、变更、解除和终止劳动合同的行为。

劳动合同是市场经济体制下用人单位与劳动者进行双向选择，确定劳动关系，明确双方权利和义务的协议，是保护劳动者合法权益的基本依据。改革开放以后，随着计划经济向市场经济的转变，我国开始对计划经济下的固定工制度进行改革。1986 年国务院发布了《国营企业实行劳动合同制暂行规定》，决定在国营企业中新招收的职工中实行劳动合同制，开始打破劳动用工制度上的“铁饭碗”。1994 年通过的《劳动法》将劳动合同制度作为法定的用工制度，规定适用不同所有制的用人单位，劳动者也从新招用的职工扩大到所有的劳动者，不分固定工和临时工，不分管理人员和普通工人。《劳动法》对劳动合同作了专章规定，是我国现行劳动合同制度的主要法律依据。

《劳动法》的制定，标志着我国劳动合同制度的正式建立。《劳动法》实施十多年来的实践证明，《劳动法》确立的劳动合同制度，对于破除传统计划经济体制下行政分配用工的劳动用工制度，建立与社会主义市场经济体制相适应的用人单位与劳动者双向选择的劳动用工制度，实现劳动力资源的市场配置，促进劳动力的合理流动，发挥了十分重要的作用。

但是，随着我国市场经济的建立和发展，劳动用工情况多样化，劳动关系发生了巨大的变化，出现一些新型的劳动关系，如非全日制用工、劳务派遣工、家庭用工、个人用工，等等。同时，在实行劳动合同制的过程中出现一些问题，如用人单位不签订劳动合同、劳动合同短期化、滥用试用期、用人单位随意解除劳动合同、将正常的劳动用工变为劳务派遣等，侵害了劳动者的合法权益，破坏了劳动关系的和谐稳定，也给整个社会的稳定带来隐患。因此，有必要根据现实存在的问题对劳动合同制度作进一步的完善。制定《劳动合同法》，就是要规范劳动合同的订立、履行、变更、解除或者终止行为，明确劳动合同中双方当事人的权利和义务，促使稳定的劳动关系的建立，预防和减少劳动争议的发生。我国《劳动法》已经对“劳动合同”和“集体合同”作了专门规定，为什么还要专门制定一部独立的《劳动合同法》呢？这里涉及制定《劳动合同法》的必要性问题。从法律制度体系构建的角度来看，《劳动法》是由包括劳动合同制度在内的劳动法律制度构成的统一整体，属于劳动基本法，主要规定劳动法律制度的基本目的、基本原则、基本法律关系和基本制度规范。《劳动法》的劳动基本法属性决定了其内容的相对原则、抽象和开放，为调整不断变化与发展的劳动关系留下制度空间，而各种具体的劳动关系则由具体的立法加以调整。《劳动合同法》就是具体、系统调整劳动合同制度的专门法律。

《劳动合同法》明确劳动合同双方当事人的权利和义务。法律是以权利义务规定为调整机制的。权利义务关系是任何法律规范的核心内容，涉及当事人利益的享有与责任的承担。①《劳动合同法》规范的直接目的是引起一定的权利义务关系，作为劳动合同规范，《劳动合同法》应在立法技术上达到权利与义务的统一，并通过劳动合同法的效力、实效与效果表现出来。② 在劳动合同权利与义务关系中，劳动合同双方当事人即用人单位与劳动者的权利义务关系是基本的法律关系，两者的权利义务基本上是对等（对应）的，即一方的权利对应另一方的义务，没有无权利的义务，也没有无义务的权利。根据劳动合同，劳动者成为用人单位的成员，接受用人单位的工作安排和工作监督，遵守用人单位内部的劳动规则，同时有权享受劳动合同及有关法律法规规定的待遇；用人单位则负有支付相应劳动报酬、提供劳动合同和有关法律法规规定的劳动保护条件等义务。劳动合同当事人的权利与义务是通过具体的规范条文表现出来的，有的是通过授权性规范来明确授予权利而暗含义务，有的是通过义务性规范来明确规定义务而暗含权利，有的规范条文同时明确规定权利与义务。《劳动合同法》的效力建立在劳动合同权利义务统一的基础上。而劳动合同权利义务的规定与一定的法律后果联结时产生劳动合同法的实效，无论是积极意义的后果还是消极意义的后果都是以权利义务的统一为基础的。《劳动合同法》的社会效果是指《劳动合同法》的制定与实施对社会的发展所起的作用是积极的还是消极的，是促进了还是阻碍了社会的发展。劳动合同权利义务关系的合理性程度关系着《劳动合同法》的效果。

---

① 孙笑侠：《法的现象与观念》，山东人民出版社2001年版，第57页。

② 葛洪义：《探索与对话：法理学导论》，山东人民出版社2000年版，第214～225页。

劳动合同权利义务从属于统一的立法意图，如果立法目的本身是正面的、积极的，权利义务的统一就会产生积极的社会效果。

需要指出的是，《劳动合同法》除了规定合同当事人双方的权利义务关系外，还涉及政府对合同履行的监督关系。

《劳动合同法》的第二个目的是保护劳动者的合法权益。与我国《合同法》第1条“保护合同当事人的合法权益”的规定方式不同，《劳动合同法》明确规定了“保护劳动者的合法权益”，而没有明确规定保护用人单位的权益。这种表述方式被理论上称为“单保护”的立法表述。从表面上看，这容易使人们误以为《劳动合同法》仅保护劳动者一方的合法权益，但如果结合“明确劳动合同双方当事人的权利和义务”这一目的，就不难得出《劳动合同法》同时保护用人单位合法权益的结论，只不过这种表述方式立足于劳动者的事实上的弱势地位，意在重点保护劳动者的合法权益，体现劳动者与用人单位权利义务关系的实质平等，维护社会公平与正义。就法律技术而言，在劳动合同、集体合同和用人单位的规章制度等约定内容不明确的情况下，应当采用“有利于劳动者”的解释原则，以真正体现保护劳动者合法权益的宗旨。

任何一部法律或一个法律部门对所调整的社会关系的各方当事人都会保护其合法权益，但是在立法目的条款中，有的作“双保护”表述，有的作“单保护”表述。前者明确规定给双方当事人以同等力度的保护，即同等保护。如《合同法》第1条规定，“保护合同当事人的合法权益”。后者明确表述保护某方当事人的合法权益，而将保护他方当事人的合法权益的精神蕴涵于其他条款中。如《担保法》第1条中规定“保护债权的实现”，《消费者权益保护法》第1条中规定“保护消费者的合法权益”，《劳动法》第1条中规定“保护劳动者的合法权益”，等等。《劳动合同法》第1条也作了“单保护”规定：“为了完善劳动合同制度，明确劳动合同双方当事人的权利和义务，保护劳动者的合法权益，构建和发展和谐稳定的劳动关系，制定本法。”这种规定方式只是表明偏重或者倾斜保护某方当事人的合法权益，即对某方当事人的保护力度相对较大，但并不意味着只保护某方当事人而不保护他方当事人。《劳动法》、《劳动合同法》区别于《民法通则》、《合同法》的根本标志在于，前者基于劳动关系中劳动者是相对弱者的假设，在保护双方当事人合法权益的同时，偏重保护劳动者的合法权益，因此，立法目的条款中作“单保护”表述；民法基于平等主体的假设，对当事人双方的合法权益给予平等保护，因此，立法目的条款中作“双保护”表述。

《劳动合同法》的立法宗旨是保护劳动者的合法权益，还是保护劳动者和用人单位的合法权益，也就是说是“单保护”还是“双保护”是劳动合同立法中争论的一个“焦点”的问题。在公开征求意见和审议中，有人曾主张劳动合同法应当“双保护”，既要保护劳动者的合法权益，也要保护用人单位的合法权益。因为劳动合同也是一种合同，是在平等自愿、协商一致的基础上达成的，理应同等保护合同双方当事人的权利。只提保护劳动者的合法权益，偏袒了劳动者，加大了用人单位的责任，束缚了用人单位的用人自主权，加重了用人单位的经济负担，损害了用人单位的利益，将会使劳动关系失去平衡，最后也必然损害劳动者的利益。

在《劳动合同法》立法目的条款中作“双保护”表述，而在具体制度中体现偏重保护的精神。这种主张对《劳动合同法》的实施可能造成较大的损害。即不仅会造成劳动合同法内部的冲突，还可能导致执法中以民法精神来理解、解释和适用《劳动合同法》。还有人曾提出，如果《劳动合同法》的目的条款中规定“保护劳动者和用人单位的合法权益”，则既能够体现偏重对劳动者的保护，同时也明确了对用人单位的保护。我们认为，这种理解缺乏立法范例的依据。从立法技术上来讲，将法律关系的两种主体按顺序排列在同一条款中，并不意味着两者之间形成主次关系，而是属于并列关系。如《破产法》中同一清偿顺序中的债权人之间的关系，等等。更有人依据一些高素质劳动者侵害用人单位合法权益案件的发生，提出劳动者并非都是弱者，高官人员与技术人员随意跳槽严重损害了企业的利益，故《劳动合同法》实行“双保护”，有利于保护企业的利益。我们认为，物质资本强于人力资本的现象在中国未来的较长时期内可能是一个普遍格局，而且，相对于普通劳动者，高素质的劳动者的比例很小，即使他们利用地位优势侵害企业的利益，也可以通过特别条款的规定加以限制。事实上，《劳动合同法》已有专门条款规定了“竞业限制”。

保护劳动者与保护用人单位具有一致性。劳动关系中的劳动者与用人单位既是利益矛盾的双方，又是相互依存的利益共同体。劳动法保护劳动者在一定意义上就是保护用人单位。这是因为，劳动者是劳动力资源的载体，劳动力资源作为一种经济资源是利润的源泉，并且随着科学技术的发展，其利润贡献率也会越来越高。在此意义上，劳动法保护劳动者实际上是保护劳动力资源，保护投资者和企业的利润源泉。可见，保护劳动者与保护用人单位是“一个硬币的两面”。①

加强对劳动者的保护不会消极影响投资环境。有人认为，如果劳动合同法过分保护劳动者，不顾及用人单位的利益，将会误导境内外投资者，中国的法律不保护投资者的合法利益，甚至伤害投资者的感情，不利于我国吸引外资的政策。这种主张将《劳动法》、《劳动合同法》视为投资环境的一个负面因素，担心加强对劳动者的保护会导致投资环境的恶化，致使投资者转移资本。其实事实并非如此。在我国一些劳动合同制度实施状况比较好的地区，如“长三角”和“珠三角”等，其引进外资的总量大于劳动合同制度实施较差的地区。这可以在一

---

① 王全兴：“我国劳动合同立法的基本取向”，载《中国劳动》2005 年第 8 期。

定程度上说明劳动合同制度是投资环境的积极因素。即使存在某些地方因加强对劳动者的保护而发生资本外移的现象，也主要是一些低质资本，即技术构成低，主要依靠廉价甚至掠夺性使用劳动力来赢利的资本。这种资本的外移，对于提高引进资本的质量，实现产业结构的升级乃利大弊少。这种资本外移如果发生在国内，并不会影响我国的整体就业状况。这种资本如果转移到其他发展中国家，如东南亚国家，也无须担忧其消极影响。因为，其他发展中国家如同我国一样也面临全球化和社会责任运动对于提高劳动标准的压力，甚至有的国家如印度，其保护劳动者的力度还优于我国。因此，这种资本的转移规模不会很大。

劳动合同的性质决定了对劳动者的偏重保护。有人依据国外立法体例，提出劳动合同（或雇佣合同）属于民事合同的观点，并进一步提出《劳动合同法》应作“双保护”表述。其实，劳动合同作为从民事合同中分离出来的一种特殊合同，虽然具有合同的一般性，更有其基于劳动者是弱者的特殊性。有的国家将劳动合同制度纳入民法体系，但其属于民事特别法。其特别之处就在于劳动者的弱者地位和对劳动者的偏重保护以及为实现偏重保护而对契约自由加以限制。因此，不应因劳动合同制度被纳入民法体系而否认其偏重保护的特征。在我国，劳动合同制度属于劳动法的组成部分，更应当强调偏重保护。

劳动合同兼具劳动关系法与劳动基准法的双重特征，作为劳动基准法必然要体现偏重保护劳动者的精神。有人认为，劳动基准法固然应当偏重保护劳动者，但劳动合同法作为劳动关系法（或合同法）就不应如此。其实，劳动合同法可作劳动关系法（或合同法）与劳动基准法的区分。作为劳动关系法必然以体现平等保护和契约自由精神的任意性规范为主，而作为基准法必然由基于偏重保护的强行性劳动关系的运行规则所构成。对此，有的国家（地区）在综合性劳动基准立法中规定了劳动合同制度。如日本《劳动标准法》第 2 章和我国台湾地区“劳动基准法”第 2 章均专章规定了“劳动契约”。中国没有制定《劳动基准法》，《劳动合同法》包括了劳动基准。

《劳动合同法》应当旗帜鲜明地保护劳动者的合法权益。因为我国目前的现实状况是劳动力相对过剩，资本处于强势，劳动力处于弱势，劳动者与用人单位力量对比严重不平衡，实践中侵害劳动者合法权益的现象比较普遍。劳动合同法作为一部规范劳动关系的法律，其立法价值在于追求劳资双方关系的平衡。实践中由于用人单位太强势，而劳动者过于弱势，如果对用人单位和劳动者进行同等保护，必然导致劳资双方关系不平衡，背离劳动合同法应有的价值取向。规定平等自愿订立劳动合同的原则并不能改变劳动关系实际上不平等的状况，要使劳动合同制度真正在保持我国劳动关系的和谐稳定方面发挥更积极的作用，就要向劳动者倾斜。

《劳动合同法》是一部社会法，劳动合同立法应着眼于解决现实劳动关系中用人单位不签订劳动合同、拖欠工资、劳动合同短期化等诸多侵害劳动者利益的问题。所以，从构建和谐稳定的劳动关系的目标出发，立法还是定位于向劳动者倾斜。

《劳动合同法》的第三个目的是“构建和发展和谐稳定的劳动关系”。《中共中央关于构建社会主义和谐社会若干问题的决议》指出，要“实施积极的就业政策，发展和谐劳动关系”。在市场经济与劳动分工条件下，劳动关系是最基本的社会关系。和谐劳动关系是社会关系和谐的“晴雨表”，劳动关系是否和谐稳定直接关系到整个社会的和谐与稳定。而发展和谐劳动关系则要“完善劳动关系协调机制，全面实行劳动合同制度和集体协商制度。严格执行国家劳动标准，加强劳动保护，健全劳动保障监察体制和劳动争议调处仲裁机制，维护劳动者特别是农民工合法权益”。劳动公平正义是劳动关系和谐稳定的基本条件，劳动合同制度是劳动公平正义的根本保证，一部完善的《劳动合同法》是保证劳动公平与正义的法律基石。

和谐稳定的劳动关系也是构建和谐企业的核心内容。《劳动合同法》将“构建和发展和谐稳定的劳动关系”作为立法目的之一，使和谐企业建设能够得到法律保障，既保障了企业利益，也保障了劳动者的利益。

《劳动合同法》是实现劳动力资源的市场配置，促进劳动关系和谐稳定的重要法律。构建和发展和谐稳定的劳动关系是劳动合同法的最终价值目标。法律是社会关系和社会利益的调整器，任何立法都是对权利义务的分配和社会利益的配置，立法必须在多元利益主体之间寻找结合点，努力寻求各种利益主体之间特别是同一矛盾体中相对方之间的利益平衡。

在劳动关系中，应当承认劳动者一方是弱势，但是，如果立法过分扩大劳动者的权益，加大企业责任，就会使企业用人自主权受到束缚，难以实行优胜劣汰的灵活管理，影响人力资源的优化配置，最终影响企业的市场竞争力。如果劳动者权益保护不到位，对企业责任要求过少，就会影响劳动力供给，不利于高素质的健康的职工队伍的形成，最终企业利益也会受到损害。因此，劳动合同立法要在公民的劳动权和用人单位的企业责任之间找到适当的平衡点，确保劳动关系和谐。目前我国劳动用工中普遍实行劳动合同制度，将劳动合同制度化、法律化，明确劳动合同双方当事人的权利和义务，有助于建立稳定的劳动关系，减少劳动争议的发生，有利于保护劳动者和用人单位的双方的合法权益。因此，劳动合同法从建立和谐社会的大局出发，确立了构建和发展和谐稳定的劳动关系的最终目标。

第三节 劳动合同法的适用范围

从一般法理来看，劳动合同法的适用范围是指劳动合同法对什么人适用，在什么地域适用，在什么时间适用的问题，包括适用的对象范围、地域范围和时间范围。

一、《劳动合同法》适用的主体范围

我国《劳动合同法》在《劳动法》的基础上对劳动合同的适用范围进行扩展。《劳动法》第2条和1995年劳动部《关于贯彻执行〈中华人民共和国劳动法〉若干问题的意见》规定的劳动合同适用的主体范围包括：各类企业和与之形成劳动关系的劳动者；个体经济组织和与之形成劳动关系的劳动者；国家机关、事业组织、社会团体实行劳动合同制度的以及按规定应实行劳动合同制度的工勤人员；实行企业化管理的事业组织的人员；其他通过劳动合同与国家机关、事业组织、社会团体建立劳动关系的劳动者。排除了公务员和比照实行公务员制度的事业组织和社会团体的工作人员，以及农村劳动者（乡镇企业职工和进城务工、经商的农民除外）、现役军人和家庭保姆等。按照当时的设计，就是将劳动者分为两部分，一部分是公务员和参照公务员管理的人员，按照公务员进行管理；另一部分按照劳动法进行管理。随着市场经济的发展，劳动关系呈现多样化，劳动法的调整范围已不适用劳动关系客观发展的需要。因此，《劳动合同法》在劳动法的基础上，扩大了适用范围。即增加了民办非企业单位等组织作为用人单位，并且将事业单位聘用制工作人员也纳入本法调整。此外，本法还根据征求意见的情况和现实劳动关系的需要，对非全日制用工作了专门规定。

我国《劳动合同法》第2条规定："中华人民共和国境内的企业、个体经济组织、民办非企业单位等组织（以下简称用人单位）与劳动者建立劳动关系，订立、履行、变更、解除或者终止劳动合同，适用本法。""国家机关、事业单位、社会团体和与其建立劳动关系的劳动者，订立、履行、变更、解除或者终止劳动合同，依照本法执行。"第96条规定："事业单位与实行聘用制的工作人员订立、履行、变更、解除或者终止劳动合同，法律、行政法规或者国务院另有规定的，依照其规定；未作规定的，依照本法有关规定执行。"本条规定的法律渊源是《劳动法》第2条。《劳动法》第2条规定："在中华人民共和国境内的企业、个体经济组织（以下统称用人单位）和与之形成劳动关系的劳动者，适用本法。""国家机关、事业组织、社会团体和与之建立劳动合同关系的劳动者，

依照本法执行。”对比《劳动法》第2条的规定，我们发现除了一些概念的使用不大相同以外，《劳动合同法》第2条还扩大了适用的主体范围，如“民办非企业单位”。对于第2款规定的“依照本法执行”的范围，通过第90条的规定加以限制，即在有法律、行政法规或者国务院特别规定时，依照其规定。

具体来讲，作为劳动合同关系一方的用人单位主要包括以下两大类主体：

一是企业、个体经济组织、民办非企业单位等组织。企业是以营利为目的的经济性组织，包括法人企业（公司制企业）和非法人企业（非公司制企业），是用人单位的主要组成部分，是本法的主要调整对象。非公司制企业主要包括合伙企业、个人独资企业，还应包括外国企业机构在华设立的非公司制分支机构。企业是一种经济组织，是经国家主管部门登记注册的合法的生产、经营组织。从这个意义上，企业不同于人们常说的“老板”，“老板”只是企业的法定代表人，不是企业。劳动者是与企业建立劳动关系，而不是与所谓的“老板”建立劳动关系。明确这一点十分重要，它有助于明确区分实际劳动关系中的主体所承担的劳动合同法律责任，避免张冠李戴。

个体经济组织有两种，即个体工商户（雇工7人以下）和农村承包经营户。根据最高人民法院《关于审理劳动争议案件适用法律若干问题的解释（二）》第7条的规定，农村承包经营户与受雇人之间的纠纷不属于劳动争议的范围。因此，这里所指的个体经济组织不包括农村承包经营户。

民办非企业单位是与国有事业单位相对应的一个单位概念，民办非企业单位是指企业事业单位、社会团体和其他社会力量以及公民个人利用非国有资产举办的，从事非营利性社会服务活动的组织。如民办学校、民办医院、民办图书馆、民办博物馆、民办科技馆，等等。政府对这类单位实行归口许可管理或登记管理。

除前述列举的企业、个体经济组织、民办非企业单位三类组织以外，其他组织与劳动者建立劳动关系，也适用本法。这三类组织以外的组织如会计师事务所、律师事务所等，它们的组织形式比较复杂，有的采取合伙制，有的采取合作制，它们不属于上述列举的任何一种组织形式，但它们招用助手、工勤人员等，也要签订劳动合同。因此，也需要适用本法。

二是国家机关、事业单位、社会团体。按照现行《公务员法》的规定，依照或者比照《公务员法》管理的国家机关、事业单位、社会团体的工作人员与国家机关、事业单位、社会团体之间形成的关系不适用《劳动合同法》。

国家机关包括国家权力机关、国家行政机关、司法机关、国家军事机关、政协等，其录用公务员和聘任制公务员，适用公务员法，不适用《劳动合同法》，国家机关招用工勤人员，需要签订劳动合同，就要适用劳动合同法。公务员属于宪法意义上社会主义“劳动者”，而不是劳动法意义上的劳动者。公务员与其单位的关系属于任用关系，有关争议的解决适用行政法律规范。

事业单位广义上包括民办非企业单位，狭义上是指政府投资设立的公益性社会服务组织，如学校、医院、科研院所、文化团体等涉及教育、科技、文化、卫生等活动的社会服务组织。事业单位可以分为三种情况：一种是具有管理公共事务职能的组织，如证券监督管理委员会、保险监督管理委员会、银行业监督管理委员会等，其录用工作人员是参照公务员法进行管理，不适用本法。一种是实行企业化管理的事业单位，这类事业单位与职工签订的是劳动合同，适用本条的规定。还有一种是事业单位如医院、学校、科研机构等，有的劳动者与单位签订的是劳动合同，签订劳动合同的，按照《劳动合同法》的规定执行，这不存在争议，但是，有的劳动者与单位签订的是聘用合同，如何理解聘用合同，立法、司法和人事管理部门存在争议。按照《劳动合同法》第96条的规定，事业单位与实行聘用制工作人员订立、履行、变更、解除或者终止劳动合同，法律行政法规或者国务院另有规定的，依照其规定；未作规定的，依照《劳动合同法》的规定执行。也就是说，一般情况下应把事业单位的聘用合同视为劳动合同来对待。这样能够解决事业单位聘用合同无法可依的局面，同时，特殊情况下按照《公务员法》来处理。这里的关键是要依据什么标准来确定一般情况和特殊情况，即使是其他法律、法规和国务院的规定，也要合理。实践中，事业单位中除了由党政机关任命的所谓"干部"按照公务员法管理以外，如公立大学校长、书记，等等，其他职员都应属于《劳动合同法》管辖的范围，适用《劳动合同法》。

按照国家人事部发布的《关于在事业单位试行人员聘用制度的意见》的规定，由国家投资设立的教育、科研、文化、卫生等事业单位与其录用人员之间的关系，属于人事关系，由人事部门管理。他们之间就有关工作任务、工作报酬、工作待遇的问题所签订的合同被称为聘用合同。聘用合同当事人之间的纠纷一般按照人事争议仲裁制度处理，不适用劳动仲裁制度。然而，最高人民法院《关于人民法院审理事业单位人事争议案件若干问题的规定》规定，"事业单位与其工作人员之间因辞职、辞退及履行聘用合同所发生的争议，适用《中华人民共和国劳动法》的规定处理"。这一规定从程序法上否定了实体法上关于事业单位聘用合同独立性，或者说，所谓"聘用合同"实质上就是劳动合同，有关纠纷可以通过民事诉讼程序加以解决。我们认为，随着行政管理体制中"政事"分离的改革，事业单位"去行政化"、"社会化"是必然趋势。事业单位中除了一些所谓"干部"适用《公务员法》之外，都应适用《劳动合同法》，否则必然造成模糊地带，在纠纷发生时往往没有一部真正的法律可用，在适用事业单位内部的规章制度时往往会损害作为被聘用者一方，如教师、医生等的合法权益。有人认为，所谓"聘用合同"实际上就是劳动合同的一种通俗说法，是劳动合同的一种，只是不像劳动合同那样规定了严格的法定条款。该观点同时认为，事业单位与企业单位的劳动内容、劳动方式不同，聘用合同在调整劳动关系时应该体现出自身的特征。① 这种观点有一定的道理。一方面要将“聘用合同”关系纳入《劳动合同法》的范围，进行一般调整，另一方面要对“聘用合同”关系的具体问题作出具体规定，作出特别调整。

从国外的情况来看也比较复杂，有些国家明确提到某一法律是否适用于事业单位。这类国家的劳动合同立法一般是体现在该国的劳动法典中，其适用范围可以分为三类，即完全适用、部分适用与不适用。如菲律宾《劳动法》和比利时《雇用合同法》规定，劳动合同的相关立法适用于所有的事业单位。而法国、加拿大、日本等国，劳动合同的相关立法适用于部分事业单位。法国《劳动法典》规定，雇用合同适用于律师事务所、机关办事处和自由职业者、非商业性公司、工会和各种协会的受雇者。加拿大《劳工（标准）法》规定，劳动合同的内容适用于任何工商企业或事业单位。日本《劳动标准法》总则第 8 条和“劳动合同”一章规定，该法适用于教育、研究和调查事业，还适用于不在本法所列范围的政府机关和公共团体。有的国家如越南《劳动法典》规定，公务员和公共雇员，被选举、任命或指派的官员，人民武装部队和公安机关的人员，人民团体、其他政治和社会组织的成员以及合作社成员的雇佣条件由其他法律调整，即这些事业单位雇员不适用于劳动合同立法的条款。

社会团体是指根据《社会团体登记管理条例》规定，由会员组成，为会员服务，按照会员章程开展活动的非营利性社会组织。社会团体的情况也比较复杂，有的社会团体，如党派团体，除工勤人员外，其工作人员是公务员，按照公务员法管理；有的社会团体如工会、共青团、妇联、工商联等人民团体和群众团体，文学艺术联合会、足球协会等文化艺术体育团体，法学会、医学会等学术研究团体，各种行业协会等社会经济团体。这些社会团体虽然公务员法没有明确规定参照，但实践中对列入国家编制序列的社会团体，除工勤人员外，其工作人员是比照公务员法进行管理的。除此以外的多数社会团体，如果作为用人单位与劳动者订立的是劳动合同，就按照本法进行调整。需要指出，有些社会团体是由政府财政拨款运营的，具有官方或半官方的性质，履行着部分政府职能，而随着我国“政社”分离体制改革的深入进行，应当回归社会。除群众性社会团体中具有党政关系性质的妇联、共青团等之外，包括行业协会在内的所有社会团体的“聘用关系”都应适用《劳动合同法》。

除上述两大类劳动合同关系以外，《劳动合同法》还专门规定了用人单位与非全日制劳动者之间的劳动关系、因劳务派遣形成的劳动关系，尽可能地扩大调

---

① 鲁志峰：“劳动合同与聘用合同应作细致区分”，载《中国劳动保障报》2005 年 3 月 15 日第 3 版。

整范围。考虑到劳动合同法是规范用人单位与劳动者之间订立劳动合同的法律规范，对一些不规范的用工，本法不好调整。所以，对家庭雇工、兼职人员、返聘的离退休人员等未作规定。依据劳动部颁布的《关于贯彻执行〈中华人民共和国劳动法〉若干问题的意见》以及《关于〈中华人民共和国劳动法〉若干问题的说明》、最高人民法院《关于审理劳动争议案件适用法律若干问题的解释（二）》第7条的规定，雇主家庭不属于用人单位，保姆也不属于“劳动者”，他们之间的雇佣关系适用《民法通则》和《合同法》的有关规定。单位返聘的已退休人员，兼职工作人员，则要根据具体情况，确定其身份，发生纠纷时，依据具体法律关系加以解决。在这些方面，《劳动合同法》对“劳务派遣”和“非正式用工”的规定，可以参照适用。

与“用人单位”（雇主）相对应的“劳动者”（雇员）具有特定的内涵，它不是指我国《宪法》序言中所称的“全体社会主义劳动者”中的广义的劳动者，而是指《宪法》第42条所称的“国有企业和城乡集体经济组织的劳动者”和《劳动法》、《劳动合同法》中所称的劳动者。《宪法》第42条第1款规定，“中华人民共和国公民有劳动的权利和义务”，第3款规定，“劳动是一切有劳动能力的公民的光荣职责”。根据有关法律规定和学理，劳动者一般是指具有劳动能力，以从事劳动获取合法收入作为生活来源的自然人。[①] 简言之，劳动者是劳动力的所有者，或称人力资本的所有者。但并不是有劳动能力的人都是合格的劳动者。一是出于对未成年人合法权益的保护，我国《劳动法》第15条规定，“禁止用人单位招用未满十六周岁的未成年人”，“文艺、体育和特种工艺单位招用未满十六周岁的未成年人，必须依照国家有关规定，履行审批手续，并保障其接受义务教育的权利”。这里的有关规定主要是指《禁止使用童工规定》和《未成年人保护法》。二是有的技术岗位实行证书许可制度，只有具有国家规定的相应的劳动技能的劳动者才是合格的劳动者。

二、《劳动合同法》适用的地域和时间范围

对于《劳动合同法》适用的地域范围，我们采用了属地原则，即适用于在我国境内订立的劳动合同。不论订立劳动合同的主体是中国的企业、个体经济组织、民办非企业单位、事业单位、社会团体与中国公民还是外国公民之间订立劳动合同，也不论是外国的企业、非企业单位、社会团体与中国公民还是外国公民之间订立劳动合同，只要订立合同的行为发生在我国境内，就应当适用《劳动

---

① 李欣宇：《中华人民共和国劳动合同法解释》，中国政法大学出版社2007年版，第5页。

合同法》。这样既有利于从实体法保护劳动者的利益，也方便法律的司法适用，及时解决劳动合同纠纷。

《劳动合同法》适用的时间范围包括两个基本问题，一是生效的时间，二是溯及力。根据有关法令和《劳动合同法》第98条的规定，该法自2008年1月1日起正式实施。《劳动合同法》是由第十届全国人民代表大会常务委员会第二十八次会议于2007年6月29日通过并予以公布的。为了让全社会了解、学习和掌握《劳动合同法》的内容，以便日后较好地使用，所以并没有在公布之日就开始实施。《劳动合同法》实施后对于实施前签订的劳动合同如何处理，该法附则第97条规定："本法施行前已依法订立且在本法施行之日存续的劳动合同，继续履行；本法第十四条第二款第三项规定连续订立固定期限劳动合同的次数，自本法施行后续订固定期限劳动合同时开始计算。""本法施行前已建立劳动关系，尚未订立书面劳动合同的，应当自本法施行之日起一个月内订立。""本法施行之日存续的劳动合同在本法施行后解除或者终止，依照本法第四十六条规定应当支付经济补偿的，经济补偿年限自本法施行之日起计算；本法施行前按照当时有关规定，用人单位应当向劳动者支付经济补偿的，按照当时有关规定执行。"

三、《劳动合同法》与《劳动法》以及其他法律法规的适用关系

《劳动合同法》既是调整劳动合同关系的基本法，也是《劳动法》的特别法。按照后法优于前法，特别法优于普通法的原则，《劳动合同法》的规定与先前制定的其他法律法规的规定不一致的，适用《劳动合同法》的规定，《劳动合同法》的规定与《劳动法》的规定不一致的，适用《劳动合同法》的规定。如《劳动法》第32条规定，在试用期内，劳动者可以随时解除劳动合同。而《劳动合同法》第37条规定，劳动者在试用期内提前3日通知用人单位，可以解除劳动合同。与前者相比，增加了3日预告期的规定。

第四节　劳动合同的法律原则

批判实证主义法学理论认为，法是由规则、原则和政策构成的，即"规则—政策—原则模式"。① 在德沃金看来，原则是有关个人（或若干个人组成的集团）的权利、正义或公平的要求，或其他道德方面的要求。原则要求一律，

① R. Dworkin, Taking Rights Seriously, Revised Edition, Harvard University Press, 1978, p. 22.

即要求同样情况的一致性。法律原则主要通过四种形式表现出来：司法判决，法规序言，从法律、判决或宪法中推导，道德或政治理论。法律原则之所以有效，不是因为其符合承认规则的检验，而是因为社会承认。我国学者张文显提出，现代法律系统的要素简化为规则、原则和概念。[①] “原则”一词来自拉丁语（principium），其语义是“开始、起源、基础”。在法学中，对于法律原则有多种的解释。有人认为，法律原则是规则和价值观念的会合点。[②] 有人认为，法律原则是立法所遵循和追求的目的、价值、理念、精神，是法律的灵魂，是立法的指南。立法原则分为思想性原则和方略性原则。前者属于立法的理念、精神价值范畴，后者是立法活动应遵循的基本方针与方法。二者交错地包含着价值的追求和立法方略的考量。[③] 有人认为，法律原则是指可以作为规则的基础或本源的综合性、稳定性原理和准则。[④] 原则的特点是，它不预先设定任何确定的、具体的事实状态，没有规定具体的权利义务，更没有规定确定的法律后果。但是它指导着和协调着全部社会关系或某一领域的社会关系的法律调整机制。原则可以分为政策性原则和公理性原则。政策性原则是国家关于必须达到的目的或目标，或实现某一时期、某一方面的任务而做出的政治决定，是经济社会发展目标、战略措施等问题的。公理性原则是从社会关系的本质中产生出来并得到广泛承认被奉为法律规则的公理。政策性原则具有较强的针对性，社会问题不同，政策性原则就不同。公理性原则因其着眼于平等、公平、善良等永恒的道德价值，要求一律，即同样情况的一致性，而政策性原则因其着眼于功力，而允许差别对待和变更。无论是政策性原则还是公理性原则，都有基本原则和具体原则之分。基本原则体现法的本质和根本价值，是整个法律活动的指导思想和出发点，构成一个法律体系的灵魂，决定法的内在统一性和稳定性。具体原则是基本原则的具体化，构成某一法律领域或某类法律活动的指导思想和直接出发点，其正当性和有效性有赖于基本原则的支持。在法的体系中，原则的优点和独特功能有三个基本方面：第一，每一原则都是在广泛的、现实的或设定的社会生活和社会关系中抽象出来的标准，所涵盖的社会生活和社会关系比一个规则要丰富得多；第二，原则在较大的范围和较长的过程中对人们的行为有方向性的指导作用；第三，原则的稳定性有助于维护社会生活和社会关系的相对稳定。

---

① 张文显：《法哲学范畴研究》（修订版），中国政法大学出版社 2001 年版，第 49 页。

② N. MacComick and O. Weinberger, An Industrial Theory of Law: New Approaches to Legal Positivism, P. D. Reidel Publishing Company, 1986, p. 73.

③ 李步云、汪永清：《中国立法的基本理论和制度》，中国法制出版社 1998 年版，第 38 页。

④ 张文显：《法哲学范畴研究》（修订版），中国政法大学出版社 2001 年版，第 53～55 页；张文显：《二十世纪西方法哲学思潮研究》，法律出版社 2006 年版，第 329～310 页。

劳动合同的原则是订立、履行、变更、解除或者终止劳动合同诸行为应当遵循的平等、公平、正义等基本价值、基本理念和基本精神。劳动合同原则主要属于公理性原则，同时反映一定时期的社会政策。由于劳动合同制度属于劳动法律制度体系的构成部分，因此，劳动合同的原则属于具体原则的范畴。鉴于劳动合同的订立影响着后续的履行、变更、解除或者终止，因此，《劳动合同法》主要规定了订立劳动合同的原则。《劳动合同法》第3条规定，“订立劳动合同，应当遵循合法、公平、平等自愿、协商一致、诚实信用的原则”。“依法订立的劳动合同具有约束力，用人单位与劳动者应当履行劳动合同约定的义务。”《劳动合同法》规定的这些原则与《民法通则》特别是《合同法》规定的原则既有相同之处，如自愿原则、公平原则、平等原则、诚实信用原则等，也有不同之处，如《劳动合同法》规定的合法原则、协商一致原则，《民法通则》规定的等价有偿原则，《合同法》规定的尊重社会公德原则。这一方面反映了劳动合同与民事合同的共性，另一方面反映了它们之间的差异。

一、合法原则

劳动合同的合法原则，是指劳动合同要依法订立，即订立劳动合同必须遵守国家法律、法规的要求，劳动合同的形式和内容必须符合法律、法规的规定。这是劳动合同发生法律效力和合同当事人权利受到法律保护的基本前提。合法原则包括三个基本内容：一是订立劳动合同的主体要合法，即合法的用人单位和合法的劳动者，或者说具备用人资格的单位和具有劳动资格的自然人。二是劳动合同的内容要合法。劳动合同的内容主要反映在合同条款之中。《劳动合同法》规定了劳动合同的九项内容。有些内容，相关的法律、法规都有规定，用人单位和劳动者必须在法律规定的限度内作出具体规定，如关于劳动合同的期限，什么情况下应当订立固定期限，什么情况下应当订立无固定期限，应当符合本法的规定；关于工作时间，不得违法国家关于工作时间的规定；关于劳动报酬，不得低于当地最低工资标准；还有劳动保护，不得低于国家规定的劳动保护标准；等等。合同的内容不得违反法律、法规的规定，劳动合同的法定性特点要求订立劳动合同时必须遵守一些强制性规定，当事人不得变更，不得非法限制劳动者的合法权利；合同条款要完整，不得以合法的形式掩盖非法的目的。如果劳动合同的内容违法，劳动合同不仅不受法律保护，当事人还要承担相应的法律责任。三是订立合同的形式和程序要合法。凡法律要求必须采用书面形式的，不得以口头形式为之。如除了非全日制用工之外，劳动合同需要以书面形式订立，签订集体合同的，要遵循集体合同的特别程序。这是本法对劳动合同形式的要求。如果是口头合同，当双方发生争议，法律不承认其效力，用人单位要承担不订立书面合同的法律后果，如《劳动合同法》第82条第1款规定："用人单位自用工之日起超过一个月但不满一年未与劳动者订立书面劳动合同的，应当向劳动者每月支付二倍的工资。"

二、公平原则

公平是法律的基本属性。法律的作用在于公平地规定社会主体的权利义务关系。在民法中，显失公平的民事行为属于可撤销的民事行为，并且这种可撤销的民事行为从行为开始时起无效。我国《合同法》也把公平原则作为一项重要的原则加以规定，并且贯穿于合同订立到履行的各个阶段。《合同法》的公平原则要求当事人公平公正地确立各方的权利、义务，不允许有人只享有权利而不承担义务，也不允许有人只承担义务而不享有权利。一般认为，民法的公平原则是对契约自由原则的完善和补充，遵循公平原则，兼顾双方的利益。与《合同法》的公平原则相比较，劳动合同的公平原则是一项社会性原则，是对效率原则的矫正性原则。在这里，公平的基本要求是对弱者的关照。

《劳动合同法》的公平原则是指劳动合同的内容应当公平、合理。就是在符合法律规定的前提下，劳动合同双方公正、合理地确立双方的权利和义务。劳动合同的订立是作为社会弱势一方的人力资本所有者与作为社会强势一方的物质资本所有者之间的利益博弈的结果。有些合同内容，相关劳动法律、法规往往只规定了一个最低标准，在此基础上双方自愿达成协议，就是合法的，但有时合法的未必公平、合理。如同一个岗位，两个资历、能力都相当的人，工资收入差别很大，或者能力强的收入比能力差的还低，就是不公平。再比如，用人单位提供少量的培训费用培训劳动者，却要求劳动者订立较长的服务期，而且在服务期内不提高劳动者的工资或者不按照正常工资调整机制提高工资。这些都不违反法律的强制性规定，但不合理，不公平。如果订立合同时不以公平原则为基础，劳动者为了就业谋生就可能在用人单位的"强势"力量面前被迫放弃一些应得的利益，也必然造成合同结果的不公平，损害劳动者的利益。现实中，因强调效率而对企业一方利益的维护所导致的违背公平原则的现象比较普遍，如企业在劳动合同中规定对劳动者的高额违约金。在缺乏法律明确规定的情况下，解决类似这样的问题，就要靠公平原则。在合同条款内容模糊的情况下，也要按照公平原则，做出有利于劳动者一方的解释。

公平原则是社会公德的体现，将公平原则作为劳动合同订立的原则，可以防止劳动合同当事人尤其是用人单位滥用优势地位，迫使劳动者订立不公平的合同，损害劳动者的权利，有利于平衡劳动合同双方当事人的利益，有利于建立和谐稳定的劳动关系。

三、平等自愿原则

平等原则是传统法律的一种公理，它表现了商品交换关系主体的地位特征和市场竞争的规律，在现代法律中，出现了对平等竞争的干预，这是一种政策性因素。① 我国立法向来以“平等”作为一项重要原则，如我国《宪法》第33条规定“中华人民共和国公民在法律面前一律平等”，第44条规定男女平等；《民法通则》第3条规定，当事人在民事活动中的地位平等；《合同法》第3条规定“合同当事人的法律地位平等，一方不得将自己的意志强加给另一方”。《劳动合同法》将“平等自愿”两个原则合而为一，形成一个原则。这既体现了宪法原则，也体现了民事法律关系原则。平等是指用人单位与劳动者在签订合同时各自具有独立的法律地位，互不隶属，也没有身份的高低贵贱之分，不存在命令和服从、管理和被管理关系。用人单位不得借助劳动力市场供大于求的状况，在订立劳动合同时提出不平等的附加条件。只有地位平等，双方才能自由表达真实的意思。当然在订立劳动合同后，劳动者成为用人单位的一员，受用人单位的管理，处于被管理者的地位，用人单位和劳动者的地位是不平等的。这里讲的平等，是法律上的平等，形式上的平等，在我国劳动力供大于求的形势下，多数劳动者和用人单位的地位实际上做不到平等。但用人单位不得利用优势地位，在订立劳动合同时附加不平等的条件。平等是自愿的前提，如果一方将自己的意志强加于对方，那么很难相信被迫签订合同的一方是出于自愿。自愿是指合同的订立完全出于当事人自己的真实意思表示，在双方意思表示一致的基础上，充分体现双方共同订立劳动合同的意图而订立合同。自愿原则包括订不订立劳动合同由双方自愿，与谁订立劳动合同由双方自愿，合同的内容双方自愿约定等。根据自愿原则，任何单位和个人不得强迫劳动者订立劳动合同。自愿原则是合同自由在当代合同法律制度上的体现。劳动者进行订立劳动合同的意思表示时，不受他人非法干涉。这是劳动者劳动自由的体现。用人单位也有权不与劳动者签订不符合法律规定或者不符合用人单位录用条件的劳动合同，这是用人单位自主权的体现。即使是政府或企业主管部门也不得为自己的利益，以促进就业为名强行干预企业的经营自主权，而应采取激励性政策鼓励企业承担促进就业的社会责任。

四、协商一致原则

协商一致就是用人单位和劳动者要对合同的内容达成一致意见。协商一致原

---

① 孙笑侠：《法的现象与观念》，山东人民出版社2001年版，第11页。

则是指劳动合同的内容、各项条款在法律法规允许的范围内由双方当事人共同讨论，充分表达自己的意志，协商取得一致的意见后确定。合同的本质是当事人意思表示的合意，协议本身就带有协商一致的意思，本质上就要求当事人通过自由协商，确定当事人之间的权利义务关系。同时，当事人意思表示一致也是合同能够被遵守和履行的前提条件。劳动合同也是一种合同，也需要劳动者和用人单位双方协商一致，达成合意，一方不能凌驾于另一方之上，不得把自己的意志强加给对方，也不能强迫命令、胁迫对方订立劳动合同。在订立劳动合同时，用人单位和劳动者都要仔细研究合同的每项内容，进行充分的沟通和协商，解决分歧，达成一致意见。只有体现双方真实意志的劳动合同，双方才能忠实地按照合同约定履行。实践中，劳动合同通常是由用人单位事先拟定的格式合同文本，劳动者只需要签字就行了。格式合同文本对用人单位的权利规定得比较多，比较清楚，对劳动者的权利规定得少，规定得模糊。这样的劳动合同就很难说是协商一致的结果。因此，在使用格式合同时，劳动者要认真研究合同条文，对自己不利的要据理力争。对于格式合同文本，用人单位有义务向劳动者清楚地解释合同的内容，并且提请劳动者注意模糊条款或者限制用人单位责任的条款，否则这些条款无效。未经双方协商一致，欺诈、胁迫或乘人之危，使对方违背真实意思的情况下订立的劳动合同归于无效。例如，未成年人为了就业，采取虚报年龄等欺骗手段与用人单位签订的劳动合同就是无效的合同。

五、诚信原则

诚实信用原则起源于罗马法，被称为债法的最高原则。各国民事立法都将诚实信用作为基本原则。我国素来崇尚诚实守信的道德观念，做人诚实，做事守信，早已成为人们道德评价的准则。

市场经济是信用经济，在劳动力市场上，也应当讲究诚实信用。诚实信用原则也是道德规范在法律上的体现。我国《民法通则》第 4 条规定，民事活动应当遵守诚实信用原则；《合同法》第 6 条规定：“当事人行使权利、履行义务应当遵守诚实信用原则。”《劳动合同法》规定这项原则体现了劳动合同平等关系的一面。

诚实信用是相对于虚假欺骗而言的。如果当事人在签订合同时不尊重事实，制造虚假信息或以其他手段欺骗对方，或许可以侥幸获得某些暂时的不义之利，但最终会为这种不道德行为付出高昂的代价。合同法律关系本身就是基于合同各方的相互信任，为了获得各自的可得利益而签订的协议，为了使劳动给付与待遇给付获得成功，当事人要善意地相互对待。在劳动合同中，诚实信用原则应当贯穿于合同的订立到终止的整个过程。具体来讲，在订立合同时不搞欺诈，不得假借订立合同恶意进行磋商，窃取他人商业秘密或者从事其他违背诚信原则的行为。用人单位应当告知或提请劳动者注意一切不利于劳动者身心健康的工作任务、工作环境，尽到保护、照顾劳动者合法权益的义务。在履行合同时，当事人应根据劳动任务的性质、目的，履行及时通知、协助、提供必要的条件、防止扩大损失、保守商业秘密等义务。如用人单位应及时支付劳动报酬，提供劳动保护条件，劳动者应保质保量地按时完成劳动任务，维护用人单位的商业信誉和利益。合同终止后，用人单位应当及时为劳动者办理有关离职手续，及时支付保密费用，劳动者应按协议恪守保密义务，不竞业义务。

诚信原则在《劳动合同法》中具有重要意义。首先，诚信原则在《劳动合同法》中的运用，不仅表明道德和伦理规范在劳动合同中得到了重视，而且也意味着通过诚实信用原则的适用更加强化了国家对劳动关系的干预，可以弥补劳动者一方的弱势地位。其次，《劳动合同法》确立诚信原则，可以在劳动关系双方当事人的内心强化诚实信用理念。用人单位尊重劳动者的人格尊严，保护劳动者的身心健康，劳动者也尊重用人单位，维护用人单位的形象和利益，双方之间建立一种相互信任、相互关照的和谐的劳动关系。最后，诚信原则的确立有助于预防与消除当事人不诚信的现象。① 现实中，用人单位拖欠工资，不提供必要的劳动保护条件，劳动者使用假文凭、假文件骗取录用的情况等现象时有发生。这些都需要以法律的形式来强化诚实信用原则。

《劳动合同法》第 3 条除明确将“合法、公平、平等自愿、协商一致、诚实信用”规定为订立合同的原则外，其第 2 款还规定：“依法订立的劳动合同具有约束力，用人单位与劳动者应当履行劳动合同约定的义务。”这种规定方式和内容在《合同法》中早有范例。《合同法》第 8 条规定：“依法成立的合同，对双方当事人具有法律约束力。当事人应当按照约定履行自己的义务，不得擅自变更或者解除合同。”“依法成立的合同，受法律保护。”有的将其解释为合同的“受法律保护原则”。我们认为，《劳动合同法》的此项规定，可以称为“义务履行原则”。所谓依法订立的合同具有约束力，即合法合同的一种法律效力。订立合同的目的是通过履行获得各自的期待的利益。当事人依法订立劳动合同之时就打算自愿接受合同的约束，完成合同义务的履行责任。因此，非依法律规定或者取得对方的同意，不得擅自变更或者解除，若不能履行合同规定的义务或者履行的义务不符合约定的内容，就应当依法承担违约责任。履行劳动合同的义务也是维护正常劳动秩序的表现，从而维护劳动力市场秩序和社会经济秩序。

劳动合同双方都应当按照诚实信用原则履行各自的合同义务，否则应承担相

① 李欣宇：《中华人民共和国劳动合同法精解》，中国政法大学出版社 2007 年版，第 11 页。

应的法律责任。任何依照合法有效的劳动合同取得权利的一方当事人都有权要求对方诚实信用地履行其合同义务，否则权利受到侵害的一方可以依照法律向司法机关或劳动行政机关寻求司法或行政救济，违反合同的一方当事人应当承担相应的法律责任。

这里还需注意，具体劳动合同的生效时间，当事人可以在劳动合同中约定，没有约定的，应当自双方签字之日起生效。在理解本条时应当注意，劳动合同的生效时间和劳动关系的建立是两回事。劳动合同是劳动关系的表现形式，有的情况下劳动关系已建立，但并没有签订劳动合同；有的情况下劳动合同已生效，但并没有实际用工，劳动关系尚未建立。因此，违反劳动合同可以分为两种情况，一种是违反已经履行的劳动合同。这时劳动关系已建立，违反劳动合同约定，就要按照本法的规定承担违法责任，如《劳动合同法》第 87 条规定："用人单位违反本法规定解除或者终止劳动合同的，应当按照本法第四十七条规定的经济补偿标准的二倍向劳动者支付赔偿金。"另一种就是违反已生效但尚未履行的劳动合同。这时劳动关系尚未建立，劳动合同法没有对这种情况下违反劳动合同的责任作出规定，这就需要合同双方在订立劳动合同时约定。这时劳动合同约定了违约责任的，按约定办，没有约定违约责任的，就无从承担责任。因此，在订立劳动合同时，双方应当在合同中约定履约责任。

第五节　劳动合同法律关系

法律关系一般是由主体、客体和权利义务构成的。主体是法律关系中法律权利的享有者和法律义务的承担者，权利能力是主体资格的法律基石，行为能力是主体资格的外在表现，它们是共同构成主体能力的两个要素。法律关系客体是法律关系主体的权利和义务所指向的对象。一般包括物、行为和非物质财富（精神财富）。法律关系客体所强调的是与权利义务的对应，即受法律制约而不是直接地和主体对应、受主体制约。① 法律关系的主体、客体，是在法律调节下的主体和客体。② 劳动合同法律关系，是劳动关系经过劳动合同法的调整而产生的法律关系。劳动合同法律关系的主体是劳动合同权利义务的承担者，即权利的享有者和义务的履行者。在不同类别的劳动合同法律关系中，主体的表现形式有所不同：有的是二元主体，有的是三元主体；有的是个体性主体，有的是组织性主体。劳动合同法律关系的客体是行为，包括劳动者提供劳动和用人单位支付劳动

① 谢晖：《法学范畴的矛盾反思》，山东人民出版社 1999 年版，第 491 页。

② 谢晖：《法学范畴的矛盾反思》，山东人民出版社 1999 年版，第 461 页。

报酬。劳动合同法律关系的内容是劳动者和用人单位享有的权利和履行的义务。

一、劳动合同法律关系的主体

在论述劳动合同法的适用对象问题时，我们已经谈到劳动合同法律关系主体，笼统地将其划分为劳动者和用人单位两个部分。这里我们将作进一步具体分析。从本意上讲，劳动合同法律关系主体是指通过劳动合同建立劳动关系并实际享有权利和履行义务的各方当事人。但在劳动合同当事人在建立劳动关系与享有合同权利履行合同义务的过程中，劳动者组织、雇主组织（用人单位参加的行业社团）和政府都在不同程度上参与到劳动关系中来，对建立劳动关系发挥一定的作用，因此，这些组织是劳动合同法律关系的利益攸关方，应该成为间接意义上的主体。法定的劳动合同和现实中的劳动合同分为不同的类别，在不同类别的劳动合同中，主体的表现形式和作用也不完全相同。

我国《劳动合同法》规定了普通劳动合同和特别劳动合同。从其所调整的劳动关系来看，劳动关系分为个体劳动关系和集体劳动关系。这也是世界各国劳动法律通行的做法。个体劳动关系就是狭义的劳动关系，是指企业中劳动者与雇主之间建立的劳动关系。企业层面的集体劳动关系，是指劳动者所组成的工会与雇主之间建立的劳动关系。这两种劳动关系均属于内部劳动关系。此外，还有产业层面和社会层面的劳动关系，即工会组织与雇主组织以及政府之间的三方关系（三方机制），即“产业关系”（industrial relations），是指以劳动力市场关系为依据，以企业劳动关系为基础，以产业劳动关系为构架，政府介入其中的劳动者、企业（资本家）、政府三方构成的社会经济关系，这种劳动关系又被称为社会劳动关系，是与个体劳动关系和集体劳动关系密切相关的一种外部劳动关系。劳动关系的特定性决定了劳动合同法律关系主体的特定性和相对性。

（一）个体劳动合同法律关系的主体

个体劳动合同法律关系的主体包括劳动者（雇员）和用人单位（雇主）。劳动者一方必须是有劳动能力、年满 16 周岁的劳动者，从事繁重体力劳动的，还必须是年满 18 周岁的劳动者。但《劳动法》第 15 条对文艺、体育和特种工艺单位招用未满 16 周岁的未成年人作了特别规定，即如果招用，必须依照国家有关规定，履行审批手续。前述的国家有关规定，是指《禁止使用童工规定》第 8 条的规定：“文艺、体育和特种工艺单位，确需招用未满十六周岁的文艺工作者、运动员和艺徒时，须报经县级以上劳动行政部门批准。”用人单位一方必须是依法成立、具有法人资格的企业或能够独立承担民事责任的经济组织，以及与劳动者签订了劳动合同的国家机关、事业单位和社会团体；企业包括国有企业、集体企业、私营企业、外商投资企业、股份制企业和个人独资企业等类型。实践中，个体劳动合同主要适用于政府机关、事业单位、社会团体与劳动者签订的雇佣（聘用）合同。

需要特别指出，事业单位是具有中国特色的组织，是指为了社会公益目的，由国家机关举办或者其他组织利用国有资产举办的，从事教育、科技、文化、卫生等活动的社会服务组织。国家通过编制管理和实现对事业单位人员的配置和调控。按照国家财政拨款的多少，分为全额拨款事业单位、差额拨款事业单位和自收自支的事业单位。长期以来，我国的事业单位实行的是一套不同于企业，近似于国家机关的人事管理制度。2002 年人事部制定《关于在事业单位试行人员聘用制度的意见》，要求事业单位除按照国家公务员制度进行人事管理的以及转制为企业的以外，逐步试行人员聘用制度。但对聘用制度的性质没有界定。按照国家公务员制度进行人事管理的，一般是指政府和政府部门直属的事业单位，如证监会、银监会、保监会、科学院、社会科学院、政府研究机构等。事业单位的人员机构归纳起来分为三类：一类是编制内聘用人员，包括签订聘用合同的和无须签订聘用合同的；一类是编制外人员，这类人员一般实行企业化管理，与事业单位签订劳动合同；另一类是劳务派遣人员，是通过劳务派遣形式招用的。

劳动合同法律关系主体资格是各国劳动合同立法普遍关注的问题。国外有关立法普遍将劳动关系主体称为雇主和雇员。他们的范围与劳动合同法的关系在各国立法上有所区别。

就雇主资格的界定而言，德国、日本、加拿大等国家在其劳动合同的相关立法中都对签订劳动合同的一方——雇主的主体资格进行了界定，这些国家中对雇主资格的界定范围有的比较宽泛，有的比较具体。德国、加拿大《劳工（标准）法》和埃及《劳动法》等都规定雇主是指雇佣一名或一名以上雇员的自然人或法人。日本《劳动标准法》和韩国《工会法》的界定基本相同，即雇主是指企业主、企业经理人或代表企业主处理企业中有关雇员事宜的人。新加坡《就业法》对雇主的界定最为具体，规定雇主是指根据服务合同雇佣其他人的任何人并包括任何法定当局、雇主正式授权的代理人或经理人、拥有或从事或临时负责雇有受雇人的专业、企业、行业或工作的管理权的人。智利和越南等国对雇主的界定也各有特点。在智利，《解除雇用合同规则》规定雇主是指雇用工人为自己工作的人和其他处于与雇主相同地位的人。在越南，《劳动法典》规定雇主是指雇佣劳动力并付给报酬的企业、机关或团体，或年龄在 18 岁以上的个人。从以上国家的情况来看，除越南之外，其他国家企业的高层管理人员都属于雇主的范畴，而不被视为雇员。但企业的高层管理人员是否适用劳动合同法，则分为三种情况，即适用、部分适用与不适用。日本劳动合同的相关立法适用于用人单位中的高层管理人员。德国的劳动合同立法适用于部分用人单位高层管理人员，具体规定为：法人、合伙人代表、股份有限公司的总经理不属于雇员，自然不适用劳动合同法，但高级职员属于雇员的范畴。在加拿大，用人单位的高级管理人员不适用劳动合同立法。

我国《劳动合同法》沿用了《劳动法》关于劳动合同主体资格的规定，这引起了理论上的质疑。有人认为，企业经理、董事等在很多国家被视为资方代理人的主体在中国却被视为劳动者加以对待，享受了《劳动法》对劳动者的高标准保护。而一些真正的劳动者却因工作单位是“非法用工主体”而被排除在劳动法的调整范围之外，立法上明显不公。认为中国法律将所有企业人统统纳入劳动关系的一方——劳动者的范畴的做法不够科学，这种简单的划分可能忽视了一个关键问题，即企业组织的管理人员和工人虽然在同一场所工作，但他们的身份和地位以及工作性质是完全不同的，不应混淆管理方和劳方的劳动关系当事人的界限。中国的现实是，实行经营者年薪制的高层管理人员与普通雇员是不能被归入同一类企业人员的。

就雇员资格而言，国外对雇员的称谓主体资格的规定有所不同。在德国和菲律宾等国，以“雇员”称谓，是指工人和职员以及参加职业培训者、家庭劳动受雇者和与他们处于同等地位的人以及由于经济上的非独立性而类似雇员的其他人也可以视为雇员。在菲律宾，雇员包括受雇主雇佣的任何个人。在沙特阿拉伯，雇员是指为了取得工资而在雇主的指挥下或管理下（包括可能不受雇主的直接监督）为其工作的任何人。印度以“工人”称谓，《印度劳动合同法》规定，“工人”是指任何一个为了受雇或者获取报酬而被任何一个企业雇用或从事与该企业有联系的技术性、半技术性或者非技术性的管理型、工程型或文书工作的人。但下列人员不属于“工人”的范畴：主要从事管理或行政工作的人员；每月领取500卢比以上的管理人员，或因职责的性质或因被赋予权力而主要从事管理性质的工作人员；厂外工人，即由企业主或代表企业主向这类人员提供物品或原料、由他们制作、清洗、更换、修饰、完成、修理、改制或为企业主加工出售，这些工作由厂外工人在自己家里进行，也可以在不属于企业主领导和管理下的其他场所进行。日本、智利、埃及、越南等国对“工人”的界定则比较简单，而且所规定的“工人”的范围比较宽泛。日本《劳动标准法》规定，不论何种职业，“工人”是指受雇于法律所规定的企业或事务所而领取工资的人。智利《解除雇用合同规则》规定，“工人”是指挣工资或领薪水的雇员和体力劳动者。埃及《劳动法》规定，“工人”是指任何个人在其雇主管理和监督下进行劳动，以换取工资的人。《越南社会主义共和国劳动法典》规定，“工人”是指年龄在15周岁以上有工作能力并已订立雇用合同的人。韩国和加拿大等国以“受雇人”称谓，韩国《工会法》规定，职工，是指那些依靠工资、薪金或任何其他类似收入的生活的人，而不管其职业是什么。《加拿大劳工（标准）法》规定，“职工”是表示任何被雇佣以从事熟练的或不熟练的、体力的、办公室的、技术的或经营管理工作的人。

从上述国家的立法可以看出，国外对于劳动合同的一方主体“雇员”或“劳动者”的表述和界定有所区别。对于“企业的管理人员”是否为“雇员”也有区别。加拿大明确将技术和管理人员包括在“职工”的范围内，而印度则将严格区分“管理人员”与“工人”。有人提出，我国劳动合同立法可以依据“从属性”原则，以“人格从属性”为标准，把厂长和经理等高级管理人员与法律意义上的劳动者区分开来，因为他们对雇员拥有指挥和管理的权力，是雇主的代理人。但这并不妨碍他们成为政治意义上的劳动者。我国《劳动法》中的“劳动者”的称谓，在很大程度上是基于这样的传统思想，即任何工作单位的职工都是社会主义的劳动者，因此在立法中将企业中的所有人员都视为劳动关系的一方——劳方。这种认识与市场经济条件下的劳动关系之间存在矛盾，在劳动关系调整的理论上和实践中都遇到了障碍。

我们认为，一般来讲，用人单位是一种组织，其最重要的特点是具有独立的财产，独立的财产是其从事管理活动的基础。只有财产的所有者是用人单位的真正控制者，属于雇主的范畴，而其雇员，不论是管理者还是其他受雇者均属于劳动者。或者说，凡是与该组织签订了劳动合同的都不属于雇主。如果超越法律的规定，将与用人单位签订了劳动合同的高级管理人员作为雇主，必将导致劳动合同主体资格的混乱，不利于劳动合同法对劳动合同法律关系的规范。具体分析而言，首先，我国企业组织的性质和特点各有不同，对雇主和雇员的资格的表现形式各异。对于合伙企业来讲，合伙出资人属于雇主而不属于雇员；对于个人独资企业和一人公司来讲，其出资人属于雇主；对国有独资公司来讲，政府属于雇主；对于有限责任公司和股份有限公司来讲，出资人属于雇主。如果出资人又同时参与生产经营，并与企业签订劳动合同的，则按双重身份加以区别。一方面按照劳动合同分享工资收益，另一方面按照出资或股权分享投资利润。需要明确，出资人和股东分享有形资本投资利润并不影响劳动者按照人力（无形）资本持股契约分享企业利润。其次，对于国家机关、国有事业单位、民办非企业单位、社会团体而言，雇主分别为国家机关、民办非企业单位的出资人和社会团体的出资人。需要说明，无论企业还是国家机关、民办非企业单位、社会团体，雇主责任的承担者为依法批准成立或者在有关部门登记成立的法人或非法人组织。

（二）集体劳动合同法律关系的主体

集体劳动合同是在个体劳动合同基础上，为减少签订合同的成本而确立的一种合同制度。集体劳动合同的建立实行集体协商、集体签订制度。集体劳动合同对后来被聘用的劳动者具有约束力。也就是说，已经签订的集体劳动合同条款可以自动适用于后来者。这就是集体合同的特点所在。作为劳动合同法基本制度的集体协商制度是集体合同签订的制度基础。虽然集体劳动合同的利益也像个体劳动合同那样由劳动者与用人单位双方分享，但合同主体的表现形式有所差异，即一方为用人单位，另一方为劳动者的代表——工会组织。这里需要强调，工会作为劳动者的代表，必须忠实于劳动者的利益，它既不能代表政府的利益、企业的利益、社会的利益，也不能代表自己的利益，其身份完全等同于民事法律的代理人。

（三）劳务派遣合同法律关系的主体

劳务派遣合同是在各劳动合同关系基础上，为适应劳动力规模有序外派从事劳务活动而产生的一种合同。在这种合同关系中，主体由三方构成，即派遣单位、要派单位和劳动者。首先，由派遣单位与劳动者建立劳动合同关系，然后，派遣单位与要派单位签订派遣合同，劳动者接受要派单位的劳动管理、劳动保护和要派单位所在地劳动行政部门的劳动监督和检查。在三方劳动合同关系中，派遣单位和要派单位对劳动者均负有一定的义务和责任，只不过义务和责任的内容有所不同而已。同时，劳动者对派遣单位和要派单位也负有不同的义务，不过，劳动者对要派单位所负义务是由派遣单位直接承担的。

（四）与劳动合同法律关系密切相关的主体

与劳动合同法律关系密切相关的主体，主要是社会劳动关系或产业劳动关系意义上的主体。包括劳动行政部门（代表政府）、社会服务机构如劳动能力鉴定机构、司法鉴定机构、仲裁机构、司法审判机构等。它们在劳动合同的运行过程中对劳动合同的争议与违法的处理均发挥一定的作用。这里主要谈一谈劳动行政部门的职能和作用。

作为劳动法律关系主体的政府，实际上是指政府劳动行政部门以及与劳动关系相关的政府部门。劳动法作为社会法，其目的是以国家强制力来保障劳动者权利，以协调实现劳资自治，或者说，是通过公权力的实施来保障劳动者的私权利，达到劳资关系的平衡。因此，政府作为国家的代表即成为劳动法律关系中不可或缺的主体。① 政府作为劳动法律关系的主体，是一种特殊主体，这种特殊性表现为，政府与劳动者和雇主分别形成特定的法律关系，并且，这两种法律关系的性质是不同的。

政府与劳动者所形成的劳动法律关系，不是简单的劳动行政关系，而是政府与特定的公民的关系。这种关系是宪法关系的具体化。政府保障劳动者的权利，是这一法律关系的基本要求。劳动者权益，是劳动者在履行义务的同时所享有的与劳动有关的各项权利。劳动者权益是一个权利束，其以劳动者的经济权利为基础，同时包括劳动者的社会权利和政治权利。生存权是劳动者权益的核心内容。

---

① 常凯："论政府在劳动法律关系中的主体地位和作用"，载《中国劳动》2004 年第 12 期，第 4 ~7 页。

保障劳动者的权益，就是保障其生存权。这应当成为政府的基本责任。① 劳动者权益具有请求权的性质，即可以请求国家为劳动者提供生存的基本条件。同时，劳动者权益还具有排除他人（主要是雇主）侵害私权性质。政府的义务履行表现为不同的形式。在个别劳动关系中，政府主要是履行作为义务，具体表现为制定劳动标准、实行劳动监察、处理劳动争议，以保障劳动者个人权利的实现。而在集体劳动关系中，政府既不能干预劳动者的组织权，又要采取措施保障劳动者的组织权。

在政府与用人单位（雇主）的法律关系中，政府是权利主体。政府行使的是劳动行政管理权，直接目的是规范雇主行为，以排除雇主对劳动者的侵害。遵守国家的劳动标准并接受政府的劳动监察是企业和雇主的义务。政府作为权利主体，一是利用劳工标准立法来规定雇主在个别劳动关系中的义务，同时限制用人单位的权利滥用；二是通过劳动行政对雇主遵守劳动法的情况进行劳动监察；三是通过建立和实施不当劳动行为制度，对于用人单位侵害劳动者组织权的行为，给予权利人以行政救济和司法救济。政府与用人单位（雇主）的关系属于公法关系。

政府作为劳动法律关系的主体，并不直接代表或融入劳动关系的一方，而是居于劳动者和雇主双方之上，以“裁决者”和公正者的身份代表社会公正和社会利益。政府的“公正”并非不偏不倚，而是要限制一部分人的权利，同时强化一部分人的权利，这就是要追求法律的实质的平等。政府作为劳动法律关系的主体，其公正的作用正是通过保障劳动者行使权利、监督用人单位履行义务来实现的。② 正是在这个意义上，政府在劳动法律关系中，对劳动者来讲是义务主体，对用人单位来讲是一种权利主体。

二、劳动合同法律关系的客体和内容

劳动合同法律关系的客体是劳动者的劳动给付和用人单位对劳动者给予的金钱给付和其他照顾行为。这些行为体现在劳动合同法律关系的内容之中。劳动合同法律关系的内容包括劳动者的权利和义务、用人单位的权利和义务。

（一）劳动者的权利和义务

从我国《劳动合同法》的规定来看，劳动者的权利主要包括：

---

① 常凯：“论政府在劳动法律关系中的主体地位和作用”，载《中国劳动》2004 年第 12 期，第 4～7 页。

② 常凯：“论政府在劳动法律关系中的主体地位和作用”，载《中国劳动》2004 年第 12 期，第 4～7 页。

第一，同工同酬的权利。所谓同工同酬，是指在相同或者相近的工作岗位上，付出相同的劳动，应当得到相同的劳动报酬。同工同酬是《劳动合同法》确立的一条原则。《劳动合同法》规定：用人单位与劳动者约定的劳动报酬不明确或者对劳动报酬约定有争议的，按照集体合同规定的标准执行；没有集体合同或者集体合同未规定的，实行同工同酬。被派遣劳动者享有与用工单位的劳动者同工同酬的权利；用工单位无同类岗位劳动者的，参照用工单位所在地相同或者相近岗位劳动者的劳动报酬确定。

第二，及时获得足额劳动报酬的权利。及时获得足额劳动报酬是劳动者的一项基本权利。《劳动合同法》将“劳动报酬”作为劳动合同的必备条款之一，并规定：劳动合同中缺少“劳动报酬”条款的，由劳动行政部门责令改正；给劳动者造成损害的，由用人单位承担赔偿责任。用人单位拖欠或者未足额支付劳动报酬的，劳动者可以依法向当地人民法院申请支付令，人民法院应当依法发出支付令。用人单位未按照劳动合同的约定或者国家规定及时足额支付劳动者劳动报酬的，由劳动行政部门责令限期支付劳动报酬；劳动报酬低于当地最低工资标准的，应当支付差额部分；逾期不支付的，责令用人单位按应付金额百分之五十以上百分之一百以下的标准向劳动者加付赔偿金。

第三，拒绝强迫劳动、违章指挥、强令冒险作业的权利。对强迫劳动、违章指挥、强令冒险作业等严重侵害劳动者权益的行为，我国法律一直是明确禁止的。为了保障劳动者拒绝强迫劳动、违章指挥、冒险作业的权利的实现，劳动合同法规定：劳动者拒绝用人单位管理人员违章指挥、强令冒险作业的，不视为违反劳动合同；用人单位以暴力、威胁或者非法限制人身自由的手段强迫劳动者劳动的，或者用人单位违章指挥、强令冒险作业危及劳动者人身安全的，劳动者可以立即解除劳动合同，不需事先告知用人单位。用人单位有强迫劳动和违章指挥、冒险作业行为危及劳动者人身安全行为的，依法给予行政处罚；构成犯罪的，依法追究刑事责任；给劳动者造成损害的，应当承担赔偿责任。

第四，要求依法支付经济补偿的权利。经济补偿是用人单位承担的一种社会责任。在我国失业保险制度建立健全过程中，经济补偿可以有效缓减失业者的实际生活困难，维护社会稳定，形成社会互助的良好社会氛围。同时，经济补偿也是国家调节劳动关系的一种经济手段，可以引导用人单位进行利益权衡，谨慎行使解除劳动者的权利。《劳动合同法》延续了《劳动法》的有关规定，赋予了劳动者要求用人单位依法支付经济补偿的权利，并对应当给予经济补偿的情形和补偿标准进一步作了具体规定。

权利和义务是统一的。劳动者在行使法定权利的同时，也应履行法定义务。第一，诚信义务。在签订劳动合同时，劳动者有义务就其与劳动合同直接相关的基本情况，向用人单位如实说明。第二，守法义务。《劳动合同法》是规范劳动合同双方当事人行为的法律。劳动者作为劳动合同的一方，理所当然地也应遵守法律的规定和双方的约定。劳动者有违法行为或者违约行为的，应该依法承担法律责任。《劳动合同法》对劳动者违法或者违约行为所应承担的法律责任作了明确规定，主要是：劳动者违反与用人单位约定的服务期和竞业限制协议的，应按约定向用人单位支付违约金。劳动者违反劳动合同法的规定解除劳动合同，或者违反劳动合同中约定的保密义务或者竞业限制，给用人单位造成损失的，应当承担赔偿责任。劳动者与原用人单位尚未解除或者终止劳动合同，又与其他用人单位建立劳动关系，给原用人单位造成损失的，由劳动者与其他用人单位承担连带赔偿责任。

（二）用人单位的权利和义务

1. 用人单位享有依法约定试用期和服务期的权利。试用期是用人单位通过约定一定时间的试用来检验劳动者是否符合本单位特定工作岗位工作要求的制度。这对双方互相了解、双向选择，具有积极意义。在国际上，这也是劳动合同制度的普遍做法，试用期的长短根据工作岗位的需要不同，有长有短。同时，为了防止有些用人单位滥用试用期，我国《劳动合同法》根据劳动合同的期限规定了相应的试用期的最高时限。同时对特别情况作了特别规定：同一用人单位与同一劳动者只能约定一次试用期。以完成一定工作任务为期限的劳动合同或者劳动合同期限不满 3 个月的，不得约定试用期。试用期包含在劳动合同期限内。劳动合同仅约定试用期的，试用期不成立，该期限为劳动合同期限。《劳动合同法》还对试用期的工资待遇标准作了明确规定。

用人单位出资培训劳动者是现代企业的普遍做法。为了保障用人单位的合法权利，防止劳动者通过专门培训获得专业知识和技能后“跳槽”以获得更高的收入，《劳动合同法》规定用人单位可以与该劳动者就有关为劳动者提供专项培训费用，对其进行专业技术培训等事宜订立协议，约定服务期，约定劳动者违反服务期约定时的违约金。违约金的数额按照《劳动合同法》的规定确定。约定服务期的，不影响按照正常的工资调整机制提高劳动者在服务期间的劳动报酬。

2. 依法约定竞业限制的权利。竞业限制是在劳动关系结束后，要求劳动者（主要是高级管理人员和高级技术人员）在法定时间内继续保守原用人单位的商业秘密和与知识产权相关的保密事项。在现实生活中常有这样的情况：某一行业由于竞争激烈，劳动者特别是技术人员相对短缺，同业之间相互“挖人”的现象相当普遍，这种恶性竞争直接影响企业发展。商业秘密和与知识产权相关的保密事项关乎企业的竞争能力，不仅关系企业的发展，有时甚至直接影响到企业的生存。我国法律一贯重视对知识产权和商业秘密的保护，《公司法》、《反不正当竞争法》都有相应的规定。《劳动合同法》赋予了用人单位与劳动者约定竞业限制的权利。

3. 依法解除劳动合同的权利。劳动者适当流动是市场经济的题中应有之义。在保持劳动力市场的生机和活力的前提下，构建和谐稳定的劳动关系是《劳动合同法》的出发点。《劳动合同法》延续了《劳动法》的有关规定，在赋予劳动者依法解除劳动合同的权利的同时，也赋予用人单位依法解除劳动合同的权利。用人单位应履行告知义务，保障劳动者的知情权。从制度建设角度看，在《劳动合同法》生效前，用人单位应当完善劳动合同签订制度，制定出规范的招聘流程，明确相关工作标准，提示工作人员全面履行告知义务，使劳动者能够如实表达自己的意愿。从内容上看，用人单位应当按照法律的规定，履行告知义务：将工作内容、工作条件、工作地点、职业危害、安全生产状况、劳动报酬等情况如实告知劳动者，这既是履行法定义务的过程，也是用人单位与劳动者双方相互了解的过程，使劳动者能够对自己将来的工作有一个全面的认识，增加信任感，为员工尽快进入工作状态打好基础。如果可能，用人单位可以组织应聘者对本单位的工作参观考察，使其有一个感性的认识。

第二章　劳动合同基本制度

第一节　用人单位规章制度

作为雇主的用人单位，其依据法律制定的规章制度是规范劳动条件的最重要依据。那么，该规章制度属于什么性质，其与合同法之间存在什么关系，其内容是否应纳入劳动合同，其法律效力如何等问题，都需要进行研究。

在我国《劳动合同法》中规定由职工大会或者职工代表大会讨论通过直接涉及劳动者切身利益的规章制度或者重大事项，或者由工会代表职工与企业协商议定直接涉及劳动者切身利益的规章制度或者重大事项，是职工直接行使民主权利的体现，是基层民主政治建设的题中应有之义。同时，这也是出于维护职工合法权益的现实需要。

一、劳动规章制度的性质

所谓劳动规章制度，又称劳动纪律、内部劳动规则，是指用人单位制定的适用于该单位的劳动规则，是劳动者在共同劳动过程中必须遵守的行为规范与准则。① 规章制度是用人单位内部实施的组织劳动和进行劳动管理的规则，其范围可以涉及一切与劳动有关的规定和调整机制，如工时制度、休假规定、薪酬福利制度、录用考核制度、考勤请假制度、奖惩制度、劳动安全卫生等。② 规章制度，也称工作规则或服务规则，是劳动力使用者内部制定的用于规范劳动者之劳动行为的各种规则的总称。“规章制度”是中国内地从计划经济体制时代沿用的一种称谓，国外一般称为“工作规则”（work rules）或“服务规则”。③ 随着社会化大生产的高速发展，劳动者数量剧增，劳动分工也日益精细。企业为了合理

① 高圣平：“用人单位劳动规章制度的性质辨析”，载《法学》2006年第10期，第154～160页。

② 程延园：“劳动合同立法如何平衡劳动者与企业的权益”，载《法学杂志》2007年第3期。

③ 周长征：《劳动法原理》，科学出版社2004年版，第130页。

有效地经营管理，制定劳动者所应普遍遵循的劳动规章制度，将各种各样的劳动条件予以整理统一，实有必要。在集体协商制度较为发达的国家，劳动基准等由集体合同约定，劳动规章制度的内容几乎只关注企业纪律、工作作业秩序，而在我国，集体协商未能充分发挥作用。① 实践中，用人单位劳动规章制度是规范劳动条件的最重要依据。那么，劳动规章制度的性质是什么？劳动规章制度为什么具有约束劳动者的作用？面对劳动规章制度几乎成为用人单位剥削劳动者的劳动权利的工具，劳动争议仲裁和诉讼中有关劳动规章制度的争议日益增加，法律该如何解决？这些都是需要解决的问题。《劳动合同法》第4条对劳动规章制度的内容、制定和公告，第39条对劳动者违反劳动规章制度的效力，第74条对劳动规章制度的监督管理，第80条对劳动规章制度违法的后果作了相应规定，其中有很多需要完善的地方。

（一）关于劳动规章制度性质的理论观点

"事实说"认为，规章制度无非是一种事实上的存在，并无法律上的效力。但是否可以称为一种"事实上的习惯"，还值得考虑。然而，事实上的存在又如何能够取得规范劳动合同的效力呢？而且这种事实上的存在对于多数劳动者的劳动关系都产生重大影响，如果没有任何法理依据，这样的事实存在就有违反法制原则的嫌疑。因此，事实说并不能对规章制度的性质作出令人满意的解释。

"合同说"认为，劳动规章制度属于劳动合同内容的一部分，劳动者在订立合同时同时也接受了劳动力使用者制定的各项规章制度。之所以具有合同上的约束力，是基于用人单位与劳动者之间对劳动规章制度规定的内容有意思上的合意。因此，劳动规章制度须经劳动者同意才能生效。② 合同说又分为三种：其一，纯粹合同说。此说认为，用人单位单方面制定的劳动规章制度并不当然具有约束劳动者的效力。劳动规章制度将一般劳动条件定型化，必须经过双方合意，才产生法的意义。其二，事实规范说。此说认为，劳动规章制度是一种调整劳动条件的社会规范，需要得到劳动者明示或默示同意，才能对劳动者产生约束力。其三，事实习惯说。此说认为，劳动规章制度是雇主将各别劳动合同的共同条件予以制度化、定型化所形成的，各别劳动者对于劳动规章制度的每个条款是否理解，是否有受其规范的意思，不是问题的重心所在，劳动规章制度已成为一种事实上的习惯。③ "法规范说"，是指用人单位基于"经营统治权"享有在单位内

① （台）刘志鹏：《劳动法理论与判决研究》，元照出版有限公司2000年版，第261页。

② 董保华：《劳动关系调整的法律机制》，上海交通大学出版社2000年版，第338页。

③ 参见（台）黄越钦："从劳工法探讨企业管理规章之性质"，载《正大法律评论》第17期；刘志鹏："论工作规则之法律性质及其不利益变更之效力"，载《律师通讯》第132期；吕荣海：《劳动法法源及其适用关系之研究》，蔚理有限公司2002年版，第277页以下。

部制定行为规则的权利。其所制定的行为规范乃是一种法律，换言之，劳动规章制度与集体合同一样，都是劳动合同具有约束力的一种“特别契约法规”。① “法规范说”认为，劳动规章制度发生约束力的根源在于劳动规章制度具有法规范的性格，而与劳动者主观意思表示无关。法规范说大致可分为以下三说：其一，经营说。此说认为，劳动规章制度是用人单位基于其所有权、经营权和指示权，对其单位内的劳动者所发布的单位内规则，无须劳动者同意即可生效。其二，习惯法说。此说认为，劳动规章制度是用人单位内的惯例，且劳动者对之也具有法的确信，因此，具有习惯法的性质，因而劳动者同意与否不影响劳动规章制度的法律性质。其三，授权法说。此说认为，劳动规章制度之所以具有法律约束力，乃因为法律基于保护劳动者的目的，而赋予劳动规章制度以法律效力。② “集体合意说”是介于合同说和法规范说之间的折中说。此说认为，劳动条件为劳动合同的内容，应由当事人双方合意，但由于劳动规章制度统一规范劳动条件的事实，个别劳动者对劳动规章制度的制定、变更的承诺虽有必要，但可以由劳动者集体意思（工会）予以同意。③ “根据二分说”将劳动规章制度的内容分为两部分：其一是关于工资、工作时间等狭义劳动条件部分，此部分为劳动合同固有的内容，必须获得劳动者同意才能生效；其二是劳动者在单位内应当遵守的行为规则，此部分是用人单位依其指挥命令权制定，只需告知劳动者即可生效。④

分析上述四种学说，可以看出，“合同说”尚未反映劳动规章制度的本质特征，以劳动者同意或者承诺作为劳动规章制度产生法律效力的条件并不能反映现实生活的真实情况。事实上，劳动者对于劳动规章制度的同意主要体现为默示同意或被录用时的概括性同意，这与传统合同成立上的承诺迥然不同。⑤ 现实中，劳动规章制度属于单位的内部规范，居于弱势地位的劳动者对劳动规章制度的制定与变更，全无置喙余地，更无拒绝适用的理由。合同说没有注意到，内部规章制度通常是由用人单位单方制定的，劳动者并没有参与制定过程，因此也就谈不上双方之间的合意。如果将劳动者订立劳动合同推定为劳动者默示地接受全部规章制度，虽然这样可以满足合意的条件，但在法律逻辑上过于勉强。因为在很多

---

① （台）黄越钦：《劳动法新论》，翰芦图书出版有限公司2000年版，第196页。

② （台）刘志鹏：《劳动法理论与判决研究》，元照出版有限公司2000年版，第261页以下。

③ （台）刘志鹏：“论工作规则之法律性质及其不利益变更之效力”，载《律师通讯》第132期。

④ （台）吕荣海：《劳动法法源及其适用关系之研究》，蔚理有限公司2002年版，第277页以下。

⑤ 杨继春：“企业规章制度的性质与劳动者违纪惩处”，载《法学杂志》2003年第5期。

情况下，劳动者并没有看过规章制度，甚至在订立劳动合同后，用人单位仍然有权随时修改规章制度。所以，合同说与实际情况不相符合，很少有人坚持这种学说。①“法律规范说”过分地提高劳动规章制度的法律地位，不当地授予私人以“立法”权，使得用人单位立于近乎国家的对人民的统治地位，而且，用人单位基于所有权可以统制单位内之物，但无法统制劳动者。② 习惯法在中国是否属于法源之一种，还值得研究。“根据二分说”将劳动规章制度的内容分为狭义劳动条件及企业内部行为规范两个部分，在实际个案中难以区分，而且这种划分不仅是对劳动规章制度的一体性和整体性的漠视，而且将企业内部行为规范认定为独立部分，且由企业单方制定，确有可能剥夺劳动者权利。因为这部分劳动规章制度实际上也常常是劳动者所切身关心的劳动条件。“集体合意说”将劳动规章制度与集体合同等量齐观，忽略了二者的差别，同时也与中国《工会法》的有关规定不符。如《工会法》第 38 条规定，用人单位制定劳动规章制度时要听取工会的意见，无须得到工会的同意。

（二）劳动合同立法对规章制度的规范要求

劳动合同立法对规章制度权限的规定，要考虑是否所有规章制度都必须由劳动关系双方共同决定？工会、职工大会或职代会代表能否实际承担这一职责？如果要加强劳动者参与管理的职能，可以具体明确哪些制度需要由劳动关系双方共同参与决定、参与的具体形式和程序；哪些制度可以由用人单位独立制定，但要受到司法审查。规章制度制定权的设定取决于各国立法模式，采取授权式立法的国家，通常将规章制度内容的确定权完全授予企业，同时赋予法院对规章制度内容是否合法、是否妥当进行审查。采取纲要式立法的国家，通常规定规章制度的制定权限、程序和主要内容，企业根据立法规定执行。依法制定的规章制度对企业和劳动者都具有约束力，个别劳动合同不能与之相抵触，当规章制度与劳动合同内容不一致时，适用有利于劳动者的原则。合法有效的规章制度可以视为法律在本企业的延伸，可以作为解除劳动合同的依据，但要受到法律的严格审查，法院有权对规章制度的合法性和妥当性进行审查。

（三）我国法律关于劳动规章制度性质的规定

首先，我国现行法关于劳动规章制度的规定主要表现为：第一，《宪法》第 53 条规定：公民必须遵守宪法和法律，保守国家秘密，遵守劳动纪律，遵守公共秩序，尊重社会公德。《宪法》将“遵守劳动纪律”作为公民的一种基本义务，意在保障劳动者完成工作任务的劳动秩序，提供劳动效率。第二，《劳动法》第 3 条规定：劳动者应当完成劳动任务，提高职业技能，执行劳动安全卫

① 周长征：《劳动法原理》，科学出版社 2004 年版，第 130 页。

② （台）黄越钦：《私法论文集》，世纪书局 1980 年版，第 403 页。

生规程，遵守劳动纪律和职业道德。第 4 条规定，用人单位应当依法建立和完善规章制度，保障劳动者享有劳动权利和履行劳动义务。这一规定虽然将制定规章制度作为用人单位的一项义务加以规定，但在另一方面也等于授权用人单位在本单位内部制定规章制度。第 25 条规定：劳动者严重违反劳动纪律或者用人单位利益造成重大损失的，用人单位可以解除劳动合同。第 89 条规定：用人单位制定的劳动规章制度违反法律法规规定的，由劳动行政部门给予警告，责令改正；对劳动者造成损害的，应当承担赔偿责任。《劳动法》这些规定明确了劳动规章制度的制定主体，明定了劳动规章制度应当符合法律法规的规定。第三，市场主体法律制度中的有关规定。如《全民所有制工业企业法》、《城镇集体所有制企业条例》、《乡镇企业法》、《公司法》等有关法律法规都规定了企业制定劳动规章制度的权利，并对制定规章制度的程序作出相应规定。如国有企业、集体企业制定重要的劳动规章制度必须经过职工（代表）大会审议决定，其他企业制定重要劳动规章制度时，应当听取工会和职工的意见。第四，有关司法解释。如最高人民法院《关于审理劳动争议案件适用法律若干问题的解释》第 19 条规定：用人单位根据《劳动法》的有关规定，通过民主程序制定的规章制度，不违反国家法律、行政法规及政策规定，并已向劳动者公示的，可以作为人民法院审理劳动争议的依据。这里规定了三个基本条件：其一，必须是由用人单位的行政管理机关依法制定，其内容必须符合劳动法及有关法律、法规的规定；其二，必须经过职工代表大会或其他民主程序通过而制定；其三，必须要明确告知劳动者，用人单位未尽告知义务的，不能作为处理劳动争议案件的依据。①

其次，关于劳动规章制度的性质。依据我国《宪法》、《劳动法》的规定，劳动规章制度由用人单位单方制定，无论劳动者是否同意，均须遵守，亦即对劳动者产生约束力。有人认为，劳动规章制度本身不是法律，其效力源于法律授权。我国对于规章制度的性质实际上采纳了“法规说”。② 有的认为，在计划经济体制下，企业属于政府的附属机构，因此，劳动规章制度的形成主要来自公力机构，即便是由企业发布的也属于政府指令的一种形式。③ 有的认为，劳动规章制度也可以由国家制定。④ 也就是说，劳动规章制度只是政府实施劳动管理的手段，因此，用人单位自成立之时即被国家授予指定单位内部劳动规章制度的权

---

① 韩延斌：“《最高人民法院关于审理劳动争议案件适用法律若干问题的解释》的理解与适用”，载唐德华主编：《民事审判指导与参考》（第 6 卷），法律出版社 2001 年版，第 84 页。

② 参见王全兴：《劳动法》，中国政法大学出版社 1997 年版，第 226 页；石美遐：“对我国企业内部劳动规则立法的几点初步建议”，载《中国劳动》1999 年第 7 期。

③ 郑尚元：《劳动法学》，中国政法大学出版社 2004 年版，第 72 页。

④ 尹明生：“劳动法律之法源分析”，载《政法论丛》2003 年第 2 期。

利，劳动规章制度具有法律规范的性质，无论劳动者是否知晓，都应无条件地遵守。最高人民法院《关于审理劳动争议案件适用法律若干问题的解释》规定采纳的观点具有一定的模糊性。既可以理解为合同说，即凡是向劳动者公示的，才能成为劳动合同的内容，具有约束力，同时强调民主程序，体现了合同订立中所倚重的合意；也可为法律规范说，即制定劳动规章制度时的民主程序类似于国家立法过程的公众参与，“向劳动者公示”类似于法律规范的公布。可见，司法机关的态度是比较暧昧的。

二、劳动规章制度的格式条款性质

将劳动规章制度视为格式条款的理由主要有：首先，就劳动规章制度的形成而言，规格化和定型化为其特点，这与格式条款的形式比较吻合。规格化和定型化的合同条款，由一方当事人提出，其目的在于以此条款与多数相对人缔约。规格化和定型化被认为是格式合同的两个主要特征。① 所谓格式条款，是指当事人为了重复使用而预先拟定，并在订立合同时未与对方协商的条款。② 有的认为，格式条款重在订约之前即已由单方提出，而不在“重复使用”。就劳动规章制度整体内容而言，是用人单位以其经济、社会的优势地位，采用个别劳动合同的共通内容，加以体系化、定型化而成，故与格式条款在形式上没有差异。其次，就劳动规章制度的实质而言，劳动规章制度由用人单位单方拟定，劳动者对劳动规章制度的形成并无磋商交涉机会，只能概括地接受或不接受，不能对其内容进行增删修改，这与格式条款的实质相同。虽然劳动规章制度的制定有劳动者参与的环节，但仍由单位行政最后决定和公布，并以单位行政文件的基本形式存在，劳动者只能表示接受与否，否则劳动关系就不能成立。③ 最后，就中国目前的劳动合同实践来看，劳动规章制度在劳动合同中的表现主要是两种形式：一则明定用人单位的劳动规章制度属于劳动合同的内容，对当事人具有约束力；二则明定劳动者应遵守用人单位的劳动规章制度，以及劳动者违反劳动规章制度的，用人单位有权根据劳动规章制度进行处理。④ 由此可见，在中国，劳动合同规章制度作为一种合同条款，起着约束劳动者的作用，亦即劳动规章制度的效力来自于双方当事人的合意，只不过有时合意的表现形式不同而已。

---

① （台）王泽鉴：《民法债法总论》（第1册），三民书局1993年版，第78页。

② 《中华人民共和国合同法》第39条第2款。

③ 王昌硕主编：《劳动法教程》，中国政法大学出版社1995年版，第98～100页。

④ 回沪明、高圣平主编：《劳动法及配套规定新释新解》，人民法院出版社2004年版，第331页。

三、我国《劳动合同法》关于劳动规章制度的规定及其完善

（一）《劳动合同法》的有关规定

《劳动合同法》第4条规定："用人单位应当依法建立和完善劳动规章制度，保障劳动者享有劳动权利、履行劳动义务。""用人单位在制定、修改或者决定有关劳动报酬、工作时间、休息休假、劳动安全卫生、保险福利、职工培训、劳动纪律以及劳动定额管理等直接涉及劳动者切身利益的规章制度或者重大事项时，应当经职工代表大会或者全体职工讨论，提出方案和意见，与工会或者职工代表平等协商确定。""在规章制度和重大事项决定实施过程中，工会或者职工认为不适当的，有权向用人单位提出，通过协商予以修改完善。""用人单位应当将直接涉及劳动者切身利益的规章制度和重大事项决定公示，或者告知劳动者。"本条集中规定了劳动规章制度的制定主体、内容、民主程序、告知程序。具体来讲，《劳动合同法》关于规章制度的规定主要体现在以下几个方面：

1. 用人单位应当依法建立和完善劳动规章制度。用人单位的规章制度是用人单位制定的组织劳动过程和进行劳动管理的规则和制度的总和，也称为内部劳动规则，是企业内部的"法律"，规章制度内容广泛，包括了用人单位经营管理的各个方面。根据1997年11月劳动部颁发的《劳动部关于对新开办用人单位实行劳动规章制度备案制度的通知》，规章制度主要包括：劳动合同管理、工资管理、社会保险福利待遇、工时休假、职工奖惩，以及其他劳动管理规定。用人单位制定规章制度，要严格执行国家法律、法规的规定，保障劳动者的劳动权利，督促劳动者履行劳动义务。制定规章制度应当体现权利与义务一致、奖励与惩罚结合，不得违反法律、法规的规定。否则，就会受到法律的制裁。《劳动合同法》第80条规定："用人单位直接涉及劳动者切身利益的规章制度违反法律、法规规定的，由劳动行政部门责令改正，给予警告；给劳动者造成损害的，应当承担赔偿责任。"

2. 规章制度和重大事项的决定程序。规章制度的制定程序关键是要保证制定出来的规章制度内容具有民主性和科学性。规章制度的大多数内容与职工的权利密切相关，让广大职工参与规章制度的制定，可以有效地杜绝用人单位独断专行，防止用人单位利用规章制度侵犯劳动者的合法权益。

在《劳动合同法》的立法过程中，关于规章制度的制定程序引起了一些争议。职工参与企业民主管理，是企业管理制度的一个重要内容。这不仅仅是我国社会主义企业管理的特色，而且是世界范围内企业管理的一个趋势。职工如何参与企业管理，在哪些事项上，以什么形式和途径参与，我国的相关法律都作了规定。《劳动法》第8条规定："劳动者依照法律规定，通过职工大会、职工代表

大会或者其他形式，参与民主管理或者就保护劳动者合法权益与用人单位进行平等协商。”《工会法》第38条规定：“企业、事业单位研究经营管理和发展的重大问题应当听取工会的意见；召开讨论有关工资、福利、劳动安全卫生、社会保险等涉及职工切身利益的会议，必须有工会代表参加。”《公司法》第18条第3款规定：“公司研究决定改制以及经营方面的重大问题、制定重要的规章制度时，应当听取公司工会的意见，并通过职工代表大会或者其他形式听取职工的意见和建议。”在立法过程中，草案曾经规定：“规章制度涉及劳动者切身利益的，应当经工会、职工大会或者职工代表大会讨论通过，或者通过平等协商作出规定。”这样规定曾经引起较大的分歧：一种意见认为，制定规章制度和决定重大事项是企业的经营管理自主权，是用人单位的“单决权”，用人单位在制定规章制度和决定重大事项时只要听取工会和职工的意见就可以了，规定经工会、职工大会或者职工代表大会讨论通过，如果意见不统一，势必造成规章制度或者重大事项久拖不决，用人单位的管理将无所适从。这样规定，限制了用人单位的经营自主权，实践中无法操作。另一种意见认为，用人单位制定规章制度应当有劳动者参与，从国外的情况看，涉及职工切身利益的事项，很多都是用人单位和职工双方共同决定的内容，属于“共决权”。我国的《全民所有制工业企业职工代表大会条例》规定，属于职工代表大会职权范围内的企业规章制度，应当经职工代表大会审议通过。最后，综合考虑各方面意见，《劳动合同法》规定，用人单位在制定、修改或者决定直接涉及劳动者切身利益的规章制度或者重大事项时，应当经职工代表大会或者全体职工讨论，提出方案和意见，与工会或者职工代表平等协商确定。本法规定是针对所有企业的规章制度的制定程序，强调通过平等协商确定，并不影响国有企业继续按照《全民所有制工业企业职工代表大会条例》的有关规定执行。

关于平等协商的内容，这里直接涉及劳动者切身利益的劳动报酬、工作时间、休息休假、劳动安全卫生、保险福利、职工培训、劳动纪律以及劳动定额管理等规章制度或者重大事项。规章制度如工作时间、休息休假、劳动安全卫生、劳动纪律以及劳动定额管理等规章制度，重大事项如劳动报酬、保险福利、职工培训等。

关于具体制定程序，这里规定制定规章制度或者决定重大事项，应当经职工代表大会或者全体职工讨论，提出方案和意见，与工会或者职工代表平等协商确定。所以，这个程序分为两个步骤：第一步是经职工代表大会或者全体职工讨论，提出方案和意见；第二步是与工会或者职工代表平等协商确定。一般来说，企业建立了工会的，与企业工会协商确定；没有建立工会的，与职工代表协商确定。这种程序，可以说是“先民主，后集中”。

3. 规章制度的异议程序。用人单位的规章制度既要符合法律、法规的规定，也要合理，符合社会道德。实践中有些用人单位的规章制度不违法，但不合理、不适当。如有的企业规章制度规定一顿饭只能几分钟吃完；一天只能上几次厕所，一次只能几分钟等。这些虽然不违反法律、法规的规定，但不合理。也应当有纠正机制。因此，本条规定在规章制度实施过程中，工会或者职工认为用人单位的规章制度不适当的，有权向用人单位提出，通过协商作出修改完善。

4. 规章制度的告知程序。规章制度是劳动合同的一部分，要让劳动者遵守执行，应当让劳动者知道。因此，《劳动合同法》第4条规定，直接涉及劳动者切身利益的规章制度应当公示，或者告知劳动者。关于告知的方式有很多种，实践中，有的用人单位是在企业的告示栏张贴告示；有的用人单位是把规章制度作为劳动合同的附件发给劳动者；有的用人单位是向每个劳动者发放员工手册。无论哪种方式，只要让劳动者知道就可以。

《劳动合同法》第38条第1款第4项规定：用人单位的规章制度违反法律、法规的规定，损害劳动者权益的，劳动者可以解除合同。第39条第2项规定：劳动者严重违反用人单位的规章制度的，用人单位可以解除劳动合同。此项规定直接赋予了劳动规章制度以法律效力，直接承认其中解除劳动合同事由的效力。

《劳动合同法》的有关规定没有明确劳动规章制度的性质，大体上采纳了“集体合意说”，即对直接涉及劳动者切身利益的，劳动规章制度应当经民主程序或通过平等协商作出规定，否则无效。

（二）用人单位规章制度的立法完善

现代企业分工日益精细，企业规模日益扩大，雇员日益增多，如果企业与每个劳动者分别签订合同确定劳动条件，则不利于企业经营，因而制定企业规章，统一规定劳动条件。企业内部规章在劳动条件决定中应该起着重要作用。由于我国企业内部规章制度不健全、不规范，往往偏离有关法律法规，常常出现企业通过制定内部规章损害劳动者利益的现象，不规范的劳动规章难以作为确定劳动条件的一种依据。如果内部规章缺乏合意基础，则该条款只有成为劳动合同的一部分才具有拘束力。企业内部规章的制定，既是雇主的权利，更是雇主的义务，是促使雇主明确劳动条件，规范用人行为的方式。因此，必须完善企业规章的相关立法，规定制定规章的基本内容和程序。

在明确了劳动规章制度属于格式条款的基础上，结合规制格式条款的法理，我们可以从以下几个方面对《劳动合同法》的劳动规章制度加以完善。

1. 在劳动规章制度的制定方面，首先，应当坚持劳动规章制度的制定主体为用人单位，这符合劳动规章制度作为格式条款的特征之一，即单方决定性。在明确劳动合同的当事人（劳动者和用人单位）的情况下，用人单位是指用人单位的意思决定机关和对外意思表达机关。其次，劳动规章制度制定过程中的民主程序问题。在我国按照《劳动合同法》规定的劳动规章制度的制定程序与《公司法》等按照责任类型为标准模式进行的市场主体立法的规定不尽一致。《公司法》等市场主体法关于劳动规章制度的规定，体现的是用人单位决定原则，而《劳动合同法》体现的是协商原则。因此，有人认为，应当规定为“用人单位在制定规章制度时，应当听取单位工会的意见，并通过职工（代表）大会或其他形式听取职工的意见和建议”。这样规定有三个好处：其一，避免《公司法》的规定与《劳动合同法》相冲突；其二，体现劳动规章制度的格式条款性质和用人单位的单方决定性；其三，体现一定程度的民主监督。① 我们认为，《劳动合同法》的现行规定更能体现平等原则和保护职工利益为重的原则。

2. 在劳动规章制度订入劳动合同方面，我们认为，劳动规章制度订入合同，是劳动规章制度规制的前提，也是劳动规章制度的效力基础。劳动合同制度作为格式条款，虽然广泛使用，但并不当然具有约束劳动者的效力，还须经由双方当事人意思的合意，才能成为合同的内容。② 参酌各国立法例及司法实践，我国《合同法》规定了明示原则，要求格式条款提供者有义务向相对人明示其欲以格式条款订立合同，同时给予相对人合理机会使之了解格式条款的内容。这样可以填补缔约能力和缔约机会的差异。如《合同法》第 39 条第 1 款规定：“采用格式条款订立合同的，提供格式条款的一方应当遵循公平原则确定当事人之间的权利义务，并采取合理的方式提请对方注意免除或者限制其责任的条款，按照对方的要求，对该条款予以说明。”

依据《劳动合同法》规定向劳动者“明示”的规定，按照“明示”的原理，用人单位应当以合理的方式使劳动者知悉规章制度。所谓合理的方式，主要是指能够引起注意、提醒强调和吸引对方注意力的方式，可以是向劳动者印发，在主要工作场所公告或悬挂，要求劳动者注意签字确认，在单位内部局域网发布等。

劳动部《关于对新开办用人单位实行劳动规章制度备案制度的通知》（劳部发〔1997〕338 号）规定了劳动规章备案制度。备案制度属于行政规制的范畴，也是一种典型的事后介入模式。不进行备案的，可能招致行政责任，但不会影响劳动规章制度订入合同，亦即未经备案的劳动规章制度只要以合理的方式向劳动者公示，即已订入劳动合同。

3. 在劳动规章制度的效力控制方面，一旦劳动规章制度已成为劳动合同的内容，即应审查其是否有效，以确定其有无约束劳动者的效力。各国对于格式条款效力的规制方法主要有三种：其一，硬性规制，即明定某些格式条款无效；其

① 高圣平：“用人单位劳动规章制度的性质辨析”，载《法学》2006 年第 10 期，第 154～160 页。

② （台）王泽鉴：《民法学说与判解研究》（第 7 卷），三民书局 1993 年版，第 79 页。

二，概括规制，即明定某一抽象原则作为法院规制不特定约款的依据，违背该原则的格式条款即为无效，因此又被称为抽象相对无效；其三，弹性规制，即列举某些格式条款须经法院判断才能决定其有效性，亦即所谓具体相对无效。我国《合同法》也综合运用了这些效力控制方法，在判断劳动规章制度的效力时可以参照。

关于劳动规章制度的效力，作为劳动合同内容之一，理应受到劳动合同效力的规制。结合《合同法》的规定，劳动合同的效力可作如下规定：第一，劳动合同制度绝对无效。劳动规章制度中违反法律法规、集体合同的强制性规定的，免除或者减轻用人单位责任、加重劳动者的责任的，使劳动者抛弃权利或者限制其权利行使，以及其他对劳动者有重大不利益的，绝对无效。① 第二，劳动规章制度的相对无效。劳动规章制度中违反诚信原则，对劳动者显失公平的，无效。可以推定为显失公平的情形，主要为：违反平等原则的；劳动规章制度与其所排除不予使用的任意性规定的立法意旨明显矛盾的；劳动合同的主要权利义务因劳动规章制度的限制致使其合同目的难以达成的。

第二节　协调劳动关系的三方机制

我国《工会法》第 2 条和第 6 条规定，工会是职工自愿结合的工人阶级的群众组织。工会通过平等协商和集体合同制度，协调劳动关系，维护企业职工劳动权益。《劳动合同法》第 5 条规定，县级以上人民政府劳动行政部门会同工会和企业方面代表，建立健全协调劳动关系三方机制，共同研究解决劳动关系方面的重大问题。那么，什么是三方机制，建立三方机制的意义何在，如何建立三方机制，三方机制主要解决什么问题，等等，是需要研究的。

一、建立劳动关系三方协商机制的意义

劳动关系三方协商机制，也称劳动关系三方原则。根据国际劳工组织 1976 年《三方协商促进国际劳工标准公约》规定，三方机制是指政府（通常以劳动部门为代表）、雇主和雇员（工人）之间，就制定和实施经济和社会政策而进行的所有交往和活动。即由政府、雇主组织和工会通过一定的组织机构和运作机制共同处理所涉及劳动关系的问题，如劳动立法、经济与社会政策的制定、就业与劳动条件、工资水平、劳动标准、职业培训、社会保障、职业安全与卫生、劳动

① 高圣平：“格式合同司法规则中的几个问题”，载《合同法评论》2004 年第 4 期。

争议处理以及对产业行为的规范与防范等。

三方协商机制的理论基础是社会连带关系理论。该理论最早由法国社会学家杜尔克姆提出，由来昂·狄骥继承并发展。劳动合同关系是一种典型的社会连带关系。劳动者与雇主单位既存在着广泛的共同一致的利益，又存在着利益矛盾。这种利益矛盾主要表现为两者之间本质上的不对等关系，并因此需要政府的适当的和有限的介入，以缓解利益矛盾，促进劳资合作，促进生产发展和社会稳定。

三方协商机制已经被绝大多数国家，特别是发达市场经济国家所认同，成为劳动合同的一种基本制度。各种劳动关系协调组织的设立均体现了三方协商机制原则。如新西兰根据其《产业关系法》设立的产业关系委员会由工人代表、雇主代表和劳工部长组成，负责产业关系的调整、劳动力政策、产业组织以及制定产业关系行为规范等方面，向政府提出建议，加拿大的劳资关系委员会具有与前者相同的组织结构，负责促进产业和平与劳资协商，并消除劳资分歧。日本的劳资争议调解委员会由雇主、工会和公益组织（代替政府）组成，公益组织代表主持工作。[①] 在德国，劳动争议诉讼由专门的劳动法院受理，该机构由职业法官和雇主协会代表、工会代表担任的名誉法官组成。在法国，初审法院、上诉法院和最高法院设立的劳动争议专门法庭（劳工法庭或社会法庭），也都是由职业法官和工会、雇主组织各自推选的兼职法官所组成。

我国社会主义市场经济体制的建立与完善，对劳动关系的调整提出了与其相适应的客观要求，因此，在企业从实行劳动合同制度到开展集体协商、签订集体合同，这些符合市场经济要求的法律制度，都是为了更好地调整企业的劳动关系，促进职工队伍的稳定和劳动关系的和谐，以保证经济建设的健康和持续发展。目前，我国劳动关系出现许多新问题，如就业压力大，劳动关系紧张，群体性突发事件增多、用人单位拖欠克扣劳动者工资、不为职工按时足额缴纳社保金、任意延长工作时间、非法收取劳动者押金等。

协调劳动关系，要靠落实劳动合同制度，实行集体协商制度和集体合同制度。但是，仅在企业范围内推行集体协商和实行集体合同制度是不够的，从协调劳动关系的整个社会化发展要求来看，还需要建立起能够促进劳动关系协调与稳定发展的三方机制。用三方协商机制来体现对更高层次上的劳动关系协调作用，促进各方利益主体的相对一致性，以达到三方共同利益和目标的实现。建立三方协商机制不仅不会取代和削弱企业劳动关系双方通过协商签订的集体合同的主体地位，更不会破坏企业建立起来的劳动关系的协调机制，反之，当三方协商机制的作用发挥出来的时候，它会积极引导双方更好地实现其签订的集体合同和协

① 夏积智：《中国劳动法若干重要理论与政策问题研究》，中国劳动社会保障出版社1999年版，第35页。

议，会指导帮助企业双方更好地通过协调机制来达到双方的目标。从这个意义上讲，建立有中国特色的劳动关系三方协商机制是我国社会主义发展的必然要求。

此外，我国企业劳动争议调解制度的所谓“三方”机制（企业、工会和职工）存在重大设计缺陷，劳动争议调解委员会在形式上具备三个方面的主体，但本质上属于两个方面。因此，导致工会在调解企业劳动争议中的职能冲突，该机制没能发挥预设的作用。①《劳动合同法》规定的三方机制，还能够解决长久以来劳动争议调解制度存在的根本缺陷问题。

二、协调劳动关系三方机制的法律依据

三方机制作为协商劳动关系的机制或者说手段，是市场经济国家的通行做法，是“舶来品”。在计划经济条件下，劳动者与国家的利益是一体的，主要依靠行政手段调整劳动关系。随着改革开放的深入和社会主义市场经济体制的逐步建立，国家、企业、职工三方利益格局日益明晰，企业劳动关系发生了深刻的变化。在这种新形势下，依靠单一的行政手段调整劳动关系，显然与市场经济的变化不相适应。

协调劳动关系已不仅仅是劳动保障部门的事情，通过政府、工会、企业组织建立三方协调机制已成为在市场经济条件下，保护稳定和谐的劳动关系和社会安定的必然选择。我国于1990年批准了国际劳工组织1976年通过的《三方协商促进贯彻国际劳工标准公约》（第144号公约）。根据公约的要求，对于国际劳工标准的履行，政府应当与工人和雇主组织进行充分协商。据此，我国《劳动法》和《工会法》规定了我国建立三方协商机制的一般要求，《劳动法》第81条规定，劳动争议仲裁委员会由劳动行政部门代表、同级工会代表、用人单位方面的代表组成。劳动争议仲裁委员会主任由劳动行政部门代表担任。《工会法》第34条规定，各级人民政府劳动行政部门应当会同同级工会和企业方面代表，建立劳动关系三方协商机制，共同研究解决劳动关系方面的重大问题。在劳动基准制定等具体问题上，我国在逐步制定规范实行三方合作机制。如1993年劳动部颁发的《企业最低工资规定》第6条要求，最低工资率应当由省级人民政府劳动行政部门会同同级工会、企业家协会研究确定。这是目前我国推行三方协商制度的主要法律依据。2001年8月，劳动和社会保障部、全国总工会、中国企业联合会联合宣布，国家将全面启动劳动关系三方（国家、企业、职工）协商机制，以协商的形式解决劳动关系中存在的各种问题。目前全国省级和市一级的三方机

① 参见《劳动法》第81条；《工会参与劳动争议处理试行办法》（中华全国总工会1995年8月17日发布）第11条；《企业劳动争议调解委员会组织及工作规则》。

制已经基本建立。三方机制正逐步向县（市、区）和产业一级延伸，全国将建立多层次的社会层面的三方机制，与劳动合同制度、集体合同制度一起构成了稳定、协调和规范劳动关系的机制。

三、协调劳动关系三方机制的主体结构

三方机制应当由三方组成，即由代表政府的劳动行政部门、代表职工的地方总工会和代表用人单位的企业代表组织（企业联合会、企业家协会、商会等）组成。三方协商机制，实际上是一种平等对话的机制。政府、企业组织和工会组织三方的职能不能替代，各有侧重和相互独立，相互没有隶属关系，切实代表基层组织和会员的利益。(1) 政府代表。工会法中明确规定政府劳动行政部门是政府的代表。一直以来，我国参加国际劳工大会的政府代表也是劳动行政部门。由此可以看出，劳动关系三方代表中政府代表应该由政府劳动行政部门担任。(2) 企业组织代表。计划经济时期，全国各地建立了企业联合会（企业家协会），应该说该组织代表的是国有企业。随着新建企业的迅猛发展，企业所有制形式呈现多元化，企业组织形式也呈现多元化，民间的商会、个体经营者协会、青年企业家协会、女企业家协会等相继出现，作为企业方代表，它们都可以成为三方协商机制的一方。目前，在中央层面，还是由中国企业联合会作为企业方代表。(3) 职工代表。由于三方机制是协商劳动关系方面的重大问题，它超出了具体企业的范围。因此，代表职工参加三方机制的是各级总工会。

四、协调劳动关系三方机制的作用

根据《工会法》、《劳动合同法》和《劳动争议调解仲裁法》的规定，三方机制解决的是劳动关系方面的重大问题。如劳动就业、劳动报酬、社会保险、职业培训、劳动争议、劳动安全卫生、工作时间和休息休假、集体合同和劳动合同等。

第三节　集体协商机制

集体协商，也称集体谈判，是劳动关系双方为了签订集体合同而进行的磋商。根据国际劳工组织《促进集体谈判公约》（第 154 号公约）第 2 条的规定，集体谈判是雇主、雇主集体或者一个或数个雇主组织。工业社会早期，劳动者只能以个人的身份分别与资方签订劳动合同。由于劳动者个人谈判地位较弱，因此

很容易被资方压低劳动条件，沦为附庸。而集体协商，首先将劳动者组织起来成立工会，然后由工会作为劳方代表与资方进行集体协商，以集体的力量获得更有利的劳动条件，平衡劳动者个人与资方之间地位不平等问题。集体协商并非仅对劳动者有利，对资方而言，通过集体协商，可以避免罢工的损失。而且劳动条件一经商定，有利于核算成本和收益；同时产业层次的集体协商，有利于企业在同等条件下公平竞争。国家通过劳动立法允许劳动关系双方进行集体协商，目的正在于维护劳动者利益，保证最低劳动条件，而不过分限制当事人的意思自治，影响劳动市场的活力。

产业行动（industrial action）是集体协商的一种极端手段。劳资双方在集体协商过程中不能就集体合同条件达成一致的情况下，为迫使对方接受本方条件而采取的极端行动。如工会可以罢工、怠工，雇主可以关闭工厂。大多数经合组织（OECD）国家允许出于工会角度或出于雇主角度而采取产业行动。但为了维持适度平衡也加以规制和限制。因为，产业行动的后果是工资损失和利润损失，因此，作为避免产业行动的安全措施，多数国家设立调解机构。值得强调的是，罢工权是劳动者拥有的对付资方经济优势的十分重要的权利。在不得已的情况下，行使罢工权，可以迫使资方认真地进行谈判，最终接受劳动者的合理要求。

建立以工会为纽带的协商机制，发挥工会在劳动合同订立和履行中的作用，是我国《劳动合同法》的一项重要职能。为此，《劳动合同法》第6条规定，工会应当帮助、指导劳动者与用人单位依法订立和履行劳动合同，并与用人单位建立集体协商机制，维护劳动者的合法权益。为了执行《劳动合同法》的有关规定，地方立法机关制定了相应的地方性法规和规章。

工会是职工自愿结合的工人阶级的群众性组织。维护职工合法权益是工会的基本职责。根据我国《工会法》的规定，工会在维护全国人民总体利益的同时，代表和维护职工的合法权益。工会必须密切联系职工，听取和反映职工的意见和要求，关心职工的生活，帮助职工解决困难，全心全意为职工服务。工会依照法律规定通过职工代表大会或者其他形式，组织职工参与本单位的民主决策、民主管理和民主监督。按照我国《劳动法》、《工会法》等法律规定，各级工会组织享有广泛的权利，如在参与民主管理、集体合同和劳动合同的订立和履行、劳动合同的解除、劳动安全卫生、解决劳动争议等。这些权利行使的主要目的，是为了维护职工的合同权益。因此，这些权利同时也是工会的职责。

一、与用人单位建立集体协商机制

集体协商机制是工会作为职工方代表与企业方就涉及职工权利的事项，为达到一致意见而建立的沟通和协商解决机制。建立集体协商机制，维护用人单位职工具体的权利。它的层面比三方机制要低。主要是由企业工会与用人单位建立。当然，也不排除地方总工会与用人单位之间建立集体协商机制。我国《工会法》规定，工会通过平等协商和集体合同制度，协调劳动关系，维护企业职工的劳动权益。集体协商的内容包括职工的民主管理；签订集体合同和监督集体合同的履行；涉及职工权利的规章制度的制定、修改；企业职工的劳动报酬、工作时间和休息休假、保险福利、劳动安全卫生、女职工和未成年工的特殊保护、职工培训及职工文化体育生活；劳动争议的预防和处理以及双方认为需要协商的其他事项。企业工会与用人单位建立集体协商机制，定期或不定期地就上述事项进行平等协商，经协商达成一致意见的，工会一方应当向职工传达，要求职工遵守执行；企业方也应当按照协商结果执行。

工作时间长短关系到劳动者的身体健康甚至生命安全，因此，我国《劳动法》第 41 条明确规定工作时间延长限制条款。用人单位由于生产经营需要延长工时的，必须首先与工会和劳动者协商，并取得后者的同意。未经工会和劳动者同意，用人单位不得擅自延长工时。对于用人单位违法强迫劳动者延长工时的，劳动者有权拒绝。由此发生的争议，可以提请劳动争议处理机构予以处理，工会和劳动者也可以向劳动行政部门举报，由劳动行政部门进行查处。

工资协商是集体协商内容的最重要的方面。工资集体协商是由工会或经民主选举的职工代表与企业代表，依法就工资分配制度、形式、水平、支付及调整办法等多项内容进行平等协商。协商的重点内容包括：企业（行业）的劳动定额、工价，工资正常增长水平及分配办法。大致流程为：由职工提出要约、企业予以答复、工会进行经营摸底、召开工资协商会议（谈判）、达成协议、公示 15 天、正式变动工资。中央和地方有关社会组织、政府和企业制定和实施保障工资协商机制的法律法规和规章等制度。

全国总工会积极推动和推广企业工资集体协商机制维护职工切身权益。各地党委、政府重视和支持，我国推动企业建立工资集体协商机制取得突破性进展。据统计，截至 2007 年，全国 31 个省、自治区、直辖市都开展了工资集体协商工作，签订工资集体协议的企业已从 2001 年的 2 万家发展到 2006 年的 52.6 万家，覆盖职工 3714.6 万人。近年来，全国总工会把工资集体协商作为维权机制建设的核心内容。各级工会积极协助地方政府将工资集体协商纳入地方经济社会发展规划、纳入政府工作的目标考核体系，配合地方政府制定工资集体协商工作指导性意见，在一些地方初步形成了“党委重视、政府主导、上级工会运作、企业劳动关系双方互动”的推进工资集体协商工作格局。国家协调劳动关系三方下发了《关于进一步推进工资集体协商工作的通知》后，全国总工会积极参与制定《集体合同规定》、《工资集体协商试行办法》等规定，这些文件的相继出台，为开展工资集体协商工作提供了政策依据。

全国总工会还根据《劳动法》、《工会法》的规定，明确要求企业工会代表职工依法行使集体协商要约权。如江苏省总工会于2005年率先在全省开展工资集体协商要约行动，并联合省协调劳动关系三方共同作出部署。全省基层工会共发出工资协商要约书12796份，回应率达到95.3%。各地工会在企业规模较小、工会不能单独进行工资集体协商的地区，着重抓区域性工资集体协商；在同行业企业较多的地区，着重抓行业性工资集体协商。北京、天津、深圳、哈尔滨、南京等城市已将行业性工资集体协商扩展到餐饮、装修装潢、美容美发、服装等多个行业。

为了提高工会代表集体协商的能力，各地建立了工资集体协商指导员队伍。江苏、上海等省市还建立了工资集体协商指导委员会、工资集体协商顾问团或工资集体协商指导站等咨询服务组织，对提高工资集体协商水平起到了促进作用。

企业工资集体协商机制建设在促进企业建立工资正常增长和支付保障机制，促进企业发展，维护职工权益，发展和谐劳动关系等方面发挥了重要作用。在一些城市，实行工资集体协商的企业，职工工资普遍比同行业未实行工资集体协商的企业高10%—15%。江苏省无锡市开展工资集体协商的2万多家企业，近两年来从未因工资问题引发劳动争议。常州市300多家服装企业，通过工资集体协商走出了招工难的窘境，春节后农民工返回率近100%。浙江省杭州、宁波等城市的一些企业，2000年开始工资集体协商，几年来职工人均工资每年递增10%以上，企业仅采纳职工合理化建议就增收节支几千万元。

有的地方性法规对集体协商的内容作了更加具体明确的规定。如《河北省企业职工工资集体协商条例》规定，像企业工资分配制度、工资标准等诸多方面涉及企业职工切身利益的内容，可采取集体协商的办法加以解决。条例规定，工资集体协商应当合法、公开、平等、协商一致、兼顾企业和职工双方利益，保障职工实际工资水平与本企业劳动生产率和经济效益相适应。工资集体合同中约定的劳动报酬，不得低于当地人民政府规定的最低工资标准。协商的内容包括：工资分配制度、工资标准；工资支付办法、支付时间；年度工资总额和职工平均工资水平；工资调整幅度和调整办法；津贴、补贴标准及资金等分配办法；学徒期、见习期、试用期的工资待遇；计件工资制企业的计件单价；病事假和妇女孕期、产期、哺乳期及各种有薪假期间的工资待遇；职工工资集体合同的起止时间；变更、解除职工工资集体合同的程序；职工工资集体合同的终止条件；职工工资集体合同的违约责任；双方认为应当协商的其他有关事项。为确保工资集体协商代表的利益，条例规定，企业应当保证职工协商代表履行代表职责必要的工作时间。职工协商代表因履行代表职责占用劳动时间的，其享受的工资、资金、津贴、补贴、社会保险、福利等待遇不变。职工协商代表履行职责期间，企业无正当理由不得调整其工作岗位，不得与职工协商代表解除劳动合同。

有的地方，如江苏省南京市以公布年度企业工资指导线的方式，给工资协商提供指导。各类企业工资增长下限为本企业上年度工资水平的5%；生产经营正常、经济效益良好的企业工资增长基准线为本企业上年度工资水平的12%—14%；生产经营正常、经济效益较好的企业工资增长预警线为本企业上年度工资水平的16%—18%。对于进行工资集体协商的企业，税务部门给予享受税收优惠政策。按照企业所得税法的规定，只有经过集体协商的工资才能在企业成本中列支，其当年工资基数和新增效益工资实发数，可在企业所得税税前列支，年终清算时由主管税务部门进行税前扣除。企业实行工效挂钩工资增长方案的，应严格按照劳动和社会保障部门核准的情况，提取和列支工资总额，不得超提。

二、帮助、指导劳动者与用人单位订立和履行劳动合同

帮助、指导劳动者与用人单位订立和履行劳动合同，是工会一项具体的职责。我国《工会法》第20条也规定："工会帮助、指导职工与企业以及实行企业化管理的事业单位签订劳动合同。"按照《劳动合同法》的规定，除了公务员和参照公务员管理的工作人员外，劳动者与用人单位都要订立劳动合同。

本来订立劳动合同是劳动者和用人单位双方的事，由劳动者和用人单位双方平等协商确定。但是现阶段，广大劳动者的知识文化水平有差别，尤其是大量进城的农民工，很多人对什么是劳动合同，怎么签订劳动合同，签订什么样的劳动合同，可能都不懂，迫切需要得到工会组织的帮助和指导。这些帮助、指导不是由工会代替职工与用人单位签订劳动合同，而是对职工做一些宣传解释工作，教育职工签订劳动合同的重要性，如何签订劳动合同，在劳动合同中有什么权利，应当履行哪些义务，怎么正确地履行劳动合同，违反劳动合同要承担什么样的责任，发生劳动争议应当怎么办？等等。

目前，劳动合同的签订率不高，大量的劳动合同采取的是口头形式，有的根本就没有劳动合同，发生劳动争议，处理起来没有依据，造成一些案件久拖不决，劳动者的合法权益无从保护。针对现实中的这些情况，本法规定所有的劳动合同必须要有书面形式，并对劳动合同的内容作了明确的规定，要求比较严格，贯彻实施劳动合同法，用人单位和劳动者都有一个适应过程。因此，更需要工会发挥作用，由工会帮助、指导职工签订劳动合同，有利于劳动法、劳动合同法等法律的宣传和贯彻执行，有利于使签订的劳动合同更加符合法律、法规的规定，有利于劳动者和用人单位双方利益的平等，有利于减少劳动争议的发生。需要注意，这里的工会包括各级总工会和基层工会组织。

三、集体协商，建立集体合同的具体措施

劳资双方的集体协商、签订集体合同，是当前我国工会组织协调劳动关系、维护职工合法权益、参与构建社会主义和谐社会的一项十分重要的工作。根据我国法律法规的规定，开展集体协商是签订集体合同的法定必要环节，是集体合同制度的一项重要组成部分。所以，如何正确认识和把握好集体协商的方法与技巧，对于我们有效推进集体合同工作有着十分重要意义。①

第一，科学设定富有充分弹性的谈判目标体系。一般来说，对于某一个协商谈判议题，要有理想目标、争取达到的目标和必须坚持的目标三个不同层次的目标。协商谈判的实质，就是要尽力把对手推迟到他必须坚持的最后底线，而不是“东风压倒西风”的“一锤子”买卖。协商谈判既是一种竞争，更是一种合作。

目标如何确定，是一个非常关键的问题，需要综合考虑各方面的因素，其中最主要的是要注意把握好三个原则，即实事求是的原则、以理服人的原则、谋求“双赢”的原则。也就是说，首先，从企业的实际出发，充分考虑企业的经济承受能力，不能只用良好的愿望去代替客观现实；其次，要经过科学的测算，提出有说服力的论据，要尽量用数字说话，让对方知道自己提出这一目标的科学依据在哪里；最后，要牢牢把握“谋求双赢”这条主线，把它作为整个协商谈判的出发点和归宿点。集体合同不是写在纸上给人看的，而是最终要履约兑现的，只有充分体现“双赢原则”的集体合同，才能真正具有持久的生命力。

第二，合理确定优先顺序，把握协商谈判重点。集体协商、签订集体合同是一项系统工程，涉及企业的劳动报酬、工作时间、休息休假、劳动安全与卫生、补充保险和福利等各项劳动标准和劳动条件。因此，需要把自己的要求分一下类，分清主次，抓住重点。一份集体合同可以说是一份企业的小宪法，要确定哪些目标是最重要的和必须达到的、哪些目标是重要性较低的可让步的，以及让步的次序等；哪些目标是本来就准备舍弃的，它之所以被提出是为了谋求达到另外某个目标的一种交换条件。只有把握了重点，才能达到一个“纲举目张”效果。从协商谈判的技巧上来说，如何“让步”和“舍弃”这两点非常重要。只有通过必要的让步和舍弃，才能有效地表现出自身的诚意，才能以较小的代价换取最大的利益。

第三，全面评估对手，有针对性地制定协商谈判策略。要学会运用换位思考的方法，分析考虑你的对手在协商谈判中可能会提出什么样的目标？他们会采取

---

① 王健：“通过集体协商有效维护职工合法权益”，载《工人日报》2006 年 4 月 13 日第 1 版。

什么样的谈判策略？准备对手可能提出的问题的答案，预测对方谈判队伍的构成和决策人的特点等。在集体协商中不仅要研究自己，还要研究对手，特别是要研究对方的首席协商谈判代表的特点，要学会“投其所好”。在此基础上，要有针对性地制定出自己的协商谈判策略，要采取先易后难的做法，把容易解决的问题放在前面先谈，把复杂的问题放在后面慢慢争取，不要一开始就谈很复杂的问题，使协商谈判陷入僵局。在协商谈判中要尽量多提问题，少做陈述，让对方在回答问题的过程中尽可能多地暴露出破绽，以寻求最有利的突破时机。这里还要注意的一个问题是，我们的集体协商是一种集体行为，不是单兵作战。因此，要善于运用团队运作的技巧，注意发挥团队的整体作用：在组建职工方协商谈判队伍时，要充分考虑各类职工的代表性，多选择一些懂经营管理、具备一定财务知识的代表参加，在协商谈判前适当进行一些模拟演练。

第四，冷静考虑失败的影响，积极开展非正式沟通和协商。从实践中来看，一份真正富有成效的集体合同的形式，不是一次简单的协商谈判就能取得的，它要经过劳资双方多轮的反复集体协商。在此过程中，难免会遇到种种困难或挫折。如果遇到了劳资双方就某一议题谈不拢怎么办？这时我们就要考虑中断谈判的选择，考虑何时让第三方加入解决问题是否更好。如果在协商谈判中出现了事前未预料到的问题或对某些议题未能达成一致意见，把握不准时，要根据有关规定，经双方同意可以中止协商谈判。采取休会的形式中止谈判，在实践中经常会遇到。中止协商期间，双方对不能确定的问题，可向企业主管部门、上级工会和劳动部门进行咨询，也可以申请上述部门单位予以协调，取得指导。

积极开展非正式的沟通与协商，也是做好集体协商工作的一个重要环节。它主要是指在正式的协商谈判前利用一些非正式的场合和时机沟通双方的感情，探听对方的思路，为将来举行正式的协商谈判做一些有益的铺垫等；但涉及协商谈判方案中实质性的问题，不能透露给对方。非正式沟通可以在双方的首席代表之间进行，也可以在其他代表之间进行。

总而言之，劳资双方集体协商的方法与技巧并没有一个标准模式，要根据协商谈判过程中情况的千变万化和出现的问题进行适时的调整，要在实践中不断地探索总结。

第二篇

劳动合同制度

第三章 劳动合同的订立

第一节 劳动合同订立的意义

一、劳动合同订立的意义

劳动合同的订立，是指劳动者和用人单位经过相互选择和平等协商，就劳动合同条款达成协议，从而明确劳动关系和确立相互权利义务的法律行为。劳动合同的订立具有以下几个特征：第一，劳动合同的主体是用人单位和劳动者；第二，劳动合同的内容表现为劳动合同主体双方即劳动者和用人单位的权利与义务；第三，劳动合同的订立是一种法律行为。

劳动合同与民商事合同之间的一个最大区别在于，前者以劳动关系的建立为基础，劳动关系往往先于劳动合同订立而存在，后者的行为关系往往是与合同的订立同时存在的。因此，研究劳动合同的订立首先要明确劳动行为与劳动关系。

劳动关系是劳动法领域中最基本的范畴，它是指劳动者与用人单位在实现劳动过程中建立的一种社会经济关系。劳动关系建立与否决定着劳动者的劳动权能否实现，决定着劳动者是否能够享受劳动法律规定的各项权利。只有存在劳动关系，劳动者与用人单位才能受劳动法律的规范，才能适用劳动法律的相关规定。① 因此，劳动合同法首先要研究劳动关系什么时候成立。有的认为，从劳动合同签订之日起，劳动关系成立；有的认为，从实际提供劳动之日起，劳动关系成立。我国《劳动合同法》第 7 条规定："用人单位自用工之日起即与劳动者建立劳动关系。"用人单位的职工名册是记录、证明劳动关系存在的一种十分重要的书面证据。建立职工名册也便于劳动行政部门依法监督检查。按照劳动合同法的要求，一是用人单位有义务建立职工名册，二是考虑经济性原则，不需要采用备案报告制度。

《劳动合同法》首先明确规定建立劳动关系的唯一标准是实际提供劳动。换言之，只要劳动者实际提供劳动，用人单位实际用工，就建立了劳动关系。不论劳动者是否实际签订了书面劳动合同，将受到同等的保护。这样规定，实际上否

---

① 信春鹰：《中华人民共和国劳动合同法释义》，法律出版社 2007 年版，第 24 页。

定了此前实践中关于事实劳动关系的概念。对于劳动执法和司法具有重要意义，即有关执法和司法部门不能因为没有书面劳动合同的存在，而拒绝对当事人权益加以法律保护。把实际用工作为建立劳动关系的标准有其合理性，是劳动关系的应有之义，同时更加有利于保护劳动者的正当权益。其次，如果书面劳动合同签订在前，实际用工在后的，劳动关系在实际提供劳动之日起建立。此时，劳动关系建立之前的书面劳动合同只具有合同效力，若一方违约，则可以按照民法的规定追究其违约责任。再次，实际用工在前，签订书面劳动合同在后的，劳动关系早于书面劳动合同建立，劳动合同关系的建立不受未签订书面劳动合同的影响。劳动合同法专门针对这种情形作了规范，通过经济措施，促使用人单位在用工之时就与劳动者订立书面合同。最后，劳动者在实际提供劳动的同时签订书面劳动合同的，则劳动合同的签订时间、劳动关系的建立时间与实际提供劳动的时间三者是一致的。

与《劳动法》相比，《劳动合同法》对于建立劳动关系和确立劳动关系的规定在立法上具有明显的进步。突出表现在取消了事实劳动关系的认定制度。按照以往有关法律的规定，事实劳动关系的成立需要具备一定的复杂条件和烦琐证据。① 在条件方面需要用人单位和劳动者符合法律法规规定的主体资格；用人单位依法制定了劳动规章制度，劳动者受用人单位的管理，从事用人单位安排的有报酬的劳动；劳动者提供的劳动属于用人单位的一部分。在证据方面需要用人单位提供工资支付凭证（工资发放花名册）、社会保险费交纳记录，劳动者应聘时填写的登记表、报名表等招用记录，考勤记录；需要劳动者提供用人单位发放的工作证、服务证等劳动者身份证明，其他劳动者的证人证言等。如果事实劳动关系不能得到认定，则视为非法用工，这会严重损害劳动者的正当利益。取消事实劳动关系的认定制度，可以比较彻底地保护劳动者的正当利益。

从《劳动合同法》的规定可以看出，劳动关系的建立与劳动合同的订立并不一定是同步的，而且劳动合同的订立并不是劳动关系建立的标准。这样可能给人们带来一个误解，既然劳动合同的订立不是劳动关系建立的标准，为什么《劳动法》和《劳动合同法》还规定建立劳动关系应当订立劳动合同呢？② 订立劳动合同究竟能够起到什么作用呢？我国《劳动合同法》以书面劳动合同作为劳动合同的唯一合法形式。虽然劳动合同并不是保护劳动关系的唯一依据，订立劳动合同具有以下几个方面的积极作用：一是证明劳动关系的存在；二是清楚记载劳动合同双方的权利和义务，有利于实现劳动关系当事人的权利义务的具体化、规范化，在发生劳动争议时，可以作为主要的证据，有利于纠纷的解决，也

① 参见《中华人民共和国劳动法注释本》，法律出版社2006年版，第10页。

② 参见《劳动法》第16条；《劳动合同法》第10条。

便于劳动行政部门监督执法；三是通过对劳动合同订立的法律规范，提高双方履行合同的自觉性，促使双方当事人正确地行使权利，严格地履行义务，并可以有效防止和减少劳动争议和侵权违法行为的发生。而从宏观方面来看，强调订立劳动合同可以保持劳动关系持续、健康、稳定地发展，对全社会建立和谐稳定的劳动关系会产生积极作用。

二、劳动合同的订立、成立与生效的区别

劳动合同的订立不同于劳动合同的成立。劳动合同的订立描述的是缔约双方自接触、洽商直至达成合意的过程，其中既包括劳动合同双方接触、洽商以及讨价还价的动态过程，也包括经过协商从而明确各方当事人享有的权利和承担的义务并最终产生劳动合同的静态结果。与劳动合同的订立相比较，劳动合同的成立仅仅指劳动合同双方就合同内容协商一致的静态结果。由此可见，劳动合同的订立并不完全等同于劳动合同的成立，后者应是包含于前者之中的。

此外，这里还须明确劳动合同的成立与劳动合同的生效的区别。前者体现的是合同当事人之间的合意，后者体现的是合同的合法性。就是说，只有合法的劳动合同对当事人才具有法律拘束力，当事人才能实现预定的合同目的，实际地享有合同权利、履行合同义务。

第二节　劳动合同的形式

劳动合同的形式，是劳动合同内容赖以确定和存在的方式，是劳动合同当事人双方因意思表示一致而缔结劳动合同的具体表现形式。劳动合同采用何种形式，对于判断合同当事人之间劳动关系是否存在，明确当事人权利义务都具有重要意义。

一、国外法律对劳动合同形式的规定

劳动合同形式是劳动合同制度中的一个重要问题，其他国家和地区对于这一问题同样予以相当之重视。综合来看，可以归结为以下三种模式：

一是对劳动合同的形式一般不作限制性规定，当事人可以自由选择。采用这种模式的主要有英国、德国等国家。例如在英国，根据普通法的规定，雇佣合同可以是书面的，也可以是口头的，或者是以契约与行为相结合的形式。但法律并没有规定劳动合同必须以书面形式订立。在订立劳动合同时，订立一方需要向另

一方作出一个“要约”（offer）。这个要约是可以附带条件的，这些条件可以包括以下方面：有关证明、工作许可证、健康检查、资格证和其他有关资料。如果所附加的条件没有完成，则合同不能成立。在实践中，较多使用的文件通常包括雇用要约信、依据雇用权利法雇主在雇用关系开始后2个月内提供给雇员的有关雇用条款和条件的书面陈述、工作协议以及雇员手册等。① 德国对于劳动合同的形式原则上也不做限制。有时对于重要的劳动条件如劳动合同的起始时间、支付劳动的方式、支付的报酬等以口头协商即可。如果没有就劳动报酬进行协商，劳动合同同样有效，只不过雇主有义务支付惯常的报酬。如果雇主所属行业适用某一集体合同，则确定报酬时以集体合同为准。② 另外，我国台湾地区的“法律”也规定劳动合同不以书面形式为要件，劳动契约的成立原则上与一般契约的缔结相同。其核心在于强调劳动契约的合意。如果一方以口头提出要约，他方必须当即承诺，书面则以相当时间为承诺的合理期限。

二是以口头劳动合同为一般形式，但要求特定的劳动合同要采用书面形式。采用这种模式的主要有法国等国家。例如，法国劳动法律规定，不定期劳动合同可以采取口头形式。定期劳动合同的订立必须采用书面形式，并且详细说明订立合同的理由。某些不定期劳动合同，法律要求采用书面形式，但并没有把书面形式作为合同的一项生效要件。根据《法国劳动法典》第721－7条和有关法律的规定，家庭劳动者的劳动合同要采用书面形式；按照《公共健康法典》第462条医生雇员必须签订书面的劳动合同。在极少数情况下，法律规定书面形式是合同生效的要件。例如，海员和飞行员的劳动合同分别由《海员劳动法》第4条和《民事航空法》第423－1条规定。

三是一般情况下要求劳动合同采用书面形式，但允许在特殊情况下订立口头形式的劳动合同。采用这种模式的主要有俄罗斯、瑞典、越南等国家。例如，《俄罗斯联邦劳动法典》规定，劳动合同以书面形式订立。职工的聘用以企业、机关、团体行政管理部门的“决定”的形式确定。聘用决定应通知职工并由其签字。越南劳动法律规定，雇用合同应当用书面形式订立。对某些临时性的和为期3个月以下的工作以及家务工人，可以订立口头合同。

从上述国家和地区对于劳动合同形式的法律规定来看，书面形式并不是为这些国家和地区的立法者所特别看重，相反，多样的劳动合同形式反而是更为普遍的状态。导致这种状态的原因既是与其他国家和地区法治传统以及人们的守法观念相关联，同时也是和这些国家劳动标准和集体合同制度相对完善是有关系的。

---

① 王益英：《外国劳动法与社会保障法》，中国人民大学出版社2001年版，第32～36页。

② 王益英：《外国劳动法与社会保障法》，中国人民大学出版社2001年版，第85页。

但无论如何，多样的劳动合同形式这一点对我们是有借鉴意义的。

二、我国《劳动合同法》对于劳动合同形式的规定

《劳动合同法》在《劳动法》以及有关劳动合同的部门规章和地方性法规的基础上，对于劳动合同的形式作了基本规定。《劳动合同法》第10条规定："建立劳动关系，应当订立书面劳动合同。已建立劳动关系，未同时订立书面劳动合同的，应当自用工之日起一个月内订立书面劳动合同。用人单位与劳动者在用工前订立劳动合同的，劳动关系自用工之日起建立。"针对非全日制用工，《劳动合同法》第69条第1款规定："非全日制用工双方当事人可以订立口头协议。"与以往的规定相比，《劳动合同法》对于劳动合同形式的规定具有以下特点：

第一，将劳动关系与劳动合同作了区分，厘清了两者之间的关系。

《劳动法》第16条、第19条规定，劳动合同是劳动者与用人单位确立劳动关系、明确双方权利义务的协议。建立劳动关系应当订立劳动合同。劳动合同应当以书面形式订立。在上述规定中，内含着劳动合同是劳动关系确立条件的含义，而劳动合同又应当以书面形式加以订立，由此推论，书面劳动合同是否存在就成为了判断劳动关系存在与否的标准，书面劳动合同成为劳动关系的同义语。这无疑是混淆了劳动关系与劳动合同之间的关系。实际上，劳动关系是劳动力所有者（劳动者）与劳动力使用者（用人单位）之间，为实现劳动过程而发生的一方有偿提供劳动力由另一方用于同其生产资料相结合的社会关系。① 至于这种劳动关系建立的形式（口头还是书面的形式）则是与劳动关系本身不完全相同的。应当讲，只要有用工行为，即只要劳动者与用人单位之间发生了一方有偿提供劳动力由另一方用于同其生产资料相结合的关系，则劳动关系就随之产生。由此可见，上述劳动法的规定存在着一定的问题。正是由于这一原因，在实践中产生了以是否签订劳动合同作为衡量是否存在劳动关系的标准的观念，进而滋生了用工不签订劳动合同行为、劳动纠纷过于重视劳动合同的书面形式等问题。

《劳动合同法》第10条规定，建立劳动关系，应当订立书面劳动合同。已建立劳动关系，未同时订立劳动合同的，应当自用工之日起1个月内订立书面劳动合同。这一规定，将劳动关系的建立与劳动合同的订立区分开来，将劳动合同作为劳动关系建立的一种书面形式，将劳动合同确立为一种要式合同。

第二，《劳动合同法》对于口头形式的劳动合同作了一定的承认。

《劳动合同法》对于口头形式的劳动合同法律效力的认可，主要体现在关于非全日制用工的规定上。非全日制用工是一种相对灵活的用工形式。早在2003

① 王全兴：《劳动法学》，法律出版社2004年版，第31～32页。

年，劳动和社会保障部在《关于非全日制用工若干问题的意见》（劳社部发〔2003〕12号）中就曾指出，以小时工为主要形式的非全日制用工是近年来发展较快的一种用工形式，它突破了传统的全日制用工模式，适应了用人单位灵活用工和劳动者自主择业的需要，已成为促进就业的重要途径。对于非全日制用工，要求用人单位与劳动者一般要以书面形式订立劳动合同。但是劳动合同期限在一个月以下的，经双方协商同意，也可以订立口头劳动合同。《劳动合同法》吸收了这一规定，明确允许非全日制用工可以采用口头形式的劳动合同来明确双方的权利与义务关系。这比上述《意见》的规定又有了较大的进步，也是对劳动法的一大突破。因此，在我国，非全日制用工可以采取口头形式的劳动合同。

第三，非全日制用工以外的其他用工形式应订立书面形式的劳动合同。

由上述分析可以看出，《劳动合同法》对于口头形式的劳动合同是做了有限度的承认的。对于口头形式劳动合同的一定承认反映了我国劳动就业的变化，也与国际通行的对于劳动合同形式的规定比较吻合。但是在此仍要强调的是，《劳动合同法》对于口头形式劳动合同的一定承认并不意味着劳动合同法对于口头形式劳动合同的提倡。从《劳动合同法》的规定来看，非全日制用工以外劳动关系的建立应订立书面形式的劳动合同。《劳动合同法》规定，用人单位未在用工的同时订立书面劳动合同，与劳动者约定的劳动报酬不明确的，新招用的劳动者的劳动报酬按照集体合同规定的标准执行；没有集体合同或者集体合同未规定的，实行同工同酬。如果用人单位自用工之日起满1年不与劳动者订立书面劳动合同的，视为用人单位与劳动者已订立无固定期限劳动合同。如果自用工之日起超过1个月不满1年未与劳动者订立书面劳动合同的，应当向劳动者每月支付2倍的工资。从这些规定我们不难看出，我国劳动合同法对于书面形式仍旧是相当重视和强调的。

《劳动合同法》对于劳动合同书面形式的强调是符合我国现阶段实际情况的。在现阶段，之所以要提倡和鼓励书面形式的劳动合同，主要是我国现阶段还不具有采取劳动合同形式完全自由的社会基础。主要表现在：第一，在我国现阶段，市场信用度低，即使书面合同，其履行率也很低，那么口头劳动合同就更难保障其履行；第二，国外的经验表明，在劳动标准、集体合同等制度较为完善的情况下，劳动合同当事人权利与义务也相对容易明确。如果劳动合同的内容有缺失，劳动标准、集体合同等即可以起到明确劳动权利与义务的作用。在这种情况下，劳动合同是否一定采用书面形式就显得不那么重要了。与国外相比，我国有关劳动标准、集体合同、内部劳动规则等确定劳动权利义务的规定尚不完备，因此劳动合同当事人劳动权利义务的确定主要还依赖于劳动合同的约定。正是由于这些原因的存在，我国劳动合同的订立主要还是应采取书面形式。

三、劳动合同书面形式的法律效力

《劳动合同法》规定在非全日制用工以外，劳动合同应当采用书面形式。但是如同《劳动法》中对于劳动合同形式的规定一样，该书面形式的法律效力究竟如何？《劳动合同法》中对这一问题同样没有明确规定。学术界关于劳动合同书面形式的法律效力的认识，总体上有三种看法：一是认为书面合同是劳动合同的成立要件，未采用书面形式，则合同不成立，双方当事人不受合同的约束；二是认为书面合同是劳动合同的生效要件，书面形式的欠缺会导致劳动合同不能生效，为无效劳动合同，不能发生当事人预期的法律效果；三是认为书面合同是劳动合同的证据，书面形式只具有劳动合同存在的证明效力，在没有以书面形式订立劳动合同的情况下，只要能有其他证据证明劳动合同的存在，就不影响劳动合同的效力。① 多数学者主张，将劳动合同的书面形式理解为劳动合同的证明是符合合同法原理和我国劳动法制的实践的。其理由是：第一，根据合同法学者的一般看法，合同成立的唯一要件应当是当事人的意思表示一致，至于是否完成法律规定的特别方式，则是合同生效的问题，除非当事人约定以完成某种特别形式为成立要件。而劳动合同本质上属于允诺合同，双方当事人意思表示一致，合同即成立。因此把书面形式作为劳动合同的成立要件，与法理不符，还会产生对劳动者这一弱者的保障不力。第二，把书面形式作为劳动合同的生效要件的理解与相关规定不符。劳动部《关于贯彻执行〈中华人民共和国劳动法〉若干问题的意见》第 17 条规定："用人单位与劳动者之间形成了事实劳动关系，而用人单位故意拖延不订立劳动合同，劳动行政部门应予以纠正。用人单位因此给劳动者造成损害的，应按劳动部《违反〈劳动法〉有关劳动合同规定的赔偿办法》的规定进行赔偿。"从该《意见》的规定来看，肯定了事实劳动关系的法律效力，并未把书面性作为劳动关系成立的生效要件。同时这种认识也不利于劳动者合法权益的保护。因此，劳动合同的书面形式应当当做是劳动合同的一种证明。② 我国《劳动合同法》同样未把书面形式作为劳动关系的有效要件，而是突出了书面劳动合同对劳动关系及其内容的证明意义，即"除劳动者有其他意思表示外，视为用人单位与劳动者已订立无固定期限劳动合同，并应当及时补办订立书面劳动合同的手续"。应当讲，在原来劳动法对于口头形式劳动合同未予明确规定的情

① 安玉萍："论劳动合同书面形式的法律效力"，载《山东大学学报》（哲学社会科学版）2003 年第 2 期，第 107～112 页。

② 尚清锋："劳动合同书面形式的法律效力探讨"，载《内蒙古财经学院学报》2006 年第 2 期，第 110～112 页。

况下，强调书面形式仅仅具有证明作用有助于把其他形式的劳动合同纳入进来，有利于对劳动者权利的维护。但是，在《劳动合同法》对劳动合同形式重新作了规定之后，书面形式的法律效力究竟应如何呢？

《劳动合同法》对于一般用工和非全日制用工作了区分，并且提出了不同的劳动合同形式，因此，劳动合同的书面形式所具有的法律效力也应区分不同情况而分别考虑：

首先，对于非全日制用工来讲，由于《劳动合同法》允许在这种用工形式下订立口头劳动合同，因此，此种情形下劳动合同的成立与生效取决于双方是否就劳动合同的内容达成了一致意见。是否具有书面形式对于合同的成立与生效应不产生影响，除非双方对此另有约定。如果无特殊约定而双方还就此签订了书面的劳动合同，则此时的书面形式只具有对于双方间劳动合同以及劳动关系存在的证明作用。

其次，对于非全日制用工以外的其他用工形式，由于《劳动合同法》规定，建立劳动关系应当订立书面劳动合同，劳动合同要经双方协商一致并由用人单位和劳动者在劳动合同文本上签字或盖章后才能生效，故若没有书面之劳动合同文本，则无法完成签字或盖章之行为，劳动合同也无从生效，因此此时的书面形式对于劳动合同的成立与生效就具有重要意义，应当视为是劳动合同成立与生效的要件。

最后，如前所述，我国《劳动合同法》对劳动关系的建立与劳动合同的成立作了区分，因此，相对于劳动关系的建立和存续，劳动合同的书面形式还具有证明劳动关系存在的作用。

四、关于双重劳动关系

双重劳动关系指的是劳动者与两个劳动使用者同时存在劳动关系。双重劳动关系的产生主要是与我国劳动就业形式的变化相联系的。随着人们就业方式灵活性的增加，以兼职为主要形式的双重劳动关系也随之大量出现。

从国外劳动法律的规定来看，许多国家对于双重劳动关系也大都在一定条件下予以承认。例如匈牙利、利比亚、越南等国允许在符合规定的情形下建立多重劳动关系。其设定的具体条件一般包括：只有在企业事先有书面材料允许的情况下，职工才能建立第二个或更多的劳动关系；如果职工缔结了多个劳动关系，在各处的劳动时间一样长，那么第二个劳动关系为第二职业。如果在各处的劳动时间不一样长，那么第二个劳动关系及其以后的劳动关系为副业；第二职业只能有一个，而且要选在由于工作性质方面的原因，使完成任务不必一直坚守岗位的那些工种，第二职业只能领取一半工资；职工只有在各种劳动关系中从事正常工作的时间平均每月不超过300小时，才能搞副业。

对于双重劳动关系，我国《劳动法》基本持否定态度。《劳动法》第99条规定，用人单位招用尚未解除劳动合同的劳动者，对原用人单位造成经济损失的，该用人单位应当依法承担连带赔偿责任。正如有学者分析的那样，第99条虽然没有明确宣布双重劳动关系为非法，但是从实际劳动使用者将可能承担法律责任这一点来看，其归责原因显然是由于该劳动使用者与其他劳动使用者的职工建立了双重劳动关系。① 这表明，在我国，一个劳动者原则上只能与一个用人单位建立劳动关系，除法律、行政法规有特别规定外，劳动者建立双重、多重劳动关系就属于违法。"法律、行政法规有特别规定"，主要表现在对于非全日制用工的规定上。劳动和社会保障部2003年颁布的《关于非全日制用工若干问题的意见》明确指出："从事非全日制工作的劳动者，可以与一个或一个以上用人单位建立劳动关系。"同时，该《意见》还对非全日制用工的工资支付、社会保险以及劳动争议处理等方面作出了具体规定，这些规定对非全日制用工中的兼职劳动当然也是适用的。此外，一些地方性法规对非全日制劳动中兼职劳动的相关问题也作出了规定。例如，《上海市劳动合同办法》就对小时工作了规定。

我国《劳动合同法》对于双重劳动关系也予以有限度的承认，这主要表现在《劳动合同法》对非全日制用工的特别规定上。例如，《劳动合同法》明确规定，从事非全日制用工的劳动者可以与一个或者一个以上用人单位订立劳动合同；但是，后订立的劳动合同不得影响先订立的劳动合同的履行。并且，如果用人单位招用与其他用人单位尚未解除或者终止劳动合同的劳动者，给其他用人单位造成损失的，还应当承担连带赔偿责任。由此可见，虽然我国立法对于双重劳动关系予以了认可，但是这种认可仍旧是相当有限的。

第三节 劳动合同的内容

劳动合同的内容是通过劳动合同条款来加以表现的，是劳动合同双方权利义务的具体化。劳动合同的条款分为法定必备条款和任意约定条款。

劳动合同必备条款是劳动合同中与劳动者切身利益关系最密切的内容，各国劳动法对劳动合同的必备条款都有规定。我国劳动合同实践表明，有些劳动者和用人单位对于如何签订劳动合同，劳动合同应具备哪些内容等缺少必要的知识和经验，随意签订了劳动合同，而且合同的内容不规范、不完善，从而带来一系列的问题，影响劳动关系的和谐稳定。《劳动合同法》规定劳动合同的必备条款和约

① 周长征：《劳动法原理》，科学文献出版社2004年版，第133页。

定条款，能够使劳动合同明确、全面、具体，更好地规范当事人的权利和义务。

我国《劳动合同法》规定了劳动合同的9项法定必备条款，即当事人（用人单位与劳动者）、劳动合同期限、工作内容和工作地点、工作时间和休息休假、劳动报酬、社会保险、劳动保护、劳动条件和职业危害防护、法律法规规定应当纳入劳动合同的其他事项（如用人单位规章制度）。这个规定是在劳动法关于劳动合同条款基础上形成的，但删去了劳动法规定的劳动纪律、劳动合同终止条件、违反劳动合同的责任等内容，同时增加了当事人、工作时间和休息休假、工作地点、社会保险以及职业病危害防护等内容。这就使得劳动合同的必备条款更加科学合理。就删除的条款而言，第一，劳动纪律属于用人单位规章制度，由于《劳动合同法》第4条已经对用人单位制定、修改劳动纪律等规章制度的程序作出了规定，故没有必要在劳动合同中由用人单位与劳动者再进行个别约定。第二，取消劳动合同终止的条件条款，可以有效防止用人单位规避劳动合同期限约束，随意终止劳动合同。劳动合同法将劳动合同终止规定为法定行为，只有符合法定情形的，劳动合同才能终止，当事人不得对于合同终止事项加以约定。第三，取消了违反劳动合同的责任条款。这主要是为了防止用人单位滥用违约责任条款，侵害劳动者的利益。《劳动合同法》规定，只有在依法约定的培训服务期以及竞业限制条款中，用人单位才能与劳动者约定违约金。就增加的条款而言，第一，当事人属于劳动合同的主体，主体明确才能明确权利义务的归属，因此主体身份的基本情况应在劳动合同中如实反映出来。第二，工作地点对于劳动者履行劳动合同义务、实现劳动权利都有着重要关系，而实践中劳动者的工作地点也可能与用人单位住所地不一致，有必要在订立劳动合同时予以明确。第三，工作时间和休息休假条款主要是在法定标准基础上，进一步明确该劳动者具体的工作时间和休息休假安排。第四，依法参加社会保险和缴纳社会保险费，是用人单位和劳动者的法定义务，无论用人单位与劳动者是否约定、如何约定，均应依法参加社会保险和缴纳社会保险费。增加保险可以强化用人单位和劳动者的社会保险权利义务意识。第五，职业危害防护条款可以约束用人单位采取有力的措施，保护特定职业的劳动者的身体健康，以及劳动者在遭受职业危害时得到及时有效的救济。

如果合同缺乏必备条款，不影响合同的履行，但劳动行政部门应依法责令用人单位改正，给劳动者造成伤害的，用人单位应承担赔偿责任。如果有关必备条款没有约定或者约定不明的，按照《劳动合同法》的有关规定执行。

所谓任意约定条款，就是对于某些事项法律不作强制性规定，由当事人根据自己的意愿选择是否在合同中约定的条款，劳动合同缺乏这些条款不影响其履行。我国《劳动法》第19条第2款规定，当事人可以在必备条款之外协商约定其他内容，但并没有提示有关内容。《劳动合同法》则对任意约定条款作了比较明确具体的提示，其第17条第2款规定，用人单位与劳动者可以约定试用期、培训、保守秘密、补充保险和福利待遇等事项。

一、劳动合同的法定必备条款

法定必备条款是法律规定劳动合同必须具备的条款，是用人单位与劳动者签订劳动合同时，对双方劳动关系的内容必须约定或说明的事项。只有完全具备这些条款，劳动合同才能够成立生效。我国《劳动合同法》第8条强调规定，用人单位在招用劳动者时，应如实告知劳动者工作内容、工作条件、工作地点、职业危害、安全生产状况、劳动报酬，以及劳动者要求了解的其他情况，同时，用人单位有权了解劳动者与劳动合同直接相关的基本情况，劳动者应当如实说明。

（一）劳动合同当事人

为了明确用人单位和劳动者双方的主体资格，确定劳动合同的当事人，《劳动合同法》规定劳动合同首先要具备当事人条款。包括用人单位的名称、住所和法定代表人或者主要负责人；劳动者的姓名、住址和居民身份证或者其他有效身份证件号码。考虑到有的劳动者是外国公民，没有中国居民身份证，其他有效证件如护照也可以使用。

（二）劳动合同期限

劳动合同期限是双方当事人相互享有权利、履行义务的时间，即劳动合同的有效时间。劳动合同期限分为固定期限、无固定期限和以完成一定工作为期限三种类型。

劳动合同的期限一般始于劳动合同的生效之日，终于劳动合同的终止之日。任何劳动过程都是在一定的时间和空间中进行的。在现代化社会中，劳动时间被认为是衡量劳动效率和成果的一把尺子。劳动合同期限由用人单位和劳动者协商确定。劳动合同订立后，双方当事人便建立了劳动关系，并以此享受权利和履行义务。但是，这种权利义务不可能没有始终，永恒不变，尤其是在市场经济条件下，劳动力的流动是必然的。由此，劳动关系的维持在时间上可能有长有短，这就产生了期限问题。劳动合同的期限是劳动合同存在的前提条件，是实现劳动合同内容的保证。合同期限对其他一些合同权利具有重要影响，如合同期限不明确则无法确定试用期的期限、合同终止时间、劳动报酬给付、经济补偿等问题，就会引起争议。劳动合同以实现劳动过程为目的，而劳动过程是一个十分复杂的过程。如果没有期限，劳动过程就难以确定，劳动关系就可能处于不确定状态，劳动关系的当事人也就难以实现预期。因此，要在劳动合同中明确双方签订的是何种期限的劳动合同。

固定期限劳动合同，是指用人单位与劳动者约定合同终止时间的劳动合同，具体是指劳动关系双方当事人在劳动合同中明确规定了合同效力的起始和终止时间。劳动合同期限届满，则劳动关系终止。在双方协商一致的条件下，还可以续订劳动合同，延长合同期限。固定期限的劳动合同可以是较短时间的，如1年或2年；也可以是较长时间的，如5年或10年，甚至更长时间。不论时间长短，劳动合同的起始和终止日期都是固定的。具体期限由当事人双方根据工作需要和具体情况来确定。

实践中，固定期限劳动合同运用得较多，许多劳动合同都是一年一签。造成这种情况的原因，主要是有些劳动者依然把无固定期限的劳动合同当成“铁饭碗”，用人单位解除无固定期限的劳动合同比较困难，不愿意订立无固定期限的劳动合同。大量短期固定期限劳动合同的存在，不利于建立长期的、稳定的劳动关系。对于一些长年性工作，要求保持连续性、稳定性的工作，技术性较强的工作，应当签订较为长期的固定期限的劳动合同或者订立无固定期限的劳动合同。

无固定期限劳动合同，是指用人单位与劳动者约定无确定终止时间的劳动合同。用人单位与劳动者协商一致，可以订立无固定期限劳动合同。有下列情形之一的，劳动者提出或者同意续订、订立劳动合同的，除劳动者提出订立固定期限劳动合同外，应当订立无固定期限劳动合同：一是劳动者在该用人单位连续工作满10年的；二是用人单位初次实行劳动合同制度或者国有企业改制重新订立劳动合同时，劳动者在该用人单位连续工作满10年且距法定退休年龄不足10年的；三是连续订立两次以上固定期限劳动合同，且没有《劳动合同法》规定的用人单位可以解除劳动合同的情形，续订劳动合同的。用人单位自用工之日起满1年不与劳动者订立劳动合同的，视为用人单位与劳动者已订立无固定期限劳动合同。

无固定期限劳动合同不是“无终止时间”，而是“无确定终止时间”。这与我国经济时期的“铁饭碗”完全不同。所谓“无确定终止时间”，是指劳动合同没有一个确切的终止时间，劳动时间的期限长短不能确定，但不是没有终止时间。只要没有出现法定解除情形或者双方协商一致而解除合同，当事人就应履行合同。一旦出现法定解除情形或者双方协商一致而解除的，则无固定期限合同同样也能够解除。因此，不应把无固定期限劳动合同理解为“铁饭碗”。

我国在计划经济时期，实行的是固定工制度，形成“铁饭碗”和“终身制”，造成劳动者“能进不能出”的局面，严重影响了企业的市场适应能力和自主经营能力。自《劳动法》实行劳动合同制度以来，一方面克服了企业用人制度活力不足的问题；另一方面劳动合同走向另一个极端，劳动合同短期化现象十分严重，影响了劳动力合理有序流动。国外大多数国家中无固定期限劳动合同属于常态，而固定期限劳动合同比例很小。① 我国《劳动合同法》重新定义无固定期限的劳动合同并具体明确地规定用人单位应当订立无固定期限的劳动合同情形，重在矫正由于劳动合同短期化造成劳动者正当利益受损的问题。

无固定期限劳动合同对劳动者、用人单位和国家都有好处。对劳动者而言，有利于稳定职业，钻研业务技术，不断提高职业技能；对用人单位而言，有利于培养劳动者的忠诚理念，维护其经济利益，减少由于劳动者频繁更换所带来的损失；对国家而言，有利于形成较为稳定的劳动社会关系，逐步提高对劳动者权益的保护力度。

在《劳动合同法》规定的可以订立无固定期限劳动合同的情形出现时，一般而言，由劳动者提出或者同意续订、订立劳动合同的，用人单位应与劳动者订立无固定期限的劳动合同，但是，如果劳动者作出订立固定期限劳动合同的选择，用人单位则应满足劳动者的意愿。具体来说，第一，劳动者提出续订、订立无固定期限的劳动合同的，应订立无固定期限的劳动合同；第二，劳动者提出续订、订立固定期限劳动合同的，应订立固定期限劳动合同；第三，用人单位提出续订、订立无固定期限劳动合同，劳动者同意的，应当订立无固定期限劳动合同；第四，用人单位提出续订、订立劳动合同，劳动者同意的，即使用人单位提出的是续订、订立固定期限劳动合同，也应当订立无固定期限的劳动合同。

考虑到实践中用人单位总体上和实际上处于强势地位，劳动合同双方当事人不平等，为了防止出现劳动者为了保住工作而不敢提出订立无固定期限劳动合同的要求，因此，《劳动合同法》将订立无固定期限劳动合同的主动权赋予了劳动者一方，从而有利于保护劳动者的利益。

仔细分析《劳动合同法》规定的订立无固定期限的劳动合同的三种情形，可以发现该规定中，有的条款具有过渡性质，用来解决《劳动合同法》施行前后的劳动合同衔接问题；有的条款具有永久性质，用来解决固定期限劳动合同与无固定期限劳动合同的衔接问题。

就“劳动者在用人单位连续工作满十年的”规定来说，这主要是针对《劳动合同法》实施前已经实行劳动合同制的情形。准确理解这个规定，主要应把握两点：一是劳动者在同一个用人单位中连续工作满 10 年，与签订劳动合同的次数及其期限都没有关联；二是工作必须是连续不断的，具体表现为在用人单位安排的工作岗位上连续不断地工作。这个规定与《劳动法》是一致的，主要考虑的是，如果一个劳动者在该用人单位连续工作了 10 年，则足以证明其已经胜任其工作，在这种情况下，如果劳动者愿意，用人单位应当与其订立无固定期限的劳动合同。为了防止用人单位规避该项规定，在劳动者连续工作 9 年半的时

---

① 信春鹰：《中华人民共和国劳动合同法释义》，法律出版社 2007 年版，第 42～43 页。

候，通过种种手段，造成工作时间不满 10 年，但又继续使用劳动力的情况，具体执法和司法部门应作出相应的补充规定。

针对初次实行劳动合同制或者国有企业改制的情形，《劳动合同法》作出“过渡性”规定，无论劳动者之前有无签订劳动合同，只要符合“两个十年”的条件，劳动者就可以要求订立无固定期限的劳动合同。考虑到国有企业的老职工给国家和企业作出过贡献，如果将他们推向劳动力市场，限于年龄和技能，其竞争力较弱，很难再就业，因此作出保护性规定。这个规定也适用于事业单位初次实行聘用制劳动合同的情形。

对于连续订立两次固定合同，且用人单位没有法定理由解除合同的，在订立第二次合同时，则意味着下一次很可能签订无固定期限劳动合同。对此，有人提出，连续订立两次固定合同，就要订立无固定期限劳动合同，有可能造成劳动关系的僵化，回到“铁饭碗”时代。一些用人单位可能为了避免签订无固定期限劳动合同，对一些技能要求低、专业性不强的岗位的劳动者只签订一次劳动合同，从而加重劳动合同的短期化问题。其实，这种担心是不必要的。一是无固定期限劳动合同并不等同于“铁饭碗”，在出现解除合同的理由时，同样可以解除合同；二是实践中由于用人单位滥用优势地位而导致发生劳动合同短期化与劳动关系长期化的悖反现象。这实际上表明用人单位需要正常、连续地用工，否则不利于用人单位的正常发展，因此，只签订一次短期固定劳动合同并不符合用人单位的利益，这样也就不会直接导致劳动者失业。相反，用人单位如果要避免签订无固定期限劳动合同，就可能签订一次较长期限的劳动合同，这对就业是有利的。

此外，《劳动合同法》还规定了“视为订立无固定期限劳动合同”的情形。因为现实中一些用人单位出于种种原因，不愿意订立书面劳动合同，容易发生争议，也不利于保护劳动者权益，为解决书面劳动合同签订率低的问题，劳动合同规定，用人单位自用工之日起满 1 年不与劳动者签订劳动合同的，则视为已订立无固定期限的劳动合同。并且，按照有关规定，用人单位要支付 2 倍的工资。

以完成一定工作任务为期限的劳动合同，是指用人单位与劳动者约定以某项工作的完成为合同期限的劳动合同。某一项工作或者工程的开始日就是劳动合同的起始日，此项工作或工程完毕，合同即告终止。以完成一定工作任务为期限的劳动合同，其存续期间是特定的，实际上属于固定期限的劳动合同，只不过表现形式不同。一般情况下，这种合同可以具体适用于以下几种情况：一是以完成单项工作任务为期限而订立劳动合同；二是以项目承包方式完成承包任务而订立劳动合同；三是因季节原因用工而订立劳动合同。

（三）工作内容和工作地点

工作内容，是指劳动法律关系所指向的对象，即劳动者具体从事什么种类或者内容的劳动，这里的工作内容是指工作岗位和劳动任务或职责。工作内容条款是劳动合同的核心条款之一，是建立劳动关系最为重要的因素。它是用人单位使用劳动力的目的，也是劳动者通过自己的劳动取得劳动报酬的缘由。因此劳动合同中的工作内容条款应当规定得明确具体，以便于遵照执行。

工作地点是劳动合同的履行地，是劳动者从事劳动合同中所规定的工作内容的地点，它关系到劳动者的工作环境、生活环境以及劳动者的就业选择。劳动者有权在与用人单位建立劳动关系时知悉自己的工作地点。

（四）工作时间和休息休假

工作时间是指劳动者用来完成用人单位工作任务所必需的时间。工作时间包括工作时间的长短、工作时间方式的确定，如工作日、工作周、白班与晚班、正常工时与不定时工时，等等。劳动者根据法律规定在一个昼夜内从事工作的时间称为工作日，在一周内从事工作的工作日的总和称为工作周。工作时间既是劳动者履行劳动义务的时间，同时也是用人单位支付劳动报酬的重要依据之一，工作时间的不同，对劳动者选择就业、劳动报酬影响也不同，因而在劳动合同中，应当对劳动者履行劳动合同义务的时间进行明确。需要注意的是，根据我国劳动法律法规，劳动者工作时间的范围，不仅指劳动者实际从事本职工作的时间，也包括从事与本职工作有密切联系的其他工作的时间和法律规定应视为劳动者提供了正常劳动的时间，前者比如必要的预备性工作时间、工作结束整理时间、工间休息时间，后者比如依法参加人民代表的选举、作为证人依法出庭参与诉讼的时间等。

一般来讲，各国法律都规定了工作日和工作周最高时限，以保护劳动者的身体健康和生命安全。如我国《劳动法》第 36 条规定，国家实行劳动者每日工作时间不超过 8 小时、平均每周工作时间不超过 44 小时的工作制度。第 37 条规定，对实行计件工作的劳动者，用人单位根据法定工时制度合理确定其劳动定额和计件报酬标准。同时，《劳动法》和有关政府部门规章还规定了特殊情况下工作时间的延长限制、延长限制的例外以及禁止违法延长工作时间。《劳动法》第 41 条规定，用人单位由于生产经营的需要，经与工会和劳动者协商后可以延长工作时间，一般每日不得超过 1 小时；因特殊原因需要延长工作时间的，在保障劳动者身体健康的条件下延长工作时间不得超过 3 小时，但每月不得超过 36 小时。对于采取综合计算工时工作制的用人单位，在综合计算周期内，某一具体日（或周）的实际工作时间可以超过 8 小时（或 40 小时），但综合计算周期内的总实际工作时间不应超过总法定标准工作时间，超过部分应当视为延长工作时间，并支付法定报酬。《劳动法》第 42 条和劳动部《关于〈国务院关于职工工作时间的规定〉的实施办法》规定，具备下列情形之一的，延长工作时间不受《劳动法》第 41 条的限制：发生自然灾害、事故或者因其他原因，使人民的健康安全和国家财产遭到严重威胁，需要紧急处理的；生产设备、交通运输线路、公共设施发生故障，影响生产和公众利益，必须及时抢修的；必须利用法定节日或者公休假日的停产期间进行设备检修、保养的；为完成国防紧急任务，或者完成上级在国家计划外安排的其他紧急任务，以及商业、供销企业在旺季完成收购、运输、加工农副产品紧急任务的。用人单位因特殊情形和紧急任务延长劳动者工作时间的，应当给予劳动者相应的补休，并按法定标准支付延长工时的报酬。对于一般延长工作时间的，需要经工会和劳动者的同意，否则构成违法；对于延长工作时间限制例外的，用人单位可以不经协商而直接决定。

休息休假是劳动者按照法律规定，不必从事工作而由自己自由支配的时间，是劳动者在工作时间之外的所有休息时间的总和。一般来讲，休息时间包括劳动者工作时间内的休息时间、两个工作日之间的休息时间以及周休息日。休假则包括了法定节假日、探亲假和年休假等时间。休息休假是劳动者休息权的体现。在劳动合同订立过程中对于劳动者的休息休假权利必须予以充分保障，不得违反国家法律法规的强制性规定。我国《宪法》第 43 条以根本法的形式确认劳动者的休息权和保障措施，该法明确规定，中华人民共和国劳动者有休息的权利，国家发展劳动者休息和修养的设施，规定职工的工作时间和休假制度。这就从根本制度上废除了“包身工”制度。以此为立法依据，《劳动法》第 38 条规定，用人单位应当保证劳动者每周至少休息 1 日；第 40 条规定，用人单位在元旦、春节、国际劳动节、国庆节和法律法规规定的其他休假节日期间应当依法安排劳动者休假；第 45 条规定，国家实行带薪年休假制度，劳动者连续工作 1 年以上的，享受带薪年休假；① 第 76 条规定，国家发展社会福利事业，兴建公共福利设施，为劳动者休息、休养和疗养提供条件。用人单位应当创造条件，改善集体福利，提高劳动者的福利待遇。

休息休假的具体时间根据劳动者的工作地点、工作种类、工作性质和工龄长短等各有不同，用人单位与劳动者在约定休息休假事项时应当遵守有关法律法规和规章的规定。

（五）劳动报酬

劳动合同中的劳动报酬，是指劳动者与用人单位确定劳动关系后，因提供了劳动而取得的以工资、薪金为主要表现形式的全部金钱给付，是劳动者付出劳动后应该得到的回报，是满足劳动者及其家庭成员物质文化生活需要的主要来源。全部劳动报酬也是个人所得依法纳税的基本依据之一。② 因此，获得劳动报酬是

---

① 劳动部《关于贯彻执行〈中华人民共和国劳动法〉若干问题的意见》第 72 条。

② 参见本书编写组：《中华人民共和国个人所得税法释义》，中国法制出版社 2005 年版，第 17～18 页；张怡：《税法》，清华大学出版社 2007 年版，第 178 页。

劳动者履行劳动义务以后的主要权利，而支付劳动报酬就成为用人单位的主要义务之一。在劳动合同中有关劳动报酬的条款是必不可少的。一般来讲，劳动报酬主要包括以下几个方面：用人单位工资水平、工资分配制度、工资标准和工资分配形式；工资支付办法；加班、加点工资及津贴、补贴标准和奖金分配办法；工资调整办法；试用期及病、事假等期间的工资待遇；特殊情况下职工工资支付办法；其他劳动报酬分配办法。为保障劳动者劳动报酬权的实现，《劳动合同法》规定，劳动合同中有关劳动报酬条款的约定，要符合我国有关最低工资标准的规定。在劳动报酬约定不明时，用人单位与劳动者可以重新协商；协商不成的，适用集体合同规定；没有集体合同或者集体合同未规定劳动报酬的，实行同工同酬。

在劳动合同订立时，用人单位与劳动者关于劳动报酬的有关约定不得违反法律、法规关于工资支付的强制性规定，也不得与国家和地方规定的最低工资标准和集体合同中有关工资的标准相抵触。我国《劳动法》专门规定了工资制度。其第 46 条规定了工资分配原则，“工资分配应当遵循按劳分配原则，实行同工同酬”。“工资水平在经济发展的基础上逐步提高。国家对工资总量实行宏观调控。”这里所谓的“宏观调控”，反映了国家对工资增长的干预，避免不公平的劳动分配。其第 47 条规定，“用人单位根据本单位的生产经营特点和经济效益，依法自主确定本单位的工资分配方式和工资水平”。第 37 条规定，对实行计件工资的劳动者，用人单位应根据国家工时制度确定计件工资的标准。这两条规定赋予了用人单位有限的工资自主权。其第 48 条、第 49 条规定了最低工资制度，“国家实行最低工资保障制度。最低工资的具体标准由省、自治区、直辖市人民政府规定，报国务院备案”。“用人单位支付劳动者的工资不得低于当地最低工资标准。”“确定和调整最低工资标准应当综合参考下列因素：（一）劳动者本人及平均赡养人口的最低生活费用；（二）社会平均工资水平；（三）劳动生产率；（四）就业状况；（五）地区之间经济发展水平的差异。”最低工资标准不包括：延长工作时间工资，中班、夜班、高温、低温、井下、有毒有害等特殊工作环境、条件下的津贴，法律法规和国家规定的劳动者福利待遇等。这类工资、津贴和有关待遇应当从最低工资中予以剔除，否则构成侵权赔偿。鉴于在支付过程中，由于各种原因而可能发生改变工资支付形式、克扣或无故拖延工资的情况，《劳动法》第 50 条还规定，“工资应当以货币形式按月支付给劳动者本人。不得克扣或者无故拖欠劳动者的工资”。为了保障工资及时足额得到支付，各级地方政府已经建立了最低工资保证金制度。有人认为，如果用人单位确因发生生产经营困难、资金周转受到严重影响，在争得单位工会同意后可以延期支付工资。①

---

① 《中华人民共和国劳动法注释本》，法律出版社 2006 年版，第 34 页。

我们认为，在工会制度上不健全的条件下，这种制度安排可能为见利忘义的用人单位寻找理由而拖欠工资甚至逃避工资债务留下可乘之机，损害劳动者工资保障权利。此外，用人单位经与工会和工人协商而延长工时的，还要支付相应的劳动报酬，即一般情况下安排劳动者延长工作时间的，支付不低于工资的150%的工资报酬；休息日安排劳动者工作又不能安排补休的，支付不低于工资的200%的工资报酬；法定休假日安排劳动者工作的，支付不低于工资的300%的工资报酬。

劳动者依法享受带薪年休假、探亲假、婚丧假、生育（产）假、节育手术假等国家规定的假期期间，以及法定工作时间内依法参加社会活动期间，视为提供了正常劳动。用人单位应依法支付劳动报酬。

劳动关系建立后，试用、熟练、见习期间，在法定工作时间内提供了正常劳动，用人单位应当支付其不低于最低工资标准的工资。

对于一次性工作或者某项具体工作的劳动者，用人单位应按照协议或合同规定在工作完成后支付工资，在劳动合同解除或终止时，用人单位应同时一次性付清劳动者工资。

需要指出，人们对是否设立最低工资制度，以及工资水平的确定标准存在一定的争议。反对者认为，设立最低工资制度可能妨碍外来投资。对此，我们认为，如果最低工资标准符合我国社会经济发展水平，可以做到一举两得，既可以为劳动者提供工资保障，避免恶意欠薪，也可以保护外来投资。中国目前仍然处于市场经济发展的初级阶段，人力资本价格相对偏低，具有吸引外资的潜力。

（六）社会保险

社会保险是指为确保劳动者的生存和劳动力的再生产，国家和社会对因丧失劳动能力和劳动机会而不能劳动或暂时中止劳动的劳动者，采取的通过给予一定物质帮助，使其至少能维持基本生活需要的制度。劳动力的市场化和社会化迫切要求建立完善的社会保险制度。市场经济国家经验表明，社会保险是保障劳动风险的有效制度。社会保险是一种法律规定的强制保险，用人单位和劳动者都必须参加社会保险。享受社会保险待遇的条件和标准由法律法规作强制性规定。

我国劳动合同法规定社会保险条款的法律依据是《宪法》和《劳动法》。我国《宪法》第45条规定了社会弱者获得救济的权利，即“中华人民共和国公民在年老、疾病或者丧失劳动能力的情况下，有从国家和社会获得物质帮助的权利。国家发展为公民享受这些权利所需要的社会保险、社会救济和医疗卫生事业”。依据《宪法》的这一规定，我国《劳动法》第九章专门规定了劳动社会保险和社会福利。其中，第70条规定了社会保险的发展目标，即“国家发展社会保险事业，建立社会保险制度，设立社会保险基金，使劳动者在年老、患病、工伤、失业、生育等情况下获得帮助和补偿”。第73条具体规定了享受社会保险待遇的情形，包括退休、患病、负伤、因工伤残或者患职业病、失业和生育。同时规定，劳动者享受的社会保险金必须按时足额支付；劳动者死亡后，其遗属依法享受遗属津贴。① 第71条规定了社会保险的协调发展原则，即“社会保险水平应当与社会经济发展水平和社会承受能力相适应”。第72条规定了社会保险基金来源，即“社会保险基金按照保险类型确定资金来源，逐步实行社会统筹。用人单位和劳动者必须依法参加社会保险，缴纳社会保险费”。② 为了解决实践中可能出现的社会保险能力不足的问题，《劳动法》第75条规定，国家鼓励用人单位根据本单位实际情况为劳动者建立补充保险，同时提倡劳动者个人进行储蓄性保险。为了做到应保尽保和保障的可靠性，一是实行劳动者社会保险与最低生活保障制度相衔接，没有参加社会保险的，享受最低生活保障待遇；二是建立社会保险基金制度，统一管理社会保险金的收支和投资收益。目前我国已经建立多层次的关于社会保险的法律规范，但比较复杂分散，增加了法律适用的成本。在条件成熟时，应当制定一部统一的社会保险法，全面系统地规定社会保险的各个方面。

目前我国的社会保险体系包括养老、医疗、工伤、失业、生育五种保险项目，基本覆盖了劳动者在职业生涯中可能面对的主要社会风险。在社会保险领域，社会保险的有关内容大都以强行法的形式出现。在劳动合同中，对于社会保险的项目的约定不得与国家强行法相冲突，更不得通过合同的约定排除劳动者应当得到的社会保险待遇。

宏观经济学研究认为，劳动力市场的摩擦因素，是经济周期的根源。③ 失业救济水平与失业率之间存在一定的关联。20世纪60和70年代欧洲的历史显示，更好的失业救济条件，提高了解雇员工的成本，欧洲失业率低于美国。但随着微观经济环境的变化，即员工之间个人生产率的波动幅度在欧洲和美国都拉大了，于是，在低生产率的岗位上工作的工人与失业人数都增加了。如果像欧洲那样，失业救济待遇比较好，在生产率波动扩大时，失业者的保留工资只会有轻微下降，肯参与工作的人不会有大的增加，因此总的失业率就会提高。如果像美国那样，失业救济的条件很苛刻，那么随着波动的增加，保留工资就会迅速下降，失业率不会有大的提高。这样的模型假定，工人是风险中立的，失业补偿没有任何

---

① 有关具体规定参见国务院《关于建立统一的企业职工基本养老保险制度的决定》、《工伤保险条例》、《失业保险条例》、《企业职工生育保险试行办法》、《职业病防治法》。

② 有关具体规定参见《社会保险费征缴暂行条例》、《社会保险登记管理暂行办法》、《社会保险费申报缴纳管理暂行办法》。

③ ［美］瓦拉德拉杨·查里、帕特里克·基欧：“现代宏观经济学的理论与政策实践”，载吴敬琏主编：《比较》2006年总第27辑，第67～87页。

好处，反而会扭曲人们找工作的意愿。其政策含义是，政府提供的失业救济应该取消。但如果人们是风险规避的，加上提供失业保险的私人市场不够完善，那么政府的失业救济还是有用的。救济带来的好处需要和它对人们找寻工作的扭曲进行权衡。

（七）劳动保护、劳动条件和职业危害防护

在劳动生产过程中，存在着各种不安全、不卫生因素，如不采取措施加以保护，将会发生各种危害劳动者生命健康的事故，因此在劳动合同中应明确有关劳动保护、劳动条件和职业危害防护的内容。

劳动保护是指用人单位为了防止劳动过程中的安全事故，采取的保障劳动者生命安全和健康的各种制度和措施。劳动条件，主要是指用人单位为使劳动者顺利完成劳动合同约定的工作任务，为劳动者提供的必要物质和技术条件，如必要的劳动工具、机械设备、工作场地、劳动经费、辅助人员、技术资料、工具书以及其他一些必不可少的物质、技术条件和工作条件。职业危害是指用人单位的劳动者在职业活动中，因接触职业性有害因素如粉尘、放射性物质和其他有毒、有害物质等而对生命健康所引起的危害。

对劳动保护和职业危害防护，用人单位、劳动者和有关主管部门都负有一定的责任和义务。我国《劳动法》第 52 条至第 54 条对用人单位的责任义务作了规定。第 52 条规定了用人单位对劳动安全的职责。用人单位必须建立、健全劳动安全卫生制度，严格执行国家劳动安全卫生规程和标准，对劳动者进行劳动安全卫生教育，防止劳动过程中的事故，减少职业危害。① 第 53 条规定了劳动安全卫生设施标准。劳动安全卫生设施必须符合国家规定的标准。新建、改建、扩建工程的劳动安全卫生设施必须与主体工程同时设计、同时施工、同时投入生产和使用。② 第 54 条规定了劳动安全防护及健康保护。用人单位必须为劳动者提供符合国家规定的劳动安全卫生条件和必要的劳动防护用品，对从事有职业危害作业的劳动者应当定期进行健康检查。③ 第 55 条和第 56 条规定了特种作业资格培训与劳动过程安全防护中用人单位与劳动者的责任义务。国家实行特种职业资

---

① 有关具体规定参见《安全生产法》第 1～6、16～22、36、50 条，《矿山安全法》第 1～3 条，《职业病防治法》第 5 条，《企业职工劳动安全卫生教育管理规定》，劳动部《关于〈中华人民共和国劳动法〉若干条文的说明》第 52 条。

② 有关具体规定参见《安全生产法》第 24、52 条，《矿山安全法》第 13、15～17 条，劳动部《关于〈中华人民共和国劳动法〉若干条文的说明》第 53 条。

③ 有关具体规定参见《安全生产法》第 37～39 条，《职业病防治法》第 20 条，劳动部《关于〈中华人民共和国劳动法〉若干条文的说明》第 54 条。

格许可制度，从事特种作业劳动者必须经过专门培训并取得特种作业资格。① 劳动者在劳动过程中必须严格遵守安全操作规程。劳动者对用人单位管理人员违章指挥、强令冒险作业，有权拒绝执行，对危害生命安全和身体健康的行为，有权提出批评、检举和控告。② 第57条规定了伤亡事故和职业病统计报告、处理制度，政府和用人单位承担规定的责任和义务。③ 上述的规定，为劳动保护和职业危害防护奠定了制度基础。

我国理论上有人提出将“过劳死”纳入到工伤或者职业病的范围，避免劳动者因“过劳”而死亡，保护劳动者的生命安全和身体健康。制度上，日本已经将“过劳死”纳入到职业病的范畴，司法上也制定了相应的标准。“过劳”实际上是一个休息权的问题。一旦将其纳入制度体系，相应的仲裁与诉讼制度也要完善。

除了上述一般规定外，《劳动法》第58条至第65条还专门对女职工和未成年工的特殊保护作了明确规定。④ 这些特别规定从女职工和未成年工的身体和生理特点出发，对进一步保护劳动者的正当权益，发挥了必不可少的积极作用，在劳动合同中也必须予以明确下来。理论上，有人提出要保护女性在劳动中不受“性骚扰”。消除性骚扰，实际上就是消除性别歧视，保护妇女的平等就业权和工作环境权。我国新修订的《妇女权益保障法》已对此作出了规定。

国家有关的法律法规对劳动保护和职业危害防护的基本要求和原则要求最重要的是在劳动过程中得到落实。还需要用人单位应按照国家的规定，并根据自身的具体情况，规定相应的劳动保护规则，以保证劳动者的健康和安全。

劳动合同的法定必要条款，除上述七项外，还包括其他法律法规规定应当纳入劳动合同的事项。

---

① 我国有关法律法规将特种作业划分为十个基本类别。有关具体规定参见《安全生产法》第23条，劳动部《关于〈中华人民共和国劳动法〉若干条文的说明》第55条，《特种作业人员安全技术培训考核管理办法》，《矿山特种作业人员安全操作资格考核规定》。

② 有关具体规定参见《安全生产法》第46～47、49、51条，《职业病防治法》第36条，《使用有毒物品作业场所劳动保护条例》。

③ 有关具体规定参见劳动部《关于〈中华人民共和国劳动法〉若干条文的说明》第57条，《职业病防治法》第44条，《企业职工伤亡事故报告和处理规定》，《特别重大事故调查程序暂行规定》，《职业病危害事故调查处理办法》。

④ 有关具体规定参见《女职工劳动保护规定》、《女职工禁忌劳动范围规定》、《未成年工特殊保护规定》、《妇女权益保障法》和《未成年人保护法》。

二、劳动合同中的任意约定条款

任意约定条款是在法定条款之外，经由劳动合同双方协商一致而达成的条款。根据《劳动合同法》第 17 条第 2 款的规定，劳动合同除必备条款外，当事人可以协商约定试用期、培训、保守秘密、补充保险和福利待遇等其他事项。这里所规定的“试用期、培训、保守秘密、补充保险和福利待遇”都属于任意约定条款。由于上述几种常见的任意约定条款在劳动合同实践中引起的争议较大，《劳动合同法》对其专门进行了较为详细的规定。

（一）试用期条款

试用期条款，是指用人单位对劳动者进行试用，以便于相互了解、相互选择而约定的考察期限。[①] 试用期对劳动合同当事人双方都有重要意义。对用人单位来说，劳动合同约定试用期，便于用人单位进一步详细考察被录用的劳动者是否符合录用条件。对劳动者来说，劳动合同中约定试用期，可以使劳动者实际了解自己从事的劳动是否符合自身的特长、兴趣、爱好，同时也可以在试用期内考察用人单位原来介绍的劳动条件是否符合实际情况，是否存在欺诈现象。通过在试用期内用人单位与劳动者的双向选择，可以使双方更直接、全面、准确地了解对方，在此基础上履行劳动合同，就更有科学性和可行性，也更有利于劳动关系的相对稳定，进而促进生产力的发展。

允许在劳动合同中规定试用期，是世界各国通行的做法。比如，《法国劳动法典》规定，劳动合同可以约定试用期，试用期的期限由当事人约定，但不得违反法律的强制性规定。试用期内合同双方当事人都有权在任何时候解除合同，除非有明确的相反规定。雇主提出解除试用期的劳动合同，无须提前通知雇员，也不需要有实际的和严重的理由。《俄罗斯劳动法》也规定，劳动合同可以约定试用期，职工在试用期间适用劳动法的有关规定。在法律未明确规定的情况下，试用期不得超过 3 个月，在某些特殊情况下，经征求工会机构同意可以延长至不超过 6 个月。暂时丧失劳动能力和职工因正当理由不工作的时间不计算在试用期内。如果职工在试用期满后仍在继续工作，则视为其已通过了试用期，以后解除劳动合同只能根据法律的相关规定。在试用结果不合格的情况下，企业、机关、团体的行政管理部门不需与相应工会机构协商即可解雇该职工，并可不予支付解职金。另外，对于未满 18 岁的人员、职业技术学校毕业的青年工人、中高级专业技术学校毕业的青年专业人员、卫国战争的残疾人以及因贫到外地工作和调动到其他企业、机关、团体工作的人员不适用试用期。我国台湾地区对于试用期也

---

① 参见劳动部《关于贯彻执行〈中华人民共和国劳动法〉若干问题的意见》。

有规定，但总体上在试用期内，“由于双方当事人同意试用，故其关系较易解除。试用期间内之工作内容得由当事人合意定之，但不得违反法令及团体协议”。[①]从其他国家和地区对于劳动合同试用期的规定来看，基本都涉及了试用期的合同类型、劳动者、试用期期限、试用期待遇等问题，其共同特点在于对于试用期期限的规定都比较清晰，时间相对较短，而试用期内劳动关系的解除也相对比较容易。这与试用期本身的性质是相吻合的。另外，由于试用期条款的目的在于供相互考察而最终决定是否继续履行劳动合同，由此也就产生了一个不同于其他期限的法律后果，即在试用期内，用人单位和劳动者双方都具有随时解除劳动合同的权利，而且用人单位不需要支付在试用期解除劳动合同的经济补偿金。

我国《劳动法》和原劳动部1994年8月《关于贯彻执行〈中华人民共和国劳动法〉若干问题的意见》对试用期的基本问题曾做过规定，在劳动合同制度的实践中发挥了一定作用。但由于法律规定的不完善，实践中滥用试用期侵犯劳动者权益的现象也比较普遍，比如，在实践中，有的用人单位不管是什么性质、多长期限的工作岗位，也不管有没有必要约定试用期，一律在劳动合同中约定试用期；有的用人单位在劳动合同中规定的试用期的期限一般较长，对劳动者也往往多次试用；还有一些用人单位以试用为由随意降低劳动者的报酬或劳动者应得的有关待遇。这些问题表明我国劳动合同试用期制度还有进一步完善之必要。按照后法优于前法，特别法优于普通法的原则，《劳动合同法》的规定与《劳动法》等法律法规规章的已有规定不同的，一律适用《劳动合同法》的规定。

针对实践中存在的种种问题，《劳动合同法》对试用期重新进行了规定。

一是规定可以约定试用期的固定期限劳动合同的最短期限，并根据劳动合同期限的长短确定相应的试用期。为限制用人单位约定试用期的随意性，《劳动合同法》第19条规定，劳动合同期限在3个月以上的，可以约定试用期。也就是说，固定期限劳动合同能够约定试用期的最低起点是3个月，不满3个月的固定期限劳动合同不得约定试用期。针对用人单位不分情况，一律将试用期约定为6个月的问题，《劳动合同法》规定，劳动合同期限3个月以上不满1年的，试用期不得超过1个月；劳动合同期限1年以上不满3年的，试用期不得超过2个月；3年以上固定期限和无固定期限的劳动合同，试用期不得超过6个月。

需要注意的是，虽然《劳动合同法》规定以劳动合同期限长短作为约定试用期的参照，但是劳动合同期限的长短不应成为实践中约定试用期时的唯一参照标准。在有些国家，试用期的长短是与劳动者工作的技术含量相联系的。例如，意大利法律即规定，一般工人的试用期为15天至30天，技术人员为3个月，企业管理人员为6个月。应当讲，将试用期限与工作的技术含量相联系的做法还是

① 黄越钦：《劳动法新论》，中国政法大学出版社2003年版，第88页。

有其意义的。对于某些技术含量低的工作，比如装卸工、建筑工地小工，确实不需约定过长的试用期。我国《劳动合同法》草案也曾经规定，非技术性工作岗位的试用期不得超过1个月；技术性工作岗位的试用期不得超过2个月；高级专业技术工作岗位的试用期不得超过6个月。只是后来考虑到非技术性工作岗位、技术性工作岗位、高级专业技术工作岗位的具体内容不好限定，才最后放弃了这种规定，但这并不是说技术含量标准就不具有意义。在实践中用人单位与劳动者在约定试用期时应当尽可能地将技术含量的因素考虑进去。

二是规定了约定试用期的次数限制以及禁止约定试用期的情形。重复约定试用期以及不考虑合同类型与合同期限而强行约定试用期在实践中比较常见，这损害了劳动者的权益。对此，《劳动合同法》第19条作了限制性与禁止性规定。同一用人单位与同一劳动者只能约定一次试用期。试用期包含在劳动合同期限内。如果劳动合同仅约定试用期或者劳动合同期限与试用期相同的，试用期不成立，该期限为劳动合同期限。以完成一定工作任务为期限的劳动合同或者劳动合同期限不满3个月的，不得约定试用期。

三是规定了劳动者在试用期内的工资保障。以试用期为由支付劳动者过低的薪金待遇是实践中用人单位滥用试用期的常见现象之一。针对这一问题，《劳动合同法》第20条规定，劳动者在试用期的工资不得低于本单位相同岗位最低档工资或者劳动合同约定工资的80%，并不得低于用人单位所在地的最低工资标准。这是劳动者在试用期间工资待遇的法定最低标准。根据这一规定，试用期工资应当既不低于本单位同岗位最低档工资或者劳动合同约定工资的80%，同时也不得低于用人单位所在地的最低工资标准。在本单位相同岗位最低档工资和劳动合同约定工资的80%出现不同时，从保护劳动者的角度出发，应按照比较高的工资数来执行。虽已达到了本单位同岗位最低档工资或者劳动合同约定工资的80%，但没有达到用人单位所在地的最低工资标准，应按照最低工资标准执行。也就是说，最低工资标准是试用期工资的最低限。这与我国最低工资保障制度是一致的。我国劳动法规定，国家实行最低工资保障制度。用人单位支付劳动者的工资不得低于当地最低工资标准。作为一种保障制度，最低工资确保了职工在劳动过程中至少领取最低的劳动报酬，以维持劳动者个人及其家庭成员的基本生活。根据劳动法的规定，劳动者因探亲、结婚、直系亲属死亡按规定休假期间，以及依法参加国家和社会活动期间，均视为提供了正常劳动，享受最低工资保障。在试用期间，劳动者与用人单位之间已经建立了劳动关系，因此同样受到最低工资的保护。

需要注意的是，在试用期间，劳动者不仅享有上述工资保障权利，同时也应当享有其他劳动权利。这些权利包括休息休假的权利、获得劳动安全卫生保护的权利、接受职业技能培训的权利、享受社会保险和福利的权利、提请劳动争议处理的权利以及法律规定的其他劳动权利。在试用期间，劳动者还可依照法律规定，通过职工大会、职工代表大会或者其他形式，参与民主管理或者就保护劳动者合法权益有关问题与用人单位进行平等协商。这些权利不能因为劳动者试用期的身份而加以限制。

四是对试用期内劳动合同的解除作了更为细致的规定。如前所述，各国劳动法对于试用期内劳动合同解除的规定大都比较宽松，我国劳动法也是如此。我国《劳动法》规定，劳动者如果在试用期内被证明不符合录用条件的，用人单位即可随时解除合同。由于这一规定过于简单，实践中用人单位利用试用期随意解除劳动合同的现象也比较严重。

为遏制部分用人单位恶意利用试用期解除劳动合同的现象，劳动合同法作出了规定：在试用期中，除劳动者有劳动合同法规定的用人单位可以解除合同的特别情形外，用人单位不得解除劳动合同。用人单位在试用期解除劳动合同的，应当向劳动者说明理由。根据这一规定，用人单位在试用期内解除合同，应遵循如下条件：首先，可以在试用期内解除劳动合同的情形只有法定的三种，分别是"不符合录用条件"，"患病或者非因工负伤，在规定的医疗期满后不能从事原工作，也不能从事由用人单位另行安排的工作"以及"不能胜任工作，经过培训或者调整工作岗位，仍不能胜任工作"这三种情形。除此以外，不得以任何借口解除与劳动者的劳动合同。其次，用人单位在试用期中要解除与劳动者的劳动合同，必须有证据证明劳动者不符合录用条件，说明解除合同的理由，以此防范用人单位恶意使用劳动者，不尽应尽的义务。同时，根据《劳动合同法》第37条的规定，劳动者在试用期内同样可以通知用人单位解除劳动合同。

五是规定了违反试用期法律规定的责任。为进一步使《劳动合同法》关于试用期的规定落到实处，该法专门增加了违反试用期法律规定的责任，如果用人单位违反法律规定与劳动者约定试用期的，由劳动行政部门责令改正；违法约定的试用期已经履行的，由用人单位以劳动者试用期满月工资为标准，按已经履行的超过法定试用期的期间向劳动者支付赔偿金。

（二）培训费以及服务期条款

该条款是指在用人单位出资对劳动者进行培训时，双方对于有关培训费用及劳动合同服务期限的约定。对劳动者进行培训是用人单位的一项重要任务。我国实行职业培训和职业技能资格制度。《劳动法》第66条规定职业培训的发展目标。国家通过各种途径，采取各种措施，发展职业培训事业，开发劳动者的职业技能，提高劳动者素质，增强劳动者的就业能力和工作能力。第67条规定了政府对职业培训的责任。各级人民政府应当把发展职业培训纳入社会经济发展的规划，鼓励和支持有条件的企业、事业组织、社会团体和个人进行各种形式的职业培训。第68条规定了用人单位对职业培训的责任。用人单位应当建立职业培训制度，按照国家规定提取和使用职业培训经费，根据本单位实际，有计划地对劳动者进行职业培训。从事技术工种的劳动者，上岗前必须经过培训。第69条规定了职业技能资格制度。国家确定职业分类，对规定的职业制定职业技能标准，实行职业资格证书制度，由经过政府批准的考核鉴定机构负责对劳动者实施职业技能考核鉴定。为进一步明确企业职工技能培训内容和鉴定程序，劳动和社会保障部颁布了《企业职工培训规定》、《职业技能鉴定规定》。

一般情况下，用人单位根据岗位需要的原则选拔培训对象，造成普通岗位的职员很少能够得到培训晋升的机会，造成职业晋升的不公平。如果仅仅从优胜劣汰的自然选择法则来思考，则属于不公平之中的公平。总的来看，用人单位应建立公平的培训选拔程序制度，保证有能力有意愿接受培训的人都能得到培训晋升的机会。

由于在培训过程经常涉及培训费用的问题，《劳动合同法》第22条对此作了专门规定，允许在用人单位为劳动者提供专项培训费用，对其进行专业技术培训的情况下，与该劳动者订立协议，约定服务期。

从法理上看，允许用人单位与劳动者就培训费以及服务期订立协议，主要是为了实现双方之间的利益平衡。从劳动者角度来讲，用人单位出资对劳动者进行专门培训，可以使劳动者提高职业技能；而从用人单位来讲，用人单位为劳动者提供培训费用的目的在于劳动者培训归来后以更好的技能为单位提供更有价值的劳动。如果劳动者经过培训却不回来工作或者服务期未满即离职，就会使用人单位的期望落空。故通过在劳动合同中对培训费用以及服务期进行约定，可以事先明确双方在这一问题上的权利义务，实现双方利益的平衡。

一是订立培训费以及服务期条款的条件。

根据《劳动合同法》第22条的规定，用人单位与劳动者订立约定服务期的培训协议应符合以下条件：第一，用人单位提供的是专项培训的费用而不是一般的培训费用。这是因为，按照国家规定，用人单位必须按照本单位工资总额的一定比例提取一般培训费用，用于对劳动者的职业培训，例如，在劳动者上岗之前，用人单位一般需对劳动者进行岗前培训，这部分培训费用的使用不能作为与劳动者约定服务期的条件。第二，对劳动者进行的是专业技术培训，包括专业知识和职业技能。用人单位对劳动者进行必要的职业培训不可以约定服务期，也就是说不包括劳动法规定的职业培训。第三，劳动者接受培训的形式可以是多样的，脱产或不脱产均可。在《劳动合同法》立法过程中，对于劳动者接受培训的形式有着不同的看法。有人认为，用人单位出资对劳动者的专门技术培训应该规定为脱产培训。但更多的意见则认为，实践中用人单位提供费用培训员工的情形是复杂的。其中有脱产形式的，但更多的是采取非脱产方式的专业技术培训。一般情况下，越是不可或缺的人才，单位越不可能使其脱产培训很长时间，而只能采用非脱产的方式。如果法律硬性规定必须脱产培训一定时间以上才能约定服务期，许多接受培训的劳动者一旦不履行约定的服务期而离职，会给用人单位造成较大的损失。另外，如果硬性规定采用脱产形式，表面上看可能是保护了劳动者的培训利益，但实际上这种做法将会使用人单位在劳动者培训问题上产生顾虑，实际并不利于劳动者的发展。《劳动合同法》考虑了这一意见的合理性，对于是否必须脱产进行培训未作明确要求。一般来讲，不管是否脱产，只要用人单位在国家规定提取的职工培训费用以外，专门花费较高数额的费用送劳动者去进行定向专业培训的，就可以与该劳动者订立协议，约定服务期。

二是规定了违反培训费以及服务期条款的法律责任。

在约定有服务期的培训协议中，劳动者如果违反服务期约定的，应当如何承担责任是一个重要的问题。在《劳动合同法》立法过程中，人们对于这一问题有着不同的意见。一种意见认为，在劳动者违反服务期时，应当向用人单位支付违约金。但是对于违约金的数额，又有不同的意见。有人主张，对于违约金的数额应当加以限制，不能允许用人单位随意约定违约金数额，以免对劳动者一方造成不公平。至于具体措施，有的主张单一的总金额限制，如以用人单位实际为劳动者提供的特殊待遇的市场价值或劳动者年度工资收入为限；有的主张比例限制，如主张以劳动者年度工资收入的百分比或用人单位实际为劳动者提供的特殊待遇的市场价值的百分比来确定违约金数额。另一种关于违约金数额的观点认为，由于用人单位出资培训的劳动者对于用人单位来讲一般都是重要的职工，这部分劳动者明显具有与用人单位进行谈判的能力，所以对服务期的违约金没有必要统一规定，可交由双方具体约定，只要不违反《民法通则》和《劳动法》规定即可。与第一种主张规定违约金责任的观点不同，另一种意见认为，劳动者因享受用人单位提供的出资培训等特殊待遇后违约辞职的，用人单位可以根据劳动法，依法要求劳动者赔偿培训费用、生产经营损失以及其他约定的赔偿费用，没有必要规定违约金责任。否则，违约金责任就带有惩戒性质，不具有补偿性质。《劳动合同法》采纳了第一种意见，规定劳动合同双方可以对违反服务期约定违约金，对于违约金的数额也采用了限制违约金数额的观点，规定违约金数额不得超过用人单位提供的培训费用。用人单位要求劳动者支付的违约金不得超过服务期尚未履行部分所应分摊的培训费用。

要注意的是，《劳动合同法》对于服务期的年限未作明确规定。在立法过程中对此也有不同意见。一种意见认为，约定服务期限制了劳动者自由流动，对市场配置有影响，故需要法律对此作出限制，不能任由双方约定。另一种意见认为，服务期是指劳动者因接受用人单位给予的特殊待遇而承诺必须为用人单位服务的最短期限。只要用人单位出资培训劳动者，受训劳动者就有义务为用人单位最少服务一定年限，否则，就有义务承担赔偿培训费用的责任，只是按比例递减而已。所以，劳动者接受用人单位付费在职培训后，用人单位可以与劳动者约定接受专业技术培训以后的服务期。《劳动合同法》对此未作规定，因此可以理解为《劳动合同法》允许劳动合同双方当事人在公平合理的基础上协议确定，但是用人单位与劳动者约定服务期的，不影响按照正常的工资调整机制提高劳动者在服务期期间的劳动报酬。

（三）保密条款与竞业限制条款

在劳动合同中，保守商业秘密条款和竞业禁止条款是常见的可约定条款。根据我国《反不正当竞争法》，所谓商业秘密，是指不为公众所知悉、能为权利人带来经济利益，具有实用性并经权利人采取保密措施的技术信息和经营信息。商业秘密主要包括非专利技术和经营信息两部分，前者如企业拥有的生产配方、工艺流程、技术诀窍、设计图纸等，后者如企业的管理方法、产销策略、客户名单、货源情报等信息。商业秘密和其他知识产权（专利权、商标权、著作权等）相比，有着以下特点：第一，秘密性，即商业秘密是不为公众所知悉，而其他知识产权都是公开的，对专利权甚至有公开到相当程度的要求。第二，相对的专有性。商业秘密的专有性不是绝对的，不具有排他性。如果他人以合法方式取得了同一内容的商业秘密，他们就和第一个人有着同样的地位。商业秘密的拥有者既不能阻止在他之前已经开发掌握该信息的人使用、转让该信息，也不能阻止在他之后开发掌握该信息的人使用、转让该信息。第三，经济性，能够使经营者获得利益，获得竞争优势，或具有潜在的商业利益。第四，商业秘密的保护期取决于权利人的保密措施和其他人对此项秘密的公开。如果权利人保密措施得力而技术本身又具有相当的应用价值，则其保护期限可能会远远超过专利技术受保护的期限。在知识时代到来的今天，商业秘密与企业的竞争力直接相关，对企业的生存和发展起着至关重要的作用，需要加以有效的保护。由于劳动关系具有特定的人身属性，由劳动者对用人单位忠诚义务而演化出劳动合同的保密义务，并进而扩展为竞业限制或竞业禁止，保密条款与竞业禁止条款就成为劳动合同法律需要加以规范的一个重要问题。

在其他国家的劳动立法中，对保密问题同样有所规定。比如，针对竞业限制，《比利时雇佣合同法》规定，年收入不超过25万法郎的雇佣合同中有关竞业限制条款，应认为是无效的；年收入在25万至50万法郎之间的，竞业限制条款规定仅适用于有关联合委员会或分委员会签订的集体劳动协议中有所规定的某些职务或某类职务。年收入在50万法郎以上的，其雇佣合同中理应包括竞业限制条款。竞业限制条款需符合以下四个条件：必须与类似的活动有关；必须限制在工人能够有效地与其雇主竞争的地理范围以内，明确企业的性质和营业范围。任何情况下，地理范围不应扩大到比利时境外；从雇佣关系停止的那天开始计算，有效期不应多于12个月；雇主必须支付一次性的补偿费，除非他愿意在合同终止后 15 天内，放弃运用竞业限制条款的权利。竞业限制条款必须采用书面形式。如果工人未遵守竞业限制条款，则应支付雇主一定的赔偿金，对违反竞业限制条款一次性总付的赔偿费，不应超过相当于 3 个月报酬的总数，但若雇主能够证实遭受损失的事实和程度，则可以索要较高的补偿费用。在英国，有关保密的事项被认为属于劳动合同的默示条款，雇员基于忠诚的义务应当保守雇主的商业秘密。

我国《劳动合同法》规定，用人单位与劳动者可以在劳动合同中约定保守用人单位的商业秘密和与知识产权相关的保密事项。对负有保密义务的劳动者，用人单位可以在劳动合同或者保密协议中与劳动者约定竞业限制条款。因此在劳动合同中，当事人可以就保密和竞业禁止问题加以协商约定。在订立有关保密协议和竞业禁止条款时，应注意以下问题：

1. 保密协议与竞业禁止来源于劳动者对用人单位的忠诚义务，是诚实信用原则的具体体现。① 两者虽然都与商业秘密有关，但其中仍旧存在着区别，具体而言：第一，保密义务是从消极的意义上禁止劳动者泄露、使用或允许他人使用用人单位的商业秘密，而竞业禁止则是从积极的角度限制劳动者利用其在劳动合同期间所获得的商业秘密。第二，保密义务的产生是基于劳动合同的约定以及相关法律法规的明确规定，而竞业禁止的义务则是基于劳动合同当事人的约定而产生的。第三，保密义务一般没有期限存在，而竞业禁止则往往有期限限制。之所以如此，主要是由于竞业禁止协议限制了宪法赋予劳动者的劳动权与择业自主权，而劳动权恰恰又是维系劳动者生存的基本人身权利，再加上劳动者与用人单位签订竞业禁止协议时，所处的地位并不完全平等，用人单位处于强势地位，劳动者为了避免失去现在或潜在的劳动就业机会，往往违背真实意图迁就用人单位签订竞业禁止协议。因而，在《劳动合同法》中有必要对竞业禁止进行严格的界定，以切实保障劳动者的合法权益。

2. 竞业禁止的范围。为保护自身的商业秘密，法律允许用人单位与负有保密义务的劳动者订立竞业禁止条款，即可以与知悉其商业秘密的劳动者在劳动合同中约定，在劳动合同终止或者解除后的一定期限内，劳动者不得到生产与本单位同类产品或者经营同类业务的有竞争关系的其他用人单位任职，也不得自己开业生产或者经营与用人单位有竞争关系的同类产品或者业务。很明显，竞业禁止的实施客观上限制了劳动者的就业权，对于劳动者的生存权也产生了不利影响，因此，为了保护劳动者的合法权益，在允许约定的同时法律也对竞业限制进行了必要的限制。这些限制主要体现在对于竞业禁止适用的主体范围、地域范围以及

---

① 黎建飞、高冠雄："论劳动合同的竞业禁止条款"，载《中国劳动》2006 年第 3 期，第 27 ~ 29 页。

期限等方面。

第一，承担保密义务与竞业禁止义务的主体范围是指那些负有保守商业秘密和竞业禁止义务的人。一般来讲，劳动者对于企业商业秘密的了解程度往往取决于其在用人单位的工作性质、地位、职务以及所承担的责任。如果劳动者在劳动过程中要经常性地处理秘密文件，劳动者显然要承担比一般劳动者更多的忠诚义务，而劳动者在用人单位中的地位越高则意味着其知悉的商业秘密也越多。也正是因为这一原因，国外有关商业秘密和竞业禁止的规定一般限于特殊岗位的领导者以及级别较高的单位成员。我国《劳动法》第22条原则规定了保守商业秘密事项约定问题，即劳动合同当事人可以在劳动合同中约定保守用人单位的商业秘密的有关事项。① 由于对承担保密义务的主体范围未明确规定，从而造成了实践中义务主体泛化，不利于劳动者权益的维护。为克服这一弊端，《劳动合同法》第24条明确规定，“竞业限制的人员限于用人单位的高级管理人员、高级技术人员和其他负有保密义务的人员”，从而把保密义务人与竞业禁止义务人局限于可能知悉商业的秘密的劳动者，而对于只具有普通技能且未能接触到用人单位商业秘密的劳动者一般不应签订保密条款和竞业禁止协议。

第二，竞业限制的范围、地域和期限。如前所述，竞业禁止条款往往限制了劳动者的择业权，为此必须在法律上对竞业禁止的范围、地域和期限加以明确限制。在竞争限制的范围和地域上，国外一般限制在该用人单位业务影响的区域或行业，且不能超出合理的范围。对此，我国《劳动合同法》作了原则性的规定，允许用人单位与劳动者约定竞业限制的范围、地域，但有关约定不得违反法律、法规的规定。关于竞业禁止的期限，从国外立法例来看，主要有如下三种情形：一是规定最长期限不超过3年。如《奥地利民法典》规定的最长期限为1年，《德国商法典》规定最长不得超过2年，《瑞士劳动合同法》规定最长期限为3年，当然也有少数国家规定最长期限为5年，如意大利。二是在高新技术领域规定不超过1年，如美国。三是在特殊情况下，竞业禁止可以不受时间限制。只有劳动者接触到用人单位核心商业秘密，且该秘密系用人单位重点保护的、具有重大利益的商业秘密。我国《劳动合同法》第24条规定，在解除或者终止劳动合同后，负有保密义务的人员到与本单位生产或者经营同类产品、从事同类业务的有竞争关系的其他用人单位，或者自己开业生产或者经营同类产品、从事同类业务的竞业限制期限，不得超过2年。

---

① 有关具体规定参见《合同法》第43条，劳动部《关于〈中华人民共和国劳动法〉若干条文的说明》第22条，劳动和社会保障部办公厅《关于劳动争议案中涉及商业秘密侵权问题的函》,《国家工商行政管理局关于禁止侵犯商业秘密行为的若干问题》,《违反〈劳动法〉有关劳动合同规定的赔偿办法》。

3. 竞业禁止条款中当事人的权利与义务。根据《劳动合同法》的规定，劳动者违反竞业限制约定的，应当按照约定向用人单位支付违约金，给用人单位造成损失的，还要依法支付损害赔偿金。这是劳动者在竞业禁止方面的主要义务。

相对于劳动者，用人单位必须给予劳动者以合理的经济补偿，这是用人单位与劳动者签订竞业禁止协议生效的基本要件。这是由于作为企业保护自身商业秘密手段之一的竞业禁止条款是以牺牲劳动者的部分生存权和择业自由权为代价的一种对劳动者与用人单位之间利益的调节方式。① 一般情况下，劳动者因不能从事自己擅长专业或所熟练的工作，其收入或生活质量肯定会不同程度地降低，如果劳动者不能得到相应的补偿，那么，就会直接威胁到劳动者生存的利益，而用人单位则会因为劳动者未参与该行业的劳动或竞争，可能现在或潜在地从中获取相应的商业利益。所以从公平的角度出发，用人单位应当给予劳动者以合理的补偿，以适当弥补劳动者由于不能从事协议约定的工作所造成的损失。在《劳动合同法》颁布之前，我国地方性法规中对于竞业禁止的补偿问题有一定的规范，比如《深圳经济特区企业技术秘密保护条例》第17条规定，竞业禁止协议约定的补偿费按年计算不得少于离开企业前最后一个年度从该企业获得报酬总额的2/3；《珠海市企业技术秘密保护条例》第22条规定，企业与员工约定竞业限制的，在竞业限制期间应当按照竞业限制协议中的约定向该员工支付补偿费；没有约定的，年补偿费不得低于该员工离职前一年从该企业获得年报酬总额的1/2。这些规定对于保障劳动者的权益起到了有益的作用，但是类似的规定仍旧缺少上位法的明确依据，且相互之间并不完全一致。《劳动合同法》在地方立法经验的基础上规定，“对负有保密义务的劳动者，用人单位可以在劳动合同或者保密协议中与劳动者约定竞业限制条款，并约定在解除或者终止劳动合同后，在竞业限制期限内按月给予劳动者经济补偿”。从而对竞业禁止的补偿问题提供了上位法依据，但其具体标准仍有待于进一步明确。

另外，由于我国其他法律中对于商业秘密也有规定，所以，对于用人单位来讲，也应当充分利用其他法律来保护自己的商业秘密。例如，《反不正当竞争法》对通过不正当手段侵害商业秘密的行为作了规范。《合同法》对存在民事合同关系情形下侵害商业秘密的行为作了规范。而《公司法》、《刑法》等法律也对侵害商业秘密的情形作了规范。不同的法律对于商业秘密规范的重点是不同的，比如，《公司法》着重规范了公司高级管理人员的保密义务，规定董事、监事、高级管理人员应当遵守法律、行政法规和公司章程，对公司负有忠实义务和勤勉义务，不得有未经股东会或者股东大会同意，利用职务便利为自己或者他人谋取属于公司的商业机会，自营或者为他人经营与所任职公司同类的业务；擅自

① 周宝妹：《劳动法要论》，群众出版社2006年版，第140～145页。

披露公司秘密；违反对公司忠实义务的其他行为。董事、高级管理人员违反前述规定所得的收入应当归公司所有。而《反不正当竞争法》着重规范的是经营者侵犯商业秘密的不正当行为。因此，综合运用各种法律的规定来保护自身的商业秘密对于企业来讲也是极其必要的。

（四）违约金条款

违约金是合同法规定的一种违约责任，是违约救济的重要方式之一，它是当事人通过约定而预先确定的、在违约后生效的独立于履行行为之外的给付。[①] 所以违约金不仅具有担保债务履行的功能，而且具有在违约发生后及时补偿受害人损失并制裁违约行为的作用。

劳动合同作为一种特殊的合同，其是否也可以使用违约金，各国法律规定有所不同。欧美国家的劳动法中基本无违约金的相关规定。导致这一结果的主要原因在于这些国家中劳动合同的基本形式是不定期合同。相对于定期合同，不定期劳动合同实际不存在确定的期限，因此，只要一方给对方一定的预告期就可以终止劳动合同，违约金在劳动合同中基本不予适用。而亚洲较多国家则明确作了不允许设立违约金的规定。例如《韩国劳动基准法》明确规定，使用者不得规定劳动者在不履行劳动合同时支付违约金或损害赔偿金。日本虽只规定在签订劳动合同时禁止约定预付赔偿金，以及雇主不得从工资中扣除以前借款和其他以工作为条件的借款，而未明确提到禁止违约金，但既然约定损害赔偿都为《日本劳动法》所禁止，约定违约金自然是《日本劳动法》所禁止的了。在这些国家中禁止约定违约金一般是考虑到劳动合同当事人经济地位不对等，如果允许约定违约金，那么劳动者为了获得工作将不得不签订不利于己的合同，并且有关违约金的规定也将成为劳动者离开使用者的负担，因此对于违约金采取一般禁止的规定。

我国《劳动法》没有关于当事人违反劳动合同违约金的相关规定，但是一般认为，《劳动法》虽未明文规定违反劳动合同的违约金责任，但并不禁止当事人自行约定违约金责任，即间接认可违约金责任。劳动部《违反〈劳动法〉有关劳动合同规定的赔偿办法》（劳部发〔1995〕223号）规定，违反劳动合同造成对方当事人经济损失的损害赔偿范围包括其他劳动合同当事人约定的赔偿费用。另外，劳动部《关于企业职工流动若干问题的通知》（劳部发〔1995〕355号）规定，用人单位与劳动者可以在劳动合同中约定违约金，从而首次明确了肯定违约金，但这一规定是比较模糊的，对于违约金的适用范围和最高金额限制等问题都没有明确，甚至连违约金约定是否应当遵守公平合理原则都未提及，几乎任由当事人在劳动合同中约定，导致违约金的适用缺少规制，用人单位往往利

① 王利明：《合同法研究》（第2卷），中国人民大学出版社2003年版，第682页。

用其优势地位，任意约定高额的违约金，严重侵犯了劳动者的权利，同时也背离了违约金的性质与作用。

为弥补《劳动法》关于劳动合同违约金规定之不足，我国许多地方劳动立法中对于劳动合同违约金作了补充规定，概括来讲主要有任意约定违约金和限制约定违约金两种模式。① 任意约定违约金是指对用人单位、所有劳动者都可以适用违约金。对违约金采取不限制态度的立法又可以分为四种类型：（1）空白型立法，无违约金规定。（2）原则型立法，只作较为原则的规定，如《北京市劳动合同规定》第 19 条规定，“订立劳动合同可以约定劳动者提前解除劳动合同的违约责任，劳动者向用人单位支付的违约金最多不得超过本人解除劳动合同前 12 个月的工资总额。但劳动者与用人单位协商一致解除劳动合同的除外”。（3）法定型立法，通过立法形式明确认可违约金，对违约金的具体范围不进行限制，但对违约金的支付方式作了明确具体的规定，如《江苏省劳动合同条例》第 18 条规定，“当事人可以对双方的违约行为约定违约金。约定违约金应当遵循公平原则，根据劳动者的劳动报酬等因素合理确定。对劳动者的违约行为约定违约金的，仅限于下列情形：违反服务期约定的；违反保守商业秘密或者竞业限制约定的”。（4）加强型立法，即立法不仅允许双方当事人设定违约金，而且对违约金作了比民法更扩大的规定，如《山东省劳动合同条例》第 31 条规定，“劳动合同双方当事人违反本条例规定和劳动合同约定，擅自解除劳动合同的，应当按照劳动合同的约定支付违约金；给对方造成经济损失的，应当依法承担赔偿责任”。限制约定违约金，是指只能对特殊劳动者因用人单位有特殊福利待遇支出等特殊投入而形成特殊义务的情形下使用违约金，如《上海市劳动合同条例》。该《条例》规定劳动合同对劳动者的违约行为设定违约金的，仅限于两种情况，即违反服务期约定的和违反保守商业秘密约定的。而约定服务期，又只限于对由用人单位出资招用、培训或者提供其他特殊待遇的劳动者。

上述有关地方立法的规定对于规范违约金问题进行了有益的探索，但是这些地方立法也存在着立法角度不同，法律规定差异较大等问题，需要进一步予以规范。

在总结各地立法经验的基础上，针对实践中用人单位不分岗位和具体情况对所有员工都规定违约金的弊端，《劳动合同法》第 25 条规定，除了对于因用人单位为劳动者支付了培训费而在劳动合同中约定了服务期限以及有关保密及竞业限制条款可以约定违约金以外，用人单位不得与劳动者约定由劳动者承担的违约金。据此，在劳动合同中约定违约金应遵循以下规则：

---

① 董保华：“劳动合同违约金立法评析”，载《中国劳动》2005 年第 2 期，第 41～43 页。

第一，可以约定违约金的情形仅限于针对服务期限以及有关保密及竞业限制条款，其他情况下均不得约定违约金。

这一规则是在充分考虑了不同岗位劳动者对于用人单位的影响以及劳动合同双方权利义务对等的基础上作出的规定。对于一般劳动者而言，其劳动的可替代性较强，违约行为对用人单位的影响较小，对这一部分劳动者一律约定违约金不利于劳动者权利的保护。另外，依据权利义务对等的原则，在特殊情况下，如果用人单位为劳动者提供了特殊的利益，则劳动者就需要承担起相应的义务，如果违反了相应的义务，可以要求劳动者承担相应的责任。据此，《劳动合同法》规定，可以约定违约金的情形仅限于：用人单位对劳动者进行了专门培训并约定了相应的服务期限；用人单位与劳动者订立有保守商业秘密以及禁业限制协议，并约定由用人单位给予劳动者相应的经济补偿。在这两种情形中，用人单位都为此支付了相应的对价，可以就此约定违约金。

第二，《劳动合同法》规定的违约金是补偿性的而不是惩罚性的。

违约金有惩罚性与补偿性之分。前者是指债务人违反合同时，除应按约定支付违约金以外，还必须赔偿因其违反合同给对方造成的全部损失；后者是指受害人在请求支付违约金以后，不得另行请求损失赔偿。在民法理论中，违约金一般被认为具有补偿性质，除非当事人在合同中加以特别约定或者法律有特别之规定。①《劳动合同法》规定，劳动者违反服务期约定向用人单位支付的违约金不得超过用人单位提供的培训费用。用人单位要求劳动者支付的违约金不得超过服务期尚未履行部分所应分摊的培训费用。由这一规定可以看出，我国劳动合同违约金实际是补偿性的。

第三，《劳动合同法》对于违约金的规定是限制性的。

《劳动合同法》对于违约金的限制不仅体现在前述有关违约金适用的情形上，同时也体现在有关劳动合同违约金的数额上。例如，对于违反服务期的违约金数额，《劳动合同法》即进行了限制，不允许当事人作出超出法律规定额度的约定。

由上述规定可以看出，我国《劳动合同法》对于违约金的规定，是在充分考虑劳动合同特点的基础上作出的规定，与劳动合同本身的性质是相吻合的。也就是说，对于劳动合同违约金的规范，必须考虑劳动合同订立过程中劳动者本身的弱势地位。由于劳动者弱势地位的存在，劳动者往往不具有与用人单位平等协商的能力，因此对于违约金也不能一概由劳动合同双方任意加以约定。另外，由于劳动合同本身具有人身性，如果国家对于劳动合同违约金不加以限制，就完全可能出现劳动者迫于高额违约金而从事劳动的情形，这既不利于劳动者劳动积极

① 王利明：《合同法研究》（第2卷），中国人民大学出版社2003年版，第696页。

性的发挥，也不利于企业的发展。因此，对于劳动合同的违约金的规定，不能完全借用民事合同中的意思自治原则，而必须从劳动合同本身的社会法属性出发，以社会本位为基点，对劳动合同违约金加以必要的限制，以维护劳动者的权益，维护劳动力市场的合理流动。

三、劳动合同中禁止约定的条款

除了前述劳动合同的必备条款和可约定条款以外，我国法律还禁止在劳动合同中约定某些条款。如果当事人对这些条款有约定，则约定无效。常见的禁止约定条款包括：

（一）担保条款

担保条款是约定劳动者向用人单位交纳一定数额的货币或其他财物，或者以扣押劳动者的身份证或其他证件作为担保的约定。可见，此处所说的担保与民法意义上的担保是不一样的。后者是指债权人为确保债务得到清偿，而在债务人或第三人的特定的物和权利上设定的，可以支配他人财产或权利的行为。

从国外劳动立法来看，对劳动合同担保条款主要有禁止与允许两种立法例。① 日本和韩国等国家对此采取禁止态度。《日本劳动基准法》和《韩国劳动标准法》都规定，雇主不得签订对不履行劳动合同的情况进行任何处罚或损失补偿的合同，也不得从工人工资中扣除预支款项或者以劳动为条件的贷款。雇主不得在合同之后附加强制储蓄或管理储蓄的合同。但是也有不少国家对担保条款持认可态度。比如《法国劳动法》即规定，允许雇主向劳动者收取现金、股票和股份形式的保证金；雇主应将收取的保证金存入法定金融机构的专门账户；禁止将股票或股份形式的保证金移作企业股本或者作为扩充资本的手段或债券来发行；对保证金不得扣押。

在我国，有些用人单位为防止劳动者在给用人单位造成损失后就不辞而别的情况出现，要求劳动者在订立合同时提供担保或者向劳动者收取风险抵押金。也有一些单位为达到控制劳动者的目的，而在订立合同时扣押劳动者的居民身份证或者其他证件，如身份证、资格证书和其他证明个人身份的证件。考虑到目前条件下保证金（物）的交纳往往并非出于劳动者的自愿，而保证金（物）的交纳也为用人单位侵夺劳动者财产提供了机会。更为重要的是，由于不同劳动者缴纳保证金（物）的能力各不相同，以缴纳保证金（物）为订立合同的前提的做法实际构成了对不同经济负担能力劳动者的歧视，是不公平的，因此对于收取保证金（物）的做法，我国《劳动法》采取了禁止的态度。劳动部《关于贯彻执行

---

① 王全兴：《劳动法学》，法律出版社2004年版，第158页。

〈中华人民共和国劳动法〉若干问题的意见》规定，用人单位在与劳动者订立劳动合同时，不得以任何形式向劳动者收取定金、保证金（物）或抵押金（物）。这一规定为禁止用人单位收取保证金（物）提供了基本法律依据，但是仍旧存在一些不足。例如，在对于违反收取保证金（物）的处罚措施上，法律只规定由公安部门或劳动行政部门责令返还，处罚力度明显过轻，不能起到有效遏制收取保证金（物）的违法行为的作用。

《劳动合同法》对于有关收取保证金（物）的行为同样采取了禁止的态度。该法第9条规定，“用人单位招用劳动者，不得扣押劳动者的居民身份证和其他证件，不得要求劳动者提供担保或者以其他名义向劳动者收取财物”。据此，劳动者有权拒绝用人单位以各种形式和名义向自己收取定金、保证金（物）或抵押金（物）。不仅如此，《劳动合同法》还规定了向劳动者收取财物或者扣押劳动者证件的法律责任，即用人单位违反本法规定，扣押劳动者身份证等证件的，由劳动行政部门责令限期退还劳动者本人；依照有关法律规定给予处罚。用人单位违反本法规定，要求劳动者提供担保、向劳动者收取财物的，由劳动行政部门责令限期退还劳动者本人，按每一名劳动者500元以上2000元以下的标准处以罚款；给劳动者造成损害的，用人单位应当承担赔偿责任。劳动者依法解除或者终止劳动合同，用人单位扣押劳动者档案或者其他物品的，依照上述规定处罚。这些处罚规定较原来的规定更为全面，力度也较大。

需要注意的是，由于收取保证金（物）的做法早已为法律禁止，加上劳动监察部门也对这种情况进行了大量查处，执法力度较大，目前大多数用人单位已不再明目张胆地向劳动者收取抵押金，而是采取了一些变相的方法或手段，以达到向员工收取抵押金的目的。如收取服装费、电脑费、住宿费、培训费、集资款（股金）等，变相获取风险抵押金。这种行为也是不合法的，需要在实践中注意防范。

虽然《劳动合同法》禁止用人单位收取保证金（物），但这并不意味着因劳动者的原因造成用人单位损失时，用人单位就无法获得赔偿。依照原劳动部《工资支付暂行规定》第16条的规定，如果在劳动过程中，由于劳动者的原因给用人单位造成了经济损失的，用人单位可以按照劳动合同的约定要求其赔偿经济损失。赔偿经济损失的数额，应由用人单位根据具体情况确定，从职工本人工资中扣除，但每月扣除的金额一般不得超过本人月标准工资的20%。若扣除后的剩余工资部分低于当地月最低工资标准，则按最低工资标准支付。

（二）死伤自负条款

所谓“死伤自负条款”，是指用人单位与劳动者在劳动合同中约定，如果在劳动过程中劳动者发生死亡或其他伤害事故，用人单位对此不承担责任。对此类合同也有人称之为“生死合同”。对于此类条款或合同，早在1988年，最高人民法院就发出（88）民他字第1号批复，针对天津市一家私营企业雇主在招工登记表中写明“工伤概不负责”并在发生事故后拒绝赔偿的案件中指出：“这种行为既不符合宪法和有关法律规定，也严重违反社会主义公德，应属于无效的民事行为。”原劳动部又于1992年10月7日针对一家国有水运企业内部承包中出现的同样性质问题，发出劳险字〔1992〕27号复函指出：承包合同中“伤残由个人负责”的条款不具有合法性，因此此类条款应是无效条款。① 但是，即使在现在，这类早已申明属于违法的无效“死伤自负条款”仍然屡屡发生，这是公然侵犯职工合法权益的恶劣现象，必须严肃纠正。

（三）限制劳动者权利或歧视性的条款

这些条款常见的包括：第一，限制参加工会条款。即约定限制劳动者参加工会的条款。第二，限制工资权条款。即允许雇主克扣工资、要求雇员放弃工资支配自由等限制雇员工资权的合同条款。第三，歧视条款。即约定给予劳动者以歧视待遇的合同条款，特别是性别歧视。对于这些条款，由于其严重损害劳动者权益，各国法律一般都予以禁止。如有此类约定，则约定无效。例如，在《尼日利亚联邦共和国劳工法》（1974年）中，即有雇佣合同不应规定以雇员是否参加工会或是否放弃工会会员资格作为雇佣条件，不应因雇员是工会会员而给予开除处分等规定。《日本劳动标准法》第18条规定，雇主不得在劳动合同之后附订要求劳动者将其工资储蓄的合同或者关于劳动者委托雇主管理其工资储蓄的合同。《巴林劳工法》规定，任何合同不得订有劣于该企业现有合同中的条件或者劣于公认的其职业本身性质所要求的条件，而且在雇佣的环境、工人的资历和能力都是相同的条件下，工人任何公开表示或暗示可放弃同一企业或同一职业工人所享有的特权均属无效。有的国家还专门对与工会有关的歧视条款作了禁止性规定。在我国，对于此类条款也应认定为无效条款。

---

① 最高人民法院（88）民他字第1号批复的内容：“天津市高级人民法院：你院〔1987〕第60号请示报告收悉。据报告称，你市塘沽区张学珍、徐广秋开办新村青年服务站，于一九八五年六月招雇张国胜（男，21岁）为临时工，招工登记表中注明‘工伤概不负责’。次年十一月十七日，该站在天津碱厂拆除旧厂房时，因房梁折落，造成张国胜左踝关节挫伤，引起局部组织感染坏死，导致因脓毒性败血症而死亡。张国胜生前为治伤用去医疗费14151.15元。为此，张国胜的父母张连起、焦容兰向雇主张学珍等索赔，张等则以‘工伤概不负责’为由拒绝承担民事责任。张连起、焦容兰遂向法院起诉。经研究认为，对劳动者实行劳动保护，在我国宪法中已有明文规定，这是劳动者所享有的权利。张学珍、徐广秋身为雇主，对雇员理应依法给予劳动保护，但他们却在招工登记表中注明‘工伤概不负责’。这种行为既不符合宪法和有关法律的规定，也严重违反了社会主义公德，应属于无效的民事行为。”

第四节　劳动合同的订立过程

一、劳动合同订立的一般过程

劳动合同的订立过程是指当事人通过协商，就劳动合同的内容达成合意的过程。我国《劳动法》以及《劳动合同法》对于劳动合同的订立过程未作明确规定，但多数认为在国家没有制定专门的规范劳动合同订立的程序以前，应按照订立合同的一般程序法则进行，即分为要约和承诺两个基本阶段。要约，是指当事人一方向特定的或不特定的他方提出订立劳动合同的意思表示。提出要约的一方为要约人，特定的或不特定的他方为受要约人。承诺是指受要约人同意要约的意思表示。但是，劳动合同订立程序与其他合同的订立过程仍旧存在区别，主要表现在劳动合同的被要约方在开始时是不确定的，需要首先确定被要约方，即确定与用人单位签订劳动合同的劳动者才能完成要约与承诺的全过程。具体来讲主要包括：

（一）选择劳动合同当事人阶段

即由用人单位提出要约，寻找并确定被要约方劳动者的阶段。

这一阶段是用人单位与劳动者通过一定方式进行相互选择，以确定劳动合同的双方当事人的阶段。一般由用人单位的招工（招聘）行为与劳动者的应招（应聘）行为相结合而成。具体包括：

第一，公布招工（招聘）简章。用人单位招用劳动者，应当向社会公开发布招用信息。招用信息内容包括：用人单位的情况介绍；岗位用人要求；工作时间；劳动报酬；劳动条件；报名办法、录用考试方式等情况。招用信息应当真实、准确。劳动者有权了解用人单位与订立劳动合同有关的情况。

第二，自愿报名，提交证明文件。在有组织的招工考试中，参加考试的人员可以自愿报名，选择自己认为合适的工种。劳动者求职，应当如实向用人单位提供自己的居民身份证、学历证明、工作经历、职业技能证明等与订立劳动合同有关的情况。

第三，全面考核，择优录用。各用人单位招用或个别录用职工时，应对应招人员的德、智、体进行全面考核，其考核内容和标准，可以根据生产、工作需要有所侧重。对于经考核合格的应聘者，应择优确定被录用人员，公布被录用者名单，并向其本人发出书面通知。

在这一阶段，用人单位和劳动者负有一种合同前义务，即相互如实告知和说明义务，同时一方的告知和说明义务也是另一方的知情权利。我国《劳动合同法》第8条规定："用人单位招用劳动者时，应当如实告知劳动者工作内容、工作条件、工作地点、职业危害、安全生产状况、劳动报酬，以及劳动者要求了解的其他情况；用人单位有权了解劳动者与劳动合同直接相关的基本情况，劳动者应当如实说明。”这是《劳动合同法》针对实践中出现的用人单位故意隐瞒有关信息，侵害劳动者的情形作出的规定。在有的情况下，少数劳动者也有一些隐瞒，甚至是欺骗行为，但这些行为的确有着复杂的背景，不能将责任一味地推给劳动者。

劳动合同的订立需要遵循合法、公平、平等自愿、协商一致、诚实信用原则。用人单位作为劳动合同强势一方，在劳动合同订立环节，如实告知涉及劳动合同履行的相关情况，不仅是遵循上述原则的表现形式，也有利于落实劳动合同法的原则。同样，劳动者在订立劳动合同时，有义务如实说明相关情况。只有这样，才有利于顺利订立合同，达到合同预期的目的。

在劳动合同的订立过程中，有关用人单位的情况和具体劳动岗位等信息严重不对称，劳动者往往缺乏有效途径全面了解有关劳动合同的情况。这种信息的不对称，导致劳动者很难公平地、平等自愿地订立劳动合同。同时，用人单位作为一个组织体，对其各项制度和劳动合同有关情况是非常清楚的。为了平衡用人单位和劳动者信息不对称的地位，防止用人单位利用信息优势侵害劳动者合法权益，《劳动合同法》规定了用人单位如实告知的义务：第一，告知必须是如实告知，不应提供虚假信息。提供虚假信息构成欺诈的，劳动合同无效或者部分无效，劳动者可以解除劳动合同，订立的劳动合同被确认无效，给对方造成损失的，有过错一方应当承担赔偿责任。第二，告知的时间是用人单位招用劳动者时，即签订劳动合同之前。主要体现在招聘公告时。第三，告知应当以一种合理并且适当的方式进行，必须能够使劳动者及时知道和了解。这主要是指书面的形式。第四，告知的内容应当是与劳动合同的履行相关的事项。用人单位在招工时，不得选择性告知，隐瞒一些不利于劳动者的情况。第五，告知是一种法定义务。用人单位在招工时，必须将劳动合同法和有关法律法规要求的与劳动合同履行有关的内容写在招工简章（文件）上，也可以主动告知劳动者有关情况。如果劳动者询问用人单位没有主动告知的事项，用人单位必须如实告知。实践中，对于一些一次性、简单性劳动操作用工，有的单位认为没有必要履行告知义务，结果导致安全事故的发生，危害劳动者生命安全和健康，也给用人单位带来损失。因此，用人单位应依法及时履行此项告知义务。

在用人单位招工时，为了更好地进行双向选择，需要对劳动者的一些基本情况进行了解。劳动者对自身的基本情况不得隐瞒，应加以如实说明。实践中，有的劳动者故意隐瞒一些不利于自己的情况，甚至伪造学历证明和其他证件来欺骗用人单位。同时，有的用人单位滥用知情权，要求劳动者提供与劳动合同履行没有直接关系的个人情况，如恋爱婚姻状况等，侵犯劳动者的个人隐私。《劳动合同法》对此两种情形都作了规范：第一，用人单位有权了解劳动者的一些基本情况，劳动者有如实说明的义务，这有利于劳动合同合法、公平、平等自愿、协商一致、诚实信用地订立，有利于用人单位合理地使用劳动者，有利于劳动合同的顺利履行。第二，用人单位的知情权是有限的，其有权了解劳动者的基本情况必须限于与劳动合同直接相关的基本情况，包括学历、知识技能、职业资格、工作经历以及部分与工作有关的劳动者个人的情况，如家庭住址、主要家庭成员构成等。至于与劳动合同直接相关的基本情况的具体范围，可由劳动行政部门根据实际情况作出补充性规定。这样规定可以防止用人单位侵害劳动者的隐私权。

劳动者在应聘时应当如实告知和说明自己的与履行劳动合同有关的实际情况，如果构成欺诈，则劳动合同无效或部分无效，用人单位可以解除劳动合同。如果由此给用人单位造成了损失，应承担赔偿责任。

（二）确定合同内容阶段

劳动合同订立的正式签约阶段是双方具体协商确定劳动合同内容并形成合意的过程，表现为经过要约（包括反要约）和承诺的过程。具体的操作过程主要包括：

第一，提出劳动合同草案。劳动合同草案文本可以由用人单位提供，用人单位应向劳动者说明各条款的具体内容和法律依据。

第二，介绍内部劳动规章制度。在提出劳动合同草案的同时，用人单位还必须向劳动者介绍本单位的内部劳动规章制度。

第三，商定合同内容。对于用人单位事先提出劳动合同草案，劳动者可以提出修改意见，经过协商确定合同内容。对于用人单位的内部劳动规章制度，劳动者一般只能表示接受与否，但也可在劳动合同中作出不同于内部劳动规章制度的约定。

第四，签名盖章。当事人双方在协商一致之后，劳动合同书应由用人单位的法定代表人或其书面委托代理人与劳动者签字（盖章），并注明日期。经双方当事人签字（盖章）的劳动合同书一式两份，用人单位和劳动者各持一份。

第五，鉴证（公证）。如果劳动合同依法应进行鉴证的，应当将劳动合同文本送交合同签订地或履行地的鉴证机关进行鉴证。凡需鉴证的劳动合同，在鉴证之后方能生效。

二、劳动合同订立过程中应注意的问题

（一）防止就业歧视

我国《劳动法》第 3 条规定，劳动者享有平等就业和选择职业的权利。这是劳动者工作权的重要组成部分。自改革开放以来，我国劳动力就业逐渐打破了

城乡界限、公有制和私有制的界限，人们在就业过程中越来越希望自主选择职业和平等就业的权利能够得到保障，但是实践中就业权的不平等、就业歧视现象也非常突出。在劳动合同订立过程中应当尽量防止就业歧视的发生。

所谓就业歧视，是指劳动者在选择就业机会时，基于个人的种族、性别、年龄、身份及健康等与工作岗位无关的条件，而受到的不平等对待。在我国劳动合同的实践中，常见的就业歧视主要表现为性别歧视、年龄歧视、户籍歧视、外形与健康歧视等形式。这些歧视严重地损害了劳动者权益。我国现行法律对于就业歧视作了一定的限制性规定，主要规定了“劳动者就业不得因民族、种族、性别、宗教信仰不同而受歧视”，在《妇女权益保障法》等有关法律法规中，对于特定人员的就业歧视也作了一定的禁止规定。但是总体来看，目前有关反歧视的规定仍旧相对不够完善，主要表现在对于禁止就业歧视的适用范围狭窄以及法律责任不够完善等方面。

在禁止就业歧视的适用范围方面，《劳动法》第 12 条规定了平等就业，“劳动者就业，不因民族、种族、性别、宗教信仰不同而受歧视”。① 第 13 条进一步强调男女平等就业，“妇女享有与男子平等的就业权利。在录用职工时，除国家规定的不适合妇女的工种或者岗位外，不得以性别为由拒绝录用妇女或者提高对妇女的录用标准”。② 目前我国法律仅对上述就业歧视加以禁止，而对其他歧视，比如婚姻歧视、健康歧视、学历歧视、容貌歧视、违法犯罪记录歧视等问题均无认定。这与国际劳工组织 1958 年通过的《就业与职业歧视公约》（第 111 号公约）对于就业歧视的定义是有差距的。该公约规定就业歧视包括“因种族、肤色、性别、宗教、政治观点、民族血统或家庭出身造成的任何区别、排斥或优惠，其结果是剥夺或损害在就业或职业上的就业机会或待遇上的平等”。另外，公约还规定：“歧视的事项包括职业培训的机会，得到就业或一些特定职业的机会，以及就业的待遇机会和条件。”由此可见，我国目前关于就业歧视的范围规定是相对狭窄的，这不利于反就业歧视的进行。在我国劳动法制实践中，也出现了新的就业歧视案件，比如因劳动者患有乙肝或身高不够而引起的诉讼。③ 另

① 参见《中华人民共和国宪法》第 4、36、48 条，《劳动力市场管理规定》第 7、11 条。

② 参见《妇女权益保障法》第 2、22～27 条，《女职工劳动保护规定》，《女职工禁忌劳动的范围》，劳动部《关于〈中华人民共和国劳动法〉若干条文的说明》。

③ 2003 年首例“乙肝歧视案”，在该案中，安徽芜湖青年张先著当年从当地大学环境专业毕业，并于 6 月 30 日参加了安徽省国家公务员考试，报考的是芜湖县委办公室经济管理人员，笔试和面试的成绩在近百名竞争者中排名第一位，然而在随后的体检中却被检查出感染了乙肝病毒，并因此被拒绝录取。参见“全国首例‘乙肝歧视’案”，载 http://news.sina.com.cn/z/ahygqs/，2007 年 8 月 22 日检索。

外，我国也出现了因为身高原因而引起的就业歧视诉讼。①鉴于这种情况，我们认为，我国可参考公约的规定，结合我国的实际，对就业歧视的范围进行扩大，凡与工作岗位的性质无必要联系的其他因素而对求职者的差别对待均可以视为是就业歧视从而加以禁止，当然一些特殊行业对某些条件可作要求但必须在招聘时说明合理的理由。

在就业歧视的法律责任方面，目前法律的规定仍旧是不够明确的。故有必要在法律中明确规定用人单位对求职者的就业歧视的法律责任，具体的责任可以是要求用人单位纠正歧视行为，对确实符合录用条件的人员予以录用；在对虽已构成歧视，但由于各种原因已无法录用的，用人单位应对其就业机会的损失承担一定的经济赔偿责任。除此之外，对于歧视现象严重的单位，根据某些量化指标，可以对其进行行政处罚。②通过规定歧视者的法律责任，对歧视者进行必要的制裁，特别是通过制定惩罚性赔偿标准，从而加大用人单位的违法成本，禁止就业歧视的发生。

（二）劳动合同的格式化问题

格式合同，是指当事人一方预先拟定合同条款，对方只能表示全部同意或者不同意的合同。格式合同的产生及其普遍运用是基于一定的社会经济基础的。一般而言，某一行业垄断的存在、交易内容的重复性、交易双方所要求的简便、省时导致了格式合同的存在并大量运用于社会生活领域。在民事领域，格式合同非常常见，而在劳动合同领域，格式化的劳动合同也屡见不鲜。在劳动合同订立过程中，劳动合同文本往往由用人单位单方拟定，而劳动者本身的弱势地位又使得劳动者往往无法与用人单位相抗衡，劳动合同体现出一定的从属性与附和性，这就使得劳动合同的附和化和格式化成为现代劳动合同的主要特征。③由于格式劳动合同主要是由用人单位拟定的，其在劳动实践中的运用往往会带来诸多问题。用人单位在草拟格式劳动合同时，常常会出现不当减轻或免除用人单位的责任或者加重劳动者责任、限制或剥夺劳动者权利行使的条款，从而加剧了劳动者的弱势地位，使劳动关系处于更加不平等、不稳定的状态中。基于保护劳动者之立场，各国对格式劳动合同均加以一定规制。从行政规制的角度来看，主要有事先审查制、事先协商制以及事后介入制等不同模式。事先审查制是在格式合同使用

---

① 四川大学法学院一学生状告中国人民银行成都分行招录行员时的身高歧视案，该案可参见宪政知识网，http：//www.xianzheng.com/xfal/，2007年8月22日检索。

② 竹文君："试论就业歧视及其公法规制"，载《河北法学》2004年第22卷第10期，第77～80页。

③ 高圣平："格式劳动合同的行政规制论：兼评《中华人民共和国劳动合同法（草案）》第五章"，载《法学杂志》2007年第2期，第124～127页。

之初，即由主管部门直接介入，事先审查格式合同劳动者的权益是否有合理的保障，不当的条款即禁止使用。在此种行政规制模式中，有的国家采取由各方人士组成特殊委员会充任审查机关，有的国家采取由主管部门充任审查机关。法国、以色列等国采取此种模式。事先协商制是指在格式合同制定之初，由政府代表、劳动者代表及工商业代表，共同商议格式合同的内容，使之能兼顾劳动者与用人单位利益。丹麦、英国、意大利等国家采取此种模式。事后介入制是行政机关发现不合理的格式合同后，可以依法命令双方当事人使用特定的条款以取代不合理条款，或命令当事人适用另一法定的格式合同，荷兰、瑞典、德国、比利时等国采取此种模式。① 我国格式劳动合同的现行行政规制手段主要有制定劳动合同示范文本、劳动合同鉴证、备案等，是一种综合的模式。

我国对于格式劳动合同的规制方法在一定程度上有利于防范格式劳动合同对劳动者权益的损害，但是，由于上述方式大都是由用人单位自主选择进行的，其实施并不具有强行性。在正式颁行的《劳动合同法》中，强调劳动合同由用人单位与劳动者协商一致才能订立。但是对于实践中的格式合同仍旧应考虑予以一定限制。我们认为，在这方面可以考虑借鉴《合同法》的有关规定。我国《合同法》对格式合同以及格式条款规定了三项重要规则：第一，禁止格式条款的提供者利用格式条款免除其责任、加重对方责任、排除对方主要权利；第二，明确规定格式条款的提供者应采取合理方式提请对方注意有关格式条款；第三，规定在解释格式条款时，应当作出不利于格式条款提供者的解释。这些规则完全可以运用于劳动合同中，因此凡采用格式条款订立劳动合同的，提供格式条款的一方应当遵循公平原则确定当事人之间的权利和义务，并采取合理的方式提请对方注意免除或者限制其责任的条款，按照对方的要求，对该条款予以说明。劳动合同格式条款违法或者提供格式条款一方免除其责任、加重对方责任、排除对方主要权利的，该条款无效。在对格式条款的理解发生争议的，应当按通常理解予以解释。对格式条款有两种以上解释的，应当作出不利于提供格式条款一方的解释。

① 高圣平："格式劳动合同的行政规制论：兼评《中华人民共和国劳动合同法（草案）》第五章"，载《法学杂志》2007 年第 2 期，第 124 ~ 127 页。

第四章　劳动合同的效力

第一节　劳动合同的效力的含义

劳动合同的效力，是指劳动合同具有法律效力，即劳动法赋予劳动合同对双方当事人及相关第三人的法律约束力。《劳动合同法》第 3 条第 2 款规定：“依法订立的劳动合同具有约束力，用人单位与劳动者应当履行劳动合同约定的义务。”因此，劳动合同一旦生效，就在双方当事人之间形成劳动法律关系，产生法律约束力，主要表现为：（1）劳动合同双方的权利都受到法律保护，双方都必须亲自履行劳动合同中规定的义务；（2）合同的变更和解除必须遵循法定的条件和程序，非依法律规定或者征得对方同意，任何一方不得擅自变更或者解除劳动合同；（3）违反合同者应承担相应的法律责任。

在理解劳动合同效力这一概念时，需要准确把握以下几个方面的内容：

第一，由于劳动合同往往涉及第三人的物质利益，因而劳动合同不仅对于劳动合同的当事人双方具有法律约束力，在特定情形下还可能对第三人产生法律约束力。例如，职工因工、因病死亡后，受其生前供养的配偶和直系亲属可以享受相应的抚恤金。该抚恤金的获得，与劳动者生前签订的劳动合同存在着内在联系。

第二，劳动合同的生效与劳动合同的成立的联系与区别。劳动合同的成立和生效既有联系又有区别。劳动者与用人单位就劳动合同内容协商一致，合同即告成立，但合同成立并不意味着合同一定生效。劳动合同生效，是指具备有效要件的劳动合同按其意思表示的内容产生了法律效力，这时劳动合同的内容才对签约双方具有法律约束力。《劳动合同法》第 16 条规定：“劳动合同由用人单位与劳动者协商一致，并经用人单位与劳动者在劳动合同文本上签字或者盖章生效。”“劳动合同文本由用人单位和劳动者各执一份。”在一般情况下，双方在劳动合同上签名或者盖章劳动合同即生效。如果双方当事人签字或者盖章时间不一致，则以最后一方签字或者盖章的时间为准。如果有一方没有写签字时间，那么另一方写明的签字时间就是合同的生效时间。劳动合同当事人应当按照合同约定的起始时间履行劳动合同。当事人对劳动合同的生效作出的其他约定，不得违背法律法规的规定。

在大多数情况下，劳动合同成立和生效是同时的。但是，在有的情况下，劳动合同成立，但并没有生效。如劳动合同双方在合同中约定合同生效的时间或者条件，即订立所谓的附期限或附条件合同。在这种情况下，所附期限到期或所附条件具备，劳动合同才能生效。在劳动合同订立后，按照国家规定需鉴证或当事人约定需公证的，当事人应将合同文本送交法定劳动合同鉴证机构或公证机构进行鉴证或公证，合同自鉴证或公证之日起生效，这时合同的生效时间显然晚于其成立时间。

由于在现实生活中，不少用人单位以种种理由拒绝将属于劳动者本人的劳动合同归还劳动者，这种做法直接侵害了劳动者的合法权益，因此，《劳动合同法》规定，劳动合同文本应当由用人单位和劳动者各执一份。

第三，劳动合同的生效与劳动关系的建立。劳动合同是劳动关系的表现形式。根据《劳动合同法》的规定，劳动关系的建立自用工之日开始，而一般情况下，建立劳动关系应当签订书面劳动合同。因此在有些情况下，劳动关系可能已建立，但并没有签订劳动合同；在另一些情况下，劳动合同可能已生效，但并没有实际用工，劳动关系尚未建立。因此，违反劳动合同可以分为两种情况：一种是违反已经履行的劳动合同。这时劳动关系已经建立，违反劳动合同约定，就要按照法律的规定承担违约责任。另一种就是违反已经生效但尚未履行的劳动合同。这时，劳动关系尚未建立，劳动合同法没有对这种情况下违反劳动合同的责任作出规定，这就需要合同双方在订立劳动合同时约定。这时劳动合同约定了违约责任的，按约定办；没有约定违约责任的，给对方造成损失的，应当承担赔偿责任。

规定劳动合同生效的意义在于，如果用人单位不履行劳动合同，没有给劳动者提供约定的工作，劳动者可以要求用人单位提供，否则承担违约责任；如果劳动者不履行劳动合同，用人单位也可以要求劳动者提供约定的劳动。否则，也要承担违约责任。如果因对方不履行劳动合同，造成另一方损失的，违约方还要赔偿对方相应的损失。

第二节　劳动合同的生效要件

劳动合同的生效意味着劳动合同必须具备法定的有效要件。在各国劳动立法中，劳动合同的有效要件通常散见于具体的法律条款中。从理论上归纳，劳动合同的生效要件一般包括：

一、劳动合同主体合法

即劳动者和用人单位具备作为劳动合同主体双方的主体资格。具体来讲，公民个人参与劳动法律关系必须具备劳动权利能力和劳动行为能力，而用人单位参与劳动法律关系成为合法主体，也必须具备相应的用人权利能力和用人行为能力。

二、劳动合同内容合法

劳动合同内容必须合法，就是要求合同必须完全具备法定必备条款，所载法定和约定条款都须符合劳动法律、行政法规的要求。劳动合同的内容，包括合同期限、工作内容、劳动报酬、终止条件等均不得违反国家的强制性标准。如按照我国《劳动法》第 64 条的规定，年满 16 周岁未满 18 周岁的未成年工，不得从事矿山井下、有毒有害、国家规定的第四级体力强度的劳动和其他禁忌从事的劳动。如果用人单位与未成年工订立劳动合同的内容是从事上述工作，劳动合同则是无效的。

三、劳动合同双方当事人意思表示真实

劳动合同双方在订立合同时必须平等自愿、协商一致，意思表示都出于本人自愿且与本人内在意志相符，不存在由欺诈、胁迫、乘人之危等而导致的意思表示不真实。

四、劳动合同形式合法

劳动合同必须具备法律规定的形式。在法律明确要求订立书面合同的情况下，欠缺书面形式的会导致劳动合同的无效。

五、劳动合同订立程序合法

在劳动合同订立过程中必须严格遵守合法以及平等自愿、协商一致等原则，遵守法定的程序。如果依照法律规定合同需要按国家规定鉴证或按当事人约定需公证的，必须将合同文本送交法定劳动合同鉴证机构或公证机构进行鉴证或公证劳动合同才依法生效。

第三节 无效劳动合同

一、民商合同的效力类型

理论上与各国合同法上一般把民商合同的效力分为四种类型，即有效的合同、无效的合同、效力待定的合同和可变更或可撤销的合同。有的学者将后三类合同称为“病态契约”。[①] 有效的合同，是指符合生效要件的合同。无效的合同，是指合同虽然已经成立，但因其在内容和形式上违反了法律、行政法规的强制性规定和社会公共利益，因此无效。主要包括五种情形：一是以欺诈、胁迫的手段订立合同，损害国家利益的；二是恶意串通，损害国家、集体或第三人利益的；三是以合法形式掩盖非法目的的；四是损害社会公共利益的；五是违反法律、行政法规的强制性规定的。效力待定的合同，是指合同虽然已经成立，但因其不完全符合有关生效要件的规定，因此其效力能否发生，尚未确定，一般须经有权人表示承认才能生效。主要包括限制民事行为能力人订立的合同和无权代理人订立的合同。可变更或可撤销的合同，是指当事人在订立合同时，因意思表示不真实，法律允许撤销权人或变更权人通过诉讼或仲裁的方式行使撤销权或变更权而使已经生效的合同归于无效。我国《合同法》第54条规定，因重大误解订立的和在订立合同时显失公平的，当事人一方有权请求人民法院或者仲裁机构变更或者撤销。

劳动合同调整的劳动社会关系的特殊性决定了其效力仅具有两种样态，即有效的合同与无效的合同。

二、无效劳动合同的含义

无效劳动合同是相对有效劳动合同而言的，它是指劳动合同不符合法定条件，从而不能发生当事人所预期的法律效果的劳动合同。也可以说是指当事人签订成立而国家不予承认其法律效力的劳动合同。一般合同一旦依法成立，就具有法律拘束力，但是无效合同即使成立，也不具有法律拘束力，不发生履行效力。无效的劳动合同，从订立时起，就没有法律约束力，也就是自始无效。

无效的合同可分部分无效和全部无效。部分无效是指有些合同条款虽然违反

---

① 李永军：《合同法》，法律出版社2004年版，第298~384页。

法律规定，但并不影响其他条款效力的合同。在部分无效的劳动合同中，无效条款如不影响其余部分的效力，其余部分仍然有效，对双方当事人有约束力。认定某一条款是否影响其他部分的合同，主要应看该部分内容与合同的其他内容相比较是否是相对独立的，或者说该部分与合同的其他部分是否具有可分性。如果部分无效的条款与其他条款具有不可分性，或者当事人约定某合同条款为合同成立生效的必要条款，那么该合同的部分无效就会导致整个合同的无效，而不能仅仅确认该部分无效。比如，如果合同的目的是违法的，或者根据诚实信用和公平原则，剩余部分的合同内容的效力对当事人已没有任何意义或者不公平合理的，合同应全部确认为无效。再如，劳动合同中对于试用期的约定不合法，由于这一条款并不影响其他部分，因而这一条款是无效的，但其他部分仍旧可以有效。当然在实践中，一项合同条款被确认为无效是否会影响到其他条款，应视具体情况作具体分析。部分无效的劳动合同通常表现为未经批准不得辞职、加班不给加班费、工作受伤自己负责等。

在国外，无效劳动合同制度同样是劳动合同制度中的重要内容。但是在19世纪末20世纪初之前，劳动合同制度一直深受民事法律制度的影响。例如，对于雇佣合同，德国民法典规定，因诈欺和胁迫订立的合同、内容违反法律强制性规定的劳动合同以及违背善良风俗的劳动合同均属于无效与可撤销的合同。在劳动法逐渐从民法中独立出来以后，劳动合同无效制度也因劳动关系的特点及劳动关系中双方地位的不平等而与民事合同的无效制度产生差别，在立法中更强调合同无效制度对于劳动者权益的保护。

三、劳动合同无效的原因

根据有关理论以及我国《劳动法》第18条和《劳动合同法》第26条等法律法规的规定，劳动合同无效的原因主要包括三个方面：违反法律、行政法规强制性规定的，这既包括劳动合同的主体不符合法律、法规的规定，也包括劳动合同的内容违反法律、法规的规定；以欺诈、胁迫的手段或者乘人之危，使对方在违背真实意思的情况下订立或者变更劳动合同的；用人单位免除自己的法定责任、排除劳动者权利的。

劳动合同因违反国家法律、行政法规的强制性规定而无效。主要包括：

1. 劳动合同主体不合格。劳动合同主体必须具有相应的主体资格，这是劳动合同有效的必备要件之一，因此，在主体不合格时，劳动合同当然不具有法律效力，应当确认无效。劳动合同主体不合格主要包括用人单位不合格、劳动者不合格以及双方均不合格等几种情况。在实践中需要着重注意以下几种情况：

一是除法律规定特种行业，如演艺、体育等行业以外，用人单位不得招用未满 16 周岁的未成年人，因此，一般情况下，16 周岁以下的未成年人不具有劳动合同的主体资格，相应的劳动合同也应确认无效。需要注意《劳动合同法》在这方面的规定与民商合同法有关规定的严格区别，民商合同法将未成年人订立的与其认识能力不相适应的合同视为效力待定的合同，其效力由法定代理人予以确认。

在法律上之所以要规定未成年人订立的劳动合同属于无效劳动合同，主要是出于对未成年人保护的特殊需要。从世界范围来看，世界各国一般将使用童工的行为视为严重的违法行为甚至是犯罪行为，对此予以严厉打击。国际劳工组织在 1973 年通过了《最低就业年龄公约》，在 1999 年又通过了《最恶劣形式的童工公约》，强调儿童和未成年人利益的保护，要求各成员国努力致力于消除奴役、剥削儿童现象的工作。在我国，《宪法》及有关法律对于使用童工作了严格的禁止性规定。我国《宪法》规定，婚姻、家庭、母亲和儿童受国家的保护。禁止虐待老人、妇女和儿童。《未成年人保护法》以及《劳动法》对于招用未满 16 周岁的未成年人从事有报酬性劳动的行为作了原则性的禁止。更为具体的规定则体现在国务院《禁止使用童工规定》的规定中。根据该规定，国家机关、社会团体、企业事业单位、民办非企业单位或者个体工商户均不得招用不满 16 周岁的未成年人。禁止任何单位或者个人为不满 16 周岁的未成年人介绍就业。禁止不满 16 周岁的未成年人开业从事个体经营活动。用人单位招用人员时，必须核查被招用人员的身份证；对不满 16 周岁的未成年人，一律不得录用。用人单位录用人员的录用登记、核查材料应当妥善保管。用人单位使用童工的，由劳动保障行政部门按照每使用一名童工每月处 5000 元罚款的标准给予处罚；在使用有毒物品的作业场所使用童工的，按照《使用有毒物品作业场所劳动保护条例》规定的罚款幅度，或者按照每使用一名童工每月处 5000 元罚款的标准，从重处罚。劳动保障行政部门并应当责令用人单位限期将童工送回原居住地交其父母或者其他监护人，所需交通和食宿费用全部由用人单位承担。童工患病或者受伤的，用人单位应当负责送到医疗机构治疗，并负担治疗期间的全部医疗和生活费用。童工伤残或者死亡的，用人单位由工商行政管理部门吊销营业执照或者由民政部门撤销民办非企业单位登记；用人单位是国家机关、事业单位的，由有关单位依法对直接负责的主管人员和其他直接责任人员给予降级或者撤职的行政处分或者纪律处分；用人单位还应当一次性地对伤残的童工、死亡童工的直系亲属给予赔偿，赔偿金额按照国家工伤保险的有关规定计算。拐骗童工，强迫童工劳动，使用童工从事高空、井下、放射性、高毒、易燃易爆以及国家规定的第四级体力劳动强度的劳动，使用不满 14 周岁的童工，或者造成童工死亡或者严重伤残的，依照刑法关于拐卖儿童罪、强迫劳动罪或者其他罪的规定，依法追究刑事责任。这些规定对于未成年人权益的保护起到了有益的作用。

当然，对于特种行业或特种工艺部门，在依法经过国家有关机关批准以后，可以与未满16周岁的未成年人依法订立劳动合同。但是，需要明确的是，对于未满16周岁的未成年人在年满16周岁以后，其无效劳动合同仍旧应作为无效劳动合同来看待，不可因该未成年人已经成年而认为其违法因素已经消失从而使合同变为有效。主要原因在于，劳动合同一旦被确认无效，就从订立时起不具有法律约束力，这种无效是确定的无效，是不可变更的。在这种情形下如果确认劳动合同有效，则会为用人单位违法使用童工提供机会和借口。因此，即使在该未成年人年满16周岁以后，原来订立的劳动合同仍应确认为无效。如果双方当事人同意继续劳动关系的，应当重新签订劳动合同。

二是超过法定退休年龄的劳动者是否具有劳动合同的主体资格。我国《劳动法》规定了劳动者的最低就业年龄，但对超过法定退休年龄劳动者的劳动合同的主体资格未作明确规定，《劳动合同法》也未加以明确规定，这样导致实践中这类合同一般被作为劳务合同加以处理。但是，从“法无禁止即可为”的法理来看，超过法定退休年龄的劳动者与用人单位订立的劳动合同理应被作为有效合同来看待。

三是用人单位的分支机构与劳动者订立的劳动合同的效力问题。一般来讲，用人单位必须具有相应的用人资格才能与劳动者依法订立劳动合同。这要求用人单位必须依法取得我国工商部门颁发的营业执照或者依法成立，否则，这样的劳动合同是无效的。但是，用人单位的分支机构与劳动者签订的劳动合同是否有效呢？这就需要区分用人单位分支机构的具体情况来分析。如果用人单位分支机构已经依法取得了国家有关部门的资格，则此情形下订立的劳动合同应当认为是有效的，而在用人单位分支机构不具有用人资格时，其订立的合同也不宜确认无效，其用人行为的法律后果应当由该分支机构所属的用人单位承担。

2. 劳动合同的内容直接违反法律、法规的规定。如矿山企业与劳动者在劳动合同中约定的劳动保护条件不符合矿山安全法的有关规定，他们所订立的劳动合同是无效的。

3. 劳动合同因损害国家利益和社会公共利益而无效。这可以适用我国《民法通则》第58条第1款第5项所确立的社会公共利益原则，以及《合同法》的有关规定。

法律、行政法规包含强制性规定和任意性规定。强制性规定排除了合同当事人的意思自治，即当事人在合同中不得合意排除法律、行政法规强制性规定的适用，如果当事人约定排除了强制性规定，则构成无效的情形。这里主要指国家（中央立法机关）制定的关于劳动者最基本劳动条件的法律、法规，包括最低工资法、工作时间法、劳动安全与卫生法等，其目的是改善劳动条件，保障劳动者的基本生活，避免伤亡事故的发生。应当特别注意的是，不能任意扩大法律和行政法规的外延。实践中存在的将违反地方行政管理规定的合同都认为是无效的，是不妥当的。

订立劳动合同因采取欺诈、威胁等手段而无效。也就是通常所讲的因意思表示不真实而无效。实践中劳动力市场中介组织有的发布不真实信息，甚至有的用人单位采取强制性限制人身自由的措施而与劳动者签订合同，这些都直接导致意思表示不真实。

劳动合同的订立应遵循平等自愿的原则，而欺诈、胁迫或者乘人之危的手段往往使当事人的真实意志无法得以实现，因此，《劳动合同法》规定，以欺诈、胁迫的手段或者乘人之危，使对方在违背真实意思的情况下订立或者变更劳动合同的为无效劳动合同。

理论认为，所谓欺诈，是指当事人一方故意制造假象或隐瞒事实真相，欺骗对方，诱使对方形成错误认识而与之订立劳动合同。① 欺诈行为主要包括两种情形：一是在没有履行能力的情况下签订合同。如根据《劳动法》的规定，从事特种作业的劳动者必须经过专门训练并取得特种作业资格。应聘的劳动者没有这种资格，提供了假的资格证书。二是行为人负有义务向他方如实告知某种真实情况而故意不告知的。例如一家化工企业招聘三班倒的化工工人，所以不能雇用孕妇。但是有的妇女来应聘，故意隐瞒其已经怀孕的情况，应聘上岗后因怀孕不能倒班上岗。最高人民法院《关于贯彻执行〈中华人民共和国民法通则〉若干问题的意见（试行）》明确规定，欺诈是指“一方当事人故意告知对方虚假情况，或者故意隐瞒真实情况，诱使对方做出错误的意思表示”的行为。欺诈具有以下构成要件：（1）欺诈一方当事人有欺诈的故意。即欺诈方明知告知对方的情况是虚假的，并且会使对方当事人陷于错误而仍为之。欺诈的故意既包括欺诈人有使自己因此获得利益的目的，也包括使第三人因此获得利益而使对方当事人受到损失。（2）要有欺诈另一方的行为。所谓欺诈行为，是指欺诈方将其欺诈故意表示于外部的行为，欺诈行为既可是积极的行为，也可是消极的行为。欺诈行为在实践中可分为故意陈述虚假事实的欺诈和故意隐瞒真实情况使他人陷入错误的欺诈。故意告知虚假情况就是虚假陈述，如本不具有某方面的专业知识但是却声称自己具有此技能；故意隐瞒真实情况是指行为人负有义务向他方如实告知某种真实情况而故意不告知的。（3）受欺诈方签订合同是由于受欺诈的结果。只有当欺诈行为使他人陷于错误，而他人由于此错误在违背其真实意愿的情况下与之签订了合同，才能构成受欺诈的合同。

理论上认为，所谓胁迫，是指当事人以将要发生的损害或者以直接实施损害相威胁，一方迫使另一方处于恐怖或者其他被胁迫的状态而签订劳动合同，胁迫

① 信春鹰：《中华人民共和国劳动合同法释义》，法律出版社2007年版，第91页。

可能涉及生命、身体、财产、名誉、自由、健康等方面。[①] 我国有关司法解释规定，胁迫是指“以给公民及其亲友的生命、荣誉、名誉财产等造成损害为要挟，迫使对方做出违背真实意思表示”的行为。因胁迫而订立的合同既可以是现实的胁迫，也可以是以将要发生的损害相威胁。前者诸如对有关合同当事人实施直接的肉体伤害或者精神的损害；后者则可以是以将来对当事人的生命、身体、财产、名誉、自由、健康等方面的损害为要挟的。但是对于后者，一般要求这种损害应当是相当严重的，足以使被胁迫者感到恐惧。如果一方所进行的将要造成的损害的威胁是根本不存在的、没有任何根据的，或者受胁迫方根本不会相信的，不构成胁迫。因胁迫而订立的合同须具有如下构成要件：（1）胁迫人有胁迫的故意。即胁迫人明知自己的行为将会对受胁迫方从心理上造成恐惧而故意为之的心理状态，并且胁迫人希望通过胁迫行为使受胁迫者作出的意思表示与胁迫者的意愿一致。（2）胁迫者必须要有以将要有的损害行为或者将对对方施加损害相威胁的行为。如果只具有主观上的故意，没有胁迫行为，则不构成胁迫行为。（3）胁迫行为必须是非法的。胁迫人的胁迫行为是给对方施加一种强制和威胁，但这种威胁必须是没有法律依据的。如果一方有合法的理由对另一方施加压力，则就不构成胁迫。（4）胁迫行为与合同订立之间存在因果关系。如果受胁迫者虽受到了对方的威胁但不为之所动，没有与对方订立合同或者订立合同不是由于对方的胁迫，则也不构成胁迫。

乘人之危是指“一方当事人乘对方处于危难之机，为牟取不正当利益，迫使对方作出不真实的意思表示，严重损害对方利益的”行为。因乘人之危而订立的合同须具备以下要件：（1）须乘人之危，即对他人的危难处境加以利用。危难处境既可以是经济上的，也可以是生命、身体、健康等方面的危险或困难。（2）乘人之危的行为须出于当事人之故意，并有牟取不正当利益之动机。（3）处于危难处境的当事人被迫进行意思表示，危难人进行意思表示是不得已而为之，是对方当事人不正当利用危难人困难处境的结果。如果危难人并不迎合对方的意思表示，则不构成乘人之危行为。

《劳动合同法》关于劳动合同意思表示不真实而无效的规定一方面延续了《劳动法》对于劳动合同无效事由的规定，同时在其基础上增加了对于乘人之危的规定，作了一定的扩展。对此，有学者提出了不同的意见，认为不应把所有的欺诈、胁迫而订立的合同均确认为无效合同。认为以欺诈、胁迫的方式并且损害了国家利益的，劳动合同应当宣告无效；而虽采用了欺诈、胁迫的方式但未损害到国家利益的，应为可撤销劳动合同。[②] 很明显，这种观点是借鉴了我国《合同

① 信春鹰：《中华人民共和国劳动合同法释义》，法律出版社 2007 年版，第 91 页。
② 姜颖：《劳动合同法论》，法律出版社 2006 年版，第 176 页。

法》关于无效以及可撤销合同制度的规定。我国《劳动合同法》对此没有采纳。同时，这一规定也不同于原来《劳动合同法（草案）》的规定。原《劳动合同法（草案）》规定，当用人单位以欺诈、胁迫的手段订立的劳动合同是无效合同。也就是说只有在用人单位采取欺诈、胁迫等形式时，所订立的劳动合同才被明确宣布为无效合同，而在劳动者一方有欺诈行为时应如何处理，草案对此并未明确规定。这固然表明了国家对于劳动者权益保护的愿望，但同时这种不明确也不能说不是一种缺憾。《劳动合同法》修改了原来草案的规定，将劳动者与用人单位同等看待，任何一方只要有欺诈、胁迫或乘人之危，使对方在违背真实意思的情况下订立劳动合同的，该劳动合同均应被确认为无效劳动合同，这更符合劳动合同订立时的公平原则。

用人单位免除自己的法定责任、排除劳动者权利的劳动合同也是无效的。这是劳动合同内容不合法的主要表现，属于禁止用人单位同劳动者约定的内容，也是合同的一般原则。基于劳动合同社会法的属性，各国对于劳动合同中用人单位一方一般给予较为严格的法律约束，这种约束构成了用人单位的法定义务，是不可以通过合同约定的形式来加以免除的，因此，当用人单位在劳动合同中利用合同条款免除自己的法定义务、排除劳动者权利时，这类合同或者合同的条款应当确认其无效。通常表现为，劳动合同简单化，法定条款缺失，仅规定劳动者的义务，有的甚至规定“生老病死与用人单位无关”，“用人单位有权根据生产经营的变化以及劳动者的工作情况调整其工作岗位，劳动者必须服从用人单位的安排”等“霸王”条款。

实践中出现较多的则是造成劳动者人身伤害的免责条款。对于人身的健康和生命安全，法律是给予特殊保护的。保障劳动者在劳动过程中安全与健康是劳动法规定的用人单位的法定义务之一，从整体社会利益的角度来考虑，如果允许免除用人单位对劳动者人身伤害的责任，那么就无异于纵容用人单位利用合同形式对劳动者的生命进行摧残，这与保护法律的要求是相违背的。劳动者劳动合同权利的放弃，如果与劳动法的维权宗旨相悖，劳动者放弃权利的行为应当受到限制。例如，对于煤矿等高危行业用工，不经过任何培训，没有任何技术，来了就签劳动合同，出事故死了给点钱就算完事，而劳动者又在高工资的引诱下自愿在用人单位不负责生命安全的劳动合同上签字，这种情况下，劳动者放弃劳动保护权的行为，即便是出于自愿，亦应认定无效。其缘由在于此种放弃行为与劳动法的维权宗旨和社会法属性相悖。

四、无效劳动合同的确认与无效条款的处理

为了维护劳动合同的严肃性，我国《劳动法》第 18 条和《劳动合同法》第

26条规定，劳动合同的无效由劳动争议仲裁委员会或者人民法院确认。按照我国劳动争议处理的现行体制，劳动争议仲裁委员会的裁决是当事人提起诉讼的前置程序。劳动合同的无效应当首先由劳动争议仲裁委员会确认，在当事人不服仲裁裁决时，可以向人民法院提起诉讼，由法院依法来确认。对于无效劳动合同的确认机构，有学者认为，由于劳动仲裁委员会和人民法院对劳动合同效力的认定都是被动的，在无人提起仲裁和诉讼的情形下，劳动仲裁委员会和人民法院对无效合同无法予以确认，因此建议赋予劳动行政机关对于无效劳动合同的确认权。① 这一建议的出发点是好的，但是考虑到我国相对复杂烦琐的劳动争议处理程序，赋予劳动行政机关对于无效劳动合同的确认权可能会引起更多问题。比如，劳动行政机关对于无效劳动合同的确认，当事人不服时应如何处理？是否允许提起行政复议和行政诉讼？行政机关的确认与劳动仲裁机构的确认相互之间是什么关系？因此，对这一建议还有待于进一步的研究。

在司法实践中，不能任意扩大无效或者部分无效的劳动合同的范围，特别要防止用人单位利用这一条款恶意解雇劳动者。如劳动者在应聘时隐瞒了一些事实，向用人单位提供了不实个人资料等，在认定劳动合同的无效或者部分无效时，就有个度的问题，实际上，劳动者实际能力行就可以了，不能视为无效劳动合同，甚至部分无效劳动合同都构不成。相对于劳动合同的全部无效，实践中大部分情况是劳动合同的部分无效，如用人单位免除自己的法定责任、排除劳动者权利的劳动合同中的大多数是部分无效合同。司法实践中，部分无效劳动合同无效条件消失的，应当按照劳动合同有效处理，尽量促使劳动合同继续履行，维护劳动者的权益。

对确认劳动合同无效时，合同条款进行修改删除需掌握一些基本原则：劳动合同的必备条款无效的，必须依法进行修改，不得删除；如果是次要条款，可以修改，也可以在双方当事人协商一致的情况下，对之进行删除。

五、无效劳动合同的法律后果

对于合同无效的法律后果，我国《合同法》第57条、第58条和第59条作了明确规定。主要有返还财产或折价补偿、按照过错原则承担赔偿责任以及收归国家等。由于劳动关系兼具人身和财产双重属性，因此，无效劳动合同的法律后果与一般民商合同的法律后果之间存在较大区别。

我国《劳动法》第18条和《劳动合同法》第27条规定，无效的劳动合同，从订立时起就不具有法律约束力。确认劳动合同部分无效的，如果不影响其余部

① 姜颖：《劳动合同法论》，法律出版社2006年版，第184页。

分的效力，其余部分仍然有效。《劳动合同法》第 28 条规定：劳动合同被确认无效，劳动者已经付出劳动的，用人单位应当向劳动者支付劳动报酬。劳动报酬的数额，参照本单位相同或者相近岗位劳动者的劳动报酬确定。

根据上述规定，某一劳动合同被确认无效以后，该劳动合同并不是从确认无效之日起开始无效，而是从订立时起就没有法律效力，合同当事人依据原来合同而确立的权利与义务均归于消灭。劳动合同如果被确认为部分无效的，不影响其他部分效力的，其余部分仍然有效。无效的劳动合同虽然自始不具有法律效力，但是这并不等于无效劳动合同不发生任何法律后果。在劳动合同被确认为无效之后，合同当事人仍然要承担相应的法律后果。

无效劳动合同的法律后果不能完全适用民商合同的法律后果。因为，劳动合同是一种具有人身属性、重实际履行的合同。已经发生的人身从属关系，无法按照一般民事关系的处理方式，恢复到合同关系发生之前的状态；已经履行的劳动给付义务，不应该恢复到合同关系发生前的状态。如果对劳动合同简单地照搬民商合同的无效、撤销制度，已经发生的劳动给付无法处理，不仅会引发大量的纠纷，而且十分不利于保护劳动者的利益。实践中，我国实行的是月工资制度，劳动者先付出劳动，用人单位后支付工资，如果按照民商无效合同的处理方法处理无效劳动合同，则会造成劳动者徒劳无益，损害其正当权益。因此，按照有劳有得对等原则，即使劳动合同被确认无效，用人单位也有义务给付有关劳动报酬。如果用人单位拒不支付劳动报酬，劳动者可以申请劳动争议仲裁或者直接申请法院执行。如果用人单位先支付了工资，则视具体情况处理。对于已经发生了劳动给付的，劳动报酬按照实际履行的内容确认，则不必全部返还；对于尚未发生劳动给付的，则退回工资。

实践中，在建立劳动关系或签订劳动合同时有的用人单位违法收取了劳动者的抵押金、抵押物，一旦劳动合同被确认无效，用人单位应立即返还给劳动者，否则构成非法占有。

如果用人单位与劳动者恶意串通，损害国家利益、社会公共利益或者他人合法权益的，则不得支付工资。已经支付的，收归国家所有或返还第三人。

按照《劳动合同法》第 86 条的规定，劳动合同被确认无效，给对方造成损害的，有过错的一方应当承担赔偿责任。这体现了保护劳动合同无过错方合法权益的原则。在合同被确认无效后，一般都会产生损害赔偿责任。在合同被确认无效后，如果因为劳动者的过错导致劳动合同无效给用人单位造成损失的，劳动者应当赔偿用人单位的损失。对因用人单位的过错导致劳动合同无效的，不仅要求用人单位支付劳动报酬、社会保险、经济补偿以及其他劳动者应享受的待遇，同时还要对其给予相应的制裁。

第四节　劳动合同的可撤销

我国《劳动法》和《劳动合同法》规定，违反法律、行政法规的劳动合同以及采取欺诈、胁迫等手段订立的劳动合同是无效劳动合同。因此，我国法律实际只规定了劳动合同有效与无效两种效力情形。这种效力制度被称为“二元评价机制”。从历史渊源上看，这种对于劳动合同无效制度的规定实际是直接受到了《经济合同法》（1981 年颁布，1993 年修改，1999 年废止）的影响。但是，现行《合同法》颁布之后，对于合同的效力规定了无效合同与可撤销合同以及效力待定合同等制度。在这种形势下，劳动合同制度中是否也应该如《合同法》一样，引入可撤销劳动合同制度就成为学界争论的一个重要问题。

对于在劳动合同制度中可否规定可撤销劳动合同的问题，在《劳动合同法》起草过程中，有赞成与否定两种意见。赞成者认为，无效合同所具有的自始无效、确定无效和永久无效的后果，对劳动合同的劳动关系和劳动者非常不利。自始无效的特点与劳动关系的人身性特点相矛盾；确定无效则与劳动合同的继续性特点相矛盾；绝对无效的特点与劳动合同的相对强制性规范的特点也不一致。因此，在劳动合同制度中应引入可撤销制度，赋予劳动者更多的选择权。① 反对者认为，不能因为劳动合同具有“合同”的共同性，就必然要接受或适用民事合同法律制度。《劳动法》对于合同效力的规定固然有不足，但并不意味着可撤销合同制度的规定就应当成为劳动合同法律制度的内容。应当承认劳动合同与民事合同的不同性，不能将适用于民事合同的制度草率地适用于劳动合同。② 在理论界论争的同时，我国地方劳动立法也曾对劳动合同效力制度进行了大胆实践。其中有的地方在劳动立法中规定了劳动合同的可变更与可撤销制度。例如，《江苏省劳动合同条例》第 20 条规定，对于因重大误解订立的劳动合同以及在订立合同时显失公平的，当事人一方可请求劳动争议仲裁委员会或者人民法院予以变更或撤销。另外还有一些地方对劳动合同无效的具体原因作了扩大规定，例如，增加规定了“损害国家利益、集体和他人合法权益”、“限制或损害当事人一方基本权利”、“合同内容显失公平”以及“劳动报酬和劳动条件等标准低于集体合

---

① 参见姜颖：《劳动合同法论》，法律出版社 2006 年版，第 179～180 页；王全兴：《劳动法学》，法律出版社 2004 年版，第 137 页。

② 周宝妹：《劳动法要论》，群众出版社 2006 年版，第 113～114 页。

同规定”等情况下可以认定劳动合同无效或部分无效。① 这些地方立法的实践对劳动合同效力制度的探索，为劳动合同法的立法提供了一定的经验。

在《劳动合同法》起草过程中，曾对可撤销劳动合同专门进行了规定。《劳动合同法（草案）》（二次审议稿）中规定，对存在重大误解的劳动合同或者显失公平的劳动合同，用人单位和劳动者均有权请求劳动争议仲裁机构、人民法院予以撤销。用人单位乘人之危，使劳动者在违背真实意思的情况下订立劳动合同，劳动者有权请求劳动争议仲裁机构或者人民法院予以撤销。对于撤销权行使的期限，草案也进行了规定。但是，在这一草案以后，其他的法律案均删去了有关可撤销劳动合同的规定。最终颁布的《劳动合同法》对于可撤销劳动合同制度同样未作规定。可见，立法最终采纳了否定可撤销劳动合同制度的观点。

探究《劳动合同法》否定可撤销劳动合同制度的原因，大概是与立法者对于无效劳动合同的特点及其价值取向等方面的认识存在着联系。毫无疑问，劳动合同与民事合同是具有某些共性的，但是，随着劳动法逐渐从民事法律的规范中逐渐独立出来而且日益具有了自己独特的价值取向，劳动合同所具有的不同于民事合同制度的显著特点也逐渐显现出来。劳动合同无效制度所具有的不同于民事合同无效制度之处主要表现在：

第一，可撤销合同是建立在合同当事人法律地位平等的基础上的。在可撤销民事合同中，基于当事人地位的平等，任何一方都可能享有撤销权；而劳动合同中，虽然我们也强调劳动合同订立时当事人地位的平等，但是由于种种原因，劳动者事实上处于弱势地位，这种事实上的弱势地位使法律规定对于劳动者可能不具有实际的意义。

第二，劳动合同无效制度的价值取向不同于民事无效合同制度。民事合同要尽可能地保障交易的成功，以此促进经济发展，而劳动合同则要尽可能保障劳动关系的稳定。从我国《劳动法》第 18 条和第 26 条、第 27 条的规定来看，《劳动法》对有效劳动合同的规定非常严格，要求很高。这反映出立法者的价值取向在于强调劳动合同的严肃性，增强劳动合同当事人双方的劳动法律观念，促进劳动合同制度的不断完善，从而达到保护劳动合同当事人双方的利益以及建立规范和谐劳动关系的目的。② 在合同无效的确认方面，国家对于劳动合同无效的规制也要严于其他合同。这主要是由于劳动合同是公民实现劳动权的基本形式，而劳动权则属于宪法确认的公民的一项基本权利。如果允许劳动合同被撤销，则劳动

---

① 参见《海南省劳动合同管理规定》、《广东省劳动合同管理规定》、《黑龙江省劳动合同管理规定》以及《北京市劳动合同规定》中的有关规定。

② 张冬梅：“无效劳动合同制度对合同法理论的突破”，载《中国劳动关系学院学报》2006 年第 5 期，第 9～13 页。

关系可能会处于不稳定的状态，反而不利于劳动者权益的保障。除此以外，由于劳动关系的存在与延续与国家社会经济的发展紧密相连，因此对于劳动合同的无效，国家一般都采取极为审慎的态度，由此导致国家在劳动合同无效的确认方面的规制要较民事合同严格。

第三，劳动合同与民事合同的性质存在区别。我国《合同法》规定了无效合同的情形，主要包括：一方以欺诈、胁迫的手段订立合同，损害国家利益；恶意串通，损害国家、集体或者第三人利益；以合法形式掩盖非法目的；损害社会公共利益；违反法律、行政法规的强制性规定。合同中有造成对方人身伤害的以及因故意或者重大过失造成对方财产损失的免责条款无效。从合同法对于合同无效的规定来看，民事合同的无效主要针对的是违反法律、行政法规的强制性规定或者损害国家、社会公共利益的违法行为，对于其他导致合同瑕疵的行为，合同法并不一律规定其无效，而是赋予当事人对于合同的撤销权或承认权，所以民事合同制度更多地注重当事人意志的自由，这与民事关系本身的平等性是相吻合的。但是对于劳动合同制度来讲，由于劳动关系本身具有的平等性与隶属性相结合的特点，国家必须对于劳动合同给予更多规制，以此实现当事人关系的实质平等，维护劳动者的合法权益。因此从劳动合同无效的类型角度来讲，除同其他合同一样，违反劳动合同生效要件或者违反法律、行政法规的强制性规定而使合同全部或部分无效外，在具体细节方面，劳动合同有其特别之处，如劳动合同具有特定性，劳动合同的内容必须具备法定的必备条款，且这些条款具有法定性和强制性，不允许双方当事人协商修改比如关于工资工时、劳动保护、福利待遇和标准等内容，国家一般也都有相应的法律或法规作出最低或最高标准的限制，当事人双方不得违背法律法规的规定。在劳动合同当事人以欺诈、胁迫的手段或者乘人之危，使对方在违背真实意思的情况下订立或者变更劳动合同的，即使未达到损害国家利益的程度，这类合同也被认为是无效劳动合同。

由于存在上述方面的区别，《劳动合同法》中对于可撤销劳动合同未作规定。其优劣得失，尚需实践进一步的检验。

第五章　劳动合同的履行与变更

第一节　劳动合同的履行

一、劳动合同履行的概念与意义

所谓合同履行，是指当事人按照约定的内容实际和适当地履行各自的义务，实现合同的目的。在一般民商合同中，合同的履行主要表现为债务人交付标的或提供劳务实际履行强调债务人按照约定履行合同义务，至于履行是否适当，则无力顾及。适当履行既要求实际履行，也要求该履行符合法律和合同的规定。适当履行必然是实际履行，而实际履行未必是适当履行，适当履行场合不会存在违约责任，实际履行不适当时则产生违约责任。

合同的履行是合同法律制度的核心。合同是当事人确立、变更、终止双方权利义务的一种协议。当事人所以要订立合同，是为了实现合同的目的，满足各自不同的要求。合同订立是很重要的，因为要设立、变更、终止当事人的权利、义务，但这些权利、义务的实现，只有通过履行才能达到。因此可以说，合同订立是前提，合同的履行是关键，订了合同如果不能履行，那么就会落空。合同法律制度中关于合同担保、违约责任的规定，也是为了保障合同履行。可见，合同履行在合同活动中处于十分重要的地位。

劳动合同的履行是指劳动合同当事人依照合同约定，共同完成劳动过程和实现各自权益的过程。在劳动合同中，合同的履行主要表现为用人单位给付报酬、劳动者给付劳动。劳动合同一旦依法订立就具有法律效力，当事人必须履行合同中规定的各项义务。这也是劳动合同具有法律约束力的主要表现。

二、劳动合同履行的原则

对于劳动合同履行原则的内容，理论界持有不同的观点。有的学者提出了亲自履行、全面履行、协作履行三个原则。① 有的学者认为应该包括全面履行与亲

① 王全兴：《劳动法学》，法律出版社2004年版，第139页。

自履行两项原则。[1] 有的学者提出了诚实信用、实际履行、适当履行以及情势变更四个原则。[2] 还有学者认为，劳动合同的履行原则应是实际履行原则、全面履行原则以及协作履行原则三项原则。[3] 这些理论探讨对于明确劳动合同的履行原则，保障劳动合同双方合同权益的实现和劳动关系的稳定和谐起到了有益的作用。

劳动合同的履行一般是一个长期动态的过程，因此各国和地区对于劳动合同的履行既要规定劳动合同履行的一般原则，同时也要规定履行劳动合同时的一些特殊规则。在其他国家和地区，对于劳动合同的履行一般都强调实际履行这一基本原则。所谓实际履行原则是要求合同当事人严格按照合同规定的标的来履行，不得擅自用其他的标的来代替，也不得用违约金、赔偿金代替履行，除非法律或合同另有规定。标的是合同的必备条款，在合同订立后，标的就已特定化、具体化。合同的履行即以此特定的标的为基础。劳动合同的标的是劳动者的活劳动。由于劳动者的劳动行为表现为一个过程，并且在这一过程中有关劳动权利与义务的内容有可能发生种种变化，因此大多数国家和地区都注重实际履行中双方意愿和惯例的作用。例如在英国，劳动合同双方的权利与义务除了可以以书面合同、口头协议等形式表现出来以外，惯例和默示条款也在其中发挥着重要作用。在劳资关系实践中，英国一向强调依“习惯和惯例”的原则。除当事人双方的明示条款规定的义务以外，法官还可以推定一些默示条款。在涉及雇用合同的默示条款时，英国上诉法院一般认为应考虑两个主要方面的因素：一是该条款很明显是双方当事人同意的，但在合同中没有约定；二是该条款对合同本身是需要的。同时，由于劳动者的劳动一般具有不可替代性，劳动者劳动行为的付出在一般情况下应当由劳动者亲自实施，有些国家对此专门规定了亲自履行原则。例如，《越南劳动法》规定，“劳动者可同一个或多个用工者订立一份或多份劳动合同，但订立的劳动合同必须保证充分履行”，“劳动合同规定的工作必须由签约人完成，如果未征得用工者的同意，不得交予他人”。

对于一般民商合同，我国《合同法》第 60 条规定了按约定全面履行和诚实信用履行原则。相比而言，《劳动法》第 17 条仅笼统地规定“当事人必须履行劳动合同规定的义务”，《劳动合同法》第 29 条具体规定了“用人单位与劳动者应当按照劳动合同的约定，全面履行各自的义务”，强调了全面履行，但缺少诚信履行的要求。除了《劳动合同法》明确规定的全面履行原则以外，我们认为在劳动合同的履行过程中，还应当遵循实际履行原则和协作履行原则。

---

① 周长征：《劳动法原理》，科学出版社 2004 年版，第 140 页。

② 许明月：《劳动法学》，重庆大学出版社 2003 年版，第 107 ~ 109 页。

③ 姜颖：《劳动合同法论》，法律出版社 2006 年版，第 194 ~ 196 页。

在《合同法》中，实际履行原则又称为“实物履行原则”，是指合同的当事人必须按照合同所规定的标的来履行，而不得任意变更原标的或以给付违约金和赔偿损失来代替履行。当事人一方不能自觉实际履行时，应承担相应的民事责任，同时另一方仍有权要求其实际履行。由于在劳动合同中，劳动行为的履行与劳动者的人身存在着紧密的联系，具有不可替代性，因而实际履行原则对于劳动合同的履行就具有更为重要的意义。这一原则要求在劳动合同的履行中，劳动者应由其本人亲自履行合同规定的义务，而用人单位也应由其管理机构或者管理人员在其职责范围内履行合同规定的义务，以此实现劳动合同之目的。

协作履行也是合同履行的一项重要原则。协作履行原则是指劳动者与用人单位在劳动合同的履行过程中应当相互合作。这是由劳动关系的性质决定的。劳动关系在既定期限内的存续与实现，离不开劳动者与用人单位相互之间的协作。① 因此，劳动合同履行过程中，双方当事人应当相互信任、相互协作，尽量为合同的履行创造条件，以维护劳动合同的顺利进行。

在《劳动合同法》颁布前，由于《劳动法》对劳动合同履行原则规定得比较简单，不能适应因经济社会发展引起的劳动合同履行的复杂状况，为弥补《劳动法》有关规定在这方面存在的不足，我国一些地方法规对于劳动合同的履行问题作了进一步的规定，确立了全面履行原则。例如《安徽省劳动合同条例》以及《宁夏回族自治区劳动合同条例》都规定，“劳动合同当事人应当全面履行劳动合同”。这些规定为《劳动合同法》奠定了立法实践基础。

我国《劳动合同法》确立了劳动合同的全面履行原则。其内容与《合同法》规定的全面履行原则之间既有相同之处，也有一些区别。

《合同法》上的全面履行原则是指合同当事人按照合同约定的主体、标的、质量、数量、价款或报酬以及履行方式、地点、期限等全部、正确地履行自己承担的义务，既不能只履行部分义务而将其他义务弃之不顾，更不能擅自变更合同内容或解除合同，否则未按约定履行的当事人要承担相应的责任。主要包括五个方面：一是履行合同的主体要符合约定，未经协商一致，不得将债权债务转让给第三人；二是履行标的要符合约定，是特定物的，不能以种类物替代，标的的性质、数量、质量、包装、价款或者报酬等都要按照合同约定；三是履行方式要符合约定，如果约定一次性履行的，不得分批履行，约定直接交货的，不得以托运等方式履行；四是履行地点要符合约定；五是履行期限要符合约定，不得拖延履行，原则上也不得提前履行。

由于劳动合同的内容与一般民商合同的内容区别较大，因此，民商合同履行原则的一些内容不宜适用于劳动合同。劳动合同的全面履行，是指劳动合同双方

---

① 王全兴：《劳动法学》，法律出版社2004年版，第159页。

当事人必须履行劳动合同的全部条款和各自的义务，要按照合同约定的时间、期限、地点，用约定的方式，按质按量全部履行自己承担的义务。关于这一原则，有学者进一步指出，劳动合同的全面履行还应当包括劳动合同当事人对于劳动关系的附随义务的履行，认为劳动合同是一种复杂的、持续性的契约关系，对于劳动者来说，不仅要履行劳动合同中规定的义务，而且还要履行用人单位依法制定的劳动纪律和规章制度。而用人单位同样在履行自己合同义务的同时，还必须履行基于合同而产生的对于劳动者的附随义务。① 这一观点是有一定道理的。

劳动合同的全面履行，对用人单位而言，必须按照合同的约定向劳动者提供适当的工作场所和劳动安全卫生条件、相关工作岗位，并按照约定的金额和支付方式按时向劳动者支付劳动报酬；对劳动者而言，必须遵守用人单位的规章制度和劳动纪律，认真履行自己的劳动职责，并且亲自完成劳动合同约定的工作任务。在劳动合同关系中，劳动者提供劳动力，而用人单位则是使用该劳动力，劳动合同作为具有人身关系性质的合同，其所规定的条款相互之间有其内在的联系，不能割裂，因此，全面履行劳动合同也是劳动合同的基本要求。

劳动合同的全面履行要求劳动合同的主体必须亲自履行劳动合同。因为劳动关系是具有人身关系性质的社会关系，劳动合同是特定主体之间的合同。劳动者选择用人单位，是基于自身经济、个人发展等各方面利益关系的需要；而用人单位之所以选择劳动者也是由于该劳动者具备用人单位所需要的基本素质和要求。劳动关系确立后，劳动者不得将应由自己完成的工作交由第三方代办，用人单位也不能将应由自己对劳动者承担的义务转嫁给其他第三方承担，未经劳动者同意不得随意变更劳动者的工作性质、岗位，更不得擅自将劳动者调到其他用人单位工作。

劳动合同的全面履行，还需要劳动合同双方当事人之间相互理解和配合，相互协作履行。这一方面要求劳动者应自觉遵守用人单位的规章制度和劳动纪律，以主人翁的姿态关心用人单位的利益和发展，理解用人单位的困难，为本单位发展献策出力；另一方面，也要求用人单位爱护劳动者，体谅劳动者的实际困难和要求。具体而言，劳动合同的协作履行要求双方应做到：第一，当事人双方首先应按照劳动合同的约定和劳动纪律的规定，履行自己应尽的义务，并为对方履行义务创造条件。第二，当事人双方应互相关心，通过生产经营管理和民主管理，互相督促，发现问题及时协商解决。第三，无论是用人单位还是劳动者遇到问题时，双方应在法律允许的范围内尽力给予对方帮助，协助对方尽快解决问题。第四，劳动者违反纪律，用人单位应依法进行教育，帮助劳动者改正；用人单位违约，劳动者要及时发现问题，尽快协助纠正，并设法防止和减少损失。第五，在

① 姜颖：《劳动合同法论》，法律出版社 2006 年版，第 196 页。

履行过程中发生了劳动争议，当事人双方应从大局出发，根据法律法规的有关规定，结合实际情况，及时协商解决，从而建立起和谐稳定的劳动关系。

三、劳动合同履行的特殊规则

劳动合同履行原则为劳动合同的履行提供了基本的指导，但是劳动合同的实际履行过程中则往往要面临多种因素的变化，为此，劳动合同的履行还必须遵循某些特殊规则。主要包括：

（一）用人单位变化时劳动合同的履行规则

用人单位的变化主要包括单位名称变更、法定代表人、主要负责人或者投资人变更以及用人单位的分立合并等情形。对于这些变更，大多数国家和地区的劳动法都规定应由变更后的用人单位继续承担对劳动者的责任。比如，《越南劳动法》规定，在企业合并、分割、改变企业所有权、管理权或财产使用权的情况下，继承用工者必须继续履行与劳动者的劳动合同的责任直至双方协商修改、终止劳动合同或订立新的劳动合同。我国台湾地区“劳动基准法”第 20 条也规定，用人单位改组或转让时，新旧雇主商定留用劳工之工作年资，应由新雇主继续予以承认。我国《劳动合同法》也采用了同样的处理规则，该法第 33 条、第 34 条规定，“用人单位变更名称、法定代表人、主要负责人或者投资人等事项，不影响劳动合同的履行”，“用人单位发生合并或者分立等情况，原劳动合同继续有效，劳动合同由承继其权利和义务的用人单位继续履行”。

劳动合同订立后，用人单位一方当事人发生变化后的劳动合同的履行在实践中存在以下情况：有些企业、公司或者事业单位等用人单位因更改了名称或者更换法定代表人、主要负责人而拒绝履行劳动合同，还有的用人单位也借口投资主体发生了变化而履行劳动合同。这是法律所不允许的。

用人单位的名称只是代表一个用人单位的称谓符号，用人单位的名称发生变更，也只是这一称谓符号发生了变化，而用人单位这一实体组织及其内部结构、人员并没有发生任何变动，这当然不会也不应该影响劳动合同的履行。

根据我国《民法通则》和其他有关法律的规定，用人单位的法定代表人或者主要负责人的职务行为都是代表用人单位这个实体组织的行为。《民法通则》规定，法人是具有民事权利能力和民事行为能力，依法独立享有民事权利和承担民事义务的组织；法人的法定代表人，是依照法律或者法人组织章程的规定，代表法人行使职权的负责人。法人对它的法定代表人和其他工作人员的经营活动，承担责任。可见，法人是独立于自然人的一类法律主体，它的内部由决策机构、执行机构和监督机构等组成，法定代表人是其中最为突出的一个机构，其虽然由自然人担任，但自然人的职务行为属于法人的行为，其行为的一切法律后果由法人承担。担任法定代表人的自然人可以变动，但法定代表人的职务行为的归属却不得改变，也就是说，法定代表人的行为即法人的行为这一关系没有改变。只要法人存在，原法定代表人与劳动者依法签订的劳动合同就依然有效。因此，劳动合同依法订立后，用人单位的法定代表人或主要负责人与劳动者订立的劳动合同的职务行为的后果也仍然要由用人单位承担。

至于投资人的变更，也不会改变用人单位这个实体组织独立承担民事责任的性质，用人单位仍要继续履行其与劳动者已经订立的劳动合同。

用人单位的合并一般包括两种情况：一种情况是指用人单位与其他法人或者组织联合成立一个新的法人或者其他组织，承担被合并的用人单位的权利义务；另一种情况是指一个用人单位被撤销后，将其权利和义务一并转给另一个法人或者其他组织。在这两种情况下，原用人单位在合并后均不再存在。为了保护原用人单位劳动者的合法权益，合并后的法人或者其他组织作为一个新的用人单位承继了原用人单位所有的权利和义务，包括原用人单位对其劳动者的权利和义务。因此，用人单位订立劳动合同后合并的，原劳动合同继续有效，由合并后的新的用人单位继续履行该劳动合同。

用人单位发生分立，是指在订立劳动合同后，用人单位由一个法人或者其他组织分化为两个或者两个以上的法人或者其他组织，即由一个用人单位分化为两个或两个以上用人单位。用人单位的分立分为两种情况：一种情况是原用人单位只是分出一部分财产设立了新的用人单位，原用人单位不因分出财产而终止；另一种情况是原用人单位分立为两个以上的用人单位，原用人单位随之解体终止。为了充分保护劳动者的权利，《劳动合同法》首先规定了用人单位发生分立的，原劳动合同继续有效，防止用人单位以分立后原用人单位不存在或者劳动者权利和义务已经转移到新的用人单位为由损害劳动者的合法权益。其次，《劳动合同法》规定，用人单位分立后，劳动合同由承继其权利和义务的用人单位继续履行。实践中，有的用人单位采取“金蝉脱壳”的办法逃避债务或者逃避对其劳动者的其他义务，即不转移债务，而只是把资金转移到新设立的法人或者其他组织，使原来的用人单位丧失对劳动者承担义务的能力而怠于履行劳动合同或者对劳动者负责。按照《劳动合同法》的规定，只要新成立的用人单位继承了原用人单位的权利，就应当同时承担其作为用人单位的义务，继续履行原劳动合同并对劳动者负责。

用人单位的合并和分立不仅是现实中经常出现的情况，也是容易产生各种债权债务纠纷和劳动争议的问题。为了防止有的用人单位假借合并和分立转移债务，逃避应当承担的各种法律责任，包括对劳动者的义务，我国《民法通则》第 44 条第 2 款规定：企业法人分立、合并，它的权利和义务由变更后的法人享有和承担。这一规定就是要在法人或者其他组织合并或者分立时，尽最大可能地保护对方当事人的合法权益。《劳动合同法》关于用人单位合并和分立的规定，是《民法通则》立法精神在劳动合同法领域的具体体现，即尽最大可能地保护劳动者的合法权益。

市场经济是垄断竞争的经济，也是国家调控的经济。因应市场优胜劣汰的要求和政府宏观政策的变化，用人单位的改制、重组时常发生。有的用人单位被兼并或者被撤销，有的用人单位分立为新的用人单位。无论用人单位的这些变化出于何种原因，其合并或者分立后，原劳动合同都应继续有效，都应依据劳动合同法律制度继续履行。

（二）劳动合同的中止

劳动合同的中止，是指在劳动合同履行过程中，基于特定事由之发生，劳动合同双方的权利义务可以暂时中止，待中止事由消失以后再继续履行劳动合同。规定劳动合同的中止是劳动合同实践的需要。例如劳动者在涉嫌犯罪而被限制人身自由期间，由于其不符合劳动合同法规定的合同解除的情形，用人单位在此期间还不能与劳动者解除劳动合同，而只能选择暂时中止合同的履行。《劳动合同法》草案中，曾经对劳动合同中止问题作了规定，但最后颁布的《劳动合同法》删去了有关规定，这不能不说是一个遗憾。

从其他国家和地区关于劳动合同中止的规定来看，劳动合同的中止一般局限于劳动者服兵役、不可抗力、涉嫌违法犯罪而暂时被限制人身自由等情形。比如，秘鲁劳动法规定，以下情形可以中止履行劳动合同：暂时丧失工作能力；经证明的疾病或事故；产前或产后的假期；节假日；因公务或服义务兵役而离开工作岗位；因执行工会职责而离开工作岗位或不上班；纪律处罚；行使罢工权；工人被拘留；雇主允许的请假或离开工作；不可预见的事件或不可抗力；其他法律上认可的原因。其中，在遇到不可预见的事件或不可抗力的情形下，雇主可中止使用劳动力长达 90 天，并立即通知劳动局，但雇主应在可能的情况下给予工人有权享受的假日，并采取合理的措施防止工人的处境进一步恶化。韩国劳动法律规定，由于雇主的原因暂时中止工作，雇主应在中止工作期间支付职工不少于其平均工资 70% 的津贴。除非由于不可避免的原因企业无法继续经营，并经劳动关系委员会批准，雇主可支付低于这一数目的暂时解雇津贴。这些规定对我们具有一定的借鉴意义。借鉴其他国家和地区的规定，我们认为，在下列情形下，劳动合同应可以中止：第一，双方协商一致。劳动合同是双方意思表示一致的表现，因此在协商一致的情形下，劳动合同自然可以中止。第二，劳动者应征入伍或者离职履行国家规定的其他义务。劳动者应征入伍或者离职履行国家规定的其他义务是公民对国家所承担的法定义务，在劳动者依法履行对于国家的义务期间，劳动合同可以中止。第三，劳动者因被依法限制人身自由而暂时不能履行劳动合同约定义务。对于此种情形，原劳动部在《关于贯彻执行〈中华人民共和国劳动法〉若干问题的意见的通知》中规定，劳动者涉嫌违法犯罪被有关机关收容审查、拘留或逮捕的，用人单位在劳动者限制人身自由期间，可与其暂时停止劳动合同的履行。劳动者经证明被错误限制人身自由的，可由其依据国家赔偿法要求有关部门赔偿。第四，用人单位与劳动者中的一方因不可抗力不能履行劳动合同的，另一方可以根据不可抗力的影响，中止或者部分中止履行劳动合同。

（三）履行不明确条款的规则

在劳动合同约定不明时，应当首先确定劳动合同的内容然后再予以履行。我国《劳动合同法》针对劳动报酬与劳动条件约定不明时的处理作了规定。劳动合同对劳动报酬和劳动条件等标准约定不明确，引发争议的，用人单位与劳动者可以重新协商；协商不成的，适用集体合同规定；没有集体合同或者集体合同未规定劳动报酬的，实行同工同酬；① 没有集体合同或者集体合同未规定劳动条件等标准的，适用国家有关规定。因此，在其他条款约定不明时可以参照这一条款来进行处理。

集体合同是企业职工一方与用人单位就劳动报酬、工作时间、休息休假、劳动安全卫生、保险福利等事项，通过平等协商达成的书面协议。集体合同的一项重要作用就是弥补劳动合同的空白。对于一些当事人没有在劳动合同中约定的事项，可以依照集体合同规定的标准来确定。由于我国集体合同制度不成熟，绝大多数企业没有集体合同，行业性、区域性集体合同也刚刚起步，如果用人单位与劳动者约定的报酬不明确，在没有集体合同的情况下，用人单位应当依法对劳动者实行同工同酬。同工同酬是《劳动法》确立的一项分配原则。《劳动法》第46条规定，工资分配应遵循按劳分配的原则，实行同工同酬。所谓同工同酬，就是指用人单位对于同一工作岗位、付出相同劳动的劳动者，应当支付大体相同的劳动报酬。同工同酬是一个原则，是相对的不是绝对的，即使是同一工作岗位的劳动者，也有资历、能力、经验等方面的差异，劳动报酬有一些差别，只要大体相同，也不违反同工同酬的原则。

（四）履行约定之外劳动给付的规则

这一原则又称“工作岗位变化的履行规则”。② 一般来讲，在劳动合同订立时对于劳动者的工作岗位都应予以明确规定，因而在劳动合同履行过程中，劳动者的劳动给付义务应以约定的岗位和范围为限，用人单位不得指示劳动者从事劳动合同约定范围之外的劳动，但实际生活中，这种过于严格的规定一般难以实现。其他国家和地区的劳动法律对此都有例外规定，允许在特殊情况下可以变更劳动者的岗位，而劳动者也应遵从。例如我国台湾地区“劳动基准法”规定，

---

① 参见《劳动合同法》第11条。

② 姜颖：《劳动合同法论》，法律出版社2006年版，第197页。

劳动者于其约定之劳动给付之外，无给付其他附带劳动之义务，但遇有紧急情形或其职业上有特别习惯时，劳动者不得拒绝其所能之给付。《埃及劳动法》也规定，雇主不得违背雇佣合同中的条款，不得要求工人从事受雇任务以外的其他任何工作，除非是为了防止事故，为了处理事故的善后工作，或者是遇到了不可抗力。《越南劳动法》对此有更为细致的规定。《越南劳动法》规定，用工者遇到难以预料的困难或者生产经营的需要，有权调动劳动者从事与其职业不同的工作，但在一年内不得超过60天。当用工者临时调动劳动者从事与其工种不同的工作时，必须提前3天通知劳动者本人，说明临时工作的期限，所安排的工作也应适合劳动者的健康状况和性别。劳动者从事其他工作，享受新的工作的工资待遇，如果新的工作工资低于原工资，则在30天内维持原工资。新工作工资至少相当于原工资的70%，但不得低于国家规定的最低工资。我国《劳动法》应借鉴国外和有关地区的有益经验，对履行约定之外劳动给付作出相应规定。

（五）向第三人履行的规则

由于劳动合同人身性的限制，劳动合同当事人一般只向对方履行劳动合同义务，但是由于劳动者与用人单位需求多样化以及职场分散等因素的影响，在劳动合同实践中逐渐产生了向第三人履行的情形。其中典型的是派遣劳动关系的形式。所谓派遣劳动关系，是指“企业”与劳工订立劳动契约，由劳工向“他企业”给付劳动，劳动契约存在于企业与劳工之间，但“劳务给付”之事实，则发生于劳工与他企业之间的法律关系。① 我国《劳动合同法》对此在第五章第二节中专门进行了规定。

（六）劳动合同履行记载规则

由于劳动合同的履行是动态的过程，因此在其他国家和地区的劳动法中都比较重视劳动合同履行情况的记载和保留。比如我国台湾地区“劳动基准法”第7条即规定，“雇主应置备劳工名卡，登记劳工姓名、性别、出生年月日、本籍、教育程度、身份证统一号码、到职年月日、工资、劳工保险投保日期、奖惩、伤病及其他必要事项。前项劳工名卡，应保管至劳工离职后五年”。而《俄罗斯劳动法》则规定了劳动手册和工资收入证明的制度。根据《俄罗斯劳动法》，劳动手册是记录劳动者劳动活动的基本文件，适用于所有在企业、机关、团体工作超过5天的职工。在劳动手册中应记载劳动者的情况、劳动者完成工作的情况以及劳动者受奖励的情况。处分不记入劳动手册。劳动手册中关于离职原因的记录应完全按照现行法律的措辞并援引相应的法律条款。在劳动者因疾病、残疾、退休、进入中高等专业学校学习或研究生班学习及其他根据法律规定给予一定优惠和优先等理由提出解除劳动合同时，应在劳动手册中注明其离职原因。劳动手册

---

① （台）黄越钦：《劳动法新论》，中国政法大学出版社2003年版，第89页。

应在职工离职当天发还。行政管理部门应劳动者请求必须发给在该企业、机关、团体工作的证明并注明其专业、技能水平、职务、工作实绩和工资额。可见，在其他国家和地区，关于劳动合同履行记载是合同履行中的一个重要问题。我国《劳动法》和《劳动合同法》对此尚缺少相应的规则，需要加以规定。

四、劳动合同履行中的权利义务

根据法律规定和合同约定，劳动合同当事人相互间都享有一定的权利，并承担相应的义务。劳动合同的履行正是围绕这些权利与义务而进行的。虽然由于合同当事人的约定不同可能会带来合同权利与义务的不同变化，但劳动合同的性质决定了劳动合同当事人必须要承担某些基本的权利与义务。明确这些基本的权利与义务有助于我们加深对于劳动合同履行的理解。由于劳动者与用人单位的相互间的权利义务是相对应的，因此我们主要从当事人承担的合同义务角度来考察这一问题。

（一）劳动者的基本义务

在劳动合同中，劳动者主要承担如下基本义务：

第一，给付劳动的义务。劳动者应当按照合同约定和用人单位的要求，完成约定的劳动任务。如果劳动者拒绝给付劳动，则构成违约，但在法律允许的情况下，例如用人单位违章指挥、强令冒险作业时，劳动者可以拒绝，并且不视为违反劳动合同。不仅如此，劳动者对危害生命和身体健康的劳动条件，有权依法对用人单位提出批评、检举和控告。

在劳动生产过程中，存在各种不安全、不卫生的因素，如不采取措施对劳动者加以保护，就会危害劳动者的生命安全和身体健康，妨碍生产的正常进行。因此，我国严格保护劳动者在履行劳动合同、进行生产劳动过程中的劳动安全卫生权利。这一点也体现在我国《劳动法》第54条中，该条明确规定用人单位必须为劳动者提供符合国家规定的劳动安全条件和必需的劳动防护用品，对从事有职业危害作业的劳动者应当定期进行健康检查。在建筑物、工作场所和通道的安全技术条件、机器设备的安全条件、电气设备的安全装置、锅炉和压力容器的安全设施、建筑工程的安全技术条件、矿山安全技术条件等方面，我国都制定了法律法规、规程和标准，对用人单位提出了严格的义务性要求，用人单位必须遵照执行，切实保护劳动者的安全卫生权利。

实践中，有的用人单位特别是有的私营企业、外商投资企业，片面追求经济效益，忽视安全生产，甚至强令劳动者违章冒险作业，严重危及劳动者的生命安全和身体健康。用人单位和管理人员明知违反国家安全卫生规程，对劳动者生命安全或者身体健康具有危害性，仍然违章指挥，强令劳动者违反有关操作规程冒险作业，则构成强令劳动者违章冒险作业。劳动者在履行劳动义务的过程中，其劳动权仍属于自己，仍由劳动者自己支配，不是把劳动权完全交给用人单位，所以在用人单位管理人员违章指挥、强令冒险作业时，劳动者可以不服从其指挥或命令，并有权拒绝执行，在危急生命安全时，劳动者有权紧急撤离现场。这是在劳动安全卫生权利受到侵害、生命健康权受到威胁时，法律赋予劳动者的紧急处置权。这是劳动法和工会法所明确规定的。《劳动合同法》规定，劳动者拒绝执行用人单位管理人员违章指挥、强令冒险作业的行为不构成违反劳动合同的行为，进一步明确了劳动者在此种情况下不用承担违反劳动合同的法律责任。不仅如此，该法第 38 条还规定，用人单位管理人员违章指挥、强令冒险作业危及劳动者人身安全的，劳动者可以立即解除劳动合同，不需事先告知用人单位。

根据《劳动合同法》、《劳动法》及其他有关法律法规的规定，用人单位必须建立、健全劳动安全卫生制度，严格执行国家的劳动安全卫生规程和标准，规范化、科学化地安排生产作业，对劳动者进行劳动安全卫生教育，积极采取切实有效的劳动安全卫生措施，防止劳动过程中的事故，减少职业危害。用人单位如果没有达到国家规定的安全卫生技术标准要求，职工有权提出异议，并要求用人单位改正、改进。对于危害生命安全和身体健康的劳动条件，劳动者有权对用人单位提出批评，并可以向有关主管部门检举和控告。这里所指的有关部门主要是卫生部门、安全生产监督管理部门、特种设备安全监督管理部门等。卫生部门主要负责用人单位职业病防治方面的监督检查，安全生产监督管理部门主要负责用人单位生产经营场所的安全生产条件、设备设施安全和作业场所的职业卫生方面的监督检查，特种设备安全监督管理部门主要负责涉及公众生命安全和身体健康的锅炉、压力容器、电梯、防爆电器等特种设备的安全生产的监督检查。此外，公安消防部门对生产作业场所的消防设施以及危及劳动者生命健康的火灾隐患，进行监督检查。

需要注意的是，就用人单位和劳动者双方的市场主体地位而言，由于用人单位掌握着招收录用权、岗位分配权、生产经营的监督管理权、劳动报酬决定权等实际权力，劳动者处于相对弱势地位，因此，出现了有的用人单位随意侵害劳动者权益的现象。为此，我国法律为了保护劳动者的权益，特别赋予了劳动者在一定条件下的紧急处置权。同时，法律还赋予劳动者对于危害生命安全和身体健康的劳动条件有批评权、检举权和控告权。用人单位不得因为劳动者行使了法律权利而对劳动者进行报复，否则将依法承担法律责任。

第二，劳动者履行守法义务。劳动合同法是规范劳动合同双方当事人行为的法律。劳动者作为劳动合同的一方，理所当然地也应遵守法律的规定和双方的约定。劳动者有违法行为或者违约行为的，应该依法承担法律责任。

（二）用人单位的基本义务

用人单位要履行的基本义务主要包括按时足额支付劳动报酬和严格执行劳动定额标准。

我国《劳动合同法》第30条规定：用人单位应当按照劳动合同约定和国家规定，向劳动者及时足额支付劳动报酬。用人单位拖欠或者未足额支付劳动报酬的，劳动者可以依法向当地人民法院申请支付令，人民法院应当依法发出支付令。

劳动报酬是指劳动者为用人单位提供劳动而获得的各种报酬，其依据为约定和法定。劳动者一方只要在用人单位的安排下按照约定完成了一定的工作量，劳动者就有权要求按劳动取得报酬。劳动报酬不仅是劳动者的基本生活保障，也是社会对其劳动的承认和评价。用人单位在生产过程中支付给劳动者的全部报酬一般包括三个部分：一是货币工资，用人单位以货币形式直接支付给劳动者的各种工资、奖金、津贴、补贴等；二是实物报酬，即用人单位以免费或低于成本价提供给劳动者的各种物品和服务等；三是社会保险，即用人单位为劳动者直接向政府和保险机构支付的失业、养老、人身、医疗、家庭财产等保险金。

劳动合同制度中的工资是指用人单位根据国家有关规定或者劳动合同约定，以货币形式直接支付给本单位的劳动者的劳动报酬。一般包括计时工资、计件工资、奖金、津贴和补贴、延长工作时间的工资报酬以及特殊情况下支付的工资等。① 其中，计时工资是指按照计时工资标准（包括地区生活费补贴）和工作时间支付给个人的劳动报酬。计件工资是指已做工作按照计件单价支付的劳动报酬。奖金是指支付给劳动者超额劳动报酬和增收节支的劳动报酬。津贴和补贴是指为了补偿劳动者特殊或者额外的劳动消耗和因其他特殊原因支付给劳动者的津贴以及为了保证劳动者工资水平不受物价变化影响而支付给劳动者的各种补贴。延长工作时间的劳动报酬是指劳动者在法定的工作标准时间之外超时劳动所获得的额外的劳动报酬，即加班费。特殊情况下支付的工资主要包括根据国家法律、法规和政策规定，在病假、事假和一些特殊休假期间及停工学习、执行国家或社会义务时支付的工资和附加工资、保留工资。根据劳动部《关于贯彻执行〈中华人民共和国劳动法〉若干问题的意见》的规定，工资是劳动者劳动收入的主要组成部分。但劳动者的下列收入不属于工资的范围：第一，单位支付给劳动者个人的社会保险福利费用，如丧葬抚恤救济费、生活困难补助费、计划生育补贴等；第二，劳动保护方面的费用，如用人单位支付给劳动者的工作服、解毒剂、清凉饮料费等；第三，按规定未列入工资总额的各种劳动报酬及其他劳动收入，如根据国家规定发放的创造发明奖、国家星火奖、自然科学奖、科学技术进步奖、合理化建议和技术改进奖、中华技能大奖等，以及稿酬、讲课费、翻译费等。

---

① 参见国家统计局1990年发布的《关于工资总额组成的规定》。

按照《劳动合同法》的要求，用人单位应及时足额支付劳动报酬，包含了三层含义：一是用人单位应当按照国家规定或者约定支付劳动报酬；二是用人单位应当及时支付劳动报酬；三是用人单位应当足额支付劳动报酬。

首先，结合各种灵活多变的用工形式，《劳动合同法》允许用人单位和劳动者在法律允许的范围内对劳动报酬的金额、支付时间、支付方式等进行平等协商，在劳动合同中约定一种对当事人而言更切合实际的劳动报酬制度。同时用人单位向劳动者支付劳动报酬还要遵守国家有关规定。包括《劳动法》第48条规定的最低工资（保障）制度，第50条规定的工资以货币形式发放制度。法律严禁用人单位以各种理由采用发放实物或其他有价证券代替货币工资。其他有关制度还包括支付加班费制度、特殊情况下的工资支付制度。如劳动者依法参加社会活动期间的工资支付、非因劳动者原因停工期间的工资支付以及带薪休假的工资支付。由于我国《工会法》和《劳动法》没有就罢工权问题明确规定，因此，可以推论，因罢工而停工的工资支付是一个容易产生纠纷的问题。对于合法罢工，用人单位应当支付有关停工的工资。

其次，用人单位应当及时支付劳动报酬。依照《劳动法》和其他有关法律的规定，用人单位应当每月至少发放一次劳动报酬。劳动者从劳动到获得报酬，再到消费，是一个完整的周期，在这个过程中，获得报酬是实现这个周期的重要环节，而工资正是获得劳动报酬的最重要的形式。以法律的形式将支付工资的周期规定为至少一个月，可以使劳动者获得报酬的周期不至于过长，更有利于保障劳动者的合法权益。

实行月薪制的用人单位，工资必须按月发放，实行小时工资制、日工资制、周工资制的用人单位的工资也可以按小时、按日或者按周发放。超过用人单位与劳动者约定的支付工资的时间发放工资的则构成拖欠劳动报酬的违法行为，应当承担法律责任。

再次，用人单位应当足额支付劳动报酬。用人单位对履行了劳动合同规定的义务和责任，保质保量完成工作任务的劳动者，应当足额支付劳动报酬，劳动者的工资获得权和使用权受法律保护。工资不得随意扣除，用人单位不得将扣发工资作为处理劳动者的一种惩罚性手段。不支付或者未足额支付劳动报酬的，则构成劳动法“克扣”劳动者工资的行为，是应受法律制裁的行为。《劳动合同法》第38条规定，用人单位未及时足额支付劳动报酬的，劳动者可以解除劳动合同；第85条规定，用人单位未按劳动合同的约定或者国家规定及时足额支付劳动者工资的，劳动行政部门可以责令其支付，逾期未支付的，责令用人单位按照应付金额的50%以上100%以下的标准向劳动者支付赔偿金。

实践中，用人单位特别是建筑业、制造业、餐饮服务业拖欠临时用工工资的现象比较普遍，有的用人单位为了提高利润，甚至把拖欠和克扣工资作为一种经营策略，使很多劳动者走上艰难的追讨欠薪之路。大多数群体性事件都是由于欠薪和克扣工资而引发的。造成拖欠工资的原因主要有以下三个方面：一是法律法规对拖欠工资的行为处罚太轻，一般情况下只要求用人单位补发工资，或者加罚拖欠工资25%的补偿金；二是我国还没有制定专门的工资法对此进行规范，虽然不少地方有工资立法的准备，但总体上讲法律依据不足；三是存在主管部门监督不到位的问题。针对有的用人单位拖欠工资比较严重，严重危害劳动者劳动债权的情况，《劳动合同法》引入了支付令制度，赋予劳动者快捷进入司法救济程序的途径。根据劳动合同法和民事诉讼法的有关规定，用人单位拖欠或者未足额支付劳动报酬的，劳动者与用人单位之间没有其他债务纠纷且支付令能够送达用人单位的，劳动者可以向有管辖权的基层人民法院申请支付令。劳动者在申请书中应当写明请求给付劳动报酬的金额和所根据的事实、证据；劳动者提出申请后，人民法院应当在5日内通知其是否受理；人民法院受理申请后，经审查，劳动者提供的事实、证据，对工资债权债务关系明确、合法的，应当在受理之日起15日内向用人单位发出支付令；人民法院经审查认为劳动者的申请不成立的，可以裁定予以驳回。用人单位应当自收到支付令之日起15日内清偿工资债务，或者向人民法院提出异议；用人单位在规定的时间内不提出异议又不履行支付令的，劳动者可以向人民法院申请强制执行。人民法院收到用人单位提出的书面异议后，应当裁定终结支付令这一督促程序，支付令自行失效，劳动者可以依据有关法律的规定提出调解、仲裁或者诉讼。

仔细分析我国支付令制度，可以发现该制度对于解决拖欠工资问题依然存在一些缺陷，可能导致制度效率的损失。鉴于拖欠工资是一个棘手的问题，直接影响劳动者的生存，也为了防止有的用人单位恶意利用期间制度逃避债务，因此，应缩短有关程序期间。具体来讲，发出支付令的期间可以规定为5日，用人单位清偿债务的期间可以规定为5日。此外还要规定，用人单位对支付令提出异议，必须有充分的理由，否则不能阻止支付令的法律效力。这样规定，是为避免使工资纠纷进入循环的司法程序，提高司法效率，降低当事人的诉讼成本。

《劳动合同法》第31条规定，用人单位应当严格执行劳动定额标准，不得强迫或者变相强迫劳动者加班。① 用人单位安排加班的，应当按照国家有关规定

---

① “山西黑砖厂虐待工人案”引起社会极大反响。该案最初的曝光起于2007年6月5日大河论坛发布的文章《孩子被卖山西黑砖窑——400位父亲泣血呼救》，许多未成年人被卖山西黑砖窑，没有人身自由，每天工作时间长达15至16个小时。没有工资，处于监工和狼狗的包围中，沦落为文明社会角落里的现代“包身工”。山西黑砖窑案暴露出目前我国在劳动用工、劳动监察等方面仍旧存在着诸多问题，需要我们去正视。参见http：//news. sina. com. cn/z/shanximaltreat/。

向劳动者自己支付加班费。这是关于用人单位安排劳动者加班的限制规定。实践中，强迫加班，特别是变相加班现象比较突出，损害了劳动者的劳动自主权和身心健康。劳动合同法对此作出规定，有利于从制度上抑制和消除该类现象，保护劳动者的劳动自由权和身体健康权。具体来讲：

一是用人单位不得强迫劳动者加班。为了保障劳动者劳逸结合，保持其身心健康，保证其有必须要的时间进行文化娱乐和科学技术学习，使其有必要的时间料理家务、教育子女、改善健康状况和生活环境，我国《宪法》规定了公民的休息权利。为了保障公民的休息权，《劳动法》规定了完整的工作时间和休息休假制度。《劳动合同法》的规定则进一步补充了《劳动法》的有关制度。我国的工作时间和休息休假制度，主要体现在三个方面：一是实行八小时工作制；① 二是规定法定节假日、带薪年休假和职工探亲假制度；② 三是对加班进行限制性规定。为了保障劳动者的休息权和身体健康，我国严格限制用人单位延长劳动者的工作时间，《劳动法》明确规定用人单位不得违反劳动法的规定延长劳动者的工作时间。也就是说，一般情况下，用人单位不得随意安排劳动者加班。

国家对于加班人员也有一定的限制。根据《劳动法》和国家其他有关对女职工和未成年工特殊保护的规定，禁止用人单位安排未成年工、怀孕女工和哺乳未满 12 个月婴儿的女职工在正常工作日以外加班。

目前，强迫劳动者加班的现象在相当一部分劳动密集型企业中普遍存在。有的用人单位常常以完成订单为借口，强令工人每日工作十四五个小时，严重损害了工人的身体健康，侵害了工人的合法权益。有的用人单位通过扣发奖金、重罚等企业内部纪律的方式胁迫工人加班。有的用人单位的负责人在下班前安排工作任务，而劳动者为了不丢饭碗，只能委曲求全。《劳动合同法》针对这些问题明确规定了用人单位不得强迫劳动者加班，否则就要承担相应的法律责任。

二是用人单位不得强迫劳动者变相加班。实践中，用人单位变相强迫劳动者加班主要表现为用人单位通过制定不合理不科学的劳动定额标准，使得大部分劳动者在八小时制的标准工作时间内不可能完成生产任务，而为了完成用人单位规定的工作任务，获得足以维持其基本生活的劳动报酬，劳动者不得不在标准工作时间之外延长工作时间，从而被变相迫使加班。

劳动定额是指在一定的生产和技术条件下，采用科学合理的方法，对生产单位产品或完成一定工作量所预先规定的限额标准。劳动定额一般根据过去完成该项工作或类似该项工作的实践经验来估算，或者根据生产同类产品的统计资料为基础，经过整理、分析来制定，或者是通过对生产技术组织条件的分析，在挖掘

① 参见国务院《关于职工工作时间的规定》。

② 参见国务院《关于职工探亲的规定》。

生产潜力以及操作规程的基础上，在工作地对相关作业进行全工作日跟踪测试来制定。为了保证定额水平能够科学、合理、先进，在制定定额时必须符合三条要求：一是确定一个产品或者一项工作的工作消耗，必须要有科学依据。科学依据是指设计文件、工艺文件、质量标准、过去定额完成情况的统计资料，同行业同工种在条件相似情况下的定额资料等。二是要总结和推广节约劳动的先进经验，挖掘提高劳动生产率的潜力，保证定额水平的先进性。三是要保证相同工作定额的统一和不同工作（包括不同生产单位、不同工种、不同产品）定额水平的平衡。

制定科学合理的劳动定额标准对于维护劳动者合法权益极其重要。根据劳动法和有关行政法规的规定，对实行计件工作的劳动者，用人单位应当根据每日 8 小时、每周 40 小时标准工作时间合理确定其劳动定额和计件报酬标准。就是说，计件工作的劳动者的劳动定额，应当以多数劳动者在正常工作的情况下，能在每天工作 8 小时以内、每周工作 40 小时的法定工作时间以内完成的。超出这一标准，则应认定为不合理的劳动定额标准。

用人单位有权自主确定实行计件工资制的劳动者的劳动定额和计件报酬标准，但其制定的标准应当遵循科学合理的原则。劳动定额、计件报酬标准确定后应当保持稳定，用人单位可以根据生产经营的需要，适当调整劳动定额，但是同样应当以大多数劳动者可以在法定工时内完成的实际数额为限度，不得随意调整。在此基础上制定的科学合理的劳动定额标准，依照劳动合同法的规定，用人单位应当严格执行。

20 世纪 90 年代前，劳动定额是由国家劳动保障部门会同企业主管部门进行管理的。随着市场经济体制的正式确立和机构改革，国家专门负责制定劳动定额标准和管理的部门职能被取消，劳动定额的制定和管理基本处于无序状态。在这种情况下，有的用人单位不是在岗位测评的基础上科学确定劳动定额，而是事先设定一个预定工资额，然后换算为定额，制定了许多即使是熟练工在 8 小时以内也难以完成的劳动定额标准；有的用人单位特别是私营企业随意提高劳动定额，并采取压低计件价格的方式，变相压低劳动者的工资，使得许多劳动者只好被迫“自愿”接受较长时间的加班，用人单位不按法定标准向劳动者支付加班工资；有的用人单位将加班作为一种“企业文化”，将其与员工的“敬业精神”、工资待遇、续签劳动合同、职级升迁等联系起来。针对这些不法现象，劳动合同法明确规定用人单位不得变相强迫劳动者加班，否则承担相应的法律责任。根据《劳动合同法》第 4 条的规定，用人单位在制定、修改或者决定劳动定额标准管理制度时，应当经职工代表大会或者全体职工讨论，提出方案和意见，与工会或者职工代表平等协商确定。在劳动定额标准实施过程中，工会或者职工认为用人单位的劳动定额标准不适当的，有权向用人单位提出，通过协商作出修改完善。

三是用人单位安排劳动者加班的，应当支付其加班费。加班费是指劳动者按照用人单位生产和工作的需要在规定工作时间之外继续生产劳动或者工作所获得的劳动报酬。劳动者加班，延长了工作时间，增加了额外的劳动量，应当得到合理的报酬。对劳动者而言，加班费是一种补偿，因为其付出了过量的劳动；对于用人单位而言，支付加班费能够有效地抑制用人单位随意地延长工作时间，保护劳动者的合法权益。根据劳动法和国家有关规定，用人单位在延长劳动者工作时间的情况下应当支付高于劳动者正常工作时间工资的工资报酬，即加班费。劳动合同法的规定则肯定了劳动法和国家有关规定关于支付加班费的立法精神。

按照《劳动法》第44条的规定，支付加班费应当按照以下标准：在标准工作日内安排劳动者延长工作时间的，支付不低于工资的150%的工资报酬；休息日安排劳动者工作又不能安排补休的，支付不低于工资的200%的工资报酬；法定休假日安排劳动者工作的，支付不低于300%的工资报酬。

标准工作时间以外延长劳动者工作时间和休息日、法定休假日安排劳动者工作，都是占用了劳动者的休息时间，都应当严格加以限制，高于正常工作时间支付工资报酬即是国家采取的一种限制措施。但是在上述三种情形下组织劳动者劳动是不完全一样的，如法定休假日对劳动者来说，其休息有着比往常和休息日更为重要的意义，也影响劳动者的精神文体生活和其他社会活动，这是用补休的办法所无法弥补的，因此，应当给予更高的工资报酬。用人单位遇到上述情况安排劳动者加班，应当严格按照《劳动法》和《劳动合同法》的规定支付加班费。属于哪一种情形的加班，就应执行法律对这种情况所作出的规定，相互不能混淆，不能代替，否则都是违反劳动法和劳动合同法的行为，都是对劳动者权益的侵犯，应当依法承担法律责任。根据《劳动合同法》第85条的规定，用人单位安排加班不支付加班费的，劳动行政部门可以责令其支付，逾期未支付的，责令用人单位按照应付金额的50%以上100%以下的标准向劳动者支付赔偿金。

五、劳动合同履行尚待深入研究的问题

在一般民商合同履行法律规范中，存在合同的补缺与推定制度、履行抗辩权制度、合同保全制度和合同担保制度。这些制度中，哪些可以适用于劳动合同法，哪些不能适用，是一个需要研究的问题。

所谓合同的补缺、推定规则，就是合同条款约定不明时的履行方法。[①] 实践中，由于各种各样的原因，如当事人不懂法，或订立合同时疏忽大意，有时会遗漏某些条款或出现约定不明确的条款，这给合同的履行带来困难，甚至产生纠

① 隋彭生：《合同法》（第二版），中国人民大学出版社2003年版，第56页。

纷。如果把此类合同均视为无效合同，则会大大降低合同履行的效率，也不利于当事人权利的保护。因此需要在法律上明确规定解决问题的方法。一方面，法律确定了协议补充规则和按照合同的条款或交易习惯确定的原则；另一方面，法律明确了在当事人不能达成补充协议和按照合同的有关条款及交易习惯仍然不能确定合同有关内容时的适用规则。虽然劳动合同的法定性强于一般民商合同，但后者适用的补缺、推定规则对于劳动合同的相对必要条款具有较大参考价值。

就合同履行抗辩权而言，由于劳动合同属于双务合同和先后履行合同，符合一些履行抗辩权适用的主要要求，因此，先履行抗辩权和不安抗辩权可以适用于劳动合同。具体而言，根据劳动和工资给付的先后安排，当事人双方均享有先履行抗辩权；而不安抗辩权则主要属于劳动者，这样不仅可以预防欠薪行为的发生，而且可以实际执行，保证制度效率。

就合同保全制度而言，当用人单位不履行工资债务或其他有关债务时，劳动者为保护其债权应当可以行使代位权和撤销权。

第二节　劳动合同的变更

一、合同变更的含义

对于合同变更的概念，理论的表述大体上一致。有的认为，合同的变更有广义和狭义之分。狭义的变更是指合同内容的某些变化，即在主体不变的条件下，对合同某些条款修改或补充。广义的合同变更，除包括合同内容的变更以外，还包括合同主体的变更，即由新的主体取代原合同的某一主体，这实质上是合同的转让。合同内容的变更，是当事人之间的民事关系的某种变化，它是本质意义上的变更。而合同主体的变更，则是合同某一主体与新的主体建立民事权利义务关系。因此，它不是本质意义上的变更。① 有的认为，合同变更是指变更合同内容，主要是指合同成立以后，尚未履行或者尚未全部履行以前，合同的双方当事人经过协商一致，对合同的部分内容进行修改和补充，从而使得合同的内容发生变化的协议。合同内容的变化包括：当事人之间权利义务的变更和合同客体的变更。② 后者是指合同当事人履约行为的变更，其中包括合同标的的变更，以及合同标的的数量、质量、价款或者报酬等合同客体的变更。在合同的变更中，当事

① 隋彭生：《合同法》（第二版），中国人民大学出版社 2003 年版，第 70 页。

② 全国人大法工委研究室编写组：《中华人民共和国合同法释义》，人民法院出版社 1999 年版，第 123 页。

人之间权利义务的变更通常是与合同客体的变更紧密相关、相互依赖的，当事人之间的权利义务变化了，合同的客体内容也就必然会发生相应的变化。我们赞同最后一种解释，即把合同的变更应限定为合同内容的变更。这样可以区别于合同的转让，也便于用于分析劳动合同的变更。

二、劳动合同变更的含义

劳动合同的变更有广义和狭义之分。广义的劳动合同变更是指劳动合同生效以后尚未履行或尚未履行完毕以前，劳动合同的主体和内容发生了变更。其中既包括主体的变更，也包括劳动合同内容的变更。狭义的劳动合同的变更是指劳动合同内容的变化。由于劳动合同对于合同主体特定性的要求，合同当事人条款一般不作为可变更的条款来看待。① 因此，一般情况下，劳动合同的变更是指劳动合同内容的变更。

劳动合同的变更，是指劳动合同依法订立后，在合同尚未履行或者尚未履行完毕之前，经用人单位与劳动者协商同意，对劳动合同内容进行部分修改、补充或者删减的法律行为。劳动合同的变更是原劳动合同的派生，是双方已经存在的劳动权利义务关系的发展。

劳动合同的变更具有如下特征：第一，劳动合同的变更针对的是已经成立生效的合同。如果劳动合同尚未成立生效，或者已经被宣布为无效合同，则谈不上对其的变更问题。第二，劳动合同变更的效力指向的是将来劳动合同双方权利与义务的变化。对于劳动合同变更之前已经履行完毕的内容，应仍旧有效。在劳动合同依法变更之后，应依据变更后的劳动合同来确立双方的权利义务，当事人之间仍旧存在劳动关系，双方应继续履行合同。第三，劳动合同的变更需要当事人协商一致，不存在单方的劳动合同变更权。

对于一般民商合同来说，合同一旦经当事人自愿订立，就具有法律效力。它在一般情况下是不应当变更的。但是，有时也会由于合同一方或者双方的客观情况的变化，使合同的原有内容难以履行，或者使合同的履行可能造成当事人之间权利义务的不平衡，这时，就需要变更合同的内容。这个原理基本上可以适用于劳动合同。

根据《劳动合同法》第 16 条和第 3 条的规定，劳动合同由用人单位与劳动者协商一致，并经用人单位与劳动者在劳动合同文本上签字或者盖章生效。因此，劳动合同一经依法订立，即具有法律约束力，受法律保护，双方当事人应该严格履行，任何一方不得随意变更劳动合同法定与约定的内容。但是，在当事人

---

① 王全兴：《劳动法学》，法律出版社 2004 年版，第 140 页。

订立合同时，不可能对涉及合同的所有问题都作出明确的规定。合同订立后，在履行劳动合同过程中，由于社会生活和市场条件的不断变化，订立劳动合同所依据的客观情况发生变化，使得劳动合同难以履行或者难以全面履行，或者使合同履行可能造成当事人之间权利义务的不平衡，这就需要用人单位和劳动者双方对劳动合同的部分内容进行适当的调整。否则，劳动合同与实际情况脱节的情况下，如果继续履行，有可能会对当事人的正当利益造成损害。因此，《劳动合同法》第35条规定允许当事人在一定条件下变更劳动合同。双方当事人可以依据有关法律法规的规定，经协商一致，就劳动合同的部分条款进行修改、补充或者删减，通过对双方权利义务关系重新进行调整和规定，使劳动合同适应变化了的新情况，从而保证劳动合同的继续履行。在《劳动合同法》中确立劳动合同的变更制度，有助于用人单位和劳动者根据实际情况的变化及时调整双方之间的权利与义务关系，从而保证劳动过程的顺利实现。

合同的变更，不同于合同的更新。合同的更新，是作废旧的债权债务，设定新的债权债务，是一个新的合同代替一个旧的合同。① 对于劳动合同变更来讲，劳动合同的变更是在原合同的基础上对原劳动合同内容所作的部分修改、补充或者删减，而不是签订新的劳动合同。原劳动合同未变更的部分仍然有效，变更后的内容就取代了原合同的相关内容，新达成的变更协议条款与原合同中其他条款具有同等法律效力，对双方当事人都有约束力。

合同变更的效力体现在以下三个方面：其一，劳动合同的变更，以原合同关系的存在为前提，变更部分不超出原合同关系之外，原合同关系有对价关系的仍保有履行抗辩；原合同所有的利益与瑕疵仍继续存在，只是在增加债务人负担的情况下，非经保证人的同意，保证不生效力。其二，劳动合同的变更原则上向将来发生效力，未变更的权利义务继续有效，已经履行的债务不因合同的变更而失去法律依据。其三，合同的变更不影响当事人要求赔偿损失的权利。

三、国外法律对劳动合同变更的规定

由于劳动合同的变更对于合同当事人权利义务具有重大影响，因此其他国家和地区对此问题大都进行了相应的规范。在法国，劳动合同的变更是针对不定期劳动合同而言的，具体可分为非实质性变更和实质性变更。非实质性变更是指企业单方面对合同所作的较小的变动，既不影响雇员工作量和劳动报酬，也不涉及工作地点变换条款、工作稳定条款、非竞争条款，一般雇员能够接受。如果雇员

① 全国人大法工委研究室编写组：《中华人民共和国合同法释义》，人民法院出版社1999年版，第124页。

拒绝接受对合同的非实质性变更，则有以下可能：一是雇员辞职且不享受任何补偿；二是雇员不工作也不辞职，企业可以暂不辞退，但可停发其工资；三是企业可以因雇员不上班而辞退雇员，但是要提供预告期和辞退补偿金。实质性变更是指企业单方对合同所作的重要变动，如果雇员能够接受，那么新的条款代替旧的条款，劳动合同继续履行。如果雇员拒绝接受，则有如下可能：一是企业辞退雇员。根据辞退的理由不同，可以区分为因雇员个人原因辞退、经济性辞退和对特殊人员的辞退，并依据法律规定的程序进行，雇员享有相应的补偿；二是雇员拒绝在企业强加的条件下工作，这时可以视为企业辞退雇员，并且没有遵循法定的程序，企业要支付雇员预告期赔偿金、辞退赔偿金，以及可能的非法辞退金。在德国，劳动合同的变更与解雇往往存在一定联系。比如德国关于变更性解雇的规定。所谓变更性解雇是指雇主解除劳动关系并愿意随后在更改后的劳动条件下继续雇用雇员。雇员则可以在保留劳动条件的更改具有正当理由的前提下接受此建议，也可以向法院提起诉讼，请求确认劳动条件的更改不具有正当理由。①《韩国劳动法》规定，使用者一方可以变更雇佣规则，但不能变更劳动合同，并且使用者一方变更的雇佣规则的效力不涉及所有的劳动合同。如果使用者变更的雇佣规则对劳动者不利时，必须事先得到劳动集团的同意。使用者变更的雇佣规则不利于劳动者，并未得到劳动者同意的，变更事项对原劳动者不发生效力，但对变更后建立劳动关系的劳动者当然发生效力。雇佣规则本身不具有法律效力，只有经过劳动者的同意才发生法律效力。劳动者不反对变更后的雇佣规则的，变更的雇佣规则即成为劳动合同的内容。

四、我国劳动合同变更的理论与法律规范

我国《劳动法》第17条规定："订立和变更劳动合同，应当遵循平等自愿、协商一致的原则，不得违反法律、行政法规的规定。"而依据《劳动法》第26条有关用人单位预告辞退的规定，其中包含着用人单位在辞退之前可以变更劳动合同的含义。依据该条，法定的应当变更劳动合同的情形主要包括：劳动者患病或负伤，医疗期满后，不能从事原工作的；劳动者不能胜任工作的；劳动合同订立时所依据的客观情况发生重大变化，致使劳动合同无法履行三种情况。由此可见，我国《劳动法》对于劳动合同等变更的规定是比较简单的，不能适应实践的需要。

为了对《劳动法》关于劳动合同变更的规定加以解释，弥补《劳动法》关

① 王益英：《外国劳动法与社会保障法》，中国人民大学出版社2001年版，第99～100页。

于劳动合同变更规定过于简单的不足，理论界和地方立法机关对于劳动合同的变更进一步作了探索。在理论界，有学者指出，劳动合同的变更，一般只涉及合同的部分条款。需要变更的条款一般符合以下条件：第一，尚未履行或尚未完全履行的有效条款。已经完全履行的条款，没有必要变更；无效的条款，也没有必要变更。第二，依法可变更的条款。法律规定不准变更的条款，一律不准变更。第三，引起合同变更的原因指向的条款。直接引起合同变更的条款。合同中某些条款由于合同履行的主客观条件的变化，引起对其履行成为不必要或没有可能，这时，就会引起合同的变更。可见，这些条款本身就是引起合同变更的原因。企业劳动合同的变更，就是要对这些直接引起合同变更的条款进行修改或增减。对于与合同变更原因无关的条款，就没有必要变更。而引起劳动合同变更的原因既可能是出于用人单位方面，例如企业转产、重新进行劳动组合、调整报酬或职工福利分配方案、发生严重亏损等，也可能是由于劳动者方面的原因，还可能是由于客观情况的变化等因素。① 除了理论界关于劳动合同履行问题的探讨以外，我国地方立法机关在《劳动法》规定的基础上，对劳动合同的变更进行了规定，其中大都规定了劳动合同变更的情形、变更的程序、变更的后果等内容。比如，《北京市劳动合同规定》规定，劳动合同当事人协商一致，可以变更劳动合同。订立劳动合同时所依据的法律、法规、规章发生变化的，应当依法变更劳动合同的相关内容。用人单位发生合并或者分立等情况，原劳动合同继续有效，劳动合同由继承权利义务的用人单位继续履行。用人单位变更名称的，应当变更劳动合同的用人单位名称。订立劳动合同时所依据的客观情况发生重大变化，致使劳动合同无法履行，当事人一方要求变更其相关内容的，应当将变更要求以书面形式送交另一方，另一方应当在15日内答复，逾期不答复的，视为不同意变更劳动合同。这些地方性的规定在一定程度上加强了对劳动合同变更的规范。

《劳动合同法》在有关立法和实践的基础上，规定了劳动合同变更的一般要求，“用人单位与劳动者协商一致，可以变更劳动合同约定的内容。变更劳动合同，应当采用书面形式。变更后的劳动合同文本由用人单位和劳动者各执一份”。具体来讲，劳动合同变更主要包括以下几个方面的规则。

（一）劳动合同变更的基本原因

劳动合同变更的基本原因大体包括两个方面：一是用人单位与劳动者的合意；二是情势变更。

在一般情况下，只要用人单位与劳动者协商一致，同时不违背法律的强制性规定，即可变更劳动合同约定的内容。首先，劳动合同是劳动关系双方协商达成的协议，当然也可以协商变更；对于劳动合同约定的内容，只要是经双方当事人

① 王全兴：《劳动法学》，法律出版社2004年版，第140～141页。

协商一致达成的，都可以经协商一致予以变更。其次，对变更劳动合同，用人单位和劳动者之间应当采取自愿协商的方式，不允许合同的一方当事人，特别是用人单位未经协商变更劳动合同，一方当事人未经对方当事人同意任意改变合同内容的，在法律上属于无效行为，变更后的内容对另一方不产生约束力，而且这种擅自改变合同内容的做法也是一种违约行为。再次，劳动合同的变更只是对原劳动合同的部分内容作修改、补充或者删减，而不是对合同内容的全部变更。对劳动合同所要变更的部分内容，当事人双方通过协商后，必须达成一致。如果在协商过程中，有任何一方当事人不同意所要变更的内容，则就该部分合同内容的变更就不能成立，原有的合同就依然具有法律效力。最后，在变更过程中必须遵循与订立劳动合同同样的原则，即遵循合法、公平、平等自愿、协商一致、诚实信用的原则。

对于情势变更引起的劳动合同变更，根据《劳动合同法》第 40 条的规定可以作出推论。该法第 40 条第 3 项规定，劳动合同订立时所依据的客观情况发生重大变化，致使劳动合同无法履行，经用人单位与劳动者协商，未能就变更劳动合同内容达成协议的，用人单位在提前 30 日以书面形式通知劳动者本人或者额外支付劳动者一个月工资后，可以解除劳动合同。由此可以推定，情势变更是劳动合同变更的一个重要理由。

情势变更主要包括四个方面的内容：（1）订立劳动合同所依据的法律法规已经修改或者废止，如《劳动合同法》的颁布实施对《劳动法》等法律法规部分内容所作的修改或者废止。劳动合同的签订和履行必须以不得违反法律法规的规定为前提。如果合同签订时所依据的法律法规发生修改或者废止，合同如果不变更，就可能出现与法律法规不相符甚至违反法律法规的情况，导致合同因违法而无效。因此，根据法律法规的变化而变更劳动合同的相关内容是必要而且是必需的。（2）劳动合同主体一方的用人单位发生变化。这种变化一是来自政策的原因，如国家宏观经济政策对产业结构和产品结构的调整；另一是来自企业内部的原因，如根据市场变化决定转产、重大技术改造、跨地域搬迁、调整生产任务或者经营项目，或者用人单位发生合资、转制等情况导致单位法律属性发生变化，或者出于保护商业秘密的需要等。在这些情况下，有些工种、产品生产岗位就可能因此而撤销，或者被其他新的工种、岗位所替代，原劳动合同就可能因订立条件的改变而发生变更。我国《劳动合同法》第 41 条规定了因企业转产、重大技术革新或者经营方式调整可以变更劳动合同的情形。（3）作为劳动合同主体一方的劳动者发生变化。如劳动者身体健康状况发生变化、劳动能力部分丧失、所在岗位与其职业技能不相适应、职业技能提高了一定等级等，造成原劳动合同不能履行或者如果继续履行原劳动合同规定的义务对劳动者明显不公平。（4）客观方面的原因。这主要是指不可抗力和客观经济情况的明显变化，属于典型的情势变更。这种客观原因的出现使得当事人原来在劳动合同中约定的权利义务的履行成为不必要或者不可能。因此应当允许当事人对劳动合同有关内容进行变更。由于不可抗力的发生，使得原来合同的履行成为不可能或者失去意义。不可抗力是指当事人所不能预见、不能避免并且不能克服的客观情况，包括社会事件和自然事件，前者如意外事故、罢工、战争等，后者如自然灾害。由于大幅度上升等客观经济情况变化致使劳动合同的履行会花费太大代价而失去经济上的价值。在情势变更使合同显失公平的情况下，当事人有权要求变更合同。

如果我们把因重大误解订立的劳动合同视为可变更的合同，那么在合同因重大误解成立的情况下，有权人可以要求变更合同。

（二）劳动合同变更的基本条件

根据劳动合同的理论与实践，当事人在进行劳动合同变更时，应当注意五个方面的基本问题。第一，必须在劳动合同依法订立之后，在合同没有履行或者尚未履行完毕之前的有效时间内进行。劳动合同双方当事人已经存在劳动合同关系，如果劳动合同尚未订立或者是已经履行完毕则不存在劳动合同的变更问题。第二，原已存在着劳动合同关系。合同的变更是改变原合同关系，无原合同关系便无变更的对象，所以合同变更离不开原已存在着合同关系这一条件。在合同无效、合同被撤销的情况下，因合同关系不存在，自无变更合同余地。第三，合同内容发生变化。合同的变更仅指合同内容的变更，因此，合同内容发生变化是合同变更不可或缺的条件。合同内容的变更包括：标的的变更；劳动报酬的增减；履行期限的变更；履行地点的改变；履行方式的改变；所附条件的增添或除去；担保的设定或消失；违约金的变更等。有人认为，由于合同标的是合同法律关系的客体，因此，如果标的发生变化，等于成立了新的法律关系，也就成立了新的合同。① 第四，必须坚持平等自愿、协商一致的原则，即劳动合同的变更必须经过用人单位和劳动者双方当事人的同意。实践中，有的用人单位为了达到变更劳动合同的目的，采取了多种变通手段。如有的用人单位根据工作的需要，决定采取公开考试的办法，对考试通不过的职工，一律另行安排工作岗位或者予以辞退。虽然采取公开考试的办法似乎公平，但在未经劳动者同意的情况下，对劳动者不具有约定力。用人单位对原合同仍要履行。第五，必须合法，不得违反法律法规的强制性和限制性规定。即使是在依法可以变更劳动合同的情形下，也必须遵守其他法律法规中对于合同变更的限制性规定。例如，在集体合同订立过程中，为保障谈判过程中职工方代表的权利，《集体合同规定》中明确要求，在集体谈判的职工方履行职责期间，用人单位无正当理由不得调整其工作岗位。这一规定构成了对于用人单位劳动合同变更权的限制。第六，劳动合同的变更要及时

① 隋彭生：《合同法》（第二版），中国人民大学出版社2003年版，第70页。

进行。提出变更劳动合同的主体可以是用人单位，也可以是劳动者，无论是哪一方要求变更劳动合同的，都应当及时向对方提出变更劳动合同的要求，说明变更劳动合同的理由、内容和条件等。当事人一方得知对方变更劳动合同的要求后，应在对方规定的合理期限内及时做出答复，不应对对方提出的变更劳动合同的要求置之不理。

（三）劳动合同的变更的程序

根据理论和实践，企业劳动合同变更一般遵循以下程序：第一，一方当事人向另一方当事人提出变更合同的请求。提出请求的当事人可以是管理者，也可以是劳动者。不管是哪一方当事人提出变更合同的请求，都要就合同变更的理由、内容、条款和条件等做出说明，并给对方当事人一个答复的期限。第二，被请求方按期向请求方作出答复。被请求方在接到请求方变更合同的要求后，要在请求方给出的期限内给予答复。被请求方的这种答复可以是同意，也可以提出自己不同的意见，供双方进一步协商；对于不符合法律规定的请求，被请求方可以表示不同意。第三，双方协商，达成书面协议。书面形式是劳动合同变更的法定形式。双方当事人就要其变更的合同内容和条款进行协商，在取得一致意见的基础上，达成和拟定书面协议。书面协议要就变更的内容和条款进行详细说明，并就变更后的条款生效日期作出规定。书面协议要经双方当事人签名、盖章后才能生效。第四，备案或鉴证。凡在订立时经过备案或鉴证的企业劳动合同，变更合同的书面协议也需要送交企业主管部门备案，或到鉴证机构办理鉴证手续。需要鉴证的变更协议，只有在鉴证后才能生效。这类似于一般民商合同制度中关于转让合同权利按照法律、行政法规的规定需要办理审批手续的，需要办妥手续后方能生效的规定。

劳动合同依法变更后，当事人的权利义务即从合同变更生效之日起发生变更。变更后的劳动合同文本由用人单位和劳动者各执一份。

对于劳动合同的变更是否要像一般民商合同的变更那样必须经过人民法院的裁决，对此，《劳动合同法》没有规定。不过从该法第 35 条的规定来看，可以认为，劳动合同的变更是当事人双方协商一致的结果，而不是裁判的结果。或者说，劳动合同的变更决定权赋予了当事人。不过，《劳动合同法》的这种规定也会带来一些问题。在当事人一方提出变更劳动合同，而另一方不同意的情况下，劳动合同则难以变更。这时便会产生变更劳动合同的争议，该争议是否按照一般劳动合同争议的解决程序来处理，需要进一步研究。我们认为，如果一方当事人提出变更劳动合同的理由合法，而另一方不同意变更的，则构成权利妨害，劳动行政部门或者人民法院应当排除妨害，促使合同顺利得到变更。

对于如何处理劳动合同变更的内容不明确的问题，《劳动合同法》没有规定，但实践中又需要解决这个问题。借鉴《合同法》第 78 条规定，可以认为，当事人对合同变更的内容约定不明确的，推定为未变更。如果当事人虽然约定了变更内容，但对合同变更的内容却约定得不明确，包括：第一种情况，仅仅约定了变更合同的大概意向，但没有确定合同变更的任何具体内容；第二种情况，对合同变更的某些内容有明确的约定，但是对另一些内容约定的不明确。那么，在上述第一种情况下，原有的合同内容就全部继续具有法律效力，应当继续履行；在上述第二种情况下，对于合同变更的某些内容约定不明确的，原有合同的相应内容仍继续具有法律效力，也应当继续履行。所以，当事人之间对合同变更的内容不明确的约定，就不具备法律效力，并因此被推定为未变更的合同。

五、劳动合同变更尚待研究的问题

用人单位的合并、分立不仅涉及劳动合同的履行，也涉及劳动合同的变更。借鉴一般民商合同制度关于当事人合并、分立后债权、债务的履行规定，我们认为，当事人订立合同后合并的，由合并后的法人或者其他组织行使合同权利、承担合同义务。[①] 当事人订立合同后分立的，除债权人和债务人另有约定的以外，由分立的法人或者其他组织对合同的权利义务享有连带债权、承担连带债务。

一般民商合同适用的合同权利转让制度不宜适用于劳动合同。合同理论认为，像雇佣一类基于个人信任关系而发生的债权不具有可让与性，不能构成合同权利转让的要件。由于劳动合同是一种典型的人身关系合同，因此，不适用合同权利转让制度。不仅如此，更不适用于合同的概括承受制度。所谓合同的概括承受，是指一方当事人与他人订立合同后，依照其与第三人的约定，并经对方当事人的同意，将合同上的权利义务一并转与第三人，由第三人承受自己合同上的地位，享受权利并承担义务。

一般民商合同适用的债务转移制度和免责的债务承担制度是否可以适用于劳动合同，应作具体分析。[②] 我们认为，对于非技术工种和同等职业资格的工种，在劳动者因某种原因暂时需要离岗而又不解除劳动关系的情况下，若用人单位同意，应当允许短时间的劳动债务转移，也是俗称的“代班”。这样不会给用人单位造成任何损失。债务人转移债务的，新债务人可以主张原债务人对债权人的抗辩。不过，由于劳动合同基于劳动关系的建立而成立。劳动合同主体一方的变更原则上意味着新的劳动关系建立，而且涉及其他相关人身关系问题，因此，如何合理地适用债务转移制度和免责的债务承担制度，需要进一步研究。

---

① 参见《中华人民共和国合同法》第90条。

② 免责的债务承担，是指第三人取代债务人的地位而承担全部债务，使债务人脱离合同关系。

第六章　劳动合同的解除

第一节　劳动合同解除的含义

一、劳动合同解除的概念与特征

劳动合同的解除是劳动合同制度中与劳动关系双方当事人利益密切相关的行为。实践中，劳动合同方面发生的大量争议，多数是由于解除合同而引起的。有的用人单位片面强调其用人“自主权”，随意解除劳动合同，损害了劳动者的合法权益。同时，也有的劳动者误解“择业自由”，任意跳槽，甚至不辞而别，影响了用人单位劳动力资源的正常流动。因此，我国将劳动者的保护重点放在合同方面。研究并切实执行有关劳动合同解除上的规定和制度，有助于理顺劳动关系，规范劳动合同管理，维护劳动关系双方的正当利益。

劳动合同作为当事人之间劳动关系的法律表现形式，是劳动者和用人单位之间设立、变更、解除和终止劳动关系的协议，是当事人之间追求各自利益的合意。既然劳动合同对于劳动者和用人单位而言是追求和实现各自利益的合意，那么，当一定原因出现而不能实现订立劳动合同所要实现的期待利益时，当然就可以解除劳动合同，这也是劳动合同自由的一种体现。

关于合同的解除，学界的认识和各国立法的规定并不一致。大陆法系多认为合同解除是指合同有效成立后，没有履行或没有完全履行前，根据当事人一方的意思表示，使合同关系溯及地消灭的一种民事法律制度。合同解除在大陆法系是一方当事人行使解除权的结果，一般是作为对违约的一种补救方法。由于合同解除是合同关系溯及既往地消灭，所以诸如劳务合同等继续性合同的消灭由于仅向将来发生效力，不溯及既往，因而该种类型的合同的消灭不属于合同解除的范畴，而是归入合同终止之中。英美法系对合同解除的理解一般有广义和狭义两种不同的认识，后者的合同解除相当于大陆法系的合同解除，是指一方当事人的违约而由对方行使解除权，使合同关系向将来消灭的情况。前者除了包括后者之外，还包括了因双方的协议、合同落空、履行等的解除，与合同消灭同用。① 根

① 余延满：《合同法原论》，武汉大学出版社 1999 年版，第 479～480 页。

据我国《合同法》规定的精神，合同解除，是指在合同有效成立以后，合同未履行或未完全履行之前，当解除的条件具备时，因当事人一方或双方的意思表示，使合同关系自始或仅向将来消灭的行为或者说是法律制度。① 其法律特征表现为：合同的解除的对象是已经有效成立但未履行或未完全履行的合同，内容是一方或双方行使解除权的行为，效果是消灭合同关系。从类型上来看，包括协议解除、法定解除和约定解除。

劳动合同虽具有不同于民事合同的特征，在内容和形式上更多地体现了国家对劳动关系的干预和社会本位，但是和一般民事合同一样，也同样是当事人之间合意的结果，而且从历史渊源来看也是同根同源。因此，劳动合同解除制度也必然继承一般民事合同的一些精神和制度，例如约定解除所体现出的双方当事人的意思自治。对此，我国《劳动法》和《劳动合同法》对劳动合同的解除都作了专门规定，这些规定在一定程度上借鉴了《合同法》对合同解除的一般规定，只是由于劳动关系不同于民事关系的性质和特征而与一般的民事合同的解除有不同的规定。有的认为，劳动合同的解除，是指劳动合同在订立以后，尚未履行或者未全部履行以前，由于合同双方或者单方的法律行为导致双方当事人提前消灭劳动关系的法律行为。② 根据一般合同解除的原理和劳动合同法律制度之规定，可以认为，所谓劳动合同的解除是指在劳动合同有效成立后、未履行或未完全履行之前，因解除条件的具备而由劳动合同的一方或者双方当事人提前消灭劳动合同关系的法律行为或者称为法律制度。其法律特征主要表现在以下几个方面：

一是劳动合同的解除以有效成立的劳动合同为标的。劳动合同有效成立后，在未履行或者未完全履行前，会因为劳动合同当事人一方的原因或者劳动合同存在的客观情况发生的重大变化，使劳动合同的履行不能够有效实现当事人订立劳动合同的预期目的而成为不能或者不必要。这时，如果不允许当事人提前解除劳动关系，劳动合同继续约束当事人，这将会损害劳动合同当事人一方或者双方的利益，也不利于和谐劳动关系的建立和维持。只有赋予劳动合同当事人一方或者双方提前解除劳动合同的权利，才能改变这个局面。所以，劳动合同解除就是解决劳动合同的效力提前结束的问题，这不同于劳动合同无效、劳动合同撤销。劳动合同的无效，是指劳动合同由于缺乏有效要件而全部或者部分不具有法律效力。③ 它不以已经有效成立的劳动合同为标的，而是以欠缺有效要件的劳动合同为对象的。劳动合同的撤销，我国《劳动法》、《劳动合同法》未能确立，但是在一些地方立法中作了规定。如《江苏省劳动合同条例》第20条规定，因重大

---

① 崔建远：《合同法》，法律出版社2000年版，第195页。

② 信春鹰：《中华人民共和国劳动合同法释义》，法律出版社2007年版，第127页。

③ 王全兴：《劳动法》，法律出版社1997年版，第64页。

误解订立的和在订立合同时显失公平的合同当事人一方可请求劳动争议仲裁委员会或者人民法院变更或撤销。从理论上来看，劳动合同的撤销，是指劳动合同因不符合有效条件，通过撤销权人行使撤销权，使已经生效的合同归于消灭。其所针对的也是欠缺有效要件的劳动合同，并非是完全有效成立的劳动合同。所以，劳动合同解除的对象是已经有效成立的劳动合同。

二是劳动合同解除必须具备解除的条件。劳动合同作为劳动者和用人单位直接就劳动关系所达成的协议，一经有效成立就具有法律效力，双方当事人应严格地遵守合同，履行各自的义务，不得擅自变更或解除。但是如上所述，在有些情形下，劳动合同的继续履行对当事人双方来说已无必要或者不可能，甚至会造成不公平的结果，这时法律允许当事人一方或者双方解除劳动合同，提前消灭劳动关系。否则，就是违约，要承担违约责任。我国《劳动法》和《劳动合同法》对此作了详细的规定，具体包括协议解除、约定解除和法定解除，法定解除又分为用人单位过失性解除、非过失性解除、劳动者即时辞职、预告辞职几种情形。除此之外，法律还规定了禁止用人单位解除劳动合同的情形。只有在具备法律规定的条件时，双方当事人才能通过解除行为提前消灭劳动关系，发生解除劳动合同的法律效果。否则，要对自己的行为承担违约责任。

三是劳动合同的解除需要通过当事人的解除行为。在具备劳动合同解除的条件时，根据我国法律，并不能当然地发生劳动合同解除的效果，而是必须通过享有解除权的当事人的解除行为才能发生劳动合同解除的法律效果。劳动合同解除行为必须符合两个条件：首先，行为实施人必须享有解除权，否则不能解除劳动合同。其次，解除行为的实施必须在劳动合同有效成立后，没有履行或没有履行前。如果劳动合同已经履行完毕，则没有解除的必要了。

四是劳动合同解除的效果是使劳动关系消灭。劳动合同解除的法律效果是劳动关系的消灭。即劳动合同一经解除，其权利义务关系就消灭，其合同义务就不需履行了，这是劳动合同的当然效力。有争议的问题是，劳动合同解除后，其解除的效力是否应当溯及解除之前已履行的部分，即劳动合同的解除是否有溯及既往的效力。对于一般的民事合同解除的效力，各国规定不一。大陆法系和英美法系国家都承认合同解除原则上具有溯及力，即溯及合同成立时就消灭，发生合同未成立相同的效果。但是前苏联民法规定合同解除无溯及力，即合同解除仅向将来发生效力，解除以前的合同的履行仍然有效。根据我国《合同法》第 97 条的规定，合同解除原则上有溯及力，无溯及力为例外。我们认为，对于劳动合同而言，如果溯及既往的话，其解除前已履行的部分就没有法律根据，应当返还以恢复原状。劳动合同作为劳动力在劳动者和用人单位之间的交易关系的法律形式，不同于一般的民事合同。劳动力一经付出便不可返还，所以在这一部分劳动合同解除无溯及力，其解除前已履行的部分法律仍为有效。对此，劳动部发布的

《关于贯彻执行〈中华人民共和国劳动法〉若干问题的意见》第26条已明确指出，劳动合同的解除，只对未履行的部分发生效力，不涉及已履行的部分。劳动合同解除，劳动关系消灭，权利义务关系就消灭，其合同义务就不需履行了。但是仍会产生其他法律后果，当事人双方应履行一些义务。这个问题将在论述劳动合同解除的效力时加以详述。

二、劳动合同解除的类型

根据《劳动法》和《劳动合同法》的有关规定，劳动合同的解除有不同的情形，从而其所需的条件、所用程序和所发生的法律效力是不同的。因此，将劳动合同的解除类型化，将使对劳动合同解除的掌握和研究更加便利。

（一）单方解除和协商（协议）解除

劳动合同解除是一方或双方当事人行使解除权从而使劳动合同消灭的法律行为。按照实施解除行为的主体是一方还是双方为标准，可以把劳动合同解除分为单方解除和协商解除。所谓单方解除，是只有一方当事人行使解除权而将劳动合同解除的行为。在单方解除中，只要解除权人将解除合同的意思表示通知给对方，即可发生劳动合同解除的效果，不以对方当事人的同意为条件。其中，“通知”是劳动合同单方解除中的一种义务。对于不尽通知义务擅自解除劳动合同的，视为无效解除。我国《劳动法》和《劳动合同法》对此作了规定。

根据行使解除权的主体不同，单方解除又可以分为劳动者的辞职解除和用人单位的辞退解除。所谓辞职解除，即劳动者解除劳动合同，是指在劳动合同解除条件具备时劳动者主动向用人单位提出解除劳动合同的意思表示从而结束劳动合同关系的行为。在符合法律规定的条件时，劳动者可以依法行使解除权，实施解除行为以达到解除劳动合同的效果。劳动者解除合同的本质是劳动自由的一种体现。

辞退解除，即用人单位解除劳动合同，是指在劳动合同解除条件具备时用人单位依法行使解除权，从而解除劳动合同的行为。由于在劳动关系中用人单位相对于劳动者而言处于强者地位，在劳动合同的解除中很容易发生损害劳动者权益的行为。对此，《劳动合同法》依据“保护劳动者的合法权益，构建和谐稳定的劳动关系”的立法宗旨，对用人单位辞退解除作了几方面的限制：首先，用人单位只有在出现法定的和约定的解除条件时方可实施解除行为，否则，劳动者有权要求用人单位继续履行劳动合同或者支付赔偿金。其次，基于保护劳动者特定条件下的合法权益，劳动合同法规定了延期解除劳动合同的情形。再次，用人单位即使依法行使解除权辞退劳动者，也必须依法给予劳动者以经济补偿。辞退解除又包括过错性辞退解除、非过错性辞退解除和经济性裁员辞退解除三种主要类型。

协商解除，是指用人单位与劳动者在完全自愿的情况下，互相协商，在达成合意的基础上提前终止劳动合同的效力的行为。有的将其称为“约定合同解除”。① 这两个法律的规定是完全一致的。有人认为，协商解除从其本质上来看，是无解除权的当事人通过合意，以新的合同（解除协议）解除原来的合同，从而使合同效力归于消灭。大陆法系一般认为，合意解除与民法所规定的合同解除全异其性质，不适用于民法关于契约解除的规定，其效力应依当事人的约定而发生。② 我国《合同法》将其作为合同解除之一种，并认为其具有合同解除的一般属性，只是由于其解除行为行使的条件为双方当事人的协议，解除行为是当事人的合意行为而具有自身的特征。我国《劳动法》和《劳动合同法》的规定继承了《合同法》的有关规范精神。

（二）法定解除和约定解除

按照解除条件的依据不同，可以把劳动合同解除分为法定解除和约定解除。法定解除，是指劳动合同解除的条件直接依据法律规定，具体包括可以解除的条件和禁止解除的条件。在符合可以解除的条件时，除当事人另有约定之外，当事人可以单方解除劳动合同，包括劳动者对用人单位的辞职和用人单位对劳动者的辞退。在出现禁止劳动合同解除的条件时，则禁止用人单位辞退劳动者。立法之所以规定劳动合同解除条件，其宗旨在于限制单方解除劳动合同的任意性，特别是辞退的恣意性，以维护劳动关系的稳定性。③

约定解除，是指劳动关系当事人依据劳动合同和集体合同事先约定的解除条件，来结束劳动关系的行为。在出现约定的解除条件时，劳动合同当事人一方或者双方可以通过解除行为来解除劳动合同从而结束劳动关系。约定解除是根据当事人的意思产生的，其本身更能适应复杂多变的客观形势，更能适应当事人的需要，从而使自己处于更有力的地位，与法定解除相比，更具有灵活性。正因为如此，我国《合同法》第 93 条确立了合同的约定解除，但是我国《劳动法》和《劳动合同法》都没有作出规定。因此，我国立法应该规定约定解除，以彰显劳动合同自由原则，满足当事人的需要。当然，约定解除的条件也要受到法律的限制，就是应具有合法性。首先，约定解除的条件不得违反法定的禁止性条件，即不能约定在出现禁止性条件时可以例外的解除劳动合同。其次，约定的条件也不能与法定的可以解除劳动合同的条件相冲突，例如，如果法律规定允许在一定条件下劳动者可以辞职，当事人就不能在合同中约定在这种条件下限制或者禁止劳

---

① 《中华人民共和国劳动法注释本》，法律出版社 2006 年版，第 17 页。

② （台）史尚宽：《债法总论》，中国政法大学出版社 2000 年版，第 509 页。

③ 王全兴：《劳动法》，法律出版社 1997 年版，第 173 页。

动者解除劳动合同。再次，可以约定的条件限于法律允许约定的范围之内，即在法律允许的范围之内，合同中都可以约定未解除的条件。对此可以理解为，只要劳动法律和其他法律不禁止的，都是允许约定为解除条件的。

（三）有过错解除和无过错解除

根据劳动合同解除的原因是否因为当事人一方过错的不同，可以把劳动合同解除分为有过错解除和无过错解除。所谓有过错解除，是指因为合同一方的过错而导致对方解除劳动合同。当然这种过错必须是足以导致劳动合同的解除，换言之，由于对方的过错而致自己订立劳动合同的预期目的无法实现时，方可认为存在过错，轻微的过错不能计算在内。例如，《劳动合同法》第38条规定了因用人单位一方过错而解除劳动合同的七种情形，第39条规定了因劳动者一方过错而解除劳动合同的六种情形。在这种解除中，法律赋予无过错方以单方解除权，通过无过错方的解除行为结束劳动关系，从而达到合同解除的效果。在过错性解除劳动合同中，无过错一方除了有权即时解除劳动合同外，还有权要求对方赔偿损失，过错的劳动者对于用人单位的辞退无权要求经济补偿。

无过错解除，即劳动合同解除的原因不是基于一方的过错而由对方解除劳动合同的情形。例如《劳动合同法》第37条规定的劳动者自愿单方解除劳动合同（无过错性辞职），第40条规定的用人单位自愿单方解除劳动合同（无过错性辞退），第41条规定的企业经济性裁员。在该种劳动合同解除中，解除的原因不是基于一方的过错，因此，法律在允许当事人一方解除劳动合同的同时，为平衡双方的利益关系，避免或者减少给对方因解除合同造成损失，要求解除合同的一方当事人在解除前提前预告对方。此外，由于劳动者一方的弱势地位，法律还要求用人单位在不是基于劳动者过错解除劳动合同时，给予劳动者一定的经济补偿。

第二节　协商解除劳动合同

一、协商解除劳动合同的含义

劳动合同的协商解除，是指用人单位与劳动者在完全自愿的情况下，互相协商，在达成合意的基础上提前终止劳动合同的效力的行为。我国《劳动法》第24条规定，经劳动合同当事人协商一致，劳动合同可以解除。《劳动合同法》第36条也规定，用人单位与劳动者协商一致，可以解除劳动合同。这两个法律的规定是完全一致的。协议解除是当事人双方行使解除权的结果，其解除权的获得来自于当事人双方的合意，是合同所体现的当事人意思自治的体现。

二、协商解除劳动合同的条件

劳动合同依法订立后，双方当事人必须履行合同义务，遵守合同的法律效力，任何一方不得因后悔或者难以履行而擅自解除合同。但是，为了保障用人单位的用人自主权和劳动者劳动权的充分实现，《劳动合同法》规定在特定条件和程序下，用人单位与劳动者协商一致时可以解除劳动合同。解除劳动合同必须符合以下几个基本条件：其一，被解除的劳动合同是依法成立且有效的合同；其二，解除劳动合同的行为必须是在被解除的劳动合同依法订立生效之后、尚未全部履行之前进行；其三，解除劳动合同的权利属于劳动合同的双方当事人，用人单位与劳动者均有权提出解除合同的请求；其四，在双方自愿、平等协商的基础上达成一致意见，可以不受劳动合同中约定的终止条件的限制；其五，不得违反法律、法规的强制性规定和损害国家利益、公共利益。还应当注意的是，由于提出协商解除劳动合同的主体不同，其法律后果也不同。按照《劳动合同法》第46条和劳动部颁布的《违反和解除劳动合同的经济补偿办法》的规定，用人单位提出解除劳动合同的，应当依法向劳动者支付相应的经济补偿金。

第三节　劳动者单方解除劳动合同

一、劳动者预告辞职解除劳动合同制度

（一）劳动者预告辞职解除劳动合同的法定情形

我国《劳动法》首次确立了劳动者预告辞职解除劳动合同的自由权利，该法第31条规定："劳动者解除劳动合同，应当提前三十日以书面形式通知用人单位。"此外，《劳动合同法》第37条还进一步规定："劳动者提前三十日以书面形式通知用人单位，可以解除劳动合同。劳动者在试用期内提前三日通知用人单位，可以解除劳动合同。"这个规定在肯定《劳动法》赋予劳动者自由辞职权的基础上，对试用期内的劳动合同解除的预告期作了明确规定，是对劳动法相关规定的修改。这里要强调，劳动者在解除劳动合同时，只要按照法定的预告期作了预告，则无须征得用人单位的同意，或者说不以用人单位的同意为前提。这是与协商解除劳动合同所不同的。超过预告期，劳动者向用人单位提出办理解除劳动合同的手续，用人单位也应予以办理。预告期不足法律规定的时间的，用人单位可以不予办理解除劳动合同的手续。

在劳动关系中，劳动者相对于用人单位而言始终处于弱势地位，从保护劳动

者权益出发，法律赋予了劳动者单方解除合同的权利。这样有利于劳动者根据自身的能力、特长、志趣爱好选择最适合自己的职业，充分发挥其自身潜能，从而有利于实现劳动力资源的合理配置。但是，劳动者在行使解除劳动合同权利时必须遵守法定的程序，即解除预告期程序和书面通知程序。解除预告期与书面通知程序是一般性原则程序，要与其他有关制度结合才能准确适用。

劳动合同的解除预告期是各国劳动立法的通行做法。按照《劳动法》和《劳动合同法》的规定，劳动者在书面通知用人单位后不能即时离职，还应继续工作至少 30 日，这样便于用人单位及时安排人员接替其工作，保持劳动过程的连续性，确保正常的工作秩序，避免因解除劳动合同影响用人单位的生产经营或管理，给用人单位造成不必要的损失。同时，这样也使劳动者解除劳动合同合法化。否则，将会构成违法解除合同，并可能承担赔偿责任。

无论是劳动者还是用人单位在解除劳动合同时，都必须以书面形式告知对方。因为，这一时间的确定直接关系解除预告期的起算时间，也关系劳动者的工资等利益，所以必须采取慎重的方式来表达。

试用期既是用人单位对新招收员工各方面的情况进行考察的期限，主要考察劳动者是否具备录用条件，也是新员工用以考察用人单位的劳动条件、劳动报酬是否符合劳动合同规定的选择期限。在试用期内，劳动关系处于一种不确定的状态，劳动者对是否与用人单位建立正式的劳动关系保有选择的权利。为此，劳动者在试用期内发现用人单位的实际情况与订立劳动合同时所承诺的条件不一致的，或者发现自己不适合从事该工种工作，以及存在其他不能履行劳动合同的情况，劳动者无需任何理由，可以提前 3 日通知用人单位予以解除劳动合同。同时，由于试用期内双方已经建立了劳动关系，在性质上也属于劳动合同的期限范畴，对于有试用期约定的劳动合同，劳动者也应该受到劳动合同效力的约束，不得任意解除劳动合同。

预告解除劳动合同也应该符合法律的规定，否则，要承担相应的法律后果。根据劳动部《关于贯彻执行〈中华人民共和国劳动法〉若干问题的意见》第 33 条的规定，劳动者违反劳动法规定或者劳动合同约定解除劳动合同（如擅自离职），给用人单位造成经济损失的，应当根据《劳动法》第 102 条和劳动部《违反〈劳动法〉有关劳动合同规定的赔偿办法》（劳部发〔1995〕223 号）的规定，承担赔偿责任。《劳动合同法》第 90 条也规定："劳动者违反本法规定解除劳动合同，或者违反劳动合同中约定的保密义务或者竞业限制，给用人单位造成损失的，应当承担赔偿责任。"

以上规定的立法本意在于赋予劳动者不限条件的自由辞职权。但是根据《劳动合同法》第 17 条的规定来看，对于固定期限的劳动合同来说，期限是劳动合同应当具备的条款，也是双方应当履行的义务。此外，第 22 条进一步规定：

“用人单位为劳动者提供专项培训费用，对其进行专业技术培训的，可以与该劳动者订立协议，约定服务期。劳动者违反服务期约定的，应当按照约定向用人单位支付违约金。违约金的数额不得超过用人单位提供的培训费用。用人单位要求劳动者支付的违约金不得超过服务期尚未履行部分所应分摊的培训费用。”第29条规定：“用人单位与劳动者应当按照劳动合同的约定，全面履行各自的义务。”根据这些法律的规定，劳动合同有效成立后，劳动者应该全面适当地履行劳动合同约定的义务，其中就包括对合同期限的约定。否则，就要承担违约责任。如果规定劳动者在劳动合同期限内有解除劳动合同的自由，但是法律又规定违反合同的期限约定要承担违约责任，对此，如何适用法律规定不明。其次，法律规定在一般情况下劳动者解除劳动合同需要提起预告，那么，预告在性质上是预告辞职的条件还是程序呢？如果是条件，那当劳动者没有依法提前预告而辞职时，由于行为不符合条件应该是辞职无效，这时劳动者要承担违约责任，反之如果是程序，就将发生解除劳动合同的法律效果。对此，法律规定也不明确。这将直接影响行为人的法律效果。再次，根据《劳动合同法》第17条第2款的规定，用人单位与劳动者可以约定试用期、培训、保守秘密、补充保险和福利待遇等其他事项。那么，当事人可否在合同中约定劳动者放弃预告辞职的权利呢？如果作了约定，该项弃权条款的效力如何呢？这也是法律不明之处。

《劳动合同法》虽然比《劳动法》对劳动者预告辞职解除劳动合同的规定显得更为合理一些，但是仍有一些规定需要进一步的具体和明确，以增加法律规定的可操作性。

（二）劳动者预告辞职解除劳动合同制度的适用

1. 劳动者预告辞职解除劳动合同与劳动合同期限的关系。劳动者的自由解约权，即预告辞职权是一定法定解除权，不需要通过劳动合同约定，也不需要在履行过程中经双方当事人协商同意。所以，劳动部办公厅《关于解除劳动合同其他问题的复函》规定了“劳动者提前三十日以书面形式通知用人单位解除劳动合同，无须征得用人单位的同意。超过三十日，劳动者向用人单位提出解除劳动合同的手续，用人单位应予以办理”。法律之所以赋予劳动者该项权利，是基于以下原因的考虑：第一，劳动关系主体地位需要平衡。一般来讲，劳动者和用人单位在劳动关系中是弱者和强者的不平等的关系，劳动者在劳动关系中处于用人单位的管理和支配之下，具有一定的依附性，而这种依附性使得其合法权益易被用人单位所侵害。为此，法律通过赋予劳动者该项较少限制的自由解约权，并严格限制用人单位的辞退权，从而达到平衡双方地位的效果。第二，劳动者择业自由权的保障。辞职权作为劳动权的一组成部分，通过辞职劳动者可以更充分地行使自己的劳动权，自由地选择自己的职业，可见，自由辞职是自由择业实现的前提。而法律规定的自由解约权，使劳动者可以在受到较少限制的情况下，只需履行一定的程序即可自由地辞职，解除劳动合同，保障了其就业自由权利的实现。

法律赋予劳动者解约自由权利的同时，不能不考虑劳动合同的效力问题。劳动合同是劳动者和用人单位合意的结果，也是双方当事人自由选择的结果，因此，当事人双方应当严格履行劳动合同。正像英国学者盖斯特所指出的“与合同自由观念密切相关的还有一个原则，那就是合同的神圣性。尤其使实业家关心的，是保证当事人双方遵守契约并保证尽量少使用逃避合同义务的手段”，① 而对于有固定期限的劳动合同来说，期限是当事人双方合意的结果，自由选择的结果，当事人也应当遵守期限的约定。我国《劳动合同法》第 22 条还特别规定了“用人单位为劳动者提供专项培训费用，对其进行专业技术培训的，可以与该劳动者订立协议，约定服务期。劳动者违反服务期约定的，应当按照约定向用人单位支付违约金。违约金的数额不得超过用人单位提供的培训费用。用人单位要求劳动者支付的违约金不得超过服务期尚未履行部分所应分摊的培训费用”。可是从该规定来看，只是适用于由于用人单位对劳动者提供专项培训费用而约定服务期的情形，在双方约定的服务期内，如果劳动者一方欲辞职解约，需要向用人单位方支付约定的违约金。对那些用人单位没有提供专项培训的劳动合同来说，劳动合同期限对于劳动者的效力如何，能否对抗其辞职解除权，没有明确的规定。换言之，劳动者在劳动合同期限没有届满前通过自由解约权辞职解除了劳动合同，是否构成违约行为？对此问题有不同的看法。

肯定者认为劳动者的自由辞职行为是一种违约行为，因为我国《劳动合同法》第 29 条规定了“用人单位与劳动者应当按照劳动合同的约定，全面履行各自的义务”。作为一项强制性的规定，劳动合同期限也是劳动者应当履行的一项合同义务，否则，就是违约行为。如果劳动者在解除劳动合同时，违反劳动合同有关约定而给用人单位造成经济损失的，应当依据有关法律、法规和规章的规定和劳动合同的约定，由劳动者承担赔偿责任。如用人单位招收录用的费用、培训费用、对生产经营造成的直接经济损失等。② 否定者认为，劳动者行使预告辞职权解除劳动合同是一种正当行使权利的行为，不构成违约行为。我们认为，劳动者通过预告辞职自由解除劳动合同的行为不构成违约行为，理由如下：

首先，劳动者依法辞职解除劳动合同的行为是一种合法行为。根据法律的一般原理，违约就是契约当事人在无法定事由的情况下，不履行或者不按约定履行

---

① ［英］A. G. 盖斯特著，张文镇等译：《英国合同法与案例》，中国大百科全书出版社 1998 年版，第 6 页。

② 《中华人民共和国劳动法注释本》，法律出版社 2006 年版，第 23 页。

义务的行为。① 也就是说，当事人必须是在不履行或不按约定履行合同的行为时没有理由的，如果当事人有正当的理由不履行合同，也就是合法的根据，就不会构成违约行为。劳动者辞职解除劳动合同的行为，是根据法律的规定行使法定解除权的行为。劳动者根据法律的规定提前一定的期限向用人单位作出解除劳动合同的意思表示，期限届满即达到结束劳动合同的法律效果，也就不需要履行或者再履行劳动合同。也就是说，劳动者通过预告辞职解除劳动合同是有法律根据的行为，是一种合法行为而不是违约行为，即没有违反劳动合同约定的期限的义务。再者，既然预告辞职解除劳动合同对于劳动者来说是法律所赋予的一项权利，那么，作为另一方的用人单位，就是劳动者预告辞职解除权行使的义务主体了。当劳动者遵循法律的规定提前一定的期限向用人单位提出解除劳动合同的手续，用人单位应予以办理，不得设置障碍阻挠劳动者辞职权的行使。如果认为劳动者通过预告辞职解除劳动合同的行为是一种违约行为，那劳动者就要对自己的违约行为向用人单位承担违约责任了。这时劳动者的预告辞职的自由解约权就不是劳动者的一项权利了，和劳动合同法律的规定是冲突的了。因此，从权利以及权利行使的角度来看，劳动者的预告辞职解除是行使法定权利的行为，不是违约行为。

其次，解除劳动合同所产生的赔偿损失的法律后果并不能说明预告辞职行为的违约性。我国劳动部所颁布的《关于贯彻执行〈中华人民共和国劳动法〉若干问题的意见》以及相关劳动法律文件中虽然规定了“劳动者违反规定或劳动合同的约定解除劳动合同，对用人单位造成损失的，劳动者应赔偿用人单位损失”。《劳动合同法》第 90 条也规定了“劳动者违反本法规定解除劳动合同，或者违反劳动合同中约定的保密义务或者竞业限制，给用人单位造成损失的，应当承担赔偿责任”。根据此规定，有人认为劳动者预告辞职行为所产生的赔偿损失的法律责任就是因为违反了劳动合同的约定的违约行为的法律后果。但我们认为，这是一种不正确的看法，是不符合基本的法学原理的。实际上，根据以上的规定来看，只有在当事人不正当地行使解除权的情况下，如没有履行预告通知义务给用人单位造成的损失，或者是违反了保密义务、竞业限制义务以及《劳动合同法》第 22 条所规定的服务期的预定时，才对用人单位造成的损失承担赔偿责任，也即当事人有过错的情况下解除劳动合同方承担赔偿责任。法律并没有明确规定，劳动者预告辞职解除劳动合同要承担违约赔偿责任。反之，即使规定劳动者通过自由解约权解除劳动合同，只要不是《劳动合同法》第 22 条所规定的情形，就不能说明预告辞职行为的违约性。

根据《民法通则》第 115 条和《合同法》第 97 条的规定，合同解除并不影

① 李永军：《合同法》，法律出版社 2004 年版，第 578 页。

响当事人要求赔偿损失的权利。但是这种损失根据法律规定来看，并不是基于合同所产生的债务不履行为理由的损害赔偿，即不是违约损害赔偿，而是对信赖利益损失的赔偿。因为如果把这种损失赔偿理解为违约赔偿责任，也就必须立足于合同没有解除的基础之上，也就是合同有效的前提之下。但是从《民法通则》第115条和《合同法》第97条的规定来看，都有使合同关系消灭的后果。这显然是合同解除的法律后果，而不是合同违约的后果，因为违约正是立足于合同关系有效存在的解除上方有违约之说。劳动合同虽然因其社会本位和自身的特征有不同于民事合同的规定，作为当事人合意的结果，自然也要遵循一般民事合同的基本原理。劳动关系消灭自然是劳动合同解除的法律后果之一。既然劳动关系也因此而消灭，根据合同解除的一般原理，就无法再认定预告辞职解除是一种违约行为，而只能理解为劳动者违反了因劳动合同的期限而生的信赖义务。因此，解除劳动合同所产生的赔偿损失的法律后果并不能说明预告辞职行为的违约性。

再次，立法禁止在劳动合同中预先约定劳动者的违约责任的规定否认了劳动者预告辞职行为的违约性。是否禁止在劳动合同中预先约定劳动者的违约责任，直接涉及劳动力的自由流动性，影响到劳动者择业自由权的实现问题。我国《劳动法》对此没有作出禁止性规定，但是现实中很多劳动合同都有事先约定的劳动者提前解除劳动合同的所谓违约责任条款。所造成的后果是在订立劳动合同时，考虑到就业的难度，很多劳动者被迫接受一些十分苛刻的提前解除劳动合同的违约条件，从事束缚了劳动者辞职解除劳动合同的自由，直接侵犯了劳动者的择业自由权。为此，我国《劳动合同法》第25条规定："除本法第二十二条和第二十三条规定的情形外，用人单位不得与劳动者约定由劳动者承担违约金。"第22条规定的是由于用人单位对劳动者提供专业技术培训所约定的服务期，第23条规定的是用人单位与劳动者可以在劳动合同中约定保守用人单位的商业秘密和与知识产权相关的保密事项。除此之外的事项，不得在合同中预先约定劳动者承担违约金的条款。从法律的规定来看，一般合同期限并不属于可以允许预先约定违约金条款的适用情形，这也说明了立法是否认预告辞职行为的违约性的。

2. 劳动者辞职解约权的预告期的性质。根据《劳动合同法》第37条之规定："劳动者提前三十日以书面形式通知用人单位，可以解除劳动合同。劳动者在试用期内提前三日通知用人单位，可以解除劳动合同。"具体来说，就是一般情况下，劳动者预告辞职解除劳动合同需要30天的预告期，如果是在试用期，劳动者只需要提前3天通知给用人单位即可要求用人单位办理解除手续。那么，这个预告期在性质上是程序呢还是条件呢？原劳动部发布的《关于〈中华人民共和国劳动法〉若干条文的说明》认为《劳动法》第31条所规定的是劳动者辞职权行使的程序，不是附加的条件。也就是说这个预告期在法律性质上属于劳动者辞职权行使的程序而非条件。但在1995年劳动部给浙江省劳动厅《关于劳动者解除劳动合同的复函》中却答复为“劳动者提前三十日以书面形式通知用人单位，既是解除劳动合同的程序，也是解除劳动合同的条件”。相关主管机关的解释出现了矛盾，导致对法律的适用无所适从了。学者们对此也是有争议的。有学者从劳动法的宗旨和弱者保护规则角度出发，30天的规定是程序，不是条件，没有提前30天预告的并不影响辞职权行使的效果。但有学者认为如果把30天的预告期界定为必要的条件，无疑是平衡双方主体利益的一种有效手段。劳动者预告辞职权的行使，会导致劳动合同的效力消灭，直接关系到双方的利益得失与利益期待，为使劳动者行使辞职权时谨慎考虑，要求预告辞职的行为采取要式行为，以效率的放弃而换取社会关系的安全与稳定是必要的。因此，应该在《劳动法》中明确规定辞职30天的预告是条件而不是程序。劳动者没有履行提前30天通知的条件时，解除合同的行为不发生法律效力。①

从法律的规定来看，预告期是劳动者一般情况下辞职需要履行的步骤、手续和时限，每个劳动者在辞职时都可以履行的，也是法律对劳动者自由解约权规定的一种形式、一种限制，并不具有或然性。所以，预告期应当是程序而非条件。这样，劳动者自由行使辞职权就可以得到法律保证，辞职权的功能更能得到发挥。因此，用人单位对于劳动者在预告期满之后不得以其他条件来限制劳动者的辞职权的行使，必须应劳动者的要求办理解除手续。否则，要对劳动者承担相应的法律责任。当然，劳动者辞职如果没有履行这个程序，而擅自离职的，根据《劳动合同法》第90条的规定以及原劳动部的一些法律文件的规定，劳动者违反本法规定解除劳动合同，给用人单位造成损失的，应当承担赔偿责任。

根据《劳动合同法》第17条第2款的规定，用人单位与劳动者可以约定试用期、培训、保守秘密、补充保险和福利待遇等其他事项。那么，当事人可否在合同中约定劳动者在劳动合同期限内放弃预告辞职解除劳动合同的权利呢？如果做了约定，该项弃权条款的效力如何呢？② 对此，理论上有不同看法。一种观点认为，这种限制从理论上和法律上看，法律明确赋予劳动者的权利不能用合同的形式来限制，而只能通过立法途径来解决；另一种观点则认为，只要是劳动者出于真实意思表示，不是出于欺诈或重大误解而签订的此项“弃权条款”，法律就应确认其效力，而没有必要加以限制。我们认为“弃权条款”的约定，可以保持劳动关系的稳定，促进劳动者对用人单位的责任感，并能使用人单位消除对劳动者的疑虑，从而增加培训的投入，扩大再生产都具有积极的意义。同时，“弃权条款”也是劳动者行使劳动权利的一种体现。劳动者对自己权利的处分只要不违反法律、法规的强制性和禁止性规定，不违背公共道德和公序良俗，以及不

① 张晓阳：“劳动者的预告辞职权”，载《当代法学》2005年第5期。

② 姜颖：《劳动合同法论》，法律出版社2006年版，第265页。

和集体合同所冲突，那么应该对劳动者处分自己权利的意思给予尊重。

当然由于劳动者在整个劳动关系中处于弱者的地位，再加上就业压力的作用，劳动者的选择相对于用人单位来说处于被动地位，劳动者可能会被迫地接受"弃权条款"，从而损害到自己的合法权益。因此，法律将劳动者的辞职权作为一项法定的权利赋予劳动者。但是，虽然劳动合同不同于民事合同，也同样遵循意思自治原则，只是受到法律的更强的一些限制而已。基于意思自治的考虑，劳动者可以也有权利签订"弃权条款"来处分自己的权利。再者，权利，乃是法律所规定的权利主体能够为一定行为或者不为一定行为以及要求他人为一定行为或者不为一定行为的可能性。那么，所谓的"弃权条款"不正是劳动者不为辞职解除劳动合同的行为吗？考虑到劳动者与用人单位相比较的弱者地位、就业的压力，以及劳动者自身缔约能力和法律知识的欠缺，需要加强对"弃权条款"的监督。并规定，如果劳动者和用人单位对"弃权条款"出现争议时，由用人单位举证证明"弃权条款"是出自劳动者的真实意思表示，否则，无效。这样，一方面可以发挥"弃权条款"的积极作用；另一方面又能够对劳动者的合法权益给予充分保护。

3. 预告辞职解除劳动合同所适用的范围。根据我国《劳动合同法》第 12 条的规定，劳动合同可以分为固定期限劳动合同、无固定期限劳动合同和以完成一定工作任务为期限的劳动合同三种类型。那么，预告辞职解除是否适用于所有类型的劳动合同也是一个值得探讨的问题。

对于有固定期限的劳动合同，期限就是一种利益，劳资双方对此期限是能预见的。它明确了双方当事人在此期间应该合力创造最大价值，如果期限约定不能约束劳动者，劳动关系就失去了合理信赖支持。所以有人认为，应借鉴外国立法先例，规定单方预告解除权只适用于不定期劳动合同。① 很多国家的劳动法都规定固定期限的劳动合同不适用劳动者单方解除权，否则违背了劳动关系的稳定性。例如《法国劳动法典》规定，除非合同当事人一致同意，定期劳动合同，只有当事人有严重过错或者不可抗力之场合，才能提前解除。根据德国法律的规定，只有在单个合同中或相关劳资协议中已有约定的情况下，按照约定的期限通知解除固定期限的劳动才是合法的。② 立法如此规定，是因为定期劳动合同对双方主体来说，体现着一种信赖和期待，主体相信合同会按照期限履行，因此任何一方主体的随意解除行为都会给对方带来期待利益的损害。劳动合同的期限条款是必备条款，对用人单位和劳动者有同等的约束力，否则就破坏了劳动合同的严肃性。但是如前所述，劳动者单方解除劳动合同时要受到法律所规定的程序的限

① 马强："劳动合同若干问题研究"，载《中国人民大学学报》2001 年第 1 期。

② ［德］W. 杜茨著，张国文译：《劳动法》，法律出版社 2005 年版，第 120 页。

制，这也是考虑到了用人单位一方利益的，而并不是随意的解除劳动合同的行为，因此并不属于违约的性质。而且，自由解约权是劳动法为了维护劳动者的择业自由权，促进劳动力资源的自由流动，基于劳资关系不平等的现实作的一种利益平衡。如果对有固定期限的劳动合同不适用劳动者单方解除权，对劳动者来说将是不公平的，也不符合维护劳动者合法权益的劳动立法宗旨。实际上在那些不区分固定期和不定期劳动合同的国家和地区来说，单方解除是由雇佣双方平等行使的，也就是说固定期限的劳动合同也是适用劳动者单方解除权。所以，我们认为，劳动者单方解除权是适用于固定期限劳动合同的。

而对于不定期劳动合同来说，都规定劳动者可以行使单方解除权的，而且也是单方解除权的主要适用领域。例如《法国劳动法典》，不定期劳动合同，只要遵守规定，签订合同双方的任何一方都可以予以中止。雇员在遵守预告期的情况下，不需要得到对方的接受即产生效力。德国法律规定，正常解约适用于无固定期限的劳动合同。① 日本法律也规定，对于当事人未定雇佣期限时，各当事人可以随时提出解约的请求。也就是只要雇员提出通知，可以随时解除劳动合同。对那些未区分定期和不定期劳动合同的国家和地区来说，由于将单方解除权授予雇佣双方平等行使，也当然适用于不固定期限的劳动合同。

我国《劳动合同法》还规定了一种以完成一定工作任务为期限的劳动合同。根据该法第 15 条的规定，以完成一定工作任务为期限的劳动合同，是指用人单位与劳动者约定以某项工作的完成为合同期限的劳动合同。该种劳动合同从本质上来说，仍为有固定期限的劳动合同，只是和一般有固定期限的劳动合同的期限的确定方式不同，但是其本质我们认为是相同的。既然有固定期限的劳动合同都适用劳动者的单方解除的，以完成一定工作任务为期限的劳动合同当然地也适用劳动者单方解除权，也就是属于劳动者可以通过预告辞职可以解除的劳动合同类型。从我国劳动法律的规定来看，《劳动法》第 31 条和《劳动合同法》第 37 条的规定都只是规定了“劳动者提前三十日以书面形式通知用人单位，可以解除劳动合同”，并没有限制适用的劳动合同范围。所以我们认为，在我国，劳动者的预告辞职权可以适用于所有类型的劳动合同，除非当事人有另外约定。

（三）我国劳动合同预告辞职制度的完善

虽然我国劳动合同立法以保护劳动者的合法权益为立法宗旨，但是也不能忽略了用人单位的利益，法律对此应该有一个平衡的态度。我们在肯定立法对劳动者预告解除权价值的同时，也必须正视这样一个问题：用人单位的利益保护问题。例如，是否根据劳动者的替代性程度规定不同的预告期？是否以工作年限的不同规定有不同的预告期？是否对不同人员有不同的立法规定，以保护平衡此类

① ［德］W. 杜茨著，张国文译：《劳动法》，法律出版社 2005 年版，第 120 页。

劳动者与用人单位的利益？我国劳动立法对此缺少规定。再者，劳动者遵循法律的规定提前通知用人单位解除劳动合同，但是由于劳动者的辞职给用人单位造成了损失，那么，劳动者应否对用人单位的损失承担责任？换言之，劳动者依据法律规定辞职是否对用人单位的损失给予赔偿？我国劳动法律法规只是规定了劳动者违反法律规定解除劳动合同，或者违反劳动合同中约定的保密义务或者竞业限制义务，给用人单位造成损失的，应当承担赔偿责任。对于依法辞职解除的赔偿责任未作规定，这是否公平？

1. 劳动者的差异与单方解除劳动合同的预告期限问题。即是否根据劳动者一方情况的不同规定不同的预告期？国外立法对此是有规定的。例如，《法国劳动法典》规定，不定期的雇佣合同，受雇者如果主动提出解除合同，是否有解除合同的预告期及预告期的长短，以法律或集体协定为依据；在没有这两者规定的场合，是否有此期限及其时间的长短，以当地或本行业的习惯法为依据。《德国民法典》第622条根据不同劳动者及劳动者在用人单位的工作年限的不同，规定了不同的预告期。职工终止劳动关系的预告期为6周，双方可在合同中约定较短的期限，但不得少于1个月。工人终止劳动关系的预告期是两周。如果劳动关系在同一企业或联合企业已存续5年，预告期延长至1个月；存续10年的，预告期延长至2个月；20年的预告期延长至3个月；50年以上的劳动合同，预告期为6个月。我国台湾地区的"法律"则根据劳动合同所规定的劳动报酬支付方式不同而给予不同的预告期。"劳动契约法"第32条规定：无定期劳动契约当事人之一方，得依下列规定声请解约。以日定报酬者，于其一日前预告之；以星期定报酬者，于其星期末之三日前预告之；以月定报酬者，与其月末之七日前预告之；以季定报酬者，于其期间末之半个月前预告之；以年定报酬者，于其期间末之一个月前预告之。前项预告期间，契约订有较长期间者，从其契约。① 我们认为不同的劳动者以及劳动者工作年限的长度，其劳动关系对用人单位的利益影响是不同的。一般来说，劳动关系存续的越长，双方的信赖越强，计酬的周期越长的劳动者，其在用人单位一般处于一些重要的岗位，对用人单位的价值也就越高，其辞职解除劳动关系对用人单位的影响也比较大，因此，对此作出一些较长的预告期，给用人单位一个寻找劳动者的替代者的期限，可以减少辞职对用人单位的不利影响。此外，对有些在一个单位存续时间较短的、岗位一般的、具有较强替代性的劳动者，其辞职对用人单位的影响较小，应该给其更短的预告期，更能够保障劳动者的辞职自由。同时，允许劳资双方就预告期在法律的最低限度内进行协商约定，更能适应双方当事人的具体情况，显示了立法的灵活性。这些国家和地区对不同劳动者、不同的工作年限、不同的岗位和条件确定不同的

① 史尚宽：《债法各论》，中国政法大学出版社2000年版，第312页。

预告期，并允许当事人双方协商约定的做法，有效地照顾了劳动者和用人单位双方的利益，维护了劳资关系的平衡，更有利于促进和谐劳动关系的建设。

我国《劳动合同法》对劳动者的预告辞职根据劳动关系所处阶段的不同分别规定了不同的预告期：正式劳动关系中的劳动者的辞职预告期是30日；试用期内的劳动者预告的期限是3日。那么除试用期内的劳动者之外的劳动者都规定30日的预告期的做法，是缺乏灵活性和合理性的。对于一些工作时间长的、处于重要岗位的、可替代性程度较弱的劳动者来说，在30日的预告通知时间内，很难找到合适的替代性人选，那么劳动者的辞职必然会损害用人单位的经济利益。同时，用人单位因劳动者可随时“跳槽”，将会对劳动者的培训投入信心不足，从而限制劳动者素质的提高和企业的长远发展。而对于短期劳动合同的普通劳动者来讲，一概规定30日预告时间又显得太长，不便于劳动者及时更换新的工作岗位，妨碍了择业自由权的行使。因此，我们认为应该借鉴以上各国和地区的有益做法，灵活、具体地针对不同的劳动者规定不同的预告期。对于在一个单位劳动关系存续时间较长的，一些管理型、高级性的不可替代性的专门人才，规定比30日较长的预告期；反之，对于一些劳动关系存续较短、普通的不可替代的劳动者，可以短于30日，但是最低不能低于一周；同时可以借鉴国外的规定，根据劳动关系存续的时间划分为不同的阶段，然后规定不同的预告期限，具体由立法者酌定。此外，在法律规定的限度内，允许当事人协商约定。这样做，既保障了劳动者的辞职自由，又照顾了用人单位的合法权益，有利于和谐劳动关系的构建和发展。

2. 依法辞职解除劳动合同给用人单位造成损失的承担问题。根据我国现行法律的规定，劳动者违反法律规定解除劳动合同，或者违反劳动合同中约定的保密义务或者竞业限制义务，给用人单位造成损失的，应当承担赔偿责任。对于依法辞职解除劳动合同给用人单位造成损失的承担问题，法律并没有作出规定。对此，我们认为，法律应该规定依法辞职解除劳动合同给用人单位造成损失的，应当承担赔偿的责任。虽然法律赋予了劳动者依法自由辞职的权利，但是权利的享有是需要付出代价的。毕竟，劳动合同有效成立后，当事人之间就会产生一种相互信赖关系，这种信赖关系直接影响到合同订立的目的的实现。但是劳动者行使自由辞职的结果是劳动合同解除，劳动关系消灭，用人单位于通过劳动合同所要追求实现的预期目的无法实现，或者需要重新付出额外的代价寻找替代的劳动者来实现，这部分损失由用人单位来承担显得不是很公平，因为这是因劳动者行使辞职解除劳动合同所造成的。劳动者既然享受利益，就应该付出成本。

根据《民法通则》第115条和《合同法》第97条的规定，合同解除并不影响当事人要求赔偿损失的权利。但是这种损失根据法律规定来看，并不是基于合同所产生的债务不履行为理由的损害赔偿，即不是违约损害赔偿，而是对信赖利益损失的赔偿。在劳动合同中，这种损失的范围我们认为应包括用人单位招收录用其所支出的费用；用人单位为其支付的培训费用，双方另有约定的按约定处理；寻找替代辞职劳动者人选的费用；以及对生产、经营和工作造成的直接经济损失。关于培训费用损失的赔偿，实际上我国《劳动合同法》第 22 条第 2 款的规定虽然名为违约金，实际上就是培训费用损失的赔偿金。根据该款的规定，我们认为用人单位要求劳动者支付的损失赔偿金不能超过劳动合同期限尚未履行部分所应分摊的费用。对于寻找替代辞职劳动者人选的费用，应该以寻找替代辞职劳动者相当素质的人员所应合理支出的费用为限。对此，对生产、经营和工作造成的直接经济损失我们认为仅限于因劳动者的辞职所造成的直接经济损失为限，并规定一个法定的限制标准，如不得超过劳动者工资水平的一定范围等，具体由立法者酌定。

法律规定劳动者依法辞职解除劳动合同给用人单位造成损失的，由劳动者给予赔偿，这样一方面劳动者的自由辞职权得到了保障；另一方面用人单位的利益也得到了照顾，有效地维护了双方之间的利益平衡。但是，为了防止用人单位以对劳动者的损害赔偿请求权来对抗劳动者的自由辞职权，可以规定用人单位不得以对劳动者的损害赔偿请求权拒绝劳动者行使辞职权。这是因为两者属于不同的法律关系，不能发生相互抗辩的效应。再者，辞职权涉及劳动者的择业自由，与劳动者的生存和发展密切相关，而损害赔偿请求权只关系到用人单位的经济利益，在权利的体系中处于不同的位阶，应优先保护劳动者的择业自由权。对于劳动者由于辞职给用人单位造成的损失，用人单位可以向劳动争议仲裁机构或者向人民法院主张其权利。因此，我们建议，在未来的劳动合同立法中，明确劳动者依法辞职解除劳动合同给用人单位造成损失的，应当承当赔偿责任，但是不影响自由辞职权的行使。同时还应规定赔偿的范围、限制等，以增强其操作性。

二、劳动者的即时辞职解除劳动合同

（一）劳动者即时辞职解除劳动合同的法定情形

实践中，有的用人单位任意克扣员工工资，停发、少发甚至完全不发工资，不为员工缴纳社会保险费，有的用人单位不顾劳动者的生命安全，让职工在有毒气体、无防护设备等恶劣的生产环境下劳动，导致员工中毒、死亡或残废。针对这种情况，为保护劳动者的合法权益，《劳动合同法》明确规定劳动者享有特别解除权，可以无条件与用人单位解除劳动合同。

即时辞职，指当法律规定的情形出现时，劳动者无须向用人单位预告通知就可以随时解除劳动合同。劳动者即时辞职解除劳动合同，是一种法定的无条件行为，是法律赋予劳动者一方所享有的特别解除权，可以归因于用人单位的过错。

如果用人单位不存在法定的过错情形，则不产生劳动者的即时辞职的合法结果。《劳动合同法》在总结《劳动法》等法律法规关于我国劳动者辞职解除劳动合同制度的实践经验基础上，借鉴和吸收了国外的相关规定和做法，对《劳动法》第32条作了修改和补充，使之更加完善。《劳动合同法》第38条规定了七种具体情形和兜底条款。具体包括以下几种情形：

一是用人单位未按照劳动合同约定提供劳动保护或者劳动条件的。用人单位采取切实有效的措施保护劳动者在劳动过程中的生命健康安全等是用人单位的基本责任和义务。用人单位为劳动者提供相应的劳动保护是对劳动者基本利益的维护。劳动保护和劳动条件是劳动合同法定的必备条款，即提供劳动保护和劳动条件是用人单位应尽的义务，如果用人单位未按照国家规定的标准或劳动合同的规定提供劳动保护措施，致使劳动安全、劳动卫生条件恶劣，将直接危害到劳动者的身体健康和生命安全，因为这是劳动者的最大利益，当然应赋予劳动者随时解除劳动合同的权利，以防止自身的身体和生命进一步地受到劳动危害的不良影响。同时，劳动条件直接涉及劳动者劳动义务的履行问题，关系到工作内容的完成效果。如果用人单位不对劳动者履行劳动合同提供必要的条件，有意地阻碍劳动者正常履行劳动合同，有意地造成劳动者一方违约，或者强行给员工“放假”或“停工”，都直接影响到劳动者工作权的实现，劳动者订立劳动合同预期目的的实现。既然目的无法实现，劳动合同存在的价值已经不大，法律应该授予劳动者解约的自由，从而再次更换新的工作，以保障择业自由。前述情形经国家劳动部门、卫生部门确认，劳动者可以与用人单位解除劳动合同。

二是用人单位未及时足额支付劳动报酬的。劳动报酬，就是通常所讲的工资，也称薪水、薪金、薪酬、薪资。在劳动者已经履行劳动合同义务的情况下，用人单位应当按照合同约定或者国家法律法规规定的数额、日期及时足额支付劳动报酬，禁止克扣和无故拖延工资。支付劳动报酬也是劳动合同的必备条款，用人单位未按照劳动合同的约定及时足额支付劳动报酬，就是违反劳动合同，也是对劳动者合法权益的侵犯。劳动者有权随时告知单位解除劳动合同，并在解除合同时有权要求用人单位按照付出的劳动支付相应的报酬。

三是用人单位未依法为劳动者缴纳社会保险费的。社会保险是国家对劳动者在患病、伤残、失业、工伤、年老以及其他生活困难的情况下，给予物质帮助的制度，包括养老保险、疾病保险、失业保险、工伤保险和生育保险。劳动者享受社会保险是《宪法》、《劳动法》和《劳动合同法》等法律法规赋予其的基本权利。① 社会保险具有国家强制性，用人单位应当依照有关法律、法规的规定，负责缴纳各项社会保险费用，并负有代扣、代缴本单位劳动者社会保险费的义务。

---

① 参见《中华人民共和国宪法》第45条，《中华人民共和国劳动法》第72条。

因此，如果用人单位未依法为劳动者缴纳社会保险费，则是对劳动者基本权利的侵害，劳动者可以与用人单位解除劳动合同。实践中，有的用人单位考虑到“外来工”流动性较强，没有建立完整的员工档案记录，也没有给员工办理各项社会保险登记。一方面，用人单位认为我国没有建立社会保险金账户的自由转移制度，一旦流动性较强的职工辞职或被辞退，其社会保险金利益也难以被职工所享受；另一方面，有的职工本人不愿意缴纳自己应当承担部分的保险金，由此造成社会保险金缴纳的困难，这需要相关制度的建立和完善。但是，无论什么理由，对于单位拒不依法缴纳或者延迟缴纳社会保险费的，劳动行政部门可以责令其限期缴纳；逾期不缴的，可以加收滞纳金。对此，劳动主管部门负有监管职责，在实际工作中要与工商、税务等部门通力合作、互通信息，保证社会保险费得到及时缴纳。

四是用人单位的规章制度违反法律、法规的规定，损害劳动者权益的。这一规定包含了两层含义：第一，用人单位的规章制度违反了法律、法规的规定。本质上讲，规章制度是经过法定的民主程序由用人单位确定与制定的旨在保证劳动者履行劳动义务和享有劳动权利的规则和制度。由于规章制度的制定程序实行“先民主、后集中”的原则，最终由用人单位一方确定，难免在确定规章制度的过程中出现利益偏好。针对此种程序，首先，要求规章制度的内容要合法，即其内容不得违反国家《宪法》、《劳动法》、《劳动合同法》及其他法律法规的规定，也不得与劳动合同或集体合同的内容相冲突。因为，劳动合同、集体合同和规章制度往往都会涉及对劳动条件和劳动待遇的规定，劳动合同和集体合同是用人单位和劳动者合意的结果，而规章制度是主要由用人单位制定的，这就要求规章制度中有关劳动条件和劳动待遇的规定不得低于合同的约定。其次，规章制度的制定和公布程序要合法。既要经过一定的民主程序，也要经过公示程序。规章制度的制定权虽然属于用人单位，但规章制度的内容涉及的是劳动权利和劳动义务，因此要经过一定的民主程序。职工作为规章制度的遵守义务人，有权完全知道规章制度的内容，法律不要求职工遵守一个自己不知晓或无法知晓的规章制度。因此，公示规章制度发生效力的必经程序。第二，用人单位的规章制度损害了劳动者的权益。上述两个条件要同时具备。

五是劳动合同被确认无效或部分无效的，劳动者可以解除劳动合同。无效的劳动合同自订立时起就没有法律约束力，劳动者可以不予履行。但是，与一般民事合同不同的是，对于已经履行的，给劳动者造成损害的，用人单位应承担赔偿责任。这种规定显然是对劳动者的倾斜保护。

六是用人单位以暴力、威胁或者非法限制人身自由的手段强迫劳动者劳动的，或者用人单位违章指挥、强令冒险作业危及劳动者人身安全的，劳动者可以立即解除劳动合同，不需事先告知用人单位。这里所说的暴力，是指对劳动者实施捆绑、拉拽、殴打、伤害等行为。"威胁"是指对劳动者施以暴力或者其他强迫手段。"非法限制人身自由"是指采用拘留、禁闭或者其他强制方法非法剥夺或者限制他人按照自己的意志支配自己的身体活动自由的行为。人身自由是宪法和法律赋予每个公民的基本权利，不容侵犯。实践中，有的用人单位强迫劳动者劳动，把劳动者非法拘禁在特定的场所，没有活动的自由，这是典型的侵害人身自由权的非法行为。对此，劳动者可以随时解除合同，而不需事先告知用人单位。

对于用人单位不顾劳动者的人身生命安全，对从事危险作业，如采矿作业、高空作业等，在没有防护的情况下强令劳动者作业的，劳动者有权拒绝并撤离作业现场，可以立即解除劳动合同。

七是法律、行政法规规定劳动者可以解除劳动合同的其他情形。这是一个兜底条款规定，以避免遗漏现行法律、法规规定的其他情况，并采用此种方法以使该法和其他法律以及以后颁行的新法相互衔接。

我国《劳动合同法》对劳动者即时辞职权的规定在立法技术上采纳了列举和概括相结合的方式，既方便法律规定的具体使用，又可以起到防止遗漏的效果。通过赋予劳动者即时解除权，使劳动者具有和用人单位在对方有过错之时平等的单方解除权，这样更有利于劳动者维护自己的合法权益，同时有效地对用人单位的违法行为进行监督和遏制，促进用人单位遵守劳动法、严格履行劳动合同，提高依法用工的水平。但是有的规定，如无效劳动合同是否应当适用于合同解除制度，值得深思。一般来讲，合同解除的对象是有效的合同，解除的目的在于终止其效力。既然无效劳动合同自订立时起就没有法律效力，所以很难谈得上解除问题。

（二）*劳动者即时辞职解除劳动合同制度存在的问题*

如上所述，虽然《劳动合同法》对劳动者即时辞职制度规定得比较完善，但是对于满足现实的具体情况来说，法律的规定仍可能显得不够具体，操作起来仍有不少的问题值得研究。

第一，关于用人单位未按照劳动合同约定提供劳动保护或者劳动条件的问题。劳动合同约定或者法律规定的提供劳动保护和劳动条件可能是多方面的，是否用人单位一时或者一些次要的方面没有履行提供劳动保护和劳动条件的，劳动者就可随时解除劳动合同呢？我们认为法律虽然赋予劳动者即时辞职权，但是劳动关系的稳定也关系到劳动者的最终利益。根据诚实信用原则，当事人不仅仅应诚信地履行合同义务，更应当诚信地行使权利。所以，劳动者在用人单位一时或者一些次要的方面没有履行提供劳动保护和劳动条件的，可以根据《劳动合同法》第 32 条的规定，劳动者对危害生命安全和身体健康的劳动条件，有权对用人单位提出批评、检举和控告。如用人单位拒绝改正或者在合理的宽限期未能改正，仍不能按照合同约定提供劳动条件的，方可提出辞职办理解除手续的要求，用人单位不得拒绝办理，这样更能有效平衡利益关系，构建和谐的劳动关系。

第二，关于未及时足额支付劳动报酬的问题。作为有偿法律关系，劳动报酬是劳动者付出劳动力供用人单位使用的主要对价，也是建立劳动关系的主要目的。用人单位如未及时足额支付劳动报酬，必然会直接影响到劳动者建立劳动关系、订立劳动合同的预期目的的实现。劳动合同目的的落空，劳动者还要继续付出劳动义务，对劳动者来说，劳动合同的存在只有法律拘束的意义了。劳动合同法赋予劳动者辞职解除劳动合同的权利，劳动者可在用人单位未及时足额支付劳动报酬之时，解除劳动合同，摆脱劳动关系的约束。同时，劳动合同法规定了工资不补偿制度，也是对用人单位过错行为的一种制约。这样就使用人单位为自己的违约行为受到严厉的法律制裁，从而有效地防止用人单位的违法行为的发生。

另外，对未能及时足额支付工资也要做合理解释，否则会产生大量的纠纷。所谓未及时，是指未能按照合同约定与《工资支付暂行规定》的固定支付报酬的时间和标准支付工资。如果用人单位未按照上述规定的时间支付工资，可以认定未及时支付工资。可是假如迟延一天可否算是迟延？对于足额支付，也就是按约定或法定的工资支付项目和工资额全部支付，不得克扣。反之，就是未能足额支付。可是假如少付一元工资算是未足额支付吗？能否把未及时足额支付劳动报酬解释为只要迟延一天少付一元工资就可以随时辞职呢？很明显，如果这样解释，虽然使劳动者可以自由地辞职解约，但会造成劳动者解约权的滥用，不符合诚信原则。而且，有时因用人单位具体的生产经营情况不能按照约定的时间支付或者因疏忽未能足额发放，主观并不是故意。而法律规定的劳动者即时辞职的适用一般限制在用人单位过错的情形下，是对用人单位的一种制约和制裁。如果轻微的未能及时足额支付工资就由劳动者辞职解除合同，将和立法目的相违背。因此，我们认为，只有在用人单位未及时足额支付工资并在劳动者要求改正而用人单位拒绝的情况下，劳动者方能通知用人单位辞职解除合同。

第三，关于未依法为劳动者缴纳社会保险费的问题。根据《劳动法》第72条的规定："社会保险基金按照保险类型确定资金来源，逐步实行社会统筹。用人单位和劳动者必须依法参加社会保险，缴纳社会保险费。"可见，依法为劳动者缴纳社会保险费是用人单位的一项法定义务。由于社会保险的强制性，用人单位为劳动者缴纳社会保险费的义务不得通过合同约定而免除。法律如此规定，是因为用人单位的财富积累是来自于劳动者所创造的剩余财富。根据等价有偿原则，用人单位所支付给劳动者的劳动报酬只是劳动者所创造的财富的一部分，依法为劳动者缴纳社会保险费可以视为劳动者所创造的财富分配的一部分，是劳动者将劳动力的使用让渡给用人单位的对价的一部分，其可以视为劳动合同中用人单位默示义务的一部分。既然为劳动者缴纳社会保险费用是用人单位使用劳动者劳动力的对价，那么，如果用人单位没有依法为劳动者缴纳社会保险费，不仅仅违反了法律的强制性规定义务，也是违反了劳动合同的约定义务，影响了劳动者订立劳动合同对社会保险利益预期目的的实现。既然劳动者订立劳动合同的目的由于用人单位的过错行为无法实现，目的落空，就应该当然地赋予劳动者解除劳动合同的权利，以促使用人单位纠正其违法行为。实际上，立法规定未依法为劳动者缴纳社会保险费的作为劳动者即时辞职的情形，对于促使劳动法规定的五项社会保险的有效执行，将会有积极的意义。当然在使用该项规定时，由于目前这五项社会保险项目在各地的强制推行程度不一样，因此，未依法为劳动者缴纳社会保险费应该以当地所强制推行的社会保险项目为依据来判断，对于未强制推行的项目，如补充养老保险，以当事人双方在合同中的约定或集体合同的规定作为依据来判断用人单位行为的行为性质。同时，适用该规定时，应当在用人单位未依法为劳动者缴纳社会保险费，并经劳动者提出改正仍未改正时，方可行使辞职权。这样更能促进和谐劳动关系的构建和发展。

第四，关于用人单位的规章制度违反法律、法规的规定，损害劳动者权益的问题。依据《劳动法》第 4 条和《劳动合同法》第 4 条的规定，用人单位应当依法建立和完善劳动规章制度。用人单位的规章制度在法律性质上来看，直接涉及劳动者切身利益的规章制度是劳动合同默示条款的一部分，是劳动合同的附件。所以，《劳动法》第 89 条和《劳动合同法》第 80 条都作了“用人单位制定的劳动规章制度违反法律、法规规定的，由劳动行政部门给予警告，责令改正；对劳动者造成损害的，应当承担赔偿责任”的规定，《劳动合同法》进一步规定为用人单位的规章制度违反法律、法规的规定，损害劳动者权益的，劳动者可以解除合同。

但是其中的“依法”和“违反法律、法规”如何理解，不无疑问：一种观点认为，用人单位规章制度不得违反广义的“法律”，即所有的法律、法规和规章。劳动部《关于〈中华人民共和国劳动法〉若干条文的说明》对第 4 条的解释是：“本条中的‘依法’应作广义理解，指所有的法律、法规和规章。包括：宪法、法律、行政法规、地方法规、民族自治，还有依据地方的自治条例和单行条例，以及关于劳动方面的行政规章。”还有一种观点认为，用人单位的规章制度不得违反法律和行政法规，不包括其他的法律渊源。① 我们认为，从我国立法规定的规章制度的适用范围来看，包括有关劳动报酬、工作时间、休息休假、劳动安全卫生、保险福利、职工培训、劳动纪律以及劳动定额管理等直接涉及劳动者切身利益等事项。换言之，这些事项是涉及劳动双方基本利益的事项，是双方

---

① 廖正江：《用人单位适用劳动合同制度疑难问题解读》，中国法制出版社 2006 年版，第 61 ~ 62 页。

基本权利的内容。立法既然规定用人单位在制定、修改或者决定直接涉及劳动者切身利益的规章制度或者重大事项时，应当双方合意，它实际上是用人单位用人自主权和劳动者劳动权综合行使的结果。对于当事人的合意，我国《合同法》第 52 条的规定是违反法律、行政法规的强制性规定的合同无效。同样作为劳资双方集体合意的规章制度，我们认为可以参考适用合同法的规定，并结合我国劳动立法中地方立法所起的重要作用，将其法律依据仅限于法律、行政法规、地方法规，这样可以减少过多的干预劳资关系，更好地发挥劳资双方的意思在劳动关系协调中的作用。用人单位的规章制度违反法律、法规的规定，是指用人单位的规章制度违反法律、行政法规和地方法规的强制性规定，损害劳动者合法权益的，工会或者职工认为不适当的，向用人单位提出，通过协商予以修改完善。如果用人单位拒绝协商和修改的，劳动者就可以向用人单位辞职，而不是发现规章违法就辞职，因为这不符合法律的规定。

第五，关于法律、行政法规规定劳动者可以解除劳动合同的其他情形。法律、行政法规规定劳动者可以解除劳动合同的其他情形很多，包括用人单位存在过错和用人单位无过错的各种情形。但是从立法的本意来看，应理解为因用人单位违反法律法规导致劳动者可以依法解除劳动合同的其他情形，也就是说不应该理解为无过错的各种情形。因为对于无过错的情形的辞职，根据我国《劳动合同法》的立法安排来看，在预告辞职制度中已经作了规定，包含了各种用人单位无过错辞职的情形。而且从利益平衡的原理来看，当用人单位无过错之时，通过预告程序来平衡劳动者的辞职自由和用人单位的用人自由；在用人单位有过错之时，法律赋予劳动者即时辞职的权利，不需要预告的程序。因此，我们认为《劳动合同法》的该项规定是有瑕疵的，应该做限缩解释，即用人单位存在过错的其他情形，这样更符合立法本意和体系的一致。

第六，关于即时辞职的程序问题。劳动合同的订立是双方通过一定的程序来完成的，同样的道理，通过解除消灭劳动合同也应遵循一定的程序性规定，一方面在于确保辞职权的正当行使；另一方面也是稳定劳动关系的需要。根据一般的法律原理，我们认为即时辞职权的行使应当通过以下程序：首先，劳动者提出证据证明用人单位过错行为的确实存在；其次，劳动者口头或者书面向用人单位提出辞职的要求；最后，用人单位应劳动者的要求办理解除合同手续，并承担相应的法律责任。

如果用人单位有《劳动合同法》规定的以暴力、威胁或者非法限制人身自由的手段强迫劳动者劳动的，或者用人单位违章指挥、强令冒险作业危及劳动者人身安全的，劳动者可以立即解除劳动合同，不需事先告知用人单位。法律如此规定，是因为当用人单位以暴力、威胁或者非法限制人身自由的手段，如拘留、禁闭或者其他强制方法非法剥夺或限制劳动者按照自己的意志支配自己的身体活动的自由，强迫劳动者劳动的行为是违背了国际公约明令禁止的强迫劳动，也侵犯了宪法和劳动法所规定的劳动者所享有的劳动自由的基本人权。在强迫劳动的情形下，由于劳动者不是按照自己的意愿缔结劳动合同，无法自由地支配自己的行为，身体健康和生命安全极易受到用人单位的侵害，需要立即赋予劳动者解除劳动合同的权利。根据法律规定，是要负民事、行政甚至刑事责任的。用人单位违章指挥、强令冒险作业危及劳动者人身安全的，直接危害到劳动者的生命安全。根据《劳动法》第56条的规定，对于用人单位管理人员违章指挥、强令冒险作业，有权拒绝执行，实际上赋予了劳动者以拒绝权。再者，劳动者因用人单位的这种严重过错行为所受损害的利益无法通过事后救济予以弥补，而且用人单位这些严重过错是完全无视法律和劳动者权益的表现，所以，法律赋予劳动者无须按照一般的程序，事先告知用人单位，立即解除劳动合同。除此之外的情形，劳动者还需要事先告知用人单位。对于事先告知的时间，法律未作规定。但是，不能适用《劳动合同法》关于预告制度的规定，而是按照诚实信用原则，以做好办理解除合同手续为必要。

（三）我国劳动合同即时辞职制度的完善

《劳动合同法》对即时辞职的规定，排除了试用期内的辞职，将即时辞职主要适用于用人单位有过错的情形，并扩大了适用的范围。在立法技术上，采纳了学者们的建议，列举和概括相结合，既方便法律规定的具体适用，又可以起到防止遗漏的效果。但是从法律的规定来看，具体适用的情形不够详细、具体，而且有些关系到侵犯劳动者合法权益保障的情形没有作出规定。从倾斜的保护劳动者的合法权益的理念出发，应扩展即时辞职解除适用的范围，以利于劳动者的保障。此外，有些规定违反了一般的法理，例如将无效劳动合同作为辞职解除的对象，是立法应该改正的地方。有些规定本身具有瑕疵，需要作进一步的准确规定。我们试从以下几方面谈谈我国劳动合同的即时辞职解除制度的完善：

一是关于即时辞职适用范围的合理规定。“法律、法规规定劳动者可以解除劳动合同的其他情形”包括哪些，尚未知悉。根据我国台湾地区“劳动基准法”的规定，雇主、雇主代理人或其他劳工患有恶性传染病，有传染之虐者劳工可不经预告终止契约。《香港雇用条例》规定了雇员合理地恐惧身体会遭受暴力汇集病危害，而在受雇用合约并无明订或根据必然含意预料会有此种情形时，雇员不给予通知可以终止合约。为了有利于法律的适用，我们认为也可以将其作为具体的情形在我国劳动合同法中作出明确规定。此外，如上所述，《劳动合同法》将无效劳动合同作为即时辞职解除的对象，在法理上是不符的。所以，应该予以删除。但是可以借鉴我国台湾地区“雇主于订立劳动契约时为虚伪之意思表示，致劳工误信而有受损害之虐者，劳工得不经预告而终止契约”。我国可以规定：用人单位有欺诈、乘人之危之情形订立或者变更劳动合同的，劳动者可以不经预告而辞职。当然，这还需要改变有欺诈情形订立劳动合同作为无效劳动合同的态度，而是区别具体情形确立劳动合同无效和劳动合同可撤销并立之制度。我国是把劳动者的辞职权的行使分为用人单位的过错和无过错两种类别分别规定的，在用人单位无过错的情形下，劳动者自由行使辞职权要按照《劳动合同法》第37条规定的预告辞职制度来操作，而在用人单位有过错的情形下按照第38条规定特别解除权来操作。但是“法律、行政法规规定劳动者可以解除劳动合同的其他情形”很明显包含用人单位未违反法律、行政法规的情形，这和劳动合同法对用人单位辞职权的体系的安排不和谐。所以，我们认为应将其修改为“用人单位违反法律、行政法规的其他情形”。

二是关于即时辞职时效的规定。我们知道，劳动者的辞职权行使的结果是劳动合同的消灭，也可以说是劳动者作为合同当事人行使债权的结果，而债权的行使是要受到时效限制的。我国《合同法》第95条就规定了合同解除权行使的期限。根据该规定，法律或者当事人约定解除权行使期限的，期限届满当事人不行使的，该权利消灭。法律没有规定或者当事人没有约定解除权行使期限，经对方催告后在合理期限内不行使的，该权利消灭。对于劳动者来说，其辞职权作为劳动者可以行使的解除权，也应该在一个期限内行使，受一定期限的限制。这样，可以促使劳动者及时行使权利，稳定劳动关系，并且在发生争议时便于收集证据。对此，我国台湾地区“劳动基准法”规定了雇主于订立劳动契约时为虚伪之意思表示，致劳工误信而有受损害之虞者；雇主违反劳动契约或劳工法令，致有损害劳工权益之虞者，劳动者应于知悉其情形之日起30日内为之。雇主、雇主代理人或其他劳工患有恶性传染病，有传染之虞者，雇主已将代理人解雇或已将患有传染病者送医或解雇，劳工不得终止契约。我国劳动者因用人单位的过错辞职的，也可以规定一个合理的时效，要求劳动者应该于用人单位过错情形发生之日起一定期限内行使，否则不得行使，具体期限的长短和适用情形可以区别规定，由立法者酌定。

同时，为了使用人单位对于劳动者的辞职有所准备，方便劳动者和用人单位办理解除手续，也应该规定一个劳动者需要事先告知的期限。例如，根据《越南劳动法》的规定，用人单位有过错的，劳动者提前解除合同，至少提前3天通知用工者。结合我国《劳动合同法》第38条的规定，我们可以规定：用人单位有第1款的情形时，劳动者提出辞职，至少提前1—3天通知用人单位；有第2款的情形时，不受前者规定的限制，可以立即解除。

三是即时辞职权行使的形式。《劳动合同法》第38条只是规定，用人单位有法定情形时，劳动者可以解除劳动合同，但解除的形式是口头还是必须书面或者二者皆可，法律没有明确规定。而该法第37条却规定了“劳动者提前三十日以书面形式通知用人单位，可以解除劳动合同”，要求劳动者预告辞职解除劳动合同必须采用书面形式。我们认为，虽然即时辞职和预告辞职的适用情形不同，前者适用于用人单位有过错的情形，后者适用于一般情况。但是从立法对劳动合同的形式要求来看，劳动合同应当采用书面形式。从稳定劳动关系，严格劳动合同纪律，以及双方因解除劳动合同发生争议时便于证据收集的考虑，不应该因为辞职适用情形的不同规定不同的形式，也应该和预告辞职一样，要求劳动者可以书面告知用人单位解除劳动合同。这样，也是对劳动者解除劳动合同的一种形式的限制。书面告知的内容应包括用人单位过错的事实、辞职的根据和理由，以及其他请求。当然，对于情况紧急、严重侵犯劳动者合法权益的情形，例如当发生用人单位以暴力、威胁或者非法限制人身自由的手段强迫劳动者劳动的，或者用人单位违章指挥、强令冒险作业危及劳动者人身安全情形的，劳动者可以立即解除劳动合同，不需事先告知用人单位。由于不需要事先告知用人单位，也就不需要书面形式的告知了。劳动者这时可以口头要求辞职，要求用人单位办理解除劳动合同手续。

第四节　用人单位单方解除劳动合同

《劳动合同法》基于劳动者在劳动关系中的弱势地位，以“保护劳动者的合法权益，构建和发展和谐稳定的劳动关系”作为立法宗旨，其价值取向是可以维护劳动者的利益，这也是劳动合同法其社会法属性的表现。所以立法赋予劳动者辞职权来解除劳动合同，包括预告辞职和即时辞职。法律是社会关系和社会利益的调整器，任何立法都是对权利义务的分配和社会利益的配置，立法必须在多元利益主体之间寻找结合点。从建立和谐稳定的劳动关系的目标出发，立法定位向劳动者倾斜的同时，在劳动者的劳动权和用人单位的自由用人权之间找到适当的平衡点，即赋予用人单位一定的辞退权来解除劳动合同，以求保护劳动者和用人单位的双方的合法权益。我国合同立法贯彻了这一价值取向。我国《劳动法》和《劳动合同法》规定预告辞退解除、即时辞退解除和经济性裁员三种类型。

一、用人单位即时辞退解除劳动合同

（一）用人单位即时辞退解除劳动合同的法定情形

即时辞退，是指因劳动者一方过错或其他法定原因，用人单位无须向劳动者事先通知即可单方解除劳动合同的行为。由于即时辞退是适用于劳动者有过错的情形，也可以称为过错性辞退。由于即时辞退不需要事先通知劳动者，且不需要对劳动者支付经济补偿金，对劳动者的影响极大，因此，立法对此作了极其严格

的适用条件。我国《劳动法》第25条规定了用人单位可以解除劳动合同的情形：在试用期间被证明不符合录用条件的；严重违反劳动纪律或者用人单位规章制度的；严重失职，营私舞弊，对用人单位利益造成重大损害的；被依法追究刑事责任的。实践证明，该规定存在着规定的不严密、适用范围的不合理，缺乏必要制约的缺陷，不利于限制用人单位滥用辞退权的行为。《劳动合同法》对此进行了完善。该法第39条列举了六种情形：在试用期间被证明不符合录用条件的；严重违反用人单位的规章制度的；严重失职，营私舞弊，给用人单位造成重大损害的；劳动者同时与其他用人单位建立劳动关系，对完成本单位的工作任务造成严重影响，或者经用人单位提出，拒不改正的；因本法第26条第1款第1项规定的情形致使劳动合同无效的；被依法追究刑事责任的。

（二）工会对即时辞退解除劳动合同的法律监督

为了有效监督用人单位的即时辞退行为，我国《工会法》第21条作了明确规定。《劳动法》第30条也作了明确规定："用人单位解除劳动合同，工会认为不适当的，有权提出意见。如果用人单位违反法律、法规或者劳动合同，工会有权要求重新处理；劳动者申请仲裁或者提起诉讼的，工会应当依法支持和帮助。"《劳动合同法》基本延续了上述两个法律的规定。《劳动合同法》第43条规定："用人单位单方解除劳动合同，应当事先将理由通知工会。用人单位违反法律、行政法规规定或者劳动合同约定的，工会有权要求用人单位纠正。用人单位应当研究工会的意见，并将处理结果书面通知工会。"同时该法第48条规定了用人单位在违反法律规定辞退劳动者时所承担的法律责任。"用人单位违反本法规定解除或者终止劳动合同，劳动者要求继续履行劳动合同的，用人单位应当继续履行；劳动者不要求继续履行劳动合同或者劳动合同已经不能继续履行的，用人单位应当依照本法第八十七条规定支付赔偿金。"

从上述法律规定来看，在经济性裁员的监督中，工会享有知情权和纠错权。这些权利的行使既可保障工会监督的权威和保障劳动者的工作权，也可帮助企业合理有效地行使用工自主权，防止出现因解除劳动合同而引发劳资矛盾。

与《劳动法》的规定相比较，《劳动合同法》对即时辞退的规定已有较大进步，但依然需要完善，应明确劳动行政部门在其中的监督权以及劳动者的救济权。

（三）即时辞退解除劳动合同法律规定的适用

1. 关于在试用期间被证明不符合录用条件而解除劳动合同的情形，需要符合以下两个条件：第一，劳动关系处于试用期内；第二，劳动者被证明不符合录用条件。对于试用期，当事人应根据第19条规定的限制性条件约定，如果当事人的约定违反了法律的规定，应作无效处理。对于劳动者被证明不符合录用条件的，用人单位应负举证责任证明劳动者不符合录用条件，即招聘简章或规章制度中有明确的录用条件，经考核能证明劳动者不符合招聘简章或规章制度等文字明确记载的录用条件。但是在实践中存在的问题是劳动者的录用权是用人单位单方行使的，录用条件是用人单位单独制定的，对录用条件的考核也是由用人单位操作的，结果是用人单位滥用该项条款行使辞退权，随意辞退职工，侵犯了劳动者的工作权。而且，劳动合同的订立对大多数一般劳动者来说是格式合同，劳动者处于从属地位，具体的录用条件劳动者并不知悉。如果以此录用条件来证明劳动者不合格，是严重违反公平原则的。因此，对该项规定的适用应规定一些限制性条件。例如，《江苏省劳动合同条例》第 29 条就规定了用人单位以不符合录用条件解除劳动合同的，录用条件必须予以公布。我们认为，对于用人单位未向劳动者公布的录用条件，录用条件不符合法律、法规和公共道德，或者订立劳动合同时未向劳动者作出说明的，我们认为可以规定该录用条件无效，用人单位不得以不符合录用条件为由辞退职工。因此，用人单位以劳动者在试用期间被证明不符合录用条件的，必须证明劳动者不符合录用条件，并证明劳动者知悉或应知该录用条件为限，否则，不得辞退劳动者。

2. 关于劳动者严重违反用人单位的规章制度而解除劳动合同的情形。用人单位的规章制度是集体合同的构成部分，职工一旦与用人单位签订劳动合同，便可推定其接受该用人单位制定的规章的约束。① 因此，劳动者和用人单位在劳动关系缔结后应该遵守用人单位的规章制度，这也是劳动合同默示义务的要求。所以，当劳动者严重违反用人单位的规章制度时，其本质也就是严重违反了劳动合同的默示义务。这时，法律赋予用人单位辞退职工的权利，是对劳动者违约行为的自救，也是一种对职工违章的惩戒。但用人单位要对违章职工行使辞退权，会影响到劳动者劳动权的实现，所以，必须具备几个方面的要求：第一，劳动者有违章的事实。第二，违章的事实必须是严重的。对于违章的事实，只要劳动者的行为不符合规章的要求就可以定性为违章，这个比较容易判断。但是对于严重违章的事实，一般应以劳动法规所规定的限度和用人单位内部规则依该限度所规定的具体界限为准。用人单位规章关于严重违纪行为的具体规定，不应降低或扩大劳动法所要求的严重程度。在判定是否严重时，应当以劳动者在本劳动合同存续期间和法定追究期间的未经处罚和法定可重复处罚的违纪事实为限，而不能将超出此时间范围或法定不可重复处罚的违纪事实累计在内。同时，违章的后果应当是足以影响工作、生产的严重程度。第三，根据我国《劳动法》和《劳动合同法》的规定，劳动者所严重违反的必须是不违反法律、法规的规章制度，具体包括规章的内容、规章的制定程序都要合乎法律、法规的规定。第四，规章制度必须明确规定可以解除劳动合同的内容。如《北京市劳动合同规定》第 30 条规

① 许明月：《劳动法学》，重庆大学出版社 2003 年版，第 34 页。

定："严重违反劳动纪律或者用人单位规章制度，按照用人单位规定或者劳动合同约定可以解除劳动合同的，但用人单位的规章制度与法律、法规、规章相抵触的除外。"

3. 关于劳动者严重失职，营私舞弊，给用人单位造成重大损害而解除劳动合同的情形。劳动者作为用人单位的一员，应该履行勤勉义务和忠实义务，为维护用人单位的合法权益尽最大的注意义务，也就是严格按照劳动合同的约定和法律的规定履行义务，包括明示的和默示的义务。严重失职，营私舞弊，给用人单位造成重大损害的行为是劳动者严重违背了自己所承担的义务，与自己作为用人单位的一员的身份极其不符。所以，法律为严肃劳动合同纪律，维护用人单位的合法权益出发，赋予其在劳动者有该种行为时的辞退权以解除劳动合同，消灭劳动关系。但是，劳动者的职责是用人单位内部规章规定的，劳动者是否严重失职，营私舞弊，给用人单位造成重大损害也是用人单位考核的。所以，为防止用人单位滥用辞退权侵犯劳动者的劳动权，对该项的规定应当严格把握其标准：第一，劳动者的"失职"、"营私舞弊"必须是严重的。如何认定"失职"、"营私舞弊"，应依法律、法规的规定，或者行业习惯以及用人单位依法制定的规章制度规定的劳动者的职责为标准。对于严重的把握，可以按照以"足以影响生产、经营"为标准。第二，劳动者的行为必须对用人单位的利益造成重大损害。这里关键是对重大损害的理解。我们认为，可以依劳动者的"失职"、"营私舞弊"的行为给用人单位造成的经济损失的数额，或者给用人单位造成的生产、经营的困难等来判断，这些不适宜在法律层面中规定，可以考虑由国家劳动行政部门发布相关规章或者最高人民法院制定司法解释来确定，以防止用人单位的恣意解释。

4. 关于劳动者同时与其他用人单位建立劳动关系，对完成本单位的工作任务造成严重影响，或者经用人单位提出，拒不改正而解除劳动合同的情形。劳动者同时与其他用人单位建立劳动关系，即通常所说的"兼职"。作为劳动者而言，完成本职工作，是其应尽的义务。从事兼职工作，可能会分散时间和精力，甚至会导致同业竞争和泄露单位的生产、经营秘密。对此，各国劳动法律都有明确规定。各国法律一般是有条件的允许。例如，德国法规定，如雇主无反对之意思表示，劳动者得为附劳动，但以其附劳动不属于雇佣人之营业范围，并不损害其对雇佣人之劳动给付为限；受雇人非得雇佣人同意，不得参加于雇佣人竞争之营业。我国台湾地区"立法"也规定，劳动者于劳动契约期满前，未经雇主同意不得与第三人订立劳动契约，但无损于原契约之履行者不在此限。从我国的《聘请科学技术人员兼职的暂行办法》、《劳动部办公厅关于职工从事业余兼职劳动发生劳动争议如何处理的复函》、《劳动法》、《劳动合同法》的规定来看，立法只是具体规定了中、高级科学技术人员和离岗退养、停薪留职的职工在征得原单位同意的前提下，可以在其他单位从事兼职。对于其他劳动者，既没有明确允许的规定，也没有对违反规定从事兼职的职工给予惩戒的规定。根据“用人单位招用与其他用人单位尚未解除或者终止劳动合同的劳动者，给其他用人单位造成损失的，应当承担连带赔偿责任”的规定来看，劳动者只要对完成本单位的工作任务没有影响，同时劳动合同中又没有禁止的约定，是可以从事兼职的。那么，法律就需要在劳动者可以从事兼职的就业自由权和用人单位的解职权之间寻求平衡的支点，即劳动者从事兼职对完成本单位的工作任务造成严重影响，或者经用人单位提出，拒不改正的，用人单位享有辞退权。这样，一方面维护了劳动者的就业权；另一方面也保护了用人单位的合法权益。

如何理解“严重影响”？我们认为这种影响应该是由于兼职导致劳动者无法按时、按质、按量完成约定的劳动义务，足以给用人单位造成生产、经营之不利。如果没有造成严重影响，并在用人单位没有提出反对意思的情况下，可以视为用人单位对劳动者从事兼职的默认，用人单位不得事后以其违约要求其承担违约责任。另外，如何看待“用人单位要求改正”的法律含义？各国法律在允许劳动者从事兼职的同时，一般要求事先经用人单位的同意，或不违反当事人事先的合同约定。对劳动者同时与其他用人单位建立劳动关系，事先未经用人单位同意的情况下，用人单位要求其改正的意思表示可以视为事后的补充约定。如果用人单位要求其改正的情况下劳动者仍不改正，可以作为一种严重违约的行为。用人单位这时当然可以辞退职工。

劳动者以欺诈、胁迫手段或者乘人之危，使对方在违背真实意思的情况下订立或者变更劳动合同而导致合同无效或者部分无效的，用人单位依法解除劳动合同。此项规定本身在逻辑上违背法理。合同无效，乃自始无效，不因解除而无效。用人单位可以向劳动者主张劳动合同无效，并办理劳动合同无效后的相关手续，而不是行使辞退解除劳动合同的权利。当然如果就合同无效问题与劳动者发生争议，用人单位可以将争议提交到劳动仲裁机构或者人民法院确认。

5. 关于劳动者被依法追究刑事责任而解除劳动合同的情形。有劳动能力的自然人，只有具备支配自己劳动能力所必要的行为自由，才能以自己的行为去实现劳动权利和劳动义务。如果其行为自由被依法剥夺或受到特定限制，其劳动行为能力就会受到相应的影响。在劳动合同存续期间，劳动者因严重违法，构成犯罪时，有的被人民法院依法判处刑罚并实际执行，有的缓期执行，有的不予羁押，有的被免予刑事处分。对于犯罪的外国人，可以独立适用或者附加适用驱逐出境。对于被定罪量刑并羁押执行的，用人单位解除劳动合同，不会有争议。但对于不予羁押的，可以通过社区矫正的途径，维持劳动合同关系。如果不分具体情况一律解除劳动合同，则不符合劳动合同的立法宗旨。

（四）即时辞退解除劳动合同制度的完善

《劳动合同法》对即时辞退的规定和《劳动法》的相关规定相比较，扩大了劳动者过失行为的范围，即用人单位即时辞退权的适用范围。但是从我国劳动合同的立法来看，存在着对适用范围的立法技术的落后，所具体列举的适用情形法律规定的不严谨，以及即时辞退权具体行使的程序的缺失等不足，其结果是立法的规定难以适应于具体社会现实，不利于对用人单位即时辞退行为的有效规范，劳动者的合法权益在用人单位的辞退行为中难以得到保障。所以，为更好地实现“保护劳动者的合法权益，构建和谐的劳动关系”的劳动合同立法宗旨，我们认为，我国劳动合同即时辞退解除制度需要从以下几方面作进一步的完善：

1. 改善辞退适用规定的立法技术，采用概括和列举相结合的方式。从各国对即时辞退适用范围规定的方式来看，可以分为概括式和具体列举式两种方式。前者如《法国劳动法典》第112条第14款的规定，要求企业辞退雇员必须有实际的和严肃的理由。同时对于辞退的理由是否是实际的和严肃的，由法官来收集证据来证明。根据德国法的规定，雇主在发现存在某种“重大事由”时，可按照《德国民法典》第626条所规定的非正常解雇方式（即时解雇方式），不经任何通知而终止雇佣关系。根据《德国民法典》第626条的规定，“重大事由”是指这样一种事实，“从具体事件的所有情况来看，并在适当考虑了双方当事人的利益之后，已不可能再期望引起雇佣关系终止的一方在通知期限届满之前继续此种雇佣关系”，具体由法官来判断。根据判例法来看，只有在雇员故意并且严重地损害了雇主的利益时，才构成“重大事由”。① 采取概括式的方式可以避免具体方式的挂一漏万，但是运用不当会使标准过宽，致使用人单位不当地运用辞退权从而侵犯劳动者的工作权，所以这些国家一般授权法官来具体判断何种情形构成“正当理由”、“重大事由”。例如，根据《瑞士债法典》的规定，只要雇主有正当理由就可以立即解除劳动合同，其理由是否构成正当理由要由法官根据诚信原则自由判定，即使雇主与雇员约定何种情况构成立即解约的正当理由也不影响法官的自由判断。这样，通过法官的具体判断，可以监督和限制用人单位不当的行使辞退权，以保护劳动者的工作权。

至于具体列举式的国家，例如，按照《古巴劳动法典》第53条的规定，因违反劳动纪律，劳动者被开除；因犯罪或安全措施被剥夺自由的时间超过6个月；在休假期间女劳动者不照顾子女而重新工作；在固定期限合同或项目合同的情况下，劳动者被剥夺自由的，用人单位可不用预先通知即可主动终止劳动合同。根据我国《劳动合同法》第39条的规定，当劳动者有在试用期间被证明不

---

① ［德］罗伯特·霍恩、海因·科茨、汉斯·G. 莱塞著，楚建译：《德国民商法导论》，中国大百科全书出版社1996年版，第358页。

符合录用条件的；严重违反用人单位的规章制度的；严重失职，营私舞弊，给用人单位造成重大损害的；劳动者同时与其他用人单位建立劳动关系，对完成本单位的工作任务造成严重影响，或者经用人单位提出，拒不改正的；因本法第26条第1款第1项规定的情形致使劳动合同无效的；被依法追究刑事责任的情形时，用人单位可以解除劳动合同。具体列举式的使用虽然使用人单位可以辞退劳动者的情形和适用条件具体明了，方便适用，但是立法者毕竟能力有限，对于劳动者的过失行为不可能在立法中规定完全，难免挂一漏万。再者，由于缺乏一般性的概括规定，对于具体情形的适用缺乏指导，难免使具体情形的适用偏离制度的立法旨意。比如，我国规定被依法追究刑事责任的适用即时辞退，但是如上所述，该项规定不正当的扩大了用人单位的辞退权，侵犯了劳动者的工作权，并且导致各部门立法之间出现了矛盾。如果有了一般性规定的指导，就可以对此作出正确解释，保障立法的正常实施。如果能将两者结合为一起，规定用人单位在劳动者有严重过失影响到劳动合同的实现或者侵犯用人单位利益时，用人单位可以解除劳动合同，同时再规定一些常见的具体情形。这样，就可以不仅仅方便具体规定的适用，又能够防止立法的遗漏。同时通过将对具体情形的适用授予解决劳动争议的司法机构依据诚实信用原则来判断，这样就可以将用人单位的辞退行为置于司法的监督之下，以保障用人单位辞退权的正当行使。

2. 改善辞退条件的模糊规定，严格对辞退条件的重新构建。虽然《劳动合同法》对用人单位的即时辞退扩展了《劳动法》所规定的适用范围，但是也仅仅是增加了“劳动者同时与其他用人单位建立劳动关系，对完成本单位的工作任务造成严重影响，或者经用人单位提出，拒不改正的”和“因本法第二十六条第一款第一项规定的情形致使劳动合同无效的”两项内容，其他的四项基本上是《劳动法》第25条规定的重复。从其规定来看，法律在授予用人单位对过错的劳动者有权辞退的同时，却由于规定条件的模糊极易导致辞退使用的不合理扩大，从而侵犯劳动者的工作权，不利于劳动关系的稳定。因此，需要重新对辞退条件进行规定，严格控制用人单位的辞退行为。

（1）严格限制和监督“录用条件”的适用。如上所述，在实践中存在的问题是劳动者的被录用权是由用人单位单方行使的，录用条件是用人单位单独制定的，对录用条件的考核也是由用人单位操作的。在当前就业压力较大的环境下，用人单位会滥用该项条款行使辞退权，随意辞退试用期内的职工，侵犯了劳动者的工作权。所以，立法应当对其进行必要的监督和限制。对此，我们建议：用人单位所规定的录用条件必须不违反法律、法规的规定和社会公共道德的要求；录用条件的适用应该是劳动者知悉的，用人单位在订立劳动合同时应该向劳动者公布并解释说明。同时，用人单位对劳动者的考核必须依照公平、公正、公开原则运作。

（2）限制认定对严重违反用人单位规章的适用。由于用人单位的规章制度主要是由用人单位行政制定的，为对规章的制定有所制约和规范，以及用人单位对严重违章的认定行为的监督，我们认为在立足于我国现行立法对用人单位规章规范的基础之上，还应该从以下几方面进一步加以限制：第一，根据我国《劳动法》和《劳动合同法》的规定，劳动者所严重违反的必须是不违反法律、法规的规章制度，具体的包括规章的内容、规章的制定程序都要合乎法律、法规的规定。第二，参考《北京市劳动合同规定》第30条“严重违反劳动纪律或者用人单位规章制度，按照用人单位规定或者劳动合同约定可以解除劳动合同的，但用人单位的规章制度与法律、法规、规章相抵触的除外”之规定，必须是用人单位规章制度明确规定有可以解除劳动合同的内容。第三，规章违反的情节和后果必须是严重的，并有规章制度所确定为严重的情形，例如多次违反，由于违反规章足以给用人单位造成生产、经营的不利影响。第四，对于认定劳动者严重违反用人单位规章有争议时，由劳动争议仲裁委员会和人民法院依据法律原则给予判断。

（3）修改被依法追究刑事责任可以即时被辞退的规定。如上所述，我国劳动立法不分依法被追究刑事责任的具体情形，一概规定被依法追究刑事责任者可以被即时辞退，不仅造成劳动立法与刑事立法的矛盾，也违背了劳动者资格规定的一般法理，侵犯了劳动者所享有的劳动权这一基本人权，而且与“宽严相济”的刑事政策相冲突，不利于对一些轻微犯罪分子和监外执行犯罪分子的改造和教育。而且，其他国家（地区）的规定也不是被依法追究刑事责任者都可以由用人单位辞退的，例如我国台湾地区“劳动标准法”第12条就规定了受有期徒刑以上刑之宣告确定，而未论知缓刑或未准易科罚金者，即只要被剥夺一定期限以上的人身自由并且适用缓刑的劳动者，方可以不经预告被雇主终止契约。《古巴劳动法典》第53条也规定了劳动者因犯罪或安全措施被剥夺自由且时间超过6个月的，用人单位可不用预先通知即可主动终止劳动合同。所以，被依法追究刑事责任的劳动者不应该不加区分地一律被用人单位不经预告即辞退。那些被科处短期有期徒刑者，从有利于罪犯改造的目的出发，有必要限制用人单位的辞退权，将短期徒刑者排除在外。此外，除了因为刑事责任的追究被剥夺人身自由之外，我国还有行政拘留、劳动教养等措施也可剥夺违法者的人身自由。劳动者如果因这些措施长期被剥夺人身自由，也导致其无法履行劳动合同义务，赋予用人单位相应的辞退权也是必要的，但是我国劳动立法未将这些包括进来，有必要被劳动教养等长期剥夺人身自由者的劳动关系的处理作为法律规范的范围。所以，我们认为可以将此项规定修改为劳动者由于犯罪行为被人民法院判刑6个月以上徒刑且未被适于缓刑的，或由于其他法律措施并实际被剥夺自由或限制特定自由6个月以上的，用人单位可以解除劳动合同。按照这个建议，凡是没有被人民法院经过审判宣告有罪的并被收监执行6个月以上的，以及由于其他法律措施被实际上剥夺或限制特定人身自由6个月以上的，用人单位不能解除劳动合同。目前可在立法未作修改之前，由司法解释或行政法规先行作出解释以利适用。

（4）删除无效劳动合同可作为解除对象的规定。由于解除的标的是已经有效成立只是未被履行或未被完全履行前的劳动合同，将无效劳动合同作为解除对象不符合一般的法理。虽然其他国家（地区）有将劳动合同订立时劳动者的过错作为辞退的情形，但不是无效的劳动合同。例如，我国台湾地区“劳动标准法”第12条就规定于订立劳动契约时为虚假意思表示，使雇主误信而有损害之虐者，雇主可不经预告终止契约。但我们认为由于我国立法规定以欺诈等使对方在违背真实意思表示的情况下订立或者变更劳动合同的，劳动合同全部或者部分无效，对于全部无效的劳动合同，劳动关系已不存在，丧失了解除的对象，不宜作为辞退解除的情形。所以，我们建议删除该项规定。

3. 增加即时辞退的程序规定，以规范和监督用人单位的辞退行为。根据我国《劳动合同法》的规定，劳动者只要有第39条规定的情形之一，用人单位就可以不经过事先预告而与劳动者解除合同，其缺乏程序性的规定，有失民主和公正。由于劳动者的过错是由用人单位来认定的，如果缺乏一个事先的预告，劳动者就无法对自己的过错进行辩护。对于被用人单位因过错而辞退，其本质也是对劳动者过错行为的一种惩罚，会导致自身某些利益的丧失。因此，应该给予一个为自己辩护的机会，以对用人单位辞退行为进行有效的监督和制约，防止用人单位辞退权的滥用。例如，《法国劳动法典》就规定了用人单位辞退雇员的详细程序：预先谈话，企业应当向雇员说明解雇的理由，并听取雇员的解释；发出辞退通知书，在通知书中要详细说明辞退的理由，如果没有说明理由或理由不够详细和充分，就可以推定不具有实际的和严肃的理由，也就不能单方解除劳动合同。《江苏省劳动合同条例》第29条也规定，用人单位按照规定即时解除劳动合同，应当书面告知劳动者理由。为了更好地维护劳动者的工作权，稳定劳动关系，同时制约用人单位辞退解除劳动合同的行为，立法应当参照法国和我国江苏的规定，规定一个用人单位及时辞退的程序：在有《劳动合同法》第39条规定情形的，用人单位应提前至少3天书面告知劳动者，并将要辞退的依据和理由予以说明。如双方发生争议，由劳动争议仲裁委员会和人民法院根据法律原则来判断。

二、用人单位预告辞退解除劳动合同

（一）用人单位预告辞退解除劳动合同法定情形

预告辞退，是指在合同履行过程中因客观情况的变化、不可归责于任何一方的过失，用人单位在向劳动者事先通知后单方解除劳动合同的行为。预告辞退一般适用于劳动者无过错的情形，也称为无过错性辞退。由于预告辞退适用于劳动者无过错的情况，考虑到劳动者重新就业的实际需要，法律一般都规定了预告期和经济补偿标准。我国《劳动法》确立了预告辞退制度，对预告期限及预告方式作了强制性规定。《劳动合同法》在《劳动法》第26条规定的预告辞职制度的基础上，作了更加灵活的规定，该法第40条规定了用人单位提前30日以书面形式通知劳动者本人或者额外支付劳动者一个月工资后，可以解除劳动合同的情形：（1）劳动者患病或者非因工负伤，在规定的医疗期满后不能从事原工作，也不能从事由用人单位另行安排的工作的；（2）劳动者不能胜任工作，经过培训或者调整工作岗位，仍不能胜任工作的；（3）劳动合同订立时所依据的客观情况发生重大变化，致使劳动合同无法履行，经用人单位与劳动者协商，未能就变更劳动合同内容达成协议的。其中，第三种情形也是经济性裁员的一种原因。劳动合同法对预告方式的灵活性规定更能适应不同劳动者的具体情形。但是有些标准规定弹性过大，缺乏有效限制，很容易导致用人单位随意地解除劳动合同，例如“不能胜任工作”、“客观情况发生重大变化”等概念的理解就具有很大的弹性。对于预告期的规定，一律规定为30天显得过于僵硬，不同的劳动者的情况不同，会影响预告其价值的发挥。此外，由于被用人单位辞退解除劳动合同，劳动者将面临着失业的问题，因此需要通过一定的程序来规范和制约，但是现行立法缺乏程序的规定来规范和制约用人单位的辞退行为。

为了保护劳动者在特别情况下的合理权益，与第40条规定的预告辞退情形相对应，《劳动合同法》第42条规定了预告辞退的禁止性情形。主要包括：（1）从事接触职业病危害作业的劳动者未进行离岗前职业健康检查，或者疑似职业病病人在诊断或者医学观察期间的；（2）在本单位患职业病或者因工负伤并被确认丧失或者部分丧失劳动能力的；（3）患病或者非因工负伤，在规定的医疗期内的；（4）女职工在孕期、产期、哺乳期的；（5）在本单位连续工作满15年，且距法定退休年龄不足5年的；（6）法律、行政法规规定的其他情形。准确理解第42条的规定需要注意以下两个方面：一是本规定禁止的是在无过错条件下用人单位单方解除劳动合同，并不禁止劳动者与用人单位协商一致解除劳动合同，也不禁止劳动者无过错主动辞职而解除劳动合同；二是前提是无过错解除，不能适用于劳动者有过错的情形，换言之，如果劳动者有过错，则用人单位不受本条禁止性规定的限制，依然可以解除合同。

（二）工会对预告辞退的法律监督

为了有效监督用人单位做出的无过错辞退行为，我国《工会法》、《劳动法》和《劳动合同法》分别作了明确规定，赋予工会以知情权和纠错权。工会监督权利的具体行使程序与即时辞退的监督程序相同。为了进一步保障工会组织人员的监督权，防止用人单位因工会组织人员维护职工权益而遭到解职，我国最高人民法院专门就此作了司法解释。[①] 人民法院在审理涉及职工和工会工作人员因参加工会活动或者履行工会法规定的职责而被解除劳动合同的劳动争议案件，可以根据当事人的请求裁判用人单位恢复其工作，并补发被解除劳动合同期间应得的报酬；或者根据当事人的请求裁判用人单位给予本人年收入的2倍的补偿，并给予解除劳动合同时的经济补偿金。

（三）预告辞退解除劳动合同法律规定的具体适用

我国劳动合同立法将劳动合同划分为固定期限劳动合同、无固定期限劳动合同和以完成一定工作任务为期限的劳动合同，大多数国家也都有定期劳动合同和无定期劳动合同之分。有的国家对单方解除的适用的合同类型范围是有限制的，例如法国，对于定期劳动合同不能在未到期时解除，否则要承担违约责任。在日本，由于“不可避免”的原因，定期劳动合同也是可以在期满前提前解除的。在美国，只要不违反禁止性的立法规定，雇主可以自由行使解雇权。而对于无固定期限的劳动合同，各国都是允许单方解除的，只是解除权的分配在各国的具体情况不同。这些立法的差异其实质是提前单方解除是否构成劳动合同的违约。我们知道，单方解除并不构成违约，而是解除权人依法行使权利的行为。只是由于劳动者和用人单位在劳动关系中的地位不同，劳动法基于维护劳动者合法权益的立法宗旨，对劳动者采取了倾斜性的侧重关怀，表现在解除权行使的条件上就有所不同：对于同样的无过错解除，劳动者的辞职条件法律没有作出规定，而用人单位的辞退却有严格的条件限制。正因为无过错的提前解除合同对于定期劳动合同来说，并不构成违约，所以，我国《劳动合同法》对预告辞退解除劳动合同的类型范围就没有作限制性的规定。

1. 劳动者患病或者非因工负伤，医疗期满后，不能从事原工作也不能从事由用人单位另行安排的工作的。对于此项规定的适用，我们认为应该从以下几方面来明确：第一，劳动者所患病应该是一般疾病而非职业病。因为患职业病的劳动者，我国规定是禁止解除劳动合同的。第二，这里所规定的医疗期应该是原劳动部所颁布的《企业职工患病或非因工负伤治疗期规定》的劳动者依据其工龄等条件，依法所享有的停工治疗并发放病假工资的期间，而不是劳动者治愈所实际需要的医疗期。也就是说，这个治疗期是一个法定期限，而不是治愈所实际需要的期限。即使过了法定的医疗期劳动者仍未治愈，也视为过了治疗期。第三，对于不能从事原工作也不能从事由用人单位另行安排的工作，应该是劳动者在医疗期满后，经劳动鉴定机构证明，缺乏或丧失了从事原工作或者用人单位在现有条件下为其所安排新工作的劳动能力，而无法继续履行劳动合同。但是存有疑问

---

① 最高人民法院《关于在民事审判工作中适用〈中华人民共和国工会法〉若干问题的解释》第6条；《违反和解除劳动合同的经济补偿办法》第8条。

的是用人单位另行安排的工作是什么样岗位的工作？是另行安排能够适应劳动者现实情况的工作呢，还是只要安排了工作就可以满足法律的要求？法律对此没有明确规定，这给用人单位留下了可以随意辞退劳动者的理由。我们认为，为制约用人单位解除劳动合同的行为，应该解释为另行安排能够适应该劳动者现实情况的工作，劳动者仍不能从事的，方可辞退。

2. 劳动者不能胜任工作，经过培训或者调整工作岗位，仍不能胜任工作的。劳动者能够胜任工作是能够完全履行劳动合同义务，实现用人单位用人目的的前提条件。对于不能胜任工作，经过培训或者调整工作岗位，仍不能胜任工作的劳动者，由于阻碍了劳动合同目的的实现，用人单位通过辞退解除劳动合同，是维护自己权益的一种法律手段。对于此项规定的适用，应该从以下几个方面入手：第一，劳动者“不能胜任工作”，根据原劳动部《关于〈中华人民共和国劳动法〉若干条文的说明》的理解，是指有证据表明该劳动者不能按要求完成劳动合同中约定的任务或者同工种、同岗位人员的工作量。用人单位不得故意提高定额标准，使劳动者无法完成。但是在实践中存在的问题是由何人以什么标准来判断和确定劳动者胜任或不能胜任其工作。许多企业采用“竞聘上岗”，或“书面（口头）考试”等方式来判定职工之胜任或不胜任工作。这种竞聘或考试并不公开和透明，引发了劳动者的不满，需要法律对此给予明确，以增强其操作性。① 第二，用人单位辞退的程序是对劳动者培训和调岗。如果劳动者经过一定时期的培训仍不能胜任原工作或者经过调岗后对于新岗位仍不能胜任工作，这样用人单位就可以作出辞退的决定。培训的内容应该是原工作所需要的劳动技能的培训。对于调岗，也同样存在一个是另行安排能够适应劳动者现实情况的工作还是只要安排了工作就可以满足法律的要求的问题。法律对此没有明确规定，给用人单位留下了很大的空间。我们认为，为制约用人单位解除劳动合同的行为，应该解释为另行安排能够适应劳动者现实情况的工作，劳动者仍不能胜任的，方可辞退。这样，更符合立法在于限制用人单位辞退权行使的本意。

3. 劳动合同订立时所依据的客观情况发生重大变化，致使劳动合同无法履行，经用人单位与劳动者协商，未能就变更劳动合同内容达成协议的。劳动合同是一种继续性的合同，需要长期履行。在合同期内，当事人签订合同时所赖以建立合同关系的基础随着时间的变化而发生重大变化，新的环境致使劳动合同无法履行。基于变化的新环境，当事人双方又不能就变更劳动合同达成协议，这时劳动合同的存在对于当事人来说由于无法履行而没有任何价值，所以由当事人解除劳动合同就是自然的结果了。但是什么情形属于客观情况发生重大变化？对此，

---

① 陈卿谋：“就业保障与保障就业——现阶段我国职工劳动权利问题探讨”，载《中国劳动》2003 年第 3 期。

原劳动部《关于〈中华人民共和国劳动法〉若干条文的说明》对“客观情况”的解释是：发生不可抗力或出现致使劳动合同全部或部分条款无法履行的其他情况，如企业转移、被兼并、企业资产转移等，并且排除《劳动法》第27条规定的情况，也就说企业生产经营性的困难还不属于客观情况。为增强对客观情况的把握，有些地方立法对其作了详细的解释，如《杭州市劳动合同条例》第31条第2款规定的客观情况发生重大变化，是指遭遇不可抗力或者用人单位跨地区迁移、兼并、分立、合资、转（改）制、转产、进行重大技术改造等致使劳动合同所确定的生产、工作岗位消失。我们认为，劳动合同立法可借鉴这些规定，对客观情况作出详细规定，以增强实践中的操作和应用。如果这些客观情况的出现足以使劳动合同不能履行或不必要履行的话，用人单位还必须履行另外的法定义务，那就是应当就劳动合同的变更和劳动者进行协商，若协商不成，比如劳动者不愿意变更劳动合同，那么劳动合同关系的存在就没有必要，用人单位就可以通知辞退劳动者，解除劳动合同。

（四）预告辞退解除劳动合同制度的完善

1. 完善用人单位的单方解除权

根据日本法的规定，定期劳动合同解除的条件要比不定期劳动合同的解除要严格得多。用人单位提前解除定期劳动合同的必须有不可避免的原因，即因不可抗力等原因使合同的履行成为不可能。对于不定期劳动合同的解除，只要有正当的理由，向对方提前通知即可解除。实际上，在其劳动立法中并没有要求解除不定期劳动合同必须出于某种“正当理由”，只要提前通知即可。当然，在司法实践中对雇主解雇的监督是：解雇必须出于某种“正当理由”，否则，就会宣布解雇无效，须收回雇员继续履行合同。从日本立法的规定可知，对于无过错辞退，有无因解除和有因解除两种类型：对不定期劳动合同采用无因解除，不要求用人单位有无可避免的原因，只要用人单位履行预告程序就可以解除劳动合同；对于定期劳动合同，严格限制用人单位的辞退行为，要求必须在符合法律规定的情形，也就是有无可避免的原因时方可解除劳动合同。我们认为，日本法的规定较为合理。因为不定期劳动合同本身就是通过对用人单位的一种限制来保护了劳动者的工作权，所以不需要有特别的原因就可以辞退劳动者，而定期劳动合同的期限本身是双方对合同关系的一种约束，是双方选择的结果，基于严格履行合同的考虑，特别是为了防止用人单位随意辞退劳动者，所以法律规定了定期劳动合同的预告辞退解除必须有特别的原因，即法律所规定的不可避免的原因。从其本质上来看，有因辞退解除和无因辞退解除的划分考虑了各种劳动合同类型的具体特征，平衡了当事人的利益关系，而且能够避免劳动合同的短期化，最终更有利于维护劳动者合法权益。据此，我们认为我国立法也可借鉴日本的做法，根据固定期限的劳动合同和无固定期限的劳动合同的不同规定不同的辞退条件，对于前者，只有在充分法定条件下，才可以预告辞退，对于后者，只要用人单位有正当的理由，就可以随时提前30日通知劳动者或者额外支付劳动者1个月工资后解除劳动合同。

2. 细化预告辞退解除条件，以增强其操作性

应该说，我国《劳动合同法》第40条规定了用人单位预告辞退劳动者的严格条件，这对于制约和监督用人单位的辞退行为，保护劳动者的工作权具有积极的意义。但是由于立法规定的弹性化，给了用人单位很大的空间，这很容易使用人单位规避法律的规定，阻碍了法定解除条件存在的制约和监督用人单位辞退行为的价值发挥。所以，需要对这些法定的辞退条件予以细化，以增强其操作性。

首先，对于“不能从事由用人单位另行安排的工作的”，如上所述，是由用人单位另行安排能够适应劳动者现实情况的工作呢，还是只要安排了工作就可以满足法律的要求？法律对此没有明确规定，给用人单位留下了可以随意辞退劳动者的理由。我们认为，为制约用人单位解除劳动合同的行为，应该解释为另行安排能够适应劳动者现实情况的工作，劳动者仍不能从事的，方可辞退。也就是说，可以将该项规定修改为“不能从事由用人单位根据劳动者的现实情况另行安排工作的”，这样就可以防止用人单位为了辞退劳动者，不考虑劳动者的现实情况只是安排了其他工作就算履行了另行安排了其他工作的法定义务，结果是该项规定对劳动者工作权的保护的价值无法实现。

其次，“劳动者不能胜任工作，经过培训或者调整工作岗位，仍不能胜任工作的”的规定中存在的问题是“不能胜任工作”的规定不够明确，由谁依照何种标准来判断劳动者能否胜任工作将直接影响到该项条件的适用效果。考虑到现实中用人单位随意判断劳动者不能胜任工作的情况，参考原劳动部《关于〈中华人民共和国劳动法〉若干条文的说明》关于对不能胜任工作是“有证据表明该劳动者不能按要求完成劳动合同中约定的任务或者同工种、同岗位人员的工作量”的解释，我们认为，这里的不能胜任工作应该具体规定为用人单位在工会的参与下经过公开、公正的考核，有证据证明该劳动者不能按照要求完成劳动合同约定的任务或者用人单位所规定的同工种、同岗位人员的工作量的情况。此外，对于调整工作岗位，实际上也就是另行安排工作岗位，应该遵循上述的“不能从事由用人单位根据劳动者的现实情况另行安排工作的”建议，这样可以保障立法的限制用人单位辞退权行使的本意实现。

再次，“客观情况发生重大变化”的具体范围需要明确。由于“客观情况发生重大变化”会导致用人单位辞退劳动者，所以，对“客观情况”的界定如果范围过宽，就会使用人单位有更多的机会辞退劳动者，影响劳动关系的稳定，如果界定过窄，将不合理地剥夺用人单位的解除权。因此，正确界定客观情况的范围，就具有极其重要的意义。由于劳动合同关系的订立和存续均建立在一定条件

基础上，而这种基础主要是用人单位的一些基本情况，当然也应该包括劳动者的一些客观情形。因此，我们认为这里的“客观情况”可以界定为不可抗力或者用人单位跨地区迁移、兼并、分立、合资、转（改）制、转产、进行重大技术改造等致使劳动合同所确定的生产、工作岗位消失以及劳动者自身处于以上情形之外的其他无法履行原劳动合同的情况。

3. 完善预告辞退的程序

在劳动者无过错的情形下由用人单位单方解除劳动合同，其结果是劳动者面临失业的局面，其生活和其所扶养必要人口的生活都面临着一定的威胁。如果用人单位的辞退行为失去有效的监督和制约，劳动者的就业权的保障就更加困难。所以，从稳定劳动关系，保护劳动者的合法权益出发，必须通过一定的法律措施对用人单位的辞退行为给予有效的监督和制约，而合理的程序是其中防止权利滥用的较有效的手段。劳动关系虽然由劳动者和用人单位双方依据平等自愿原则协商而成，但是劳动关系中当事人双方的意思自治受到外在的一些限制，这些限制包括法律强制性规定的限制和劳动者团体意志的限制。在劳动关系的解除中，法律强制性规定的限制主要就体现在解除劳动合同条件和程序的规定，而劳动者团体意志的限制主要体现在劳动者团体对用人单位辞退行为的制约和监督。

劳动者团体对用人单位辞退行为的制约和监督，在国外一些国家的立法中是有规定的。例如德国法的规定，如果企业存在企业委员会，那么雇主应该在每次解约前将与解约有决定性关系的事实通知企业委员会，特别是要告知被解约者的人品、解约的方式（正常或者非正常）、解约决定性的理由以及解约生效的日期，并听取其意见。没有企业委员会提前参与的解约将会不可弥补地导致其无效，雇主只能重新解约。虽然解约有效条件是听取企业委员会的意见，但并不是要征得其同意。即使如此，雇主一般会重视企业委员会的意见。此外，如果雇主和企业委员会通过企业合同确定了解约需征得企业委员会的同意，那么企业委员会的同意将是解约的生效条件。① 依据法国法的规定，雇主因雇员个人的因素解雇雇员，必须履行下列程序：首先，书面通知雇员面谈解雇一事，并给雇员留出足够的准备时间，雇主在面谈中有义务向雇员说明解雇的理由，并听取雇员为自己所作的解释和辩护；其次，雇主得以挂号附接收人签字的方式将解雇通知书寄给被解雇的雇员，解雇通知书要说明解雇的理由。同时，以雇员收到解雇通知书之日为解雇预告期的起算点。司法实践认为，如果解雇书中未说明理由或者理由不够具体，则认为解雇不具备法定的“实际的严肃的理由”。此外，如果解除劳动合同没有规定相应的程序，则要承担相当的法律责任：如果解雇具备法律规定的“实际的严肃的理由”，只是未遵守法定的解雇程序，则雇主必须补上该程

---

① ［德］W. 杜茨著，张国文译：《劳动法》，法律出版社 2005 年版，第 135 ~ 138 页。

序，并支付雇员不超过一个月工资的赔偿金；如果解雇不具有合法理由，又违反了解雇的法定程序，则法庭可建议雇主继续留用雇员（当然，劳资双方都有权拒绝接受这样的建议），在任何一方拒绝的情况下，雇主必须向雇员支付数额不低于最近六个月工资的解雇赔偿金，除此之外，法庭还必须责成雇主全部或部分地承担有关的事业组织支付给该雇员的失业保险费。

从以上国家的立法中可知，通过严格的程序，使雇主受到一定的监督和制约，赋予工会组织一定的监督参与权，从而为劳动者的合法权益提供一定的救济。但是反观我国《劳动合同法》，只有提前30天通知的程序规定，或者额外支付1个月的工资给劳动者。《劳动合同法》虽然确立了工会组织在用人单位辞退过程中的监督参与权，但是不足之处在于如果用人单位不事先将解雇理由通知工会，或者对于工会要求纠正辞退决定的要求置之不理等会产生什么效果，还有对工会的事先通知和预告期的关系如何都未作规定。此外，劳动者在预告辞退时如何为自己辩护、用人单位如果违反程序解雇了劳动者有什么后果法律也没有作出规定。由于这些规定的缺失，必然弱化了预告辞退制度功能的发挥。我国可以在现有立法的基础上，借鉴以上国外的有益做法，对我国预告辞退程序作出详细规定：用人单位决定辞退劳动者之前应事先将解雇的事实和理由通知劳动者和工会，听取劳动者和工会的意见，用人单位应对劳动者和工会的意见作出回复，并对违反法律、行政法规规定或者劳动合同约定解除合同的行为予以纠正。用人单位在对劳动者和工会的意见回复后可提前30日通知劳动者解除劳动合同，或额外支付1个月的工资。同时，用人单位如果事先未向劳动者和工会通知的，解雇无效，并向劳动者支付被违法解雇期间的工资，或者应劳动者的要求给予赔偿。

4. 通知期要因劳动者个体差异作灵活规定

预告通知期作为对用人单位辞退行为制约和监督的一种程序规定，直接关系到劳动者重新就业问题。但是由于不同的劳动者情况不同，所以国外立法有不同的预告期规定适用于不同的劳动者。例如，德国法规定，通知时间与雇员的年资长短挂钩，具体规定为：年资满2年的为1个月，5年的为2个月，8年的为3个月，10年的为4个月，12年的为5个月，15年的为6个月，20年的为7个月。法国提前通知时间则根据工作时间由法律规定，工作满6个月的通知期为1个月，2年的通知期至少为2个月。但对于某些职业，受雇未超过6个月的，通知期常缩短为几天或更短。在英国，对于无过错辞退的通知时间，可以由当事人达成协议。如果未达成协议，应依据法律的规定给予“合理的通知”，时间长短取决于雇员的资历和地位等因素，雇员有权得到最低限度的通知时间。雇员服务时间为1个月以上2年以下的，通知时间为一星期，服务时间超过2年的，每满

1 年，其通知时间不少于 1 个星期，从提前通知时间算直到最高年限 12 年。[①] 我国《劳动合同法》不分劳动者的具体情况，预告期统一为 30 日，显得有些僵硬，不能适应具体劳动者的实际需要。在用人单位工作时间不同的劳动者，对用人单位的依赖性不同，作出的贡献不同，理应获得的照顾也应不同。时间越长的劳动者应该得到用人单位更多的照顾，反之则可以减少。由此，我们认为我国预告辞退的通知期限应根据劳动者在用人单位工作时间的不同而不同：例如，工作时间满 1 年的，通知期限至少为 1 个月，两年的至少为 2 个月，最多不超过 6 个月。具体期限的设计由立法者酌定。同时，通知期限可以由劳动者和用人单位协商确定，在不能达成协议的情况下，遵守法律的规定提前通知劳动者。同时，参考“用人单位提前三十日以书面形式通知劳动者本人或者额外支付劳动者一个月工资”的规定，可以规定用人单位提前法定期间以书面形式通知劳动者或者额外支付劳动者相应时间的工资作为补偿。

三、经济性裁员制度

（一）经济性裁员的内涵

简单地讲，经济性裁员就是指企业由于经营不善等经济性原因，解雇多个劳动者的情形。也有人认为，经济性裁员是指用人单位由于生产经营状况发生变化而出现劳动力过剩现象，采用一次辞退部分劳动者，以此作为改善经营状况之手段的劳动合同解除现象。作为劳动合同解除的一种特殊形式，与一般劳动合同解除不同，它是集体性辞退，而非单个辞退。

对经济性裁员，可以从以下几个方面来理解：

首先，经济性裁员的性质。经济性裁员是用人单位解除劳动合同的主要方式之一，是企业经营自主权的一种体现。企业享有经营自主权是现代企业制度的内在要求和应有内容。用人自主权是企业经营自主权的重要内容，企业可以根据实际需要招用人员和裁减人员，否则企业经营自主权就无法落实，无法适应市场经济的要求，难以进行公平竞争。为更好地适应市场需求，使企业保持一定的活力，用人单位要在用人方面形成出入机制。为此，《劳动合同法》规定在一定条件下，用人单位可以单方解除尚未到期的劳动合同。

在法律上对经济性裁员加以认可，是各国劳动法律制度的普遍做法。如英国《雇用权利法》中规定，在企业关闭或者企业对其人员确实需要减少时，用人单位可以经济性裁员。由于经济性裁员涉及人数众多，社会影响广泛，因此，合理

① ［英］甘勇译：《劳动法》（最新不列颠法律袖珍读本），武汉大学出版社 2003 年版，第 89 页。

规范经济性裁员是各国劳动合同立法的重要内容。

经济性裁员是用人单位出于经营方面的考虑，单方解除劳动合同的一种方式。在经济性裁员中，由于是用人单位单方解除劳动合同，且劳动者不存在过错，因此，用人单位应当向劳动者支付经济补偿。

其次，进行经济性裁员的主要原因是经济性原因，而不是劳动者个人的原因。与用人单位单方解除劳动合同的其他原因相比，经济性裁员的原因十分特殊，大致可以分为三类：一是企业因为经营发生严重困难或者依照《企业破产法》的规定进行重整的；二是企业为了寻求生存和更大发展，进行转产、重大技术革新，经营方式调整的；三是其他因劳动合同订立时所依据的客观经济情况发生重大变化，致使劳动合同无法履行的。这种客观经济情况应限于不可抗力，譬如重大自然事件和社会事件，典型的是重大自然灾害、火灾、经济危机、国家产业政策淘汰落后产能等。

再次，经济性裁员只发生在企业中，只有企业才能进行经济性裁员，其他类型的用人单位不得进行经济性裁员。在有些国家，经济性裁员只发生在中型或者大型企业中，微型和小型企业不受经济性裁员的约束，因为微型和小型企业一次性解除劳动合同的数量较少，其社会影响也比较小，没有必要纳入经济性裁员的范围进行规范。同时，国外的经济性裁员需要企业与工会进行谈判，而微型和小型企业缺乏谈判能力。我国《劳动合同法》没有按规模对企业进行区分，而且我国经济性裁员没有国外的谈判机制，主要是履行一些法定程序，微型和小型企业都容易做到。

最后，构成经济性裁员必须一次性解除法定数量的劳动合同。将一次性解除劳动合同的数量作为经济性裁员的最主要标准时，如何合理界定这一标准，则是一个难题。理论与实务界有很多争论。鉴于对劳动者而言，经济性裁员具有正反两方面的作用，如果标准太低，则会导致用人单位利用这种较为宽泛的解除条件解除劳动合同，对劳动者不利。同时，要考虑社会的承受力，如果一次性解雇较多劳动者而不履行说明情况、听取意见、报告程序，必然给社会带来不稳定因素。两个标准并列相对较为全面，可以兼顾不同的情况。因此，《劳动合同法》在规定一次性裁员定额的同时，又规定了一个比例，即一次性裁减人员20人或者裁减不足20人但占企业职工总人数10%以上的，构成经济性裁员。

对于经济性裁员要不要规定一个时间标准，也是一个争议的问题。劳动合同法实际上已经明确了时间标准，即“一次性”裁员。若再规定其他时限，如“一个月”、“三个月”或者“六个月”等，则会造成裁员标准的复杂化。

（二）经济性裁员的法定条件和程序

在我国，《劳动法》首先对经济性裁员作了集中规定。劳动部颁布的《企业经济性裁减人员规定》对经济性裁员条件的适用作了具体规定。但是对于经济性裁员的适用条件规定得过于笼统，何谓“生产经营状况发生严重困难”？由于立法未作明确规定而在实践中难以操作。辞退多少职工需要适用该条款，法律也都没作明确规定。此外，用人单位需要裁员时，要听取工会或者职工的意见，工会有权要求重新处理，但问题是如果用人单位对工会或者职工的意见不予理睬，不予纠正的法律后果是什么？法律没有作出明确的规定。其程序的效力是不明的。再次，经济性裁员适用于哪些劳动者，也即适用的劳动者的条件，也未作出限制。由于这些不足的存在，使用人单位裁员行为失去了法律的有效监督和制约，劳动关系恣意被用人单位解除，劳动者的工作权被用人单位随意侵犯，合法权益得不到保护。可以说，经济性裁员成为用人单位不合理地转嫁经营风险的一种合法的途径了。

针对《劳动法》以上规定的不足，我国《劳动合同法》对用人单位经济性裁员制度进行了完善，规定了经济性裁员的四种情形和具体程序，使经济裁员制度在用人单位与社会和劳动者之间的利益关系得到了一定的平衡，一方面有利于改善用人单位生产经营的条件；另一方面也使社会和劳动者的利益得到了维护。

《劳动合同法》规定的经济性裁员的四种情形包括：第一，依照《企业破产法》的规定进行重整的。① 重整是债务人中止破产的一种法定程序。企业破产法设立重整制度的主要目的是使用人单位根据重整的经营方案、债权的调整和清偿方案以及其他有利于企业重整的方案等重整计划，使经营失败的企业有可能通过重整而得到复苏、振兴的机会。在重整过程中，用人单位可以根据实际经营情况，进行经济性裁员。第二，生产经营发生严重困难。在激烈竞争的市场经济中，由于各种原因，企业会陷入一些经营困难，并可能通过一些自救措施而免于陷入破产、关闭的绝境。裁减人员是其中的一项缓解措施。从就业稳定的全局来看，裁减人员对企业的劳动者群体是有利的，但由于涉及特定劳动者的利益，因此要慎重对待。《劳动合同法》通过规定“严重困难”这个条件，对经济性裁员加以限制，但还需要对“严重”的标准或情形进一步作出规定。第三，企业转产、重大技术革新或者经营方式调整，经变更劳动合同后，仍需要裁减人员的。企业转产、技术革新和经营方式的调整并不必然导致用人单位进行经济性裁员，如企业转产的，从事原工作岗位的劳动者可以转到转产后的工作岗位。为了更好地保护劳动者的合法权益，同时引导用人单位尽量不采用经济性裁员手段，劳动合同法要求企业转产、重大技术革新或者经营方式调整，只有在变更劳动合同后仍需要裁减人员，才可以进行经济性裁员。这里的“需要裁减”可以理解为，在变更劳动合同后，劳动者仍不能满足工作岗位的技术要求，并且经过相应的培训仍不符合要求的情形。第四，其他因劳动合同订立时所依据的客观经济情况发

---

① 《中华人民共和国企业破产法》第2条、第70~94条。

生重大变化，致使劳动合同无法履行的。这是一个兜底的弹性条款，具体有哪些主要客观情况，需要通过行政法规、部门规章等规范作出解释。如为了治理污染而搬迁就可以列为种类情况。

总体来看，由于企业内部的这些原因而可能导致的经济性裁员情况，如果企业本着稳定就业、发展生产、科学经营的原则进行妥善安排，不会导致大规模的劳动合同变更或解除。相对于物力资本而言，人力资本是企业的第一要素，企业应当认识到人力资本在现代企业经营管理中的重要价值。

企业经济性裁员的程序包括两个方面：一是在规定的时限就裁员方案向工会或者全体职工说明情况，并听取意见；二是向劳动行政部门报告裁减人员方案。裁员方案的内容一般包括：被裁减人员名单，裁减时间以及实施步骤，符合法律、法规规定和集体合同约定的被裁减人员经济补偿办法。为了减缓经济性裁员对劳动者和整个社会的安定造成的冲击，《劳动合同法》延续了《劳动法》关于经济性裁员的程序性规定，要求用人单位进行经济性裁员时必须履行法定的程序。

由于经济性裁员涉及较多的劳动者的权益，为了便于工会和劳动者了解裁减人员的方案和裁减理由，获得工会和劳动者对经济性裁减行为的理解和认同，用人单位应在法定的时限内向工会或者全体职工说明情况，并听取工会或者职工的意见。这里需要注意两点：其一，在建立工会的企业，企业可以选择向工会或者全体职工作为说明的对象，选择权在企业；在没有建立工会的企业，企业只能向全体职工说明经济性裁员的情况；这里法律没有规定职工代表的地位，因此企业不得向职工代表大会的代表说明经济性裁员的情况。为什么劳动合同法规定企业向全体职工说明情况，而不规定向职工代表说明情况呢？这主要考虑到经济性裁员中有些职工是被裁减的，有些职工没有被裁减，如果是职工代表则必然涉及职工代表的产生方法，比较复杂，不易实施。其二，企业的义务仅限于说明情况，并非要取得工会或者全体职工的一致同意，也就是说，即使他们不同意经济性裁员，也不会影响企业的经济性裁员决定及其执行。不过，对于工会或者全体职工的意见和建议，特别是那些可能被裁减的职工的意见和建议，应本着建立和谐企业劳动关系的精神，认真考虑，妥善处理。听取职工意见可以有多种形式，例如座谈会、设置意见箱、部门负责人收取意见等。

《劳动合同法》规定企业裁减人员方案需要向劳动行政部门报告，这样便于劳动行政部门了解裁员情况，必要时采取相应的措施，防止出现意外。报告制度可以使劳动行政部门监督经济性裁员的合法进行，在性质上属于事后告知，而不是事前许可或审批。如果企业出于各种考虑自愿提前与劳动行政部门报告协商，那么法律并不禁止。

从《劳动合同法》规定的程序来看，企业对经济性裁员拥有较大的自主权。

政府部门对其监管应主要针对裁员的条件，判断其是否合法。若不符合条件，则予以及时纠正。

（三）经济性裁员的社会福利原则

经济性裁员福利原则的精神是以人为本，优先保护对企业贡献较大、再就业能力较差的职工，体现企业的社会责任，也是对企业裁员结构的一种法律限制。这种原则在国外发达国家普遍适用。例如德国劳动法规定经济性裁员时，必须先裁减年龄小的、工龄短的、家庭负担轻的、身无残疾的劳动者。我国《劳动合同法》第 41 条通过两个方面的规定贯彻了社会福利原则。一是规定了应优先留用的三类人员，包括：（1）与用人单位订立较长期限的固定期限的劳动合同的员工；（2）与用人单位订立无固定期限劳动合同的员工；（3）家庭无其他就业人员，有需要扶养的老人或者未成年人的员工。二是规定了企业从裁员之日起 6 个月内新招职工时在同等条件下优先录用被经济性裁员的老职工。这样，一方面保护了老职工的就业权，同时也规定了时限，赋予企业用工自主权。

（四）经济性裁员的禁止性规定

我国《劳动合同法》在规定了经济性裁员的情形时，也对其作了禁止性规定。按照该法第 42 条的规定，如果劳动者有下列几种情形之一，则用人单位不得以经济性裁员为由解除劳动合同。主要包括：（1）从事接触职业病危害作业的劳动者未进行离岗前职业健康检查，或者疑似职业病病人在诊断或者医学观察期间的；（2）在本单位患职业病或者因工负伤并被确认丧失或者部分丧失劳动能力的；（3）患病或者非因工负伤 ，在规定的医疗期内的；（4）女职工在孕期、产期、哺乳期的；（5）在本单位连续工作满 15 年，且距法定退休年龄不足 5 年的；（6）法律、行政法规规定的其他情形。

（五）经济性裁员法律规定的适用

经济性裁员适用的范围主要包括以下几个方面：

一是依照《企业破产法》规定进行重整的。所谓重整，是指在企业无力偿债的情况下，依照法律规定的程序，保护企业继续营业，实现债务调整和企业整理，使之摆脱困境，走向复兴的再建型债务清理制度。在企业重整期间，由于企业的偿债能力的丧失，通过裁减人员来降低人力成本，改善经营管理是企业重整经常采用的措施。我们理解，所谓依照企业破产法规定进行重整的，就是指在用人单位重整期间的。重整期间的起止，依据《企业破产法》第 72 条的规定："自人民法院裁定债务人重整之日起至重整程序终止，为重整期间"，重整起始于法院裁定债务人重整之日。重整程序的终止，有正常终止和非正常终止之分：正常的终止是债务人自重整计划执行完毕时起；非正常终止是《企业破产法》第 93 条规定的"债务人不能执行或者不执行重整计划的，人民法院经管理人或者利害关系人请求，应当裁定终止重整计划的执行"。由于重整的执行人由管理人或者债务人（也就是用人单位）执行，所以在重整期间由用人单位直接行使辞退权来裁员或者由管理人代表用人单位来裁员。

二是生产经营发生严重困难的。根据该项规定，当用人单位生产经营发生严重困难的，可以通过裁员来改善经营。即用人单位生产经营状况恶化，遇到例如严重亏损、产品严重积压、开工严重不足等困难，并达到当地政府规定的严重困难企业标准的，需要通过裁员来克服困难。严格来说，生产经营发生严重困难的，不一定非得通过裁员来改善，这要求两者之间有一定的关联来限制。为此，根据我国法律规定的来看，这是需要劳动行政主管部门来审查的。但是企业经营的具体情况和裁员之间关系的判断是一个专业性很强的工作，劳动行政主管部门因为专业人员的缺乏很难胜任，这只有依赖用人单位来提出证据证明了。我们认为，用人单位应当提出证据来证明人员过剩是企业陷入困境的主要原因并确实需要通过裁员才能使企业摆脱困境的时候，才可认为需要裁员。如果是由于其他原因使企业陷入了困境，即使通过裁员也不能使企业改善经营状况的，就认为不需要裁员。

三是企业转产、重大技术革新或者经营方式调整，经变更劳动合同后，仍需裁减人员的。企业转产、重大技术革新或者经营方式调整，劳动合同订立时的客观基础发生了重大变化，原劳动合同全部或部分无法履行，当事人双方可以就变更劳动合同通过协商达成了协议，当事人应当按照变更后的劳动合同来履行。但是如果变更劳动合同后，仍需要裁减人员之时方可裁员。这里，如何来判断经变更劳动合同后仍需要裁员是一个需要严格的标准来掌握。我们认为该标准是根据企业的实际情况，变更后的劳动合同还是无法履行，而劳动合同的无法履行是因为人员过剩，确需裁减人员时，方可裁员。

四是其他因劳动合同订立时所依据的客观经济情况发生重大变化，致使劳动合同无法履行的。这是一条兜底条款，可以弥补具体列举方式所尚未规定的各种情形，扩大了裁员的范围。毕竟立法者的预见能力有限，所能列举的需要裁员的情形有限，难免挂一漏万，难以适应用人单位根据具体的生产经营状况所产生的经济性裁员的需要。通过一般条款，可以补充立法的漏洞，满足用人单位经济性裁员的需要，同时，也通过一般条款的适用，可以制约和监督用人单位的裁员行为的正当性。根据该项规定，只要出现以上所列举的三种情形之外的因劳动合同订立时所依据的客观经济状况发生重大变化，致使劳动合同无法履行的，就能裁员。同时，我们认为，立法仅作此规定尚不能对用人单位裁员的有效监督。因为并非所有的因劳动合同订立时所依据的客观经济状况发生重大变化，致使劳动合同无法履行的都需要裁员，只能在人员过剩无法履行劳动合同时，方有裁员的必要。所以，该项兜底条款应该加上限制性条件，即其他因劳动合同订立时所依据的客观经济情况发生重大变化，致使劳动合同无法履行，确需裁员的。

虽然我国立法规定了经济性裁员的程序，但是对于用人单位违反程序的裁员行为的效力如何未作规定，例如，用人单位对于工会或者用人单位的意见不做回复该如何处理，劳动部门的意见是指导性的还是命令性的？由于立法没有明确规定，这直接影响到了经济性裁员所作的一些实质性限制条件的适用和程序的功能的发挥。所以，经济性裁员的程序有需要完善的必要。

（六）经济性裁员法律规定的完善

我国《劳动合同法》有关经济性裁员的规定虽然比《劳动法》的规定有一定的进步，放宽了裁员的标准，增加了裁员的范围，并规定了裁员中需要优先被照顾的人员，更好地贯彻了劳动合同立法“维护劳动者的合法权益，构建和发展和谐稳定的劳动关系”的立法宗旨。但是对经济性裁员适用范围的规定、程序效力的规定以及被裁人员的标准和权利等方面尚需进一步的完善。

其一，加强对经济性裁员适用范围的条件限制。我国《劳动合同法》对于经济性裁员的适用范围采用了概括和具体列举相结合的方式，借鉴了国外立法的有益做法，值得肯定。但是我们认为立法在对适用范围增加的同时，对适用范围的条件限制不够，极易导致经济性裁员成为裁减职工的合法手段。国外立法对经济性裁员的适用范围有严格的条件限制。例如，根据英国法的规定，裁员主要适用于两种情况：一是企业关闭；二是企业对其人员确需减少。并且雇主解雇的理由是否适当，一般要考虑下列因素：雇主是否向有关方面代表咨询了解适当的裁减对象；选择裁减人员的标准是否客观；雇主是否考虑了可能提供给雇员的其他工作。如果裁员理由不充分，则是不当解雇。德国以《解雇保护法》作为专门立法对经济性裁员作了集中规定。将经济性裁员称为企业相关联的节约，即以不适合在企业继续雇用雇员的紧急需要为条件并且社会选择刚好指向要解约雇员。具体要满足三个条件：一是能够证明解约具有正当理由的企业需要是实际发展导致劳动力资源的过剩，即企业需要；二是解约按比例进行，才是具有社会正当理由的，即解约要符合比例的要求；三是如果存在企业相关联的解约时，雇主在选择他想解约的雇员时没有考虑社会观点，尽管存在企业紧急需要，这一解约也是违反社会性的，即解约要符合社会选择。① 但是我国劳动合同立法在增加经济性裁员解除劳动合同的同时，却未对适用范围作应有的条件性限制，导致用人单位的经济性裁员成了裁减职工的手段，失去了有效的制约。从对国外立法的介绍中我们看到，立法都对于经济性裁员的适用作了严格的条件限制，在用人单位和劳动者以及社会之间作了利益平衡，降低了经济性裁员对社会和劳动者的不利影响。

其二，完善经济性裁员程序的规定，强化其效力。各国劳动立法都非常注重

① ［德］W. 杜茨著，张国文译：《劳动法》，法律出版社2005年版，第131～134页。

程序的设计。在德国，非常重视企业委员会对裁员的参与。根据《德国解雇保护法》的规定，雇主在裁减人员时，应及时将解雇原因、解雇职工数目、解雇范围等书面通知企业委员会。雇主和企业委员会应当特别就能否避免解雇、减少解雇人数以及减轻解雇的后果进行磋商。同时，雇主还应当报告给劳动局，并附上企业委员会的意见。如果没有企业委员会的意见，雇主必须证实已向企业委员会发出通知并说明磋商情况，其报告方为有效。在劳动局由职工、雇主和社会机构几方面的人员组成专门委员会在听取雇主和企业委员会的意见后，以多数票作出决定。法国劳动法规定的程序是：事先要面谈，并必须给工龄两年以上的雇员提供关于换岗培训协议的文件资料；然后，雇主向员工代表机构及企业委员会或员工代表会议提供信息并咨询其意见；雇主向行政主管部门报告裁员情况，最后，在雇主通知了省劳动和就业局解雇方案60天后将解雇通知书发给被解雇的雇员，通知书包括解雇的经济原因、雇员同意或拒绝接受换岗培训协议的期限，以及雇员享有的有些被录用的权利。根据以上国家的规定，可以看出：一是重视劳动者团体对经济性裁员的参与，并将其参与作为裁员的法定程序；二是注重劳动行政主管部门对用人单位经济性裁员的监督，如德国的批准和法国的备案；三是规定了违反程序规定的法律后果，例如德国规定的没有企业委员会的提前参与的解约将会不可弥补地导致其无效，雇主只能重新解约。① 法国也规定，雇主违反法定报告程序的，雇主要受到刑法罚金的处罚。

我国法律规定，用人单位提前30日向工会或者全体职工说明情况，听取工会或者职工的意见后，裁减人员方案经向劳动行政部门报告，可以裁减人员。但是对于向工会说明情况的效力如何，用人单位对工会的意见不予理睬，承担什么后果？法律未作出规定。虽然也规定了裁员方案要向劳动行政部门报告，但是报告的内容和报告的效力，法律的规定仍是缺失的。这导致的结果是程序对用人单位的制约功效无法发挥。我国可以借鉴法国和德国的一些有益做法，规定用人单位裁员必须向全体劳动者和工会说明情况，包括企业的具体生产情况和裁员的初步方案；同时，用人单位应该和工会在法定时间内就避免裁员、减少裁员人数等进行磋商。工会和劳动者对用人单位裁员有意见时，用人单位应当就此意见作出书面答复。用人单位在同工会和劳动者协商后，应及时将裁员方案、与工会和劳动者的协商情况以及对工会和劳动者的意见处理情况报告给劳动行政部门。劳动行政部门接到报告后，协同当地工会代表和用人单位协会代表进行合法性和合理性审查。在规定的期限内劳动行政部门未提出反对意见者，用人单位公布裁员方案，并实施裁员方案，及时办理合同解除手续和发放经济补偿金。

---

① ［德］W. 杜茨著，张国文译：《劳动法》，法律出版社2005年版，第137页。

第七章　劳动合同的终止

第一节　劳动合同终止的含义

我国《劳动合同法》没有界定劳动合同终止的概念，在理论上，有的认为劳动合同终止，是指当事人之间所确定的劳动法律关系因一定法律事实的出现而依法消灭的现象；有的将其解释为劳动合同的法律效力被消灭，即劳动关系由于一定法律事实的出现而终结，劳动者与用人单位之间原有的权利义务不再存在。

我国《合同法》第 91 条规定了合同的权利义务终止的情形，并将合同解除作为一种情形纳入其中。与《合同法》的规定不同，《劳动法》第 23 条与《劳动合同法》第 44 条均将劳动合同终止与劳动合同的解除区别开来，形成并列关系，二者之间主要存在以下几个方面的区别：一是发生的时间段不同，劳动合同的终止是劳动合同的自然结束，而解除则是劳动合同关系的提前结束。二是虽然结束劳动关系的条件都有约定条件和法定条件，但具体内容不同。在劳动合同终止的条件中，约定条件主要是合同期满的情形，而法定条件主要是劳动者和用人单位主体资格的消灭。在劳动合同解除的条件中，约定条件主要是协商一致的情形，而法定条件主要是当事人一方的过错，也包括预告辞退与经济性裁员。三是预见不同，劳动合同终止一般是可以预见的，特别是劳动合同期满终止，而劳动合同的解除则具有很大的不确定性。四是适用的原则不同，劳动合同的终止受当事人意思自治的程度高一些，一般遵循民法的原则和精神，而劳动合同的解除受法律约束的程度较高，体现了国家的干预和对劳动者一方的倾斜保护。

有人认为，劳动合同的终止与劳动合同的解除的区分，仅对有固定期限的劳动合同具有意义，对于无固定期限的劳动合同来讲，因其只有始期而没有具体的终期，随时都可能终止，也就谈不上解除。[①] 这种解释不够合理。无固定期限的劳动合同并非没有终止时间，只是期限长短不能确定。一旦出现了法定情形，如即时辞职、即时辞退等，或者双方协商一致解除的，无固定期限的劳动合同依然能够解除。[②] 因此，两者的区分还是必要的。

---

① 周宝姝：《劳动法要论》，群众出版社 2006 年版，第 123 页。

② 信春鹰：《中华人民共和国劳动合同法释义》，法律出版社 2007 年版，第 43 页。

理论上，有的将劳动合同的终止划分为自然终止、裁判终止和解除终止。① 我们认为这种划分是不妥的，其混淆了终止与解除的区别，容易造成模糊执法现象。所谓裁判终止，其实也是劳动合同解除的一种原因。还有人提出劳动合同终止的三种原因：基于民法上的原因终止，如劳动者死亡、固定期限合同期限届满；基于社会法上的原因终止，如劳动者达到法定退休年龄；基于劳动法上的原因终止，如资方解除雇佣合同、劳动者辞职等。

实践中，劳动合同终止的情形较多，而《劳动法》仅规定了由于劳动合同期满和双方约定的终止条件的出现而终止合同，显然不能满足现实对法律的要求，因此，在《劳动法》规定的基础上，《劳动合同法》采用列举加兜底条款的方式规定了劳动合同终止的六种情形，进一步完善了劳动合同终止制度。其中，《劳动合同法》用"法律、法规规定的其他情形"条款代替了《劳动法》规定的"双方约定的终止条件"条款，或者说"法律法规规定的其他情形"包括了"双方约定的终止条件"。实践中，劳动合同当事人对终止条件的约定方式一般有两种：一是列举，如不可抗力的出现；二是作出原则性规定，如意外事件的出现。在《劳动合同法》规定的劳动合同终止的五种具体情形中，各种情形适用的合同类型略有不同。

第二节　劳动合同终止的法定情形

一、因劳动合同期满而终止劳动合同

因劳动合同期满而终止劳动合同的情形，主要适用于固定期限的劳动合同和以完成一定工作任务为期限的劳动合同。劳动合同期满，除依法续订劳动合同和依法应延期的以外，劳动合同自然终止，双方权利义务结束。劳动合同终止的时间，应当以劳动合同期限最后一日的24时为准。

依法续订劳动合同一般发生在劳动合同期限届满前，劳动者与用人单位达成新的协议，实际上是又一次订立合同，是一个新合同。明确这一点十分重要，因为依据《劳动合同法》的规定，劳动者与用人单位订立两次以上合同的应当订立无固定期限的劳动合同，这样对劳动者是有利的。

实践中还常常出现另外一种被称为"事实上"的续订合同，形成"事实劳动关系"的情况，即劳动合同期满后，劳动者仍在用人单位工作，用人单位未

① 许明月主编：《劳动法》，重庆大学出版社2003年版，第115页。

表示异议，也未办理终止或者续订劳动合同的。[1] 虽然相关规章和司法解释有一定的合理性，曾发挥了积极的作用，但对劳动者的保护偏弱。因此《劳动合同法》不再承认这种“事实劳动关系”，同时，有关规章和司法解释也要作出相应的修改，以适应《劳动合同法》实施的需要。按照《劳动合同法》的规定，劳动合同期满自然终止，原劳动合同消灭。如果出现前述情况，应视为一个新劳动合同的开始。对用人单位来讲，在前一个劳动合同终止之后劳动者提供劳动的第一天起1个月内，应与劳动者签订劳动合同，否则应按《劳动合同法》第14条第3款的规定视为订立无固定期限的劳动合同，并承担该法第82条规定的惩罚性民事赔偿责任，即从订立无固定期限劳动合同之日起向劳动者每月支付2倍的工资。

劳动合同期满依法应延期的情况主要是指《劳动合同法》第42条规定的情形：（1）从事接触职业病危害作业的劳动者未进行离岗前职业健康检查，或者疑似职业病病人在诊断或者医学观察期间的；（2）在用人单位患职业病或者因工负伤并被确认丧失或者部分丧失劳动能力的；（3）患病或者非因工负伤，在规定的医疗期内的；（4）女职工在孕期、产期、哺乳期的；（5）在本单位连续工作满15年，且距法定退休年龄不足5年的；（6）法律、行政法规规定的其他情形。在这些情况出现时，即使劳动合同期满，也必须续延至相应的情形消灭时，劳动合同方能终止。这样，通过合同期限的延续，可以使一些处于特殊困难阶段或者作出了特殊贡献的劳动者得到特殊的保护。

考虑到劳动者患职业病或者因工负伤被确认丧失或者部分丧失劳动能力的情况比较复杂，《劳动合同法》对由此引起的劳动合同终止的情况作了特别规定，即按照国家有关工伤保险的规定执行。按照《工伤保险条例》第33条、第34条和第35条的规定，主要分为三种情况：一是劳动者因工致残被鉴定为一级至四级伤残的，即丧失劳动能力的，保留劳动关系，退出工作岗位。换言之，劳动者被鉴定为丧失劳动能力的，无论其劳动能力是否恢复，用人单位要继续履行劳动合同，直至劳动者达到退休年龄退休，享受基本养老保险待遇。二是劳动者因工致残被鉴定为五级、六级伤残的，即大部分丧失劳动能力的，经工伤职工本人提出，可以与用人单位解除或者终止劳动合同；而如果工伤职工本人没有提出，不论其劳动能力是否恢复，劳动合同不得终止。三是劳动者因工致残被鉴定为七级至十级伤残的，即部分丧失劳动能力的，劳动合同期满终止，而不论其劳动能力是否恢复。

---

① 参见《关于实行劳动合同制度若干问题的通知》（劳部发〔1996〕354号）；最高人民法院2001年发布的《关于审理劳动争议案件适用法律若干问题的解释》。

二、因劳动者开始依法享受基本养老保险待遇而终止劳动合同

按照传统的做法，劳动者达到法定退休年龄、工龄年限或者符合身体健康状况的条件时即可申请退休，从获准退休的第二个月开始，停发工资，享受退休金，劳动合同自然终止。劳动合同为什么以“劳动者开始依法享受基本养老保险待遇”为终止劳动合同的标准呢？因为，按照现行有关基本养老保险的规定和实际做法，劳动者达到退休年龄是依法享受基本养老保险的前提，享受基本养老保险基本上可以涵盖达到法定退休年龄的情形。同时，退休制度主要适用于国有企业，适用面比较窄，并且退休情况比较复杂，如正常退休、提前退休、内退等，因此不宜采用退休标准作为终止劳动合同的条件。

我国从20世纪90年代开始逐步建立职工养老保险制度，并且还在完善之中。1991年国务院颁布了《关于企业职工养老保险制度改革的决定》（国发〔1991〕33号），随之1994年《劳动法》规定了享受社会保险待遇的具体情形，包括基本养老保险、医疗保险、工伤保险、失业保险和生育保险，劳动者退休可以享受基本养老保险。此后，国务院又颁布了有关《通知》和《决定》，奠定了基本养老金制度的基础。① 按照法律、行政法规的规定，我国劳动者开始依法享受基本养老保险待遇的条件大致有两个：一是劳动者已退休；二是个人缴费年限累计满15年或者视同15年。

如果劳动者达到了退休年龄但没有依法享受基本养老保险待遇的，除国家另有规定的以外，其劳动合同并不终止。

三、因劳动者死亡，或者被人民法院宣告死亡或者宣告失踪而终止劳动合同

劳动合同是劳动者将其劳动力的使用权让渡给用人单位的法律手段，劳动合同关系的建立以劳动者的相应的行为能力为基础。与《合同法》规定的合同相比，劳动合同具有极强的相对性，即劳动债权与债务的特定性极强，劳动债务的履行具有不可替代性。在劳动者死亡或者失踪的情况下，由于其行为能力的实际丧失或者推定丧失，劳动者无法履行劳动债务，用人单位受让的劳动力使用权相应终止，劳动合同也应当终止。对于劳动合同何时终止，应具体分析，区别

---

① 1995年国务院颁布了《关于深化企业职工养老保险制度改革的通知》（国发〔1995〕6号）；1997年国务院颁布了《关于建立统一的企业职工基本养老保险制度的决定》（国发〔1997〕26号）。

对待。

在劳动者自然死亡时，只要有相关的证明，即可即时终止劳动合同。这是没有异议的。而对于宣告死亡和宣告失踪则比较复杂，需要满足法定的条件和程序。我国《民法通则》第 23 条规定了宣告死亡的两种主要情形：一是公民下落不明满 4 年；二是因意外事故下落不明满 2 年。同时需要利害关系人向人民法院申请，由法院作出死亡宣告。宣告死亡本质上是一种推定死亡，对于劳动合同关系来讲，就是劳动者一方主体资格的消灭，客观上丧失了提供劳动的可能。按照民法的规定，劳动合同应从法院作出死亡宣告之日起终止，而在下落不明开始至死亡宣告期间劳动合同依然有效。根据最高人民法院《关于贯彻执行〈中华人民共和国民法通则〉若干问题的意见（试行）》第 36 条第 2 款的规定，被宣告死亡人所引起的法律后果仍然有效，其中自然死亡前实施的民事法律行为与被宣告死亡引起的法律后果相抵触的，则以实施的民事法律行为为准。

对于宣告失踪，《民法通则》第 20 条规定，公民下落不明满 2 年的，利害关系人可以向人民法院申请宣告其为失踪人。据此规定，劳动合同应从失踪宣告之日起终止，而在宣告前劳动合同依然有效。

对于宣告死亡和宣告失踪而终止劳动关系的时间确定，虽然法律上有了解释，但是实践中会给用人单位的用工带来消极影响，造成合同继续有效，而实际上没有用工的情况发生。在这种情况下，用人单位可能会引用《劳动合同法》第 39 条第 2 项规定的劳动者过错条款，以“严重违反用人单位的规章制度”为由在人民法院作出劳动者死亡宣告或者失踪宣告之前解除劳动合同。

四、因用人单位被依法宣告破产而终止劳动合同

用人单位是劳动合同关系的法律主体，是劳动力的使用者和劳动保护的义务承担者，其合法存在是劳动合同存在的必要条件。根据我国《企业破产法》的规定，破产宣告后，其从一般的用人单位转化为破产人，其法律人格仅为清算目的而存在。用人单位停止生产经营活动，劳动合同的存在已经没有意义，劳动者对用人单位所享有的债权要通过破产清算程序获得优先清偿，不需要通过合同履行来实现。而且，在破产清算终结后，管理人应当自破产程序终结之日起 10 日内，持人民法院终结破产程序的裁定，向破产人的原登记机关办理注销登记。根据法律规定，用人单位被注销登记后，其法律人格消灭。主体的不存在，必然引起劳动合同的终止。所以，用人单位被依法宣告破产的，劳动合同终止。

在因用人单位被依法宣告破产而终止劳动合同时，劳动者作为劳动债权任何债务人，应享有对破产宣告的知情权，以便对就业重新作出及时选择。按照我国《企业破产法》第 107 条之规定，人民法院依法宣告债务人破产的，应当自裁定

作出之日起5日内送达债务人和管理人，自裁定作出之日起10日内通知已知债权人，并予以公告。这里还须注意的是，因破产而终止劳动合同的，劳动者对企业的劳动债务不再履行，也不承担任何经济责任；但企业对劳动者的金钱债务依然要通过破产程序依法履行。按照《企业破产法》第113条之规定，破产人所欠职工的工资和医疗、伤残补助、抚恤费用，所欠的应当划入职工个人账户的基本养老保险、基本医疗保险费用，以及法律、行政法规规定应当支付给职工的补偿金应当在清偿破产费用和共益债务后，优先清偿。

五、因用人单位被吊销营业执照、责令关闭、撤销或者用人单位决定提前解散而终止劳动合同

用人单位具有合法资格，是订立有效劳动合同的重要条件。当用人单位被吊销营业执照、责令关闭、撤销或者用人单位决定提前解散时，其主体资格随之消灭，必然导致劳动合同终止。所谓吊销营业执照，是指企业登记机关剥夺用人单位继续从事生产或者经营的资格。所谓责令关闭，是指用人单位违反了法律、行政法规的规定，行政机关对其作出了停止生产或者经营的处罚决定。所谓撤销，是指行政机关撤销有瑕疵的企业登记。所谓用人单位提前解散，对公司来说，是指在股东会或者股东大会决议解散，或者企业合并或者分立解散，或者持有公司全部股东表决权10%以上的股东，请求人民法院解散公司的情形下，用人单位提前于公司章程规定的公司终止时而解散；① 对合伙企业来说，是指合伙人决议解散。只有符合上述规定的解散事由而发生的解散，用人单位才予以经济补偿。

六、因法律、行政法规规定的其他情形而终止劳动合同

有关劳动合同终止的情形，除了《劳动合同法》明确规定的五种情形外，可以由法律、行政法规作出规定，其他任何规范性法律文件，如部门规章、地方性法规、地方规章等均不得作出规定。这样可以保持整个劳动合同终止制度的统一性。这也考虑到实践中劳动合同终止并没有地方独特性的实际情况。

---

① 参见《中华人民共和国公司法》第181条。

第八章 劳动合同解除与终止的法律后果

第一节 劳动合同解除或者终止时的经济补偿

违约赔偿或损害赔偿是普通民商合同的必备条款，而劳动合同的内容除了违约赔偿之外，还包括经济补偿。一般来讲，违约赔偿是合同当事人合意的结果，而经济补偿则是法定的结果。在劳动合同法中规定经济补偿制度具有特殊意义。它是一种引导用人单位的有效手段，是一种与劳动者密切相关的重大经济利益。

一、经济补偿的性质

经济补偿通常被称为离职费或遣散费，有人称其为“辞退金”。① 我国法律没有对经济补偿给出明确的定义，理论上有的认为经济补偿是指在法定的条件下，在劳动合同解除或终止时，用人单位依法向劳动者一次性支付的经济上的补助。② 对于经济补偿的性质，国内有不同的观点。有的认为，经济补偿是违约责任，用人单位提前单方解除合同就应当承担违约责任，支付经济补偿。因此，经济补偿是对用人单位的一种惩罚。③ 有的认为，经济补偿是对劳动者为用人单位曾经作出的贡献的补偿，是对劳动者过去劳动内容和成果的肯定。劳动者对用人单位的贡献不完全体现在用人单位支付给劳动者的劳动报酬中，用人单位的经营效益、持续发展能力和资产的积累中都有劳动者的贡献。④ 有的认为，经济补偿金既不是违约金也不是对过去的成果的补偿而是一种社会保障金，其内容包括劳动贡献积累补偿金、失业补偿金和其他特殊补偿金。⑤ 有的认为，经济补偿金是

---

① 傅静坤：“劳动合同中的解约金问题研究”，载《现代法学》2000 年第 5 期。

② 刘京州：“浅议解除劳动合同的经济补偿”，载《甘肃科技》2004 年第 6 期。

③ 傅静坤：“劳动合同中的解约金问题研究”，载《现代法学》2000 年第 5 期，第 38 ~ 41 页。

④ 贾占荣：“经济补偿金：无固定期限劳动合同的法律问题”，载《广西青年干部学院学报》2001 年第 6 期，第 61 ~ 64 页。

⑤ 林旭霞：“关于完善劳动合同立法的若干问题思考”，载《福建论坛》2000 年第 12 期，第59 ~ 60 页。

劳动法上特有的和独立的解约经济补偿形式，是对用人单位解除合同而遭受损失的劳动者进行的补偿，是用人单位的一种特定补偿义务。尽管劳动者的损失是未履行时间内的可得利益，对劳动者的补偿却主要根据劳动合同已经履行时间内的贡献来计算，这使得经济补偿金的性质很难归类，只有将其作为独立的新类型看待才比较合理。① 如有我国台湾地区学者也认为资遣费具有双重性质，在不可归责于劳雇双方当事人之事由时，资遣费乃是雇主保护照顾义务之效力所衍生的一种义务，其法律性质为对受解雇劳工之"离职补贴"，具有劳动契约之伦理功能。唯因可归责于雇主之事由而劳工被迫辞职时，其资遣费之性质则有民事制约制裁之意义，同时并不排除劳工另有损害时，赔偿请求权之行使。至于在裁员解雇时，劳工得依法请求资遣费，此一制度可以说是劳动契约的特别规范，基本上并不是劳动契约内容之直接效力，其资遣费带有退职补偿之意义，虽然有填补损失的作用，但并无制裁之意味。② 有的认为，由于劳动合同解除权的行使牵连着用人单位的经营和劳动者的就业，解除权的行使通常都伴随着风险的转移，用人单位依法行使解除权实质就是将经营风险的一部分转嫁成为劳动者的就业风险。经济补偿金是在用人单位依法行使解除权的过程中由劳动立法科以用人单位的强制性义务，因此从某种程度上说，经济补偿金可以看做是用人单位对先前转嫁给劳动者经营风险的一种公平责任分摊。③ 有的认为，经济补偿是国家要求用人单位承担的一种社会责任。国家要求用人单位解除或者终止劳动合同时支付一定的经济补偿。可以帮助劳动者在失业阶段维持基本生活，不至于生活水平急剧下降。这种社会责任，国家承担的多一点，用人单位支付的经济补偿就少一点；国家承担的少一点，用人单位支付的经济补偿就多一点。

我们比较认同"企业社会责任说"。经济补偿是企业承担社会责任的主要方式之一，在我国失业保险制度建立的过程中，经济补偿可以有效缓解失业者的焦虑情绪和生活实际困难，维护社会稳定，形成社会互助的良好氛围。经济补偿不同于经济赔偿，不是一种惩罚手段。

经济补偿也是国家调节劳动关系的一种经济手段，引导用人单位订立长期合同，谨慎行使劳动合同解除权和终止权。我国《劳动法》第 28 条规定了经济补偿的适用条件，即协商解除合同、因无过错辞退而解除合同以及因用人单位裁员而解除合同。用人单位为了减少成本，避免支付经济补偿，就不会随意解除劳动合同，从而达到稳定劳动关系的目的。劳动合同除了完善因解除合同而支付经济

---

① 林嘉："劳动合同解除中的经济补偿金、违约金和赔偿金问题研究"，载《劳动法律评论》（第一卷），中国人民大学出版社 2005 年版，第 18～19 页。

② （台）黄越钦：《劳动法新论》，中国政法大学出版社 2003 年版，第 158～189 页。

③ 冯彦君："经济补偿的性质"，载《当代法学》2006 年第 9 期。

补偿的规定外，还增加规定了劳动合同期满，满足一定条件的，用人单位依法支付经济补偿。这样就有利于解决劳动合同短期化的问题。实践中，劳动合同一年签订一次的情况比较普遍，用人单位为了规避关于解除劳动合同支付经济补偿的规定，通过签订短期劳动合同，待劳动合同终止时，再结束劳动关系。劳动合同法通过规定劳动合同终止，用人单位依法支付经济补偿，可以起到遏制劳动合同短期化的趋势，预防用人单位钻法律的空子，按照企业实际要求，签订劳动合同。

经济补偿是在法定的条件下，在劳动合同解除或终止时，用人单位依法向劳动者一次性支付的经济上的补助，是劳动合同法律效力的体现，表现为法律直接对用人单位施加的一项义务，是实现保护劳动者合法权益立法宗旨的保障措施。据此，经济补偿具有以下几方面的特征：一是单向性。即经济补偿在法律关系的内容中，义务和权利的分配具有单向性，用人单位一方承担义务、劳动者享有权利，且劳动者在请求用人单位支付经济补偿金时，不需要支付对价。也就是说，只存在用人单位向劳动者支付，不存在反向支付。二是特定性。经济补偿金在不同的情形下其功能不同，有些情形的适用具体体现了其劳动贡献的补偿，有些情形下主要是其社会保障的待遇，在某种程度上还会有违约金的性质。但是这些都不能从整体上说明经济补偿的性质。经济补偿的支付在条件上不以用人单位违法、违约、过错为条件，是劳动法规定的用人单位在特定情形下必须对劳动者负担的特定的义务，具有自身特有的内涵、条件、项目和标准。三是法定性。由于在性质上经济补偿是劳动合同法律效力的体现，形式上是法律直接对用人单位施加的一项义务。所以，经济补偿是法律规定而非合同约定的。当然，这不排除在有法律规定的情况下，当事人也可在法律范围之内作出就某些项目约定经济补偿，如竞业限制的经济补偿，但其约定也必须遵守法定的严格条件的限制。

二、经济补偿的条件

按照《劳动合同法》第46条的规定，劳动合同解除或者终止时用人单位进行经济补偿包括以下几种情形：

1. 由用人单位提出解除动议，双方协商一致解除劳动合同的，用人单位支付经济补偿。劳动者和用人单位都有自由解约的权利，只是基于劳动法倾斜保护劳动者合法权益的特性对用人单位的自由解约权作较多的限制。当用人单位主动提出解除劳动合同的要求并协商一致解除劳动合同时，实际上是用人单位根据生产经营的实际情况实施的个别裁员，劳动者将因解除合同而辞职。所以，基于劳动者给用人单位所作贡献的肯定，用人单位需要给予经济补偿。如果解除合同的动议是由劳动者提出的，则不能得到经济补偿。与《劳动法》的相关规定相比，此项规定缩小了经济补偿的范围。按照《劳动法》第 24 条和第 28 条的规定，无论解除合同的动议是由劳动者提出还是由用人单位提出，用人单位都要承担经济补偿义务。《劳动合同法》之所以作上述规定，主要是考虑到有的情况下，劳动者主动跳槽，与用人单位协商解除劳动合同，此时劳动者一般不会直接面临失业，或者对失业早有准备，如果要求用人单位支付经济补偿则不太合理。但是如果劳动者要求支付经济补偿，我们认为需要用人单位提出证据证明是由劳动者真实、主动提出解除劳动合同并与其达成协议的，如不能证明，仍需支付经济补偿。之所以如此，是很多情况下用人单位为规避法律要求劳动者主动提出辞职请求的，从而逃避了支付经济补偿的义务。当然，当事人如果在解除合同的协议中有约定的，遵循约定。

2. 由于出现用人单位的过错，劳动者单方即时辞职而解除劳动合同的，用人单位支付经济补偿。用人单位的过错导致劳动者权益得不到实际保障时，劳动者有权提出辞职。对于用人单位违法、违约的具体过错情形，《劳动合同法》第 38 条作了明确规定。

根据《劳动合同法》第 38 条的规定，当用人单位有过错严重侵害到劳动者的合法权益或违反合同时，劳动者可以不需要预期通知而辞职，从而与用人单位解除劳动合同。这被我国台湾地区学者称为“被迫辞职”。① 依据我国台湾地区“劳动基准法”第 17 条的规定，雇主有过失致雇员“被迫辞职”的，雇主应依规定发给劳动者资遣费。因为在即时辞职中，劳动者是因用人单位有过错严重侵害到劳动者的合法权益或违反合同义务时非出于自愿解除劳动合同的，其实质是对劳动合同的违反。所以，在这种“被迫辞职”中，规定用人单位支付经济补偿的义务是用人单位违反义务的对价，这对于制约和惩戒用人单位的违法行为，促使用人单位依法用人用工具有积极意义。最高人民法院《关于审理劳动争议案件适用法律若干问题的解释》第 15 条规定，用人单位有下列情形之一，迫使劳动者提出解除劳动合同的，用人单位应当支付劳动者的劳动报酬和经济补偿，并可支付赔偿金：以暴力、威胁或者非法限制人身自由的手段强迫劳动的；未按照劳动合同约定支付劳动报酬或者提供劳动条件的；克扣或者无故拖欠劳动者工资的；拒不支付劳动者延长工作时间工资报酬的；低于当地最低工资标准支付劳动者工资的。通过该司法解释，我国也确立了“被迫辞职”的经济补偿制度。该项司法解释被《劳动合同法》所继承。劳动者因用人单位未按照劳动合同约定提供劳动保护或者劳动条件的；未及时足额支付劳动报酬的；未依法为劳动者缴纳社会保险费的；用人单位的规章制度违反法律、法规的规定，损害劳动者权益的；因用人单位原因致使劳动合同无效的；用人单位以暴力、威胁或者非法限

① （台）黄越钦：《劳动法新论》，中国政法大学出版社 2003 年版，第 158 ~ 189 页。

制人身自由的手段强迫劳动者劳动的，或者用人单位违章指挥、强令冒险作业危及劳动者人身安全的，以及法律、行政法规规定劳动者可以解除劳动合同的其他情形等原因与用人单位解除劳动合同的，用人单位应向劳动者支付经济补偿。

3. 在劳动者无过错的情况下，用人单位单方作出预告辞退决定，解除劳动合同的，用人单位支付经济补偿。在劳动者无过错而由于主客观情况变化所导致劳动合同无法履行的情形下，法律赋予了用人单位预告辞退权，通过辞退与劳动者解除劳动合同。由于预告辞退导致的结果是劳动者面临着重新就业的压力，所以对其有严格的条件限制，包括程序的限制、条件的限制和经济补偿金的支付。例如，我国台湾地区“劳动基准法”第17条规定了受雇人确实不能胜任工作而不得不预告劳动合同终止的情形，雇主需要发给劳工资遣费。《法国劳动法典》规定：“受不定期合同的约束，并为同一雇主工作了两年以后而被解雇的受雇者，除犯了严重错误外，有权获得起码的解雇费。”我国也和这些国家一样，将经济补偿的适用范围扩展到用人单位的预告辞退，即无过错辞退。这对于保护劳动者的合法权益，给劳动者提供生活保障具有积极意义，也更符合公平原则。

我国《劳动合同法》第40条对于无过错的具体情形作了明确规定。需要注意的是，劳动者无过错，并不等于说劳动者一方没有任何不足，而是由于一些非主观原因导致劳动者不能完全适应劳动作业，或者双方变更劳动合同的协议没有达成而解除劳动合同。当出现一些客观原因阻碍劳动合同的继续履行时，经过用人单位采取补救措施，劳动者仍不符合作业要求的情况下，允许用人单位解除劳动合同则具有一定的合理性。但为了平衡双方的利益，仍须要求用人单位支付经济补偿。

根据《劳动合同法》第40条的规定，劳动者患病或者非因工负伤，在规定的医疗期满后不能从事原工作，也不能从事由用人单位另行安排的工作的；劳动者不能胜任工作，经过培训或者调整工作岗位，仍不能胜任工作的；劳动合同订立时所依据的客观情况发生重大变化，致使劳动合同无法履行，经用人单位与劳动者协商，未能就变更劳动合同内容达成协议的这些条件下，用人单位提前30日以书面形式通知劳动者本人或者额外支付劳动者一个月工资后，可以解除劳动合同，发生解除劳动关系的效果。同时，用人单位需要支付一定标准的经济补偿金。这里的补偿和第40条中所规定的“或者额外支付劳动者一个月工资”的补偿不同，它是用人单位正当行使解除权后劳动合同效力的直接表现，是用人单位的一项法定义务；而“或者额外支付劳动者一个月工资”的补偿是“提前三十日以书面形式通知劳动者本人”的程序替代，是法律对预告辞退程序灵活规定的一种形式，二者不可混淆，也不能替代。换言之，即使用人单位在符合法定的辞退条件并额外给劳动者支付了一个月工资而解除劳动合同，用人单位仍应当依法向劳动者支付相应的经济补偿。

4. 因经济性裁员而解除劳动合同的，用人单位支付经济补偿。经济性裁员作为用人单位由于生产经营状况发生变化而出现劳动力过剩现象，采用一次辞退部分劳动者，以此改善经营状况的手段，对于企业改善经营状况，提高竞争力具有积极意义。但是经济性裁员作为一种集体辞退的现象，又会给社会和部分劳动者带来不利的影响。经济性裁员的本质是用人单位依法转移经营风险的一种手段。在经济性裁员中，劳动者没有任何过错，用人单位也是迫于无奈，为了企业的发展和大部分劳动者的权益，解除部分劳动者的劳动合同。为了平衡双方的利益，经济性裁员中，用人单位应当支付经济补偿。

为防止用人单位不当地通过经济性裁员达到不正当的转移经营风险，法律规定了严格的条件和程序。同时，为了肯定劳动者对用人单位所作的贡献，回报为用人单位改善经营而承担的失业的风险，各国和地区一般都规定了经济性裁员的经济补偿。香港特别行政区《雇用条例》第 31 条规定：因裁员而遭雇主解雇，雇主须付给雇员一笔遣散费，款额依据条例的规定计算。我国台湾地区“劳动基准法”第 17 条规定：因该“法”第 11 条所规定的经济上的理由裁员解雇的，雇主应依法发给劳工“资遣费”。我国《劳动法》肯定了这些地区的做法，《劳动合同法》对此作出了明确规定。根据《劳动合同法》第 41 条的规定，当用人单位依照《企业破产法》规定进行重整的；生产经营发生严重困难的；企业转产、重大技术革新或者经营方式调整，经变更劳动合同后，仍需裁减人员的；其他因劳动合同订立时所依据的客观经济情况发生重大变化，致使劳动合同无法履行而依法裁减职工的；等等，要根据第 47 条规定的标准向劳动者支付经济补偿金。

5. 劳动合同期满终止时的经济补偿。因劳动合同期满，除用人单位维持或者提高劳动合同约定条件续订劳动合同，劳动者不同意续订的情况以外，终止固定期限劳动合同的，用人单位应支付经济补偿。准确理解《劳动合同法》的此项规定，应把握以下几点：第一，劳动合同期满时，用人单位同意续订劳动合同，且维持或者提高劳动合同约定条件，劳动者不同意续订的，劳动合同终止，用人单位不支付经济补偿；第二，用人单位同意续订劳动合同，但降低劳动合同约定条件（如学历、工资），劳动者不同意续订的，劳动合同终止，用人单位应当支付经济补偿；第三，如果用人单位不同意续订，无论劳动者是否同意续订，劳动合同终止，用人单位应当支付经济补偿。对此项规定，也有不同的观点或者争议。有的认为，劳动合同期满劳动合同自然终止，合同双方当事人权利义务已经履行完毕，对这种情况劳动者有明确的预期，因此用人单位不应当支付经济补偿。有的认为，有些用人单位利用劳动者的“青春期”，在固定期限劳动合同终止时，不再续订劳动合同，劳动者的年龄和身体对再次就业已有很大影响，此时用人单位给予一定的经济补偿是合理的。有些劳动者在同一用人单位工作较长时间，这些劳动者的劳动合同到期终止不给经济补偿则不合情理。为了平衡劳动者与用人单位的经济利益，《劳动合同法》在规定劳动合同期满终止时给予经济补偿外，也对高收入劳动者的经济补偿作了数额和时间两方面的限制。

对于以完成一定工作任务为期限的劳动合同终止，根据该规定来看，用人单位不需支付经济补偿。这也是因为以完成一定工作任务为期限的劳动合同存在的目的就是在于完成一定的工作任务，当所约定的工作任务完成时，劳动关系的存在已经没有价值。所以；立法将以完成一定工作任务为期限的劳动合同的终止排除在了支付经济补偿的范围之外。而且，这种合同期限的约定体现了劳动者的自主和自愿，劳动者在所约定的工作任务完成之后获得了调换工作的自由，劳动合同的终止是当事人自愿的，所以也不将其作为适用经济补偿的范围。

6. 因用人单位主体资格终止而终止劳动合同的，用人单位支付经济补偿。包括用人单位被依法宣告破产，被吊销营业执照、责令关闭、撤销或者用人单位决定提前解散而终止劳动合同的，用人单位被依法宣告破产的，等等。在这种情况下，劳动合同的一方已不存在，合同当然终止。但是根据法律的规定，劳动者仍有权利获得经济补偿。

法律如此规定，是因为在劳动合同因用人单位被依法宣告破产和被吊销营业执照、责令关闭、撤销或者用人单位决定提前解散而终止时，合同的终止并未体现劳动者的自愿，而是面临着失业的结果和重新就业的压力。实际上用人单位被依法宣告破产和被吊销营业执照、责令关闭、撤销或者用人单位决定提前解散，都是用人单位的违法行为或者过错行为所致，法律在消灭其主体资格的同时，劳动者也面临着工作权无法实现的危险，而这种危险本来是不应该由劳动者承担的，劳动者无任何过错。所以，在这种情况下，向劳动者支付经济补偿，一方面肯定了劳动者对用人单位所作的贡献；另一方面也能够为劳动者重新就业提供帮助和生活保障，同时也是对用人单位违法、过错行为和故意的一种制裁或者制约。

此种情形的经济补偿按照破产清算的规定处理。依据《企业破产法》第113条的规定，破产人所欠职工的工资和医疗、伤残补助、抚恤费用，所欠的应当划入职工个人账户的基本养老保险、基本医疗保险费用，以及法律、行政法规规定应当支付给职工的补偿金应当在清偿破产费用和共益债务后，优先清偿。

7. 法律、行政法规规定的其他应当给予经济补偿的情形。这是《劳动合同法》的一个兜底条款，一方面可以避免遗漏了其他法律法规中的有关规定，同时也为今后法律法规制定相应规定预留了空间，便于法律法规规定之间的衔接。根据我国劳动合同立法，其他法律法规规定的需用人单位支付经济补偿的情形主要有：

（1）竞业限制人员的经济补偿。根据《劳动合同法》第23条的规定，对负有保密义务的劳动者，用人单位可以在劳动合同或者保密协议中与劳动者约定竞业限制条款，并约定在解除或者终止劳动合同后，在竞业限制期限内按月给予劳动者经济补偿。根据我国立法的规定，当事人在劳动合同中可以约定竞业限制条款，即约定劳动者在劳动关系存续期间以及劳动关系终止后一定时间内不得在其他用人单位从事与用人单位构成竞争关系的工作，或自己从事与原用人单位构成竞争关系的生产经营活动。广义上，竞业限制不仅包括劳动关系终止后的竞业限制，也包括在劳动关系存续期间与用人单位进行的竞业限制。同时，《劳动合同法》第 24 条还对竞业限制的范围、地域、期限作了限制。

由于竞业限制的约定限制了劳动者所掌握的专业技能的最大限度发挥，影响了劳动者利益，所以要对劳动者给予经济补偿。在劳动关系存续期间，一般来说经济补偿体现在用人单位和劳动者所约定的劳动报酬中。但是在劳动关系解除或者终止后，用人单位没有履行支付劳动报酬的义务，劳动者也无要求用人单位支付劳动报酬的权利。但是，由于竞业限制的约定限制了劳动者使用其掌握的专业技能再就业的领域，影响了劳动者的生存和发展，所以，用人单位应当支付经济补偿。至于经济补偿的标准，法律未作规定，由当事人约定。这可能导致劳动者权益在一定程度上遭受损失，有必要通过立法确定下限标准。

（2）我国有些法律、法规中有关于用人单位支付经济补偿的直接规定。如按照《国营企业实行劳动合同制度暂行规定》的规定，国营企业的老职工在劳动合同期满与企业终止劳动关系后可以领取相当于经济补偿的生活补助费。尽管该《规定》被废止，但在此之前参加工作的劳动者，在劳动合同终止后，仍按有关规定可领取生活补助费。

（3）违法或不当解除劳动合同的经济补偿。根据用人单位解除劳动合同是否有合法或者合理、正当的理由，可以将其分为合法、正当的解除或者非法、不当的解除。各国对于经济补偿的适用范围有很大差异，在有的国家经济补偿不仅仅适用于合法、正当的解除劳动合同，还适用于非法、不当的解除，例如法国。也有的国家的经济补偿仅适用于不符合解雇的条件，且雇员不愿意继续保持与雇主的劳动关系的，例如英国。但是不管哪种情况，用人单位非法、不当与劳动者解除劳动合同，都要支付经济补偿。我国《劳动法》对此未作规定。《劳动合同法》第 48 条规定："用人单位违反本法规定解除或者终止劳动合同，劳动者要求继续履行劳动合同的，用人单位应当继续履行；劳动者不要求继续履行劳动合同或者劳动合同已经不能继续履行的，用人单位应当依照本法第八十七条规定支付赔偿金。"而该法第 87 条的规定是"用人单位违反本法规定解除或者终止劳动合同的，应当依照本法第四十七条规定的经济补偿标准的二倍向劳动者支付赔偿金"。也就是说，在用人单位违反法律规定解除或者终止劳动合同的情况下，首先，劳动者要求继续履行劳动合同的，用人单位应当继续履行；其次，劳动者不要求继续履行劳动合同或者劳动合同已经不能继续履行的，用人单位应当依照该法的规定，向劳动者支付合法解除劳动合同经济补偿金标准的2倍的赔偿金。也即，根据我国的法律规定，违法或不当解除劳动合同，但不能继续保持劳动关系时，需要向劳动者支付赔偿金而不是补偿金。这和各国的规定是不同的。

根据英国法的规定，如果雇员认为其不当解雇，并且其受雇超过2年，有权要求产业法庭判令企业支付补偿金。补偿金包括三部分：一是基本补偿金，数额根据雇员的年龄和服务期确定。二是赔偿性补偿金，由产业法庭充分考虑雇员所遭受的损失来确定补偿的金额。三是补充补偿金，可按13周至26周的工资标准支付。也就是说，违法或不当解除劳动合同，用人单位也应该支付经济补偿金。但是英国法所规定的经济补偿金由于只适用于非法解雇和不当解雇的场合，对于雇主的解雇如果有合法的理由或者具有其他合理、充分的理由，并履行法定的预先通知的程序，也就是解雇合法，则雇主无须承担赔偿和补偿的义务。另外，即时解雇和雇员辞职，雇主也不支付赔偿和补偿。在英国把经济补偿金的适用限于非法解雇和不当解雇的场合，是因为他们将经济补偿金作为一种责任来规定的，是对雇主不遵守法律义务时对劳动者的法律救济手段。而我国由于将经济补偿金规定为用人单位的一种法定义务，所以，经济补偿金的适用对象是用人单位合法和正当的解除劳动合同或者终止劳动合同的一定场合。因此，在我国，用人单位违反法律规定解除或者终止劳动合同的，首先，劳动者要求继续履行劳动合同的，用人单位应当继续履行；其次，劳动者不要求继续履行劳动合同或者劳动合同已经不能继续履行的，用人单位应当依照该法的规定，向劳动者支付合法解除劳动合同经济补偿金标准的2倍的赔偿金，而不是经济补偿金。

三、经济补偿的内容

对于经济补偿的内容，我国有学者认为应该包括劳动贡献积累补偿、失业补偿和其他特殊补偿。① 劳动贡献积累补偿，是对劳动者在劳动关系存续期间为用人单位已作贡献的积累所给予的经济补偿，其数额一般应当与本单位工龄挂钩，除了劳动者因过错而被辞退以外，在劳动合同解除或终止时应支付这种补偿，其实只是对劳动者生活费用的补助。我国的《违反和解除劳动合同的经济补偿办法》以及《劳动合同法》第47条所规定的以劳动者在本单位的工作年限作为经济补偿的计算基准，就说明了经济补偿的内容主要是劳动贡献积累补偿。

失业补偿，是对劳动者因劳动合同解除而丧失原劳动合同所约定就业机会的经济补偿，其数额应当与劳动合同解除时所剩余的未履行期限挂钩，除了劳动者因过错行为而被辞退和在试用期内解除劳动合同以外，合同解除时应当支付这种

---

① 王全兴：《劳动法学》，法律出版社2004年版，第184页。

补偿。根据我国《劳动合同法》第46条的规定，我国经济补偿适用的范围包括用人单位过错的辞职解除、协商一致解除、用人单位无过错辞退、经济性裁员、固定期限劳动合同期限届满的终止以及用人单位主体消灭的终止等情形，具体可以分为因用人单位过错时的解除或终止和无过错时的解除或终止。在用人单位无过错解除时，如用人单位被宣告破产，主体都不存在了，仍要求支付失业经济补偿，显得不够合理。但是在用人单位有过错而解除劳动关系时，劳动合同终止或解除，劳动者失去了劳动合同未履行期限的利益，用人单位支付失业补偿金是应当的，也是合理的。所以，我们认为，失业补偿金应该适用于"被迫辞职"和用人单位过错性终止合同的情形。

特殊补偿，是对劳动合同终止时有病未愈等特殊困难的劳动者给予的经济补偿。除了因劳动者过错而被辞退之外，劳动合同终止时，都应该支付这种补偿。根据《违反和解除劳动合同的经济补偿办法》第6条的规定，劳动者患病或者非因公负伤，经劳动鉴定委员会确认不能从事原工作，也不能从事用人单位另行安排的工作而解除劳动合同的，用人单位应按其在本单位的工作年限，每满1年发给相当于1个月工资的经济补偿金，同时还应发给不低于6个月工资的医疗补助费。患重病和绝症的还应增加医疗补助费，患重病的增加部分不低于医疗补助费的50%，患绝症的增加部分不低于医疗补助费的100%，确立了医疗补偿。《劳动合同法》未规定医疗补偿。

从我国《劳动合同法》第47条和第23条的规定来看，我国只确立了劳动贡献积累补偿和竞业限制的经济补偿，而没有继承《违反和解除劳动合同的经济补偿办法》中对失业补偿和医疗补偿的规定，显然是一个立法缺陷。

四、经济补偿条件与内容的完善

我国《劳动合同法》将经济补偿的适用范围扩展至劳动合同终止的部分领域，并使经济补偿的计算更为合理，但是仍有一些不足之处，需要进一步的完善。

1. 要扩展经济补偿的适用范围。同《劳动法》相比，我国《劳动合同法》将经济补偿的范围作了扩展，包括用人单位过错的辞职解除、协商一致解除、用人单位无过错辞退、经济性裁员、固定期限劳动合同期限届满的终止以及用人单位主体消灭的终止等情形，具体可以分为因用人单位过错时的解除或终止和无过错时的解除或终止。经济补偿适用范围的扩大，对于充分发挥经济补偿的补偿功能、保障功能具有积极的意义。但是如前所述，我们认为经济补偿在性质上是用人单位的一项法定义务，也是劳动合同效力的表现。那么，经济补偿的适用不应仅限于以上的规定范围，还需要进一步的扩展。

首先，根据法律规定，除用人单位维持或者提高劳动合同约定条件续订劳动合同，劳动者不同意续订的情形外，因期限届满终止固定期限劳动合同的，用人单位应支付经济补偿。但是对于以完成一定工作任务为期限的劳动合同终止和无固定期限劳动合同的终止，除了用人单位消灭之外，也应规定经济补偿。而根据《意大利民法典》第2120条的规定："任何终止隶属性劳动关系的，劳务提供者均有权取得因终止劳动关系而享有的待遇。该待遇的金额应当按照劳动提供者的工龄进行计算。"① 根据该规定，意大利劳动者在任意终止劳动关系时都可以享受经济补偿的待遇。同时《意大利民法典》第2122条还规定了劳动者死亡时，依靠劳动者生活的配偶和子女、三亲等以内的血亲以及二亲等以内的姻亲，都可以获得经济补偿的支付。② 我们认为，意大利的做法对于劳动者合法权益的维护十分周全。根据我国现行法的规定，只有在固定期限劳动合同履行期限届满时才有可能获得经济补偿，这虽然和大多数国家的规定一致，但是对于以完成一定工作任务为期限的劳动合同终止和不固定期限劳动合同的终止来说，法律没有给予平等对待，反而会鼓励用人单位和劳动者签订短期劳动合同。

当然对于以完成一定工作任务为期限的劳动合同和无固定期限的劳动合同来说不存在期限届满终止的情形，但是任何劳动合同都会因劳动者死亡而终止，除此之外，也可能因当事人所约定的终止条件的成就而终止。在劳动者死亡时如果没有经济补偿，那么，那些依靠劳动者生活的配偶、父母、子女以及其他需要扶养的人的生存将受到威胁，而劳动者的死亡本身对其近亲属已是不幸，如果生存再由于劳动者的死亡而面临困境，更为不幸。考虑到劳动者和用人单位在劳动关系中各自的地位，法律规定用人单位在劳动者死亡时向依靠其扶养的近亲属等人员支付经济补偿，对于和谐劳动关系的构建意义重大，而且，这也是经济补偿社会保障功能的显现。在当事人所约定的终止条件成就时，如果劳动者不能获得经济补偿，用人单位也没有支付义务，这将促使用人单位和劳动者签订短期劳动合同，不利于劳动关系的稳定和和谐。所以，我们可以借鉴意大利的做法，所有的劳动合同的终止，除劳动者有过错的情形之外，用人单位都应该向劳动者支付经济补偿。

2. 完善经济补偿的内容。根据《违反和解除劳动合同的经济补偿办法》等其他法规的规定来看，我国的经济补偿的项目包括劳动贡献积累补偿、失业补偿和医疗补偿，但是《劳动合同法》仅规定了劳动贡献积累补偿和竞业限制补偿，对失业补偿和医疗补偿未作规定。我们认为，考虑到我国目前社会保障水平不高，在因劳动者患病或非因公负伤解除劳动合同或者因用人单位主体资格消灭而

---

① 费安玲等译：《意大利民法典》，中国政法大学出版社2004年版，第496页。

② 费安玲等译：《意大利民法典》，中国政法大学出版社2004年版，第498页。

终止劳动合同等情况下，可以参考《违反和解除劳动合同的经济补偿办法》的规定，将失业补偿和医疗补偿作为经济补偿的范围。对这两项补偿，要求用人单位在按照规定支付劳动贡献积累补偿的基础之上支付。根据《劳动合同法》第47条的规定，在计算经济补偿时不再限定补偿年限。我们认为，对于劳动贡献积累补偿由于直接和劳动者的贡献挂钩，立法不应该进行年限限制。但是对于失业补偿的计算年限，依照公平和效率原则的要求，应当给予计算的限制：对失业补偿，可以规定最多不超过12个月工资的补偿。由于医疗补偿的作用在于医治劳动者所患疾病或者非因公负伤，所以不应该进行限制，可以将《违反和解除劳动合同的经济补偿办法》第6条的规定作为标准规定下来，具体是：劳动者患病或者非因公负伤，经劳动鉴定委员会确认不能从事原工作，也不能从事用人单位另行安排的工作而解除劳动合同的，用人单位应按其在本单位的工作年限，每满1年发给相当于1个月工资的经济补偿金，同时还应发给不低于6个月工资的医疗补助费。患重病和绝症的还应增加医疗补助费，患重病的增加部分不低于医疗补助费的50%，患绝症的增加部分不低于医疗补助费的100%。

关于竞业限制补偿，《劳动合同法》第23条只规定了“对负有保密义务的劳动者，用人单位可以在劳动合同或者保密协议中与劳动者约定竞业限制条款，并约定在解除或者终止劳动合同后，在竞业限制期限内按月给予劳动者经济补偿”。竞业限制补偿的标准由当事人约定按月发放，这充分体现了当事人双方的合同自由与意思自治。但是，由于劳动关系主体的地位在现实中差异很大，劳动者作为弱势一方没有与用人单位充分协商的能力，在我国紧张的就业环境下，在竞业限制期间就约定经济补偿的标准，难免不受用人单位意志的强迫。因此，我们认为应该对竞业限制补偿规定一个法定的限制，当事人可以在法律规定的范围之内进行约定。《劳动合同法（草案）》第一审稿第16条第3款中对经济补偿标准的约定作了限制，根据该规定：“用人单位与劳动者有竞业限制约定的，应当同时与劳动者约定在劳动合同终止或者解除时向劳动者支付的竞业限制经济补偿，其数额不得少于劳动者在该用人单位的年工资收入。”按照该条款，劳动者和用人单位所约定的经济补偿的数额不得低于劳动者在该用人单位的年工资收入。应该说，将竞业限制经济补偿的标准限制在不得低于劳动者在该用人单位的年工资收入之上，才能够充分地补偿竞业限制对劳动者就业权的行使造成的不利影响，符合公平原则。所以，对负有保密义务的劳动者，用人单位可以在劳动合同或者保密协议中与劳动者约定竞业限制条款，并约定在解除或者终止劳动合同后，在竞业限制期限内按月给予劳动者不低于在该用人单位的月工资收入的经济补偿。

五、经济补偿的标准

（一）经济补偿中工作年限的标准

劳动者在单位工作的年限，应从劳动者向该单位提供劳动之日起计算。由于各种原因，用人单位没有及时签订劳动合同的，不影响工作年限的计算。如果劳动者连续为同一用人单位提供劳动，但先后签订了数次劳动合同的，工作年限应从劳动者提供劳动之日起连续计算。如果劳动者为同一用人单位提供劳动多年，但间隔了一段时间，也先后签订数次劳动合同，工作年限原则上应从劳动者提供劳动之日起连续计算，已经支付经济补偿的除外。《劳动合同法》通过以下两项措施可以抑制用人单位利用短期劳动合同长期用工的现象：一是连续签订两次固定期限劳动合同的，劳动者可以要求签订无固定期限劳动合同；二是劳动合同期满终止的，用人单位要按照规定支付经济补偿。

对于因合并、兼并、合资、单位改变性质、法人改变名称而改制的单位来讲，按照有关规定，劳动者在用人单位改制前的工作时间应计算为“在本单位的工作时间”。[①] 为了解决《劳动合同法》开始实施时新法与旧法的衔接的问题，《劳动合同法》第 97 条规定，在《劳动合同法》施行前签订，施行后解除或者终止劳动合同的，按照《劳动合同法》第 46 条规定的情形应当支付经济补偿，经济补偿年限自《劳动合同法》施行之日起计算；《劳动合同法》施行前按照《劳动法》第 28 条规定的情形应当向劳动者支付经济补偿的，经济补偿年限按照当时有关规定执行。

（二）经济补偿中补偿金数额的标准

按照《劳动合同法》第 47 条的规定，经济补偿的计算标准为：6 个月以上不满 1 年的，按照 1 年计算；不满 6 个月的，向劳动者支付半个月工资的经济补偿。相比此前的有关规定，《劳动合同法》的规定更为细化，基本适应了用人单位招用季节工和临时工签订短期劳动合同的需要，减轻了企业支付经济补偿金的负担。《劳动合同法》以 6 个月为界限，分别支付 1 个月和半个月工资为经济补偿。如果劳动者工作 1 年零 6 个月，经济补偿为 2 个月的工资；如果劳动者工作 1 年零 5 个月的，经济补偿为 1 个半月的工资。

关于一个月的工资是劳动者本人月工资、本单位的职工月平均工资还是当地月平均工资，有不同的意见。《劳动合同法》第 47 条第 3 款规定，经济补偿中的月工资是指劳动者在劳动合同解除或者终止前 12 个月的平均工资。这样规定主要有两个方面的考虑：其一，可以保持制度的连续性，对原有规定不足的，适

---

① 1996 年劳动部《关于终止或解除劳动合同计发经济补偿金有关问题的请示的复函》。

当进行修改。[①] 原有规定中经济补偿金的工资计算标准是按照企业正常生产情况下劳动者解除劳动合同前12个月的月平均工资，劳动者的月平均工资低于企业月平均工资的，按照企业月平均工资的标准支付。这样的规定在一定程度上有利于保护低收入劳动者的权益，但由于原有规定中月平均工资在不同情形下有不同的内容，使得制度设计过于复杂，不利于劳动者掌握。同时也与其他国家和地区的制度不同。《劳动合同法》统一了月平均工资的内容，一目了然，便于操作。其二，体现公平性，平衡了劳动合同双方的权利义务。一方面考虑到有的劳动者在用人单位工作年限可能比较长，初次签订合同时的工资可能比合同解除或者终止时的工资要低一些，考虑到物价等因素，《劳动合同法》规定了以最近12个月的平均工资为标准。另一方面考虑到用人单位的实际情况。劳动者的经济补偿应与劳动者本人的工资收入相适应。一般来讲，受市场规律的支配，有的工种的工资水平较高，有的较低。就某一个地区而言，不同企业之间的工资水平也有较大不同。如果规定以企业职工平均工资或者当地平均工资为标准，将对部分劳动者和用人单位不公平。

（三）经济补偿标准的限制

我国《劳动合同法》对经济补偿的限制主要适用的对象是高端劳动者。对于高端劳动者的经济补偿标准，有不同的观点。有的认为，高端劳动者谈判能力强，工资收入高，在劳动关系中并不处于弱势地位，如果完全适用经济补偿的规定，用人单位负担过重，难以体现经济补偿的性质和特点，应分类作出规定。有的认为，我国《劳动合同法》最迫切、最主要的问题是保护处于弱势地位的低端劳动者的基本劳动权益，对于高端劳动者可以通过法律的强制性规定和市场调节并举的方式，保护其合法劳动权益，我国没有将劳动者区分不同群体并适用不同法律的先例，在立法技术上也难以处理，因此不应将高端劳动者排除在经济补偿制度的范围之外。我国《劳动合同法》在对劳动者的权益实行一体保护的情况下，对高端劳动者的经济补偿作了一定的限制，其第47条第2款规定，劳动者月工资高于用人单位所在直辖市、设区的市级人民政府公布的本地区上年度职工月平均工资3倍的，向其支付经济补偿的标准按职工月平均工资3倍的数额支付，向其支付经济补偿的年限最高不超过12年。对于这一限制性规定，我们认为其适用的地域范围有些狭窄，没有包括省、自治区人民政府、不设区的市级人民政府与县级人民政府的行政管辖范围，这必然带来各地适用法律上的不统一。

① 原有规定主要是指《违反和解除劳动合同的经济补偿办法》。

六、经济补偿的支付与违法处罚

确定经济补偿的具体时间以及违法时的处罚措施是十分重要的。这样可以预防用人单位拖欠甚至拒付经济补偿金，避免损害劳动者的经济权益。《劳动合同法》第 50 条第 2 款规定，用人单位依法应当向劳动者支付经济补偿的，在办结工作交接时支付。办结工作交接时劳动合同解除或者终止的后合同义务，此时支付经济补偿，可以彻底了结劳动合同的全部权利义务关系。由于种种原因，用人单位可能在办结工作交接时怠于履行（不履行或者不能履行）经济补偿的义务，这样就会增加劳动者日后实现债权的成本，因此，《劳动合同法》第 85 条规定了督促条款，由劳动行政部门责令限期支付经济补偿，逾期不支付的，责令用人单位按照应付金额 50% 以上 100% 以下的标准向劳动者加付赔偿金。但我们认为，这一规定还不够细致，可以从以下三个方面加以完善：一是规定限期支付经济补偿金的期限为 15 日以内；二是规定劳动行政部门不履行督促义务的应承担行政责任，劳动者可以通过行政诉讼要求劳动行政部门履行义务；三是规定经济补偿金可以通过支付令要求用人单位履行债务。上述三种途径都能节约“讨债”成本。当然，最好的预防措施是建立经济补偿保证金制度，由劳动行政部门建立专门账户统一管理。

第二节 违法解除或者终止劳动合同的经济赔偿

用人单位解除或者终止劳动合同，应依法进行，否则就要承担相应的后果。我国《劳动法》确立了该制度。《劳动法》第 98 条规定了违法解除劳动合同的责任：用人单位违反《劳动法》规定的条件解除劳动合同，对劳动者造成损害的，应当承担赔偿责任。在民事责任方面，赔偿范围包括：造成劳动者工资收入损失的，除应支付应得工资外，还要加付应得工资 25% 的赔偿费用；造成劳动者劳动保护待遇损失的，应按国家规定补足劳动保护津贴和用品；造成劳动者工伤、医疗待遇损失的，除按国家规定为劳动者提供工伤、医疗待遇外，还应支付相当于医疗费用 25% 的赔偿费用；造成女职工和未成年工身体健康损害的，除按国家规定提供治疗期间的医疗待遇外，还应支付相当于其医疗费用 25% 的赔偿费用；劳动合同约定的其他赔偿费用。上述赔偿请求，可以通过申请劳动争议仲裁提出，也可以通过向人民法院提起诉讼提出。

《劳动合同法》在继承《劳动法》规定的基础上，对该制度进行了完善，该法第 48 条规定，用人单位违反《劳动合同法》的规定解除或者终止劳动合同，劳动者要求继续履行劳动合同的，用人单位应当继续履行；劳动者不要求继续履行劳动合同或者劳动合同已经不能继续履行的，用人单位应当按照《劳动合同法》规定的经济补偿标准的2倍向劳动者支付赔偿金。违反《劳动合同法》的规定解除劳动合同的，是指违反《劳动合同法》第36条、第39条至第45条等规定，具体情形包括不符合法定条件用人单位单方解除劳动合同的；解除劳动合同时没有履行法定义务的；不符合法定条件用人单位终止劳动合同的。用人单位违反《劳动合同法》的规定解除或者终止劳动合同的，首先要保护劳动者的合法劳动权益，使劳动关系恢复到解除或者终止前的状态，不能让用人单位从违法行为中获益。同时，考虑到实际情况，应当尊重劳动者对于是否继续履行劳动合同的选择。因此，如果劳动者权衡利弊后要求继续履行劳动合同的，用人单位应当继续履行劳动合同；如果劳动者认为继续履行劳动合同存在较大困难，不要求继续履行劳动合同的，劳动合同可以解除或者终止，同时用人单位应当依法支付赔偿金。

《劳动合同法》通过提高用人单位违法解除或者终止劳动合同的成本，可以在一定程度上遏制用人单位违法解除或者终止劳动合同的行为，同时也是对用人单位违反法律规定侵犯劳动者权益的一种惩罚性赔偿，体现了对劳动者权益的有力保障。对于在用人单位违法解除或终止劳动合同后，用人单位同意劳动者继续履行合同的要求的，用人单位是否应向劳动者支付赔偿金问题，立法对用人单位采取了宽容的态度，有人也认为这样立法可以鼓励用人单位纠正其违法行为，促使劳动合同继续履行，保障劳动者的合法权益。我们认为，虽然事后用人单位愿意纠正其自身的违法行为，能够达到类似民法中“恢复原状”的目的，但毕竟在“恢复原状”以前，劳动者的合法权益受到了一定的侵害，并实际上会造成一定的经济损失甚至精神损害，因此即使劳动者愿意继续履行劳动合同，用人单位也同意继续履行的，用人单位也要补偿劳动者所遭受的损失。

另外，在有的情况下，劳动合同客观上已经不能继续履行了，如原用人单位已经搬迁、原工作部门已经撤销等，此时即使劳动者愿意继续履行合同也无法履行，因此在用人单位支付经济赔偿金后，劳动合同解除或者终止。为防止用人单位从违法解除或者终止中获益，劳动行政部门应对“劳动合同已经不能履行”作限制性解释，不能作宽泛解释。还须注意的是，经济赔偿和经济补偿是两种性质不同的法律义务与责任，可以同时使用。用人单位支付经济赔偿金不能免除依法支付经济补偿金。

第三节 劳动合同解除或者终止的社会保险转移

一、社会保险转移

我国还没有建立起社会保险转移制度，这给社会保险制度的建立和完善造成了一定的阻碍。虽然社会保险制度在整体上要由社会保险法加以规范，但《劳动合同法》也应对有关问题作出明确规定，保证社会保险制度在劳动合同中的实施。因此，我国《劳动合同法》第49条作了原则性规定，即国家采取措施，建立健全劳动者社会保险关系跨地区转移接续制度。

实践中，一些用人单位不给劳动者缴纳社会保险的统筹部分，其中原因有的是用人单位利用劳动者不了解国家法律法规的有关规定，逃避责任；有的是劳动者只看到眼前利益，没有缴纳社会保险的积极性，主动要求用人单位将应缴纳的社会保险费直接发放。凡此种种，不利于我国建立全面统一的社会保险制度，不利于劳动者退休后的生活保障。对于用人单位故意逃避缴纳社会保险责任的情形，《劳动合同法》通过合同必要条款作了规制。对于劳动者不愿意上社会保险的问题，则主要是社会保险制度缺乏激励机制所造成的。目前，我国社会保险制度各自为政，社会统筹账户不能随着劳动者的跨地区转移而转移，社会统筹部分也不能提取。国家就此问题已经决定采取了一些积极有效的政策，如做实个人账户，完善职工基本养老制度，制定社会保险关系跨地区转移的办法，等等。这必将产生积极效果。但还需要进一步通过法律的形式加以规范，使之具有强制性。

社会保险制度与劳动合同制度有着非常密切的关系，通过《劳动合同法》规范一定范围内的社会保险关系既可以完善落实社会保险制度的要求，也可以完善劳动合同法。

我国《劳动合同法》第50条还规定了办理社会保险关系转移的期限，要求用人单位应当在解除或者终止劳动合同时出具解除或者终止劳动合同的证明，并在15日内为劳动者办理档案和社会保险转移手续。

劳动合同依法解除或者终止，劳动关系结束，劳动合同中约定的权利义务也随之结束，但劳动合同双方当事人仍应履行有关法定义务。实践中，在解除或者终止劳动合同后，有的用人单位不开具有关解除或者终止劳动合同的证明，扣押劳动者的档案，对社会保险问题含糊其辞等；有的劳动者不辞而别，有的不办理工作交接手续，导致用人单位有关工作陷入混乱。

根据《劳动合同法》及有关法律法规的规定，依法解除或者终止劳动合同时，用人单位都必须履行出具解除或者终止劳动合同证明的义务，这包括用人单位依法解除劳动合同、劳动者依法解除劳动合同、用人单位和劳动者依法终止劳动合同、在用人单位违法解除或者终止劳动合同后依法责令用人单位解除或者终止劳动合同等情形。证明书应写明劳动合同期限、终止或解除的日期、所担任的工作。应劳动者的要求，用人单位要客观公正地说明终止或解除劳动合同的原因。规定用人单位出具解除或者终止劳动合同证明的义务，主要是考虑便于劳动者办理失业登记。根据我国《失业保险条例》第 16 条的规定，城镇企业事业单位职工失业后，应当持本单位为其出具的解除或者终止劳动合同关系的证明，在指定的社会保险经办机构办理失业登记。据此，用人单位出具的解除或者终止劳动合同的书面证明是办理失业登记的前提条件。《劳动合同法》不仅将其规定为法律义务，而且还规定了相应的法律责任，该法第 89 条规定，用人单位违反《劳动合同法》的规定不向劳动者出具解除或终止劳动合同的书面证明的，由劳动行政部门责令改正；给劳动者造成损失的，用人单位应当承担赔偿责任。

用人单位为劳动者办理档案和社会保险关系转移手续是用人单位的一项法定义务，用人单位必须按照规定的期限依法履行。对此，《劳动合同法》第 84 条还规定了相应的责任，劳动者依法解除或者终止劳动合同，用人单位扣押劳动者档案或者其他物品的，由劳动行政部门责令限期退还给本人，按每一名劳动者 500 元以上 2000 元以下的标准处以罚款；给劳动者造成损害的，用人单位应当承担赔偿责任。不过，这里的规定仍需进一步完善，如规定劳动行政部门责令用人单位在 7 日内将扣押的劳动者的档案或者其他物品退还给劳动者，否则由劳动行政部门强制执行或者由劳动者提起民事诉讼。这样，一方面规定了具体的期限，另一方面可以提高制裁违法行为的效率，要比劳动者通过诉讼的途径好得多。当然，这样也增加了劳动行政部门的责任，如果劳动行政部门不及时履行法定义务，则面临被诉的法律风险。

实践中，有的劳动者一时没有落实新的用人单位，如果劳动者不能提供转移方向的，根据规定，用人单位自劳动者自动离职 1 个月内，按国家规定将其档案转移至其户口所在地的有关部门。

劳动者在劳动合同解除或者终止时，应按照约定，遵循诚实信用原则履行办理工作交接的义务。这样规定，主要是考虑到用人单位的实际情况，为了保持用人单位工作秩序，不致因劳动者变换而影响正常工作。工作交接主要包括财产物品的返还、资料的交接等。

实践中，发生在劳动合同解除或者终止后的一些劳动争议，往往因为事过境迁，劳动合同文本灭失，导致劳动合同的约定内容无从查证，法院难以判明事实，有时对劳动者极为不利。劳动合同文本也是劳动行政部门监督检查的重要内容之一。考虑到劳动合同文本是记载劳动合同双方权利义务的基本文件，用人单位有保留相关档案的义务，因此，《劳动合同法》第 50 条第 3 款规定了用人单位负有对解除或者终止劳动合同的劳动合同文本至少保留 2 年备查的义务。

二、其他后合同义务

实践中，用人单位的后合同义务还应包括三项内容：一是向社会保险经办机构缴纳有关费用。凡是依法应当由用人单位为劳动者缴纳的社会保险费用，在劳动合同终止时由用人单位负责全部交纳。二是为被裁人员提供一定的就业保障。用人单位有条件的，应当为被裁人员提供职业培训或者就业帮助。三是继续提供住房和返还财产的义务。根据我国法律规定，国有事业单位对辞职的专业技术人员和管理人员负有此项义务。同时，如果劳动者在用人单位寄存有财产的，在劳动合同终止或者解除时，用人单位应返还给劳动者。

劳动者的后合同义务除了办理工作交接手续外，还应当包括三项内容：一是继续保守商业秘密和竞业限制的义务。劳动者和用人单位可以在劳动合同中约定劳动者保守商业秘密或者竞业限制的义务，在劳动合同终止或者解除后，应继续承担保守商业秘密或者竞业限制的义务。二是据此劳动者和用人单位可以遵循《劳动合同法》第 22 条和第 23 条的规定，约定服务期或者竞业限制，如果劳动者违反了服务期或者竞业限制的约定，应当按照约定向用人单位支付违约金。三是根据《劳动合同法》第 90 条的规定，劳动者违反本法规定解除劳动合同，或者违反劳动合同中约定的保密义务或者竞业限制，给用人单位造成损失的，应当承担赔偿责任。赔偿的费用主要包括：招录费用；培训费用；合同约定的其他费用和用人单位的损失。此外，该法第 86 条还规定："劳动合同依照本法第二十六条规定被确认无效，给对方造成损害的，有过错的一方应当承担赔偿责任。"那么，如果由于劳动者一方的原因致使劳动合同被确认为无效的，劳动者应承担缔约过失责任，赔偿用人单位的损失，包括招录费用、培训费用以及给用人单位造成的其他信赖利益损失。

第三篇

特别合同制度

第九章 集体合同制度

第一节 集体合同立法

集体合同制度是当今国际上普遍采用的调整劳动关系的一项重要法律制度。我国《劳动法》首次从法律制度的层面规定了这一制度。《集体合同规定》对劳动法规定的集体合同制度的实施作了进一步规定。集体合同制度实施以来，对于保障劳动者的权益，调整和协调劳动关系发挥了重要的作用。《劳动合同法》在保留《劳动法》中行之有效的规定的同时，将实践中发展地推行集体合同制度的成熟经验以法律的形式规定了下来。

集体谈判（协商）是订立集体合同的最主要方式，国内外都通过立法确立了集体谈判主体的权利与谈判程序。

一、集体合同的概念与特点

集体合同是指工会或职工代表代表全体职工与用人单位之间根据法律、法规的规定，就劳动报酬、工作时间、休息休假、劳动安全卫生、保险福利等事项，在平等协商一致的基础上签订的书面协议。有人认为，集体合同，不同于集体劳动合同。集体劳动合同，或称“集合的劳动合同”是指多数劳动者共同与资方订立的劳动合同。其中，劳动者的代表是其他劳动者的代理人，所订立的集体劳动合同只对参加的劳动者有约束力。

集体合同与（个别）劳动合同相比存在明显不同，它们主要有以下区别：第一，合同当事人不同。普通劳动合同的当事人为单个劳动者（劳动者个体）与用人单位两方；集体合同当事人为劳动者团体和用人单位或其团体，故又称团体协约或团体合同。第二，合同目的不同。订立普通劳动合同的目的是确立劳动关系；订立集体合同的主要目的，是为确立劳动关系设定具体标准，即在其效力范围内规范劳动关系。第三，合同内容不同。普通劳动合同以单个劳动者的权利义务为内容，一般包括劳动关系的各个方面；集体合同以集体劳动关系中全体劳动者的共同权利义务为内容，可能涉及劳动关系的各个方面，也可能只涉及劳动关系的某个方面。第四，合同形式不同。普通劳动合同在有的国家为书面合同，在有的国家则书面与口头合同并存；集体合同一般为书面合同。第五，合同效力不同。普通劳动合同对单个的劳动者和用人单位有法律效力；集体合同对签订合同的单个用人单位或用人单位所代表的全体用人单位，以及工会和工会所代表的全体劳动者，都有法律效力。并且，集体合同的效力一般高于劳动合同的效力。此外，它们在签订程序和适用范围等方面也有不同。

二、集体合同的性质

集体合同制度是各国调整劳动关系的一种基本制度。如日本，政府不参与企业工资标准的制定，主要靠劳资谈判解决。增加工资的谈判和斗争形成了惯例，很少因为工资问题发生罢工。在瑞典，雇主和工会都认为他们自己能够对工资和工作条件达成共识。雇主和工会缔结的集体合同包括许多内容，如工资、其他报酬、保险、教育、解雇的条件和程序等。国外集体合同有不同的层次。有的是核心集体合同，在全国所有的部门都适用；有的是部门集体合同；有的是企业集体合同。

对集体合同的性质，主要有三种观点。有的认为，集体合同的本质是契约，是劳资双方通过集体协商订立的契约。适用于劳动法和合同法的一般规定。如我国《劳动法》将劳动合同与集体合同置于同一个制度框架。有的认为，集体合同具有规范劳动合同的效力，集体合同订立后，劳动合同的劳动条件不得低于集体合同的规定，否则无效。无论劳动者是否参加了工会，是否参加了集体协商，均受集体合同的约束。因此，集体合同不仅具有债法上的约束力，而且具有法规的效力。有的认为，在普通法国家，集体合同的本质是君子协定。虽然在当事人之间产生一定的权利、义务，但不具有法律上的意义。集体合同的履行，不依赖法律的制裁，而是依赖社会制裁。

三、集体合同的功能

集体合同盛行于现代各国，是因为在保护劳动者利益和协调劳动关系方面，集体合同具有劳动法规和普通劳动合同所无法取代的功能。

（一）集体合同可以弥补劳动立法的不足

《劳动法》规定的关于劳动者利益的标准属于最低标准，按此标准进行保护只是法律所要求的最低水平，而立法意图并不是希望对劳动者利益的保护仅仅停留在最低水平上，但想要通过劳动立法的方式规定更高的标准恐怕难以实行。通过集体合同，可以对劳动者利益作出高于法定最低标准的约定，从而使劳动者利益保护的水平能够实际高于法定最低标准。

《劳动法》关于劳动者利益和劳动关系协调的规定可能比较原则，相对于复杂丰富的劳动关系而言，难免有所疏漏。通过集体合同可以对这些共性问题作出约定，从而更具体地规范劳动关系，对劳动立法不完备起到补充作用。

（二）集体合同可以弥补劳动合同的不足

在签订劳动合同时，因单个劳动者是相对弱者，不足以与用人单位抗衡，难免违心地接受用人单位提出的不合理条款。而由工会代表全体劳动者签订集体合同，就可以与用人单位集体平等协商，避免劳动者被迫接受不合理条款。

劳动者之间因各自实力不同，在与用人单位签订劳动合同时的实际地位有差别，仅仅以劳动合同来确定劳动者的权利义务，就难免使得弱势劳动者遭受歧视，不能平等地享有权利和承担义务。通过集体合同，可以确保在一定范围内全体劳动者的权利义务实现平等。

劳动关系的内容包括工时、定额、工资、保险、福利、安全卫生等各个方面，若都由劳动合同具体规定，订立劳动合同的成本就会较高。集体合同对劳动关系的主要内容作出具体规定后，劳动合同仅需要就单个劳动者的特殊情况作出约定即可。

四、集体合同的国际立法

作为保护劳动者合法权益的一项重要内容，集体谈判和集体合同制度得到了国际立法的确认。国际劳工组织从其建立之初就致力于劳动者集体谈判的权利的维护。除《费城宣言》以外，先后通过了八个核心国际公约。

《费城宣言》提出，切实承认集体谈判的权利，在不断提高生产率的情况下促进劳资双方的合作，以及工人和雇主在制定和实施社会经济措施方面的合作，是国际劳工组织的国际义务。

国际劳动组织的有关国际公约及有关建议书文件对集体谈判和集体合同作了一般性规定。①《组织权利和集体谈判权利公约》规定，各国在必要时应采取符合国情的措施，鼓励和推动在雇主或雇主组织同工人组织之间最广泛地发展与使用集体协议的自愿谈判程序，以便通过这种方式确定就业条款和条件。《集体协议建议书》中建议，应通过合同或立法途径，按符合本国国情的方法，建立适合各个国家特有情况的体制或用于协商、缔结、修订和续签协议，或用于在协商、缔结、修订和续签时帮助双方。任何集体协议应对签约者以及使用其名义缔

---

① 《1949年组织权利和集体谈判权利公约》（第98号公约）、《1951年集体协议建议书》（第91号公约）、《1981年集体谈判公约》（第154号公约）和《1981年集体谈判建议书》（第163号建议书）。

结协议者具有约束力。受集体协议约束的雇主与劳动者不得以劳动合同的方式商定与该集体协议的规定相违背的规定。对集体协议的解释发生分歧时，应通过适当的程序予以解决，该程序或由双方商定，或通过立法途径，按照符合本国国情的方法加以确定。对集体协议执行情况的监督应由签订集体协议的雇主和劳动者组织双方实施，或由现有的监督组织或为此目的而建立的机构实施。一国法律或条例可以着重规定以下几个方面的内容：一是规定受集体协议约束的雇主有义务采取适当措施，以便使有关劳动者了解适用于企业的集体协议的全文；二是规定集体协议以及后来作出的任何修改均需要登记备案；三是确定最低期限，在此期限内如集体协议文本不包含相反的规定，该协议得被视为生效，除非在协议期满前双方修改或废除协议。《集体谈判公约》规定，集体谈判内容的规定适用于所有经济部门。在何种程度上适用于军队和警察，可由各国法规或者惯例确定，对于公职人员，具体实施办法可由各国法规或者惯例确定。公约要求应根据国家情况，采取措施促进集体谈判。

《集体谈判建议书》就集体谈判手段问题通过列举的方式提出了以下几种建议：其一，凡有必要，应采取适合国情的措施，为在自愿基础上建立和发展自由、独立并具代表性的雇主组织和工人组织提供方便。其二，凡有必要并在适宜时，应采取适合国情的措施以便：（1）雇主和工人的代表组织被确认为有资格进行集体谈判；（2）在主管当局按确认程序确定哪些组织有权进行集体谈判的国家里，在作出决定时应以客观的并对这些组织的代表性实现予以界定的标准为依据，而这些标准需经与雇主和工人的代表组织磋商后确定。其三，在必要时，应采取符合国情的措施，以便集体谈判有可能在任何层次，特别是在机构、企业、部门、行业一级，或在地区，或全国级别上举行；凡集体谈判在多层次举行的国家里，谈判双方应注意各层次间的协调。其四，谈判双方应采取措施，使各层次的谈判者有可能受到适当培训；当局可以应工人组织与雇主组织的请求，为实行此类培训向其提供帮助；此类培训的内容及其监督应由有关的、合适的工人组织和雇主组织确定；此类培训不得损害工人和雇主组织选择自己的集体谈判代表的权利。其五，集体谈判双方应授予各自谈判者以必要的责权进行谈判并缔结协定，此类授权应遵从各自组织有关的内容咨询规定。其六，如有必要，应采取适合国情的措施，使双方能获得必要咨询，从而能在了解情况后进行谈判。最后，如有必要，应采取符合国情的措施，使处理劳资冲突的程序能帮助冲突各方自己找到解决冲突的办法，不论是在谈判协定过程中产生的冲突，还是在解释和执行协定方面出现的冲突或者《审查要求建议书》所提及的企业内部申诉引起的冲突。

国际劳工组织的有关公约及有关建议书文件专门对工人谈判代表的保护作了

规定。①《工人代表公约》中规定，企业工人代表，根据其工人代表身份或活动或作为工会会员参与工会活动，只要其行动符合现行法律或者集体协议或其他共同同意的安排，应享受有效保护，反对包括解雇在内的任何对其不利的行为。应在企业内向工人代表提供那些可能适宜的便利条件，以便他们能迅速、有效地执行其职责。譬如在同一企业同时存在工会代表和选举产生的代表的，需要时应采取适当措施，鼓励选举产生的代表和有关工会及其代表在一切有关事务中合作。《工人代表建议书》重申了工人代表的保护原则，并进一步提出，在保护一般工人的相应措施不够充分时，应采取特殊措施给工人代表以有效保护。这些措施包括：对可证明解雇工人代表确属正当的理由作出详细而明确的规定；在最后解雇一个工人代表之前，必须与一个公共的或私人的独立机构或联合机构协商，或取得其他咨询性意见或征得其同意；为那些认为自己被无理解雇或就业条件有不利于变动或受到不公平待遇的工人代表，建立特别求援程序；就被无理解雇的工人代表而言，在不违反该国法律基本原则的情况下，有效的补救规定应包括恢复代表的工作，支付未付工资以及保留其既得权利；在被指称对工人代表作歧视性解雇或对其就业条件作不利于变动时，规定责成雇主证明该行为确属不当；在裁员时，承认工人代表有保留工作的优先权。该建议书还提出了向工人代表提供便利的具体建议，主要包括：应向企业内的工人代表提供必要的脱产时间，使其在企业中行使代表职责而不损失工资或者社会福利和各种津贴；为使工人代表能有效地行使其职责，应给他们必要的脱产时间参加各种工会会议、培训班、讲习班、代表大会等；应准许企业内工人代表为行使其职责而进入本企业一切工作场所；应准许工人代表在正当行使其职责所需要时，不经过分拖延即能接触企业管理方面及其有决定权的代表；管理方面应按建议书载明的实施办法有可能确定的条件和程度，使工人代表得到行使其职责所需的物质便利和信息。

对于农业等特定部门的劳动者的集体谈判和集体合同，国际劳工组织还通过了专门适用于这些部门的公约和建议书。②《农村工人组织公约》中规定，对于农村工人，即在一切农村地区从事农业、手工业或有关职业的人员，无论是工资劳动者还是佃农、分成佃农或小业主等自雇就业人员，应有权无须经过事先批准，建立参加他们自己选择的组织，其唯一条件是遵守有关组织的章程。工会结社自由的原则应得到充分尊重；农村工人组织应为独立和自愿的性质，不受任何

---

① 《1971 年工人代表公约》（第 135 号公约）、《1971 年工人代表建议书》（第 143 号建议书）。

② 《1975 年农村工人组织公约》（第 141 号公约）、《1975 年农村工人组织建议书》（第 149 号建议书）、《1978 年（公务员）劳动关系公约》（第 151 号公约）、《1978 年公务员劳动关系建议书》（第 159 号建议书）、《1958 年种植园公约》（第 110 号公约）。

干涉、强迫或压制。在行使公约规定的各项权利时，农村工人及其组织应遵守本国法律。另外，《农村工人组织建议书》对农业工人组织的作用、鼓励发展农村工人组织的方法等提出了详细的建议。

《公务员劳动关系公约》中规定，在其他国际公约更为有利的规定对公职人员不适用的情况下，该公约适用于全体公职人员；对其职责通常被认为与制定政策和领导工作有关的高级人员或者负责处理高度机密工作的人员、武装部队、警察，该公约规定的保障的限度应由各国法律予以确定。该公约规定，公务员应受适当保护，反对旨在侵犯工会自由的任何就业歧视行为。公务员组织应对公共当局享有完全独立性。公务员组织应受适当保护，反对公共当局对该组织的组成、活动和管理进行任何干预。公约同时规定，要为公务员组织提供便利。这进一步体现在《公务员劳动关系建议书》的规定之中。

《种植园公约》中规定了种植园工人的组织权和集体谈判权。公约规定，应采取适当措施保障雇主和受雇者在不违反法律的前提下为解决各类问题而享有结社权。工人组织和雇主组织应受适当保护，防止相互间或是直接或是间接通过其代理人或会员对对方组织的建立、工作开展和管理所进行的干涉行为。如有必要，应根据各国条件，采取适当措施，促使以雇主和雇主组织为一方，以工人组织为另一方的集体协议资源协商程序得到广泛的发展和利用，从而解决就业条件问题。

五、我国集体合同立法的适用范围

依据我国《集体合同规定》第 2 条，中华人民共和国境内的企业和实行企业化管理的事业单位（以下统称用人单位）与本单位职工之间进行集体协商，签订集体合同，适用本规定。我国《劳动法》第 33 条和《劳动合同法》第 51 条均规定集体合同适用于企业职工与企业之间订立的合同。这就排除了其他类型的组织适用集体合同的可能性。

由于制定《集体合同规定》时，还没有出现目前实践中实行的行业集体合同和区域集体合同，因此，该规章仅规定其适用于集体合同和专项集体合同。对于行业集体合同和区域集体合同的订立，我们认为，可以适用《集体合同规定》的基本原则和基本内容。需要作专门规定的，可由国家劳动行政部门进一步制定相关规章。

六、集体合同的分类

（一）专项集体合同

专项集体合同，是指用人单位与劳动者根据法律、法规、规章的规定，就集体协商的某些内容签订的专项书面协议。集体合同的具体内容可能涉及劳动关系的各个方面，也可能仅仅涉及劳动关系的某个方面。随着社会经济的发展，各方面的问题也逐渐显现，要一劳永逸地在一个集体合同中解决所有问题越来越不可能。为了减少协商谈判所需要的社会成本，也为了更有针对性、更有效地解决劳动关系的某个方面的问题，工会在推进集体合同制度的实践中订立专项集体合同，逐渐成为一种普遍的有效形式。如劳动安全卫生、女职工权益保护、工资调整机制等劳动者与社会关注较多的问题已经签订了不少专项集体合同，并已规范化、制度化和法律化。专项集体合同的规范概念和定义在我国《集体合同规定》第 3 条中初次使用。我国《劳动合同法》第 52 条规定，企业职工一方与用人单位可以订立劳动安全卫生、女职工权益保护、工资调整机制等专项集体合同，从而在法律层面上得到确认。

1. 劳动安全卫生的专项集体合同

随着保护劳动者权益的认识不断深入，劳动安全卫生标准越来越为社会所关注。在已有《劳动法》、《工会法》、《安全生产法》、《职业病防治法》、《消防法》、《危险化学品安全管理条例》等劳动安全卫生法律、法规及标准的前提下，为进一步规范企业与职工双方在生产经营活动中的行为，强化安全生产的管理和监督，防止和减少安全生产事故的发生，维护劳动者的安全健康合法权益，促进企业的稳步发展，依据有关规定，结合行业、企业的实际订立劳动安全卫生专项协议，已经越来越受到人民群众的关注。例如，在安全事故多发的采矿业，制定劳动安全卫生专项集体合同已成现实。

2. 女职工权益保护专项集体合同

女职工权益保护专项合同，是用人单位与本单位女职工更具法律、法规、规章的规定，就女职工合法权益和特殊利益方面的内容通过集体协商签订的专项协议，对用人单位和本单位的全体女职工具有法律效力。结合本单位的工作实际制定的女职工特殊权益保护专项集体合同，往往具有较强的针对性、实效性和可操作性，是切实维护女职工合法权益和特殊利益的重要机制和手段。例如，专项集体合同中规定用人单位与女职工建立劳动关系应当订立劳动合同，实行男女同工同酬；在企业工会委员会中、职工民主管理中以及进修、培训、出国学习、挂职锻炼时用人单位必须安排一定比例的女职工参加；根据女职工的生理特点，对月经期、孕产期和哺乳期的女职工给予特殊保护；用人单位不得在女职工的孕产期和哺乳期降低其基本工资、终止其劳动合同；单位每年对女职工进行一次妇科检查；劳动行政部门应当对女职工权益保护专项合同进行检查和监督，使其合法权益得到切实保障。

3. 工资调整机制专项合同

工资调整机制，包括工资的减低与增长，主要是通过工资集体协商制度来实现的。工资集体协商，是指职工代表与用人单位代表依法就用人单位内部工资分配制度、工资分配形式、工资收入水平进行平等协商，并在协商一致的基础上签订工资协议的一种制度安排。在工资集体协商过程中，职工一方明显处于弱势。代表用人单位利益的一方往往组织严密，具有很强的专业素质，而代表职工利益的一方往往是由选举、任命等方式临时产生的，缺乏谈判的动力与技能，致使工资谈判往往成为形式，难有实际效果。为此，用人单位职工一方需要借助有组织的工会力量，真正与用人单位一方平等协商，订立工资调整机制方面的专项集体合同。建立工资集体协商制度可以使工资调整机制规范化、制度化和法律化，依法保护劳动者的合理工资收入。

（二）行业性集体合同与区域性集体合同

随着集体合同制度的实施，各级工会积极开展各种形式的实践探索，行业性集体合同、区域性集体合同得到了较大的发展。实践中，工会、政府劳动社会保障部门与行业协会或专业团体共同联手，积极推动行业性、区域性集体合同工作，获得了用人单位和劳动者的一致认同。① 可以说，推行行业性集体合同、区域性集体合同已经有了比较成熟的经验，有利于跳出单个企业的局限，促进行业、区域的劳动者和用人单位平等协商，从而能够保护更大范围的劳动者的合法权益。我国《劳动合同法》通过法律的形式认可了行业性集体合同和区域性集体合同，并明确了适用的区域范围、有关行业以及合同主体。该法第53条规定，县级以下区域内，建筑业、采矿业、餐饮服务业等行业可以由工会与企业方面代表订立行业性集体合同，或者订立区域性集体合同。行业性集体合同、区域性集体合同法律地位的确立，一方面将更加有利于推动其发展，另一方面也能够对其发展起到规范作用。不过，该法对适用地域范围的规定还是有些保守，实践中，一些直辖市地区的做法已经有所突破，不限于在县级以下区域，而是在省级范围内实行这种合同制度。而随着我国区域经济一体化的发展，这种合同制度还可能在省级行政区之间实行。

1. 行业性集体合同

行业性集体合同主要是指在一定行业内，由地方工会或者行业性工会联合会与相应行业内企业方面代表，就劳动报酬、工作时间、休息休假、劳动安全卫

① 上海市的做法值得借鉴和推广。参见信春鹰主编：《中华人民共和国劳动合同法释义》，法律出版社2007年版，第199页。

生、保险福利等事项进行平等协商所签订的集体合同。① 行业性集体合同一般具有以下优点：第一，同一领域的各企业行业共同性，在利润和职工工资水平、职业危害状况、劳动者素质等方面往往比较接近，可以就某一方面制定具体的、有针对性的共同标准，从而容易达成行业性集体合同。第二，行业性集体合同能够更广泛地保护整个行业内的劳动者的合法权益，同时在和谐稳定的劳动关系的基础上，使行业整体素质也得到提升。第三，协商订立行业性集体合同能够减少劳资谈判的社会成本，因此，行业性集体合同呈现出扩展趋势。

我国《劳动合同法》列举的建筑业、采矿业、餐饮服务业等，行业特点比较明显，决定了这些行业容易订立切实可行的行业性集体合同。例如，建筑业、采矿业大量使用农民工，而且拖欠工资或者造成人身伤害的问题比较突出，就此工会出面订立行业性集体合同，对于约束建筑企业、采矿企业，保护农民工利益能够起到较好的作用。像餐饮服务业，劳动者工资报酬通常比较平均、比较低，在这些方面签订行业性集体合同能够建立良好的工资调整机制，有效提高餐饮服务业劳动者的水平。

2. 区域性集体合同

就目前立法来看，区域性集体合同是指在县级以下行政区域内，如县、区、乡、镇、街道、村等，由区域性工会联合会与相应经济组织或区域内企业，就劳动报酬、工作时间、休息休假、劳动安全卫生、保险福利等事项进行平等协商所签订的集体合同。有的认为，区域性集体合同的优势在于在基层较小的范围内实行，基层工会能够较好地发挥熟悉当地企业和劳动者的优势，就当地某些特殊情况、特殊需要订立区域性集体合同，并认为区域性集体合同不宜在大范围大区域内推行，由于企业性质差异、各行业劳动者需求不同等，在一个较大的区域内协商签订集体合同往往比较困难，即使签订集体合同也往往因为缺乏针对性而难以实施。我们认为，区域性集体合同制度的发展需要一个过程，应先从县级以下开始实行，条件成熟时再扩大到更大的区域。现代化生产和服务的技术构成越来越高，特别是在产业集聚地区，生产和服务的同质性也在提高，这就可能要求在较

---

① 我国第一份行业集体合同是山东省机械电子工会与该省机械工业办公室的首席代表于2006年3月27日共同签订的《山东省机械行业集体合同》。山东全省三千余家企业、科研院所和三百万企业职工，包括农民工、协议工都适用该合同。该合同内容涉及职工工资、工作时间和休假、保险福利、劳动争议等多个方面。该合同还有许多创新之处：如明确规定职工最低工资在当地最低工资基础上上浮20%—50%；工资要与企业效益同步增长，工资增幅不得低于利润增幅3个百分点；企业应以货币形式按月足额支付工资；职工在企业连续工作满8年，职工提出订立无固定期限劳动合同的，企业应当与其订立无固定期限的劳动合同。该合同规定的职工待遇标准大多超出了《劳动合同法》的规定，使职工得到更多的利益，体现了集体合同的优越性。

大的范围内实行区域性集体合同。

第二节 集体合同的订立与终止

一、集体合同的订立原则

我国《集体合同规定》对订立集体合同提出了以下几项原则：遵守法律、法规、规章及国家有关规定；相互尊重，平等协商；诚实守信，公平合作；兼顾双方合法权益；不得采取过激行为。理论上和有关法律主要坚持两项原则：一是平等协商原则。集体合同双方当事人在签订合同的过程中，处于平等的地位，不考虑工会或者职工代表与企业之间在行政上的隶属关系。双方都可以平等地提出自己的主张和要求，本着合作的态度讨论和解决问题，任何一方都不得以任何方式压制或者威胁对方。二是平等参与原则。集体合同的本质是用人单位全体劳动者共同意志的表达形式和内容，只有平等参与和集体参与才能真正实现劳动者的意志，避免其权益受到侵害。《劳动合同法》第51条规定，集体合同草案应当提交职工代表大会或者全体职工讨论通过，《劳动法》第33条作了同样的规定。在签订集体合同的过程中，应当充分发挥职工代表大会的民主管理的作用，保障劳动者的知情权和参与权，这样才能更有效地维护劳动者的合法权益，也更有利于推进企业和职工双方积极履行集体合同。我们认为，平等与公平是兼顾当时各方利益的道德基础，而只有依法订立体现平等和公平的集体合同才能受到法律的保护。

二、集体合同订立的方式

依据我国《集体合同规定》第4条，用人单位与本单位职工签订集体合同或专项集体合同，以及确定相关事宜，应当采取集体协商的方式。集体协商主要采取协商会议的形式。

三、集体合同订立的主体

与普通劳动合同相比，集体合同的主体有显著的不同。我国《集体合同规定》第19条规定，本规定所称集体协商代表（以下统称协商代表），是指按照法定程序产生并有权代表本方利益进行集体协商的人员。我国《劳动法》第33条规定，集体合同由工会代表职工与企业签订；没有建立工会的企业，由职工推举的代表与企业签订。《劳动合同法》第51条规定，集体合同由工会代表企业职工一方与用人单位订立；尚未建立工会的用人单位，由上级工会指导劳动者推举的代表与用人单位订立。《劳动合同法》的规定较《劳动法》的规定更为科学。根据规定，订立集体合同的一方当事人必须是工会或者职工代表，另一方当事人必须是用人单位的行政部门。职工代表的推举需要接受上级工会的指导，不能随便由某一群体的劳动者推举几个职工代表要求与用人单位订立集体合同而可能损害其他劳动者的利益，这样规定就是为了保证职工代表的普遍性和权威性。

依据《集体合同规定》，参与订立集体合同的集体协商的人数应当对等，每方至少3人，并各确定1名首席代表。职工一方的首席代表由本单位工会主席担任。工会主席可以书面委托其他协商代表代理首席代表。工会主席空缺的，首席代表由工会主要负责人担任。未建立工会的，职工一方的首席代表从协商代表中民主推举产生。用人单位一方的协商代表，由用人单位法定代表人指派，首席代表由单位法定代表人担任或由其书面委托的其他管理人员担任。集体协商双方首席代表可以书面委托本单位以外的专业人员作为本方协商代表。委托人数不得超过本方代表的1/3。首席代表不得由非本单位人员代理。用人单位协商代表与职工协商代表不得相互兼任。

依据《集体合同规定》，协商代表应履行下列职责：参加集体协商；接受本方人员质询，及时向本方人员公布协商情况并征求意见；提供与集体协商有关的情况和资料；代表本方参加集体协商争议的处理；监督集体合同或专项集体合同的履行；法律、法规和规章规定的其他职责。协商代表应当维护本单位正常的生产、工作秩序，不得采取威胁、收买、欺骗等行为。协商代表应当保守在集体协商过程中知悉的用人单位的商业秘密。

依据《集体合同规定》，协商代表履行职责的期限由被代表方确定。企业内部的协商代表参加集体协商视为提供了正常劳动。职工一方协商代表在其履行协商代表职责期间劳动合同期满的，劳动合同期限自动延长至完成履行协商代表职责之时，除出现下列情形之一的，用人单位不得与其解除劳动合同：严重违反劳动纪律或用人单位依法制定的规章制度的；严重失职、营私舞弊，对用人单位利益造成重大损害的；被依法追究刑事责任的。职工一方协商代表履行协商代表职责期间，用人单位无正当理由不得调整其工作岗位。工会可以更换职工一方协商代表；未建立工会的，经本单位半数以上职工同意可以更换职工一方协商代表。

用人单位法定代表人可以更换用人单位一方协商代表。协商代表因更换、辞任或遇有不可抗力等情形造成空缺的，应在空缺之日起15日内按照本规定产生新的代表。职工一方协商代表就《集体合同规定》第27条规定的参加集体协商的劳动报酬和第28条规定的履行协商代表职责的时间问题与用人单位发生争议的，可以向当地劳动争议仲裁委员会申请仲裁。

四、集体合同的内容

我国《劳动法》没有具体规定集体合同的内容，《劳动合同法》第51条列举了劳动报酬、工作时间、休息休假、劳动安全卫生、保险福利等事项，《集体合同规定》第8条列举了劳动报酬、工作时间、休息休假、劳动安全卫生、补充保险和福利、女职工和未成年工特殊保护、职业技能培训、劳动合同管理、奖惩、裁员、集体合同期限、变更和解除集体合同的程序、履行集体合同发生争议时的协商处理办法、违反集体合同的责任以及双方认为应当协商的其他内容十五项内容。

集体合同的具体内容可能涉及劳动关系的各个方面，也可能仅涉及劳动关系的某个方面。因此，职工一方与用人单位可以就劳动报酬、工作时间、休息休假、劳动安全卫生、保险福利等事项中的一项或者多项订立集体合同。以上事项与劳动合同必备条款的理解基本相同，例如，有关休息休假的规定，主要是指对劳动者周休假、年休假、病事假、女职工生理病假和产假、婚丧假、探亲假、职工带薪休假、奖励假期等各类假日的期限、休假办法、休假待遇等项内容的约定，其中还应包括关于如何实施国家规定的劳动者休息休假制度的规定。再如集体合同中关于劳动安全卫生的规定，主要包括有关企业劳动条件、安全卫生设施、劳动安全卫生规程和标准、防护用品、职工健康检查、职业病防治以及企业应当采取的其他劳动保护措施等项内容的约定。

一般来说，集体合同的内容比相关法律、法规的规定更具体、更专业，但比个体劳动合同的规定更原则、更具有一般性。单个劳动者在签订劳动合同时，可以根据法律、法规并参照集体合同的相关规定约定更有利于自己的条款，例如，集体合同关于保险福利的规定，主要包括有关职工养老、待业、工伤、医疗、死亡的待遇和职工住房、生活供应、保健、文化、教育、娱乐设施等项内容的约定。由于劳动法实施后我国的劳动保险以社会保险为主体，因此，集体合同对于劳动保险的约定，主要在于说明除国家基本社会保险之外，企业将为职工建立哪些补充保险和举办哪些职工福利。

通过比较并参考各地有关集体合同的规定，我们认为，集体合同内容的特别规定主要包括以下几个方面：

（一）劳动报酬和劳动条件

集体合同中劳动报酬和劳动条件等标准不低于用人单位所在地省级人民政府规定的最低标准；用人单位与劳动者订立的劳动合同中劳动报酬和劳动条件等标

准不低于集体合同规定的标准。① 否则，集体合同、劳动合同的相关条款就无效。

我国《劳动法》第48条规定，国家实行最低工资保障制度，最低工资的具体标准由省级人民政府规定。“社会平均工资法”是三种确定最低工资标准的通用方法之一，也是国际上通用的方法，即月最低工资是月平均工资的40%至60%。② 这种本应严格执行的标准和方法，在全国各地并没有被很好地执行，数十年工资不变的情况在全国普遍存在，在制造业与出口加工业集中的地区则更为明显，“血汗工厂”并曾一度导致大规模缺工问题的出现。究其主要原因有三个方面：一是一些地方政府与企业合谋，执行不力；二是加工制造业利润越来越低；三是劳动力供给严重过剩。但不论怎样的原因，劳动价值必须得到尊重和实现。鉴于工资问题的普遍存在可能造成严重的社会问题，国家在政策上要求从2006年开始地方政府必须合理调整和严格执行最低工资制度并制定和推行最低小时工资制度。2006年全国各地省级人民政府均结合当地实际颁布了月最低工资标准，绝大部分地方还颁布了最低小时工资标准，体现了政府对社会收入水平的调控作用，促进了社会公平。这一方面保护了劳动的价值，保护了劳动者的合法权益，提高了劳动者的积极性和生产经营效率；另一方面劳动者也根据各地的最低工资差异，结合自己的劳动能力有序地流动，达到市场有效配置劳动力资源的目的。我国各地在提高最低工资标准的同时，也留下了较大的提升幅度空间，这也引起了广泛的社会关注。随着各地政府规定的最低劳动条件和劳动报酬的提高，集体合同中劳动条件和劳动报酬标准也要相应地提高。

劳动条件方面，鉴于近几年来生产事故频发，各级政府主要是强化生产设备改造、生产技术升级以及高温高压作业下的卫生健康保障，并加以规范化、制度化。如有的地方政府制定了高温作业补贴制度、高温作业时间制度。

（二）补充保险和补充福利

理论上将补充保险和补充福利统称为职业福利、机构福利或员工福利，是以企业或社会团体为责任主体，并专门面向内部员工的一种福利待遇，本质上属于职工激励机制的范畴，是职工薪酬制度的重要补充。③ 从本原意义上来看，职业福利是机构招揽人才和激励员工并借此赢得竞争胜利的一种重要手段。职业福利的功能与发展趋势表现在以下两个主要方面：一方面，在工业社会里，职业福利事实上具有了越来越大的社会功能，许多机构提供的福利甚至可以满足其员工多

① 参见我国《劳动合同法》第55条。

② 参见2004年1月20日劳动部颁布的《最低工资规定》。

③ 郑功成：《社会保险学：理念、制度、实践与思辨》，商务印书馆2000年版，第24～27页。

数社会服务要求，从而客观上起到了替代社会福利的作用，如中国国有企业的福利、日本企业的福利，它们普遍高于欧洲和北美国家企业。另一方面，由于政府负责的社会保障水平的降低，往往需要各机构举办相应的补充保险来弥补，而补充养老保险、补充医疗保险等项目作为现阶段新兴的职业福利项目，正在占据着职业福利中的重要地位，它通常在国家有关政策的引导并享受优惠的财税政策条件下加以实施，从而亦含有政府干预的因素在内，并呈现出系统开放、制度稳定和走向社会化的特色。

我国《集体合同规定》第13条规定，补充保险和福利主要包括：补充保险的种类、范围；基本福利制度和福利设施；医疗期延长及其待遇；职工亲属福利制度。

根据我国经济社会发展的实际情况，我国实行基本社会保险制度，即由政府、用人单位和劳动者个人三方共同承担社会保险基金费用。鉴于基本社会保险功能和作用的有限性，政府同时鼓励用人单位为劳动者提供补充保险，使劳动者享受更多的劳动福利。实践中，有的外资企业根据国际惯例和实际财力为劳动者办理了补充性商业保险、人身保险等。与补充社会保险一样，补充福利也能对劳动者发挥激励作用，有的垄断性企业和外资企业为劳动者办理了补充住房福利补贴，减轻了劳动者的住房经济压力。随着经济的发展以及相关政策优惠，越来越多的企业将向劳动者提供此类福利，使劳动者获得充分的社会保障。

五、集体合同订立的程序

依据《集体合同规定》，集体合同订立的程序主要包括以下几个方面：

集体协商任何一方均可就签订集体合同以及相关事宜，以书面形式向对方提出进行集体协商的要求。一方提出进行集体协商要求的，另一方应当在收到集体协商要求之日起20日内以书面形式给予回应，无正当理由不得拒绝进行集体协商。

协商代表在协商前应进行下列准备工作：熟悉与集体协商内容有关的法律、法规、规章和制度；了解与集体协商内容有关的情况和资料，收集用人单位和职工对协商意向所持的意见；拟定集体协商议题，集体协商议题可由提出协商一方起草，也可由双方指派代表共同起草；确定集体协商的时间、地点等事项；共同确定一名非协商代表担任集体协商记录员。记录员应保持中立、公正，并为集体协商双方保密。

集体协商会议由双方首席代表轮流主持，并按下列程序进行：宣布议程和会议纪律；一方首席代表提出协商的具体内容和要求，另一方首席代表就对方的要求作出回应；协商双方就商谈事项发表各自意见，开展充分讨论；双方首席代表归纳意见。达成一致的，应当形成集体合同草案，由双方首席代表签字。

集体协商未达成一致意见或出现事先未预料的问题时，经双方协商，可以中止协商。中止期限及下次协商时间、地点、内容由双方商定。

经双方协商代表协商一致的集体合同草案应当提交职工代表大会或者全体职工讨论。职工代表大会或者全体职工讨论集体合同草案，应当有2/3以上职工代表或者职工出席，且须经全体职工代表半数以上或者全体职工半数以上同意，集体合同草案方获通过。

集体合同草案经职工代表大会或者职工大会通过后，由集体协商双方首席代表签字。

集体合同期满前3个月内，任何一方均可向对方提出重新签订或续订的要求。

六、集体合同的履行、变更、解除与终止

在集体合同有效期内，劳资双方应本着诚信原则履行合同规定的义务。双方代表还可以对履行情况进行检查，发现任何一方有不符合合同的要求的行为时，有权要求对方改正。

双方协商代表协商一致，可以变更或解除集体合同。有下列情形之一的，可以变更或解除集体合同：用人单位因被兼并、解散、破产等原因，致使集体合同无法履行的；因不可抗力等原因致使集体合同无法履行或部分无法履行的；集体合同约定的变更或解除条件出现的；法律、法规、规章规定的其他情形。

变更或解除集体合同或专项集体合同适用本规定的集体协商程序。

集体合同或专项集体合同期限一般为1至3年，期满或双方约定的终止条件出现，即行终止。

第三节 集体合同的审查

一、集体合同的报送与登记

集体合同签订或变更后，应当自双方首席代表签字之日起10日内，由用人单位一方将文本一式三份报送劳动保障行政部门审查。劳动保障行政部门对报送的集体合同应当办理登记手续。

二、集体合同的审查机关

集体合同或专项集体合同审查实行属地管辖，具体管辖范围由省级劳动保障行政部门规定。中央管辖的企业以及跨省、自治区、直辖市的用人单位的集体合同应当报送劳动保障部或劳动保障部指定的省级劳动保障行政部门。

三、集体合同的审查事项

劳动保障行政部门应当对报送的集体合同下列事项进行合法性审查：集体协商双方的主体资格是否符合法律、法规和规章规定；集体协商程序是否违反法律、法规、规章规定；集体合同内容是否与国家规定相抵触。

四、集体合同审查的异议

劳动保障行政部门对集体合同有异议的，应当自收到文本之日起 15 日内将《审查意见书》送达双方协商代表。《审查意见书》应当载明以下内容：集体合同当事人双方的名称、地址；劳动保障行政部门收到集体合同的时间；审查意见；作出审查意见的时间。《审查意见书》应当加盖劳动保障行政部门印章。

用人单位与本单位职工就劳动保障行政部门提出异议的事项经集体协商重新签订集体合同的，用人单位一方应当根据《集体合同规定》第 42 条的规定，自双方首席代表签字之日起 10 日内，由用人单位一方将文本一式三份报送劳动保障行政部门审查。

第四节　集体合同的效力

理论认为，集体合同的效力包括规范效力和债法效力。所谓规范效力，就是准法律效力，表现在以下两个方面：一是集体合同的自动效力，或称“补充性”，即在其适用范围内，集体合同约定的劳动条件自动成为所有个别劳动合同的内容，无须个别劳动合同双方当事人的允诺。二是集体合同具有不可变的效力，或称“替代性”。即劳动合同规定的劳动条件如果低于集体合同的规定，则一律无效，其无效部分由集体合同的规定代替。相反，集体合同允许劳资双方在劳动合同中订立更优惠的条件。只要劳动者个人认为更优惠，且与集体合同规定的标准不存在冲突，则约定有效。在债法效力方面，一是集体合同当事人负有保持劳动关系和谐的义务。在集体合同订立后，双方应当按照规定的劳动条件履行，任何一方不得在合同有效期内主张更有利的劳动条件，甚至采取停工、怠工等激烈手段进行斗争。否则，就会损害双方之间的信任关系。二是敦促义务。即作为合同一方当事人的团体，如工会或者雇主组织，在其成员违反集体合同义务时，应当按照团体内部权力和程序要求该成员停止违法行为，甚至对其进行警告、惩戒甚至除名。当事人团体的敦促义务，同样是基于集体合同的目的，有利于保证合同的顺利履行。

一、集体合同的生效

订立集体合同对于保障劳动者各项重要权益的实现、协调稳定企业和职工劳动关系、保障企业生产经营顺利进行均具有非常重要的意义。为了保证集体合同的正确实施，必须强化劳动行政部门对集体合同运作过程的监督和指导作用。我国《劳动法》第 34 条、《劳动合同法》第 54 条和《集体合同规定》第 47 条均规定，集体合同订立后，应当报送劳动行政部门；劳动行政部门自收到集体合同文本之日起 15 日内未提出异议的，集体合同即行生效。由劳动行政部门对集体合同进行审查，不仅是订立集体合同的必经程序，也是集体合同的生效条件。劳动行政部门的审查可能产生两种后果：一是劳动行政部门自收到集体合同文本之日起 15 日内未提出异议的，集体合同即行生效；二是劳动行政部门自收到集体合同文本之日起 15 日内提出异议的，例如，集体合同的约定内容违反法律法规的规定，或者集体合同的双方主体不合法等，集体合同则不能生效。

二、集体合同对人的法律效力

集体合同订立、生效后，对签订集体合同双方所代表的人员均具有法律约束力。我国《集体合同规定》第 48 条规定，生效的集体合同，应当自其生效之日起由协商代表及时以适当的形式向本方全体人员公布。《劳动法》第 35 条规定，依法签订的集体合同对企业和企业全体职工具有约束力。《劳动合同法》第 54 条规定，依法订立的集体合同对用人单位和劳动者具有约束力。行业性、区域性集体合同对当地本行业、本区域的用人单位和劳动者具有约束力。集体合同效力存在的前提是，该集体合同必须是依法签订的，即合同的内容、签订程序和合同主体都必须合法。

集体合同生效后，任何一方不得擅自变更或者解除。如果集体合同当事人违反集体合同的规定，就要承担相应的法律责任。对于劳动者来说，除集体合同有特别规定外，集体合同的全部内容适用于企业内部全体职工。即在一个企业内部，只要工会与企业签订了集体合同，工会就代表了全体职工，而不是代表工会会员，对于非工会会员也适用。对集体合同生效后被企业录用的职工而言，集体合同也是适用的。对于用人单位来说，集体合同生效后则不因企业法人代表的变动而影响其效力。对于行业性和区域性集体合同，同一行业的所有劳动者和用人单位都要平等履行行业性集体合同，同一区域的所有劳动者和用人单位都要平等履行区域性集体合同，而不局限于约束协商谈判、签订该项集体合同的双方代表。依法订立的集体合同对用人单位和劳动者具有约束力，这体现出集体合同对人的效力的普遍性。

三、集体合同对劳动合同与法定最低标准的效力

集体合同的法律效力高于劳动合同，劳动法律、法规的法律效力高于集体合同。集体合同所规定的一般是用人单位的最低劳动条件和劳动标准。劳动合同规定的劳动条件和劳动标准低于集体合同规定的条款无效，但若高于集体合同的规定，则不存在劳动合同失效问题。就劳动报酬和劳动条件而言，我国《劳动法》第 35 条规定，职工个人与企业订立的劳动合同中劳动条件和劳动报酬等标准不得低于集体合同的规定。地方人民政府制定的最低劳动条件和劳动标准等，一般是以地方性法规、政府规章的形式出现的，对于企业和劳动者具有普遍的约束力。按此标准进行保护只是法律所要求的最低水平，而立法意图并不是希望对劳动者利益的保护停留在最低水平上。通过集体合同，可以对劳动者利益作出高于法定最低标准的约定，从而使劳动者利益保护的实际水平高于法定最低标准。一是集体合同订立之初，劳动条件和劳动报酬标准低于当地人民政府制定的最低标准的，在报送劳动行政部门审查时就会被异议，从而无法生效；二是集体合同生效后，当地人民政府制定的最低劳动条件和劳动报酬标准提高的，高于集体合同约定标准的，集体合同中的相关标准应当变更、予以提高，否则会被确认为无效。低于最低工资标准向劳动者支付工资的，违反了《劳动法》和《劳动合同法》的规定，应按照《劳动合同法》第 85 条规定支付差额部分，逾期不支付的，由劳动行政部门责令用人单位按照应付金额 50% 以上 100% 以下的标准向劳动者加付赔偿金。

对于签订了集体合同的企业来说，集体合同具有基准作用。这表现在两个方面：一是补充性效力，即集体合同所规定的标准在一定条件下可以成为劳动合同的补充。集体合同中有的内容是单个的劳动合同未涉及的，这些内容对劳动者和企业也是有约束力的，即都应当按照集体合同的规定执行。二是不可贬低性效力，即集体合同所规定的标准在其效力范围内是劳动者利益的最低标准，劳动合同中关于劳动者利益的规定可以高于但不能低于这些标准，若低于这些标准则由

集体合同取而代之。劳动合同中的劳动条件和劳动报酬等标准低于集体合同规定标准的，确认为无效；集体合同规定的标准变更的，劳动合同中相关内容的标准也要随之变更，以使其不低于集体合同规定的标准。

第五节 集体合同争议与违法责任

笼统地讲，集体合同争议是指因签订集体合同和履行集体合同而发生的争议，本质上属于民事争议。在立法和理论上，有不同的解释。我国《国营企业劳动争议处理暂行规定》第4条曾规定："发生争议的职工一方，人数在10人以上，并且有共同理由的，为集体争议。"有的认为，集体争议不同于团体争议，集体争议是多人争议，是指多个（或称部分）职工当事人基于共同理由与用人单位发生的劳动争议。而团体争议，或称集体合同争议，是指工会与用人单位或其团体之间因集体合同而发生的争议。① 也有人认为，职工人数众多，有共同理由，在民事诉讼程序上属于合并之诉，是典型的集团诉讼。集体争议是因集体合同的订立、履行而引发的争议，是建立在集体谈判基础之上的，它是以一定数量劳动者的存在为基础，是劳动者代表与雇主代表在谈判过程中发生的争议，实际是工会或劳动者代表作为一个整体与雇主或其代表之间的争议，不存在合并问题。劳动者如果是单个与雇主发生争议，不论人数多少，有共同的理由也只是争议的程序性合并，而非集体争议。② 有的认为，集体争议，是指多数的劳动者或者劳动者团体与劳动力使用者之间发生的劳动争议。集体争议可以分为一般集体争议和集体合同争议。一般集体争议是指争议的内容与集体合同无关的劳动争议。③ 集体争议的解决是劳动法领域中的一个重要问题。集体合同争议的解决方式在一些方面不同于劳动合同。各国也根据本国国情制定了相应的法律制度。

一、国际劳工组织对集体合同争议的有关规定

国际劳工组织在《1951年自愿调解和仲裁建议书》（第92号建议书）中建议，应建立符合本国条件的自愿调解机构，以便有助于防止和解决雇主和工人之间的劳动争议。任何建立在联合基础上的资源调解机构，应包括同等数目的雇主

① 王全兴：《劳动法》（第二版），法律出版社2004年版，第366~367页。

② 郑尚元：《争议处理程序法的现代化：中国劳动争议处理制度的反思与前瞻》，中国方正出版社2004年版，第8页。

③ 周长征：《劳动法原理》，科学出版社2004年版，第275页。

代表和工人代表。调解程序应当是免费的，并且手续简便迅速。根据本国法律规定，事先确定调解的最短期限。应当采取步骤，以便根据冲突一方的主动要求，进行调解或者由自愿调解机构按行政当局决定出面调解。如果有关各方同意调解，那么他们在调解期间最好不要举行罢工或者关闭工厂。各方在调解过程中或者调解结束时达成的协议，应当采取书面形式，类似正常签订的协议。如果有关各方同意将纠纷提交仲裁，以求最终解决，他们在仲裁期间最好不要举行罢工或者关闭工厂，并接受裁定。

二、西方主要国家集体合同争议的法律规定

（一）美国法律对集体合同争议的有关规定

在美国，集体争议主要通过调解、实情调查和仲裁方式解决。[①] 如果工会与雇主不能就解决分歧达成协议，可以寻求外部援助打破僵局。如果争议严重侵害公共利益，尤其是公共部门的集体争议，政府机关也可以主动介入。首先是进行斡旋或调解，对公共部门而言，如果调解或斡旋失败，还可以采用实情调查和利益仲裁两种程序。实情调查，是依靠独立的第三方调查争议事实并提出报告，通过提高争议的公开性，迫使当事人双方达成妥协。利益仲裁与实情调查的最大差异在于其具有法律强制力。在私营部门，大量集体争议是通过仲裁制度解决的。仲裁机构有各种不同形态，但以单一公正人士担任仲裁者最为普遍。

（二）德国法律对集体合同争议的有关规定

德国集体合同争议适用的主要法律是《民法典》、《集体合同法》、《企业组织法》、《企业委员会法》和《劳动法院法》，适用的程序主要是当事人谅解、调停和司法。在德国，一般集体合同中常见有这样的条款：“为解决争议情况已经签字的集体合同，当事人从集体合同的解释中引出原则性的方式是，首先由集体合同当事人达成谅解。如果不能达成谅解的，争议将由集体合同当事人的代理人直接提交一裁决机构解决。”[②] 有的将德国集体争议的解决方式归纳为调解、仲裁与诉讼。[③] 在仲裁庭管辖权与司法管辖权的关系上，按照《劳动法院法》第4条、第101条，只有集体合同当事人对于特定的、最终列举的在判决程序范围内的争执约定一个仲裁协议，它可以排除劳动法院管辖权。通过这一限制，可以避免国家劳动法院的管辖权被掏空，它在特定范围内以法庭的独立性和专业资格保

① 程延园：《集体谈判制度研究》，中国人民大学出版社2004年版，第271页。

② ［德］W. 杜茨著，张国文译：《劳动法》，法律出版社2005年版，第355～359页。

③ 劳动和社会保障部劳动科学研究所：《外国劳动和社会保障法选》，中国劳动出版社1999年版，第287页、第697～699页。

证劳动法上的保护。按照《劳动法院法》第 108 条第 4 款，仲裁裁决具有与判决相同的效力。上诉将按照《劳动法院法》第 110 条模仿解除之诉的法律救济。

解决集体性规范争议在集体合同领域内的规定完全不同于在企业委员会法领域。① 集体合同的强制调停通常是违宪的，而《企业委员会法》上的有约束力的调停是符合宪法的。如果集体合同当事人不能就签订新的集体合同达成一致，如不能就工资数额和劳动时间的缩短达成一致，或者雇主和企业委员会不能就企业章程达成一致，那么，可以在法定或者约定的调停程序中进行协商努力。如果所有调停努力失败，那么，通常会进入在劳工斗争中的平衡。

对于没有由立法者规范的集体利益争执，在企业组织范围内要服从雇主和企业委员会的共同规范权。在雇主和企业委员会之间的劳动斗争是禁止的。为平衡立法者给予雇主和企业委员会共同的规范权以实施企业必要的决定，紧急情况下要求进行强制调停。

依据《联邦德国企业组织法》，为了消除雇主和企业委员会、企业总委员会或者垄断性企业委员会之间的分歧，必要时可建立调解组织。通过在企业内部协定中加以规定，可设常设调解组织。调解组织由雇主和企业委员会各委派相等数量的成员组成。主席人选须经双方同意，如果对主席人选没有达成一致，则由劳动法院指定。如果双方对调解组织成员的数量没有达成一致，也由劳动法院裁决。调解组织讨论后，以多数表决方式通过决议。在表决时，主席应弃权。如果没有达成多数同意，经过进一步讨论后，主席也可以参加表决。调解组织的决议应作成书面文件，经主席签字后转交给雇主和企业委员会。在调解组织的决定代替雇主和企业委员会的协议的情况下，调解组织是受一方的申请进行工作。如果一方不向调解组织派遣委员或尽管调解组织及时提出申请，一方的委员仍然不参加会议，调解组织主席和出席会议的委员可以根据法律规定，单独作出决定。调解组织应根据判断适当考虑企业和所涉及雇员的利益来作出决议。如不服，雇主或者企业委员会可以在接到调解组织决议后的两周内向劳动法院提出修改决议的请求。此外，调解组织只在雇主和企业委员会双方提出申请或者其行动时才进行工作。

依据《德国集体合同法》规定，集体合同双方因履行集体合同或集体合同是否有效发生争议后，处理争议案的劳动法院作出的有效判决，在受集体合同约束的当事人之间或他们与第三人之间发生争议时，对其他法院及仲裁法院有约

---

① 企业委员会是雇员方面按照企业委员会法规定的权利义务的实质承担者。按照主流观点，企业委员会是全体雇员的代表，是作为企业委员会法上的机构以自己的名义而不是雇员代表的名义进行活动。但是，企业委员会不是具有权利能力或者财产能力的法人。参见［德］W. 杜茨著，张国文译：《劳动法》，法律出版社 2005 年版，第 288 页。

束力。

依据《德国劳动法院法》，集体合同双方关于集体合同是否存在，以及基于集体合同发生的民事争议可以通过明文协议全部或在单个情况下排除劳动法院司法的可能，而由仲裁法院对争议作出决定。仲裁法院由同等数目的雇主和雇员组成，另外，也可有中立人士参加。在作出仲裁裁决之前，仲裁员应当听取争议双方的意见，并且取证。仲裁员可以支持调解，使争议双方达成调解协议。如果仲裁合同没有其他规定，则应根据仲裁法院成员表决的简单多数作出仲裁裁决。仲裁裁决书对于争议双方具有和劳动法院判决书同等的法律效力。

（三）法国法律对集体合同争议的有关规定

在法国，集体合同争议的处理适用的法律主要是《劳动法典》，解决争议的主要方式包括谈判、调解、调停和仲裁。[①] 如果集体合同有规定，或者争议双方主动要求时，争议应首先通过谈判解决。根据法律规定的调解、调停和仲裁而产生的协议或裁决，产生集体合同的效力。除了有相反规定外，在按照法律规定存交至主管部门之日起开始执行。

所有集体争议，均可按法律规定实行调解程序。调解组织为地区或全国调解委员会。地区或全国调解委员会由最有代表性的雇主组织与雇员组织的相等人数的代表以及公共权力机关的代表组成。公共权力机关的代表人数不得超过调解委员会人数的1/3。如果调解失败，双方当事人达成一致意见，可以适用仲裁程序。

调停程序可由调解委员会主席要求双方当事人在确定的期限内指定一名中间人进行调停，以利于集体争议的和解。中间人调停程序亦可由负责劳动事务的部长按照一方当事人提出的说明理由的书面请求实行，或者由负责劳动事务的部长自行决定实行。调停人享有最广泛的权力，以了解企业的经济状况以及与冲突有关的劳动者的状况。必要时，调停人在试图对各方当事人进行调解以后，可以以劝告的形式并说明理由，向各方当事人提出建议，以期解决有争议的问题。

集体合同可以约定仲裁程序以及经各方当事人协商一致确定仲裁员名单。在集体合同没有约定仲裁程序的情况下，各方当事人经协商一致，可将调解或调停后仍然存在的分歧提交仲裁。仲裁员由双方协商一致挑选，或者依各方当事人一致协商确定的方式挑选。仲裁员仲裁的事项主要有三个方面：一是对“未得到调停笔录”确定的标的或者由调停人建议确定的标的进行仲裁，或者只能对虽由笔录作出之后发生的事件所引起但属于正在发生的冲突的后果进行仲裁。二是依法对有关解释与执行法律、条例、集体合同的冲突或正在执行的协议发生的冲突进行仲裁。三是对有关集体合同的条款谈判发生的冲突，进行仲裁。当事人对

① 罗结珍译：《法国劳动法典》，国际文化出版公司1996年版，第382～390页。

仲裁裁决不得提出任何上诉，但当事人各方针对仲裁裁决越权或者违反法律提出的上诉除外。上诉应向最高仲裁法院提出。最高仲裁法院最迟在向其提出上诉请求后8日内作出裁定，该裁定自送达之日起生效。

（四）日本法律对集体合同争议的有关规定

在日本，集体合同争议处理适用的法律主要是《劳动关系调整法》，解决争议的方式主要有斡旋、调停、仲裁以及紧急调整等。

在发生集体争议时，劳动委员会会长根据有关当事人一方或者双方的申请及其职权，可以从斡旋员名册已注册的人员中指定斡旋员。斡旋员对有关当事人进行协调，听取、确认双方的意见，努力谋求事件的解决。斡旋员认为依靠自己的力量无法解决事件时，应主动从事件中退出，将事件的主要情况向劳动委员会报告。

劳动委员会可以对以下几种情况进行调停，主要包括：有关当事人双方向劳动委员会提出调停申请的；有关当事人双方或一方根据集体合同规定向劳动委员会提出调停请求的；对于公益方面的事件，有关当事者一方向劳动委员会提出调停申请的或者劳动委员会根据自己的权限决定有必要进行调停的；发生公益事业方面的事件以及因事件规模较大、性质特别，给公益事业带来很大危害的事件时，劳动大臣（适用于《船员法》的船员应由运输大臣）及都道府县知事向劳动委员会提出调停要求的。劳动委员会执行劳动争议调停时，应设立由代表资方的调停委员、代表劳动者的调停委员以及代表公益事业的调停委员三方组成的调停委员会。在调停委员会中，代表资方的调停委员和代表劳动者的调停委员的人数必须相等。调停委员会制成调停案，将其告知有关当事者。在劝其接受承诺的同时，可将调停案公布。

劳动委员会可对以下两种情况进行仲裁，包括：有关当事人双方向劳动委员会提出仲裁申请的；在集体合同中，对向劳动委员会提出仲裁申请等有明文规定时，有关当事者双方或一方向劳动委员会提出仲裁申请的。劳动委员会在进行劳动争议仲裁时，应设立由3名仲裁委员组成的委员会。仲裁委员由劳动委员会会长从劳动委员会中代表公益事业的委员或特别协调委员里提出人选，经有关当事人同意后确定。仲裁委员会的裁决必须按照过半数同意的意见决定。仲裁裁决与集体合同具有同等的效力。

当争议事件被确定为与公益事业有关，其规模大且直接关系到有特殊性质的事业，或者因其争议行为使相应的业务停止办理，严重阻碍国民经济的运行，危害国民日常生活时，内阁总理大臣可以决定进行紧急调整。中央劳动委员会在收到内阁总理大臣的通知后，应尽最大努力促成事件的解决，并可以采取下列措施：实行斡旋、调停或者仲裁，将事件真相公布于众以及其他一切必要的措施。

三、我国集体合同争议解决制度

对于集体合同争议立法与解决方式，我国借鉴了各国和国际有益的立法经验，并根据我国国情，按照节约成本、保护各方合法利益的原则，作出了明确规定。根据《劳动法》、《劳动合同法》和《集体合同规定》，在我国，集体合同争议表现为工会或劳动者代表与用人单位或用人单位的组织因集体协商订立合同和履行集体合同而发生的争议。因订立集体合同而发生的争议，通过行政协调的方式解决；因履行集体合同而发生的争议，通过仲裁和诉讼的方式解决。

《劳动法》第 84 条第 1 款规定，因签订集体合同发生争议，当事人协商不成的，当地人民政府劳动行政部门可以组织有关各方协调处理。《集体合同规定》第 49 条至第 54 条对在订立集体合同过程中发生的争议的行政协调解决作了明确规定。集体协商过程中发生争议，双方当事人不能协商解决的，当事人一方或双方可以书面向劳动保障行政部门提出协调处理申请；未提出申请的，劳动保障行政部门认为必要时也可以进行协调处理。劳动保障行政部门应当组织同级工会和企业组织等三方面的人员，共同协调处理集体协商争议。集体协商争议处理实行属地管辖，具体管辖范围由省级劳动保障行政部门规定。中央管辖的企业以及跨省、自治区、直辖市用人单位因集体协商发生的争议，由劳动保障部指定的省级劳动保障行政部门组织同级工会和企业组织等三方面的人员协调处理，必要时，劳动保障部也可以组织有关方面协调处理。协调处理集体协商争议，应当自受理协调处理申请之日起 30 日内结束协调处理工作。期满未结束的，可以适当延长协调期限，但延长期限不得超过 15 日。协调处理集体协商争议应当按照以下程序进行：（1）受理协调处理申请；（2）调查了解争议的情况；（3）研究制定协调处理争议的方案；（4）对争议进行协调处理；（5）制作《协调处理协议书》。《协调处理协议书》应当载明协调处理申请、争议的事实和协调结果，双方当事人就某些协商事项不能达成一致的，应将继续协商的有关事项予以载明。《协调处理协议书》由集体协商争议协调处理人员和争议双方首席代表签字盖章后生效。争议双方均应遵守生效后的《协调处理协议书》。

对于因履行集体合同发生的争议的解决，《集体合同规定》第 55 条规定，因履行集体合同发生的争议，当事人协商解决不成的，可以依法向劳动争议仲裁委员会申请仲裁。《劳动合同法》第 56 条规定，因履行集体合同发生争议，经协商解决不成的，工会可以依法向劳动争议仲裁委员会申请仲裁或直接向人民法院提起诉讼。协商解决，是处理集体合同争议的必用方式和必经程序。由工会出面代表劳动者与用人单位协商，可以避免因单个劳动者的弱势地位所造成的种种不利，能够与用人单位更平等、更有效地进行协商。工会要求用人单位履行合同的，用人单位应当继续履行，并对之前违反集体合同的行为承担法律责任。如果对履行集体合同争议协商不成，工会可以代表全体职工将有关争议申请仲裁或者直接提起诉讼。工会可以选择仲裁，也可以选择诉讼，仲裁不再是提起诉讼之前的必经程序。《劳动法》第 84 条第 2 款规定的“协商→仲裁→诉讼”程序不再适用。如果选择仲裁，则按照《劳动争议仲裁委员会办事规则》规定的特别程序进行处理；如果选择诉讼，则由受理该案件的人民法院民事审判庭依照《民事诉讼法》的有关规定进行处理。

按照《集体合同规定》第 56 条，用人单位无正当理由拒绝工会或职工代表提出的集体协商要求的，按照《工会法》及有关法律、法规的规定处理。

无论是因签订集体合同还是因履行集体合同所发生的争议，都必须首先进行协商，在协商无果时，才可以进入其他程序。集体合同争议的协商，就是指用人单位与工会及所代表的工人因签订集体合同或履行集体合同而发生争议后双方平等商谈，从而自主解决争议的一种活动。① 法律将协商作为集体合同争议解决的必经程序，是由集体合同本身的特点所决定的。与个人劳动合同相比，集体合同的签订与履行事关重大，涉及人数众多，一旦处理不好，不但影响劳动者，而且影响企业的正常生产，甚至社会的稳定。协商作为法定程序，体现了国家意志。协商对集体合同争议的解决可以发挥先导作用，其更有利于化解矛盾、解决争议以及劳动关系与社会的稳定和谐。

集体合同争议协商具有自愿性、节约性和非终局性等特征。所谓自愿性，不是指选择的自愿性，而是指达成一致协议的自愿性。所谓节约性，是指该程序没有较多机构、规则与程序的约束。所谓非终局性，是指如果不能通过协商达成一致协议，可以进入仲裁或诉讼程序。根据其特点，适用协商解决集体合同争议，应坚持平等原则、谈判原则和合法原则。

四、我国集体合同争议解决制度的完善

虽然协商是集体合同争议解决的必经程序，但我国法律没有规定协商的法律效力。这可能导致协商与执行的虚无主义。因此，明确规定协商的法律效力至关重要。协商协议经有关机关确认后具有以下法律特征：第一，终结争议处理程序；第二，协商协议具有法律效力。② 当事人双方必须按照协议履行，否则另一方当事人可以申请仲裁机构或人民法院对协商协议进行确认，仲裁机构或人民法院认为该协议不违反法律或社会公益的则裁决予以确认，经过确认的协商协议具

① 孙德强：《中国劳动争议处理制度研究》，中国法制出版社 2005 年版，第 60 页。

② 孙德强：《中国劳动争议处理制度研究》，中国法制出版社 2005 年版，第64～65 页。

有强制执行效力。如果不被认可，则双方当事人可以重新协商，或提起调解程序。作出这样的选择，主要出于以下几个方面的考虑：一是尊重了当事人的意志，包括尊重了当事人在争议处理方式上的选择权和争议实体处理权上的当事人意志。二是加快了争议处理速度。由于当事人双方自行协商，没有其他力量的介入，便于达成协议。三是如果当事人一方发现所达成的协议违法，可以通过向仲裁机构或人民法院请求确认该协商协议无效，这样可以通过仲裁或司法程序对当事人达成的协议进行监督。四是采用协商方式解决争议，便于协议的履行。五是体现了中国社会传统，避免通过仲裁或诉讼形成僵局，维护劳动关系的长期和谐。

对于因签订集体合同而发生的争议来讲，如果协商成功，则企业行政部门与工会或职工代表便签订了协议，这个协议便是集体合同，当事人应该严格履行。对于协商不成的，则提交给政府劳动行政部门协调处理，处理的结果对当事人双方具有约束力。对于因履行集体合同而发生的争议，如果协商不成，当事人可以选择其他法定处理程序；如果协商成功并达成协议，该协议应当具有法律效力。理由有三：第一，它是诚信原则的要求；第二，它是当事人的意思表示；第三，从另一个角度来讲，它实际上是对双方对原集体合同所作的变更，变更合同意思一致的当然有效。① 反对者认为，对因履行集体合同而发生的争议由当事人协商达成的协议不具有法律效力。② 我们认为，既然协商是法定的程序，那么通过协商所达成的协议当然具有法律效力。不过，在法律上还需要予以明文规定。

对于行政协调解决方式的规定，制度上存在两个问题：一是对《协调处理协议书》无法达成的情况下争议如何解决，没有相关规定；二是对《协调处理协议书》达成后，如果一方拒绝执行应如何处理，也没有相关规定。③ 我们认为，这需要作出进一步的规定，对于无法达成协调处理协议的，行政部门建议当事人按照仲裁或诉讼程序处理；对于达成的协调处理协议，要明确其法律效力以及相关的违法处罚措施，劳动行政部门对违反该协议的当事人进行处罚。

鉴于目前我国对集体合同争议实行区分处理制度，有人提出，将签订合同争议与履行合同争议的解决方式合并，设立统一的调解与仲裁程序，实行一裁终局；建立专门的集体争议调解和仲裁机构，集体争议处理机构由劳动行政部门管理。④ 我们认为，此种观点提出的程序是不科学的。目前的区分处理制度是可行的也是有效的。一是便于不同情况不同处理，行政协调处理体现了政府部门对劳

---

① 孙德强：《中国劳动争议处理制度研究》，中国法制出版社 2005 年版，第 66 页。

② 姜颖：《劳动争议处理教程》，法律出版社 2003 年版，第 68 页。

③ 程延园：《集体谈判制度研究》，中国人民大学出版社 2004 年版，第 275 页。

④ 周宝妹：《劳动法要论》，群众出版社 2006 年版，第 312 ~ 313 页。

动合同签订过程的监督管理。预防合同内容的不公与违法现象产生。二是把诉讼程序与仲裁程序并列，赋予当事人对争议解决方式选择的自由。三是按照一般仲裁与诉讼理论，如果仲裁程序不合法，当事人可以对仲裁裁决向人民法院提起诉讼，撤销违法的仲裁裁决。

对因履行集体合同发生的争议的协商程序，目前还没有具体规定。履行合同过程中发生的争议一般是属于违约问题。违约问题可以通过诉讼加以解决。如果属于合同内容违法问题，应通过行政监察程序予以解决，由劳动行政部门撤销该违法条款。

五、违反集体合同制度的法律责任

我国《劳动合同法》第56条规定，用人单位违反集体合同，侵犯职工劳动权益的，工会可以依法要求用人单位承担责任。一般来讲，违反集体合同制度的当事人，不限于用人单位，也包括劳动者、工会、职工代表。法律之所以特别强调规定用人单位的违法责任，主要是考虑用人单位处于强势地位，其违反合同规定的可能性较大。

用人单位违反集体合同，侵犯职工劳动权益的情况多种多样，只要是集体合同有规定的，用人单位没有履行就构成了对职工劳动权益的侵犯。如用人单位违反集体合同规定，侵犯职工休息休假权益、社会福利权益、工作安全权益；违反女工权益专项合同，侵犯女工在生理上应得到特殊保护的权益等，用人单位都必须承担法律责任，包括违约责任、行政责任和刑事责任。

从法理上讲，工会与用人单位是集体合同双方当事人。集体合同对企业所有劳动者和用人单位、工会都具有约束力。由于集体合同双方当事人的性质及其订立合同的目的不同，订立集体合同的双方当事人虽然都有履行合同规定义务的职责，但其所承担责任的性质不同，当事人双方的义务具有不对等性。对企业来说，集体合同规定的义务都是其必须履行的法定义务，如果不按照合同规定履行义务，企业就要承担法律责任。工会组织及其所代表的全体职工都应当自觉履行集体合同规定的义务，在用人单位违反集体合同、侵犯职工劳动权益的时候，工会作为职工权益代表，作为与用人单位签订集体合同的法律关系主体，也可以依法要求用人单位承担责任。

对于用人单位违反集体合同规定，侵犯职工权益的，如果工会不依法履行其维权职责，我们认为，一要赋予职工行使救济权，或者直接提起诉讼，或者由职工代表代行工会职权；二要赋予劳动行政部门以监督权，如撤销工会负责人，督促工会履行维权职责。

第十章　劳务派遣合同制度

第一节　劳务派遣理论与立法

一、劳务派遣的概念与特点

劳务派遣，在法学上称“劳动派遣”，在人力资本理论上称“人力（人才）派遣”、“人力（人才）租赁”。对于劳务派遣的概念及其定义，理论上存在一些分歧。有的认为，应当使用“劳动派遣”代替劳务派遣，因为在劳务关系中，劳务提供方与劳务接受方是彼此独立的主体，即前者不是后者的组织成员；劳务过程由劳务提供方组织和管理；劳务接受方所接受的劳务行为的使用价值，即劳动成果，而不是劳动力的使用权。有的认为，应使用“劳动力派遣”代替“劳务派遣”和“劳动派遣”，因为劳务派遣更接近《合同法》上的加工承揽的概念，即加工单位提供的是劳工在其指挥、监督下的劳务，不能体现用工单位对被派劳动者的监督、指挥的事实；而劳动派遣的概念在逻辑上不通，因为劳动作为一种行为，是不能被派遣的，能派遣的只能是劳动力。只有在派遣完成后，这种劳动力在劳动过程中的使用才形成劳动。“劳动力派遣”概念既可以体现用人单位与用工单位之间提供劳动力的交易行为，也可以反映用工单位对被派遣劳动者监督、指挥的劳动行为。① 有的认为，劳务派遣通常是指劳动力派遣机构与派遣劳工签订派遣契约，在得到派遣劳工同意后，使其在被派企业指挥下提供劳动。② 有的认为，劳务派遣是指一个用人单位将本单位的劳动者派到其他用人单位去工作。我国劳动实践中常用“外派劳务”一词，《劳动合同法》使用了“劳务派遣”概念。根据《劳动合同法》，结合国外法律的规定，我们认为，劳务派遣或称劳动力派遣，是指用人单位（劳务派遣单位、劳务派遣机构、职业雇主组织或称雇员租赁公司）与劳动者（派遣劳工、受派员工、雇员）通过签订劳

---

① 董保华主编：《劳动合同研究》，中国劳动社会保障出版社 2005 年版，第283～284页。

② 信春鹰主编：《中华人民共和国劳动合同法释义》，法律出版社 2007 年版，第 210 页。

动派遣合同，将劳动者派遣到用工单位（要派单位、要派企业、接受单位、接受雇主或称客户公司），在用工单位的安排下从事劳动的行为。通过劳务派遣所形成的关系就是劳务派遣关系。① 还有人主张，“劳动力派遣”与以雇佣为基础内涵的劳动合同的本质不相符，是不合理的存在，不应赋予其法律效力。② 其理由是，在劳动关系中雇主向劳工支付报酬，劳工向雇主履行劳动给付义务，雇主和劳工履行劳动给付义务的对象应该一致。在劳动力派遣中，派遣机构和劳工存在劳动关系，但劳工实际履行劳动给付义务的对象是用工单位，雇主和劳工实际履行劳动给付义务的对象不一致，因此不符合以雇用为基础内涵的劳动合同的本质。

劳务派遣的最大特点是劳动力雇佣与劳动力使用相分离，派遣劳动者不与接受单位签订劳动合同、发生劳动关系，而是与派遣机构存在劳动关系，但被派遣在接受单位提供劳动，形成“有关系没劳动，有劳动没关系”的特殊形态，在用人单位、劳动者与用工单位之间构成一种三角关系。有的认为雇佣劳动与使用劳动的分离是劳务派遣的本质特征。③ 在用人单位与劳动者之间形成劳动合同关系，受劳动合同规则的调整；在用人单位与用工单位之间形成劳务派遣协议关系，有认为这种关系是民事合同关系；不是劳动合同关系；④ 在用工单位与被派遣劳动者之间，劳动力由用工单位使用，被派遣劳动者成为用工单位事实上的成员，用工单位组织劳动过程，对被派遣劳动力的使用进行管理，并向其提供工资、社会保险、福利等待遇。对被派遣劳动者与用工单位之间是否存在劳动关系理论上存在较大分歧，因此影响着劳务派遣关系的性质。

二、劳务派遣关系的性质

劳务派遣事实上存在的三方关系已被理论界所认同，但对三方关系的性质，法律上没有规定，理论上主要有四种解释：一是认为“一重劳动关系”；二是认

---

① 在美国，职业雇主组织（Professional Employer Organizations，PEOs）或者雇员租赁公司（Employee Leasing Company）是指从事人力资源管理、雇员福利、薪水和工伤赔偿外包服务的机构；客户公司（Client Company）或接受雇主（Recipient Employer）是指使用职业雇主组织或租赁机构提供的雇员的机构。

② （台）林基丰：“‘劳动派遣’相关法律问题及在我国台湾劳动法制适用上之研究”，台湾地区东海大学2002年硕士论文。

③ 曹燕春：“劳动派遣关系中的雇主替代责任研究”，载《法律科学》2006年第3期，第116～121页。

④ 曹燕春：“劳动派遣关系中的雇主替代责任研究”，载《法律科学》2006年第3期，第116～121页。

为“双重特殊劳动关系”；三是“准双重劳动关系”；四是“连带责任关系”。

“一重劳动关系”理论认为，用人单位与用工单位和被派遣劳动者三者之间只存在一个劳动关系，即用人单位与劳动者之间所建立的劳动关系。对于用工单位指挥监督派遣劳工和接受劳动给付的依据，有三种不同的解释。① 一是劳动给付请求权让与说。用工单位不只受领派遣劳工的劳动给付，还通过指示权的行使来指挥监督派遣劳工的工作，并将派遣劳工纳入自己的经营组织中。按照给付请求权让与说，用人单位将自己对派遣劳工的给付请求权让与用工单位，用工单位由此有权指挥派遣劳工工作，并接受派遣劳工的劳动给付。二是真正利他契约说。在劳务派遣中，用人单位与被派遣劳工建立劳动关系，而后将劳工派遣到用工单位，向用工单位履行劳动给付，这符合利他合同的本质特征，因此劳务派遣合同是一种利他合同。三是双层劳动关系说。② 劳动关系实质上是劳动力与生产资料相结合的社会关系。某个劳动者的劳动力如果仅与一个单位的生产资料相结合，就形成一重劳动关系；如果与两个单位的生产资料相结合，则形成两个双重劳动关系。在劳务派遣中，由于只出现劳动力与生产资料的一重结合，因而只有一重劳动关系。但是，这里的用人单位实际上有两个层次，用工单位只进行劳动过程的组织和管理，并负担工资、福利、社会保险等项费用，其他劳动管理事务则委托给派遣机构代为实施，派遣机构只是用工单位劳动管理事务的代理主体。这里存在的是一重劳动关系的双层运行。此观点认为派遣机构与用工单位作为两个独立的主体，构成用人单位的两个层次，共同行使用人单位的职能。用工单位因其是劳动力的实际使用者而成为实际的用人单位；派遣机构只是录用和派遣员工，不安排工作岗位，因而是名义上的用人单位。两个层次用人单位之间的关系，是用人职能分工关系与委托代理关系的结合，并由此形成两个用人单位与受派员工相互间的三角关系。

“劳动给付请求权让与说”与“真正利他契约说”认为，用人单位与被派遣劳动者之间形成劳动关系，而“双层劳动关系说”认为，用工单位与被派遣劳动者之间形成劳动关系。这是其不同之处。还需要指出，劳动关系不仅包括劳动者与生产资料结合形成的生产劳动关系，还包括第三产业的服务性劳动关系，本质上是人力资本与货币资本结合的社会关系。有人认为，“一重劳动关系说”存在很大缺陷。由于“劳动给付请求权让与说”与“真正利他契约说”只承认用人单位与被派遣劳动者之间的经济关系，不承认被派遣劳动者与用工单位之间的

① 董保华：“劳务派遣的法学思考”，载《中国劳动》2005年第6期。

② 王全兴、侯玲玲：“劳动关系双层运行的法律思考”，载《中国劳动》2004年第4期。

关系，这必然不利于用工单位履行劳动法法律上的义务，更不符合合同转让理论。① 按照民法理论，合同是可以转让的，合同的权利义务可以分别转让，也可以同时转让，还可以是转让权利与义务的一部分，但在其转让后，受让人也成了合同的主体，是合同中的债权人或义务人。劳动合同权利、义务的部分转让符合民事合同转让理论，与民事合同没有区别，受让人应成为合同中的主体。另外，劳动合同具有特殊性，是人身性与财产性两种属性合一的合同，受劳动法律一定程度的干预，不得将其权利义务随意转让。如果按照“劳动给付请求权让与说”与“真正利他契约说”认定被派遣劳动者与用工单位没有劳动关系，则不利于用工单位履行有关职责，不利于用工单位保护的商业秘密，不利于劳动行政部门对有关行为实行监管。“双层劳动关系说”也不完全符合逻辑。按照代理理论，代理人在实施代理时，应以被代理人的名义去行为。实践中，用人单位不可能以用工单位的名义进行招工、签订合同。

“一重劳动关系说”对一些国家和地区的劳务派遣立法产生了重要影响。欧盟、法国、秘鲁、日本等大多数国家和我国台湾地区的劳动立法都采用了该理论。如《日本劳务派遣法》第2条规定：派遣劳务是指将自己雇佣的劳工在该雇佣关系下，接受他人的指挥命令，为该他人从事劳动。我国一些地方性立法如湖北、福建等地的立法都采用了“一重劳动关系说”。

“双重劳动关系说”流行于美国。借鉴美国立法上“共同雇主”（joint employer）理论，我国一些学者提出了“双重特殊劳动关系说”和“准双重劳动关系”两种观点。“双重特殊劳动关系说”认为，在劳动力派遣中，派遣机构与要派企业（用工单位）构成“共同雇主”，派遣机构与派遣劳工之间、要派企业与派遣劳工之间均形成“特殊劳动关系”。所谓“特殊劳动关系”，是介于“标准劳动关系”与“民事劳动关系”之间的过渡形态，是主体资格上有瑕疵的劳动者与用工单位之间形成的一种用工关系；所谓“瑕疵”，是指派遣劳工与另一用人单位存有劳动合同关系，或者不符合劳动法律规定的订立劳动合同的主体条件。② 劳务派遣关系中形成的特殊劳动关系是各种特殊劳动关系形态中的一个典型。特殊劳动关系的特征是其只受部分劳动基准法的限制。双重劳动关系的叠加，就构成一个完整的劳动关系，既然劳务派遣建立在两重劳动关系的基础上，那么就涉及两个单位之间权利义务如何分割问题。从另一个角度看，每一个单位也可以说是半个劳动关系主体，两个雇主共同对被派遣劳工承担法律义务。以

---

① 曹燕春：“劳动派遣关系中的雇主替代责任研究”，载《法律科学》2006年第3期，第116～121页。

② 董保华主编：《劳动合同研究》，中国劳动社会保障出版社2005年版，第292～294页。

“双重特殊劳动关系”为理论基础，法律的重要意义在于合理分配派遣机构与用工单位对派遣劳工应尽的义务。共同雇主可以采用合同的方式来分担对派遣劳工的义务，同时也可以在双方未作约定、约定不明或者约定不合法时以“立法”的方式直接分配共同雇主的劳动法义务。通过劳动基准法，依照共同雇主作用的不同来分配其权利和义务。劳动力派遣中雇用与使用相分离，雇用中强调的是劳动关系的主体特点，使用中强调的是劳动关系内容的特点，因此，派遣机构承担与劳动力雇佣的关联义务，即劳动合同订立、解除、终止等权利义务，如依法招聘、社会保险、劳动报酬、经济补偿等，该义务强调劳动关系平等性与财产性，而用工单位承担与劳动力使用的关联义务，即劳动规章、劳动保护、劳动时间、竞业禁止等，强调劳动关系的隶属性与人身性。

对于“双重特殊劳动关系说”中的“瑕疵”用工关系，有人提出了批评，认为社会上双重劳动关系大量存在，承认这种关系是世界各国立法的发展趋势。劳动者与一个雇主签订了劳动合同，在法律允许范围内，可以与另外一个雇主成立另外一个劳动关系，主体资格不是一个问题，只不过劳务派遣这种双重劳动关系不同于普通的双重劳动关系，不具有普通双重劳动关系的完全特征，而有其自身的特殊性，将这种双重劳动关系称为“准双重劳动关系”更为确切，以区分典型的双重劳动关系。① 该种劳动关系虽然有两个用人单位（共同雇主），但被派遣劳动者却仅履行一个劳动义务，获得一份工资报酬，缴纳一份社会保险。共同雇主分别承担一部分劳动合同义务，共同构成一个完整的劳动关系中的权利义务。“准双重劳动关系说”认为，该种关系类似民法理论中的“准物权”、“准财产权”概念，通过“准劳动关系”的法律确认，可以使共同雇主同时承担法律义务，不过二者有所分工，对劳动者的基本权利分别予以保障，避免共同雇主以约定的方式回避或相互推托应尽的义务。

“连带关系责任说”认为，在劳务派遣关系中，派遣单位与要派企业为一方主体，劳动者为相对的一方主体，前者以连带责任的方式共同对后者承担有关义务。② 该说认为，虽然劳务派遣所形成的劳动关系与劳动法所规定的劳动关系存在区别，但劳动派遣在中国的存在和发展有其社会合理性。承认其合法性，并对其进行法律规制，减少和消除其消极后果，是一种明智的选择。从劳动者的角度分析，在劳务派遣领域对劳动者利益可能产生侵害的主要因素是共同雇主对纠纷解决的相互推诿。如果把派遣单位与要派企业视为一个整体性主体，就可以使劳务派遣的三角关系简化为两方的关系，派遣单位与要派企业共同向劳动者负责，

① 曹燕春：“劳动派遣关系中的雇主替代责任研究”，载《法律科学》2006年第3期，第116～121页。

② 周宝妹：《劳动法要论》，群众出版社2006年版，第135～137页。

在发生纠纷时，从便利劳动者的角度出发，让劳动者根据自己的意愿，选择其中一个或两个同时对自己负责，作为共同雇主不得以其之间的协议免除一方的责任。在共同雇主为劳动者承担责任后，其责任的分担由共同雇主自行解决。法律可以规定这样的原则，即派遣单位和要派企业应当向劳动者承担连带责任。

综观上述各种观点对劳务派遣性质的分析，首先，我们可以发现，各理论观点在概念使用上存在着混乱现象，应当统一。根据我国国情，可以使用三个基本概念，即“劳务派遣机构”（用人单位）、“被派遣劳动者”（劳务人员、派遣劳工）和“用工单位”。其次，我们认为，一般来讲，劳动用工是劳动合同关系建立的前提，而在劳务派遣中，用人单位处于“基本雇主”的地位，用工单位并不是劳动合同一方主体，而是从用人单位（派遣机构）受让劳动用工的权利。① 劳动者与用人单位的关系是根本性的，而与用工单位的关系是派生性的、从属性的与名义性的。这样，被派遣劳动者的合同权利应通过用人单位的相应的义务履行来实现。那种将用人单位视为共同雇主的观点必然造成劳动合同关系的复杂化，不利于合同权利的实现与义务的履行。双重劳动关系在我国劳动合同关系中主要表现为因“兼职”而形成的分别独立的两个以上劳动合同关系，也是被劳动合同法所认可的。最后，“连带责任说”源于美国《公平劳动标准法案》，该法案规定，使用派遣雇员的客户公司（相当于“用工单位”）通常要与派遣公司承担连带责任，以确保派遣雇员可以依据该法获得工资。“连带责任说”与“共同雇主”理论没有实质的区别。

三、劳务派遣的发展

劳务派遣在发达国家是一种普遍现象。美国劳务派遣的盛行开始于 20 世纪 70 年代。以往劳务派遣主要流行于特殊行业，如化工和石油行业、工程和设计行业、建筑行业等。这些行业往往需要各种不同技能的人才，雇主通过雇员租用（employee leasing）的形式，可以补充雇主自身雇员技能的不足，或者让其从事一些短期项目，或者弥补雇主自身雇员人数的不足。但时至今日，劳务派遣已经渗透到整个经济的各个领域，从“看门人”到首席执行官，各个层面的劳务派遣发展迅速。而且以往派遣的接受单位主要是小型企业，现在，由于派遣机构可以提供人力资源管理的专业服务，许多规模较大的雇主也使用派遣工人。美国还有专门的派遣机构行业组织，即美国职业雇主组织全国联合会（National Association of Professional Employer Organizations，NAPEO）。无论是雇主组织行业的增

① “基本雇主”（Primary Employer）地位的确定，通常考虑的是哪一方雇用、解雇、派遣、安置雇员以及由哪一方支付雇员的工资、福利。See 29 C. F. R. Section 825. 106.

长，业务的扩大，还是派遣劳工人数的增长，都达到空前规模。① 有人认为，美国劳务派遣行业发展的因素很多，但归纳起来主要有三个方面：供给因素、需求因素以及工会因素。② 从供给因素来看，生活方式的改变导致了一些人更愿意从事临时性的派遣工作。例如，越来越多的妇女参加工作，使得那些需要负担家庭事务的妇女选择派遣工作，她们可以选择非全职的工作，或者保留当家庭需要时拒绝某些派遣工作的权利。有些雇员选择派遣工作是因为将工作内容的多样性作为一种生活方式，而派遣工作可以满足这些偏好，这些人不仅包括一般职员和建筑工人，还包括律师、计算机专家、股票经纪人、药剂师以及其他专业人士，甚至公司高级管理人员。同时，许多退休人员，包括专业人士和高官人员，由于长期从事顾问工作，退休之后，也可能选择派遣工作。此外，由于公司缩小规模或重组而离开岗位的雇员，可能会选择劳务派遣的形式，在找到适合的工作之前将派遣工作作为暂时性的工作。从派遣机构提供的服务来看，由于职业雇主组织可以提供专业化的人力资源服务、培训、雇员手册、安全服务以及更好的沟通，雇员工作的满足度以及效率可能得到提高，这也是雇员选择成为派遣雇员的因素之一。而且，由于规模效应，职业雇主组织可能为雇员提供那些小企业无法负担的福利项目，例如健康保险、牙齿和视力保健、寿险、退休储蓄计划、工作咨询、教育福利等，这些雇员福利项目往往是小企业负担不起或无力管理的。而且，通过劳务派遣，派遣雇员可以在不同的客户公司工作，可以避免雇员福利的损失。此外，在美国，为了避免增加小企业的负担，许多法律对小企业实行豁免，受雇于小企业的雇员因此无法得到这些法律的保护。例如，美国虽然制定了很多反就业歧视法律，但这些法律通常对规模小的雇主实施豁免。例如，《民权法案》禁止雇主基于种族、肤色、宗教、性别或国籍实施歧视，但仅适用于雇佣 15 名以上雇员的雇主。③《雇用年龄歧视法案》禁止对 40 岁以上的个人实施年龄歧视，但仅适用于雇佣 20 名以上雇员的雇主。④《残疾人法案》是反残疾就业歧视的主要法律，但该法仅适用于雇佣 15 名以上雇员的雇主。⑤ 因此，如果雇员直接受雇于这些规模小的雇主，将无法得到这些法律的保护。由于职业雇主组织的规模

---

① 谢增毅："美国劳务派遣的法律规制及对我国立法的启示"，载《比较法研究》2007 年第 6 期，第 101 ~ 116 页。H. Lane Dennard, Jr. and Herbert R. Northrup. Leased Employment: Character, Number, and Labor Law Problem, Georgia Law Review, Spring 1994, pp. 683, 684, 696. NAPEO - PEO Industry Information : FAQs, www. NAPEO. org，最后访问日期：2007 年 3 月 22 日。

② H. Lane Dennard, Jr. and Herbert R. Northrup.

③ Section 701 (b), Title VII of the Civil Rights Act of 1964.

④ Section 631 (a) (b), Age Discrimination in Employment Act of 1967.

⑤ Section 101 (5), Americans with Disabilities Act.

通常较大，职业雇主组织的雇员就可以受到这些法律的保护。这一点也是派遣工人相比直接受雇于雇主的优势之一。

从需求角度来看，需求因素似乎比供给因素重要。雇员福利（employment benefit）成本的提高和政府规制是接受雇主选择派遣劳工的重要因素。① 尤其是对于那些小企业，由于规模小，无法以较优惠的价格为雇员购买各种福利，而派遣公司由于雇员规模和多样性，可以以更优惠的价格购买雇员福利。而且雇用的费用，包括选拔、培训以及由于雇佣决定可能面临的反歧视诉讼风险，都会促使雇主倾向于使用派遣工人，而不是直接雇佣。总之，劳务派遣公司可以充分利用规模优势，降低雇佣成本。而且随着技术的发展，许多公司需要投入大量的资本购买设备，操作和维护设备，这些公司转而成为专业化的公司向其他公司出租设备、派遣员工、从事计算机等专业化服务，这也促进了劳务派遣行业的发展。除了降低雇员福利成本，劳务派遣公司在为用人单位提供咨询和服务方面也发挥了越来越重要的作用。劳务派遣公司可以为客户公司提供管理建议、会计和数据处理帮助以及其他有益的专业建议。现在的人力资源管理越来越复杂，例如雇员关系、保健保险、工伤赔偿、工资、工资税、失业保险等内容十分复杂，许多雇主并没有这方面的专业知识。而派遣公司通过自己的专业服务，可以为客户公司管理这些复杂事务。而且有关劳工的法律越来越复杂，雇主的责任和风险越来越大，职业雇主组织由于规模和专业性，可以有效地控制这些风险，降低客户公司的风险和责任。② 总之，通过分工，客户公司可以专注于自身业务的经营，而不是人力资源的管理和雇佣风险的控制。

从工会角度来看，派遣工人较不易组织工会。有关统计表明，美国非全职雇员参加工会的比例不足全职雇员参加工会比例的一半。③ 尽管派遣工人不能完全等同于兼职工人，因为许多派遣工人可能从事全职工作，但派遣工人组织工会的积极性低于雇主直接雇佣的雇员。由于分散在不同的用人单位，这些用人单位可能彼此有很大差异，派遣工人缺乏共同利益，派遣工人组织工会的难度也高于直接雇佣的工人。由于这个原因，许多美国工会游说州政府通过立法禁止劳务派遣。但从客户公司的角度来看，由于派遣工人不易组织工会，客户公司可能会热

---

① U. S. Chamber of Commerce Research Center, Employee Benefits: A Reference Guide for Employers and Benefits Specialists, Table 18, 1993, p. 35.

② 根据美国小企业管理局（U. S. Small Business Administration, SBA）的统计，中小企业的雇主现在需要花大约 1/4 的时间从事有关雇佣的书面工作（employment - related paperwork），职业雇主组织则可以帮助雇主从事这些繁重工作，帮助雇主更好地遵守劳动法律法规。NAPEO - PEO Industry Information : PEO Industry Facts, www. NAPEO. org，最后访问日期：2007 年 3 月 22 日。

③ Daily Labor. Rep. （BNA）No. 27, at B - 2（Feb. 10, 1994）.

衷于使用派遣工人。

从上述分析可以看出，劳务派遣的出现及发展有其背后的经济原因，劳务派遣的用工形式既满足了雇员灵活就业的需要，对降低雇主的成本和风险，提高劳动力市场的分工和专业化程度也有积极作用，尤其在为接受单位提供咨询和服务，降低雇主用工成本方面具有广阔的发展空间。在一些特殊行业，例如保安、建筑等行业，劳务派遣机构在招聘、选拔、培训雇员、人力资源管理等方面，发挥了用人单位自身难以甚至无法发挥的作用。而且由于有关劳工保护和雇员福利的立法越来越复杂，雇主用工的成本和面临的风险不断加大，通过劳务派遣公司的专业化服务，不仅可以减低用人单位的成本，提高人力资源管理的效率和专业化水平，从一定意义上讲，这种专业的分工也有利于劳工权利的保护。至于派遣劳工对工会的影响，从接受单位看，由于派遣工人和接受单位的雇佣关系模糊，派遣工人分散且与接受单位的认同感较弱，派遣工人加入接受单位工会的积极性可能受到影响。但如果从派遣机构和派遣工人二者的角度看，通过派遣机构，可以将众多可能分散于不同雇主的工人集中在派遣机构，派遣工人可以在派遣机构组织工会，并利用派遣工人规模的优势与派遣机构进行谈判，争取更有利的劳动条件。因此，劳务派遣似乎并不必然削弱工会的保护作用。

在美国，劳务派遣在经济上的合理性也得到政府的明确承认。例如，纽约州政府认为，职业雇主组织为该州的商业和市民提供了有价值的服务，职业雇主组织的权利和义务应该予以明确。① 阿拉巴马州《职业雇主组织登记法》也明确了劳务派遣发挥的积极作用，“劳务派遣是阿拉巴马州新兴的产业，职业雇主组织为雇主提供了越来越多的机会以开发满足人事需要且效率更高的方式，并且为雇员提供了某些如果没有职业雇主组织雇员就可能无法获得的雇员福利”。②

劳务派遣近年来在我国迅速发展，劳务派遣用工形式非常普遍，使用劳务派遣的原因有多种：第一，降低成本，包括人力资源管理成本、税收成本、解约成本等。实践中，企业使用劳务派遣工，仅承担工人工资、社保和派遣单位管理费的给付义务，减少企业所得税税负，也没有解除劳动合同给付经济补偿的风险。第二，有些企业的业务季节性较强，使用劳务派遣工人能很好地解决短期用工的需求，避免导致严重的加班行为。第三，国有企业都有减员增效的目标，没有劳动力计划，但正常的业务需要用工，因此，营业窗口、分拣、投递等岗位都使用劳务派遣工人。第四，政策规定企业不得自己招用保安，必须由保安公司派遣。企业的理念是集中精力进行专业化生产，其他辅助性的工作，如食堂、绿化、手

---

① Laws 2002, Ch. 565, § 1, Eff. March 23, 2003.

② Section 2, Alabama Professional Employer Organization Registration Act, Approved by the Governor March 13, 2006.

工包装等不是企业的强项，这些辅助性业务进行外包或者使用劳务派遣工人效率更高。第五，有些企业只能从事生产，自己不能从事销售业务，因此只能使用劳务派遣工人从事销售业务。这些情况下，劳务派遣工并不处于弱势地位，有的工资待遇高于企业的正式用工。

劳务派遣一方面在一定程度上解决了就业，另一方面也存在一些问题，特别是在劳动者权益保护方面尤为突出：第一，劳务派遣公司随意克扣派遣工人的工资。对此，有的接受单位采取了相应的对策，如明确约定劳务派遣单位只能收取管理费用，不得克扣派遣工人的工资；或者设立专门的工人工资账户，该账户只能用于发放工资，不得提取现金，且只有劳务派遣单位和接受单位同时签字才能使用该账户。第二，劳务派遣同工不同酬。有的企业中正式工与派遣工从事同样的工作，如加油、窗口服务，但工资差距较大。第三，劳务派遣工得不到正常晋升和工资增长的问题。由于劳务派遣工不是接受单位的正式职工，因此得不到正常的晋升和工资增长，这导致了劳务派遣工与正式工同时进单位，工资差距越来越大。第四，接受单位为了降低成本，滥用劳务派遣。有的企业正式用工人数大大低于劳务派遣用工，除管理人员是正式职工外，其他职位如话务员、形象代表、柜台人员，都用年轻的劳务派遣工，以致劳务派遣用工成为常态用工，因此，需要限制劳务派遣的适用岗位，禁止长期性岗位使用劳务派遣。第五，工伤责任不明确。实践中，有的劳务派遣工受了工伤，对于有关赔偿责任是由派遣单位还是接受单位承担不明确，造成互相推诿责任。

劳务派遣引发的问题需要通过法律法规予以规范。如何保证雇员在各方面享有与直接受雇的工人同样的权利和待遇，如何分担派遣公司和接受单位之间的义务和责任，是立法所要解决的问题。

四、劳务派遣立法

（一）国外劳务派遣立法

对于劳务派遣的态度各国并不相同，有些国家对劳务派遣严格禁止，有些国家在适用范围上进行限制，也有些国家采取放任的态度。

由于美国劳务派遣的发展及其立法比较完善，因此，我们主要以美国劳务派遣立法为例进行分析。众所周知，美国立法体制是由联邦立法与州立法共同构成的。对劳务派遣，联邦和各州均进行了立法规制。

1. 美国联邦劳务派遣立法

美国联邦制定的有关法律主要有《民权法案》（Title VII of the Civil Rights Act of 1964）、《国家劳动关系法案》（National Labor Relations Act，NLRA）、《公平劳动标准法案》（Fair Labor Standards Act of 1938，FLSA）、《职业安全和卫生

法案》(Occupational Safety and Health Act of 1970，OSHA)、《家庭和医疗休假法案》(Family and Medical Leave Act）和其他有关雇佣平等保护的法律，联邦法院的判例解释也是重要的法律渊源。美国国家劳动关系委员会（National Labor Relations Board，NLRB）和联邦法院将“共同雇主”理论运用于劳务派遣的场合。国家劳动关系委员会依据《国家劳动关系法案》制定了认定共同雇主的标准：当两个或两个以上雇主对相同的雇员实施了“重要控制”（significant control)，并且由此表明雇主“分担或者共同决定”雇佣条款或条件（terms or conditions of employment）时，两个以上的雇主将构成共同雇主。① 联邦法院将对共同雇主的认定视为事实问题，法院主要考察客户公司（相当于“用工单位”）参与劳务派遣公司有关派遣工人的雇佣和解雇、晋升和降职、工资和工作条件、日常监督和处罚以及指挥派遣工人的程度。② 法院判例表明，对派遣工人“日常的、有效的监督”(day－to－day，meaningful supervision）是判断派遣公司是否构成《国家劳动关系法案》所规定的“共同雇主”的主要因素。③ 客户公司是否被认定为共同雇主，是其是否承担雇主责任的前提，因此，客户公司可以通过和劳务派遣公司约定客户公司没有雇佣、晋升、解雇、处罚派遣工人的权利且由派遣公司确定派遣工人的工资数额、雇员福利以及其他雇佣条件，来减少被法院认定为共同雇主的机会。

由于联邦有关反就业歧视和保护就业平等权的法律为雇员提供了救济，因此法院也可能在其判例中运用共同雇主理论，使得受害雇员可以从更多的雇主中获得救济。在反就业歧视诉讼中，法院认定共同雇主身份所采用的标准和《国家劳动关系法案》的案件大致相当。一旦共同雇主的地位成立，客户公司也必须承担派遣公司的不法行为（民事违法行为）以及自身的不法行为责任。例如，派遣公司如果没有遵守《民权法案》有关保存记录的要求或者对派遣雇员实施歧视，客户公司对这些行为也将负有责任，即使客户公司不同意或者对此并不知情。在反歧视案件中，法院倾向于支持原告要求，要求参与“监督活动”（supervision activities）的任何当事人承担歧视行为的责任，而不仅仅只是那些对歧视行为具有“事实上的控制或权力”(actual control and authority）的机构。

依据《公平劳动标准法案》，使用派遣雇员的客户公司通常将与派遣公司一起承担连带责任，以确保派遣雇员可以依据该法案获得工资。尽管理论上派遣工人受雇于派遣公司，但在法院判例中，法院通常使客户公司对派遣雇员承担该法的义务与责任。美国劳工部的立场是，使用派遣雇员的客户公司应该与提供派遣

---

① NLRB v. Browning－Ferris Indus.，691 F. 2d 1117，1124（3rd Cir. 1982）.

② Boire v. Greyhound Corp.，376 U. S. 475，481（1964）.

③ Continental Winding Corp.，305 NLRB 122，123 n. 4（1991）.

雇员的派遣公司在确保最低工资和加班费上承担责任。换言之，如果派遣公司没有履行这些义务，使用派遣雇员的公司将承担责任。①

依据《职业健康和安全法案》，职业健康和安全局（Occupational Safety and Health Administration，OSHA）负责调查该领域的违法行为。如果在调查中发现客户公司和派遣公司的共同雇主地位成立，职业健康和安全局将向劳务派遣机构或客户公司或者二者发出传票。即使无法认定共同雇主身份，在工作场所存在多个雇主时，也可以向一个或者多个雇主发出传票，主张是该雇主制造或控制了调查中认定的危险（hazards）。②《职业健康和安全法案》规定制造或者控制危险的一方将承担处于危险之中的雇员的责任，因此，客户公司在使用派遣雇员时，则难逃有关责任，这就要求其必须对工作场所和卫生加以重视。《家庭和医疗休假法案》规定，雇主有义务为特定情形的雇员提供十二周的无薪休假，如果存在共同雇主，则派遣雇员同时被视为派遣公司和客户公司任何一方的雇员。如果哪一方被确认为"基本雇主"，则基本雇主履行有关义务。"基本雇主"（primary employer）地位的确定，通常考虑的是哪一方雇用、解雇、派遣、安置雇员以及由哪一方支付雇员的工资、福利。③

2. 美国各州劳务派遣立法

美国许多州制定了专门法律对劳务派遣进行规制。概言之，这些州法规制的对象主要包括劳务派遣公司的设立和资本要求、劳务派遣协议的内容、雇员工伤保险和失业保险费用的分担以及派遣公司和客户公司在其他方面的义务和责任的分担。除了制定专门规制劳务派遣的法律，许多州法在保险或其他领域的法律中都会涉及劳务派遣的相关问题。

（1）劳务派遣公司设立和资本的法律要求

美国十个州的法律要求劳务派遣公司在开业前必须向州政府登记。④ 有些州政府对劳务派遣公司设立的审批相当严格。例如佛罗里达州在其商务和职业监管部（Dept. of Business and Professional Regulation）中专门设立了劳务派遣公司监管委员会（Board of Employee Leasing Company），该委员会有权发布有关监管规则。⑤ 按照该州法律，劳务派遣公司和控制人必须提交书面申请以获得许可。⑥而且任何个人或机构在意图购买（purchase）或者收购（acquire）已获许可或登

① 29 C. F. R. Section 541（1993）.

② Anning - Johnson Co.，1976 O. S. H. D.（CCH）Paragraph 20，877（1976）.

③ 29 C. F. R. Section 825. 106.

④ Mark A. Rothstein，Employment Law，West，2004，p. 135.

⑤ Fla. Stat. §468. 521（2006）.

⑥ Fla. Stat. §468. 524（2006）.

记的机构的控制权时，必须先获得该委员会有关所有权变更的批准。已获许可或登记的机构的股东或者合伙人收购其他股东或者合伙人的控制权时，也必须经该委员会批准。[①] 获得许可的劳务派遣公司必须至少拥有一名登记的从事服务的代理人以及一名获得许可的控制人。该控制人必须具有良好的道德品质且具有教育、管理或业务的经历以便成功经营公司或成为控制人。[②] 除了经过许可和登记外，有些州对注册资本也有要求。例如，新罕布什尔州的法律要求申请许可时向劳工部（the commission of the Dept. of Labor）提供一份经独立会计师审计的财务报告，表明在其申请之日前的6个月内拥有至少10万美元的净资产。劳工部还可以要求劳务派遣公司在其指定的保管处存放足够的用于担保工资支付或者福利并具有市场价值的债券或有价证券，存放的有价证券必须包含劳工部在劳务派遣公司没有支付到期款项时可以卖出相应数额的证券用于支付工资、福利或者其他主张的授权。[③] 从上述规定可以看出，美国各州对劳务派遣公司的市场准入监管十分严格，包括对公司的所有权人和控制人，这主要是考虑到劳务派遣公司作为一种经营人力资源管理的公司，其雇员集中且风险较大，雇主及其控制人是否诚信对雇员利益的影响甚大，因此需要控制市场准入门槛。对劳务派遣公司的财务要求主要是基于其负有支付雇员工资和其他福利的义务，这些费用能否按时支付与派遣工人的切身利益密切相关，若雇主无力支付这些费用，将对派遣工人的工作和生活造成严重影响，因此应当要求雇主提供一定资金，用于担保这些费用的支付。

（2）劳务派遣协议的法律规制

对劳务派遣协议内容的规制往往涉及派遣公司和客户单位之间的权利义务和责任的分担。尽管理论上双方具有决定合同内容的自由，但为了保护派遣工人的利益，法律对该协议作了许多限制性规定，这体现了立法者对派遣公司与客户单位权利义务分配和责任分担的立场。以佛罗里达和南卡罗来两个州的法律为例，劳务派遣公司与客户公司之间的合同安排应当满足法定的条件。[④] 包括：其一，劳务派遣公司保留指挥和控制派遣工人的权利；但是客户公司可以保留足够的控制和指挥派遣工人的权利，若这是从事业务所必需，或者如果没有该权利，客户将无法从事该业务。客户公司也可以履行某些法定的受信义务（fiduciary responsibility）。其二，派遣公司承担支付派遣工人工资的义务，不论客户公司是否向

---

① Fla. Stat. §468.5245（2006）.

② Fla. Stat. §468.525（1），（2）（2006）.

③ RSA 277 - B：5 I，RSA 277 - B：6，I，II（2006）；Section 5（b），Alabama Professional Employer Organization Registration Act，Approved by the Governor March 13，2006.

④ Fla. Stat. §468.525（4）（2006）；S. C. Code Ann. §40 - 68 - 70（2006）.

派遣公司支付。其三，派遣公司承担支付税的全部义务，工资税从派遣工人的工资中支付。其四，派遣公司保留雇佣、解雇、惩戒和重新派遣工人的权利，但客户公司可以拥有接受或者终止任何派遣工人的派遣的权利。其五，派遣公司保留对工作场所或者影响派遣工人的场所的安全、风险和危险管理的指挥和控制，包括：对客户设备和建筑的安全检查职责；对雇用和安全政策的制定和实施职责；负责派遣工人的赔偿请求（compensation claims）、请求的提起（claims filings）和相关程序的管理。从上述规定可以看出，对派遣公司和客户公司之间协议的规制重点在于明确劳务派遣公司的义务和责任，即派遣公司必须承担的最低义务和责任，这些义务和责任不能通过合同转移到客户公司。这些义务体现了派遣公司与派遣工人之间的雇佣关系，是一般雇主通常应承担的义务。值得注意的是，为了保障雇员的人身安全，即使雇员被派遣到客户公司工作，派遣公司仍有义务保证雇员的安全。

（3）工伤保险与事业费用承担的法律规定

美国工伤保险（workers' compensation insurance）是指对劳工在工作期间所受伤害的保险，通常覆盖医疗、死亡、残疾、康复等内容，保险费由雇主缴纳。许多州都在有关劳务派遣的法律或者保险法律当中规定工伤保险费用的支付规则。大部分州法要求劳务派遣公司必须支付雇员的工伤保险费用。如佛罗里达州法规定，如果获得许可的雇员租赁公司是派遣工人的雇主，雇主有义务为雇员提供工伤保险项目。如果派遣公司不能提交为其所有雇员办理了工伤保险证明，则不能获得初次或者后续的开业许可。① 有的州允许劳务派遣公司和客户公司选择决定由其中一方支付工伤保险费用。例如，南卡罗来州的法律允许劳务派遣公司与客户公司在合同中规定由其中一方或者双方承担工伤保险责任。② 有些州，如墨西哥州的法律规定派遣公司和客户公司对派遣雇员的工伤保险费承担无限连带责任。③ 个别的州，如犹他州则规定由客户公司负担工伤保险费用。④

对于失业保险费用，许多州作了规定。大部分州法规定失业保险费由雇员租赁公司支付。例如，佛罗里达州法律规定劳务派遣公司是派遣工人雇主，有义务为雇员及时支付失业税。⑤ 缅因州法律规定，在派遣协议的有效期间，劳务派遣公司有义务支付失业的相关费用。⑥ 新罕布什尔州和犹他州的法律规定，劳务派

---

① Fla. Stat. §468.529（1）（2）（2006）.

② S. C. Code Ann. §40－68－70（2006）.

③ N. M. Stat. Ann. §60－13A－5（C）.

④ Utah Code. Ann. §35－1－42（3）（a）.

⑤ Fla. Stat. §468.529（1）（2006）.

⑥ 32M. R. S. §14055，（3）A（2006）.

遣公司对雇员负有支付工资和其他福利以及州失业保险费用的义务，不论客户公司是否向劳务派遣公司支付了这些工资、福利或者费用。[①] 而且新州的法律还规定，如果劳务派遣公司开业两年以上，客户公司应该就失业保险费用的支付与劳务派遣公司承担连带责任。[②] 有些州，如墨西哥州的法律规定，如果劳务派遣公司没有为派遣工人支付失业保险费用，则客户公司承担该义务。[③] 只有明尼苏达州的法律规定由劳务派遣公司的客户公司支付派遣工人的失业保险费，但前提是客户公司中有50%以上的雇员为派遣工人。[④]

(4) 排他和替代责任

劳务派遣公司作为派遣雇员的雇主，必须承担一般雇主通常应承担的责任，但是劳务派遣公司对雇员承担的义务不是无限的，许多州法都有“排他和替代责任”（Exclusivity and Vicarious Liability）的规定，即劳务派遣公司和客户公司不为对方的行为或疏忽（omissions）负责。例如，新罕布什尔州、伊利诺伊州、缅因州的法律规定，劳务派遣公司不为客户公司的行为或疏忽承担替代责任，客户公司也不为劳务派遣公司的行为或疏忽承担替代责任，但这一规定并不影响劳务派遣公司和客户公司之间协议的直接合同责任以及法律所规定的责任和义务。同时，派遣公司在客户公司实施的普通责任保险、汽车保险、职工忠诚保证金（fidelity bond）、履约保证金（surety bond）以及雇主责任保险中，应被视为客户公司的雇员。在劳务派遣工公司实施的上述保险中，除非保险或者保障合同另有规定，派遣工人也不被视为劳务派遣公司的雇员。[⑤]

从上述州法对派遣工人工伤保险和失业保险费用的支付制度来看，大部分州法将劳务派遣公司视为雇主，除了支付派遣工人的工资以外，有义务为雇员支付工伤保险和失业保险以及其他雇员福利费用。这进一步体现了劳务派遣公司与派遣工人之间的基本雇佣法律关系，即劳务派遣公司负有一般雇主应当承担的支付工资和相关保险费用的法律义务。只有个别的州法律为了保护派遣工人的利益，将客户公司作为第二责任人或者令其承担连带责任。社会保险费用由派遣公司承担较为合理，除了派遣工人和派遣公司之间存在的雇佣关系外，社会保险费用越来越复杂，由劳务派遣公司承担，可以发挥其劳务派遣公司的规模效应及其专业

---

① RSA 277 - B：9 IX（2006）；Utah Code Ann. §35 - 4 - 202.

② RSA 277 - B：17 IX（2006）.

③ N. M. Stat. Ann. §51 - 1 - 52. 1（B）.

④ Minn. Stat. Ann. §268. 163.（2）.

⑤ RSA 277 - B：（10）（11）（2006）；215 ILCS 113/45（2）（3）（2007）；32 M. R. S. §14055（4）（2006）. Michael S. Hale, The Employee Leasing Exposure and the Exclusive Remedy Problem, 1997 Det. C. L. Rev. 891, Fall 1997, p. 900.

优势。[①] 另一方面，劳务派遣公司的责任也不是无限的。劳务派遣公司与客户公司不对对方的行为负责，也不对处于对方完全指挥或者控制之下的派遣工人负责，体现了“谁控制和指挥、谁负责的原则”，同时也表明劳务派遣公司与客户公司是相互独立的两个雇主，而不是一个雇主。但这一原则仍然受到劳务派遣公司和客户公司之间协议的约束以及法律所规定的双方义务责任分担的限制。因此，排他和替代责任原则可以防止客户公司受到派遣工人的起诉，但这也并非绝对，在某些场合，法院可能作出相反的判决。[②] 值得注意的是，在工伤保险和失业保险的之外的保险关系中，各州的法律基本上都将派遣工人作为客户公司的雇员，尤其在客户公司提供的保险中；即便在劳务派遣公司提供的保险中，也不将派遣工人视为派遣公司的雇员。这说明客户公司与派遣工人之间存在雇佣关系，在这些保险法律关系中，客户公司和派遣工人之间必须尽到雇主和雇员的义务。普通责任保险、汽车保险、职工忠诚保证金、履约保证金，以及雇主责任保险等体现了派遣公司与客户公司之间特定的雇佣关系，这些关系已经超出了劳务派遣公司和派遣工人之间的一般雇佣关系，因此，将这些法律关系当中的派遣工人视为客户公司的雇员，不仅有利于雇主履行其义务，也有利于雇员履行其相应义务，诸如忠诚、履约等义务，这对保证雇主利益也是非常必要的。[③]

美国州法与联邦法律在对劳务派遣的一些规定上既有联系又有区别。尽管州法认为劳务派遣公司和派遣工人之间存在着直接雇佣关系，通常要求劳务派遣公司承担支付派遣工人工资以及工伤保险和失业保险费用等义务，但客户公司通常并不对派遣工人的工资、工伤保险和失业保险承担责任。与此不同，在联邦法律有关雇主义务的适用中，客户公司则在符合某些条件的情形下可能被认定和派遣公司构成共同雇主，从而单独承担或者连带承担有关不公正劳动行为、就业歧视、最低工资和加班费用、安全和卫生、休假等雇主义务和责任。州法和联邦法对客户公司责任的态度是比较合理的。支付工资和社会保险福利费用的义务由派遣公司承担，有利于保证雇员的基本权利，并发挥雇主的规模优势和专业优势，而由于派遣公司并不直接使用雇员，雇员常常处于客户公司的控制之中，因此，令客户公司和派遣公司对有关雇主在工作场所中应尽的义务连带承担责任，有利于客户公司尽到保护雇员的各种义务，避免客户公司通过劳务派遣的形式逃避责

---

① 谢增毅：“美国劳务派遣的法律规制及对我国立法的启示”，载《比较法研究》2007年第6期，第101～116页。

② 谢增毅：“美国劳务派遣的法律规制及对我国立法的启示”，载《比较法研究》2007年第6期，第101～116页。

③ 谢增毅：“美国劳务派遣的法律规制及对我国立法的启示”，载《比较法研究》2007年第6期，第101～116页。

任，从而有利于保护派遣雇员的利益。支付公司和社会保险费用等一般义务由派遣公司承担，有利于减少客户公司的经营风险，这种责任的分担形式不至于影响客户公司使用劳务派遣的积极性。

（二）我国劳务派遣立法

对劳务派遣进行规制，首先要确立立法理念，其次要进行立法体系构建。结合国外立法理论与实践，我国有学者提出，我国劳务派遣立法首先要树立规范和促进并重的思想。劳务派遣具有明显的经济合理性，我国不应限制劳务派遣行业的发展。如果用人单位和用工单位诚信经营，劳务派遣对三方都有利，尤其在保安、司机、家政服务等行业，用工单位直接雇用这类雇员有的受到法律的限制，有的雇用成本很高。因此，立法首先应承认劳务派遣单位的存在，在此基础上对派遣单位的设立门槛以及派遣单位和用工单位之间的责任进行合理分配，既要保证被派遣劳动者的利益得到充分保护，又要使派遣单位和用工单位尤其是用工单位使用派遣劳动者的风险受到一定控制，以此对现有派遣单位加以整顿，从而促进派遣行业的发展。其次，劳务派遣立法主要包括两个方面的内容：对劳务派遣单位设立门槛和运营的规则以及对派遣单位和用工单位之间责任的划分。① 有些学者认为，劳务派遣作为一种新兴的用工方式在促进就业、灵活用工方面具有优越性，能够降低企业的用工成本、化解劳动者的风险、方便企业管理，有利于提高劳动生产率、促进人力资源的开发，已被世界上许多国家采用，其发展已经成为不可逆转的国际潮流，只是应从立法上对其容易出现的问题进行规范，促使其健康发展。② 有学者分析了国外劳务派遣出现的问题以及一些相关国家的禁止和限制性规定，指出劳务派遣虽然具有一定的优势，但其弊端同样需要警惕，劳务派遣使得实际用人单位转移了本应承担的劳动风险、让劳务派遣单位赚取了不该赚取的经营利润，严重侵犯了劳动者应享有的劳动权益，因此劳务派遣应当缓行。③ 实践中，劳务派遣的确存在很多问题，而且都是群体性纠纷，甚至有的地方政府强行扶持劳务派遣机构，破坏企业用工自主权，侵害劳动者的合法权益，也影响劳动力市场的健康发展。④ 借鉴国外劳务派遣的发展与立法，应当重视劳

---

① 谢增毅：“美国劳务派遣的法律规制及对我国立法的启示”，载《比较法研究》2007年第6期，第101～116页。

② 张丽宾：“对劳务派遣发展现状的研究”，载《中国劳动》2005年第6期；薛孝东：“国内外劳务派遣立法比较”，载《中国劳动》2005年第6期；董保华：“劳务派遣的法学思考”，载《中国劳动》2005年第6期；夏波光、邱婕：“劳务派遣，期待走向规范”，载《中国劳动》2005年第6期。

③ 黎建飞：“劳务派遣应当缓行”，载《法学家》2005年第5期。

④ 张洁：“关于群体性劳动争议案件处理情况的调查报告”，载《法律适用》2005年第7期。

务派遣存在的弊端，对劳务派遣业的发展进行限制和规范，保护劳动者的合法权益。① 我们认为，劳务派遣这种用工形式的产生具有社会合理性。目前劳务派遣用工所出现的问题是我国经济转型阶段的市场秩序问题。现代社会劳动力市场秩序重在建设，需要通过各种制度进行引导和规范，劳务派遣市场也应如此。

目前我国还没有制定有关劳务派遣的专门法律、法规，除《劳动合同法》和有关司法解释之外，其他法律法规中也几乎没有有关劳务派遣方面的规定，只是散见于一些地方管理部门为解决管理问题而制定的一些规定。例如北京市劳动保障局于 1999 年印发的《北京市劳务派遣组织管理暂行办法》对下岗职工通过劳务派遣形式实现再就业提供优惠扶持政策。这些规定不仅数量少、层次低，就内容来说，仅涉及下岗职工、技术人员等部分人群，对劳务派遣涉及的其他重要内容则没有规定。这导致由劳务派遣引发的关系及争议无法规范和处理，劳务派遣已经在很大程度上成为用人单位降低用工成本，侵犯劳动者权益的手段。可以说，劳务派遣立法还不能满足市场发展的需要。因此，需要依据《劳动合同法》制定有关专门法规和规章。地方政府也要按照立法原则，及时制定地方性法规和政府规章。

我国《劳动合同法》对劳务派遣作了专门规定，结束了我国劳务派遣无法可依的历史。长期以来，由于我国劳务派遣单位的市场地位不明确，经营资质缺乏审批程序，多数劳务派遣组织与劳务承包或劳务中介混为一体，无序竞争和侵犯被派遣劳动者权益的情况较为普遍。许多用人单位假借劳务派遣之名长期使用劳动者却不与之签订劳动合同，借此不给劳动者办理社会保险；有的劳务派遣单位擅自克扣被派遣劳动者的工资；更有甚者，某些用人单位还将其长期雇用的员工派遣到劳动中介部门，搞所谓的“逆向派遣”。《劳动合同法》规定劳务派遣的目的，在于明确劳务市场主体的地位及权利义务，规范劳务市场秩序，维护被派遣劳动者的合法权益。

我国司法解释的程序性规定对劳务派遣合同的合理适用作了明确规定，在一定程度上也弥补了劳务派遣立法的不足。2006 年 8 月 14 日，最高人民法院作出《关于审理劳动争议案件适用法律若干问题的解释（二）》，其中第 10 条规定：“劳动者因履行劳动力派遣合同产生劳动争议而起诉，以派遣单位为被告；争议内容涉及接受单位的，以派遣单位和接受单位为共同被告。”这里的“劳动力派遣”即“劳务派遣”，“接受单位”即“用工单位”。本条解释是为贯彻劳动法，解决司法实践中出现的相关劳动争议而作出的程序性规定，《劳动合同法》关于劳务派遣的规定属于实体性规定，二者是相辅相成的，在审判实践中应综合适用。尤其是在劳务派遣单位与用工单位依法承担连带责任的情形下，将劳务派遣

---

① 李建新等：“人才派遣方式下的雇佣与劳动关系”，载《经济问题》2005 年第 9 期。

单位和用工单位列为共同被告是必要的。劳务派遣的法律用语应与《劳动合同法》的表述相一致。

第二节 劳务派遣的适用与禁止范围

一、劳务派遣的适用范围

劳务派遣的适用范围是指劳务派遣适用的工作岗位。是否需要对劳务派遣的适用范围进行限制，理论上存在分歧，有的认为，实践中劳务派遣成为新兴的转移劳动成本的重要方式，利弊共存，但利弊相生之间也是戕害企业文化的一种用工方式，所以只适合非核心岗位。有的认为，劳务派遣是目前全世界范围用工的发展方向，我国《劳动合同法》对此不应作严格限制。

从国外和地区的规定来看，大多数国家对劳务派遣制定了专门法律或作了专门规定，对劳务派遣适用的工作岗位都作了一定限制。如日、英、德、法等国法律均允许采用劳动力派遣的用工形式，但对哪些企业、哪些部门、哪些工种可以采用这一形式作了限制。日本《劳务派遣法》明确规定了禁止从事劳务派遣的某些行业领域，如港湾运送等业务。我国台湾地区的“劳动派遣法”也是以划分行业限定劳务派遣的范围。《法国劳动法典》将劳动区分为经常性劳动和临时性劳动，劳务派遣只可适用于那些临时性、季节性的岗位，而不能不加限制地扩大到整个制造业或者其他行业。

劳务派遣这种用工形式在我国还处于起步阶段，没有经验，也出现了一些问题，如用人单位为降低用工成本，任意使用劳务派遣，使得劳务派遣范围不断扩大，派遣人数不断增加，在一些行业和企业中劳务派遣工人甚至超过一半以上，成为用工的主流形式。在一些长年稳定需求的工作岗位上，也出现了使用劳务派遣工的现象，如银行的前台柜员等。如果不对这一用工形式加以规范，任其发展下去，劳务派遣很可能不久就会成为大多数企业的用工常态，劳动关系的基础将会受到严重挑战，劳动者的合法权益将无法得到应有的保障，社会公平也将难以维护和实现。再从国外情况来看，一些发达国家对劳务派遣经历了由管制到逐步放开的一个过程，因此，我国《劳动合同法》对此适用范围进行了一定的限制。随着劳动力市场机制的逐步健全，劳务派遣这种用工形式也会发挥其独特的积极作用，逐步发展。

《劳动合同法》借鉴国外的立法经验和通行做法，结合我国国情，对劳务派遣岗位作了适当限制。《劳动合同法》第 66 条规定：“劳务派遣一般在临时性、辅助性或者替代性的工作岗位上实施。”这样规定的目的是尽量降低因劳务派遣付出的成本，促进用工单位直接与被派遣劳动者签订劳动合同，使劳务派遣成为单位用工的必要补充。有学者认为，作为法律条文，《劳动合同法》的规定方式显然属于政策性的模糊概述，其实际意义不大，劳务派遣也不应限制行业。事实上，在一些高级行业采用劳务派遣的用工形式，由于劳动者自身的博弈能力更强，更容易保护自己，出现损害被派遣劳动者利益的可能性更小。所以，《劳动合同法》对劳务派遣岗位的限制性规定是没有必要的。① 我们认为，《劳动合同法》的这个规定固然存在不足，如规定得比较原则，具体的工作岗位需要由国家劳动行政主管部门或者会同有关部门、行业团体制定规章加以规定。但也要指出，作为一种特别用工形式，其是否可能处于主导地位，还需要研究。不过从目前国外与我国劳动立法来看，劳务派遣用工以及有关合同都处于补充地位。

二、劳务派遣的禁止行为

为了防止用人单位采用“逆向派遣”而损害劳动者的利益，《劳动合同法》第 67 条规定了禁止性条款：“用人单位不得设立劳务派遣单位向本单位或者所属单位派遣劳动者。”这里所说的所属单位可以理解为三种关系：一是母公司与子公司的关系；二是集团企业与所属企业的关系；三是关联企业之间的关系。

实践中，劳务派遣被许多企业广泛用于各种可能的岗位。有的企业为了降低用工成本，将一些正式职工以改制的名义分流到本企业设立的劳务派遣公司，然后又以派遣公司的名义派遣到原岗位。有的企业在内设的劳动管理机构又挂了一个劳务派遣公司的牌子，将招用的员工以劳务派遣公司的名义派遣到所属企业。这样就将一个完整的劳动关系人为地割裂开来，既不利于劳动者合法权益的保护，也不利于和谐稳定的劳动关系的建立和发展，给劳务派遣的发展造成不利影响。

《劳动合同法》明确规定用人单位不得设立劳务派遣单位向本单位或者所属单位派遣劳动者，目的在于试图消除劳务派遣中出现的不正常现象。

对于《劳动合同法》的此项规定，有人认为缺乏理论依据。主张用人单位自设劳务派遣单位有利于对本单位的雇员进行更加专业化的管理。为了防止用人单位与自设劳务派遣单位合谋损害被派遣劳动者的利益，可以引入美国“单一雇主”（single employer）理论。如果两家机构符合一定条件，如两家机构存在经营上的相互关系、拥有共同的管理层、对劳动关系实行集中控制、拥有共同所有者或者股东时，两家机构将被视为单一雇主，必须共同承担连带责任。这样既能

---

① 谢增毅：“美国劳务派遣的法律规制及对我国立法的启示”，载《比较法研究》2007 年第 6 期，第 101 ~ 116 页。

发挥劳务派遣市场主体的作用，又能规范其行为朝着有利于劳动者利益的方向发展。① 我们认为，这是一个完善《劳动合同法》的可行办法。

第三节　劳务派遣单位的设立与终止

规范劳务派遣市场秩序，首先要规范劳务派遣机构，严格劳务市场准入，明确市场主体地位。有学者认为，国外的立法经验可以借鉴，如美国州法中有关派遣公司设立审批、资本金要求、公司控制人要求、风险金的要求等。原因是，劳务派遣公司不同于一般公司，其主要经营人力资源管理业务，由于其与派遣雇员存在直接的雇佣关系，负有支付派遣雇员工资和其他福利费用的基本义务，而其不经营具体业务，通常没有充足的资产，如果其没有支付工资和其他福利的能力，将严重影响雇员享有的工资收入和其他福利的基本权利，因此，规定设立门槛十分必要。对派遣公司设立门槛的另一重要意义在于促进派遣公司的规模化经营。派遣公司只有具备适当规模，才能促进其聘请专业人士对派遣工人的工资、社会保险、职业培训、安全卫生等事项进行专业化管理，可以为员工购买价格更为优惠的社会保险产品，从而提高派遣公司的专业水平并降低雇用成本。而且，派遣公司只有具备适当规模，才能形成品牌效应，促使其进行规范化经营。② 美国职业雇主组织一般规模较大，根据 NAPEO 的统计，美国目前约有派遣工人 300 万，但是 50 个州大约只有 700 家职业雇主组织。日本也十分重视培养劳务派遣公司从事多种业务的综合能力，开展复合型“综合人才服务”，并大力发展连锁经营。③ 而我国劳务派遣单位数量众多，但个体规模较小。④ 这不利于规模化、规范化和专业化经营。通过规定设立审批制，规定最低资本金以及有关责任，可以使那些没有劳务派遣资质的单位退出市场，劳务派遣单位的规模得到提升，质量得到提高，劳务派遣市场秩序将逐步得以规范，合法经营者和被派遣劳动者的利益得到维护。

实践中，我国劳务派遣单位设立的方式、性质和名称各地有所不同，比较混乱。有的地方的劳务派遣单位具有强烈的政府色彩，按行政区划设立，有的设在

① 谢增毅：“美国劳务派遣的法律规制及对我国立法的启示”，载《比较法研究》2007 年第 6 期，第 101～116 页。

② 谢增毅：“美国劳务派遣的法律规制及对我国立法的启示”，载《比较法研究》2007 年第 6 期，第 101～116 页。

③ 陈玉娥：“对人才派遣热潮的冷思考”，载《合作经济与科技》2006 年第 1 期，第 35 页。

④ 常凯：“必须严格规制劳动者派遣”，载《中国劳动》2006 年第 3 期，第 3 页。

劳动社会保障部门，有的设在人事部门，有的属于集体企业，有的属于事业单位，有的称劳动保障事务代理中心，有的称人才代理中心，有的称劳务公司，有的称劳务派遣单位，在管理上，统一实行劳动保障部门对口管理；有的地方，派遣单位与政府还没有完全脱钩，成为独立的市场主体。为了从根本上彻底解决劳务派遣主体资格不规范的问题，我国《劳动合同法》作了明确规定。

《劳动合同法》第57条规定，劳务派遣单位应当按照《公司法》的有关规定设立，注册资本不少于50万元。从《劳动合同法》的规定可以看出，一是要求所有的劳务派遣单位都要按照企业化和公司制的要求进行改造和设立，成为独立的企业法人，建立内部组织管理机构，依法经营和管理，不受非法干涉；二是要求出资人投入法定最低资本金，公司以其全部资产承担债务；三是在登记机关进行注册登记，取得合法经营资格；四是依法纳税。

我国《公司法》上的公司分为有限责任公司和股份有限公司，劳务派遣单位可以选择其中一种形式。另外，按照《中外合资企业法》、《中外合作经营企业法》和《外资企业法》的规定，这三类企业也可以采用我国《公司法》规定的公司形式，因此可以认为，我国法律对劳务派遣公司设立的投资主体并没有限制，既可以由中国公民、企业出资设立，也可以由外国公民、企业出资设立，还可以由中国企业与外国公民、企业合资、合作出资设立。如果选择有限责任公司形式，则可以设立一人独资有限责任公司或者2人以上投资的有限责任公司；如果选择股份有限公司形式，则应当有2人以上200人以下的自然人或法人作为发起人，其中须有过半数的发起人在中国境内有住所。

对于公司注册资本，我国《公司法》为保证公司资本的真实可靠，防止公司设立中的欺诈和投机，保护债权人利益，维护社会经济秩序的稳定，以及国际通行规则，实行授权资本制，并且坚持资本维持原则和资本不变原则的精神。《公司法》第26条规定：“有限责任公司的注册资本为在公司登记机关登记的全体股东认缴的出资额。公司全体股东的首次出资额不得低于注册资本的百分之二十，也不得低于法定的注册资本最低限额，其余部分由股东自公司成立之日起两年内缴足；其中，投资公司可以在五年内缴足。有限责任公司注册资本的最低限额为人民币三万元。法律、行政法规对有限责任公司注册资本的最低限额有较高规定的，从其规定。”第27条规定：“对作为出资的非货币财产应当评估作价，核实财产，不得高估或者低估作价。法律、行政法规对评估作价有规定的，从其规定。”第28条规定：“股东应当按期足额缴纳公司章程中规定的各自所认缴的出资额。股东不按照规定缴纳出资的，除应当向公司足额缴纳外，还应当向已按期足额缴纳出资的股东承担违约责任。”第29条规定：“股东的全部出资须经法定验资机构验资。”

根据《公司法》的规定，一人有限责任公司的注册资本最低限额为人民币

10 万元。股东应当一次足额缴纳公司章程规定的出资额。

根据《公司法》的规定，股份有限公司注册资本的最低限额为人民币 500 万元。法律、行政法规对股份有限公司注册资本的最低限额有较高规定的，从其规定。

对比我国《公司法》关于注册资本的规定来看，对设立有限责任公司制的劳务派遣公司来说，《劳动合同法》规定的门槛显然高一些，但该规定的合理性毋庸置疑，它可以提高派遣单位承担风险的能力，从而更好地保护被派遣劳动者的权益。

为了应对普遍存在的拖欠工资而损害劳动者权益的现象，我们认为，有必要借鉴国外立法经验，规定劳务派遣公司交纳履约保证金，用于支付拖欠工资和拖欠的法定社会保险金。

除了设立审批，主管部门对劳务派遣公司日常监管同样重要。按照美国一些州的法律，只有劳务派遣公司向主管机关提交了已经履行了所有有关支付工资、工资税、工伤保险以及雇员福利的义务的证据之后，才予以颁发初次或后续经营许可。这种做法有利于主管机构对派遣公司进行持续监管，有利于维护被派遣劳动者的基本权利。我国可以借鉴这种做法，实行年度审查制度，即要求劳务派遣单位每年必须在向主管部门提供了证明其已为被派遣劳动者支付了工资和法定的社会保险费证据后，才能通过年度审查，取得后续经营资格。对于劳务派遣公司运营的监管，法律可以规定对劳动合同与派遣协议实行备案制度，以利于主管部门监督检查。

劳务派遣公司的终止制度与普通公司没有什么区别。其中主要的是因违反履行强制性义务而终止，目的在于规范合法竞争，保护劳动者利益。

第四节　劳务派遣合同的构成与基本内容

劳务派遣关系是由劳务派遣单位（用人单位）、被派遣劳动者与用工单位三方构成的。劳务派遣是通过三方主体分别签订两份合同（劳动合同、劳务派遣协议）来实现的。因此，劳务派遣合同由两个合同构成：一是劳务派遣单位与被派遣劳动者之间订立的劳动合同；二是劳务派遣单位与用工单位之间订立的劳务派遣协议。依照《劳动合同法》第 58 条、第 59 条的规定，适格的劳务派遣单位必须履行签约义务。首先，要求它履行用人单位对劳动者的义务，与被派遣劳动者签订劳动合同，使被派遣劳动者成为劳务派遣单位的员工，向被派遣劳动者支付劳动报酬和社会保险费，从而解决了劳动者在劳务派遣单位“空挂”的问题。然后，劳务派遣单位再与用工单位签订劳务派遣协议，明确双方的权利义务和违约责任，依约将其员工派往用工单位从事劳务。

劳务派遣合同的内容即劳务派遣合同当事人的权利义务及其责任。对此，国内学者进行了研究。就劳务派遣单位与用工单位的责任承担，有的提出二者承担连带责任，有的提出区分责任。前者主张派遣单位与用工单位对被派遣劳动者承担连带责任。① 有人在肯定这种做法最有利于保护被派遣劳动者的利益的同时，提出应对雇主责任的类型进行区分，因为若让用人单位与用工单位一律承担连带责任，用工单位就无法通过劳务派遣的形式事先控制自身的风险，劳务派遣对用工单位的经济意义就会大为降低，并可能进一步降低用工单位使用劳务派遣的积极性，从而不利于劳务派遣行业的发展。相对降低成本来讲，控制风险是用工单位使用劳务派遣的主要目的。② 规范的劳务派遣不会降低企业的用工成本，其意义在于降低用工风险，帮助企业建立适应市场竞争的人力资源管理机制。③ 因此，用工单位不应连带承担派遣单位的所有雇主责任。借鉴美国的“排他和替代责任理论”与做法，用工单位主要承担被派遣劳动者处于其控制过程中产生的责任，即与派遣单位连带承担有关工作时间、最低工资、加班限制和加班报酬、安全和卫生、反就业歧视、休息休假等责任。这种责任划分使用工单位的责任限于使用被派遣劳动力的过程，而不是派遣合同的整个过程，用工单位不必承担有关招聘、劳动合同的订立、变更、解除和终止等生产经营过程以外产生的责任。④ 在连带责任承担方面，劳务派遣单位与用工单位可以自由协商。一方为另一方承担法律规定的责任后，根据双方的协议应由另一方承担的，可以向另一方追偿。与用工单位的责任相对应，被派遣劳动者应对用工单位承担与劳动过程相关的义务，诸如遵守有关劳动规章制度、对雇主忠实的义务、保守商业秘密、竞业限制的义务等，这些属于用工单位利益的重要内容。⑤

一、劳务派遣单位与被派遣劳动者订立的劳动合同

劳动派遣单位，即用人单位，应当履行用人单位对劳动者的全部义务。这就

① 沈同仙：“运用雇主分立理论确定劳务派遣中的雇主责任”，载《中国劳动》2006 年第 3 期，第 16 页。

② 谢增毅：“美国劳务派遣的法律规制及对我国立法的启示”，载《比较法研究》2007 年第 6 期，第 101～116 页。

③ 张军：“劳务派遣用工中的风险防范”，载《中国劳动》2007 年第 1 期，第 37 页。

④ 谢增毅：“美国劳务派遣的法律规制及对我国立法的启示”，载《比较法研究》2007 年第 6 期，第 101～116 页。

⑤ 谢增毅：“美国劳务派遣的法律规制及对我国立法的启示”，载《比较法研究》2007 年第 6 期，第 101～116 页。

明确了劳务派遣单位与劳动者之间形成法定的正式劳动关系。

《劳动合同法》对此类合同的许多重要方面都作了明确规定。此类劳动合同的内容除包括《劳动合同法》第17条规定的必备条款和辅助条款外，还包括与劳务派遣合同的特点相适应的条款。具体包括：用人单位的名称、住所和法定代表人或者主要负责人；被派遣劳动者的用工单位；劳动者的姓名、住址和居民身份证或者其他有效身份证件号码；劳动合同期限；派遣期限；工作岗位；工作内容和工作地点；工作时间和休息休假；劳动报酬；社会保险；劳动保护、劳动条件和职业危害防护；法律法规规定应当纳入劳务派遣合同的其他事项。除了上述必备条款外，还可以约定试用期、培训、保守秘密、补充保险和福利待遇等其他事项。在必备条款中，《劳动合同法》对于劳务派遣合同的工资支付作了特别规定，即被派遣劳动者在合同期限内无工作期间，劳务派遣单位应当按照所在地人民政府规定的最低工资标准，按月支付报酬。一般情况下，这种现象可能发生在法定的最低合同期限内。

工资收入、社会保险和安全卫生是被派遣劳动者的基本利益所在。但在实践中普遍存在工资支付不透明、社会保险不参加、同工不同酬、工作时间不规范等问题。① 为了解决这些难题，可以考虑对派遣协议实行立法干预。对于工资支付，可以规定由用工单位直接向被派遣劳动者支付工资，以防派遣单位不支付或者克扣工资问题，同时也可以解决工资支付与加班报酬支付的分离问题。对用工单位来讲，也可以避免因工资支付纠纷产生的群体事件，维护用工单位的利益。② 对于社会保险费用的支付，宜由派遣公司办理。为了解决现实中存在的许多派遣公司不支付社会保险费的问题，我国可以借鉴美国一些州的做法，令用工单位承担替代性责任，即派遣单位负有支付派遣工人法定社会保险金的义务，如果派遣公司不履行支付义务，则用工单位有义务履行。通过这种机制，有利于用工单位对派遣单位的监督。对于劳动安全和卫生保障，美国法律规定，派遣单位有权保留对工作场所安全和卫生的指挥和监督权利，而用工单位属于制造或控制危险的一方，应承担处于危险之中的雇员的安全和卫生责任，因此，二者都对安全卫生负有责任。鉴于劳动安全与卫生的特殊重要性，我国《劳动合同法》也应作相同规定，由派遣单位与用工单位承担连带责任。③

---

① 蔡跃进："劳务派遣中的问题与对策"，载《劳动保障通讯》2004年第7期，第31页。

② 谢增毅："美国劳务派遣的法律规制及对我国立法的启示"，载《比较法研究》2007年第6期，第101~116页。

③ 谢增毅："美国劳务派遣的法律规制及对我国立法的启示"，载《比较法研究》2007年第6期，第101~116页。

在劳动合同的类型和期限方面，按照《劳动合同法》的规定，劳务派遣单位与被派遣劳动者订立的劳动合同应当是固定期限的劳动合同，劳动合同的期限不得少于2年。按照一般规定，劳动合同的期限和类型可由劳动关系双方当事人约定，但《劳动合同法》对劳务派遣合同的期限和类型作了强制性规定。这样规定的主要目的是防范劳务派遣中用人单位故意在劳动合同中不约定具体的合同期限，而是规定以劳务派遣协议中约定的工作时间或被派遣劳动者为用工单位提供劳动的实际时间为准的做法，可以解决劳动合同期限问题和工资支付问题。不过，对此项规定，也有不同的看法：有的认为，这样规定与对一般劳动合同的规定前后不一，会造成适用上的混乱；有的认为，这样规定将加重劳务派遣单位的负担，造成不公平；有的认为，劳务派遣单位很可能将此负担转嫁给用工单位，加大用工单位负担，不利于鼓励就业；还有的认为，这样规定与劳务派遣的适用范围相矛盾，违背了劳务派遣岗位的临时性、辅助性与替代性的本质。

对于劳务派遣期限，《劳动合同法》第59条针对派遣协议可能逃避责任的情况作了禁止性规定。即用工单位应当根据工作岗位的实际需要与劳务派遣单位确定派遣期限，不得将连续用工期限分割订立数个短期劳务派遣协议。因为，分割订立数个短期劳务派遣协议往往成为逃避社会保险、正常的工资调整的手段，这对劳动者的合法权益是一种损害，对其加以禁止，有利于保护劳动者的合法权益。

实践中，劳务派遣一般都是跨地区用工的，而且大多表现为由落后地区、劳动力过剩地区向发达地区派遣，经济发展水平存在一定的差异，劳动者工资、社会保险与福利、劳动条件也相应存在差异。这种情况下，如果选择劳务派遣单位所在地区的标准，必将损害劳动者的利益。事实上，劳动条件和劳动报酬的地区差距往往成为用工单位和劳务派遣单位剥夺劳动者正当权益的理由。因此，要以公平的立场，确立合理的标准。我国《劳动合同法》第61条对此作了规定：劳务派遣单位跨地区派遣劳动者的，被派遣劳动者享有的劳动报酬和劳动条件，按照用工单位所在地的标准执行。同时，《劳动合同法》第60条还规定，劳务派遣单位不得克扣用工单位按照派遣协议支付给被派遣劳动者的劳动报酬。

针对一些劳务派遣单位与用工单位非法擅自向被派遣劳动者收取服装押金、履约保证金等费用的现象，《劳动合同法》第60条作了禁止性规定：无论是派遣单位还是用工单位都不得向被派遣劳动者收取费用。这些禁止性规定，需要相应的执法监督和罚则予以支持，才能发挥其有效作用。

二、劳务派遣协议

（一）劳务派遣协议关系

劳务派遣协议是劳务派遣单位与用工单位之间就劳务派遣事项所签订的以权

利义务关系为内容的协议。在本质上，该协议属于民事合同。通过劳务派遣协议，劳动者被派遣到用工单位从事有关工作。因此，被派遣劳动者与用工单位之间也由此形成了一定的关系，如用工单位安排工作岗位、劳动者遵守劳动规章等。对此种关系，法律上没有明确规定，理论上有的称之为“劳务关系”。我们坚持认为，被派遣劳动者与用工单位之间的关系不具有独立性，它从属于派遣单位与劳动者之间的关系。用工单位依照派遣协议履行的义务，是对派遣单位的合约义务，其中包括一些法定的义务。用工单位并不对被派遣劳动者履行义务。同样的道理，被派遣劳动者依照劳动合同履行的义务是对派遣单位的合约义务，不是对用工单位的义务。用人单位和劳动者的权利义务相对的主体都是派遣单位。从根本上讲，除了法律强制性规定的权利义务以外，用工单位与被派遣劳动者的关系是一种间接事实关系，不是法律关系。

（二）劳务派遣协议的内容

对劳务派遣协议的内容，《劳动合同法》第59条作了明确规定：劳务派遣协议应当约定派遣岗位和人员数量、派遣期限、劳动报酬和社会保险费的数额与支付方式以及违反协议的责任。严格意义上说，派遣岗位是指被派遣劳动者在用工单位中被安排的工作性质、职位；派遣期限是指被派遣劳动者接受用工单位指挥、管理的时间。明确上述内容，将避免在发生争议时派遣单位与用工单位相互推脱的现象出现。

（三）用工单位的义务

为了有效保护被派遣劳动者的合法权益，根据《劳动合同法》的规定和派遣协议的安排，用工单位应当履行五个方面的基本义务。同时，《劳动合同法》禁止用工单位将被派遣劳动者再派遣到其他用人单位。

首先，用工单位应当执行国家标准，提供相应的劳动条件和劳动保护。这里的劳动条件和劳动保护标准与一般劳动合同的要求是相同的。其次，用工单位应当告知被派遣劳动者的工作要求和劳动报酬。工作要求是用工单位安排劳动者从事的岗位对劳动者的能力和绩效的要求。劳动报酬是派遣单位与用工单位协议安排的，劳动者理应知道其劳动所得，这样可以避免派遣单位任意克扣工资。第三，用工单位应当支付加班费、绩效奖金，提供与工作岗位相关的福利待遇。加班加点是可能临时出现的情况，与其相关的加班费也应随之支付。绩效奖金是一个时期或者一项任务完成而按照劳动者劳动绩效而计算发放的奖金，不便在合同中实现约定。而福利待遇是一种激励措施，一般由企业内部规定，不是法定的事项。给予被派遣劳动者福利待遇一定程度上体现了同工同酬。这些工资之外的劳动收益应由用工单位直接支付或通过派遣单位支付。第四，用工单位应对在岗的被派遣劳动者进行工作岗位所必需的培训。派遣单位应当按照派遣协议派遣符合用工单位要求的劳动者。但如果用工单位在接受被派遣劳动者后认为按照岗位需求需要进一步对劳动者进行培训的，则由用工单位承担培训义务及有关费用。第五，用工单位连续用工的，实行正常的工资调整机制。这是针对劳务派遣用工实践中缺乏工资调整机制而建立的一项制度。工资调整机制应当依法建立。但我国目前还没有专门的工资法法律法规或规章，因此，要从实质上保证工资调整机制，必须首先制定有关法律规范，以便企业遵照执行。劳动和社会保障部工资司司长邱小平表示，《中华人民共和国工资条例》正在起草之中。① 第六，禁止用工单位转派遣。劳务派遣协议是派遣单位与用工单位之间就劳务派遣事项签订的协议，与其他单位没有任何关系。协议内容不得将被派遣劳动者派遣到用工单位以外的单位，用工单位更不得转派遣，否则被派遣劳动者有权拒绝履行劳动义务，劳动行政部门有权纠正并对其实行处罚。

（四）被派遣劳动者的权利

1. 同工同酬的权利

我国劳务派遣领域中被派遣劳动者遭受身份歧视是比较普遍的现象，集中体现为劳务派遣工与非劳务派遣工同工不同酬问题，劳务派遣工待遇较低。突出表现在：基本标准工资差异较大，社会保险、福利待遇也较低。如自费看病、没有假期、没有疗养的机会、不能申请困难补助，等等。这种不平等现象是社会不公的一个根源。同工同酬是宪法赋予每个劳动者的基本经济权利。因此，我国《劳动合同法》第63条规定，被派遣劳动者享有与用工单位的劳动者同工同酬的权利。用工单位无同类岗位劳动者的，参照用工单位所在地相同或者相近岗位劳动者的劳动报酬确定。

2. 依法参加或组织工会的权利

在市场经济条件下，参加和组织工会，利用集体的力量争取自身合法、正当权益是劳动者最基本的权利之一，被派遣劳动者因为其自身特殊地位及其与劳务派遣单位和用工单位的特殊关系，其参加和组织工会的权利更应当得到强调和保护。实践中，劳务派遣工参加工会的情况比较特殊。劳务派遣工虽然是派遣单位的职工，但由于没有实际用工，因此很少组建工会；另一方面，劳务派遣工虽然身处用工单位，但由于没有直接的劳动合同关系，因此，用工单位也不主张组建工会。对此，我国《劳动合同法》第64条规定，被派遣劳动者有权在劳务派遣单位或者用工单位依法参加或者组织工会，维护自身的合法权益。

作为工会会员，理论上应当只是一个单位的会员，如果在派遣单位参加了工会，就不能在被派遣单位参加工会。为了更好地解决被派遣劳动者加入工会的问题，全国总工会应当在本法实施后作出进一步的具体规定。同时，工会也应根据《劳动合同法》的规定保障被派遣劳动者依法参加工会的权利。

---

① 参见《扬子晚报》2008年1月21日A8版。

第五节　劳务派遣合同的解除

劳务派遣合同由两个合同构成：一是劳务派遣单位与劳动者订立的劳动合同；二是劳务派遣单位与用工单位订立的派遣协议。因此，劳务派遣合同的解除，也应包含劳动合同的解除与劳务派遣协议的解除两个方面。我国《劳动合同法》第65条特别规定了被派遣劳动者可以依法解除劳务派遣合同中劳动合同的情形，赋予被派遣劳动者以劳动合同解除权。同时规定，用工单位可以依法将被派遣劳动者退回派遣单位，从而派遣单位与劳动者解除合同。可见，《劳动合同法》是以劳动合同的解除为中心来规定劳务派遣合同解除制度的。虽然《劳动合同法》没有明确退回派遣工的行为可以导致劳务派遣协议的解除，但我们认为，就个体合同而言，退回派遣工的行为必将导致派遣协议中个体合同的解除；如果发生被派遣劳动者被全部退回现象，必然导致整个派遣协议的解除。

劳务派遣合同的解除分为四种主要情况：一是被派遣劳动者提出协商解除；二是因用人单位的过错，劳动者无条件即时解除；三是因被派遣劳动者的过错，导致用工单位退回派遣而解除；四是派遣单位提出无过失辞退而解除。

按照《劳动合同法》第65条的规定，劳动者可以主动与劳务派遣单位协议，解除劳动合同。其条件和程序与一般劳动合同的解除没有区别。

《劳动合同法》第65条规定，因用人单位有过错的，劳动者可以单方无条件地即时解除劳动合同。与一般劳动合同相比，这里需要对过错主体加以区分。在用人单位与用工单位分离的劳务派遣合同中，未按照约定提供劳动保护或者劳动条件的；以暴力、威胁或者非法限制人身自由的手段强迫劳动的，或者违章指挥、强令冒险作业危及人身安全的等违法行为中，其行为主体由一般劳动合同的用人单位转化为劳务派遣合同的用工单位。当用工单位实施上述违法行为时，被派遣劳动者有权解除劳动合同。其他过错情形中的违法主体与一般劳动合同相同，包括：未及时足额支付劳动报酬的；未依法为劳动者缴纳社会保险费的；单位规章制度违反法律法规的规定，损害劳动者权益的；以欺诈、胁迫的手段或者乘人之危，使劳动者在违背真实意思的情况下订立或者变更劳动合同，致使该合同无效的；等等。

按照《劳动合同法》第65条的规定，因被派遣劳动者的过错导致用工单位退回派遣而由派遣单位解除劳动合同的主要情形包括：在试用期间被证明不符合录用条件的；严重违反用人单位规章制度的；严重失职，营私舞弊，给用人单位造成重大损失的；被派遣劳动者同时与其他用人单位建立劳动关系，对完成派遣工作任务造成严重影响，或者经用人单位提出，拒不改正的；以欺诈、胁迫的手段或者乘人之危，使派遣单位在违背真实意思的情况下订立或者变更劳动合同，致使该合同无效的；被派遣劳动者被依法追究刑事责任的；等等。按照《劳动合同法》第65条的规定，用工单位在履行劳务派遣协议过程中，如果由于客观原因致使被派遣劳动者出现了异常情况不能继续履行劳动合同的，用工单位有权退回派遣，派遣单位解除劳动合同。这种情况也被称为“无过失性辞退”。主要表现为：被派遣劳动者患病或者非因工负伤，在规定的医疗期满后不能从事原工作，也不能从事由用人单位另行安排的工作的；被派遣劳动者不能胜任工作，经过培训或者调整工作岗位，仍不能胜任工作的。可见，用工单位退回被派遣劳动者只能是因为劳动者不符合录用条件或者严重违纪违法，以及不胜任工作等情形，排除了适用于一般劳动合同的由于客观原因致使劳务派遣协议无法继续履行，经派遣单位与用工单位协商也未能就变更派遣协议达成协议的，用工单位则退回派遣，并导致派遣单位解除劳动合同的情况。

第六节 劳务派遣合同责任制度

劳务派遣合同由两个合同构成，因此，应当存在两个合同责任。我国《劳动合同法》第92条规定了用人单位的独立责任与用人单位和用工单位共同承担的连带责任，其责任形式包括行政责任和民事责任。根据《劳动合同法》第92条的规定，劳务派遣单位违反《劳动合同法》规定的，由劳动行政部门和其他有关主管部门责令改正；情节严重的，以每人1000元以上5000元以下的标准处以罚款，并由工商行政管理部门吊销营业执照；给被派遣劳动者造成损害的，劳务派遣单位与用工单位承担连带赔偿责任。

一、行政责任

根据劳务派遣单位违法行为情节的轻重，其应当承担的行政责任分为两种：首先，对一般轻微违法行为，由劳动行政部门责令改正。责令改正不是一种行政处罚，而是一种补救性行政责任，是对违法者消除违法状态、恢复合法状态的要求。执法主体包括劳动行政部门和人事行政部门。目前我国人力资源市场尚未统一，被分割为劳动力市场和人才市场。人事行政部门负责对人才市场的监管，劳动行政部门负责对劳动力市场的监管。相应地，劳务派遣单位的设立，一部分由劳动行政部门审批，一部分由人事行政部门审批。这种分割市场、多头审批的状况，将随着行政管理体制和事业单位改革而消失，形成统一的市场和统一的监管体制。其次，对于情节严重的违法行为，由劳务派遣监管部门处以罚款，并由工商登记主管部门吊销营业执照。罚款作为一种常见的行政处罚，是一种典型的财产罚，指行政执法主体强制违法的行政相对人承担金钱给付的处罚形式。与财产罚不同，吊销营业执照是一种资格罚。资格罚又称能力罚，是指行政执法主体限制、暂定或剥夺违法的行政相对人的某种行为能力或资格的处罚措施。根据行政处罚法的有关规定，能力罚主要包括责令停产停业、吊销许可证或者执照。吊销营业执照是指剥夺行政相对人的经营资格或者行为能力，行政相对人因此失去合法经营的资格，丧失相应的行为能力。在我国，营业执照的取得，是企业合法成立必不可少的条件，故营业执照与企业的存续密切相关。依据《企业法人登记管理条例》和《公司登记管理条例》等法规规章的规定，企业的合法成立不仅应当依法向登记机关申请设立登记，而且要获得相应的营业许可证书——营业执照，否则就不能视为合法成立，不具有作为一个企业从事正常生产经营的能力。因此，吊销营业执照也就成为对企业实施监督管理最常用、最严厉和最有效的手段。

根据《行政处罚法》的有关规定，对劳务派遣单位违法行为的罚款应由相应的劳务派遣监管部门实施，而吊销营业执照，则应由登记颁发机关实施。需要指出，吊销营业执照是企业终止的一种原因，而不是企业终止的时间标志。只有在清算结束并办理工商注销登记后该企业才归于消灭。吊销劳务派遣单位的营业执照后，其进入清算阶段。在清算阶段，劳务派遣单位并未丧失民事主体资格，但其主体资格受到严格限制，民事主体的性质由经营法人转变为清算法人，民事活动的目的由赢利转变为清算，并且不得开展新的经营活动。清算主体可以起诉应诉，劳务派遣单位被吊销营业执照后没有清理债权债务的，应以清算主体为诉讼主体。

《劳动合同法》第 92 条对劳务派遣单位情节严重的行政违法行为同时规定了罚款和吊销营业执照两种处罚，这与“一事不再罚”的法理原则的要求是一致的。该原则的目的在于防止对行政相对人的同一行为，采取相同或者相似的多次处罚，以保护行政相对人的合法权益，体现了过错与惩罚相当的法律原则和法律安定性的要求。我国《行政处罚法》第 24 条规定，对当事人的同一个违法行为，不得给予两次以上罚款的行政处罚。“一事不再罚”原则，主要包括三方面的意思：第一，其中的“一事”是指符合一个违法构成要件的行为；第二，其中的“不再罚”是指同一个执法主体不得重复进行同样的处罚；第三，作为一种例外，在法律另有规定的情况下，其他行政主体可以根据不同的法律规定，再次给予性质不同，或者同一种类但在一定合理限度内的处罚。

二、民事赔偿责任

根据《劳动合同法》第92条，当劳务派遣单位违反《劳动合同法》的规定，给被派遣劳动者造成损害时，劳务派遣单位应与用工单位承担连带赔偿责任。有人认为，用工单位承担连带责任的法理基础在于劳务派遣关系的实质与形式的分离、责任分担不清。为防止出现被派遣劳动者权益受损后，劳务派遣单位与用工单位相互推诿，或者劳务派遣单位没有能力承担赔偿责任的现象，《劳动合同法》作出此种规定。这对于解决用工单位不实际承担、劳务派遣单位实际承担不了责任的问题，最大限度地保障被派遣劳动者受损的利益得到赔偿，具有重要的意义和积极的法律效果。① 有人认为，《劳动合同法》并没有直接规定派遣单位与用工单位承担连带责任，而是以劳务派遣单位“给被派遣劳动者利益造成损害”为条件的，因此，承担连带责任的具体情形，还需要立法予以明确，以便有效实施。② 由该规定可以看出，立法者意图令用工单位承担由派遣单位的违法行为给被派遣劳动者造成的所有损失的连带责任。这虽然有利于劳动者权益的保护，但可能加重用工单位的风险。因此，可以考虑根据派遣单位与用工单位承担的法定与约定义务，分配连带责任。如用工单位连带承担被派遣劳动者处于其控制过程中产生的责任。

连带责任是一项重要的民事责任制度，属于一种加重责任，只有法律明文规定或者当事人明示约定时方可认定成立。连带责任制度的目的在于补偿救济，即在法律许可的范围内使债权获得最大限度的确保及满足。连带责任制度通过加重民事法律关系当事人的法律责任，有效地保障债权人的合法权益。我国《民法通则》规定，连带债务人都有义务向债权人清偿债务，债权人可以同时或者先后要求连带债务人全体或部分或一人履行全部或者部分义务，被请求的债务人不得以超出自己应付份额为理由提出抗辩。只要债务没有全部清偿完毕，每个连带债务人不论他是否应债权人请求清偿过债务，对没有清偿的债务部分，都负有清偿义务。除一个或几个责任人或全体责任人就责任范围承担全部责任的对外效力外，连带责任的特殊性还表现在诉讼效力和对内效力上。与实体法的规定相适应，在诉讼中，债权人既可以单独起诉某一债务人，也可以将数个或全体债务人作为被告，而且连带责任中的一人或数人作为民事诉讼的原告或被告时，所有连

---

① 信春鹰主编：《中华人民共和国劳动合同法释义》，法律出版社2007年版，第319～321页。

② 谢增毅：“美国劳务派遣的法律规制及对我国立法的启示”，载《比较法研究》2007年第6期，第101～116页。

带责任人具有共同诉讼人的身份，不得将其中部分人列为第三人，此即连带责任的诉讼效力。连带责任的内部效力表现为对外的给付责任由连带责任人中的一人或几人完成后，这些人成为内部的新债权人，其余责任人成为新债务人。外部原债权方若为连带的债权方，转给内部债权方之后，内部债权方是二人以上时，也不成立连带债权，只成为按份债权；债务方是二人以上的，也不再成立连带债务，只成为按份的债务。即使无法确定各自的份额，也要原则上推定份额均等。不过，如果对外给付责任是由连带责任人中某一人或某几人的过错造成的，则应由过错人作为新债务人。

第十一章　非全日制用工合同制度

第一节　非全日制用工与立法

非全日制用工，通常称为灵活劳动就业形式，是与不作期限约定、没有特别目的的限制劳动关系相区别的国际上通行的一种特别劳动关系形式。[①]《德国非全日制和附期限法》将非全日制劳动关系分为正常的非全日制劳动、基于召唤从事劳动和职位分享三种类型。正常的非全日制劳动，是指雇员的正常工时短于同企业可比的全日制的雇员的非全日制劳动。可比性要求是同种劳动关系从事同样或者相似的劳动。[②] 非全日制劳动关系原则上适用一般的劳动法规定，但《非全日制和附期限法》规定了一些特殊的和补充性的规则：例如，禁止雇主对非全日制雇员歧视规则。雇主对待非全日制雇员不能因为非全日制劳动而对他们作出和全日制雇员相比不利的对待，除非有实质性理由证明区别对待是公正的。对于工资以及其他可分的金钱价值的给付，非全日制雇员至少享有就其缩短后的工时相对应的部分进行给付的请求权。对于非全日制雇员分组优惠对待，如果没有实质性理由即使是金钱价值的支付也是禁止的。[③] 所谓基于召唤从事劳动，是指以不固定工作时间的方式来约定一个劳动关系，雇员在劳动需要时提供劳动给付。但是应该对一周或者一天的工作时间的长度予以确定，否则视为双方约定了每周10个小时的工作时间，并且雇主每次有至少连续3个小时的劳动给付的请求权。如果雇主每次至少提前4天就把工作时间状况通知了雇员，那么雇员就有义务提供劳动。[④] 所谓职位分享，是指雇主与多个雇员约定，雇员在同一职位上分配工作时间。相反，正常的非全日制劳动仅仅约定特定的工作时间，而对是否有以及有哪些其他非全日制雇员在同一岗位上从事劳动则不作约定。[⑤]

近年来，我国以小时工为主要形式的非全日制劳动用工形式呈现迅速发展的

---

① 参见《德国民法典》第620条第2款。

② 《德国非全日制和附期限法》第2条第1款。

③ 《德国非全日制和附期限法》第4条第1款。

④ 《德国非全日制和附期限法》第12条第1款。

⑤ 《德国非全日制和附期限法》第13条第1款。

趋势，特别是在餐饮、超市、社区服务等领域，用人单位使用的非全日制用工形式越来越多。这一用工形式突破了传统的全日制用工模式，适应了用人单位灵活用工和劳动者自主择业的需要，已成为促进就业的重要途径。在我国促进非全日制劳动的重要意义，主要表现在以下几个方面：首先，它适应企业降低人工成本、推进灵活用工的客观需要。在市场经济条件下，企业用工需求取决于生产经营的客观需要，同时，企业为追求利润的最大化，也要尽可能降低人工成本。实际上，非全日制用工的人工成本明显低于全日制用工。因此，越来越多的企业根据生产经营的需要，采用包括非全日制用工在内的一些灵活用工形式。其次，促进下岗职工和失业人员再就业。在劳动力市场供过于求的矛盾十分尖锐、下岗职工和失业人员的就业竞争压力较差的情况下，非全日制劳动在促进下岗职工和失业人员再就业方面发挥着越来越重要的作用。最后，有利于缓解劳动力市场供求失衡的矛盾，减少失业现象。在劳动力大量过剩、劳动力供求关系严重失衡、就业机会短缺的背景下，企业实行非全日制用工制度，可以使企业在对人力资源的客观需求总量不变的条件下，招用非全日制职工，可以给广大劳动者提供更多的就业机会。

我国《劳动法》是以全日制劳动关系为调整对象的，没有规定非全日制劳动用工关系。为规范用人单位非全日制用工行为，保障劳动者的合法权益，促进非全日制就业健康发展，根据《中共中央国务院关于进一步做好下岗失业人员再就业工作的通知》（中发〔2002〕12 号）精神，劳动和社会保障部就非全日制用工劳动关系等问题颁布了《关于非全日制用工若干问题的意见》（劳社部发〔2003〕12 号，以下简称《意见》），在此基础上，我国《劳动合同法》专门规定了非全日制用工劳动关系。

对于非全日制用工的界定，《意见》与《劳动合同法》的规定不同，有些地方性法规根据《意见》和本地实际也有自己的规定。根据《意见》，非全日制用工是指以小时计酬、劳动者在同一用人单位平均每日工作时间不超过 5 小时累计每周工作时间不超过 30 小时的用工形式。按照上海市的规定，劳动者与每个用人单位约定的每日、每周或者每月工作时间，应当分别在法定工作时间的 50% 以下。《劳动合同法》规定，非全日制用工是指以小时计酬为主，劳动者在同一用人单位一般平均每日工作时间不超过 4 小时，每周工作时间累计不超过 24 小时的用工形式。与该《意见》的规定相比，《劳动合同法》扩大了非全日制用工的计酬方式，缩短了关于非全日制用工的劳动者在同一家用人单位的平均每日工作时间和累计每周工作时间的规定，更好地保护了非全日制用工的劳动者的合法权益。《劳动合同法》比《意见》的法律效力高，因此关于非全日制用工的界定应当以《劳动合同法》的规定为准。

实践中，非全日制用工有以下三种类型：一是用人单位的非全日制用工，这种直接用工关系按照《劳动合同法》的一般规定予以调整。二是劳务派遣单位的非全日制用工，如劳动和社会保障部《意见》第2条规定，劳动者通过依法成立的劳务派遣组织为其他单位、家庭或个人提供非全日制劳动的，由劳务派遣组织与非全日制劳动者签订劳动合同。这种间接用工关系按照劳务派遣合同的规定予以调整。三是劳动者通过劳务中介直接与家庭或个人建立用工关系，这种家庭或个人用工属于民事雇佣关系，由民法规范予以调整。鉴于在家庭用工与个人用工关系中雇主与劳动者之间出现各种各样的纠纷和问题，如劳动者与雇主的人身利益和财产利益不能得到有效保护，因此，个人直接用工可以由非全日制劳务派遣用工取而代之。这样，非全日制用工就可以完全纳入《劳动合同法》的调整范围，建立规范的劳动关系，维护和实现各方当事人的利益。

非全日制用工形式的灵活性决定了从事非全日制用工的劳动者可以与不同的用工单位建立多重劳动关系。劳动者以非全日制的形式就业，不仅在一个单位的工作时间比标准工时少，而且其收入也往往低于全日制劳动者。因此，非全日制就业的人员不仅有可能产生从事两种或两种以上职业的愿望，而且也拥有可调剂安排的劳动时间，他们与不同的用人单位建立多重劳动关系的现象也就自然会出现。法律允许建立多重劳动关系有多方面的好处：其一，有助于非全日制劳动者充分利用劳动时间，获取更多的劳动收入；其二，用人单位可以降低成本；其三，有助于充分利用稀缺人才的特殊才能，加快经济社会发展；其四，有助于劳动者得到多方面的锻炼，成为复合型人才。我国《劳动合同法》确认了非全日制用工的多重劳动关系现象，该法第69条规定，从事非全日制用工的劳动者可以与一个以上的用人单位订立劳动合同。但是，后订立的合同不得影响先订立的合同的履行。

在我国《劳动合同法》的一般规定中，也没有限制一般劳动者的兼职行为，但规定兼职行为要经过用人单位的同意或者不得对本单位的工作产生严重影响，或者必须保守本单位的商业秘密。根据《劳动合同法》第39条的规定，劳动者同时与其他用人单位建立劳动关系，对完成本单位的工作任务造成严重影响，或者经用人单位提出，拒不改正的，用人单位有权以劳动者存在过错为由解除劳动合同。第23条和第24条规定，用人单位与劳动者可以约定保守用人单位的商业秘密和与知识产权相关的保密事项。竞业限制的人员限于用人单位的高级管理人员、高级技术人员和其他负有保密义务的人员。对负有保密义务的劳动者，用人单位可以在劳动合同中或者单独的保密协议中与劳动者约定竞业限制条款，劳动者违反竞业限制约定的，应当按照约定向用人单位支付违约金。

比较一般劳动合同与非全日制用工合同对多重劳动关系的规定，可以看出，一般劳动合同对多重劳动关系的建立的限制条件较为严格，而后者的限制较为宽松。同时，《劳动合同法》没有对非全日制用工中违反多重劳动关系的行为设定罚则，需要立法完善，例如如果“后订立的合同影响了先订立的合同的履行”，劳动者承担违约责任还是违法责任，责任如何承担，都需要作出明确规定。我们认为，如果劳动者一方违反了该规定，则应承担违约责任。

第二节　非全日制用工合同的形式与内容

一、非全日制用工合同的形式

关于非全日制用工合同的形式，理论上存在不同意见，各国立法所采取的模式也不尽相同。我国地方立法和部门规章对非全日制劳动合同形式的规定，大致可以分为三种模式：一是要求采用书面形式。这种模式将非全日制劳动合同限制在书面形式，是最为严格的形式。如《北京市非全日制就业管理若干问题的通知》中规定，非全日制从业人员可以同时与两个或者多个用人单位订立劳动关系，用人单位与非全日制从业人员应当自用工之日起以书面形式订立非全日制劳动合同，劳动合同一式两份，双方当事人各执一份。二是一般要求采用书面形式，但合同期限在一个月以下的，可以采用口头形式。如《江苏省劳动合同条例》和劳动与社会保障部《意见》规定，非全日制劳动合同一般以书面形式订立。劳动合同期限在一个月以下的，经双方协商同意，可以订立口头劳动合同。但劳动者提出订立书面劳动合同的，应当以书面形式订立。三是允许采用书面形式和口头形式，但这种模式也往往将书面形式作为优先选择。如《成都市劳动用工和社会保险管理暂行规定》规定，从事非全日制工作的劳动者，用人单位或者雇主应与劳动者以书面形式或其他形式订立非全日制劳动合同。当事人一方提出采用书面形式的，应当采用书面形式。

考虑到实践中存在大量非书面合同的劳动关系和国际上通行的做法，为了更好地保持非全日制用工形式的灵活性以促进就业，我国《劳动合同法》采用了最为宽松的模式。[①] 该法第 69 条规定，非全日制用工双方当事人可以订立口头协议。也就是说，既可以订立书面协议，也可以订立口头协议。不过我们认为，书面协议是程序法上的一种重要书证，其有利于解决有关纠纷，保护各方特别是劳动者的利益，因此如果劳动者主张订立书面协议，用工单位应订立书面协议。

---

① 信春鹰主编：《中华人民共和国劳动合同法释义》，法律出版社 2007 年版，第 234 页。

二、非全日制用工合同的内容

非全日制用工包括两种形式：一是用人单位自己用工；二是用人单位的劳务派遣用工。非全日制用工合同的内容是以合同条款的形式表现出来的。在用人单位自己用工的情况下，除特别条款外，非全日制用工合同与一般劳动合同的内容大体相同；在用人单位实行劳务派遣时，按照劳务派遣合同的要求安排合同条款。

劳动和社会保障部颁发的《意见》第 4 条规定，非全日制劳动合同的内容由双方协商确定，应当包括工作时间和期限、工作内容、劳动报酬、劳动保护和劳动条件五项必备条款，但不得约定试用期。《劳动合同法》第 70 条也禁止非全日制用工双方当事人约定试用期。

（一）非全日制用工的劳动报酬

非全日制用工劳动报酬的给付标准必须符合法定标准的最低要求，否则构成违法。或者说，非全日制用工的当事人必须在法定基准的基础上约定劳动报酬。这显然与民事劳务合同的报酬约定规则不同。国外有的国家专门制定了最低工资法以规范最低工资标准。如美国联邦政府 1938 年的《公平劳动标准法案》（Fair Labor Standards Act），建立了第一个在指定的行业中工人每小时最低工资标准为 25 美分的联邦最低工资标准。随着物价的上升，至 1997 年最低工资涨到每小时 5.15 美元。不仅最低工资增长，而且适用该法案的工人比例也提高了，目前超过 80% 的农业工人都适用该法案。另外，许多州政府也颁布了自己的最低工资法律以保护那些不受联邦法案保护的工人。《美国最低工资法》得到了公众的广泛支持。① 我国一些地方政府根据本地社会经济发展水平和非全日制用工的实际状况，分别制定了地方性法规和规章，对最低小时工资标准进行规范。同时，国家劳动和社会保障部门也制定了一些规范性文件。这一方面有利于保护劳动者的合法权益，另一方面有助于促进劳动力资源在区域间的合理配置。

依据劳动和社会保障部颁发的《最低工资规定》第 5 条、第 6 条和附件，《意见》第 7 条、第 8 条、第 9 条和《劳动合同法》第 72 条的规定，用人单位应当按时足额支付非全日制劳动者的工资。用人单位支付非全日制劳动者的小时工资不得低于当地政府颁布的小时最低工资标准。非全日制用工的小时最低工资标准由省、自治区、直辖市规定，并报劳动和社会保障部备案。确定和调整小时最低工资标准应当综合参考以下因素：当地政府颁布的月最低工资标准；单位应

① 安塞尔·M. 夏普等著，郭庆旺译：《社会问题经济学》（第十七版），中国人民大学出版社 2007 年版，第 66～67 页。

缴纳的基本养老保险费和基本医疗保险费（当地政府颁布的月最低工资标准未包含个人缴纳社会保险费因素的，还应考虑个人应缴纳的社会保险费）；非全日制劳动者在工作稳定性、劳动条件和劳动强度、福利等方面与全日制就业人员之间的差异。小时最低工资标准的测算方法为：小时最低工资标准 =〔（月最低工资标准 ÷20.92 ÷8）×（1 + 单位应当缴纳的基本养老保险费和基本医疗保险费比例之和）〕×（1 + 浮动系数）。非全日制用工的工资支付可以按小时、日、周或月为单位结算。非全日制用工劳动报酬结算支付周期最长不得超过 15 日。

非全日制用工计酬方式灵活多样，以小时计酬为主，但不局限于以小时计酬。除了以小时计酬的形式外，常见的计酬方式还有以日、周为单位来计酬或按件计酬。因为劳动者可以在一个以上的单位从事非全日制劳动，所以《劳动合同法》规定的一般平均每日工作时间和每周累计时间，都是针对劳动者在同一个用人单位劳动作出的，不是指劳动者实际上平均每日的全部劳动时间和每周累计的全部劳动时间。

我国一些地方针对非全日制用工形式灵活，劳动关系多元化，主要以小时计酬等特点，制定并实施了与之相适应的小时最低工资标准来保障非全日制劳动者的收入。2001 年以来，北京、天津、江苏等地陆续颁发了最低小时工资标准。《劳动合同法》规定非全日制用工劳动报酬可以按小时、日或周作为结算单位，最长支付周期不超过 15 日，修改了劳动和社会保障部《意见》中可以按月为劳动报酬的结算单位的规定。

在制定小时最低工资标准中最突出的问题就是如何处理小时最低工资标准中是否直接包含应缴纳的社会保险费的因素。在已经出台小时最低工资标准的地区，对这一问题的处理办法至少分为以下三种：一是将应缴纳的社会保险费直接纳入小时最低工资标准或小时最低劳动报酬之中。如大连市在制定小时最低工资标准时，将由小时工个人承担缴纳社会保险费的因素考虑在内，即小时最低工资中包含应缴纳的社会保险费。二是将最低工资标准和个人应缴纳的社会保险最低交费额之和统称为“最低工资”，而不直接将社会保险费纳入最低工资标准之中。如江苏省规定，最低工资是指省人民政府公布的企业最低工资标准和依法应由个人缴纳的社会保险（含养老、医疗、失业）最低交费额，要求企业在执行最低工资时，应包括上述两部分。三是不将社会保险费直接纳入最低工资标准之中，但又在制定最低工资标准时，间接地将个人承担的社会保险费与最低工资挂钩，规定最低工资标准是个人缴纳社会保险费之后的实得工资收入。如上海市规定，非全日制用工的劳动报酬包括工资和社会保险，最低工资标准不包括个人应缴纳的社会保险费。如果用人单位按小时最低工资标准支付工资，那么小时工个人应缴纳的社会保险费由用人单位支付，以确保小时工实际获得的工资收入不低于最低工资标准。

（二）非全日制用工的社会保险

按照劳动和社会保障部《意见》的规定，从事非全日制工作的劳动者应当参加基本养老保险，原则上参照个体工商户的参保办法执行。对于已参加过基本养老保险和建立个人账户的人员，前后缴费年限合并计算，跨统筹地区转移的，应办理基本养老保险关系和个人账户的转移、接续手续。符合退休条件时，按国家规定计发基本养老金。从事非全日制工作的劳动者可以以个人身份参加基本医疗保险，并按照待遇水平与缴费水平相挂钩的原则，享受相应的基本医疗保险待遇。参加基本医疗保险的具体办法由各地劳动保障部门研究制定。用人单位应当按照国家有关规定为建立劳动关系的非全日制劳动者缴纳工伤保险费。从事非全日制工作的劳动者发生工伤，依法享受工伤保险待遇；被鉴定为伤残5—10级的，经劳动者与用人单位协商一致，可以一次性结算伤残待遇及有关费用。

从该《意见》的规定中可以看出，对不同的社会保险项目，国家劳动与社会保障主管部门采取了不同的态度，对非全日制用工的基本养老保险和工伤保险采取强制性缴纳的规定，而对基本医疗保险则采取授权性规定。同时，对轻微工伤损害赔偿的解决方式也采取了授权性规定。我们认为，鉴于非全日制用工的劳动者大部分是农村进城打工者，医疗费用较高的现实，在建立覆盖城乡的基本社会保险制度完全实现以前，特别是在农村基本医疗保险制度完全实现以前，也应对非全日制用工的基本医疗保险实行强制制度。

（三）非全日制用工的试用期

试用期是指对新录用的劳动者进行试用的期限。在试用期内，劳动关系还处于非正式状态，用人单位对劳动者劳动能力是否适合自己的要求通过岗位适用进行了解。在一般劳动合同中，试用期属于用人单位与劳动者的约定条款，既可以约定，也可以不约定，而非必备条款。如果约定试用期，则应按照合同期限的长短依据《劳动合同法》第19条的规定进行约定。试用期包含在劳动合同期限内。劳动合同仅约定试用期的，试用期不成立，该期限为劳动合同期限。《劳动合同法》的规定，可以有效防止用人单位滥用试用期损害劳动者利益。

针对非全日制用工的特殊性，《劳动合同法》第70条对试用期作了限制性规定，即无论用工期限长短，非全日制用工双方当事人一律不得约定试用期。法律明确禁止非全日制用工约定试用期，可以更好地保护非全日制劳动者的利益。

一般而言，劳动者在试用期内的劳动报酬往往低于劳动合同中约定对同一岗位的工资。如依据《劳动合同法》第20条的规定，试用期内的工资在合同约定的工资的80%以上，同时不低于用人单位所在地的最低工资标准。实践中，有些单位利用试用期的工资成本特点将试用期内的劳动者作为廉价劳动力，甚至利用试用期内解除劳动合同相对容易的特点，频繁更换试用岗位的劳动者，加重了劳动关系的不确定性，也增加了劳动者的经济负担。非全日制用工是一种典型的灵活用工形式，劳动关系的不确定性比全日制用工更强，而且非全日制用工的工资也往往低于全日制用工，所以需要对其试用期进行严格限制，加强对非全日制劳动者权益的保护。

《劳动合同法》以法律的形式首次明确提出非全日制用工不得约定试用期，以最大限度地保护非全日制用工的劳动者的权益。对于用人单位也就不能再以劳动者在试用期间被证明不符合录用条件而解除劳动合同。显然，在非全日制用工的形式下，用人单位在试用期的权利比在全日制用工下要受限制。但是，《劳动合同法》第71条也对用人单位此项被限制的权利进行了救济，即非全日制用工双方当事人任何一方均可以随时通知对方终止用工，终止用工不支付经济补偿。

用人单位违反《劳动合同法》规定，与非全日制劳动者约定了试用期的，应当承担相应的法律责任。根据《劳动合同法》第83条的规定，如果约定了试用期的，则由劳动行政部门责令改正；如果约定的试用期已经履行的，则由用人单位以劳动者试用期满月工资为标准，按照已经履行的超过法定试用期的期间向劳动者支付赔偿金。我们认为，既然约定试用期属于禁止性行为，如果用人单位约定了试用期，则应受到行政罚款与赔偿双重处罚。同时，《劳动合同法》应对罚款数额与赔偿数额作出明确规定，可以以3倍以上用工工资的标准加以处罚与赔偿。

第三节　非全日制用工合同的终止

一个完整的劳动合同过程一般包括合同的签订、履行、变更、解除和终止。《劳动合同法》没有就非全日制用工劳动合同的变更与解除作出特别规定，我们认为，这个方面可以适用全日制劳动合同的有关规定。对于非全日制用工合同的终止，除《劳动合同法》的特别规定外，也应适用全日制劳动合同的规定，否则，就会形成法律漏洞。

《劳动合同法》第71条对非全日制用工合同的终止作了特别规定，非全日制用工双方当事人任何一方都可以随时通知对方终止用工。终止用工，用人单位可以不向劳动者支付经济补偿。与全日制劳动合同终止的条件相比，非全日制用工劳动合同的终止条件十分简单。一是没有主体和时间限制，无论是用工单位还是劳动者，均可以随时提出终止用工；二是终止合同的方式简单，既可以书面通知，也可以口头通知；三是用人单位无须承担经济补偿义务，减轻了用工单位的经济负担。非全日制用工的突出特点就是它的灵活性，如果对终止合同的条件规定过多，可能会限制这种灵活用工形式的发展，阻碍促进就业和劳动力资源的优化配置。非全日制用工合同的终止，除了特别规定外，还包括《劳动合同法》

第 44 条规定的因合同约定的期限届满而终止和法定条件的出现而终止。后者如劳动者开始依法享受养老金的，劳动者死亡或被人民法院宣告死亡或者宣告失踪的，用人单位被依法宣告破产的，用人单位被吊销营业执照、责令关闭、撤销或者用人单位提前解散的，法律、行政法规规定的其他情形。

对于《劳动合同法》关于非全日制用工合同的终止的规定，有观点认为，非全日制用工的劳动者没有在法律上得到与全日制劳动者同样的保护。《劳动合同法》赋予用人单位可以随时终止用工而无须支付经济补偿的权利更容易造成用人单位为逃避劳动责任，减少用工风险和成本而大量使用非全日制劳动者，从而加剧劳动关系的不稳定，影响经济的发展。事实上，如何在保护劳动者权益和保持非全日制用工的灵活性以促进就业之间达成一定的平衡，是各国关于非全日制用工立法中均面临的问题。在目前我国全日制用工仍然占主流的情况下，适当考虑非全日制用工的特点及其促进就业的积极意义，作出一些有利于这一用工形式发展的规定也是必要的。因此，尽管这种规定可能会带来一些法律风险，但《劳动合同法》还是在有关规范性文件的基础上作了比较宽松的规定。依据劳动和社会保障部《意见》，非全日制劳动合同的终止条件按照双方的约定办理；当事人未在劳动合同中约定终止劳动合同提前通知期的，任何一方均可以随时通知对方终止劳动合同；双方约定了违约责任的，按照约定承担赔偿责任。相比而言，《劳动合同法》极大地限制了非全日制用工合同的当事人约定终止劳动合同条件的权利，将约定的内容限制在违约责任范围之内。然而，同时依法赋予了当事人几乎不受限制的劳动合同终止权。

有的观点认为，《劳动合同法》对非全日制用工合同终止的宽松规定是对非全日制用工不得约定试用期的一种救济措施。[①] 有了可以随时通知劳动者终止用工的权利，在没有试用期的情况下用人单位可以同样解除与不符合录用条件的劳动者之间的劳动合同。同样，对劳动者而言，在试用期条件下可以随时通知用人单位解除劳动合同的权利也得到了救济。另外，在建立劳动关系后，劳动者也不再需要按照《劳动合同法》第 37 条的规定提前 30 日以书面形式通知用人单位，而可以随时以书面或口头的形式提出终止用工。

---

① 信春鹰主编：《中华人民共和国劳动合同法释义》，法律出版社 2007 年版，第 238 页。

第四节 非全日制用工合同的监管与争议解决

一、非全日制用工合同的监管

非全日制用工是劳动用工制度的一种重要形式，是灵活就业的主要方式。为了有效实施《劳动合同法》关于非全日制用工劳动合同的规定，地方政府应根据劳动合同法的原则，从有利于维护非全日制劳动者的权益、有利于促进灵活就业、有利于规范非全日制用工的劳动关系出发，制定适合本地的地方性法规、规章，地方政府劳动和社会保障部门也可以制定具体的实施措施，在劳动关系建立、工资支付、劳动争议处理等方面为非全日制用工提供指导和服务。

劳动保障部门要切实加强劳动保障监察执法工作，对用人单位非法订立劳动合同、低于最低小时工资标准支付工资以及拖欠克扣工资的行为，应当严肃查处，维护从事非全日制工作劳动者的合法权益。

用人单位招用劳动者从事非全日制工作，应当在录用后到当地劳动保障行政部门办理录用备案手续。

从事非全日制工作的劳动者档案可由本人户口所在地劳动保障部门的公共职业介绍机构代管。我国法律鼓励公共职业介绍机构积极为从事非全日制工作的劳动者提供档案保管、社会保险代理等服务。

社会保险经办机构要为非全日制劳动者参保缴费提供便利条件，开设专门窗口，可以采取按月、季或半年缴费的办法，及时为非全日制劳动者办理社会保险关系及个人账户的接续和转移手续；按规定发放社会保险缴费对账单，及时支付各项社会保险待遇，维护非全日制用工劳动者的社会保障权益。

二、非全日制用工合同争议的解决

从事非全日制工作的劳动者与用人单位因履行劳动合同引发的劳动争议，按照国家劳动争议处理规定执行。

劳动者直接向其他家庭或个人提供非全日制劳动的，当事人双方发生的争议不适用劳动争议处理规定，依据《民法通则》和民事程序法等有关规定解决。

第四篇 权利救济制度

第十二章　劳动合同法律责任制度

第一节　劳动合同法律责任理论

劳动合同法律责任制度作为劳动合同法运行的保障机制，是劳动合同法治不可缺少的环节。作为一个重要概念，是劳动合同法学范畴体系的要素。因此，无论从厉行劳动合同法治的实践需要，还是从劳动合同法学发展理论需要，都应当予以重视。

市场经济、民主政治和理性文化的发展，使宣告、确定和保护权利成为当代立法的价值取向，但责任的价值没有降低，而是得到转换，即从责任作为制裁犯罪的机制转换为保障权利的机制。权利、义务和责任共同成为立法关键，从而形成了权利—义务—责任的立法格局。① 研究我国《劳动合同法》可以发现，该制度也是由权利制度、义务制度和责任制度所构成的制度体系。劳动合同责任制度在立法中占有重要地位，同时责任问题具有直接的司法意义，责任及其执行涉及当事人的自由、人格、财产乃至生命。

在当代法学中，按照指称范畴来划分，法律责任大致有四种：一是处罚论。它把法律责任定义为"处罚"、"惩罚"或"制裁"。② 二是后果论。它把法律责任定义为某种对责任者的不利后果。③ 三是责任论。它把法律责任界定为特殊的责任。④ 四是义务论。它把法律责任解释为某种义务。⑤ 有学者对上述四种范畴进行了评述，并从权利义务的范畴角度将法律责任定义为"由于侵犯法定权利或违反法定义务而引起的、由专门国家机关认定并归结于法律关系的主体的、带

---

① 张文显：《法哲学范畴研究》（修订版），中国政法大学出版社2001年版，第117页。

② H. L. A. Hart, Responsibility, from Philosophy of Law 2nd. edition, edited by J. Feinberg & H. Gross, Wadsworth Publishing Company, 1980, p. 397;（台）李肇伟：《法理学》，中兴大学出版社1980年版，第306页。

③ 周永坤："法律责任论"，载《法学研究》1991年第3期。

④ 参见孙国华：《法学基础理论》，中国人民大学出版社1987年版，第477页；沈宗灵：《法学基础理论》，北京大学出版社1988年版，第429页。

⑤ L. S. Jawitsch, The General Theory of Law: Social and Philosophical Problems, Progress Publisher, Moscow, pp. 236 ~ 237.

有直接强制性的义务，即由于违反第一性的法定义务而招致的第二性的义务。”[①]“第二性义务论”有以下几个优点：其一，用“义务”这个法学的核心范畴作为法律责任的指称范畴，可以把法律责任置于法的逻辑联系之中；其二，它既说明了法律责任的必为性，又说明了法律责任的当为性；其三，它不仅说明是由于违法而招致的后果，两者之间存在因果关系，而且说明了法律责任不同于一般的法定义务——后者通常是抽象的、无人格的，是设定给法律角色的，而前者则是具体的、无人格的，是归结于特定有责主体的义务；其四，它提出法律责任的质的规定性是“第二性义务”，而“无过错责任”、“衡平责任”、“公平责任”等均属于第一性义务（违法范畴）；其五，由于把法律责任的内容确定为特殊义务，法律责任就可以具体化或外化为在国家机关的强制下作出一定行为或抑制一定行为，从而可以更加明晰地认知、评价、量化、检测和监督。[②] 据此，我们可以将劳动合同法律责任定义为，由于侵犯法定的劳动合同权利或者违反法定的劳动合同义务而引起的、由国家行政机关或司法机关认定并归结于劳动合同法律关系主体的、带有直接强制性的义务。

法律责任的本质是理解法律责任的关键因素之一。国外有三种比较流行的学说，即“道义责任论”、“社会责任论”和“规范责任论”。[③] 道义责任论认为，法律责任以道义责任为前提，对违法者的道义责难就是法律责任的本质所在。[④]社会责任论认为，法律责任是由于发生侵害权利的行为而出现的纠错（纠恶）机制。所以，法律责任本质上是以对受到侵害的权利的补救来否定侵权行为，以对受到危害的利益的加强来限制侵权者的任性，是对合法的社会利益系统的维护。规范责任论认为，法律责任是法律对行为评价的结果。因此，法律责任的本质就是对行为的否定性规范评价。[⑤] 有学者对西方法律责任理论作了分析评价，运用辩证唯物论和马克思主义关于法的本质的原理提出，法律责任的本质是统治阶级国家对违反法定义务、超越法定权利界限或滥用权利的违法行为所作的法律上的否定性评价和谴责，是国家强制违法者作出一定行为，从而补救受到侵害的合法权益，恢复被破坏的法律关系（社会关系）和法律秩序（社会秩序）的手

① 张光博、张文显：“以权利义务为基本范畴重构法学理论”，载《求是》1989年第10期。

② 张文显：《法哲学范畴研究》（修订版），中国政法大学出版社2001年版，第122~124页。

③ 张文显：《法哲学范畴研究》（修订版），中国政法大学出版社2001年版，第124~126页。

④ ［德］黑格尔：《法哲学原理》，商务印书馆1961年版，第119页。

⑤ ［奥］凯尔森：《法与国家的一般理论》，中国大百科全书出版社1996年版，第73页。

段。在这种意义上，法律责任也是一种掌握在国家手中的纠恶或纠错机制。① 据此，劳动合同法律责任的本质，可以归结为国家对违反劳动合同法义务、超越劳动合同法权利界限或滥用劳动合同法权利的违法行为所作的劳动合同法上的否定性评价和谴责，是国家强制违法者作出一定行为，从而补救受到侵害的合法权益，恢复被破坏的劳动合同关系和劳动合同法律秩序的手段。这里还需要指出，由于政府对劳动合同关系实行干预，也是劳动合同关系的主体之一，因此，在政府违反法定义务、越权干预或者滥用干预权力时，也要承担相应的法律责任。

法律责任的认定和归结是由国家特设或授权的专门机关依照法定程序进行的。在我国，违反《劳动合同法》的民事责任和刑事责任的认定和归结权属于人民法院；行政责任的认定和归结权属于劳动行政主管部门和建设、劳动卫生、劳动安全生产监管部门。此外，由政府设立的独立的劳动争议仲裁机构依法享有劳动争议法律责任的认定和归结权。

劳动合同法律责任的实现，就责任主体来讲，是法律责任的履行；就国家来说，是法律责任的执行，即实施法律制裁，强制主体接受并实现法律责任。

劳动合同法律责任的形式总体上分为民事责任、行政责任和刑事责任，但同一种违法行为因其违法造成的危害后果的程度不同，又可以分为单一责任和多重责任。如有的违法行为仅须承担民事责任，有的违法行为仅须承担行政责任，而有的违法行为则须同时承担民事责任与行政责任甚或刑事责任。劳动行政部门和有关部门在受理举报或者监督检查时发现劳动违法行为的，如果认定该违法行为应当给予行政处罚，则由自己直接处理；如果认为其可能侵犯民事权益，建议合同当事人通过劳动争议解决途径处理；如果认为其可能构成犯罪的，应移交司法机关处理。在理论上，我们可以将劳动合同法律责任分为单独责任和多重责任。《劳动法》第105条还规定了违法处罚竞合处理措施。即违反《劳动法》规定侵害劳动者合法权益，其他法律、行政法规已经规定处罚的，依照法律、行政法规的规定处罚。

第二节　违反劳动合同法的民事责任

违反劳动合同法的民事责任包括违约责任和侵权责任两种类型。关于劳动合同的违约责任，有学者分析指出，劳动合同违约责任适用无过错责任归责原则，

① 张文显：《法哲学范畴研究》（修订版），中国政法大学出版社2001年版，第126～127页。

责任形式包括支付经济补偿金、支付违约金、赔偿损失和继续履行劳动合同。①劳动合同法上的侵权责任既包括劳动合同当事人之间的侵权赔偿责任，也包括行政执法所引起的行政侵权赔偿责任。或者说，侵权主体既包括劳动合同当事人，也包括行政执法部门。不论何种主体，均须对其侵权行为承担相应的民事责任。

民事赔偿责任是根据民法的规定，公民或者法人在违反自己的民事义务或者侵犯他人的民事权利时所应承担的法律后果。构成民事责任的条件包括：损害事实；违法行为；因果关系；主观过错。承担民事责任的形式，在财产方面，表现为恢复被违法行为所破坏的财产权利；在人身方面，除恢复人身权利外，还必须赔偿因此而产生的财产损失。我国《民法通则》所规定的承担民事责任的方式包括：停止侵害；排除妨害；返还财产；恢复原状；修理、重作、更换；赔偿损失；支付违约金；消除影响、恢复名誉；赔礼道歉。《劳动合同法》根据违法行为的后果设定了相应的民事责任形式。

侵权的民事责任是一重要的民事责任，其是指行为人由于过错侵害他人的财产、人身，依法应承担的民事赔偿责任。侵权民事责任主要是一种财产责任，它以财产赔偿的方式制裁加害人，从而补偿受害人所遭受的损失。侵权民事责任的构成要件包括：第一，侵权损害事实。所谓损害，是指由一定的行为或事件给人身或财产造成的不良后果和不良状态，包括一切受法律保护的权利和利益所遭受的不良后果（如财产减损、利润丧失、健康恶化、名誉玷污）和不良状态（如财产被侵占、经营受妨碍、环境被污染、行动受限制）。侵权民事责任以损害事实的存在为要件，没有损害事实的，不承担民事责任。第二，必须有民事违法行为的存在。加害行为必须是违法的，合法行为不负赔偿责任。违法的加害行为有两种：一种是违法的作为，如殴打他人、侮辱诽谤他人等，这种积极的违法行为造成他人损害要承担赔偿责任是没有疑义的。另一种是违法的不作为，凡不作为的赔偿责任，必须是法律明文规定当事人有作为的义务，若不尽这种义务，即不作为，因此造成他人损害的，才承担赔偿责任。应当指出，合法的行为有时也会给他人造成损害，但可以不承担赔偿责任，如紧急避险、正当防卫行为等，但这类行为不得超过必要的限度，否则也要承担赔偿责任。第三，侵权行为与损害结果之间存在因果关系。正是由于行为人的侵权行为造成了受害的损害。如果该损害事实并非该违法行为所造成，则该行为人不负赔偿责任。第四，行为人主观上存在过错。过错是构成侵权行为承担民事责任的基本条件。也就是说，侵权行为人对自己的行为在主观上有过错时才承担赔偿责任，否则，即使有了损害事实和违法行为，行为人也不承担赔偿责任。所谓主观过错，就是故意和过失。行为人能够预见自己行为的后果，但希望这种结果发生或者放任这种结果的发生，称之

① 周长征：《劳动法原理》，科学出版社 2004 年版，第 149 ~ 153 页。

为故意；行为人对行为的结果应当预见而没有预见到，或者虽然预见到，但又轻信能够避免，称之为过失。故意是行为人的恶意，对社会的危害性较大；而过失违法行为对社会的危害性则相对较小。

赔偿金是承担违约责任的一个重要方式，尤其是合同当事人一方违反合同约定，而给对方造成损失的，应给予一定数额货币进行赔偿。给付赔偿金的前提必须是一方违反合同约定，给另一方造成了实际损失。

民事赔偿责任一般适用全部赔偿原则。所谓全部赔偿原则，是指致害人对其侵权行为所造成的损害，须承担全部赔偿责任，即赔偿受害人的所有实际损失。既包括对劳动者直接损害的赔偿，也包括间接损害的赔偿；既包括对劳动者物质损害的赔偿，也包括精神损害的赔偿。适用全部赔偿原则，应注意三个基本问题：第一，民法上损害赔偿范围完全是根据损害的大小来确定的。违法行为的过错程度、违法者的个人状况等，通常对于确定侵权行为人应负赔偿责任范围的大小并无实际意义。因此，不应认为故意造成损害，就应该全部赔偿甚至多赔，反之则少赔。第二，不应把实际损失仅理解为直接损失。全部赔偿是指赔偿受害人全部的实际损失。实际损失包括直接损失和间接损失。第三，适用全部赔偿要从实际出发，既要公平合理，又要实事求是，切实可行。劳动仲裁机构和人民法院在确定用人单位的赔偿责任时，要考虑用人单位违法的具体情节，侵权行为所涉及的受害人的数量，用人单位的经济实力，劳动者一方权益受损害的具体情况，违法行为造成的社会影响等，对这些因素要综合考虑，本着公平合理、实事求是的原则，依法作出赔偿的裁决或者判决。由于劳动合同必然不同于一般民事合同，因此，惩罚性赔偿也常常被适用。

一、用人单位规章制度违法的赔偿责任

没有规矩，不成方圆。每个用人单位都有自己的规章制度，用于明确本单位的各项管理制度。劳动合同的性质决定了用人单位规章制度的制定与实施均受到政府的干预。因此，规章制度的内容既要反映内部管理的要求，又要遵守法律的规定；既是用人单位的一项权利，也是一项义务。无论是规章制度的实体内容还是程序内容，凡是直接涉及劳动者切身利益的事项，都必须遵守劳动合同法的规定来制定。有关其他事项的规章制度，用人单位可以自主决定。

用人单位制定的直接涉及劳动者切身利益的规章制度违反法律、法规规定的，不对劳动者产生拘束力，劳动者可以不予遵守。同时，依据我国《劳动法》第 89 条和《劳动合同法》第 80 条的规定，用人单位直接涉及劳动者切身利益的规章制度违反法律、法规规定，给劳动者造成损害的，应当承担赔偿责任。

损害包括人身伤害和财产损失。劳动者除了可以要求用人单位给予物质赔偿

以外，还可以要求获得精神损害赔偿。

精神损害赔偿，是指公民因其人身权利受到不法侵害而遭受精神痛苦或精神利益受到损害，要求侵权人进行金钱赔偿的一种制度。依据我国有关司法解释，自然人因生命权、健康权、身体权、姓名权、肖像权、名誉权、荣誉权、人格尊严和人身自由权等人格权利遭受非法侵害时，有权通过人民法院以诉讼方式请求加害人赔偿精神损害。违反社会公共利益、社会公德、侵害他人隐私或者其他人格利益，受害人有权以侵权为由向法院起诉请求赔偿精神损害。自然人死亡后，其近亲属因为一些侵权行为遭受精神痛苦的，有权向人民法院起诉请求赔偿精神损害。[①] 实践中，有的用人单位通过制定非法的规章制度，限制劳动者的人身自由，以暴力手段强迫工人劳动；有的用人单位为防止本单位财物被盗，规定单位保安人员可以在职工下班时对职工进行搜身检查；还有的用人单位通过规章制度规定职工每天上厕所的次数以及每次上厕所的时间等，这些都是侵犯人格权的行为。对此种侵权行为，劳动者可以依法要求用人单位给予精神损害赔偿。当事人承担精神损害赔偿的责任的方式主要有：致人精神损害，未造成严重后果的，可判令侵权人停止侵害、恢复名誉、消除影响、赔礼道歉；造成严重后果的，应根据受害人一方的请求同时判令侵权人赔偿相应的精神损害抚慰金。精神损害赔偿应起到三个作用：一是对受害人的抚慰；二是对加害人的制裁；三是对社会的一般警示。符合这三点要求的赔偿数额就是合适的，而不在于究竟是多是少。

二、用人单位劳动合同文本违法的赔偿责任

《劳动合同法》第 81 条规定了对违反合同文本规定的处罚。即用人单位提供的劳动合同文本未载明《劳动合同法》规定的劳动合同必备条款或者用人单位未将劳动合同文本交付劳动者，给劳动者造成损害的，应当承担赔偿责任。

《劳动合同法》之所以规定劳动合同的必备条款，主要是考虑到劳动合同与一般民事合同不同，民事合同是由平等的民事主体经过平等协商而签订的，其合同内容可以由双方根据意思自治的原则，在遵守国家法律的前提下达成；而劳动合同的订约双方在实际地位上不平等，用人单位通常处于强势，而劳动者通常处于弱势，因此需要法律来对劳动合同的必备条款加以具体规定，以保护劳动者的合法权益不受侵犯。

用人单位提供的劳动合同文本未载明《劳动合同法》规定的劳动合同必备条款的行为，既包括未载明劳动合同必备条款一项的，也包括几项的。对于必备

---

① 《关于确定民事侵权精神损害赔偿责任若干问题的解释》（最高人民法院 2001 年 3 月 8 日发布）。

条款中的有关职业病的内容，其适用的对象是那些有职业病危害的企业，对于那些没有职业病危害的企业，则不需要在其劳动合同中规定职业病防治的内容。职业病防治法对职业病危害防治作了专门规定。

实践中，用人单位存在不将劳动合同文本交付劳动者的情况，以此限制劳动者的权利，如获得法定劳动报酬的权利、经济补偿的权利等。用人单位的这一行为违反了《劳动合同法》第 81 条的规定，应当承担相应的法律责任。

三、用人单位不依法订立劳动合同的惩罚性赔偿责任

《劳动合同法》第 82 条规定：用人单位自用工之日起超过 1 个月不满 1 年未与劳动者订立书面劳动合同的，应当向劳动者每月支付 2 倍的工资。用人单位违反《劳动合同法》规定不与劳动者订立无固定期限劳动合同的，自应当订立无固定期限劳动合同之日起向劳动者每月支付 2 倍的工资。这包括三层含义：一是用人单位自用工之日起 1 个月内必须与劳动者订立劳动合同；二是劳动合同必须以书面形式订立，如果在 1 个月的时间内订立的是口头劳动合同，也是违法的，要依法承担法律责任；三是如果用人单位自用工之日起超过 1 年不与劳动者订立书面劳动合同的，视为用人单位与劳动者已订立无固定期限劳动合同，直接适用无固定期限劳动合同的有关规定。

《劳动合同法》规定无固定期限劳动合同的目的，在于有效防范劳动合同短期化对劳动关系的稳定和谐、收入分配制度及职工相关权益落实可能产生的消极影响。用人单位违反《劳动合同法》的规定，不与劳动者签订无固定期限劳动合同的行为主要包括三种情形：一是延续劳动合同时，劳动者已在该用人单位连续工作满 10 年以上，劳动者提出或者同意续订劳动合同，用人单位拒绝订立无固定期限劳动合同；二是用人单位初次实行劳动合同制度或者国有企业改制重新订立劳动合同时，劳动者在该用人单位连续工作满 10 年且距法定退休年龄 10 年以内的，劳动者提出或者同意续订劳动合同，用人单位拒绝订立无固定期限劳动合同；三是连续签订两次固定期限劳动合同后续签的，且没有《劳动合同法》规定的违法情形的，劳动者提出或者同意续订劳动合同，用人单位拒绝订立无固定期限劳动合同。

用人单位劳动合同文本违法实行惩罚性赔偿制度。惩罚性赔偿，又称“惩戒性赔偿”，是指对受害方的实际损失予以补偿性赔偿之外的赔偿，通常是因为侵权方的一些特殊的不当行为所致。惩罚性赔偿是一项古老的制度，在世界上一些主要普通法系国家，如英国、澳大利亚、新西兰、美国和加拿大等都得到了广泛的适用。实施惩罚性赔偿是为了惩罚和阻止一些特定的行为，特别是故意或者恶意所致的行为。此外，惩罚性赔偿还可以疏导受害人的愤慨心理情绪，阻止受

害一方因为侵权方的侵权而采取一些以牙还牙的报复行为，全面补偿受害人所遭受的物质和精神损失。惩罚性赔偿虽然在普通法系国家得到了广泛的运用，但在大多数大陆法系国家却没有得到承认。大多数的大陆法系国家对民事案件的损失赔偿额被限定在一定的范围内，使受害人一方回复到没有受损时的状态。我国立法传统上采用大陆法系的立场，坚持赔偿采用实际损失原则，即只赔偿受害者因为侵权行为而实际受到的损失。而从制定《消费者权益保护法》开始，我国引入了英美法系的惩罚性赔偿制度。①《劳动合同法》为了更好地保护劳动者的合法权益，对用人单位故意不签订书面劳动合同或者拖延签订劳动合同，以及故意不与劳动者订立无固定期限劳动合同的违法行为，规定了“应当向劳动者每月支付2倍的工资”这样一个惩罚性赔偿制度，用于惩罚用人单位的违法行为，同时也是督促用人单位尽快依法与劳动者签订劳动合同，从而保护作为弱者一方的劳动者的合法权益，维护劳动关系的和谐稳定。

四、用人单位违法约定试用期的赔偿责任

《劳动合同法》第83条规定：用人单位违反《劳动合同法》规定与劳动者约定试用期，违法约定的试用期已经履行的，由用人单位以劳动者试用期满月工资为标准，按已经履行的超过法定试用期的期间向劳动者支付赔偿金。

用人单位在与劳动者约定试用期的时候，应当遵守《劳动合同法》第19条有关试用期的最长时限、约定次数以及其他有关规定，否则该试用期的约定就是违法的。用人单位违反《劳动合同法》规定与劳动者约定试用期的情形包括：第一，约定的试用期超过法定的最高时限的。需要指出，法律只对试用期的最长时限有要求，用人单位与劳动者约定的试用期只要等于或者短于法律规定的最高时限，都是合法的。第二，同一个用人单位与同一个劳动者只能约定一次试用期。假如某一劳动者与用人单位已经约定了一次试用期，如果该劳动者在同一用人单位内调换了新的工作岗位，在此情况下，如果用人单位因此又与他约定了一次试用期，则这一次的约定就是违法的，因为违反了同一用人单位与同一劳动者只能约定一次试用期的法律规定。第三，以完成一定工作任务为期限的劳动合同或者劳动合同期限不满3个月的，约定了试用期的。假如某一企业只与劳动者签订了2个月的劳动合同，却同时约定试用期为30天，则这一试用期的约定就违反了法律的强制性规定。第四，劳动合同仅约定试用期或者劳动合同期限与试用

① 我国《消费者权益保护法》第49条规定：经营者提供商品或者服务有欺诈行为的，应当按照消费者的要求增加赔偿其受到的损失，增加赔偿的金额为消费者购买商品的价款或者接受服务的费用的一倍。

期相同的。如果用人单位与劳动者仅约定试用期，而没有约定劳动合同的期限，则这一试用期的约定是违法的。法律之所以作这样的规定，是为了防止一些用人单位滥用试用期，利用劳动者在试用期工资较低，同时解雇处于试用期的劳动者相对容易的特点，侵害劳动者的合法权益。

在无效的试用期约定已经履行的情况下，用人单位应当以劳动者月工资为标准，按已经履行的超过法定试用期的期间向劳动者支付赔偿金。如法定试用期为1个月，用人单位违法与劳动者约定了6个月的试用期，则支付赔偿的期间就是从试用期的第二个月至第六个月的时间。应当指出，第一，对于违法约定的试用期，只要劳动者已经实际履行，用人单位就要按照已经履行的超过法定试用期的期间向劳动者支付赔偿金，对于劳动者尚未履行的期间，则用人单位不需要支付赔偿金。第二，支付赔偿金不能代替正常的劳动报酬。如果劳动者实际履行的试用期超过了法定的最高时限，则用人单位除了向劳动者支付赔偿金外，还要向劳动者支付劳动者合同约定的试用期满后的月工资，实际上等同于在劳动者已经实际履行的超过法定最高时限的期间内，用人单位需要向劳动者支付双倍的月工资，以惩罚用人单位违法约定试用期的行为。第三，用人单位应当向劳动者支付赔偿金的期间为超过法定试用期的期间。

五、用人单位违法扣押劳动者证件、档案等物品以及非法收取财物的民事责任

《劳动合同法》第84条规定：用人单位违反《劳动合同法》规定，扣押劳动者居民身份证等证件的，由劳动行政部门责令限期退还劳动者本人；用人单位违反《劳动合同法》规定，以担保或者其他名义向劳动者收取财物，给劳动者造成损害的，应当承担赔偿责任；劳动者依法解除或者终止劳动合同，用人单位扣押劳动者档案或者其他物品，给劳动者造成损害的，应当承担赔偿责任。

居民身份证是每个公民的重要身份证件，颁发身份证件是为了证明居住在中华人民共和国境内公民的身份，保障公民的合法权益，便利公民进行社会活动。针对一些用人单位在招工时违法扣押劳动者的身份证等行为，《劳动合同法》作了禁止性规定。除了居民身份证以外，劳动者的户口簿、护照、学历证、技术职称证等重要证件也不得扣押。司法实践中，对于扣押上述证件的，当事人可以通过返还之诉请求返还，也可以请求行政机关依照我国《居民身份证法》、《护照法》等法律、法规依法执行。

实践中，一些用人单位往往要求劳动者，特别是非本地户籍的劳动者（“外来工”）提供财务担保才能予以录用，这一问题的存在，严重侵犯了劳动者的合法权益，同时也是对外来务工人员在就业方面的歧视性行为。因此，《劳动合同

法》明确加以禁止。

依法解除、终止劳动合同是劳动者的权利，用人单位应当尊重劳动者的这一权利，依法为其办理档案和社会保险等转移手续，不得以种种借口扣押档案或者其他物品的方式对劳动者进行刁难和打击报复。对此，《劳动合同法》规定了相应的法律责任。

六、用人单位不按照约定或不依法支付劳动报酬或经济补偿的民事责任

我国《劳动法》第 91 条和《劳动合同法》第 85 条规定：用人单位未按照劳动合同的约定或者国家规定及时足额支付劳动者劳动报酬的，即克扣或者无故拖欠劳动者工资的，由劳动行政部门责令限期支付劳动报酬；用人单位安排加班不支付加班费的，即拒不支付劳动者延长工作时间工资报酬的，由劳动行政部门责令限期支付加班费；解除或者终止劳动合同，用人单位未依照《劳动合同法》规定向劳动者支付经济补偿的，由劳动行政部门责令限期支付经济补偿；低于当地最低工资标准支付劳动报酬的，应当支付其差额部分。逾期不支付劳动报酬、加班费或者经济补偿的，由劳动行政部门责令用人单位按应付金额 50% 以上 100% 以下的标准向劳动者加付赔偿金。

依照劳动合同的约定或者依照《劳动合同法》规定支付劳动者报酬是用人单位的法定义务，如果没有依法或者依据合同的约定履行这一法定义务，就要依法承担相应的法律责任。根据《劳动法》第 91 条和《劳动合同法》第 85 条的有关规定，用人单位未依照法律规定支付劳动者报酬的情形包括四种情形：一是用人单位未依照劳动合同的约定或者依照《劳动合同法》的规定按时支付劳动报酬的。对全日制用工而言，用人单位应依约或者依法足额支付工资报酬，不得拖延；对于非全日制用工，劳动报酬结算支付周期最长不超过 15 日。二是用人单位未依照劳动合同的约定或者依照《劳动合同法》的规定足额支付劳动报酬的。三是用人单位支付在试用期间的劳动者工资低于《劳动合同法》规定的。依照《劳动合同法》的规定，劳动者在试用期的工资不得低于本单位同岗位最低档工资或者劳动合同约定工资的 80%，并不得低于用人单位所在地的最低工资标准。四是用人单位没有依法提高劳动者在服务期间的劳动报酬的。依据《劳动合同法》第 22 条的规定，用人单位与劳动者约定服务期的，不影响按照正常的工资调整机制提高劳动者在服务期间的劳动报酬。

我国《劳动法》第 48 条规定：国家实行最低工资保障制度，最低工资的具体标准由省级人民政府规定，报国务院备案。用人单位支付劳动者的工资不得低于当地最低工资标准。实行最低工资保障制度，对于适应社会主义市场经济的要

求，推动劳动力市场建设和工资分配法制化，充分保障劳动者合法权益具有重要意义。最低工资标准无论对签订了正式劳动合同的劳动者，还是处于试用期的劳动者都适用。劳动合同约定的月工资不得低于规定的标准。同时，对于非全日制用工的报酬，《劳动合同法》规定，非全日制用工小时计酬标准不得低于用人单位所在地人民政府规定的最低小时工资标准。违反上述规定，支付工资的均属于违法行为，须承担相应的违法责任。

我国《劳动法》第44条规定：用人单位安排劳动者延长工作时间的，应支付不低于工资的150%的工资报酬；在休息日安排劳动者工作又不能安排补休的，应支付不低于工资的200%的工资报酬；在法定休假日安排劳动者工作的，应支付不低于工资的300%的工资报酬。不论用人单位安排何种加班，都应当依法支付高于正常工作时间工资的工资报酬，否则即为违法，承担相应的违法责任。

《劳动合同法》第46条规定了用人单位应当向劳动者支付经济补偿的六种情形，包括劳动者因用人单位侵犯劳动者合法权益而解除劳动合同的，劳动者因身体或者能力原因以及客观情况发生重大变化等导致劳动合同解除的，用人单位因依法破产重整而与劳动者解除劳动合同的，用人单位与劳动者协商一致解除劳动合同的，在用人单位维持或者提高劳动合同约定条件下，劳动者不同意续订劳动合同的，以及因用人单位破产、解散、被吊销营业执照或者责令关闭而导致劳动合同终止的，等等。对于发生上述情形的，用人单位应当依照《劳动合同法》第47条的规定，根据劳动者在单位工作的年限，按照每满1年支付1个月工资的标准向劳动者支付经济补偿金，对6个月以上不满1年的，按1年计算补偿金；不满6个月的，向劳动者支付半个月工资的经济补偿金。经济补偿金由用人单位一次性给付于劳动者。否则即构成违法，承担相应的违法责任。

七、劳动合同无效的损害赔偿责任

依据我国《劳动法》第18条和《劳动合同法》第86条的规定，当事人订立的劳动合同被依法确认无效，给对方造成损害的，有过错的一方应当承担赔偿责任。

劳动合同无效包括完全无效和部分无效两种。劳动合同无效或部分无效的情形包括：以欺诈、胁迫的手段或者乘人之危，使对方在违背真实意思的情况下订立或者变更劳动合同的；用人单位免除自己的法定责任、排除劳动者权利的；违反法律、行政法规强制性规定的。实践中，部分无效的劳动合同通常表现为：未经用人单位批准不得辞职、加班不付加班费、工伤自负等合同条款。对劳动合同的无效或者部分无效有争议的，由劳动争议仲裁机构或者人民法院确认。

我国《劳动法》第18条规定：无效的劳动合同从订立时起就没有法律效力。因而，无效的劳动合同不受法律保护。对于劳动合同被确认无效的，其法律后果是：第一，依据《劳动合同法》的规定，劳动者已经付出劳动的，用人单位应当向劳动者支付劳动报酬。劳动报酬的数额，参考本单位相同或者相近岗位劳动者的劳动报酬确定。这种规定完全不同于一般民事合同的返还财产等违法后果，体现了劳动合同的特点。第二，无效劳动合同是由劳动合同当事人一方或者双方的过错造成的。法律上的过错，是指法律关系主体在主观上有违法错误，包括故意违法和过失违法。过错可能是一方的，也可能是双方的，它是当事人的主观原因造成的后果，因此，对于无效的劳动合同，在确认其无效的同时，如给对方造成损失的，有过错的一方应当承担赔偿责任。

依据《劳动合同法》和劳动部《违反〈劳动法〉有关劳动合同规定的赔偿办法》，由于用人单位的过错而订立无效的劳动合同，或订立部分无效的劳动合同，对劳动者造成损害的，应赔偿劳动者的损失。赔偿范围包括：造成劳动者工资收入损失的，除应支付应得工资外，还要加付应得工资25%的赔偿费用以及有关经济补偿，逾期不支付的，用人单位应按应付金额50%以上100%以下的标准向劳动者加付赔偿金；造成劳动者劳动保护待遇损失的，应按国家规定补足劳动保护津贴和用品；造成劳动者工伤、医疗待遇损失的，除按国家规定为劳动者提供工伤、医疗待遇外，还应支付相当于医疗费用25%的赔偿费用；造成女职工和未成年工身体健康损害的，除按国家规定提供治疗期间的医疗待遇外，还应支付相当于其医疗费用25%的赔偿费用；劳动合同约定的其他赔偿费用。

因劳动者的过错而导致劳动合同无效，给用人单位造成损失的，劳动者应按《民法通则》所确立的实际损失原则，承担赔偿责任，赔偿因其过错而对用人单位的生产、经营和工作造成的直接经济损失。

八、用人单位未向劳动者出具解除或者终止劳动合同的书面证明的损害赔偿责任

《劳动合同法》第89条规定：用人单位违反本法规定未向劳动者出具解除或者终止劳动合同的书面证明，给劳动者造成损害的，应当承担赔偿责任。

一个完整的劳动合同权利义务不仅仅存在于劳动合同的存续期间，还包括先劳动合同义务和后劳动合同义务。后合同义务，是指合同关系终止后，当事人依诚实信用原则应负有某种作为或不作为义务，以维护给付效果或者协助对方处理合同终了善后事务。基于诚实信用原则，劳动合同存在着后合同义务。后合同义务是劳动合同解除、终止后劳动者与用人单位根据法律规定或者劳动合同的约定

附有的作为或不作为义务。《劳动合同法》第 50 条第 1 款规定：用人单位应当在解除或者终止劳动合同时出具解除或者终止劳动合同的证明，并在 15 日内为劳动者办理档案和社会保险转移手续。这一规定明确了在劳动合同解除或者终止后用人单位应当承担出具解除或者终止劳动合同证明的后合同义务。

劳动合同的后合同义务与劳动合同有较强的关联性，后合同义务实际上是劳动合同权利义务的延伸，是以劳动合同的存在为前提的。在劳动合同解除或者终止时，用人单位应当履行后合同的义务。由于在后合同义务的履行上不存在合同法上的抗辩权问题，即一方不得以另一方不履行后合同义务为由，拒绝履行自己的后合同义务。这样就可能使履行了后合同义务的一方的权益受到损害。违反后合同义务与违反一般合同义务相同，产生债务不履行责任。实践中，人们常常重视劳动合同义务的履行，但在劳动合同解除、终止后，却往往忽视了后劳动合同义务的履行，侵害了劳动者享受失业保险待遇的权利、再就业的权利等合法权益。为平衡双方的权利义务关系，有效遏制用人单位不履行后劳动合同义务的违法行为，保护劳动者的合法权益，《劳动合同法》第 89 条明确规定了用人单位违反后劳动合同义务应当承担的民事法律责任：用人单位违反本法规定未向劳动者出具解除或者终止劳动合同的书面证明，给劳动者造成损害的，应当承担赔偿责任。

根据国家有关规定，下岗失业人员再就业或者自主创业时，可以享受一定的税收、财政等政策优惠，而下岗失业人员要享受这些政策优惠首先就需要通过出具解除或者终止劳动合同的书面证明，证实自己符合享受政策优惠的条件。如我国《失业保险条例》第 16 条规定：城镇企业、事业单位应当及时为失业人员出具终止或者解除劳动关系的证明，告知其按照规定享受失业保险待遇的权利，并将失业人员的名单自终止或者解除劳动关系之日起 7 日内报社会保险经办机构备案。因此，如果用人单位不按规定出具解除或者终止劳动合同的书面证明，则可能给劳动者享受失业保险待遇，享受自主创业、再就业的政策优惠等造成阻碍，损害劳动者的合法权益。《劳动合同法》规定了用人单位应当对劳动者由此造成的损害依法承担赔偿责任。

在《劳动合同法》中规定用人单位不履行后合同义务的法律责任，不仅可以纠正用人单位的违法行为，赔偿劳动者因此受到的损害，而且将有助于督促用人单位自觉履行后合同义务，减少劳动争议的发生，保障劳动者的合法权益，促进劳动关系的和谐稳定。

九、劳动者违法解除劳动合同及违反劳动合同中约定的保密义务或者竞业限制的损害赔偿责任

《劳动合同法》第 90 条规定：劳动者违反《劳动合同法》的规定解除劳动合同，或者违反劳动合同中约定的保密义务或者竞业限制，给用人单位造成损失的，应当承担赔偿责任。《劳动法》第 102 条规定了违法解除劳动合同和违反保密事项的损害赔偿责任。劳动者在《劳动法》规定的解除条件以外解除劳动合同或者违反劳动合同中约定的保密事项，对用人单位造成经济损失的，应当依法承担赔偿责任。用人单位的此类损失应包括：用人单位招收录用劳动者所支付的费用；用人单位为劳动者支付的培训费用，双方另有约定的除外；对生产、经营和工作造成的直接经济损失；劳动合同约定的其他赔偿费用。用人单位应确定本单位的涉密人员范围。劳动者违反劳动合同中的保密义务，并对用人单位造成经济损失的，应当承担违约责任，并按《反不正当竞争法》的有关规定支付用人单位赔偿费用。

目前，我国尚未建立完善的诚信机制，劳动者违法解除合同、违反劳动合同约定事项的行为也时常发生，影响了用人单位正常的生产经营活动，给用人单位造成了损失。对劳动合同双方的合法权益，《劳动合同法》都应当给予保护，劳动者对其违法、违约行为也应当依法承担赔偿责任。

劳动者赔偿责任的构成要件包括三个方面：一是有违法行为或者违约行为，即存在劳动者违反《劳动合同法》规定，解除劳动合同，或者违反劳动合同约定的保密义务或者竞业限制的行为；二是损害事实，即劳动者的违法或者违约行为给用人单位造成损失；三是损害事实与违法或者违约行为之间的因果关系，即劳动者违反《劳动合同法》规定解除劳动合同，或者违反劳动合同约定的保密义务或者竞业限制的行为和用人单位的损失之间具有因果关系。

依据《劳动合同法》的规定，劳动者的违法行为主要包括两种：一是劳动者违反《劳动合同法》的规定解除劳动合同的行为；二是劳动者违反劳动合同约定的保密义务或者竞业限制的行为。劳动者违反《劳动合同法》的规定解除劳动合同，是指劳动者不按照该法规定的条件和程序随意解除劳动合同的行为。用人单位基于劳动合同来确定本单位的劳动者数量、工作安排、计划进度等，劳动者随意解除合同必将影响用人单位正常的生产经营活动的进行，给用人单位造成一定程度的经济损失。因此应当对劳动者提出解除劳动合同的情形、时间和方式作出一定的限制，维护劳动合同解除的严肃性，同时使用人单位有合理的时间招用新员工，调整计划等。《劳动合同法》第 37 条、第 38 条对劳动者解除劳动合同作了规定。在通知预告辞职而解除劳动合同的情况下，劳动者应遵守通知预

告时间和通知方式的规定，即提前30日以书面形式通知用人单位。否则即构成违法解除劳动合同，承担赔偿责任。劳动者应赔偿的损失包括：用人单位招录劳动者时所支付的费用；用人单位为劳动者支付的培训费用，双方另有约定的按约定办理；劳动合同约定的其他赔偿费用。在因用人单位违法在先，劳动者即时辞职而解除劳动合同的情况下，劳动者不需要提前30日通知用人单位，只需要给用人单位留出一定的时间交接，即可解除劳动合同，也无须承担赔偿责任。

劳动者违反劳动合同约定的保密义务或者竞业限制的行为，是指劳动者违反其与用人单位之间按照意思自治原则约定的有关保守用人单位商业秘密条款的义务或者同业竞争限制性条款的行为。依据《劳动合同法》第23条的规定，用人单位与劳动者可以在劳动合同中约定保守用人单位的商业秘密和与知识产权相关的保密事项。对负有保守用人单位商业秘密和与知识产权相关的事项义务的用人单位的高级管理人员、高级技术人员和其他知悉用人单位商业秘密的人员，用人单位可以在劳动合同或者保密协议中与劳动者约定竞业限制条款，对竞业限制的范围、地域、期限等作出约定。在解除或终止劳动合同后，用人单位在约定的竞业限制期限内按月给付劳动者经济补偿，而该劳动者不得在与本单位生产或者经营同类产品、业务的有竞争关系的其他用人单位工作，或者自己开业生产或者经营与本单位有竞争关系的同类产品、业务。否则，即构成违约，应按照约定支付违约金。对用人单位造成损失的，应当对实际损失承担赔偿责任。

十、用人单位招用与其他用人单位尚未解除或者终止劳动合同的劳动者的损害赔偿责任

《劳动法》第99条和《劳动合同法》第91条规定：用人单位招用与其他用人单位尚未解除或者终止劳动合同的劳动者，给其他用人单位造成损失的，应当承担连带赔偿责任。

当今商业竞争日趋激烈，优秀的员工越来越成为用人单位维持生存、保持竞争优势的关键。这些员工在单位任职期间获得的劳动技能、客户资源以及商业秘密等都成为一种重要的资源，因此恶意“挖人”成为一些企业提升竞争力的一种捷径。我国《劳动合同法》并未明文禁止劳动者的兼职行为，因此，劳动者在一家用人单位订立劳动合同的同时，有利用下班时间兼职的权利，如未损害用人单位的利益，原则上并未违反法律的规定。但是如果用人单位雇用这种与其他用人单位尚未解除劳动合同的劳动者并侵害到其他用人单位的利益时，则该劳动者应当承担赔偿责任，而作为实际利益的获得者，用人单位也应当对此承担连带赔偿责任。因为这种行为往往给其他单位造成的损失较大，劳动者本人无力完全承担全部损失赔偿。同时，这种行为可能扰乱正常的市场竞争秩序，因此《劳

动合同法》予以规范，促进劳动关系的和谐发展。国外一些国家，如法国、马达加斯加等国的劳动法对此问题也作出了规定。这些国家的法律条款规定得较为严格，不仅招用未解除劳动合同的雇员并造成损失的雇主要承担连带责任，而且招用已解除劳动合同的雇员，如果解除劳动合同的行为与新雇主有关，则新雇主也要承担连带责任。

认定用人单位承担赔偿责任应符合以下三个构成要件：一是存在招用的事实，而不论用人单位招用时的心态属于故意还是过失。用人单位有招用与其他用人单位尚未解除或终止劳动合同关系的劳动者的行为，即用人单位招用劳动者时，该劳动者与其他用人单位之间存在着劳动关系。二是用人单位招用者导致其他单位遭受了能够计算的经济损失。三是用人单位招用劳动者的行为与其他用人单位的损失之间存在因果关系。

在损失赔偿救济上，遭受损失的用人单位既可以同时请求致害单位和劳动者承担赔偿责任，也可以任意选择致害单位或劳动者承担赔偿责任。用人单位和劳动者中的任何一方也都有义务向原用人单位履行全部或者部分的赔偿义务。一方对原用人单位的全部损失赔偿之后，有权要求另一方承担其应当承担的赔偿部分。根据《违反〈劳动法〉有关劳动合同规定的赔偿办法》，连带赔偿的份额应不低于对原用人单位造成经济损失总额的70%，赔偿的损失包括对生产、经营和工作造成的直接经济损失和因获取商业秘密给原用人单位造成的经济损失。赔偿因获取商业秘密给原单位造成的经济损失，按《反不正当竞争法》第20条的规定执行。

十一、个人承包经营者违法招用劳动者的损害赔偿以及与发包组织的连带赔偿责任

《劳动合同法》第94条规定：个人承包经营违反本法规定招用劳动者，给劳动者造成损害的，发包的组织与个人承包经营者承担连带赔偿责任。

个人承包经营，是指企业与个人承包经营者通过订立承包经营合同，将企业的全部或者部分经营管理权在一定期限内交给个人承包者，由个人承包者对企业进行经营管理。个人承包经营是我国经济体制改革的特定时期出现的解决部分合营企业管理不善、严重亏损的补充措施。个人承包经营对一些企业扭亏转盈，促进市场经济的发展发挥了积极作用，但也出现了承包经营者管理混乱，一味追求经济利益，侵害劳动者权益等问题，而对劳动者造成损失后，赔偿责任不明确，劳动者得不到应有的赔偿等问题，需要法律作出明确规定。

个人承包经营期间，因承包经营者违反法律规定而对劳动者造成的损害，个人承包经营者应对其违法行为承担责任，对劳动者的损害承担赔偿责任。同时，

针对实践中大量存在的个人承包经营者侵害劳动者权益，却没有足够的能力对劳动者进行赔偿，或者个人承包经营者逃避承担赔偿责任，劳动者很难得到赔偿的现象，为有效保护劳动者的合法权益，《劳动合同法》第94条明确规定对于个人承包期间，个人承包经营者招用劳动者违反法律规定，给劳动者造成损害的，发包的组织与个人承包经营者承担连带赔偿责任。需要指出，这里的“个人承包经营”也包括转包。个人承包经营中间环节无论经过多少次个人之间合法或者非法的转包，承担连带责任的是“发包的组织”。中间转包的个人经营者承担赔偿责任也是不言而喻的。《劳动合同法》规定发包组织与个人承担连带责任的目的就是为了防止个人承包经营者在承包经营过程中，急功近利侵害劳动者利益，或者损害劳动者利益后无力或者逃避承担损害赔偿责任的问题。

个人承包经营者违反《劳动合同法》的规定招用劳动者时，对劳动者造成损害的，劳动者既可以要求个人承包经营者全额或者部分赔偿，也可以要求发包组织全额或者部分赔偿。诉讼中，劳动者既可以单独起诉发包组织或者个人承包经营者，也可以将发包组织或者个人承包经营者列为共同被告。

十二、用人单位侵害未成年人和女职工权利的赔偿责任

《劳动法》第95条规定了对侵害女职工和未成年工合法权益的处罚：用人单位违反法律对女职工和未成年工的保护规定，侵害其合法权益的，对女职工和未成年工造成损害的，应当承担赔偿责任。

十三、用人单位侵害劳动者人身权益的损害赔偿责任

《劳动法》第96条和《劳动合同法》第88条规定了用人单位对劳动者人身侵权的损害赔偿责任：用人单位有下列行为之一的，构成犯罪的，对责任人员依法追究刑事责任：用人单位以暴力、威胁或者非法限制人身自由的手段强迫劳动的；违章指挥或者强令冒险作业危及劳动者人身安全的；侮辱、体罚、殴打、非法搜查或者拘禁劳动者的；劳动条件恶劣、环境污染严重，给劳动者身心健康造成严重损害的，须承担损害赔偿责任。这里所指的“威胁”是指用人单位以某种对劳动者形成要挟的条件和手段，迫使劳动者接受用人单位所提要求和条件的行为；“侮辱”是指用人单位公然贬低劳动者人格，损害劳动者名誉的行为；“非法搜查”是指用人单位非法对劳动者的身体进行搜查的行为。

十四、用人单位违法解除劳动合同和拖延订立劳动合同的赔偿责任

《劳动法》第 98 条规定了拖延订立劳动合同的责任：用人单位违反《劳动法》规定的条件解除劳动合同或者故意拖延而不订立劳动合同的，对劳动者造成损害的，应当承担赔偿责任。在民事责任方面，赔偿范围包括：造成劳动者工资收入损失的，除应支付应得工资外，还要加付应得工资 25% 的赔偿费用；造成劳动者劳动保护待遇损失的，应按国家规定补足劳动保护津贴和用品；造成劳动者工伤、医疗待遇损失的，除按国家规定为劳动者提供工伤、医疗待遇外，还应支付相当于医疗费用 25% 的赔偿费用；造成女职工和未成年工身体健康损害的，除按国家规定提供治疗期间的医疗待遇外，还应支付相当于其医疗费用 25% 的赔偿费用；劳动合同约定的其他赔偿费用。上述赔偿请求，可以通过申请劳动争议仲裁提出，也可以通过向人民法院提起诉讼提出。

十五、用人单位不具备经营资格的损害赔偿责任

《劳动合同法》第 93 条规定：对不具备合法经营资格的用人单位，劳动者已经付出劳动的，该单位或者其出资人应当依照本法有关规定向劳动者支付劳动报酬、经济补偿、赔偿金；给劳动者造成损害的，应当承担赔偿责任。

不具备合法经营资格的用人单位，是指没有依照有关法律规定获得相应的营业执照，具备相应的经营资格的用人单位。根据我国《无照经营查处取缔办法》的规定，无照经营行为主要包括以下几种情况：一是应当取得而未依法取得许可证或者其他批准文件和营业执照，擅自从事经营活动的无照经营行为；二是无须取得许可证或者其他批准文件即可取得营业执照而未依法取得营业执照，擅自从事经营活动的无照经营行为；三是已经依法取得许可证或者其他批准文件，但未依法取得营业执照，擅自从事经营活动的无照经营行为；四是已经办理注销登记或者被吊销营业执照，以及营业执照有效期届满后未按照规定重新办理登记手续，擅自继续从事经营活动的无照经营行为；五是超出核准登记的经营范围、擅自从事应当取得许可证或者其他批准文件方可从事的经营活动的违法经营行为。不具备合法经营资格的用人单位应当由工商行政管理部门依法予以取缔，吊销营业执照。同时，根据《劳动合同法》第 26 条的规定，不具备合法经营资格的用人单位与劳动者订立的劳动合同因主体违法属于无效合同。按照公平原则，不具备合法经营资格的用人单位被依法处理的，对劳动者已经付出的劳动，用人单位或其出资人除了要支付相应的劳动报酬、经济补偿外，还要承担赔偿义务，支付赔偿金。

《劳动合同法》之所以规定由用人单位或其出资人承担支付劳动报酬、经济补偿和赔偿金的义务，目的是解决实践中由于用人单位被依法取缔后劳动者的损失和损害难以从被处理单位得到补偿和赔偿的问题。要求出资人承担赔偿责任，有利于保护劳动者的合法权益。在权利救济上，对被处理单位和出资人拒绝支付劳动报酬、经济补偿和赔偿金的，劳动者可以其出资人为被告提起诉讼。

十六、劳动主管部门及其工作人员渎职的损害赔偿责任

《劳动合同法》第 95 条规定：劳动行政部门和其他有关主管部门及其工作人员玩忽职守、不履行法定职责，或者违法行使职权，给劳动者或者用人单位造成损害的，应当承担赔偿责任。

行政部门负有依法行使监管权力，保护劳动者和用人单位权益的法定职责。劳动行政部门和有关主管部门及其工作人员玩忽职守、不履行法定职责，或者违法行使职权，给劳动者或者用人单位造成损失的，应当承担赔偿责任。

用人单位在生产和经营过程中发生的一些严重劳动用工侵权事件，暴露出行政部门监管不到位的严重问题。长期以来，政府有关行政部门对农村地区的小作坊、小煤矿、小工厂等劳动用工问题疏于管理，基本处于失察和失控的状态，正是由于这种管理的缺位和一些行政机关工作人员的失职渎职以及个别人的腐败行为，使得一些非法用人单位得以存在，非法用工屡禁不止，劳动者的人身权利受到严重侵犯。因此，《劳动合同法》明确了行政机关及其工作人员的行政违法赔偿责任。

行政违法行为主要包括两种：一种是单位和个人即行政相对人违反行政法规的行为；另一种是行政机关及其工作人员即行政主体执行职务时的轻微违法行为或者违反纪律的行为。《劳动合同法》规定的行政违法行为是指行政机关及其工作人员的行政违法行为，主要包括玩忽职守、不履行法定职责和违法行使职权等情形。玩忽职守、不履行法定职责，是指行政机关或者被授权的组织及其工作人员不履行法律所赋予的职权，不承担相应的职责，构成违法失职行为，又称为行政不作为。实践中表现为：其一，明确拒绝履行。即行政机关及其工作人员明确否认自己对该事项具有管辖权或处理权，明确拒绝采取相应的行政行为。其二，无正当理由逾期仍不履行，即超过法定的期限仍不履行。其三，拖延履行法定职责，即行政机关在合理的履行时限内不予答复或未明确答复。违法行使职权主要包括行政机关工作人员违法行使本人范围内的权力，以及超越其职权范围而实施有关行为等情形。

行政赔偿责任，是指行政主体违法实施行政行为，侵犯相对人合法权益造成损害时由国家承担的一种赔偿责任，由行政主体、行政违法行为、损害后果和因

果关系四个要件构成。其中，行政主体，是指执行行政职务的行政机关及其工作人员。行政违法行为，是指违法执行职务的行为，既包括职务行为本身的行为，也包括与职务有关联而不可分的行为。损害后果，是指行政主体实施的行政违法行为对相对人合法权益造成的损害。根据《国家赔偿法》的规定，对相对人合法权益造成的损害仅指物质损害和直接损害，而不包括精神损害与间接损害。因果关系，是指行政违法行为与损害后果之间存在的因果关系。

第三节　违反劳动合同法的行政责任

行政责任，是指行政法律关系主体因违反行政法律义务，而由专门国家机关依法追究或者主动承担的否定性法律后果。在劳动合同法上，行政责任是指用人单位侵犯劳动者人身权益、财产权益的行政违法行为，应当依法给予的行政处罚。行政违法行为主要包括违反治安管理的行为和违反行政管理规定的行为。

根据我国《行政处罚法》的规定，行政处罚的种类包括警告，罚款，没收违法所得、没收非法财物，责令停产停业，暂扣或者吊销营业执照，行政拘留六种。另外，《行政处罚法》第 23 条还专门对“责令改正”作了规定：行政机关实施行政处罚，应当责令当事人改正或者限期改正违法行为。

“责令改正”不是一种行政处罚。《行政处罚法》对于“责令改正”的制度性质作了这样的安排：我国现行的法律法规中，在行政处罚的手段上都有这样的规定，责令改正违法行为，或者规定责令限期消除违法行为的后果等。考虑到对任何一种违法行为，均应当予以改正，责令改正不应当是一种处罚，而是实施每一种行政处罚的一个前置条件，一个必经过程，即实施每一种行政处罚之前，都应当首先责令当事人改正违法行为，消除违法行为后果，然后才是实施行政处罚，因为实施行政处罚的目的不应当是为罚而罚，而是为了维护公共利益和公共秩序，保护公民、法人或者其他组织的合法权益，纠正违法行为，教育公民、法人自觉守法。

警告在学理上称为“申诫罚”，有告诫的意思，就是当公民或者其他组织有违反行政管理秩序的行为时，行政机关可以责令其立即改正违法行为，告诫其应当遵守法律、法规的有关规定，不能违法。警告属于相对较轻的一种处罚，所以《行政处罚法》对其设定权的规定比较宽松：法律、行政法规、规章都可以设定警告的处罚，并且行政机关适用简易程序即可当场作出处罚决定，不必经过调查、收集证据等一般程序。

罚款和没收违法所得在学理上称为“财产罚”。所谓财产罚，是指剥夺当事人的财产权，并不影响违法者的人身自由和进行其他活动的权利。财产罚的主要形式表现为没收非法占有的财物和金钱，或令其缴纳一定数额的金钱，即没收违法所得、没收非法财物和罚款。财产罚主要适用于以下几种情况：一是有经济收入的公民或者有固定资产的法人或组织所实施的违法行为；二是在从事以营利为目的的经营活动中所实施的违法行为；三是行为人实施违法行为所造成的危害后果，可以通过剥夺其财产予以补偿，对这种违法行为可适用财产罚。财产罚必须以制裁违法行为为目的，依法适用，不得滥用和乱用。

罚款是对违反法律、法规，不履行法定义务的当事人所实施的一种经济上的处罚，是指行政机关强制违法者承担一定的金钱给付义务的处罚方式。罚款这种处罚方式由于既不影响被处罚人的人身自由及其合法活动，又能够起到对违法行为的惩戒作用，因此成为行政处罚中应用最广泛的一种，在治安管理处罚、工商行政管理处罚、环境保护管理处罚、财政金融管理处罚等许多方面都有罚款的规定。为了更好地规范罚款这一处罚种类，有效地制止乱罚款、滥罚款，《行政处罚法》从设定权、处罚主体、决定程序、执行程序等方面对罚款进行了规定，特别是规定了罚收分离制度，即作出罚款决定的行政机关应当与收缴罚款的机构分离，除了当场收缴的罚款外，作出行政处罚决定的行政机关及其执法人员不得自行收缴罚款。当事人应当自收到行政处罚决定书之日起 15 日内，到指定的银行缴纳罚款。罚收分离制度的确立有助于减少行政机关以罚款搞创收的不正之风，确保罚款能够及时、全额上缴国库，促进了行政机关的廉政建设，保护了当事人的合法权益，是行政处罚中的一大举措。

没收违法所得，是指由行政机关实施的将违法当事人的违法收入收归国有的处罚方式，实施这一处罚的前提是当事人因为违法行为而获得了违法收入，即有了违法所得才给予没收；如果当事人没有违法所得，这一处罚种类也就无从实施。

相比警告和罚款等处罚种类，没收非法所得属于相对较重的行政处罚，因此，《行政处罚法》对其在设定和实施方面都作了严格限定。根据《行政处罚法》的规定，只有法律、行政法规和地方性法规可以设定没收违法所得的行政处罚，国务院的部门规章和地方人民政府规章均不得设定没收违法所得的行政处罚。行政机关在决定给予没收违法所得的处罚时，应当适用一般程序，即经过调查、收集有关证据，以及必要时要依据法律、法规的规定进行检查才能作出没收违法所得的处罚决定。

罚款与没收非法所得的区别是：罚款是对当事人合法财产的剥夺；而没收违法所得则是对当事人非法占有的财产的剥夺。罚款与罚金的区别是：罚金属于刑罚中附加刑的一种，主要适用于谋取非法利益的犯罪；罚款则超出了非法谋取利益的范围，对许多并无谋取利益目的的违法者也同样适用。

一、责令改正

《劳动合同法》第81条规定了对违反合同文本规定的处罚。用人单位提供的劳动合同文本未载明《劳动合同法》规定的劳动合同必备条款或者用人单位未将劳动合同文本交付劳动者的，由劳动行政部门责令改正。

《劳动合同法》第83条规定了用人单位违反试用期的责任：用人单位违反《劳动合同法》规定与劳动者约定试用期的，由劳动行政部门责令改正。用人单位违反《劳动合同法》的规定，与劳动者所约定的试用期如果还没有实际履行，则由劳动行政部门责令用人单位予以改正，使之符合《劳动合同法》的规定。

《劳动合同法》第89条规定：用人单位违反本法规定未向劳动者出具解除或者终止劳动合同的书面证明，由劳动行政部门责令改正。出具解除或者终止劳动合同的书面证明，是用人单位应当履行的后合同义务，对于用人单位不履行后合同义务的法律责任，《劳动合同法》根据对劳动者是否造成损害作了区别规定。如果未对劳动者造成损害，则应当由劳动行政部门责令改正。责令改正的目的是纠正已发生的违法行为，平衡双方的权利义务关系，使之恢复到合法的状态。劳动行政部门应当要求用人单位在一定期限内向劳动者出具解除或者终止劳动合同的书面证明。如果由于用人单位未出具有关证明而给劳动者造成损害的，则应当承担赔偿责任。

《劳动法》第98条规定了违法解除和拖延订立劳动合同的责任：用人单位违反《劳动法》规定的条件解除劳动合同或者故意拖延而不订立劳动合同的，由劳动行政部门责令改正。具体来讲，在行政责任方面，由劳动行政部门责成用人单位恢复与劳动者的劳动合同，或者责令用人单位补签与劳动者应当订立的劳动合同。对劳动行政部门作出的决定，用人单位应当执行。

《劳动法》第100条规定了对不缴纳保险费行为的处理。用人单位无故不缴纳社会保险费的，由劳动行政部门责令其限期缴纳；逾期不缴的，可以加收滞纳金。

二、责令改正和警告

《劳动法》第89条和《劳动合同法》第80条规定了对劳动规章违法的处罚：用人单位直接涉及劳动者切身利益的规章制度违反法律、法规规定的，由劳动行政部门责令改正，给予警告。劳动者一经发现用人单位制定的规章制度违反法律、法规规定的，可以向当地劳动行政部门投诉，劳动行政部门首先要责令用人单位改正违法行为，即对违法的规章制度进行纠正，使之符合法律、法规的规定，成为有效的规章制度。例如，用人单位规定的试用期超过了法律规定的最高时限，则必须予以改正，缩短到法律规定的幅度。劳动行政部门除了责令用人单位改正违法行为外，还要给予用人单位警告的行政处罚，使用人单位能够对自己的违法行为有所警醒，记住违法的教训，避免下次再犯。

三、责令改正和罚款

《劳动合同法》第92条规定了劳务派遣单位违反《劳动合同法》规定的行政处罚：劳务派遣单位违反《劳动合同法》规定的，由劳动行政部门和其他有关主管部门责令改正；情节严重的，以每人1000元以上5000元以下的标准处以罚款，并由工商行政管理部门吊销营业执照。

《劳动法》第94条规定了对非法招用未成年工的处罚：用人单位招用未满16周岁的未成年人的，由劳动行政部门责令改正，处以罚款；情节严重的，由工商行政管理部门吊销营业执照。

《劳动法》第95条规定了对侵害女职工和未成年工合法权益的处罚：用人单位违反法律对女职工和未成年工的保护规定，侵害其合法权益的，由劳动行政部门责令改正，处以罚款。

《劳动法》第92条规定了对用人单位违反劳动保护规定的处罚：用人单位的劳动安全设施和劳动卫生条件不符合国家规定或者未向劳动者提供必要的劳动保护用品和劳动保护设施的，由劳动行政部门或者有关部门责令改正，可以处以罚款；情节严重的，提请县级以上人民政府决定责令停产整顿。

《劳动合同法》第84条规定了用人单位非法扣押劳动者证件、档案以及非法要求提供担保的责任：用人单位违反本法规定，扣押劳动者居民身份证等证件的，由劳动行政部门责令限期退还劳动者本人，并依照有关法律规定给予处罚。用人单位违反本法规定，以担保或者其他名义向劳动者收取财物的，由劳动行政部门责令限期退还劳动者本人，并以每人500元以上2000元以下的标准处以罚款；劳动者依法解除或者终止劳动合同，用人单位扣押劳动者档案或者其他物品的，由劳动行政部门责令限期退还劳动者本人，并以每人500元以上2000元以下的标准处以罚款。我国《居民身份证法》第15条第3款规定：任何组织或者个人不得扣押居民身份证，但公安机关依照刑事诉讼法执行监视居住强制措施的情形除外。该法第16条同时规定：对非法扣押他人居民身份证的，由公安机关给予警告，并处200元以下罚款，有违法所得的，没收违法所得。我国《护照法》规定：护照是中国公民出入国境和在国外证明国籍和身份的证件，除公安、安全、监察和司法机关因办理案件需要，可以依法扣押案件当事人的护照外，任何组织或者个人不得非法扣押护照。对于在中国境内工作的外国人的护照，用人单位也不得非法扣押。其他直接涉及公民身份的证件，如学历证、技术职称证等也不应扣押。虽然没有法律直接规定此类证件不得扣押，但可以通过扩大解释将其涵括在内。

《劳动法》第101条规定了对妨碍检查公务行为的处罚。用人单位无理阻挠劳动行政部门、有关部门及其工作人员行使监督检查权，打击报复举报人员的，由劳动行政部门或者有关部门处以罚款。

四、取消非法经营和罚款

《劳动合同法》第93条规定：对不具备合法经营资格的用人单位的违法行为，依法追究法律责任。不具备经营资格的用人单位，是指没有依照有关法律规定获得相应的营业执照，具备相应的经营资格的单位。根据我国《无照经营查处取缔办法》的规定，对无照经营行为，由工商行政管理部门依法予以取缔，没收违法所得；尚不构成刑事处罚的，并处2万元以下的罚款；无照经营行为规模较大、社会危害严重的，并处2万元以上20万元以下罚款；无照经营行为危害人体健康、存在重大安全隐患、危害公共安全、破坏环境资源的，没收专门用于从事无照经营的工具、设备、原材料、产品（商品）等财物，并处5万元以上50万元以下的罚款。对无照经营行为的处罚，法律、法规另有规定的，从其规定。

五、责令改正、警告和罚款

《劳动法》第90条规定了对违法延长工时的处罚。用人单位违反法律规定，延长劳动者工作时间的，由劳动行政部门给予警告，责令改正，并可以处以罚款。这里所指的延长工作时间，主要是指用人单位在国家允许的标准工作时间和延长工作时间之外，再延长劳动者的工作时间。我国现行的工作时间制度为每日8小时，每周40小时，即劳动者每工作5天，即可享有两天的休息时间。如果用人单位占用劳动者的休息时间而不给予补休，视同用人单位延长了劳动者的工作时间，并应当包括在每月36小时的最高延长工作时间之内。

六、罚款、没收违法所得与治安拘留

我国《劳动法》第96条和《劳动合同法》第88条对用人单位侵犯劳动者人身权益的情形及其行政处罚作了明确规定。

用人单位以暴力、威胁或者非法限制人身自由的手段强迫劳动的；违章指挥或者强令冒险作业危及劳动者人身安全的；侮辱、体罚、殴打、非法搜查或者拘禁劳动者的以及劳动条件恶劣、环境污染严重，给劳动者身心健康造成严重损害的，由公安机关对责任人员处以十五日以下治安拘留、罚款或者警告。这里所指的“威胁”是指用人单位以某种对劳动者形成要挟的条件和手段，迫使劳动者接受用人单位所提要求和条件的行为；“侮辱”是指用人单位公然贬低劳动者人格，损害劳动者名誉的行为；“非法搜查”是指用人单位非法对劳动者的身体进行搜查的行为。

具体来说，《劳动合同法》第88条第1项、第2项、第3项规定的情形，属于违反治安管理的行为，用人单位可能因违反《治安管理处罚法》的有关规定而被依法给予相应的行政处罚。《治安管理处罚法》第40条规定：“以暴力、胁迫或者其他手段强迫他人劳动的”、“非法限制他人人身自由或者非法搜查他人身体的”，处“十日以上十五日以下拘留，并处五百元以上一千元以下罚款；情节较轻的，处五日以上十日以下拘留，并处二百元以上五百元以下罚款”。该法第42条规定：公然侮辱他人的，处5日以下拘留或者500元以下罚款；情节较重的，处5日以上10日以下拘留，并处500元以下罚款。该法第43条规定：殴打他人的，或者故意伤害他人身体的，处5日以上10日以下拘留，并处200元以上500元以下罚款；情节较轻的，处5日以下拘留或者500元以下罚款。有下列情形之一的，处10日以上15日以下拘留，并处500元以上1000元以下罚款：（1）结伙殴打、伤害他人的；（2）殴打、伤害残疾人、孕妇、不满14周岁的人或者60周岁以上的人的；（3）多次殴打、伤害他人或者一次殴打、伤害多人的。《劳动合同法》第88条第4项规定的情形属于违反行政管理规定的行为，应根据相应的行政法规、规章的规定给予行政处罚。

七、行政处分

行政部门负有依法行使监管权力，保护劳动者和用人单位权益的法定职责。

《劳动法》第103条和《劳动合同法》第95条对劳动合同监督检查的工作人员渎职行为规定了行政处罚。《劳动法》第103条规定：劳动行政部门或者有关部门的工作人员滥用职权、玩忽职守、徇私舞弊，不构成犯罪的，给予行政处分。所谓滥用职权，是指劳动行政部门或者有关部门的工作人员利用其国家工作人员身份，随意超越其职责和法律法规授予的职权，从事损害国家利益和法律权威的违法行为。所谓玩忽职守，是指劳动行政部门或者有关部门工作人员因工作漫不经心、疏忽大意、不履行职责，不遵守法律法规的规定，导致用人单位财产和国家利益遭受损失的行为。所谓徇私舞弊，是指劳动行政部门或者有关部门的工作人员为了私情私利，故意违反法律法规的规定，利用职权枉法处理的行为。

根据《劳动合同法》第 95 条的规定，劳动行政部门和有关主管部门及其工作人员玩忽职守、不履行法定职责，或者违法行使职权，给劳动者或者用人单位造成损失的，除承担行政违法赔偿责任外，对直接负责的主管人员和其他直接责任人员，依法给予行政处分。根据《公务员法》和《行政机关公务员处分条例》，行政机关公务员处分的种类及期限包括：警告，6 个月；记过，12 个月；记大过，18 个月；降级、撤职，24 个月。行政处分的对象仅限于个人，单位不能成为行政处分的对象。

第四节　违反劳动合同法的刑事责任

刑事责任，是指犯罪人实施刑法所禁止的行为（作为或不作为）后，向国家担负的刑事法律后果。刑事责任具有强制性和严厉性。刑事责任通常与刑罚联系在一起，刑罚是国家最严厉的制裁方法，它不仅可以剥夺犯罪人的财产权与政治权，还可以限制或有期、无期地剥夺犯罪人的人身自由，甚至可以剥夺犯罪人的生命。

一、违章事故的刑事责任

《劳动法》第 93 条规定了违章事故的处罚：用人单位强令劳动者违章冒险作业，发生重大伤亡事故的，造成严重后果的，对责任人员依法追究刑事责任。重大伤亡事故，一般是指造成 3 人以上 9 人以下死亡，造成直接经济损失数额较大的事故。责任人员包括主管责任人和直接责任人。

二、挪用社保基金的刑事责任

《劳动法》第 104 条规定了对挪用社保基金行为的处罚。国家工作人员和社会保险基金经办机构的工作人员挪用社会保险基金构成犯罪的，依法追究刑事责任。在判断国家工作人员和社会保险基金经办机构工作人员挪用社保基金的行为是否构成犯罪，并应承担刑事责任时，须符合以下条件：一是犯罪主体只能是国家工作人员和社会保险经办机构的工作人员，前者专指与挪用社会保险基金有直接关系的政府部门的人员。二是挪用社会保险金的行为已经达到构成犯罪的数额。轻微挪用社会保险基金，不构成犯罪的，应当依照行政法规和规章的规定进行处理。三是犯罪人具有主观故意。由于我国《刑法》没有“挪用社会保险基金罪”的罪名，司法实践可以依据挪用公款罪的规定进行处理。

三、违反劳动保护的刑事责任

《劳动法》第 92 条规定了对用人单位违反劳动保护规定的处罚：用人单位的劳动安全设施和劳动卫生条件不符合国家规定或者未向劳动者提供必要的劳动保护用品和劳动保护设施的，对事故隐患不采取措施，致使发生重大事故，造成劳动者生命和财产损失的，对责任人员依照《刑法》的有关规定追究刑事责任。

四、用人单位侵犯劳动者人身权利的刑事责任

《劳动法》第 96 条和《劳动合同法》第 88 条对用人单位侵犯劳动者人身权益的行为及其刑事责任作了明确规定。用人单位以暴力、威胁或者非法限制人身自由的手段强迫劳动的；违章指挥或者强令冒险作业危及劳动者人身安全的；侮辱、体罚、殴打、非法搜查或者拘禁劳动者的；劳动条件恶劣、环境污染严重，给劳动者身心健康造成严重损害的；如果构成犯罪，则对责任人员依法追究刑事责任。

具体来讲，我国《刑法》第 134 条规定：在生产、作业中违反有关安全管理的规定，因而发生重大伤亡事故或者造成其他严重后果的，处 3 年以下有期徒刑或者拘役；情节特别恶劣的，处 3 年以上 7 年以下有期徒刑。强令他人违章冒险作业，因而发生重大伤亡事故或者造成其他严重后果的，处 5 年以下有期徒刑或者拘役；情节特别恶劣的，处 5 年以上有期徒刑。《刑法》第 135 条规定：安全生产设施或者安全生产条件不符合国家规定，因而发生重大伤亡事故或者造成其他严重后果的，对直接负责的主管人员和其他直接责任人员，处 3 年以下有期徒刑或者拘役；情节特别恶劣的，处 3 年以上 7 年以下有期徒刑。《刑法》第 232 条规定：故意杀人的，处死刑、无期徒刑或者 10 年以上有期徒刑；情节较轻的，处 3 年以上 10 年以下有期徒刑。《刑法》第 233 条规定：过失致人死亡的，处 3 年以上 7 年以下有期徒刑；情节较轻的，处 3 年以下有期徒刑。《刑法》另有规定的，依照规定。《刑法》第 234 条规定：故意伤害他人身体的，处 3 年以下有期徒刑、拘役或者管制；致人重伤的，处 3 年以上 10 年以下有期徒刑；致人死亡或者以特别残忍手段致人重伤造成严重残疾的，处 10 年以上有期徒刑、无期徒刑或者死刑。《刑法》另有规定的，依照规定。《刑法》第 235 条规定：过失伤害他人致人重伤的，处 3 年以下有期徒刑或者拘役。《刑法》另有规定的，依照规定。《刑法》第 238 条规定：非法拘禁他人或者以其他方法非法剥夺他人人身自由的，处 3 年以下有期徒刑、拘役、管制或者剥夺政治权利。具有殴打、侮辱情节的，从重处罚。致人重伤的，处 3 年以上 10 年以下有期徒刑；致

人死亡的，处10年以上有期徒刑。使用暴力致人伤残、死亡的，依照《刑法》第234条、第232条的规定定罪处罚。《刑法》第244条规定：用人单位违反劳动管理法规，以限制人身自由方法强迫职工劳动，情节严重的，对直接责任人员，处3年以下有期徒刑或者拘役，并处或者单处罚金。第244条第1款规定：用人单位违反劳动管理法规，雇用未满16周岁的未成年人从事超强度体力劳动的，或者从事高空、井下作业的，或者在爆炸性、易燃性、放射性、毒害性等危险环境下从事劳动，情节严重的，对直接责任人员，处3年以下有期徒刑或者拘役，并处罚金；情节严重的，处3年以上7年以下有期徒刑，并处罚金。有上述行为，造成事故，又构成其他犯罪的，依照数罪并罚的规定处罚。《刑法》第245条规定：非法搜查他人身体的，处3年以下有期徒刑或者拘役。《刑法》第246条规定：以暴力或者其他方法公然侮辱他人，情节严重的，处3年以下有期徒刑、拘役、管制或者剥夺政治权利。犯本罪，告诉的才处理，但严重危害社会秩序和国家利益的除外。

五、妨碍劳动监督检查的刑事责任

《劳动法》第101条规定了对妨碍检查公务行为的处罚。用人单位无理阻挠劳动行政部门、有关部门及其工作人员行使监督检查权，打击报复举报人员的，由劳动行政部门或者有关部门处以罚款；构成犯罪的，对责任人员依法追究刑事责任。

六、劳动监督检查机关及其工作人员渎职的刑事责任

《劳动法》第103条规定了对劳动合同监督检查的工作人员渎职的处罚：劳动行政部门或者有关部门的工作人员滥用职权、玩忽职守、徇私舞弊，构成犯罪的，依法追究刑事责任；《劳动合同法》第95条规定：劳动行政部门和其他有关主管部门及其工作人员玩忽职守、不履行法定职责，或者违法行使职权，构成犯罪的，依法追究刑事责任。

我国《刑法》第397条是对国家机关工作人员滥用职权罪、玩忽职守罪及其处罚的规定。根据该条规定，劳动行政部门和其他有关主管部门及其工作人员不履行法定职责或者违法行使职权，致使公共财产、国家和人民利益遭受重大损失的，处3年以下有期徒刑或者拘役；情节特别严重的，处3年以上7年以下有期徒刑。《刑法》另有规定的，依照规定。国家机关工作人员徇私舞弊，犯上述罪的，处5年以下有期徒刑或者拘役；情节特别严重的，处5年以上10年以下有期徒刑。《刑法》另有规定的，依照规定。

七、不具备合法经营资格的用人单位的刑事责任

《劳动合同法》第93条规定：对不具备合法经营资格的用人单位的违法犯罪行为，依法追究法律责任。不具备合法经营资格的用人单位，是指没有依照有关法律的规定获得相应的营业执照，具备相应的经营资格的用人单位。根据我国《无照经营查处取缔办法》的规定，无照经营行为触犯刑律的，依照《刑法》关于非法经营罪、重大责任事故罪、重大劳动安全事故罪、危险物品肇事罪或者其他罪的规定，依法追究刑事责任。对无照经营行为的处罚，法律、法规另有规定的，从其规定。

第十三章　劳动合同实施的监督检查制度

第一节　劳动合同监督检查体系与立法

一、劳动合同监督检查的意义、概念与特征

劳动合同作为劳动者与用人单位确立劳动关系、明确双方权利和义务的协议，体现了当事人的意志。为保障劳动合同的约定，包括集体合同的规定，能够符合立法的规定，防止用人单位借合同之名侵犯劳动者的合法权益，国家和社会对劳动合同的监督就显得十分必要。

对于劳动合同的监督检查，法律上没有定义，理论上有大体相同的概念。有的认为是指有关主体对劳动合同的订立、履行、变更、解除等情况进行监督、检查以及对违反劳动合同的行为予以纠正、处罚的活动。有的认为是指依法有权对劳动法的执行，进行监督检查的组织或者个人对劳动法的主体遵守劳动法的情况，进行监督和检查。

由于在劳动关系中，用人单位本身就是强势，劳动者本身就是弱势，在劳动合同的订立、履行、变更、解除中，用人单位很容易滥用自己的强势地位来侵犯劳动者的合法权益，所以需要通过国家和社会的力量介入到劳动合同过程之中。通过有关主体对劳动合同的监督检查，可以及时发现劳动合同订立、履行、变更、解除等劳动合同过程中存在的非法和不当的行为，并予以纠正和处罚，这对于劳动合同法的实施、促进用人单位依法用人，保障劳动合同法的“保护劳动者的合法权益，构建和发展和谐稳定的劳动关系”的立法宗旨的实现具有重要意义。劳动合同监督检查具有以下几个方面的特征：第一，劳动合同监督检查的目的是为了保障在本行政区域内劳动合同制度的实施，从而实现“保护劳动者的合法权益，构建和发展和谐稳定的劳动关系”的立法宗旨。第二，劳动合同监督检查的对象是用人单位，包括我国境内的各种企业、个体经济组织、民办非企业单位等组织。第三，劳动合同监督检查的内容是用人单位遵守劳动合同立法的情况，例如，劳动合同的订立、履行、变更、解除等是否遵守了劳动合同法的规定和其他劳动立法规定的标准等。第四，劳动合同监督检查是有权主体依法实施的监督行为，其法律依据是现行的法律、法规。监督主体必须依据法律、法规

所规定的职责、内容、程序依法对劳动合同的订立、履行、变更、解除等进行监督检查，发现用人单位违反法律、法规的行为，要予以及时的制止、纠正、处罚等。第五，独立性。劳动合同监督检查制度是一种独立的制度。它由国家制定的专门法律和法规进行调整，是整个国家监督、检查制度体系的一个重要组成部分，也是劳动法律制度的重要内容。

《劳动合同法》属于社会法的范畴，法律对劳动合同的调整也相应采用了三种调整机制：劳动基准、集体合同和劳动合同（个别劳动合同）。在这三种调整机制中，分别反映了劳动者和用人单位、劳动者团体和用人单位团体以及国家三者的参与和意志。“三方原则”就是社会调解机制在劳动关系领域中的具体表达形式。在对劳动合同关系的监督检查中，基于《劳动合同法》的社会法属性，劳动合同的监督机制也应包括行政监督检查和社会监督。行政监督检查，包括劳动保障行政部门的监督检查和政府有关部门的监督检查，其中劳动行政部门的监督检查又被称为“劳动监察”；社会监督检查主要包括工会的监督检查、其他组织和个人的监督。这里需要明确，虽然同为社会监督检查的范畴，但要区分工会与其他组织和个人在劳动合同监督检查中的权利，后者只有监督权，而没有检查权。

二、劳动合同监督检查立法

劳动合同监督检查立法主要包括国际立法与国内立法，其中又可分为综合立法与专项立法。无论是国际立法还是国内立法，均以劳动行政部门对劳动合同的监督检查为主要调整对象。

国际劳工组织的章程明确规定，所有会员国都要建立劳动监察制度，要求各国劳动法律的实施都应当由一定数量的、由政府任命的、独立于雇主和工人的具有专门素质的官员予以监督。① 为此，国际劳工组织先后通过了《1947 年劳动监察公约》（第 81 号公约）、《1969 年（农业）劳动监察公约》（第 129 号公约）、《1996 年海员工作和生活条件监察公约》（第 178 号公约）、《1919 年劳动监察（卫生部门）建议书》（第 5 号建议书）、《1923 年劳动监察建议书》（第 20 号建议书）、《1947 年（采矿和运输业）劳动监察建议书》（第 82 号建议书）。这些公约和建议书阐明了劳动监察制度的基本原则、国际标准。

我国劳动监督检查立法主要包括《劳动法》、《劳动合同法》、《劳动保障监察条例》、《国营企业实行劳动合同制暂行规定》、《劳动监察规定》、《劳动监察员管理办法》、《劳动监察程序规定》、《劳动行政处罚若干规定》等法律、法规、

① ［德］沃尔夫根·冯·李希霍芬：《劳动监察》，中国劳动社会保障出版社 2004 年版，第 7～8 页。

规章以及地方性法规和规章，构成了比较完整的劳动合同监督检查法律制度体系。这些立法对劳动监察的具体实施主体、权力、程序等作了明确具体的规定，对于劳动监察的依法行使、劳动监察的合理性具有重要的保障作用。

第二节 劳动合同的行政监督检查

劳动合同的行政监督检查分为劳动行政部门的监督检查和政府有关部门的监督检查两个方面。

一、劳动行政部门对劳动合同实施的监督检查（劳动监察）

多数理论和立法均将劳动行政部门对劳动合同的监督检查称为“劳动监察”。劳动监察是劳动执法的核心内容，是劳动执法活动的具体化、制度化，也是劳动法律实施的重要保障。我国《劳动法》第85条规定，县级以上各级人民政府劳动行政部门依法对用人单位遵守劳动法律、法规的情况进行监督检查，对违反劳动法律、法规的行为有权制止，并责令改正。《劳动法》第98条规定：用人单位违反本法规定的条件解除劳动合同或故意不订立劳动合同的，由劳动行政部门责令改正；对劳动者造成损害的，应当承担赔偿责任。依据《劳动法》的规定，《劳动合同法》对劳动行政部门监督检查的行为性质、内容、机制、措施、方式等作了具体规定。

《劳动合同法》第73条规定：国务院劳动行政部门负责全国劳动合同制度实施的监督管理。县级以上地方人民政府劳动行政部门负责本行政区域内劳动合同制度实施的监督管理。由此可以认为，劳动监察是指国家劳动行政部门以自己的名义，代表国家对劳动合同制度的实施进行监督管理的行政执法活动。有的将劳动监察定义为劳动行政部门根据相关法律、法规的授权，对用人单位遵守劳动法律、法规的情况进行监督检查，并对查明属实的违法行为予以行政处罚的法律制度。① 有的认为劳动监察，在国外被称为劳工检查，是指法定的专门机关代表国家对劳动法的遵守情况依法进行的检查、纠正、处罚等一系列监督活动。它是保障劳动法实施的一种强制手段，广为各国采用。② 劳动监察的主体是设在劳动行政部门内部的劳动监察机构及其监察人员；劳动监察的对象是用人单位、劳动服务机构和劳动者，但重点对象是用人单位；劳动监察的内容是劳动法律、法规

① 周长征：《劳动法原理》，科学出版社2004年版，第191页。

② 王全兴主编：《劳动法学》，人民法院出版社2005年版，第549页。

和规章的执行情况；劳动监察的手段是劳动监督、劳动检查和劳动处罚等。

劳动行政部门的监督管理是一种专业性的行政执法，有着与其他部门和群众监督的不同作用。因此，它是劳动合同法监督检查体系中最主要的一种。劳动行政部门监督管理具有以下几个主要特点：第一，法定性。劳动监察是法律直接规定的制度，劳动监察的各个方面必须严格依照法律、法规的规定运行。有权监察的主体是劳动行政部门内部的劳动监察机构及其监察人员，被监察对象必须接受劳动监察，不得通过协议或其他方式来规避。同时，劳动监察主体必须对劳动法律、法规和规章的执行情况按照法定的程序来进行。第二，监督管理的专门性。主体是代表国家行使监督管理职权的劳动行政部门。按照主体的层级不同可以分为两类：即中央人民政府劳动行政部门对全国进行普遍管辖；县级以上地方人民政府劳动行政部门对本行政区域进行管辖。根据国务院《劳动保障监察条例》的规定，县级、设区的市级人民政府劳动保障行政部门可以委托符合监察执法条件的组织实施劳动保障监察。劳动合同监察由县级以上各级政府劳动行政部门在内部依法设置专门的劳动监察职能机构具体实施，其他任何组织和个人都不得进行。第三，劳动行政部门监督管理是一种执法行为。这种执法行为具有权威性、执行性、具体性、强制性、优益性和单向性等基本特征。所谓权威性，是指行政执法的实质是国家行政权的运行，是国家意志的体现，是行政主体以其名义实施的国家意志行为，对劳动法律、法规的遵守情况实行统一和全面的监督检查。无论是行政主体还是行政管理相对人都必须服从国家意志。其他形式的劳动合同监督不具有这种特征。所谓执行性，是指劳动行政部门的监督管理能够将有关法律、法规和规章的规定落到实处。所谓具体性，是指劳动行政部门监督管理的相对人只能是特定的用人单位和劳动者。劳动行政部门监督管理机关作出的处理决定，也只能对相对人发生法律效力，不具有普遍的约束力。所谓强制性，是指劳动行政部门监督管理活动是以国家强制力作为后盾的，相对人只能接受并配合劳动行政部门的监督管理活动，如果相对人拒绝履行设定的义务，劳动行政部门有权依法强制执行或申请法院强制执行。所谓优益性，是指劳动行政机关的行政执法行为依法享有优惠条件，行政管理相对人有协助的义务。所谓单向性，是指劳动行政执法行为是行政机关单方发生的行为，其效力的发生不以行政管理相对人的意志为转移。第四，劳动行政部门监督管理是一种行政性法律行为。劳动监察从属性上来看属于行政执法和行政监督的范畴，是行使行政权力的具体行政行为。劳动监察主体如发现用人单位和其他被监察对象有违反劳动法律的行为时，有权对行政监察相对人依据法律规定给予行政处罚或者对相关机关提出行政处罚的建议。这种监督管理的结果会导致一定的法律后果的产生，如对违法现象和不当行为采取制裁措施等。监督管理主体要对这种后果承担法律责任。相对人不服监察决定的，可以提起行政复议或行政诉讼。

（一）劳动监察的基本原则

根据有关国际公约的规定，各国劳动监察应遵循以下几项基本原则：一是劳动监察属于政府的公共职能和责任，应建立制度并纳入国家法律制度体系，以实现管理社会和劳动政策并监督其实施。二是劳动监察部门应与雇主和工人密切合作。这种合作应当从劳动监察部门、政府、雇主和雇员组织合作制定并在工作场所实施劳动保护立法开始，包括对改善生活条件和工作条件等问题及建议的研究，以及向雇主提供关于他们的法定义务的信息等。合作的前提条件是工人代表的参与权得到保障，雇主充分承担自己的责任。三是劳动监察部门与科研院所、社会保障当局的预防工作部门等其他机构，以及与专家们进行有效合作和协调。四是劳动监察工作要日益强化以预防为主的方向。五是全民覆盖导向，即有必要把劳动监察的保护性和预防性行动扩展到所有经济活动领域、覆盖尽可能多的劳动人口。原则上，社会不应当而且劳动监察也不能允许在经济中某些类别的劳动者受到保护，而其他的不受保护。

（二）劳动监察的形式与内容

劳动监察分为综合劳动监察与专项劳动监察两种形式。综合劳动监察，是指劳动监察机构负责对用人单位遵守劳动法律、法规的情况进行综合性的监督检查，范围较为广泛。而专项劳动监察是指劳动监察机构将某些技术性、专业性较强的劳动监察项目单列，另设专门机构进行监督检查。专项劳动监察主要适用于劳动安全卫生方面，各国对于劳动卫生监察一般都是设立专门的监察机构。如美国联邦政府劳工部设立职业安全卫生局和采矿安全保健局，分别负责工厂安全卫生监察和矿山安全卫生监察。《新加坡工厂法》对各类生产部门的技术、安全、卫生等方面的要求作出了详细规定，分别由专门的行政主管部门负责监察。在我国，劳动安全监察、劳动卫生监察、特种设备的安全检查分别由专门的政府部门或机构进行。可见，我国劳动和社会保障部门的监察总体上属于综合性监察。这种多头监管的模式一方面有利于发挥各部门的专业管理优势、提高监管质量，但另一方面又可能给当事人造成不便、加大行政成本，因此，需要各监管部门保持高度协调。

劳动监察的内容，又称劳动监察的范围。劳动行政部门负责对劳动合同制度实施的监督管理，就是对用人单位与劳动者建立劳动关系，订立、履行、变更、解除和终止劳动合同进行监督，包括劳动合同的必备条款和约定条款。《劳动合同法》第 74 条对此作了明确规定。第一，对用人单位制定规章制度及其执行的情况进行监督检查。针对《劳动法》和《劳动合同法》对用人单位规章制度的规定，劳动行政部门对在监督检查时，主要检查规章制度的内容、形式是否合法，以及制定规章制度的过程是否符合程序要求，是否保障了职工的知情权和参与权等。监督检查的后续性结果就是相应法律责任的追究，根据《劳动合同法》

第 80 条的规定，用人单位制定的直接涉及劳动者切身利益的规章制度违反法律、法规规定的，由劳动行政部门责令改正，给予警告；给劳动者造成损害的，用人单位应当承担赔偿责任。第二，监督检查用人单位与劳动者订立和解除劳动合同的情况。这主要是对劳动关系建立时用人单位是否依法同时与劳动者订立书面合同以及劳动关系建立后是否及时与劳动者订立书面合同进行监督检查。此外，还有相关法律责任的承担，根据《劳动合同法》第 82 条的规定，用人单位自用工之日起超过 1 个月但不满 1 年未与劳动者订立书面合同的，劳动行政部门应当责令用人单位向劳动者支付 2 倍的月工资。第三，监督检查用人单位遵守劳务派遣有关规定的情况。主要包括：劳务派遣单位的资格；劳务派遣单位与被派遣劳动者签订劳动合同的情况；劳务派遣协议是否合法；用工单位是否履行其法定义务；被派遣劳动者是否享有与用工单位的劳动者同工同酬的权利；实施劳务派遣的岗位要求是否符合法律要求等多项内容。而且，根据《劳动合同法》第 92 条规定的法律责任，劳动行政部门发现劳务派遣单位违反本法规定的，有权责令其改正；情节严重的，按每一名劳动者 1000 元以上 5000 元以下的标准处以罚款，并由工商行政部门吊销营业执照。第四，监督检查用人单位遵守工作时间和休息休假规定的情况。根据《劳动法》和《劳动合同法》对休息休假的规定，劳动行政部门主要检查用人单位与劳动者的约定是否违反法律的规定以及用人单位对该规定的遵守情况进行检查监督，保障劳动者的休息休假权不受侵犯。第五，监督检查用人单位执行最低工资标准的情况。根据《劳动合同法》第 55 条的规定，用人单位与劳动者订立的劳动合同中劳动条件和劳动报酬等标准不得低于集体合同规定的标准，集体合同中劳动条件和劳动报酬等标准不得低于当地人民政府规定的最低标准。随着各地人民政府逐步提高最低工资标准，劳动行政部门应当监督检查集体合同和劳动合同，促使其中的劳动报酬最低标准相应提高。对于违反《劳动合同法》规定的用人单位，应当依据《劳动合同法》第 85 条的规定，责令用人单位支付其差额部分；逾期不支付的，责令用人单位按照应付金额的 50% 以上 100% 以下的标准向劳动者加付赔偿金。第六，监督检查用人单位参加社会保险和缴纳社会保险费的情况。第七，监督检查法律、法规规定的其他事项。劳动行政部门监督检查的范围十分广泛，除了以上列明的事项外，还有《劳动合同法》规定的像劳动安全卫生、试用期约定、女职工和未成年工特殊权益保护等也都属于这里所说的监督检查事项。此外，《劳动法》、《劳动保障监察条例》等其他法律、法规规定的事项，与劳动合同制度的实施有关的，都可以列入劳动监察事项。

（三）劳动行政部门监督检查的职权与行使方式方法

劳动行政部门监督检查的职权由内设的专门监察机构和劳动监察员行使。这是世界各国通行的做法。监察机构的设立和监察员的资格条件由有关法律予以规定。我国《劳动保障监察条例》和《劳动监察员管理办法》也对此作了明确规定。

根据《劳动合同法》、《劳动保障监察条例》等相关法律、法规和规章的规定，劳动监察主体在劳动合同监督中享有以下监督检查职权：一是检查。依据《劳动合同法》第75条之规定，县级以上地方人民政府劳动行政部门实施监督检查时，有权查阅与劳动合同、集体合同有关的材料，有权对劳动场所进行实地检查，用人单位和劳动者都应当如实提供有关情况和材料。二是审查认证。劳动保护监察机构有权对劳动安全卫生条件和生产、指挥、特种设备操作等人员进行考核、考试、审查、验收、鉴定，并对其中的合格者颁发许可证、合格证、操作证等资格证件；有权对劳动安全卫生设施建设项目的可行性论证报告、预评价报告和设计以及劳动安全卫生设备与劳动防护用品设计进行审查批准；有权对劳动安全卫生设施的设计单位、施工单位、经营单位的资格进行认证。三是制止和责令纠正违法行为。劳动监察机构对事故隐患、特别是重大隐患有权责令企业限期整改，对违章现象有权纠正和制止；遇到紧急、严重的不安全、不卫生情况，或在企业接到《监察意见通知书》以后无故不采取补救措施或不停止违章行为的，有权采取责令停止机器运转、封闭矿井、组织或支持工人撤离现场等措施。四是处罚违法行为。劳动监察主体有权对违反《劳动合同法》的被监察主体依法分别给予警告、通报批评、罚款、撤销许可证、责令停产停业的处罚，对需要相关行政机关给予特定行政处罚的，有权向有处罚权的行政机关提出处罚建议，对触犯刑律者建议司法机关追究刑事责任；对阻挠、刁难、殴打劳动监察员，妨碍监察公务的、或者不按规定时间答复《劳动监察询问通知书》、《监察指令书》的，以及不如实反映情况的相关人员给予行政处罚，触犯《治安管理处罚法》的则建议公安机关处理。

《劳动合同法》规定了两种主要监督检查措施：一是书面检查，即劳动监察机构和监察员依法查阅与劳动合同、集体合同有关的材料；二是对劳动场所实地检查。我国在劳动执法领域实行劳动监察员制度。劳动保障监察员依法履行劳动保障监察职责。劳动保障监察以日常巡视检查、审查用人单位按照要求报送的书面材料以及接受举报投诉等形式进行。实践中，劳动行政部门开展监督检查的方式方法主要有三种：一是常规性监督检查。即对用人单位执行劳动合同制度的情况进行检查，坚持制度化、经常化、规范化，及时发现问题及时处理。二是整顿性监督检查。即集中力量进行突击性的监督检查。当某一时期企业等用人单位遵守和执行劳动合同制度普遍存在严重问题，迫切需要解决这种问题的时候，可以组织力量进行突击性检查。这种做法声势浩大，威慑力强，便于及时解决问题。三是有针对性地对某些用人单位进行监督检查。用人单位发生了伤亡事故，或者有关组织、劳动者检举或控告用人单位有违反劳动合同制度的行为，劳动行政部门应对此进行调查，明辨是非，及时恰当地作出处理。

劳动行政部门在劳动合同制度的监督管理工作中，应当遵守法定的意见听取机制，听取工会、企业方面的代表以及有关行业主管部门的意见。劳动行政部门的监督检查涉及三个方面的关系：一是与监督对象用人单位的关系；二是与保护对象劳动者的关系；三是与行业主管部门的工作关系。厘清这三个方面的关系有助于监管工作的顺利开展，因此有必要听取各方意见。

（四）劳动行政部门监督检查的职责与义务

劳动行政部门的工作人员进行监督检查，应当出示证件，依法行使职权，文明执法。依法行使职权，就是依法执法。依法执法是依法行政的基本要求，劳动行政部门的执法人员在进行监督检查时，应当严格依照法律、法规、规章规定的程序，出示执法身份证件。主要是严格按照国务院《劳动保障监察条例》和劳动与社会保障部《关于实施〈劳动保障监察条例〉若干规定》进行执法，履行法定义务、采取法定措施。劳动监察员进行调查、检查应由2人以上进行，劳动保障监察机构应指定其中一人为主办监察员。劳动保障监察员对用人单位遵守劳动保障法律情况进行监察时，应当遵守的规定包括：进入用人单位时，应当佩带劳动保障监察执法标志，出示劳动保障监察证件，并说明身份；就调查事项制作笔录，由劳动保障监察员和被调查人或其委托的代理人签名或者盖章。被调查人拒绝签名、盖章的，应注明拒签情况。劳动保障监察员进行调查、检查时应当遵守的法定义务包括：依法履行职责，秉公执法；保守在履行职责过程中获知的商业秘密；为举报人保密。同时应遵守回避制度。劳动保障行政部门进行调查、检查时，可以在特定情形下采取证据登记保存措施。包括：当事人可能对证据采取伪造、变造、毁灭行为的；当事人采取措施不当可能导致证据灭失的；不采取证据登记保存措施以后难以取得的；其他可能导致证据灭失情形的。

文明执法，是指执法人员执法时应遵守职业行为规范和社会行为规范。其中应以遵守职业行为规范为主，兼顾社会行为规范。文明执法包括的范围十分广泛，如政治素养、仪表风纪、语言举止等各个方面。文明执法必须以依法执法为前提，有助于构建和谐的执法环境。

（五）劳动行政部门监督检查的程序

根据我国劳动监察立法的规定，劳动监察主体在行使检察权时，应按照法定的程序进行。一方面，程序的存在保障劳动监察主体职权的行使，促进监察主体依法正当的履行职责，积极查处用人单位的违法行为，以促进劳动监察目的的实现；另一方面，对劳动监察主体行政行为的制约，保护劳动者的合法权益。劳动监察按照下列程序进行：第一，登记立案。经过审查，劳动监察主体确认用人单位有违法行为的，需要依法追究的，由劳动监察主体负责人批准立案。第二，调查取证。对已立案的案件，劳动监察主体应当全面、客观、公正地进行调查取证。具体承办人员需要回避的，应当回避。完成调查取证后，应当向劳动监察机构提交调查报告和处理建议，并填写案件处理报批表。第三，处理。在调查取证后，对需要追究法律责任的案件、劳动行政主管部门应该作出处理决定。处理决定作出前，劳动行政部门应当听取当事人申辩。对涉及刑事责任的，应该建议司法机关追究刑事责任。第四，制作处理决定书。劳动行政主管部门作出处理决定，应当制作处理决定书。处理决定书应当加盖劳动行政主管部门印章，并载明下列事项：当事人姓名、住址等基本情况；劳动行政部门认定的违法事实；适用的法律、法规、规章或者规范性文件；处理结论；处理决定的履行日期或者期限；当事人依法享有的申请行政复议或者提起行政复议的权利；作出行政复议的行政机关名称；作出处理决定的日期。第五，送达和备案。劳动监察机构在处理决定书作出之日起 7 日内，应当将处理决定书送达当事人。送达方式参照《民事诉讼法》的有关规定执行。处理决定书应当在 10 日内报送上一级部门备案。劳动监察员对事实清楚、证据确凿、情节简单的违法行为，可以当场处理。处理决定书应当场填写，并递交当事人。第六，执行。处理决定书自送达当事人之日起生效。对处罚决定不服的，被处罚单位可以依照《行政复议法》、《劳动和社会保障行政复议办法》和《行政诉讼法》的规定申请行政复议或提出行政诉讼，在复议或诉讼期间不影响处理决定书的执行。逾期不申请复议、不起诉又不履行的，劳动行政部门可以申请法院强制执行。

二、政府有关部门对劳动合同实施的监督检查

劳动行政部门的监督检查属于综合性执法，专项监督检查由劳动行政部门以外的有关部门进行。《劳动合同法》第76条规定："县级以上人民政府建设、卫生、安全生产监督管理等有关主管部门在各自职责范围内，对用人单位执行劳动合同制度的情况进行监督管理。"依据该条规定，其他行政部门在各自的职责范围内负责对劳动合同法律、法规的遵守情况进行监督，即相关行政部门对劳动合同的监督。立法规定相关行政部门对劳动合同监督，是因为当事人在劳动合同关系中所享有的权益涉及《劳动法》和其他法律的交叉，需要依据劳动法律和其他法律相配合对劳动合同关系进行监督。例如，建设行业拖欠农民工工资问题一度成为社会热点，建设部门自然责无旁贷；劳动合同应当具备职业危害防护条款，发生问题，卫生部门自然应当参与进来；劳动合同应当具备劳动保护条款，出现安全事故，安全生产监督部门无法缺少。而且，对用人单位违反劳动合同义务行为的监督和惩戒所采取的行政措施中，有些行政措施劳动部门无权行使，只能由其他行政机关来行使。例如，吊销营业执照依照我国法律规定归属工商行政部门专属，对相关责任人员的行政处分只能按照我国目前人事管理体制由特定主

管部门来执行。因此，为了保护劳动者的合法权益，保障劳动合同法律的全面实施，需要各有关行政部门在各自职责范围之内，对《劳动合同法》的遵守情况实施监督。

根据我国目前的立法规定来看，相关行政部门的监督大致可以划分为两类：一类是用人单位主管部门的监督；另一类是建设、卫生、安全生产等行政部门的监督。

用人单位主管部门作为依法设立的，代表国家对用人单位进行管理、监督的政府行政职能部门，当然有权对所属行业和部门执行劳动合同法律、法规情况进行监督检查。例如，根据《工厂安全卫生规程》、《建筑安全工程安全技术规程》、《工人职员伤亡事故报告规程》等法规的规定，一方面用人单位主管部门执行劳动合同法的规定，另一方面又需要监督劳动合同法的规定在本主管部门有关单位的执行。具体来看，用人单位主管部门对用人单位的劳动合同监督的职责主要包括以下几方面：建立健全对用人单位进行劳动合同监督检查的各项制度和计划，如专项检查、定期检查等制度；组织和领导基层监督检查组织开展各种形式的监督检查活动，并保证监督检查活动的经常化和制度化；听取劳动行政机关、工会组织对企业执行《劳动合同法》中存在的问题意见或改进方案，及时制止并责令所属单位立即纠正违反《劳动合同法》的行为。

建设、卫生、安全生产等有关主管部门的监督管理是行政监督管理的有机组成部分。其中有些监管与劳动者的利益密切相关。这些行政单位在各自的业务范围和管理职权范围之内，对涉及的劳动保护、工资保障、社会保险、劳动争议等执行《劳动法》的情况以及劳动合同的订立、履行、变更、解除等进行监督检查，对违反劳动立法规定的行为依法处理，并实施某些处罚措施。

建设行业比较突出的问题是拖欠建筑工人的工资问题，侵害了建筑工人的合法权益。为此，第一，建筑业主管部门应依法对拖欠、克扣工资问题开展监督检查工作。对情节轻微的，责令其及时补发，不能立即补发的，要制订清欠计划，限期补发；对恶意拖欠、克扣工资的企业，应按国家规定进行处罚，并可以向社会公布有关企业名单，实行信用制裁。第二，建设主管部门要加强对建筑业劳动合同的监管，指导企业依法与建筑工人签订劳动合同。对签订劳动合同收取抵押金、风险金等违法行为，要按照规定严肃处理。对采取欺诈、胁迫等手段订立劳动合同以及不按规定进行用工备案的企业，根据国家有关法律、法规和政策严肃处理。第三，指导用人单位依法建立健全内部劳动合同制度。劳动保障行政部门应当与建设等行业主管部门协商，指定专职或兼职人员负责劳动合同管理，建立劳动合同管理台账，实行动态管理。对履行劳动合同情况，特别是工资支付、保险福利、加班加点等有关情况进行书面记录。对终止解除建筑劳动合同的，用人单位应当结清工资，并出具终止解除劳动合同的证明。

用人单位招聘时应如实告知劳动者工作条件、职业危害等情况，劳动合同应具备职业危害防护条款。政府卫生主管部门应对用人单位是否履行其告知义务，是否依法订立劳动合同，以及全面履行职业危害防护义务等事项进行监督管理。

用人单位招聘时应如实告知劳动者工作条件、安全生产等情况，劳动合同应当具备劳动保护、劳动条件条款。政府安全生产监管部门应对用人单位是否履行了告知义务，是否依法订立劳动合同，以及全面履行安全生产义务等事项进行监管。

第三节　劳动合同的社会监督

虽然行政监督检查是保障劳动合同立法实施的重要手段，但是由于“政府失灵”的存在，行政监督检查有时候并不总是有效的。为此，在立法规定由行政机关通过劳动执法来行使劳动合同监督检查权力之外，又赋予了社会监督检查权。

由于劳动者个人力量单薄，往往处于弱者地位，难以与企业进行一对一的协商、谈判维护自己的合法权益。因此，劳动者为维护和改善工作条件、提高经济地位和社会地位，通过自愿组织起来的团体或者联合团体来与用人单位抗衡。由工会组织代表职工与企业进行平等协商，并由工会代表职工与企业签订集体合同，能较好地体现职工的意愿，维护劳动者的合法权益。同时，工会通过对劳动合同订立、履行、变更、解除等行为的监督检查，可以及时发现劳动合同过程中存在的非法和不当的行为，并予以纠正和处罚，这对于《劳动合同法》的实施、促进用人单位依法用人，保护劳动者的合法权益，构建和发展和谐稳定的劳动关系具有重要意义。我国《劳动法》、《劳动合同法》和《工会法》都确立了工会对劳动合同的监督检查机制。此外，根据立法规定，任何组织或者个人对违反本法的行为都有权举报，确立了群众监督这一形式。在劳动合同监督检查体系中，群众监督是行政监督和工会监督的必要补充，具有分散性、广泛性和监督方式的任意性。我国这些年的一些用人单位侵犯劳动者合法权益的恶劣行径和违法行为，以及事关劳动者合法权益的问题，如农民工工资拖欠问题，就是通过群众的监督，特别是舆论的监督，引起执法部门和立法机关的重视，最终得到查处和解决的。所以，在劳动合同监督体系中，群众监督是不可或缺的组成部分。

一、工会监督

（一）工会监督的法律依据和意义

我国《工会法》、《劳动法》和《劳动合同法》均规定了工会对劳动合同实施的监督权利。《工会法》作为调整工会与政府、工会与企业行政相互关系的基本法律，对工会的参与和监督权给予了有力的保障，从而赋予了工会法律监督较强的法律效力，对企事业单位涉及职工合法权益的劳动关系的工会监督途径作了规定。《劳动法》明确了工会代表和维护劳动者的合法权益的身份，规定各级工会依法维护劳动者的合法权益，对用人单位遵守劳动法律、法规的情况进行监督。在监督的形式上，规定了"通过职工大会、职工代表大会或其他形式"参与民主管理和民主监督。《劳动合同法》第78条规定："工会依法维护劳动者的合法权益，对用人单位履行劳动合同、集体合同的情况进行监督。用人单位违反劳动法律、法规和劳动合同、集体合同的，工会有权提出意见或者要求纠正。"这样就对工会劳动合同法律监督的主体和内容、权利和义务作出了直接、具体的规定。可以说，工会开展劳动合同法律监督是我国法律赋予工会组织的神圣权利。所以，工会对劳动合同实施的监督就是指各级工会组织依法对用人单位遵守劳动合同法律、法规的情况进行的有组织的社会监督。它是工会代表广大职工参与管理国家和社会事务的重要体现，是我国劳动法制建设的重要组成部分。

立法之所以赋予工会监督权，是维护劳动者合法权益的现实需要，是劳动关系和谐构建和发展的必然选择。这是因为：第一，工会监督劳动合同是市场经济条件下强化其维护职能的重要手段。劳动关系是企业和劳动者两个独立的利益主体所构成的互惠互利关系，但是由于劳动者和用人单位现实地位的不平等和缔约能力的不对等，在劳动合同关系中劳动者处于弱势的地位。特别是在现阶段，我国劳动力市场供大于求，加上其他种种原因，侵犯劳动者合法权益的现象时常发生，因而加强对劳动者合法权益的保护，就显得更加重要和迫切。《劳动法》、《劳动合同法》的立法宗旨是保护劳动者的合法权益。而《工会法》第6条明确规定了"维护职工合法权益是工会的基本职责"。这与我国劳动合同立法宗旨是保持一致的。所以，工会组织要以贯彻《劳动法》和《劳动合同法》为契机和突破口，切实履行维护职能，真正保护劳动者合法权益。加强劳动法律监督是实现这一基本职能的重要手段和途径，是依法维护劳动者合法权益的可靠保证，也是市场经济条件下工会改革和发展的必然。第二，工会代表职工进行劳动合同监督是民主政治的要求。劳动合同监督作为国家劳动法制体系中的一项重要内容，它与民主制度的关系极为密切。正如科恩所说，民主作为一种社会管理体制，其成员大体能够直接或间接地参与到影响其成员的决策，即民主就是一种成员参与其管理的管理体制。①

工会劳动合同监督作为一种有组织的群众监督，主要是依靠广大劳动者通过对国家、社会事务和企事业的民主管理来实现民主监督的。通过开展工会劳动合

---

① ［美］科恩：《论民主》，商务印书馆1988年版，第10页。

同监督，可以对违反劳动法律、法规和劳动合同、集体合同的侵犯职工合法权益的现象和问题及时予以制止和纠正；劳动者申请仲裁、提起诉讼的，工会依法给予支持和帮助。这样，劳动者的劳动权利也就真正落在了实处。

（二）工会监督的内容

工会应将劳动合同的执行作为劳动监督的重点。建立和完善内部监督检查机构和组织，依法开展监督检查，监督劳动合同双方依法履行劳动合同。企业工会应加强与企业的沟通与协调，督促企业严格履行劳动合同。对企业不履行劳动合同的，应依法要求整改。地方工会应加强与劳动行政部门的协调，推动开展劳动合同专项监察，在劳动法、工会法执法检查和企业年检中，应将劳动合同作为重要内容，监督企业依法签订和履行劳动合同。对不签订和不履行劳动合同的企业，工会应督促劳动保障部门责令改正，依法予以行政处罚。工会应将集体合同与劳动合同的衔接制度作为重要监督内容，保障劳动标准的执行。

（三）工会监督权实现的制度保障措施

我国《企业工会工作条例》对工会监督权的行使规定了两种制度保障措施。

一是建立劳动法律监督委员会，职工人数较少的企业依法设立工会劳动法律监督员，基层工会根据实际需要可以设立工会劳动保障法律监督委员会，对企业执行有关劳动报酬、劳动安全卫生、工作时间、休息休假、女职工和未成年工保护、保险福利等劳动法律、法规情况进行群众监督。工会劳动保障法律委员会的成员为本级工会劳动保障法律监督员。工会劳动法律监督员应当具备以下条件：(1) 熟悉劳动法律、法规，具备相应的政策水平和工作能力；(2) 维护职工群众的合法利益；(3) 奉公守法、清正廉洁。工会劳动保障法律监督员由工会授予监督员资格并发给监督员证件。

二是建立劳动保护监督检查委员会，生产班组中设立工会小组劳动保护检查员。建立完善工会监督检查、重大事故隐患和职业危害建档跟踪、群众举报等制度，建立工会劳动保护工作责任制。依法参加职工因工伤亡事故和其他严重危害职工健康问题的调查处理。协助与督促企业落实法律赋予工会与职工安全生产方面的知情权、参与权、监督权和紧急避险权。开展群众性安全生产活动。

对用人单位违反劳动法律、法规和劳动合同、集体合同的，工会有权提出意见或者要求纠正。对拒不纠正的，工会可以请求劳动行政部门予以解决。工会可以支持劳动者申请仲裁或者诉讼，但不能代替劳动者直接提起仲裁或者诉讼。

二、群众监督

群众监督也属于我国劳动合同监督体系的组成部分。通过群众监督，为行政监督和工会监督提供必要的补充，群众的举报可以为行政监督和工会监督提供丰富的线索，同时也是对行政监督和工会监督做的必要的监督。此外，通过群众监督，有助于提高全社会的劳动合同法律意识，促进劳动合同制度的推广和深化；通过群众监督，及时发现和解决违反劳动合同法律、法规的行为，促进《劳动合同法》的正确实施和提高劳动者的主人翁责任感，具有积极意义。

与行政监督和工会监督相比，群众监督具有分散性、社会性和广泛性的特征，任何组织或者个人都有权对劳动合同法律、法规的遵守情况进行监督。同时，群众监督的方式也具有局限性，根据立法规定来看，主要限于举报、控告等形式，口头书面不限。从我国的实践来看，群众监督的途径一般有以下几种：第一，通过工会和职工民主管理的渠道，反映和举报意见或问题。第二，直接向劳动行政部门或有关部门举报用人单位违反劳动合同立法的行为。劳动行政部门或有关部门应为群众举报提供方便和保护，并对举报的情况及时核实、处理，并对举报有功人员给予奖励。第三，通过新闻舆论实施监督。例如，通过报纸、广播、电视以及网络等媒体报道用人单位违反劳动合同法律的行为，并提出批评和建议。用人单位和个人不得阻挠和打击报复新闻媒体的新闻监督。

我国《劳动合同法》第 79 条规定：任何组织或者个人对违反本法的行为都有权举报，县级以上人民政府劳动行政部门应当及时核实、处理，并对举报有功人员给予奖励。可见，《劳动合同法》规定的群众监督形式是向劳动行政部门举报。鉴于我国劳动合同监督检查部门包括劳动行政部门和有关部门，因此，应当将后者也纳入受理机关。

所谓举报，是指任何组织和个人向有关单位申诉、控告或者检举违法行为的行为。这是宪法和法律赋予我国公民的一项民主权利。对于公民合法的申诉、控告或者检举，有关国家机关必须查清事实，负责处理。任何组织和个人都不得压制和打击报复，否则必须承担法律责任。举报为行政监督提供了有效的渠道和有用的线索，既方便了组织和个人行使监督权利，又方便了专门机关履行职能，实现了专门监督与群众监督有效结合。举报作为监督的有效形式，发挥着积极作用。一是方便群众对违反劳动纪律、法律和犯罪等行为的监督，任何组织和个人都可以通过举报进行检举和控告，要求予以处理。二是方便公民行使民主权利，有效监督劳动行政机关和有关机关的执法活动，通过举报提出批评和建议。三是专门机关通过举报可以获得大量的举报线索，有利于其履行监督职责。四是将群众监督纳入法制轨道，有利于劳动关系的稳定。

举报权利实质上是一种监督权利。其内容包括多个方面：第一，举报自愿。举报人对用人单位违反《劳动合同法》的行为可以举报，也可以不举报。是否行使举报权利由举报人自主决定，其他任何组织和个人都无权干涉，不能强制举报，也不能妨碍举报。第二，选择举报受理机关。由于举报人可能对受理机关的管辖范围不了解，因此可以凭主观判断向任何一级的劳动行政部门和有关部门进行举报，劳动行政部门和有关部门应当先受理举报，对属于自己管辖的予以立案处理，对不属于自己管辖的，应立即转交并备案。第三，选择举报时间和举报方式。举报有多种途径。可以通过电话举报、信函举报、传真举报、网上举报，也可以当面举报、预约举报或者认为方便的其他形式进行举报。第四，有权决定是否实名举报。第五，有权获得保护和损害赔偿。对于侵犯举报人合法权益的，举报人有权投诉，要求有关机关予以处理。第六，获得必要的奖励。劳动行政部门和有关部门接到举报后，应当及时核实、处理，并对举报有功的人员依法给予奖励。有的地方政府制定了举报奖励办法，如湖北荆门市《关于奖励举报有功人员的暂行办法》，这种做法值得借鉴。

第十四章　劳动争议调解仲裁与诉讼制度

第一节　劳动争议解决的法律体系

一、劳动争议的概念

我国法律没有对劳动争议进行定义，理论上通常有以下几种解释。有的认为，劳动争议是指劳动关系双方在劳动合同履行过程中就劳动基准或者劳动关系所发生的争议。① 这里的劳动基准主要是指工资、工时和休息休假、劳动安全与卫生、妇女与儿童的权利保护、劳动监察。有的认为，劳动争议是劳动关系当事人之间的争执，其实只是基于劳动关系发生的、有关劳动权利和劳动义务方面的冲突。② 有的认为，劳动争议可以做广义和狭义的解释：广义上的劳动争议是指以劳动关系为中心，所发生的一切争议。因劳动契约关系，雇用人与受雇人之间所发生之争议；或关于劳动者之保护或保险；雇用人与国家间所起之纷争；雇用人团体及受雇人团体本身之内部关系所生之纠纷，以及雇用人或雇用人团体与受雇人团体间因团体的交涉所生之纠纷，皆为劳动争议。狭义之劳动争议，仅以各个之雇用人与受雇人间所生之争议及雇用人或雇用人团体与受雇人团体间所生之争议为限。③ 上述概念涵盖了劳动争议概念的基本要素，即争议（争执或冲突）、争议的主体、争议的内容和争议发生的过程。我们认为，劳动争议，是指劳动法律关系当事人之间在合同订立、履行、变更、解除和终止过程中所发生的权利义务纠纷和有关权利义务纠纷。劳动合同规定的权利义务应成为劳动争议的主要对象。

二、劳动争议范围的理论解释

在德国劳动法学理论中，有的将劳动争议分为权利争议和规范争议，或称权

① 周长征：《劳动法原理》，科学出版社 2004 年版，第 275 页。

② 李景森、贾俊玲主编：《劳动法学》，北京大学出版社 2001 年版，第 191 页。

③ （台）史尚宽：《劳动法原论》（重版），正大印书馆 1978 年版，第 241 页。

利空间和规范空间，两种争议均由特定的规则来规定，在立法上也有不同的争议解决方式。① 权利争议的规则表现为既定的国家立法、自治性章程以及私人自治的合同签订，如德国解约保护法、已经存在的集体合同、已经签订的劳动合同。在这些领域出现意见争执就涉及权利争执。规范争议的规则是基于劳动合同、集体合同和企业合同被当事人创造的规则，这种规则往往违背法律的规定。由此引起的争议即规范争议。

在我国劳动法理论中，有的认为劳动争议既包括劳动者个体与用人单位之间因劳动权利和劳动义务而发生的争议，也包括劳动者的组织（工会）与用人单位或用人单位的组织（如企业协会、联合会）因集体劳动权利和集体劳动义务而发生的争议。前者称“个人争议”，后者称“集体争议”。集体争议又可以分为一般集体争议和集体合同争议。② 根据劳动争议的标的，有的将劳动争议分为权利争议和利益争议，与德国劳动法学中的权利争议与规范争议十分相似。所谓权利争议，即实现既定权利的争议，是指因实现劳动法、集体合同和劳动合同所规定的权利义务所发生的争议。如休息休假、社会保险待遇、组织工会等。所谓利益争议，即确定权利的争议，是指因主张有待确定的权利义务所发生的争议。其目的是要求在合同中依法确定当事人的某种利益，使之上升为权利。③ 有的将利益争议解释为劳动关系当事人双方因劳动法、集体合同或个别劳动合同中没有规定的利益问题所发生的争议。如提高工资、减少工时等。区分权利争议与利益争议的意义在于明确不同的争议解决适用程序。在大多数国家，权利争议以诉讼为最终解决手段，当事人可以直接向法院起诉，或者经过仲裁后向法院起诉。而利益争议不能通过诉讼解决，当事人只能申请调解或者仲裁，调解或仲裁是最终程序。④ 有分析认为，以权利争议与利益争议、个别争议与集体争议为基础，可以组合四种争议类型：即个别权利争议与个别利益争议、集体权利争议与集体利益争议。并认为，我国《劳动法》和《企业劳动争议处理条例》没有规定个别利益争议的处理程序，而是以个别权利争议的处理为规范对象。这样，个别利益争议只能通过企业内部程序加以解决，劳动法上一般不提供救济程序。对于集体权利争议，我国《劳动法》第 84 条规定可以通过协商、仲裁和诉讼途径来解决，不适用调解程序。而集体利益争议处理程序与权利争议有着较大区别。一般而言，集体利益争议只能通过仲裁或调解来解决，不能向法院提起诉讼。如

---

① ［德］W. 杜茨著，张国文译：《劳动法》，法律出版社 2005 年版，第 355～359 页。

② 参见周宝妹：《劳动法要论》，群众出版社 2006 年版，第 290 页；周长征：《劳动法原理》，科学出版社 2004 年版，第 275 页。

③ 王全兴：《劳动法》（第二版），法律出版社 2004 年版，第 367～368 页。

④ 周长征：《劳动法原理》，科学出版社 2004 年版，第 275 页。

《劳动法》第84条规定，因签订集体合同发生的争议，当事人协商不成的，当地人民政府劳动行政部门可以组织有关各方协调处理。① 我们认为，在法律规范意义上，权利与利益是密不可分的，权利一般为利益的法律形式，因此，将劳动争议划分为权利争议与利益争议并不科学。至于适用的程序问题，一般应遵从司法最终解决程序，以体现司法的能动性、权威性，实现劳动法治的要求。

从各国立法来看，劳动争议总体上分为《劳动合同法》中规定的争议事项和非劳动合同争议。关于劳动争议调解仲裁范围的法律规定，我国学者提出，不能将其简单地等同于《劳动合同法》的适用范围，《劳动争议调解仲裁法》的适用范围应当比《劳动合同法》的适用范围宽一些。比如说一个保姆在雇主家打工，可能是临时的，也可能是固定的却不签订劳动合同，一旦发生伤害事故等争议，用《劳动合同法》就难以解决，但同样要有相应的法律来规范处理。这也应当是《劳动争议调解仲裁法》需要解决的问题，所以它的适用范围要比《劳动合同法》宽一些。还有一个无效的劳动合同，《劳动合同法》中规定得很简单，宣布无效就可以了。但合同无效往往易发生争议，同时需要《劳动争议调解仲裁法》来加以规范。所以，适用范围的问题，应继续研究。

三、劳动争议内容的立法规定

在规定劳动争议的内容方面，我国先后颁布了《国营企业劳动争议处理暂行规定》、《企业劳动争议处理条例》和《劳动争议调解仲裁法》等法律、法规。

根据我国《企业劳动争议处理条例》第2条和第3条规定，企业劳动争议案件的当事人为我国境内的企业与职工，企业劳动争议包括：（1）因企业开除、除名、辞退职工和职工辞职、自动离职发生的争议；（2）因执行国家有关工资、保险、福利、培训、劳动保护的规定发生的争议；（3）因履行劳动合同发生的争议；（4）法律、法规规定应当依照本条例处理的其他劳动争议。根据《劳动争议调解仲裁法》第2条的规定，劳动争议案件的当事人为用人单位和劳动者，劳动争议包括：（1）因确认劳动关系发生的争议；（2）因订立、履行、变更、解除和终止劳动合同发生的争议；（3）因除名、辞退和辞职、离职发生的争议；（4）因工作时间、休息休假、社会保险、福利、培训以及劳动保护发生的争议；（5）因劳动报酬、工伤医疗费、经济补偿或者赔偿金等发生的争议；（6）法律、法规规定的其他劳动争议。

《企业劳动争议处理条例》是较早颁布的规范劳动争议处理的行政法规，具有计划经济的特点，主要解决的是国有企业的劳动争议。适应我国多种所有制经

---

① 周长征：《劳动法原理》，科学出版社2004年版，第275页。

济的发展和劳动关系变化，我国《劳动法》、《劳动合同法》对劳动争议的当事人重新作了界定，规定劳动争议案件的当事人为用人单位和劳动者。同时，《劳动争议调解仲裁法》对劳动争议的范围进行扩展。对《劳动争议调解仲裁法》规定的争议内容，有学者提出，对于职业伤害包括工伤事故、职业病的问题应该放在突出的位置。工伤事故引起的争议相当多，职业病引发的劳动争议还将急剧上升，因为以往潜在的职业病受害者越来越多地开始显性化了，所以，应该特别强调职业伤害、工伤事故，它牵涉到劳动者的生命和健康安全、人身损害补偿的问题，而现在强调不够。有人提出，应当增加有关工作内容和工作条件方面的争议。还有人提出，应将劳动者遭遇的如罚款、降职、降薪等其他处罚争议纳入争议处理范围。我们认为，劳动合同的大部分法定必备条款以及约定条款都可能在订立、履行、变更、终止劳动合同的过程中引起争议，因此，诸如劳动合同的期限、工作内容、工作地点、劳动条件、职业危害防护、试用期、补充保险等引起的争议，也应纳入《劳动争议调解仲裁法》规定的争议范围。至于罚款、降职、降薪等争议，从我国相近立法来看，也不宜作出法律强制性规定。如我国《人事争议处理暂行规定》就将“国家机关、企事业单位和社会团体因行政职务任免、行政奖惩等发生的争议”排除在可仲裁人事争议范围之外。① 不过有的权利是其他法律规定的，如“罚款权”，如有争议，可按其他有关法律来处理。

四、劳动争议处理的法律体系

劳动争议法律体系包括实体法和程序法两个方面，涉及争议与解决程序。在大陆法系，德国劳动争议适用的法律主要有《民法典》、《企业委员会法》、《雇员发明法》、《母亲保护法》、《残疾人法》、《解约保护法》、《继续支付工资法》、《法院组织法》、《民事诉讼法》、《劳动法院法》、《工商法院法》、《商人法院法》、《海事法庭条例》、《调停条例》和《联邦律师费用条例》等。

我国劳动争议法律体系主要由法律、法规、规章和司法解释构成。主要的法律规范包括：《民法通则》、《工会法》、《劳动法》、《劳动合同法》、《集体合同规定》、《民事诉讼法》、《劳动争议调解仲裁法》、《企业劳动争议处理条例》、劳动部《关于〈企业劳动争议处理条例〉若干问题的解释》和最高人民法院《关于审理劳动争议案件适用法律若干问题的解释》等。

---

① 李文清、冯涛：“论人事争议解决机制”，载《求索》2004年第9期，第108～110页。

五、劳动争议解决立法的道德价值

我国执法检查实践证明，绝大多数劳动争议矛盾的出现，责任在用人单位。当前“强资本、弱劳动”是客观存在，普通职工，特别是农民工群体还是弱势群体。劳动争议案件多由劳动者提起，维护劳动者利益，也就是维护弱势一方的利益。因此，劳动争议处理制度的设计道德价值就是主要维护劳动者的利益。总体上要体现“以人为本”的理念。我国《劳动法》是这样，作为配套的法律，劳动争议解决的立法也应当是这样。劳动争议最根本的特点就在于其主体一方是劳动者。这一主体的特定性直接决定了劳动争议处理的重要性和特殊性。首先，劳动争议直接关系到劳动者基本生活的维持和工作权利的实现问题，并进一步影响到劳动者家庭经济生活问题，因此，劳动争议是一个带有社会性的问题。其次，从总体上看，劳动者在劳动关系中处于弱者地位，但在劳动争议处理中劳动者不应被设计为弱者地位，即劳动争议处理更要体现社会公正。从这样的认识出发，我们认为劳动争议处理制度的设计应当首先满足快捷和公正的要求。

六、我国劳动争议处理制度的改革：《劳动争议调解仲裁法》立法

我国争议仲裁制度恢复于1987年，至今走过20年了。包括劳动争议调解制度、仲裁制度、诉讼制度的各个环节，在及时调处劳动争议，维护当事人合法权益，化解社会矛盾方面发挥了各自的重要作用。但是，多数学者认为，过去我们采取的劳动争议处理的程序，强调“一调一裁两审”体制，这种烦琐程序使劳动者为了维权，耗去较大的时间和经济成本，解决劳动争议费时费力。① 这种劳动争议处理体制的明显弊端概括起来就是周期长、效率低、劳动者维权成本高。一些用人单位恶意诉讼、故意拖延、以达到拖垮劳动者的目的等问题，导致如果要走完全部程序的话，相当部分劳动争议处理的周期过长、成本较高，许多劳动者，特别是农民工，都深深感到拖不起时间、打不起官司，往往选择放弃维权，合法权益难以得到有效的维护。目前的形势下，劳动纠纷不少，而且长时间解决不了，造成一些不必要的矛盾。可以说以“一调一裁两审”为主要内容的劳动争议处理制度需要创新发展。近年来，劳动争议仲裁案件数量增加，而且处理的难度日益加剧，加快劳动争议仲裁立法的呼声越来越高。这说明针对我国社会主

① 有学者认为“一调一裁两审”的表述不够准确。因为“调解”是非必经程序，“两审终审”也不是每个案件都经过的程序，只经过一审就结案的情况也是常见的。参见孙德强：《中国劳动争议处理制度研究》，中国法制出版社2005年版，第5~6页。

义市场经济条件下劳动关系出现的新特点，我们迫切需要适时立法，制定一部比较完善的专门规范劳动争议处理的法律，把劳动争议纳入法制化处理轨道，以化解矛盾，维护当事人的合法权益。要在坚持和发展现行劳动争议处理中一些好的制度和做法的同时，主要应该在减少环节、缩短周期、降低成本上下工夫，在立法中得到充分体现。劳动争议调解仲裁制度的改革，对于我国劳动争议调解仲裁事业的健康发展，对于保证规范、稳定和谐劳动关系的建立，维护劳动者的利益，对维护社会稳定、推进和谐社会建设和经济发展都有着重要的现实意义。

同时，《劳动争议调解仲裁法》立法的重要性还表现在进一步完善了劳动法律体系。其不仅解决了原来的劳动争议仲裁制度作为行政管理措施缺乏应有的法律支持的问题，而且与《劳动法》、《劳动合同法》、《就业促进法》形成了比较完善的覆盖劳动关系的健全的法律体系，共同为解决劳动就业中的问题、规范劳动领域中的关系提供了基本的法律保障。《劳动争议调解仲裁法》立法也为劳动争议的司法解决奠定了法律基础。如学者江必新所说，制定劳动争议调解仲裁法非常必要。现在的涉诉案件中，相当一部分都是和劳动争议有关的案件。很多案件不管是受理还是不受理，不管是否属于法院管辖，最后只要法院裁定不受理，这个账就算在法院身上。其实有相当一部分国家都成立了劳动争议法院，劳动争议将来会在整个案件中占有相当大的比例，所以制定这部法律非常重要。

《劳动争议调解仲裁法》立法立足我国国情，将调解仲裁作为解决劳动争议的基本途径，具有坚实的社会基础。劳动争议作为一种社会现象，它是很复杂的，应当予以正视。劳动争议调解仲裁作为处理劳动争议的基本法律制度，是解决劳动争议的较好途径。长期以来，通过实践，处理劳动争议，采用非司法的调解、仲裁方法，已经成为一种趋势，用这些办法处理劳动纠纷，快捷、成本低，还能够及时维护劳动者的合法权益。劳动争议的调解、仲裁更重要的是体现了中华民族“和为贵”的品质。一般小的劳动争议不必要到法庭上打官司，完全可以坐在一起心平气和地商量解决，把矛盾化解在企业、化解在社区、化解在基层，十分有利于社会的稳定。如学者郑功成所说，中国人不太爱打官司，如果因劳动争议上法院打官司，劳资关系必定彻底破裂，而就劳动调解和仲裁制定一个专门的法律，尽可能地将争议解决在调解、仲裁环节，既能维权，又能降低社会和谐成本，比较适合我国的国情和文化背景，有利于促进劳资关系的和谐。有的认为，劳动争议调解仲裁的法制化在于：其一，我国企业所有制组织形式越来越复杂，劳动争议的事情也越来越多，把这些劳动争议的事情都弄到法院去，法院的负担已经很重，而且这种带有纠纷性质、争议性质的东西都放在法院也不合适。所以，有这么一个准法院机构是很有必要的，可以由专门负责劳动仲裁的机构处理大量的日常的劳动纠纷和争议，有利于建立社会主义和谐的劳资关系，对社会的稳定、和谐都很有必要。其二，中国有调解的传统，这部法律带有很明显的中国特色，西方国家不一定比中国做得好，并且我们也积累了很多经验，调解和仲裁，劳动者和企业都比较习惯，大家也比较习惯和认可。而且劳资关系纠纷和民事纠纷不一样，大家不愿意“撕破脸”，所以用中国传统的办法来解决是一种较好的立法选择。

《劳动争议调解仲裁法》的制定，适应了劳动关系的复杂化，劳动争议处理中面临着许多新情况和新问题，坚持了“精简机构、提高效率、将矛盾化解在基层”的指导思想，总结了以往劳动争议仲裁制度执行经验，对总体框架和各项制度进行了完善。其以我国《企业劳动争议处理条例》和《民事诉讼法》的立法模式为蓝本，特别是规定了劳动争议案件解决于基层，强化调解，完善仲裁，加强司法救济，以及时妥善处理劳动争议，这样更有利于保护当事人的合法权益，有利于发展和谐稳定的关系，有利于促进社会的和谐。

第二节　劳动争议解决的基本原则和途径

一、劳动争议解决的基本原则

我国《劳动法》第78条规定：解决劳动争议，应当根据合法、公正、及时处理的原则，依法维护劳动争议当事人的合法权益。《劳动争议调解仲裁法》第3条规定：解决劳动争议，应当根据事实，遵循合法、公正、及时、着重调解的原则，依法保护当事人的合法权益。《企业劳动争议处理条例》第4条规定：处理劳动争议，应当遵循着重调解，及时处理；在查清事实的基础上，依法处理；当事人在适用法律上一律平等。比较分析可知，《劳动争议调解仲裁法》的规定相对完善，但也须指出，该法规定的“着重调解”原则，并非法定的适用程序。

理论上，通过分析各国立法和司法制度，有人认为劳动争议处理制度主要包括两个基本原则：一是组织上的三方原则；二是程序上的调解原则。① 三方原则是三方合作原则在劳动争议处理制度中的具体体现。各国在各类劳动争议处理机构中普遍推行三方原则。如英国处理劳动争议的非行政性独立机构的咨询协调与仲裁委员会，是由专家委员、工会委员和雇主协会委员所构成；德国专门审理劳动争议的独立于普通法院的司法机构——劳动法院，是由职业法官和雇主协会代表、工会代表担任的名誉法官所组成；法国法院中设立的审理劳动争议的专业法庭——劳工法庭或社会法庭，是由职业法官和工会、雇主组织各自选举的兼职法官所组成。我国《劳动争议调解仲裁法》第8条规定：县级以上人民政府劳动

---

① 周长征：《劳动法原理》，科学出版社2004年版，第277～278页。

行政部门会同工会和企业方面代表建立协调劳动关系三方机制，共同研究解决劳动争议的重大问题。我国劳动争议调解和仲裁组织传统上的三方原则存在一定缺陷，即工会不是作为劳动者的一方代表，而是作为劳动者和企业之间的第三方。因此，需要依据《劳动合同法》和《劳动争议调解仲裁法》的要求进行组织制度变革。

着重调解原则在历来的立法中都得到了明确规定，调解原则贯穿于专门调解程序、仲裁和诉讼过程之中，形成专门调解、仲裁调解和诉讼调解。如我国《劳动法》第77条规定，调解原则适用于仲裁和诉讼程序。有的观点认为，从程序衔接上来看，“着重”两个字是涵盖着调解和仲裁两个方面所要做工作的要求。因为《劳动争议调解仲裁法》是调解在先，仲裁在后，因此，在总则当中应该强调调解的法律地位。调解似乎是仲裁的前置程序，因为立法强调了调解的作用、调解的重要性。因此，为了强调调解的作用，提高它的法定定位，可以改成“先行调解”。

除了上述两种原则以外，合法性原则、公正性原则、及时性原则和平等性原则也是必须遵循的，而且是体现劳动法精神的更为重要的原则。如有的学者提出，维护劳动关系双方的合法权益，应以公平、公正为基础。目前，众多的用人单位特别是中小企业，对职工管理缺乏有力度的办法，很多用人单位对少数职工只强调权利而不履行义务的做法，无法作出有效的管理，比如对少数职工违反劳动合同，违反规章制度，还有个别的劳动者窃取单位商业机密，擅自跳槽，等等，给单位造成严重经济损失，作为用人单位却不能依法维护单位的合法权益，无力挽回损失。因此，在劳动争议处理上，应该再多做一些社会调研，倾听一些用人单位的合理建议后，作出相应的规定。目前，我国的劳动密集型企业单位普遍存在招工人难、培养工人难、留住工人更难的现象，这种现象是不利于促进就业的严重隐患，应引起有关部门的重视。

合法性原则要求劳动争议的处理要严格依法进行，当事人之间的协商、和解也要符合法律的规定。公正性原则要求劳动争议的处理要不偏不倚。及时性原则要求在发生劳动争议后，当事人应在法定期限内及时申请处理，仲裁机构应在法定期限内及时受理、作出仲裁裁决，审判机构应在法定期限内及时受理、作出调解决定或判决并及时执行。平等原则要求当事人平等地享有和行使协商权利、调解权利、仲裁权利和诉讼权利，劳动争议处理机构应当保障当事人行使上述权利。当事人享有平等的劳动争议处理权利，要求当事人在劳动争议处理过程中地位平等；当事人权利平等不等于权利义务完全相同，鉴于劳动关系的特殊性，法律赋予劳动者更多的权利而赋予用人单位更多的义务；劳动争议处理机构保障当事人行使权利的均等机会和便利条件，落实平等原则。

二、劳动争议解决的基本途径

（一）德国法律规定的劳动争议解决途径

大陆法系德国在划分权利争议和规范争议的基础上，分别设置了相应的争议处理程序制度。权利争议可以通过有约束力的程序和调解程序加以解决。其中，有约束力的程序包括劳动法院管辖权、仲裁庭管辖权、裁决的鉴定和企业委员会法上的仲裁机构。调解程序又包括法定程序和约定程序。其中，法定程序包括企业委员会法上的仲裁机构、进修争议的调解程序、海事法庭和按照雇员发明法的仲裁程序；约定程序包括集体合同上的调解程序和单个劳动合同上条款。规范争议主要通过协商的方式加以解决。对个别劳动法上的规范争议，德国法律没有规定特殊的制度，可以在集体合同或者劳动合同上完成。解决集体性规范争议在集体合同领域内的规定完全不同于在企业委员会法领域。集体合同上的强制调停通常是违宪的，而企业委员会法上的有约束力的调停则是符合宪法的。就集体合同上的规范争议而言，如果集体合同当事人不能就签订新的集体合同达成一致，那么可以在法定或者约定的调停程序中进行协商努力。如果所有调停努力失败，那么通常会进入劳工斗争。就企业委员会法上的规范争议而言，对于没有由立法者规范的集体利益争执，在企业组织范围内要服从雇主和企业委员会的共同规范权。在雇主和企业委员会之间的劳动斗争是企业委员会法所禁止的。企业委员会法上的规范争议可以通过强制调停、自愿调停和上诉程序加以解决。

（二）我国法律规定的劳动争议解决途径

合理的劳动争议处理制度能够避免劳动关系当事人之间的矛盾激化，避免发生罢工事件，影响工作秩序，影响社会稳定。我国政府和工会组织历来不主张劳动者通过罢工等方式解决劳动争议。如《企业劳动争议处理条例》第 6 条规定：劳动争议处理过程中，当事人不得有激化矛盾的行为。

我国法律规定的劳动争议解决途径主要有：争议当事人之间的自愿协商、用人单位劳动争议调解委员会的调解、劳动争议仲裁委员会的仲裁、人民法院的审判和劳动行政部门的协调处理和行政救济。其中，劳动行政部门的协调处理主要适用于解决因签订集体合同所发生的争议。在行政救济与劳动争议仲裁、诉讼之间，应注重分工与协调。凡是能够由行政救济的，应由劳动行政部门和有关部门承担责任，做到彻底解决问题。凡是需要经过仲裁处理的，诉讼程序中的受案范围要尽量能够覆盖，以保持二者的衔接，避免程序中断。

协商是解决劳动争议的最佳首选程序。我国《劳动争议调解仲裁法》第 4 条规定：发生劳动争议，劳动者可以与用人单位协商，也可以请工会或者第三方共同与用人单位协商，达成和解协议。当事人协商解决劳动争议是一种最友好的解决方式，双方不伤和气，而且不需要支付任何费用，有利于争议解决之后的双方的继续合作。因此，当事人应本着互谅互让的态度，尽量争取能够通过协商解决争议，达成自愿和解协议。如果协商不成，再选择其他途径。我国《劳动争议调解仲裁法》第 5 条规定：发生劳动争议，当事人不愿协商、协商不成或者达成和解协议后不履行的，可以向调解组织申请调解；不愿调解、调解不成或者达成调解协议后不履行的，可以向劳动争议仲裁委员会申请仲裁；对仲裁裁决不服的，除本法另有规定的外，可以向人民法院提起诉讼。需要指出，新旧法律、法规对协商程序的实施要求有所不同。《劳动争议调解仲裁法》的颁布实施终结了《劳动法》和《企业劳动争议处理条例》将协商程序作为解决劳动争议必经程序的规定，而是将其作为选择性程序，由劳动关系当事人自主选择，从根本上体现了协商自愿的原则。

调解组织是依法设立的独立处理劳动争议的基层群众性组织，其雏形是企业劳动争议调解委员会。还包括依法设立的基层人民调解组织和在乡镇、街道设立的具有劳动争议调解职能的组织。由于调解组织处在基层，与职工和企业的联系最为紧密，既熟悉情况又便于运用调解方式解决纠纷，因而更易于被当事人所接受。如果当事人愿意通过调解解决劳动争议，则一旦达成调解协议，当事人应当遵守协议并自觉履行。调解也不是必经程序，当事人一方可以在劳动争议发生后直接向劳动争议仲裁机构申请仲裁。

劳动争议仲裁委员会的仲裁程序一般是劳动争议诉讼的前置程序，这是其与其他民事纠纷解决方式的区别。

劳动监督检查机构和有关部门有权查处用人单位侵犯劳动者权益的案件。劳动者可以直接向劳动监督检查机构和有关部门投诉用人单位的违法侵权行为。如《劳动争议调解仲裁法》第 9 条规定：用人单位违反国家规定，拖欠或者未足额支付劳动报酬，或者拖欠工伤医疗费、经济补偿或者赔偿金的，劳动者可以向劳动行政部门投诉，劳动行政部门应当依法处理。这是行政救济手段在劳动争议解决程序中的运用。实践中，对于侵权案件的处理来讲，请求行政权介入往往比其他任何途径都更快捷、更有效，而且节约成本。

（三）我国劳动争议处理体制的变革

对劳动争议的处理体制，我国《企业劳动争议处理条例》于 1993 年最早确立了劳动争议处理体制。该条例第 6 条规定："劳动争议发生后，当事人应当协商解决；不愿协商或者协商不成的，可以向本企业劳动争议调解委员会申请调解；调解不成的，可以向劳动争议仲裁委员会申请仲裁。当事人也可以直接向劳动争议仲裁委员会申请仲裁。对仲裁裁决不服的，可以向人民法院起诉。" 1994 年我国《劳动法》颁布，该法第 77 条规定，"用人单位与劳动者发生争议，当事人可以依法申请调解、仲裁、提起诉讼，也可以协商解决"。比较前后两法的规定可以看出，劳动法没有把“协商”作为“应当”行为。上述体制被学界普遍称为“一调一裁两审”体制。其准确的意思是：调解、仲裁和诉讼是劳动争议处理的三个法定程序，三个程序之间存在一定的衔接。调解程序虽然是法定程序，但不是必经程序，当事人享有是否选择调解的自主决定权。当事人可以通过申请由单位内部设立的劳动争议调解委员会对争议进行调解，也可以直接向劳动争议仲裁委员会申请仲裁。劳动争议仲裁实行一裁终裁制度，与调解制度不同，仲裁程序是劳动争议处理的法定必经程序，同时还是劳动争议案件提请人民法院审理的前置条件，只有在案件经过仲裁之后，当事人对裁决不服时，才能向人民法院提起诉讼，否则，人民法院不予受理。人民法院审理劳动争议案件适用民事诉讼程序，采取两审终审制。之后，即使当事人对判决不服，也只能通过审判监督程序进行申诉，但申诉并不影响判决的执行。

这种体制在历史上发挥了一定的积极作用，但随着我国劳动关系的复杂化和劳动争议的常态化，其弊端逐步显现出来，不能完全适应市场经济条件下劳动争议处理的现实要求。为了较好地解决劳动争议，改革旧的体制，建立新的体制刻不容缓。于是，《劳动争议调解仲裁法》在总结过去法律实践经验的基础上，适应现实需要，简化了处理程序，确立了比较可行的灵活处理机制：对一般劳动争议实行“仲裁与审判”结合程序，仲裁是审判的前置程序；对特殊劳动争议实行“一裁终局”程序。这是一种折中的处理体制，既不是完全的“一裁两审”，也不是完全的“或裁或审”，使当事人有较大的选择余地，还可以节约成本，有利于提高处理效率。

对于劳动争议的处理，国外主要采用司法解决方式，政府一般不参与到雇主、雇员的利益冲突之中，有问题就走司法程序，国外的司法专业化程度颇高，大多数欧洲国家都有专门的劳动法院。不过也有的国家，如德国实行仲裁与审判结合的方式。

劳动争议处理体制在立法上作何种选择，我国理论界存在不同的观点：

第一种观点是主张实行“或裁或审”体制。即“裁审双轨、各行其道、各自终局的双轨制度”。理由之一是“一裁两审”的制度设计过于复杂，增加了处理劳动争议的程序和成本，人民法院与劳动仲裁机构互相脱节，造成各方面的浪费。“一裁两审”的劳动争议仲裁方式原本设计是好的，是为了发挥劳动部门的调解仲裁的职能，保障员工的合法权益。但从多年来的实践看，制度存在很大的缺陷。缺陷之一是仲裁裁决不能最终解决纠纷，由于当事人对仲裁结果大多数不服，仲裁以后继续向法院提起诉讼，要求法院公正处理，这样不仅没有简化劳动争议处理程序，方便劳动者，反而人为地造成了一个前置程序，造成了程序复杂化。缺陷之二是维权成本过高。提起劳动争议仲裁的主体大多数是一般员工，其中相当一部分是农民工，他们既缺乏法律知识，又不懂得如何依法维权，更不能分清什么是劳动关系，什么是劳务关系，并且缺少充裕的时间。说到时间，如果按“一裁两审”制度结束，一个极端的例子，需3年9个月的时间，最长可以6年7个月。还有经费的问题，劳动仲裁收的钱，以北京为例，民事仲裁费的收取是300块钱，到法院，同样的案件审理才10块钱，相比之下高得多。理由之二是处理劳动争议的这种渠道过于狭窄，并且非常长，不适应当前井喷式增长趋势的劳动争议案的发生。我国目前劳动用工违法情况非常普遍，大概有85%以上的农民工是没有签合同的，一些用人单位随意解雇员工，不支付任何的补偿。许多企业劳动环境恶劣，工伤事故频发，职业病严重影响着员工的健康，但员工的合法权益得不到很好的保障，而且维权的时间又如此之长。理由之三是劳动争议解决实行“一裁两审”前置，不能体现仲裁自愿的原则。理由之四是劳动部门应该从源头上解决这个问题，加大对劳动监察的力度，从源头上维护员工的合法权益。因此应当采用“或裁或审”的方式，即发生劳动争议的当事人既可以申请仲裁，也可以到法院起诉，这两条路是平行的。法院判决与仲裁裁定都具有最终效力。如果当事人不执行，胜方可以向法院提出强制执行申请。这样既加重了仲裁机构的责任，也有利于强化仲裁机构的权威。特别是对于劳动者来说，作为弱势群体，为了维护自己的权益，他们选择什么，需要尊重他们的意愿。这也是执政为民的体现。

第二种观点反对完全的“或裁或审”体制。其中，有的认为，如果所有争议均经过三个程序则劳动者维权困难的局面不可能改变，但若劳动者自由选择，将会使法院疲于应付，所以不能鼓励大家都到法院打官司，如果直接到人民法院诉讼，诉讼成本会直线上升，也不见得有利于维权，因为司法的程序，就是再简单的官司也要折腾很久。况且劳资双方一旦对簿公堂就意味着劳动关系的实质性破裂，如果可以调解和仲裁，就尽可能地避免了这种破裂。比如说单位欠了劳动者的工资，事实很清楚，单位不可能否认，通过调解、仲裁就可以终局，不需要到法院起诉。有的认为，我们是社会主义国家，劳动关系的和谐是社会和谐最基本的方面，在我们这种政治体制下，政府更应该在维护劳动者权益方面比其他西方国家更有作为，来体现社会主义制度的优越性。对“或裁或审”的体制，目前法院和劳动部门都不是太赞同，都各有理由。一是法院不愿意，这样一来，法院受理的案件会大幅度增加，法院的机构编制、经费也都不适应。从发挥政府对劳动者维权作用的角度看，没有了仲裁的程序，不利于政府部门发挥作用。二是劳动部门也不大愿意，它原来已经形成了一个调解仲裁体系，如果说“或裁或审”，大部分职工都跑到法院去起诉了，因为法院的权威性比较高，而且受理成本比较低，只收几十块钱诉讼费，而仲裁委员会接受仲裁的话需要几百块钱。从全社会来看，仲裁委员会也需要增加人力。还有的认为，从裁审的关系上看，不应实行“或裁或审”体制。因为，每个公民都享有争议得到独立司法机构审理的基本人权，或裁或审制剥夺了一部分劳动者的诉权。因此仍然需要规定仲裁是诉讼的必经程序，但是要从两个方面进行改造：一是，应当把劳动争议仲裁委员会改造为真正三方性的机构，把仲裁庭的合法性和三方性结合起来，不符合三方性的仲裁庭规定为不具有合法性。通过加强三方性，提高仲裁的公正性，从一定程度上降低起诉率。二是，对于一些事实清楚、争议数额不大的劳动争议案件经过仲裁后又起诉到法院的，规定只实行一审终审制，从而缩短诉讼程序。此外，这种观点还提出重构调解程序，使调解和仲裁两种途径都能并行地通向诉讼。即为了引导当事人自愿选择调解程序，应当确认以下两点：（1）对于调解成功达成调解书后一方当事人不履行劳动争议调解书的，对方当事人可以直接起诉到法院。这正是2006年最高人民法院《关于审理劳动争议案件适用法律若干问题的解释（二)》中规定的内容。(2）规定经过调解不成的争议，当事人可以直接起诉到法院，即不必经过仲裁再到法院，这样可以缩短争议的处理程序。也就是对于没有选择调解的劳动争议，还应当规定先经过仲裁，再到法院。

第三种观点认为，作为一个争议处理程序，既可以仲裁又可以诉讼，这又带来一个麻烦，当事人双方，一方要走仲裁程序，另一方要走司法程序，可能因为这个问题又拖延解决争议的时间。作为一个程序来说，不应该既可以这样又可以那样，但是程序是否合理，是需要认真研究的问题。

三、劳动争议解决的证据要求

按照一般民事证据规则和《劳动争议调解仲裁法》第6条的规定，发生劳动争议，当事人对自己提出的主张，有责任提供证据。但是，如果与争议事项有关的证据属于用人单位掌握管理的，则应由用人单位提供；用人单位不提供的，应当承担不利后果。这并非举证责任倒置，而是对用人单位怠于提供证据阻碍仲裁或诉讼的一种强制性规定。

四、个别劳动合同争议的劳动者一方参加人

在发生劳动争议的劳动者一方人数众多而又不符合集体合同协商条件的情况下，如果每个劳动者都参加调解、仲裁或诉讼可能因拖延时间和增加成本而降低效率，因此，有必要适用《民事诉讼法》中的代表人诉讼制度，提高争议解决的效率。《企业劳动争议处理条例》第5条规定：发生劳动争议的职工一方在3人以上，并有共同理由的，应当推举代表参加调解或者仲裁活动。我国《劳动争议调解仲裁法》第7条对该条例进行了修正和完善，规定“发生劳动争议的劳动者一方在十人以上，并有共同请求的，可以推举代表参加调解、仲裁或者诉

讼活动”。该法修正了代表人制度。当然，是推举代表人参加还是共同参加调解、仲裁或诉讼，由劳动者一方选择，任何调解组织、仲裁机构和审判机关都不得强制适用代表人程序制度。有人认为，立法还应规定代表具体名额限度，如果没有名额的限制，推举代表就没有实际意义。

第三节　劳动争议调解制度

一、我国劳动争议调解制度及其改革

我国《劳动法》和《企业劳动争议处理条例》均将调解作为处理劳动争议的法定程序。在《劳动争议调解仲裁法》立法中，立法者提出要尽最大的可能将劳动争议案件解决在基层，要强化调解。该立法主张受到理论界的普遍赞同。劳动争议发生在基层，基层的调节具有方便、快捷、节约成本等优势，成为最受广大职工特别是农民工欢迎的劳动争议解决的方式。因为他们没有时间和精力耗费在诉讼过程中。如果不强化企业基层调解，将大量的劳动争议矛盾推向仲裁和诉讼环节，不仅不能维护劳动者的合法权益，也使仲裁和诉讼的工作量不堪重负。多年来，全国 20 多万个劳动争议调解组织为化解劳动争议做了大量的工作，从实际情况来看，企业劳动争议调解组织还是发挥了它应有的作用，据全国总工会从 1995 年到 2006 年这 12 年间的统计，我国各级劳动争议调解组织共受理了 2，135，832 件，调解成功的有 975，911 件，成功率是 46%。其中企业调解组织这 12 年共受理了 2，033，370 件，调解成功的有 89，3054 件，成功率 44%，另外还有区域性的、行业性的劳动争议调解组织做了工作。可以说基层调解制度充分发挥了“第一道防线”的作用，有效地化解了大量的劳动争议，即便调解不成功的案件，通过调解也降低了争议的对抗性，有效地预防了争议进一步升级。这项制度较好地发挥了预防纠纷、化解矛盾的作用。在很多企业，特别是在国有企业，基层调解制度的有效运转，一些企业多年来没有发生过一起申请仲裁的案件，人们把它称为稳压器、安全阀，由此证明基层调解还是较好地在发挥作用。

但同时也要看到，近年来，随着市场经济的发展，劳动关系的复杂化，劳动争议对抗性的增强，劳动争议调解的难度加大，基层调解制度遇到了一些困难。劳动调解达不到应有的理想效果。如 2003 年到 2005 年 6 月，江门市劳动调解委员会受理的劳动争议案件 1304 件，调解成功率仅仅只有 87 件，只达到了 6.67%。对此现象的出现，人们将目光集中在劳动争议调解组织问题上。如有人认为，造成现在的劳动调解作用和效果不理想的原因，主要在于劳动调解委员会

本身的构成和工作形式上存在一系列问题，包括：其一，法律、法规所确立、认定的劳动调解委员会是具有企业工会性质的，它实际上和工会是非常密切的，本来就是工会的职能之一。其二，作为这样的一个劳动调解委员会，它的权威性是很低的。其三，其易受企业其他因素的影响。如果在一个企业或单位当中出现争议问题去找调解委员会，调解委员会的人员就是你的同事，所以在法律上很难调解，而且很容易受到企业内部的其他因素的影响，包括各种关系和企业领导的影响。其四，现在的劳动调解委员会的调解人员，本身对相关法律了解得不多，都是兼职的，这些人的工作在更多的程度和效果上给人们的感觉是在做思想工作，缺乏法律的支持基础。因此，可以把劳动争议调解工作这个环节纳入工会的工作内容之一，不作为《劳动争议调解仲裁法》立法所规定的劳动争议处理的必然的法律环节。

有的学者对企业调解提出了一些意见。认为，二十多年来，我们在劳动争议的处理上特别注意发挥企业的调解功能，但是现在企业的体制、国家的经济体制发生了重大的变化，大量的劳动者是在各种经济所有制的用人单位务工，现在的雇主和雇员的关系也已经发生了变化。过去工会作为中立方调解劳资双方的体制显然遇到了挑战。有关数据显示，这些年企业调解的机构在减少，根据总工会的统计，下降数量不少，一个原因是新建的非国有单位可能就没有建工会，还有一些已有的工会现在也不从事这项工作了。但是与此同时，产生了大量的地区性的社区调解机构，这是一个进步，是一个比较符合市场经济发展方向的一种政府在基层政权行使中保障劳动者权益的非常有益的探索。比如在浙江宁波市，已经有100个街道和社区建立了劳动争议调解组织。因此，工会的作用，长期以来对其发挥的作用应该肯定，但是同时也应该看到，我们现在正处在经济体制的过渡阶段，一方面，要继续发挥和保留工会在企业当中的调解作用；另一方面，要积极扶持这种基层政权，特别是街道、社区在维护劳动者权益方面的机构，逐步地经过多少年以后过渡到这样一种比较规范，更加适应社会主义市场经济体制发展的、维护劳动者权益的仲裁机构上来。

有的学者对如何改进企业劳动争议调解组织进行了研究。认为企业调解委员会的工作由企业工会代表来组织、来主持，是由我国工会的性质和特点所决定的。中国工会是在党的领导下，与企业是支持、合作的关系。中国工会的职责是两个维护的统一，在维护全国总体利益的同时，更好地代表和维护职工的权利。企业的工会，既维护职工的利益，也维护企业的利益，如对职工一些不合理的要求进行教育和引导，工会在企业当中发动职工开展合理化建议活动、劳动竞赛，对职工进行教育等四项制度，这与外国工会是根本不同的。所以，中国的企业工会作为调解委员会，是两边都能接受的，对企业的调解制度，工会是在法律和政策的范围内维护职工的合法权益，建议企业劳动争议调解组织还是由工会主持。

这是由我国工会的性质，以及工会在协调劳动关系中所处的特殊地位决定的。当前的问题不是去简单地否定它，而是要如何进一步加强和完善它，使基层调解委员会的作用发挥得更好。企业基层的劳动调解组织一定要加强和完善。《劳动争议调解仲裁法》取消了工会在企业劳动争议调解中的地位，显然有失偏颇。

从立法上来看，《企业劳动争议处理条例》确立的是三方调解机制，即企业劳动争议调解委员会由职工代表、企业代表和企业工会代表三方组成。但这种机制主要适用于建立了工会的企业。由于我国工会组织的设立受到审批制度的制约和一些非公企业的阻挠，工会组织率和参与率不高，造成一些企业没有工会，一些工会名存实亡。[①] 因此，该条例对此作了特别规定，“没有成立工会组织的企业，调解委员会的设立及其组成由职工代表与企业代表协商决定”。也就是同时确立了两方机制。为了劳动关系的发展，并与《劳动法》和《劳动合同法》的基本制度保持一致，《劳动争议调解仲裁法》不仅修正了企业劳动争议的调解机制，而且扩大了劳动争议调解组织的范围，使劳动争议的调解有了更多的途径。在企业劳动争议调解机制修正方面，该法在形式上改变了《企业劳动争议处理条例》确立三方调解机制，但并没有完全忽视工会在调解中的作用，只是将工会代表作为被选择的参与方。如该法第10条规定：“企业劳动争议调解委员会由职工代表和企业代表组成。职工代表由工会成员担任或者由全体职工推举产生，企业代表由企业负责人指定。企业劳动争议调解委员会主任由工会成员或者双方推举的人员担任。”有人认为，该法的规定否定了工会的地位和作用，是西方劳资对立理论的做法，不符合中国国情，并担心由于用人单位的强势地位，特别是非公有制企业，劳动调解委员会大多被企业控制，公正调解、维护职工合法权益就会比较困难，并且基层调解委员会要重新改组，在企业当中也会造成混乱，因此，调解机制改革不应取消工会在三方机制中的地位。这种担心是可以理解的，工会组织虽然是劳动者与用人单位谈判的最好机制，但在程序法上，企业劳动争议调解委员会的调解不是唯一的调解途径，调解也不是必经程序，还有后续程序作法律保障，因此，用人单位试图通过企业劳动争议调解委员会的调解来损害劳动者利益的可能性几乎是不存在的。

有的学者就《劳动争议调解仲裁法》规定的调解体制整体结构和内容进行分析，指出“调解”与“仲裁”程序的内容相比，却是过于简单了。对调解机构的设置、组成、批准、备案、法定职责、指导监督、法律责任，对调解员的聘用、调解程序、调解协议的效力，对申请调解程序等规定还需要具体规范，使调解程序更加完备。避免劳动争议调解的虚置和弱化。

---

① 冯涛：“贸易自由化与劳工标准全球化”，载《中国社会科学院研究生院学报》2006年第3期，第99～103页。

二、劳动争议调解的当事人与调解组织

建立劳动争议调解制度的目的就在于使劳动争议得到及时解决。根据《劳动争议调解仲裁法》第2条和第7条的规定，劳动争议调解的当事人为中华人民共和国境内的用人单位与劳动者。发生劳动争议的劳动者一方在10人以上，并有共同请求的，可以推举代表参加调解活动。

根据《劳动争议调解仲裁法》第10条的规定，劳动争议调解组织包括：(1) 企业劳动争议调解委员会；(2) 依法设立的基层人民调解组织；(3) 在乡镇、街道设立的具有劳动争议调解职能的组织。同时根据《劳动争议调解仲裁法》第8条的规定，县级以上人民政府劳动行政部门会同工会和企业方面代表建立协调劳动关系三方机制，共同研究解决劳动争议的重大问题。

企业劳动争议调解委员会由职工代表和企业代表组成。职工代表由工会成员担任或者由全体职工推举产生，企业代表由企业负责人指定。企业劳动争议调解委员会主任由工会成员或者双方推举的人员担任。根据《劳动争议调解仲裁法》第11条的规定，劳动争议调解组织的调解员应当由公道正派、联系群众、热心调解工作，并具有一定法律知识、政策水平和文化水平的成年公民担任。需要指出，我国《劳动法》第80条和《企业劳动争议处理条例》第7条关于劳动争议调解委员会组成的规定与《劳动争议调解仲裁法》的规定不一致的，按照新法优于旧法的法律适用原则，以《劳动争议调解仲裁法》的规定为准。

从《劳动争议调解仲裁法》对调解组织的规定中可以看出，法定的三种调解组织的地位是相同的，也没有案件管辖范围之分。这样，劳动争议当事人有多种选择，可以向其中任何一个组织申请调解。也有人认为，如果选择面很宽，可能会增加一些复杂性，把简单问题复杂化了。事实上，企业，特别是大中型企业内部发生的劳动争议一般是由企业设立劳动争议调解委员会进行调解的。如果发生争议的劳动者对企业劳动争议调解委员会的信任度不高，则可以选择其他调解组织进行调解。但实践中，不应鼓励劳动者首先选择其他调解组织，这样可以将劳动争议化解在企业内部，避免引起社会不良反应。相反，如果劳动者决定选择其他调解组织进行调解，企业也应尊重劳动者的合法选择，不得采取任何非法手段加以阻止。对于没有设立企业劳动争议调解委员会的企业来说，应建立相应的法定调解组织。如果企业不愿意建立相应的调解组织，企业与劳动者可以进行协商，合理选择一个非企业调解组织。所谓合理选择，就是本着以人为本的理念，方便调解，节约成本。

对于企业组织以外的其他用人单位内部发生的劳动争议，一些乡镇企业、小型民营企业的劳动争议，实践中，一般应选择非企业调解组织进行调解。若调解

组织熟悉情况，调解起来，针对性就比较强，效果会比较好。《劳动争议调解仲裁法》明确了基层人民调解组织和在乡镇、街道设立的具有劳动争议调解职能的组织两种调解机构。前者一般是指政府司法行政部门在县以下人民政府（乡、镇）设立的司法所和行政村（居委会）设立的人民调解委员会；后者一般是指乡镇、街道设立的行业性调解组织。

如何科学合理地设立劳动争议调解组织，理论上提出了一些见解和完善的措施。如有的提出对实践中作用发挥较好、成效明显的区域性、行业性劳动争议调解组织作出规定，具体是在小型非公有制企业和外商投资企业比较集中的乡镇、街道、开发区或社区，可以建立区域性、行业性劳动争议调解组织，开展劳动争议预防、预警和调解工作，对区域内、行业内的企业劳动争议调解工作进行帮助、指导。有的提出，应在立法中明确基层人民调解组织与乡镇、街道设立的劳动调解组织有所区别；有的提出，应在立法中明确非企业调解组织——基层人民调解组织，乡镇、街道设立的劳动调解组织的设立规则。如果这两个组织的设立在其他法律中有规定，应在法律中增加“参照××法有关规定执行”的内容；如果其他法律中无相关规定，则法律中予以明确规定。有的提出，应在立法中增加对企业设立劳动调解委员会的职工代表和企业代表组成人数的规定，保证在人数上的对等地位。我们认为，关键的问题是各种劳动争议调解组织的机构要科学合理，在一定程度上向劳动争议一方作出倾斜保护，实现程序公正。除企业劳动争议调解委员会的依法组成外，其他调解组织可以针对劳动争议的特点参照“三方机制”设立专门的区域性、行业性调解机构。如我们认为可以由企业代表、职工代表与劳动行政部门代表按均等人数参加。在条件成熟时，可以参照仲裁员资格条件，建立一种比较宽松的劳动争议调解员任职资格制度。

《劳动争议调解仲裁法》没有明确各种劳动争议调解组织的法律性质。根据组成方式，我们认为，企业劳动争议调解委员会应属于企业内部自治性组织。人民调解组织的性质由有关法律确定。区域性、行业性劳动争议调解组织应具有基层群众性自治组织的性质，依照社会团体管理法律、法规进行运作。

三、劳动争议调解的程序

（一）调解申请

根据《劳动争议调解仲裁法》第12条的规定，当事人申请劳动争议调解可以书面申请，也可以口头申请。口头申请的，调解组织应当当场记录申请人基本情况、申请调解的争议事项、理由和时间。理论上有人对申请调解提出了一些意见，认为是否所有的调解都一定要当事人提出申请？比如企业发生了劳动争议，调解组织或者工会知道了，主动调解行不行？是不是当事人不申请就不启动调解？是不是当事人同意就可以启动调解程序？怎么做才能建立更符合构建和谐企业、和谐社会的机制？这些问题还需要进行立法研究。

（二）调解协议书

根据《劳动争议调解仲裁法》第13条和第14条的规定，调解劳动争议，应当充分听取双方当事人对事实和理由的陈述，耐心疏导，帮助其达成协议。经调解达成协议的，应当制作调解协议书。调解协议书由双方当事人签名或者盖章，经调解员签名并加盖调解组织印章后生效，对双方当事人具有约束力，当事人应当履行。

（三）调解与仲裁的衔接

根据《劳动争议调解仲裁法》第14条第3款和第15条的规定，自劳动争议调解组织收到调解申请之日起15日内未达成调解协议的，当事人可以依法申请仲裁。达成调解协议后，一方当事人在协议约定期限内不履行调解协议的，另一方当事人可以依法申请仲裁。

（四）支付令：调解协议的强制履行

支付令是一种便捷的强制执行形式。规定支付令制度的目的主要是为了解决调解达成协议之后用人单位不履行调解协议的问题。根据《劳动争议调解仲裁法》第16条的规定，因支付拖欠劳动报酬、工伤医疗费、经济补偿或者赔偿金事项达成调解协议，用人单位在协议约定期限内不履行的，劳动者可以持调解协议书依法向人民法院申请支付令。人民法院应当依法发出支付令。但由于现行法律规定在当事人一方有异议的情况下，支付令便终止执行，因此，在很大程度上限制了支付令应有的实效，因此，有人认为，《劳动争议调解仲裁法》关于支付令的规定有些不妥，难以达到通过支付令的程序，快速解决劳动争议的目的。一旦用人单位提出异议，支付令便失效，劳动者不得不提起仲裁，仲裁不服的，又可以再提起诉讼，这种复杂的程序设置，会使仲裁变成马拉松，延长了周期，增加了劳动者花费的时间、精力、费用和其他成本，可能导致这项制度的落空。因此，建议立法对此类案件在用人单位提出异议使支付令失效后，劳动者可以直接提起诉讼，不要再返回去仲裁。也就是说，劳动者有权选择或仲裁、或诉讼。有的提出，在立法中赋予人民法院对用人单位提出的书面异议的审查权，或者明确劳动者坚持要求支付的法律后果的，可以继续执行支付令。有的认为，既然达成了协议就没有必要走这个程序，如果用人单位不履行调解协议的，劳动者直接申请仲裁就可以了。建议规定，双方调解之后达成协议，如果15日之内对方不履行，劳动者可以依法申请仲裁。

对支付令制度设置的争论的焦点问题实际上是涉及调解协议效力问题。如果调解协议可执行可不执行的话，整个调解程序制度就可能失去实效。这将有违立法的初衷。根本问题在于如何规定调解协议的法律效力。

（五）调解时效

由于调解程序并非法定必经程序，因此，《劳动争议调解仲裁法》没有规定调解时效期间。也就是说，对调解程序而言，劳动争议当事人随时都可以提出调解申请。但是，劳动争议调解组织应当严格遵守调解结案期间。

（六）回避制度

调解组织成员如果与一方当事人有利害关系，可能影响公正调解的，对方当事人有权以口头或书面形式申请回避。调解组织对回避申请应作出决定。

四、劳动争议调解协议的效力

劳动争议调解本质上属于任意性调解，由当事人自愿选择。当事人不愿意调解的，可以直接申请劳动争议仲裁。当事人自愿申请调解并达成协议的，理应自觉履行协议。我国《劳动法》第80条第2款和《企业劳动争议处理条例》第11条也作了同样的规定。但是从法律规定来看，并非所有的调解协议都具有强制执行力，只有涉及支付拖欠劳动报酬、工伤医疗费、经济补偿或者赔偿金事项达成调解协议具有法律执行力，劳动者可以向法院申请支付令。其他调解协议并不具有强制执行力。

理论认为，既然立法明确了着重调解原则，并将调解作为仲裁前的一般程序，就应当赋予调解结果以法定效力。如有的提出，应规定“当事人在劳动争议调解组织的主持下，达成的具有劳动权利义务内容的调解协议书，具有劳动合同的效力。经劳动争议调解组织中被聘为仲裁员和调解员调解，达成调解协议书的，经过双方当事人的同意，可报劳动仲裁委员会批准制作调解书”，因为建立和谐的劳动关系的重点就是要加强调解，目前立法中规定的调解协议书，基本上没有法律的约束力，客观上就形成了调解公信力不够的问题，不利于调解工作的发展。因此，有必要强化调解协议书的法律效力，加强企业调解与仲裁调解的衔接，争取把劳动争议解决在基层。有的认为，要建立一个机制，提高调解协议的效力。现在立法规定的是达成调解协议以后，当事人反悔，或者在约定期限内不履行调解协议的，就可以申请仲裁。这样调解的效力不高，当事人可以随意反悔，随意不执行。现在法院和司法部门逐步协商，认为人民调解已经达成的协议，就视为一种法律行为，如果没有充分的理由，是不能随便推翻的。通过这种制度，可以促使人们讲诚信。如果有充分证据证明是强迫调解的，违背当事人意志调解的，或者损害国家或者利益、他人利益，那么可以请求仲裁机关或法院撤销。因此，要强化调解协议的效力，借鉴人民调解的模式。

一般情况下，当事人一方不履行调解协议的，另一方可以申请仲裁，启动仲裁程序。由于《劳动争议调解仲裁法》规定了仲裁时效期间，因此，当事人应在仲裁时效期间内申请仲裁，否则，除非发生不可抗力等时效终止的理由的，仲裁机构不予受理，并进而影响诉讼程序，影响劳动争议的仲裁与诉讼解决。需要指出，我国《劳动法》第 82 条和《企业劳动争议处理条例》第 23 条规定的劳动争议仲裁申请时效与《劳动争议调解仲裁法》第 27 条的规定明显不一致，应以《劳动争议调解仲裁法》的规定为准，即劳动争议申请仲裁的时效期间为 1 年。仲裁时效期间从当事人知道或者应当知道其权利被侵害之日起计算。有人认为，劳动争议调解程序具有终止申请时效的效力。① 但是，由于《劳动争议调解仲裁法》没有规定调解申请时效，仅规定了调解期间，而且调解不是必经程序，因此，我们认为，调解不应中止仲裁申请时效。

第四节　劳动争议仲裁制度

一、劳动争议仲裁的含义

劳动争议仲裁，是指由非政府组织性质的仲裁机构作为中立的第三方对劳动争议进行裁决的一种争议处理方式。

由劳动争议的特殊性质所决定，劳动争议仲裁适用特殊的仲裁程序制度。在我国，主要适用《劳动争议调解仲裁法》，而不适用一般民事仲裁所适用的《仲裁法》。

与一般民事仲裁相比，劳动争议仲裁具有显著的特点：其一，一般民事仲裁属于自愿仲裁，当事人可以选择仲裁，也可不选择仲裁，而劳动争议仲裁具有强制性，是解决劳动争议的必经程序。劳动争议仲裁无须当事人之间预先签订仲裁协议，一方申请仲裁，另一方不能以无仲裁协议为由提出抗辩。强制性劳动仲裁源于新西兰劳动法，目前采用该制度的国家和地区主要有澳大利亚、加拿大和我国台湾地区。而美国、英国和德国等国家以任意性仲裁为主，部分地采用强制性仲裁。其二，劳动争议仲裁在组织上普遍实行三方原则，即仲裁机构由雇主、工会与政府三方的代表共同组成。如我国台湾地区劳动争议仲裁委员会（相当于内地的“仲裁庭”）由主管官署代表 2 人，地方法院代表 1 人，与争议无直接利害关系的之劳方及资方代表各 1 人共同组成。其三，劳动争议仲裁是劳动争议诉讼的前置程序，不经过仲裁程序，法院不直接受理劳动争议的诉讼申请。当事人不服仲裁裁决的，可以在法定期间内向法院提起诉讼。如果当事人在劳动合同中约定将仲裁作为终局的解决程序，即使当事人不服裁决，也不得向法院提起劳动

① 周长征：《劳动法原理》，科学出版社 2004 年版，第 280 页。

争议诉讼。虽然诉讼是法定的最终解决劳动争议的程序，但当事人是否选择诉讼程序则由当事人自主决定。其四，劳动争议仲裁简便、快捷。与一般民事仲裁程序相比，劳动争议仲裁申请时效和仲裁期间都比较短，而且证据的收集和提供程序也比较简便。

一般的仲裁行为从理论上讲，仲裁只是人民法院审理的某些诉讼案件的前置程序，有的规定这是必经的前置程序。《劳动争议调解仲裁法》的仲裁行为是劳动诉讼案件必经的前置程序。但是当事人对仲裁裁决不服的可以向人民法院提起诉讼，如果当事人在合同中有约定的可以除外。我国《劳动争议调解仲裁法》还规定了特别程序，即“一裁终局”。

二、劳动争议组织的设立规则、组成与仲裁规则的制定

（一）劳动争议仲裁委员会的设立规则

我国劳动争议仲裁机构也称劳动争议仲裁委员会。我国《劳动法》第 81 条和《企业劳动争议处理条例》第 12 条均确立了该组织形式。根据《劳动争议调解仲裁法》第 17 条的规定，劳动争议仲裁委员会按照统筹规划、合理布局和适应实际需要的原则设立。省、自治区人民政府可以决定在市、县设立；直辖市人民政府可以决定在区、县设立。直辖市、设区的市也可以设立一个或者若干个劳动争议仲裁委员会。劳动争议仲裁委员会不按行政区划层层设立。

（二）劳动争议仲裁委员会的组成

与一般劳动争议调解组织的构成不同，劳动争议仲裁委员会是按照三方机制建构的。并由专职与兼职仲裁员组成。根据《劳动争议调解仲裁法》第 8 条的规定，县级以上人民政府劳动行政部门会同工会和企业方面代表建立协调劳动关系三方机制，共同研究解决劳动争议的重大问题。根据该法第 19 条的规定，劳动争议仲裁委员会由劳动行政部门代表、工会代表和企业方面代表组成。劳动争议仲裁委员会组成人员应当是单数。劳动争议仲裁委员会依法履行下列职责：（1）聘任、解聘专职或者兼职仲裁员；（2）受理劳动争议案件；（3）讨论重大或者疑难的劳动争议案件；（4）对仲裁活动进行监督。劳动争议仲裁委员会下设办事机构，负责办理劳动争议仲裁委员会的日常工作。根据《劳动争议调解仲裁法》第 20 条的规定，劳动争议仲裁委员会应当设仲裁员名册。仲裁员应当公道正派并符合下列条件之一：（1）曾任审判员的；（2）从事法律研究、教学工作并具有中级以上职称的；（3）具有法律知识、从事人力资源管理或者工会等专业工作满 5 年的；（4）律师执业满 3 年的。律师执业与从事律师工作不是同一个概念，后者包括前者。从事律师工作的人除了律师外，还包括律师事务所其他的工勤人员，比如说办公室工作人员、会计等，这样的人就没有律师业务的

履历。

理论认为,《劳动争议调解仲裁法》对劳动仲裁委员会及仲裁员制度的规定还存在一些问题。如有人提出，作为具有一定职能的机构，劳动仲裁委员会的性质在立法上没有明确。如果挂靠在劳动行政部门，就应该是政府部门的一个组织，应该有一定的职责权力。如果挂靠在工会，它又是群众组织，也有好处。究竟是什么组织？应该明确，建议在《劳动争议调解仲裁法》中把这个问题说清楚。仲裁委员会的组成人员是明确的，但隶属关系不清楚，组织性质不清楚，不利于这个机构作用的发挥。它应该是准法院的职能，起码其权力应该是行政法规赋予的。既然该法规定了这个机构，那么性质、隶属关系、人员组成、待遇都应该有明确规定。我们认为，从法律规定的劳动仲裁机构的设立规则来看，该种仲裁机构并非与各级政府劳动行政部门一一对应，而且法律规定仲裁活动支出由政府埋单，因此，将其视为政府全资事业单位更为合理，按照“谁设立、谁出资、谁管理”的原则进行运作。

有人提出，仲裁员队伍建设是一个重要问题。《劳动争议调解仲裁法》规定的担任仲裁员的条件有些宽松，可能不利于保证仲裁的质量。仲裁工作具有司法工作的特点，具有较强的专业性，笔者感觉仅靠这几个标准，并不足以保证仲裁员队伍的素质。目前的实际工作中，仲裁员队伍素质偏低的情况比较普遍，建议增加职业资格准入及标准方面的有关内容，这对于严肃仲裁员队伍，提高仲裁员队伍整体素质意义重大。有人认为，应对仲裁员的条件进行具体完善。如将“律师执业满三年的”改为“律师执业满五年的”；将“曾任审判员的”改为“审判员从事审判工作满五年的”，因为从立法意图上讲，要求是仲裁员应有实际的司法实践经验，这样可以排除具有审判员资格而没有审判实践的法官。相反，有人认为，按照现行的程序，仲裁是审判之前的程序，组成人员应该强调公正，对于其法律知识方面的要求不能高于对审判员的要求，所以建议规定只要担任过审判员，就应该具有仲裁员的条件。

《劳动争议调解仲裁法》虽然规定了仲裁员的任职资格条件，但没有规定任职程序和任职解除条件和程序，这也是一个缺陷。在仲裁员回避制度中，该法规定了劳动争议仲裁委员会应当解聘仲裁员的一些法定情形，但如何解聘却缺乏法律依据。因此，亟待立法补漏。

（三）劳动争议仲裁规则的制定

劳动争议仲裁规则是实现立法目的的具体规范，其科学合理与否，关系重大，因此应对制定主体作出合理规定。根据《劳动争议调解仲裁法》第 18 条的规定，国务院劳动行政部门依照《劳动争议调解仲裁法》的有关规定制定仲裁规则。省、自治区、直辖市人民政府劳动行政部门对本行政区域内的劳动争议仲裁工作进行指导。国家劳动行政部门应对已有的规则进行整合、修正，使其适应

《劳动争议调解仲裁法》的要求。

三、劳动争议仲裁管辖

劳动争议仲裁管辖制度主要解决当事人发生争议后，向哪里的仲裁机构申请仲裁的问题。根据《劳动争议调解仲裁法》第21条的规定：劳动争议仲裁委员会负责管辖本区域内发生的劳动争议。劳动争议由劳动合同履行地或者用人单位所在地的劳动争议仲裁委员会管辖。双方当事人分别向劳动合同履行地和用人单位所在地的劳动争议仲裁委员会申请仲裁的，由劳动合同履行地的劳动争议仲裁委员会管辖。根据《劳动争议调解仲裁法》第52条的规定，事业单位实行聘用制的工作人员与本单位发生劳动争议的，依照本法执行；法律、行政法规或者国务院另有规定的，依照其规定。根据《企业劳动争议仲裁条例》第39条的规定，国家机关、事业单位、社会团体与本单位工人之间，个体工商户与帮工、学徒之间，发生的劳动争议，可以参照执行。

目前立法对劳动争议仲裁管辖制度的规定是比较合理的。这一制度借鉴了我国《合同法》中合同履行规则和诉讼管辖规则的一些有益做法，与此前颁布的最高人民法院《关于审理劳动争议案件适用法律若干问题的解释》规定的劳动争议案件的管辖制度大体一致，不过该司法解释还规定“劳动合同履行地不明确的，由用人单位所在地的基层人民法院管辖”。现行劳动争议仲裁管辖制度还彻底改变了立法草案中引起多种争议的规定，即“劳动仲裁委员会负责本行政区域内发生的劳动争议”。“发生劳动争议的劳动者和用人单位不在同一个劳动仲裁委员会管辖地区的，由劳动者工资关系所在地或者劳动合同履行地的劳动仲裁委员会办理。劳动者或者用人单位分别向劳动者工资关系所在地或者劳动合同履行地的劳动仲裁委员会申请仲裁的，由先受理的劳动仲裁委员会办理。”因为，按草案规定，由先受理的劳动仲裁委员会办理。但是先受理的仲裁委员会可以是由劳动者先申请的，也可能是由用人单位先申请的，为了更好地保护当事人的合法权益，就需要在规定以先受理的仲裁委员会为主的同时，后受理的劳动仲裁委员会可以与先受理的劳动仲裁委员会的共同协商解决。显然，草案规定的程序十分复杂，不利于仲裁申请。也有人曾提出，可以规定“劳动争议由劳动者工资关系所在地或者劳动合同履行地的劳动仲裁委员会办理，劳动者或者用人单位分别向劳动者工资关系所在地或者劳动合同履行地的劳动仲裁委员会申请仲裁的，由先受理的劳动仲裁委员会办理”。实际上，工资关系所在地一般就是用人单位所在地。

《劳动争议调解仲裁法》规定劳动争议可以由劳动合同履行地的仲裁机构管辖，主要是为了解决劳务派遣合同中发生的劳动争议。这样规定有助于争议的快速解决，因为劳动合同履行地的仲裁机构对用工单位的情况可能了解得更多。

四、劳动争议仲裁的公开原则和回避制度

为了保证劳动争议仲裁的公开公正，《劳动争议调解仲裁法》规定了公开仲裁与仲裁回避制度。该法第26条规定，劳动争议仲裁公开进行，但当事人协议不公开进行或者涉及国家秘密、商业秘密和个人隐私的除外。第33条规定，仲裁员有下列情形之一，应当回避，当事人也有权以口头或者书面方式提出回避申请：(1) 是本案当事人或者当事人、代理人的近亲属的；(2) 与本案有利害关系的；(3) 与本案当事人、代理人有其他关系，可能影响公正裁决的；(4) 私自会见当事人、代理人，或者接受当事人、代理人的请客送礼的。劳动争议仲裁委员会对回避申请应当及时作出决定，并以口头或者书面方式通知当事人。该法第34条规定，仲裁员有私自会见当事人、代理人，或者接受当事人、代理人的请客送礼情形的，或者有索贿受贿、徇私舞弊、枉法裁决行为的，应当依法承担法律责任。劳动争议仲裁委员会应当将其解聘。我国《企业劳动争议处理条例》第38条也曾规定，处理劳动争议的仲裁工作人员在仲裁活动中，徇私舞弊、收受贿赂、滥用职权、泄露秘密和个人隐私的，由所在单位或者上级机关给予行政处分，是仲裁员的，仲裁委员会应当予以解聘；构成犯罪的，依法追究刑事责任。

对于回避制度中的有些规定，有人认为不够准确，如第4项“私自会见当事人、代理人，或者接受当事人、代理人的请客送礼的”中的“请客送礼”涵盖面太窄，建议修改为“或者与当事人或代理人私下有不正当交易的”，这样规定包括了请客、送礼等行为。

五、劳动争议仲裁的当事人与参加人

根据《劳动争议调解仲裁法》第22条的规定，发生劳动争议的劳动者和用人单位为劳动争议仲裁案件的双方当事人。劳务派遣单位或者用工单位与劳动者发生劳动争议的，劳务派遣单位和用工单位为共同当事人。根据《劳动争议调解仲裁法》第7条的规定，发生劳动争议的劳动者一方在10人以上，并有共同请求的，可以推举代表参加仲裁活动。

根据《劳动争议调解仲裁法》第23条、第24条和第25条的规定，与劳动争议案件的处理结果有利害关系的第三人，可以申请参加仲裁活动或者由劳动争议仲裁委员会通知其参加仲裁活动。当事人可以委托代理人参加仲裁活动。委托他人参加仲裁活动，应当向劳动争议仲裁委员会提交有委托人签名或者盖章的委

托书，委托书应当载明委托事项和权限。丧失或者部分丧失民事行为能力的劳动者，由其法定代理人代为参加仲裁活动；无法定代理人的，由劳动争议仲裁委员会为其指定代理人。劳动者死亡的，由其近亲属或者代理人参加仲裁活动。

根据《企业劳动争议处理条例》第 37 条的规定，当事人及有关人员在劳动争议处理过程中有下列行为之一的，仲裁委员会可以予以批评教育、责令改正；情节严重的，依照《治安管理处罚法》有关规定处罚；构成犯罪的，依法追究刑事责任：(1) 干扰调解和仲裁活动、阻碍仲裁工作人员执行公务的；(2) 提供虚假情况的；(3) 拒绝提供有关文件、资料和其他证明材料的；(4) 对仲裁工作人员、仲裁参加人、证人、协助执行人，进行打击报复的。

六、劳动争议仲裁的申请和受理

(一) 劳动争议申请仲裁的时效期间

根据《劳动争议调解仲裁法》第 27 条的规定，劳动争议申请仲裁的时效期间为 1 年。仲裁时效期间从当事人知道或者应当知道其权利被侵害之日起计算。仲裁时效，因当事人一方向对方当事人主张权利，或者向有关部门请求权利救济，或者对方当事人同意履行义务而中断。从中断时起，仲裁时效期间重新计算。因不可抗力或者有其他正当理由，当事人不能在上述规定的仲裁时效期间申请仲裁的，仲裁时效中止。从中止时效的原因消除之日起，仲裁时效期间继续计算。此外，该法规定了特别时效：劳动关系存续期间因拖欠劳动报酬发生争议的，劳动者申请仲裁不受前述仲裁时效期间（1 年）的限制；但是，劳动关系终止的，应当自劳动关系终止之日起 1 年内提出。

对法定的仲裁时效，有人认为应作修正。理由是目前我们国家在一部分地区还存在着就业难和部分就业者处于弱势的情况。比如说，一部分新毕业的大学生、还有农民工进城务工，这些人在就业的时候明明知道权益被侵害，比如说大学生，现在我国因为就业难，一部分毕业的学生在试用期甚至没有工资，是无偿试用。另外，农民工进城，可能从一开始就没有签订劳动合同。但是他们为了就业，可能就忍受了，因为如果他提出我要签合同，我要有相当的工资，用人单位可能就不用他了。在劳动力富余的地方，在争就业岗位的地方，开始就业时这些劳动者就忍受了这样的侵害。但在他工作一段时间以后，就形成了事实上的劳动关系。建议修改为“仲裁的时效期间从当事人提起申请仲裁之日起计算”，这样更有利于劳动者的权益的保护。但企业的档案一般保存 10 至 15 年，如果时间太长的话，查证、举证就会遇到困难，所以建议在之后加上“但不得超出当事人权利被侵害之日起 10 年”，在 10 年内取证举证还是可以找到依据，又给劳动者以适当的保护。这种提议不仅考虑到了劳动争议的特殊性，而且减轻了劳动者的一些举证责任。无须证明自己知道或应当知道权益受损的开始时间。

现行仲裁申请时效制度是按照“延长申请时效、缩短仲裁期间”的原则，对我国《劳动法》和《企业劳动争议处理条例》相关规定所作的修正。《劳动法》第82条规定，提出仲裁要求的一方应当自劳动争议发生之日起60日内向劳动争议仲裁委员会提出书面仲裁申请。《企业劳动争议处理条例》第23条规定，当事人应当从知道或者应当知道其权利被侵害之日起6个月内，以书面形式向仲裁委员会申请仲裁。延长仲裁申请时效，有利于保护劳动者一方的利益。按照一般法理，时效期间从当事人知道或者应当知道其权利被侵害之日起计算。如我国民法、行政法等都是这样规定的。劳动争议仲裁申请的时效期间与我国民法规定的人身侵害的时效期间是相同的。至于劳动者一方可能迫于就业压力而忍受不公平待遇，虽明知权益受侵害也不及时提起仲裁申请的问题，要做具体分析。一些争议，如内容属于当事人特别是用人单位的法定义务的，当事人一方违法不履行法定义务的，可以通过行政监督检查途径来解决，不存在时效问题。只有被《劳动争议调解仲裁法》列为争议事项的，才通过该法处理。

（二）劳动争议仲裁申请的提出

根据《劳动争议调解仲裁法》第28条的规定，申请人申请仲裁应当提交书面仲裁申请，并按照被申请人人数提交副本。仲裁申请书应当载明下列事项：(1) 劳动者的姓名、性别、年龄、职业、工作单位和住所，用人单位的名称、住所和法定代表人或者主要负责人的姓名、职务；(2) 仲裁请求和所根据的事实、理由；(3) 证据和证据来源、证人姓名和住所。证据是当事人通过申请仲裁实现自己的请求和主张的关键因素，根据《劳动争议调解仲裁法》第6条的规定，发生劳动争议，当事人对自己提出的主张，有责任提供证据。与争议事项有关的证据属于用人单位掌握管理的，用人单位应当提供；用人单位不提供的，应当承担不利后果。

书写仲裁申请确有困难的，可以口头申请，由劳动争议仲裁委员会记入笔录，并告知对方当事人。

劳动争议仲裁费用一直是阻碍当事人申请仲裁的一个重要原因，为有效解决这个问题，《劳动争议调解仲裁法》第53条规定，劳动争议仲裁不收费。劳动争议仲裁委员会的经费由财政予以保障。因此，申请人无须缴纳任何费用。

（三）劳动争议仲裁申请的处理

根据《劳动争议调解仲裁法》第29条的规定，劳动争议仲裁委员会收到仲裁申请之日起5日内，认为符合受理条件的，应当受理，并通知申请人；认为不符合受理条件的，应当书面通知申请人不予受理，并说明理由。对劳动争议仲裁委员会不予受理或者逾期未作出决定的，申请人可以就该劳动争议事项向人民法院提起诉讼。

根据《劳动争议调解仲裁法》第30条的规定，劳动争议仲裁委员会受理仲裁申请后，应当在5日内将仲裁申请书副本送达被申请人。被申请人收到仲裁申请书副本后，应当在10日内向劳动争议仲裁委员会提交答辩书。劳动争议仲裁委员会收到答辩书后，应当在5日内将答辩书副本送达申请人。被申请人未提交答辩书的，不影响仲裁程序的进行。

（四）仲裁期间

仲裁期间设计是否合理，直接影响着争议解决的效率。根据《劳动争议调解仲裁法》第43条的规定，仲裁庭裁决劳动争议案件，应当自劳动争议仲裁委员会受理仲裁申请之日起45日内结束。案情复杂需要延期的，经劳动争议仲裁委员会主任批准，可以延期并书面通知当事人，但是延长期限不得超过15日。逾期未作出仲裁裁决的，当事人可以就该劳动争议事项向人民法院提起诉讼。需要指出，我国《劳动法》规定的仲裁期间为60日，《企业劳动争议处理条例》规定的最长仲裁期间为90日。相比而言，《劳动争议调解仲裁法》大大缩短了仲裁裁决期间，有利于提高仲裁效率。按照新法优于旧法、法律优于法规的适用原则，应以《劳动争议调解仲裁法》的规定为准。

对于仲裁期间的规定，有人认为没有做到简化程序、缩短周期和降低劳动者维权成本的要求。由于法院走的是民事诉讼程序，即两审终审制，两审终审下来，需要几个月。因此要区分不同情况对仲裁进行时间限制，个别情况复杂的可以时间长一点，但是不能普遍都是几个月。同时增加内容，把劳动争议的诉讼与普通民事诉讼区别开来。简化程序、缩短周期。由于我国《民事诉讼法》没有包括劳动争议诉讼的内容，因此《劳动争议调解仲裁法》就更应该对这方面有所规定，否则肯定达不到目的。

七、劳动争议仲裁的开庭和裁决

（一）仲裁庭的组成

由仲裁庭具体仲裁劳动争议，是实行劳动争议仲裁制度的国家的普遍做法。我国《劳动争议调解仲裁法》第31条规定，劳动争议仲裁委员会裁决劳动争议案件实行仲裁庭制。仲裁庭由3名仲裁员组成，设首席仲裁员。简单劳动争议案件可以由一名仲裁员独任仲裁。根据该法第32条的规定，劳动争议仲裁委员会应当在受理仲裁申请之日起5日内将仲裁庭的组成情况书面通知当事人。

从立法规定可以看出，仲裁庭仲裁员的人选是由劳动争议仲裁委员会单方决定的，没有参照我国《仲裁法》规定的由当事人选择仲裁员的商事仲裁庭的组成规则。立法草案中曾规定："当事人应当在收到仲裁名册后五日内约定仲裁庭的组成方式或者选定仲裁员；未在上述期限内约定仲裁庭的组成方式或者选定仲裁员的，由劳动仲裁委员会主任规定。”这个规定存在一些问题，如“当事人”是指双方当事人还是单指申请人？如果指的是申请人就好理解了，但如果指的是双方当事人的就不好说了，因为双方选择的仲裁员很可能不一样。因此，由劳动争议仲裁委员会单方决定，还是比较合理的。

（二）开庭通知

根据《劳动争议调解仲裁法》第35条的规定，仲裁庭应当在开庭5日前，将开庭日期、地点书面通知双方当事人。当事人有正当理由的，可以在开庭3日前请求延期开庭。是否延期，由劳动争议仲裁委员会决定。

根据《劳动争议调解仲裁法》第36条的规定，申请人收到书面通知，无正当理由拒不到庭或者未经仲裁庭同意中途退庭的，可以视为撤回仲裁申请。被申请人收到书面通知，无正当理由拒不到庭或者未经仲裁庭同意中途退庭的，可以缺席裁决。

（三）鉴定、质证与辩论

根据《企业劳动争议处理条例》第33条的规定，仲裁委员会在处理劳动争议时，有权向有关单位查阅与案件有关的档案、资料和其他证明材料，并有权向知情人调查，有关单位和个人不得拒绝。仲裁委员会之间可以委托调查。仲裁委员会及其工作人员对调查劳动争议案件中涉及的秘密和个人隐私应当保密。

根据《劳动争议调解仲裁法》第37条的规定，仲裁庭对专门性问题认为需要鉴定的，可以交由当事人约定的鉴定机构鉴定；当事人没有约定或者无法达成约定的，由仲裁庭指定的鉴定机构鉴定。根据当事人的请求或者仲裁庭的要求，鉴定机构应当派鉴定人参加开庭。当事人经仲裁庭许可，可以向鉴定人提问。有人认为，其中有些规定不合理，如“由当事人约定的鉴定部门鉴定”，其公正性值得考虑。建议当事人可以提供鉴定的证明，但是如果这一鉴定对方有异议的话，那仲裁庭可以再指定另外的鉴定单位进行鉴定，这样能够保证仲裁庭在裁决过程中的公正性。

根据《劳动争议调解仲裁法》第38条的规定，当事人在仲裁过程中有权进行质证和辩论。质证和辩论终结时，首席仲裁员或者独任仲裁员应当征询当事人的最后意见。有人提出，这个程序中还应增加一些内容：一是申请人可以放弃或改变申诉请求，被诉人可以承认或反驳申诉请求，有权提起反诉。二是劳动争议仲裁委员会在审理劳动争议仲裁案件过程中，发现其他公民（单位）与本案有直接利害关系的，依法追究其他公民（单位）为本案第三人，这样更有利于案件公正、准确地处理，解决现实办案过程中无法可依的情形。

根据《劳动争议调解仲裁法》第39条的规定，当事人提供的证据经查证属实的，仲裁庭应当将其作为认定事实的根据。劳动者无法提供由用人单位掌握管理的与仲裁请求有关的证据，仲裁庭可以要求用人单位在指定期限内提供。用人单位在指定期限内不提供的，应当承担不利后果。

（四）开庭笔录

根据《劳动争议调解仲裁法》第40条的规定，仲裁庭应当将开庭情况记入笔录。当事人和其他仲裁参加人认为对自己陈述的记录有遗漏或者有差错的，有权申请补正。如果不予补正，应当记录该申请。笔录由仲裁员、记录人员、当事人和其他仲裁参加人签名或者盖章。

（五）仲裁申请后的和解

和解是当事人双方自己解决争议的最好方式。根据《劳动争议调解仲裁法》第41条的规定，当事人申请劳动争议仲裁后，可以自行和解。达成和解协议的，可以撤回仲裁申请。但是，该法没有规定和解协议的效力。有的将和解协议视为“君子协定”。另外，和解是否中止仲裁申请的时效，也没有规定。

（六）仲裁中的调解

劳动争议仲裁过程中的调解，达成协议的结果是调解书，一经送达，与仲裁裁决书具有同等法律效力，一般被称为“调解结案”。调解书是当事人双方合意的结果，调解书具有不可再起诉的优越性。我国《劳动争议调解仲裁法》第42条规定，仲裁庭在作出裁决前，应当先行调解。调解达成协议的，仲裁庭应当制作调解书。调解书应当写明仲裁请求和当事人协议的结果。调解书由仲裁员签名，加盖劳动争议仲裁委员会印章，送达双方当事人。调解书经双方当事人签收后，发生法律效力。调解不成或者调解书送达前，一方当事人反悔的，仲裁庭应当及时作出裁决。

（七）先行裁决与先予执行

根据《劳动争议调解仲裁法》第43条第2款的规定，仲裁庭裁决劳动争议案件时，其中一部分事实已经清楚，可以就该部分先行裁决。根据该法第44条的规定，仲裁庭对追索劳动报酬、工伤医疗费、经济补偿或者赔偿金的案件，根据当事人的申请，可以裁决先予执行，移送人民法院执行。仲裁庭裁决先予执行的，应当符合下列条件：（1）当事人之间权利义务关系明确；（2）不先予执行将严重影响申请人的生活。劳动者申请先予执行的，可以不提供担保。

先予执行制度是我国《民事诉讼法》规定的一项十分有效的司法救济制度。从“以人为本”的司法理念出发，这项制度有利于保护弱势群体特别利益，其实施取得了良好的社会效益。考虑到劳动者一方的特殊身份，《劳动争议调解仲裁法》在借鉴该项制度时，进行了改革，取消了担保条件。

在仲裁庭由多人组成的情况下，仲裁裁决一般实行多数决定原则。我国《劳动争议调解仲裁法》第45条规定，裁决应当按照多数仲裁员的意见作出，少数仲裁员的不同意见应当记入笔录。仲裁庭不能形成多数意见时，裁决应当按照首席仲裁员的意见作出。

根据《劳动争议调解仲裁法》第 46 条的规定，裁决书应当载明仲裁请求、争议事实、裁决理由、裁决结果和裁决日期。裁决书由仲裁员签名，加盖劳动争议仲裁委员会印章。对裁决持不同意见的仲裁员，可以签名，也可以不签名。

（八）适用“一裁终局”裁决的劳动争议

“一裁终局”制度，套用了商事仲裁规则，是对《劳动法》第 83 条有关裁决效力规定的扩展，是对特别劳动争议事项规定的专门仲裁程序。所谓“一裁终局”是指仲裁裁决作出后，即发生法律效力，当事人可以申请执行。当事人对裁决有异议的，可以通过上诉程序处理。我国《劳动争议调解仲裁法》第 47 条规定，下列劳动争议，除本法另有规定的外，仲裁裁决为终局裁决，裁决书自作出之日起发生法律效力：（1）追索劳动报酬、工伤医疗费、经济补偿或者赔偿金，不超过当地月最低工资标准 12 个月金额的争议；（2）因执行国家的劳动标准在工作时间、休息休假、社会保险等方面发生的争议。

对于“一裁终局”规则，理论上存在不同看法：有的认为，一般地讲，仲裁结果，除非双方当事人事先有约定，否则不直接发生法律效力。“一裁终局”规则将一部分劳动仲裁裁决为终局裁决，直接发生法律效力，这给予了劳动仲裁部门直接发生法律效力的司法审判权，有点不太合适。虽然该法又规定了一些可以通过申请提起撤销裁决的事项和理由，但很多是当事人无法做到的。有的认为，“一裁终局”一定程度上体现了简化程序、缩短周期、降低劳动者维权成本的要求，具有积极意义，但同时限制了当事人对诉讼的选择权，通过诉讼解决劳动争议，实现司法的最终保障是各国的通行做法，如果《劳动争议调解仲裁法》对“一裁终局”的争议事项规定过宽，对当事人特别是劳动者未必有利。虽然立法对申请法院撤销裁决和不予执行决定作了规定，但是法院只是对案件作程序性的审查，对案件实体公正不公正没有作审查。因此，立法应从保护劳动者合法权益的角度作出倾斜保护，对一裁终局的案件，劳动者要保留司法救济的途径。为保障当事人的诉讼权利，世界上绝大多数国家对劳动争议的案件并没有强制仲裁，也没有采取一裁终局的做法。因此，一裁终局的案件范围不能规定太宽，可以修改为“除劳动者不服可以向人民法院提起诉讼外，裁决书自作出之日起发生法律效力：一是劳动报酬、工伤医疗费、经济补偿、养老金或者赔偿金，不超过当地最低工资标准的 6 个月金额的争议。二是因履行集体合同发生的争议”。只有这两条可以一裁终局的，一裁终局限制的范围要小一些，不能太宽了。

有人认为，仲裁的终局裁决涉及的事项对当事人权益保护很重要，因为终局裁决后有些问题就不能再诉讼了。但有些问题的认定带有复杂性。劳动报酬、养老金都是比较明确的，工作时间、休息休假、社会保险等都有明确的规定，不需要取证，比较简单明了，只要按照规定执行就可以了。但工伤医疗、经济补偿、赔偿金涉及民事方面的侵权行为，属非合同引发的债权债务关系。这样的问题，终局裁决后可能对劳动者的权益从救济上讲就封死了。对当事人、劳动者的权益保护可能是不利的。因此，需要慎重考虑“一裁终局”事项的范围，尤其是一些因侵权行为而发生的争议。有人认为，生产安全的问题是与工作时间等是同等重要的问题。明明这个作业非常危险，劳动者拒绝进行作业，但是用人单位坚持让劳动者作业，这必然会发生争议，而且这方面最容易发生问题，发生的都是大事故。所以应当增加“生产安全”，作为“一裁终局”的事项。有的认为，应当将“最低工资标准十二个月金额的争议”改成“不超过当地月社会平均标准”。理由是将12个月的最低工资作为“一裁终局”的上限比较低，这样也不利于劳动争议的尽快解决。而且草案中规定了对“一裁终局”裁判书的补救措施，这样规定会给当事人造成实际上无法弥补的损失。

八、仲裁裁决的效力

（一）“一裁终局”裁决的效力与诉讼

《劳动争议调解仲裁法》规定，劳动者对仲裁裁决不服的，可以自收到仲裁裁决书之日起15日内向人民法院提起诉讼。用人单位有证据证明仲裁裁决有下列情形之一，可以自收到仲裁裁决书之日起30日内向劳动争议仲裁委员会所在地的中级人民法院申请撤销裁决：（1）适用法律、法规确有错误的；（2）劳动争议仲裁委员会无管辖权的；（3）违反法定程序的；（4）裁决所根据的证据是伪造的；（5）对方当事人隐瞒了足以影响公正裁决的证据的；（6）仲裁员在仲裁该案时有索贿受贿、徇私舞弊、枉法裁决行为的。人民法院经组成合议庭审查核实裁决有前述规定情形之一的，应当裁定撤销。仲裁裁决被人民法院裁定撤销的，当事人可以自收到裁定书之日起15日内就该劳动争议事项向人民法院提起诉讼。

从上述规定中可以看出，“一裁终局”案件的裁决的效力对劳动者和用人单位是有些差异的。法律赋予劳动者以诉讼的权利，而用人单位不享有此项权利。对劳动者不服裁决提起诉讼，除期间要求外，法律没有其他限制条件。而对用人单位申请撤销仲裁，法律规定了数项限制条件。

理论上有人提出，法律应规定在中级人民法院撤销裁决之前，原仲裁裁决是要执行还是要停止执行。具体讲，就是人民法院受理申请后，原仲裁裁决停止执行。人民法院驳回当事人申请时，原仲裁裁决继续执行。仲裁裁决被人民法院裁定撤销的，当事人可以向人民法院提起诉讼。

（二）一般仲裁裁决的效力与诉讼

根据《劳动争议调解仲裁法》第50条的规定，当事人对“一裁终局”以外的其他劳动争议案件的仲裁裁决不服的，可以自收到仲裁裁决书之日起15日内向人民法院提起诉讼；期满不起诉的，裁决书发生法律效力。最高人民法院《关于审理劳动争议案件适用法律若干问题的解释》第 17 条规定，劳动争议仲裁委员会作出仲裁裁决后，当事人对裁决中的部分事项不服，依法向人民法院起诉的，劳动争议仲裁裁决不发生法律效力。第 18 条规定，劳动争议仲裁委员会对多个劳动者的劳动争议作出仲裁裁决后，部分劳动者对仲裁裁决不服，依法向人民法院起诉的，仲裁裁决对提出起诉的劳动者不发生法律效力；对未提出起诉的部分劳动者，发生法律效力，如其申请执行的，人民法院应当受理。

根据《劳动争议调解仲裁法》第 51 条的规定，当事人对发生法律效力的调解书、裁决书，应当依照规定的期限履行。一方当事人逾期不履行的，另一方当事人可以依照《民事诉讼法》的有关规定向人民法院申请执行。受理申请的人民法院应当依法执行。

第五节 劳动争议诉讼制度

劳动争议诉讼，是指劳动争议由审判机构通过审判程序处理的制度。理论上认为，司法是保障公正的最后屏障。因此，法律应当赋予劳动争议的当事人以诉讼的权利。但对如何设置劳动争议诉讼程序问题上，存在三种观点：一是“先裁后审”，即劳动争议应先进行劳动仲裁，后进行诉讼；二是“或裁或审”，即劳动争议当事人或者选择仲裁，或者选择诉讼；① 三是实行单一的诉讼模式。如果在我国实行单一诉讼模式，就需要设置单一的劳动司法机构，或者在普通法院内部设立劳动法庭，或在普通法院外部设立独立的劳动法院，同时制定《劳动法院法》。② 而设立劳动法庭可能是最优选择。这样既不破坏现有的法院组织制度，又能利用人民陪审员制度，组成劳动争议审判组织。③ 现行劳动争议处理体制中，因劳动争议处理走民事案件的程序，实行二审终审制，导致劳动争议诉讼周期过长，维权成本过高。很多国家针对劳动争议的特殊性，对劳动争议诉讼程序作了特别的规定，一些国家还成立了专门审理劳动争议案件的劳动法院、劳动法庭。因此，我国应本着“以人为本”、诉讼便利和专业化的原则，应尽早通过立法制定劳动争议审判程序制度。

---

① 郑尚元：《劳动争议处理程序法的现代化：中国劳动争议处理制度的反思与前瞻》，中国方正出版社 2004 年版，第 204 页。

② 王全兴、侯玲玲：“我国劳动争议处理体制模式的选择”，载《中国劳动》2002 年第 6 期。

③ 周宝妹：《劳动法要论》，群众出版社 2006 年版，第 303～304 页。

劳动争议与普通民事纠纷不同，不应完全按照普通民事诉讼来处理，需要与之相适应的法律程序。国外一般通过专门的劳动法庭或专门的劳动法院来处理劳动争议，但是我国《民事诉讼法》尚未规定直接适用于劳动争议的特别诉讼程序。这是我国《民事诉讼法》上的一个制度缺陷。为了弥补法律缺陷，我国最高人民法院于2001年和2006年分别颁布了《关于审理劳动争议案件适用法律若干问题的解释》和《关于审理劳动争议案件适用法律若干问题的解释（二）》，对劳动争议处理程序作出了有益的探索。但由于该司法解释颁布于我国《劳动合同法》和《劳动争议调解仲裁法》之前，在劳动争议的范围和事项的认定上前后不一，因此，需要对司法解释进行修正，以与后法的规定保持一致，使法律规定的劳动争议得到司法处理，保护当事人的合法权益。

需要注意的是，有些与劳动关系有关的纠纷被立法和司法确定为普通民事纠纷，当事人可以直接提起民事诉讼，而无须经过仲裁程序再诉讼。如《关于审理劳动争议案件适用法律若干问题的解释（二）》第3条规定：劳动者以用人单位的工资欠条为证据直接向人民法院起诉，诉讼请求不涉及劳动关系其他争议的，视为拖欠劳动报酬争议，按普通民事纠纷处理。

按照现行有关诉讼法规范，人民法院受理的劳动争议案件需要符合法定条件。包括起诉人必须是劳动争议的当事人，即发生争议案件的用人单位和劳动者；当事人必须是不服仲裁裁决而向法院起诉；当事人起诉必须有明确的被告和具体的诉讼请求；当事人起诉不得超过法律规定的诉讼时效；当事人起诉应当向有管辖权的人民法院提出，一般应向案件作出裁决的仲裁委员会所在地的人民法院起诉。

一、人民法院认定不属于劳动争议不受理的案件范围

这类纠纷包括：(1) 劳动者请求社会保险经办机构发放社会保险金的纠纷；(2) 劳动者与用人单位因住房制度改革产生的公有住房转让纠纷；(3) 劳动者对劳动能力鉴定委员会的伤残等级鉴定结论或者对职业病诊断鉴定委员会的职业病诊断鉴定结论的异议纠纷；(4) 家庭或者个人与家政服务人员之间的纠纷；(5) 个体工匠与帮工、学徒之间的纠纷；(6) 农村承包经营户与受雇人之间的纠纷。

劳动者以用人单位的工资欠条为证据直接向人民法院起诉，诉讼请求不涉及劳动关系其他争议的，视为拖欠劳动报酬争议，按普通民事纠纷处理。

当事人在劳动争议调解委员会主持下仅就劳动报酬争议达成调解协议，用人单位不履行调解协议确定的给付义务，劳动者直接向人民法院起诉的，人民法院可以按照普通民事纠纷受理。

劳动争议仲裁委员会仲裁的事项不属于人民法院受理的案件范围，当事人不服，依法向人民法院起诉的，裁定不予受理或者驳回起诉。

二、人民法院受理的劳动争议的范围

人民法院受理的涉及劳动争议范围中有的直接涉及当事人的权利义务，有的直接涉及仲裁与执行程序问题。

（一）涉及当事人权利义务的受案范围

劳动者与用人单位之间发生的下列纠纷，属于《劳动法》第2条规定的劳动争议，当事人不服劳动争议仲裁委员会作出的裁决，依法向人民法院起诉的，人民法院应当受理：（1）劳动者与用人单位在履行劳动合同过程中发生的纠纷；（2）劳动者与用人单位之间没有订立书面劳动合同，但已形成劳动关系后发生的纠纷；（3）劳动者退休后，与尚未参加社会保险统筹的原用人单位因追索养老金、医疗费、工伤保险待遇和其他社会保险费而发生的纠纷。这里没有将“订立、变更劳动合同的争议列入受案范围”，为了与《劳动争议调解仲裁法》的规定保持一致，应当进行补充进去。同时还要增加“因离职发生的争议、因工作时间、休息休假、福利等发生的争议”。

由于《劳动合同法》颁布后，不再承认事实劳动关系，因此，第2项适用的条件已经修改。如该法第7条规定：用人单位自用工之日起即与劳动者建立劳动关系。用人单位依法建立备查的职工名册就是劳动关系的一个证据。该法第10条规定：建立劳动关系应当订立书面劳动合同。已建立劳动关系，未同时订立书面劳动合同的，应当自用工之日起1个月内订立书面劳动合同。用人单位与劳动者在用工之前订立劳动合同的，劳动关系自用工之日起建立。该法第82条第1款规定：用人单位自用工之日起超过1个月不满1年未与劳动者订立书面劳动合同的，应当向劳动者每月支付2倍的工资。该法第14条第3款规定：用人单位自用工之日起满1年不与劳动者订立书面劳动合同的，视为用人单位与劳动者已订立无固定期限劳动合同。该法第82条第2款规定：用人单位违反法律规定不与劳动者订立无固定期限劳动合同的，自应当订立无固定期限劳动合同之日起向劳动者每月支付2倍的工资。依据上述规定可知，劳动合同当事人之间就双倍支付工资问题产生的纠纷，人民法院应当受理。

劳动争议仲裁委员会以当事人申请仲裁的事项不属于劳动争议为由，作出不予受理的书面裁决、决定或者通知，当事人不服，依法向人民法院起诉的，人民法院应当分别情况予以处理：（1）属于劳动争议案件的，应当受理；（2）虽不属于劳动争议案件，但属于人民法院主管的其他案件，应当依法受理。

1. 涉及劳动关系解除或终止的案件

用人单位和劳动者因劳动关系是否已经解除或者终止，以及应否支付解除或终止劳动关系经济补偿金产生的争议，经劳动争议仲裁委员会仲裁后，当事人依法起诉的，人民法院应予受理。

劳动合同期满后，劳动者仍在原用人单位工作，原用人单位未表示异议的，视为双方同意以原条件继续履行劳动合同。一方提出终止劳动关系的，人民法院应当支持。根据《劳动法》第20条之规定，用人单位应当与劳动者签订无固定期限劳动合同而未签订的，人民法院可以视为双方之间存在无固定期限劳动合同关系，并以原劳动合同确定双方的权利义务关系。

2. 涉及工伤保险待遇争议的案件

劳动者因为工伤、职业病，请求用人单位依法承担给予工伤保险待遇的争议，经劳动争议仲裁委员会仲裁后，当事人依法起诉的，人民法院应予受理。这里需要注意的是，法院受理的是因工伤、职业病引起的待遇纠纷案件，不包括工伤、职业病案件本身。按照我国《工伤保险条例》和《职业病防治法》的规定，受害人可以选择仲裁或者诉讼解决该类纠纷。

3. 涉及先予执行裁决的案件

当事人不服劳动争议仲裁委员会作出的预先支付劳动者部分工资或者医疗费用的裁决，向人民法院起诉的，人民法院不予受理。

用人单位不履行上述裁决中的给付义务，劳动者依法向人民法院申请强制执行的，人民法院应予受理。

4. 涉及拖欠工资争议的案件

拖欠工资争议，劳动者申请仲裁时劳动关系仍然存续，用人单位以劳动者申请仲裁超过1年为由主张不再支付的，人民法院不予支持。但用人单位能够证明劳动者已经收到拒付工资的书面通知的除外。

5. 涉及开除、除名、辞退劳动者引起争议的案件

用人单位对劳动者作出的开除、除名、辞退等处理，或者因其他原因解除劳动合同确有错误的，人民法院可以依法判决予以撤销。根据《劳动争议调解仲裁法》的规定，应修改为“因除名、辞退等处理”。

6. 涉及追索有关费用给付不当引起争议的案件

对于追索劳动报酬、养老金、医疗费以及工伤保险待遇、经济补偿金、培训费及其他相关费用等案件，给付数额不当的，人民法院可以予以变更。

7. 涉及劳动合同被确认无效及有关劳动者待遇的案件

根据《劳动合同法》第26条的规定，对合同的无效或者部分无效有争议的，由劳动仲裁机构或者人民法院确认。

劳动合同被确认为无效后，用人单位对劳动者付出的劳动，一般可参照本单

位同期、同工种、同岗位的工资标准支付劳动报酬。根据《劳动合同法》第28条的规定，劳动合同被确认无效，劳动者已付出劳动的，用人单位应当向劳动者支付劳动报酬。劳动报酬的数额，参照本单位相同或者相近岗位劳动者的劳动报酬确定。

根据《劳动法》第97条之规定，由于用人单位的原因订立的无效合同，给劳动者造成损害的，应当比照违反和解除劳动合同经济补偿金的支付标准，赔偿劳动者因合同无效所造成的经济损失。

8. 涉及因用人单位的过错劳动者辞职的经济补偿与赔偿金的案件

用人单位有下列情形之一，迫使劳动者提出解除劳动合同的，用人单位应当支付劳动者劳动报酬和经济补偿，并可支付赔偿金：（1）以暴力、威胁或者非法限制人身自由的手段强迫劳动的；（2）未按照劳动合同约定支付劳动报酬或者提供劳动条件的；（3）克扣或者无故拖欠劳动者工资的；（4）拒不支付劳动者延长工作时间工资报酬的；（5）低于当地最低工资标准支付劳动者工资的。

根据我国《劳动合同法》第85条、第88条的规定，上述情形应作调整和修改。用人单位有下列情形之一，迫使劳动者提出解除劳动合同的，用人单位应当支付劳动报酬、劳动报酬差额、加班费或者经济补偿，并可支付赔偿金：（1）未按照劳动合同的约定或者国家规定及时足额支付劳动者劳动报酬的；（2）低于当地最低工资标准支付劳动者工资的；（3）安排加班不支付加班费的；（4）解除或者终止劳动合同，未依照本法规定向劳动者支付经济补偿的；（5）以暴力、威胁或者非法限制人身自由的手段强迫劳动的；（6）违章指挥或者强令冒险作业危及劳动者人身安全的；（7）侮辱、体罚、殴打、非法搜查或者拘禁劳动者的；（8）劳动条件恶劣、环境污染严重，给劳动者身心健康造成严重损害的。

9. 涉及后合同义务的争议的案件

劳动者与用人单位解除或者终止劳动关系后，请求用人单位返还其收取的劳动合同定金、保证金、抵押金、抵押物产生的争议，或者办理劳动者的人事档案、社会保险关系等移转手续产生的争议，经劳动争议仲裁委员会仲裁后，当事人依法起诉的，人民法院应予受理。依据《劳动合同法》第84条的规定，还应增加“用人单位扣押劳动者居民身份证等证件”引起的纠纷。

10. 涉及仲裁申请人主体资格的案件

劳动争议仲裁委员会以申请仲裁的主体不适格为由，作出不予受理的书面裁决、决定或者通知，当事人不服，依法向人民法院起诉的，经审查，确属主体不适格的，裁定不予受理或者驳回起诉。

（二）涉及仲裁与执行程序问题的案件

1. 涉及人民法院裁判依据的案件

用人单位根据《劳动法》第4条之规定，通过民主程序制定的规章制度，不违反国家法律、行政法规及政策规定，并已向劳动者公示的，可以作为人民法院审理劳动争议案件的依据。

用人单位制定的内部规章制度与集体合同或者劳动合同约定的内容不一致，劳动者请求优先适用合同约定的，人民法院应予支持。

当事人在劳动争议调解委员会主持下达成的具有劳动权利义务内容的调解协议，具有劳动合同的约束力，可以作为人民法院裁判的根据。

2. 涉及当事人不服重新裁决的案件

劳动争议仲裁委员会为纠正原仲裁裁决错误重新作出裁决，当事人不服，依法向人民法院起诉的，人民法院应当受理。

3. 涉及不予执行发生法律效力的裁决书、调解书的案件

当事人申请人民法院执行劳动争议仲裁机构作出的发生法律效力的裁决书、调解书，被申请人提出证据证明劳动争议仲裁裁决书、调解书有下列情形之一的，并经审查核实的，人民法院应当根据《民事诉讼法》第217条之规定，裁定不予执行：（1）裁决的事项不属于劳动争议仲裁范围，或者劳动争议仲裁机构无权仲裁的；（2）适用法律确有错误的；（3）仲裁员仲裁该案时，有徇私舞弊、枉法裁决行为的；（4）人民法院认定执行该劳动争议仲裁裁决违背社会公共利益的。人民法院在不予执行的裁定书中，应当告知当事人在收到裁定书之次日起30日内，可以就该劳动争议事项向人民法院起诉。

4. 涉及仲裁申请期间开始时间争议的案件

最高人民法院《关于审理劳动争议案件适用法律若干问题的解释（二）》第1条规定：人民法院审理劳动争议案件，对下列情形，视为《劳动法》第82条规定的“劳动争议发生之日”：（1）在劳动关系存续期间产生的支付工资争议，用人单位能够证明已经书面通知劳动者拒付工资的，书面通知送达之日为劳动争议发生之日。用人单位不能证明的，劳动者主张权利之日为劳动争议发生之日。（2）因解除或者终止劳动关系产生的争议，用人单位不能证明劳动者收到解除或者终止劳动关系书面通知时间的，劳动者主张权利之日为劳动争议发生之日。（3）劳动关系解除或者终止后产生的支付工资、经济补偿金、福利待遇等争议，劳动者能够证明用人单位承诺支付的时间为解除或者终止劳动关系后的具体日期的，用人单位承诺支付之日为劳动争议发生之日。劳动者不能证明的，解除或者终止劳动关系之日为劳动争议发生之日。

由于我国《劳动争议调解仲裁法》对仲裁申请时效的开始时间作了修正，规定从当事人知道或应当知道自己的权利被侵害之日起计算，因此，对《解释》的规定也应作修正。

5. 涉及申请仲裁期间中止与中断认定的案件

当事人能够证明在申请仲裁期间内因不可抗力或者其他客观原因无法申请仲

裁的，人民法院应当认定申请仲裁期间中止，从中止的原因消灭之次日起，申请仲裁期间连续计算。

当事人能够证明在申请仲裁期间内具有下列情形之一的，人民法院应当认定申请仲裁期间中断：（1）向对方当事人主张权利；（2）向有关部门请求权利救济；（3）对方当事人同意履行义务。

申请仲裁期间中断的，从对方当事人明确拒绝履行义务，或者有关部门作出处理决定或明确表示不予处理时起，申请仲裁期间重新计算。

6. 涉及申请财产保全的案件

在诉讼过程中，劳动者向人民法院申请采取财产保全措施，人民法院经审查认为申请人经济确有困难，或有证据证明用人单位存在欠薪逃匿可能的，应当减轻或者免除劳动者提供担保的义务，及时采取保全措施。

人民法院作出的财产保全裁定中，应当告知当事人在劳动仲裁机构的裁决书或者在人民法院的裁判文书生效后 3 个月内申请强制执行。逾期不申请的，人民法院应当裁定解除保全措施。

7. 涉及仲裁裁决效力的案件

劳动争议仲裁委员会对多个劳动者的劳动争议作出仲裁裁决后，部分劳动者对仲裁裁决不服，依法向人民法院起诉的，仲裁裁决对提出起诉的劳动者不发生法律效力；对未提出起诉的部分劳动者，发生法律效力，如其申请执行的，人民法院应当受理。

三、劳动争议诉讼的管辖

劳动争议案件由用人单位所在地或者劳动合同履行地的基层人民法院管辖。劳动合同履行地不明确的，由用人单位所在地的基层人民法院管辖。

当事人双方就同一仲裁裁决分别向有管辖权的人民法院起诉的，后受理的人民法院应当将案件移送给先受理的人民法院。

四、当事人与参加人

当事人双方不服劳动争议仲裁委员会作出的同一仲裁裁决，均向同一人民法院起诉的，先起诉的一方当事人为原告，但对双方的诉讼请求，人民法院应当一并作出裁决。

用人单位与其他单位合并的，合并前发生的劳动争议，由合并后的单位为当事人；用人单位分立为若干单位的，其分立前发生的劳动争议，由分立后的实际用人单位为当事人。

用人单位分立为若干单位后，对承受劳动权利义务的单位不明确的，分立后的单位均为当事人。

劳动者在用人单位与其他平等主体之间的承包经营期间，与发包方和承包方双方或者一方发生劳动争议，依法向人民法院起诉的，应当将承包方和发包方作为当事人。

劳动者与起有字号的个体工商户产生的劳动争议诉讼，人民法院应当以营业执照上登记的字号为当事人，但应同时注明该字号业主的自然情况。

用人单位招用尚未解除劳动合同的劳动者，原用人单位与劳动者发生的劳动争议，可以列新的用人单位为第三人。

原用人单位以新的用人单位侵权为由向人民法院起诉的，可以列劳动者为第三人。劳动者因履行劳动力派遣合同产生劳动争议而起诉，以派遣单位为被告；争议内容涉及接受单位的，以派遣单位和接受单位为共同被告。

原用人单位以新的用人单位和劳动者共同侵权为由向人民法院起诉的，新的用人单位和劳动者列为共同被告。

劳动者和用人单位均不服劳动争议仲裁委员会的同一裁决，向同一人民法院起诉的，人民法院应当并案审理，双方当事人互为原告和被告。在诉讼过程中，一方当事人撤诉的，人民法院应当根据另一方当事人的诉讼请求继续审理。

五、劳动争议诉讼的合并审理

人民法院受理劳动争议案件后，当事人增加诉讼请求的，如该诉讼请求与讼争的劳动争议具有不可分性，应当合并审理；如属独立的劳动争议，应当告知当事人向劳动争议仲裁委员会申请仲裁。

六、劳动争议诉讼的举证责任

因用人单位作出的开除、除名、辞退、解除劳动合同、减少劳动报酬、计算劳动者工作年限等决定而发生的劳动争议，用人单位负举证责任。依据《劳动争议调解仲裁法》的规定，应该删除“开除”。

劳动争议诉讼的其他程序依照《民事诉讼法》的一般规定。

附录：规范性法律文件

1. 中华人民共和国民法通则
2. 中华人民共和国合同法
3. 中华人民共和国民事诉讼法
4. 中华人民共和国劳动法
5. 中华人民共和国劳动合同法
6. 中华人民共和国劳动争议调解仲裁法
7. 中华人民共和国安全生产法
8. 中华人民共和国刑法
9. 中华人民共和国工会法
10. 中华人民共和国妇女权益保障法
11. 中华人民共和国未成年人权益保护法
12. 中华人民共和国公务员法
13. 中华人民共和国就业促进法
14. 中华人民共和国工伤保险条例
15. 中华人民共和国社会保险条例
16. 中华人民共和国劳动保障监察条例
17. 中华人民共和国煤矿安全监察条例
18. 中华人民共和国社会保险费征缴暂行条例
19. 中华人民共和国行政机关公务员处分条例
20. 中华人民共和国企业劳动争议处理条例
21. 三方协商促进贯彻国际劳工标准公约（第 144 号公约）
22. 集体合同规定
23. 最低工资规定
24. 工伤认定办法
25. 非法用工单位伤亡一次性赔偿办法
26. 违反《中华人民共和国劳动法》行政处罚办法
27. 安全生产违法行为行政处罚办法
28. 劳动部关于《中华人民共和国劳动法》若干条文的说明
29. 劳动部关于贯彻执行《中华人民共和国劳动法》若干问题的意见

30. 使用童工罚款标准的规定
31. 违反《劳动法》有关劳动合同规定的赔偿办法
32. 劳动仲裁员聘任管理办法
33. 工会参与劳动争议处理试行办法
34. 劳动争议仲裁委员会组织规则
35. 企业劳动争议调解委员会组织及工作规则
36. 最高人民法院关于审理劳动争议案件适用法律若干问题的解释
37. 最高人民法院关于审理劳动争议案件适用法律若干问题的解释（二）

后　记

本书是江苏省教育厅高校哲学社会科学基金项目“和谐社会理念下的劳动合同法律制度研究”的最终成果，同时得到了江苏大学专著出版基金的资助。

在项目研究过程中，我国《劳动合同法》和《劳动争议调解仲裁法》相继颁布并于2008年开始实施。《劳动合同法》的颁布与实施是我国经济社会生活中的一件大事，对于建立和发展和谐的劳动关系和健全劳动法制具有十分重要的现实意义和历史意义。同时，它也对劳动合同法学的研究提供了素材、提出了问题。本书正是以中国和谐社会建设为社会背景，立足我国劳动合同关系的现实，以解决劳动合同关系中的重大问题为理论目标的一项科研成果。我们希望这个理论成果能够对我国劳动合同法制与法学的发展发挥其应有的积极作用。同时，本书还存在一些不足：如理论深度不够、制度的比较分析不够全面等。诚恳期待读者提出宝贵的意见和建议，以便日后对本书加以完善，成为一本雅俗共赏的好书。

在本书出版之际，衷心感谢南京大学中国经济法研究所所长陶广峰教授，在我攻读博士学位阶段，陶老师给予的谆谆教诲和悉心指导，可谓受益终生。感谢江苏省教育厅和江苏大学提供的资金支持；感谢东京财团世川良一基金会提供的奖励基金；感谢杭州远程制笔有限公司的案例调研协作；感谢挚友马光远博士、石国庆、汪书先、田承祖、李冠新以及同门兄弟张宇润、胡小红等的精神鼓励；感谢江苏大学科学技术处社会科学科的工作人员为专著申报付出的辛勤劳动；感谢课题组成员的积极参与及其宝贵的意见和建议。也感谢本书所引文献的各位作者。

课题组成员牛玉兵参与撰写了第三、四、五章，尚清锋参与撰写了第六、七章。

冯　涛

2007年12月